개정판

광고학

Marketing Communications

개정판

광고학

Marketing Communications

김광수 · 우성택 · 권은아 지음

한나래아카데미

광고학 개정판

지은이 | 김광수 · 우성택 · 권은아
펴낸이 | 한기철
편집인 | 이리라
편집 | 이여진, 이지은
마케팅 | 조광재

1999년 2월 28일 1판 1쇄 펴냄
2010년 2월 20일 2판 1쇄 펴냄
2014년 3월 10일 2판 4쇄 펴냄

펴낸곳 | 한나래출판사
등록 | 1991. 2. 25 제22-80호
주소 | 서울시 마포구 월드컵로3길 39, 2층 (합정동)
전화 | 02-738-5637 · 팩스 | 02-363-5637 · e-mail | hannarae91@naver.com
www.hannarae.net

Published by Hannarae Publishing Co.
Printed in Seoul

ISBN 978-89-5566-098-2 93330

* 이 도서의 국립중앙도서관 출판시도서목록(CIP)은 e-CIP 홈페이지(http://www.nl.go.kr/ecip)와 국가자료공동목록시스템(http://www.nl.go.kr/kolisnet)에서 이용하실 수 있습니다.
(CIP제어번호: CIP2010000095)

차례

3부 광고 기획

4부 광고 이론과 전략

5부 크리에이티브

6부 매체 기획과 광고 예산

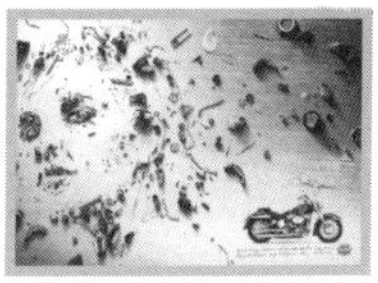

7부 광고 응용

일러두기

- 한글 표기를 원칙으로 하되, 필요에 따라 외국어와 한자를 병기하였다.
- 한글 맞춤법은 '한글 맞춤법' 및 '표준어 규정'(1988), '표준어 모음'(1990)을 적용하였으나 혼란이 있는 경우 출판사의 원칙을 따랐다.
- 외국어의 우리말 표기는 개정된 '외래어 표기법'(1986)을 원칙으로 하되, 그중 일부는 현지 발음을 따랐다.
- 사용된 기호는 다음과 같다.

  신문, 잡지, 논문, 영화, TV 프로그램 등: 〈 〉

  책 이름: 《 》

광고가 죽었다는 얘기를 종종 듣는다. 광고 효과가 기대에 못 미친다는 뜻이리라. 전통적인 대중 매체의 광고가 움츠러들고 광고 신뢰도가 떨어지는 추세가 그런 주장을 뒷받침한다.

그렇지만 광고는 진화하고 있을 뿐이다. 인터넷이나 모바일로 대표되는 새로운 매체 환경에서 광고는 키워드 검색과 퍼미시브*permissive* 마케팅으로 거듭나고 있다. 게임이나 영화와 같은 엔터테인먼트 분야에서는 컨텐츠와 브랜드가 통합되고 있으며, 심지어는 광고 자체가 컨텐츠로 등장하기도 한다. 게다가 대중 매체의 광고는 여전히 많은 대중에게 도달하여 효과적으로 설득을 수행하고 있다. 브랜드에 부가 가치를 덧붙이고 브랜드 자산을 효율적으로 구축하는 데 광고는 필요불가결한 것이다. 즉 광고는 펄펄 살아 있다.

그럼에도 불구하고 일부 학자나 전문가들은 광고 시대는 거去하고 PR 시대가 내來했다고 아우성이다. 그렇지만 이러한 영역 구분은 편협한 시각의 소산이다. 광고나 PR이나 모두 마케팅 커뮤니케이션 영역에 속하기 때문이다. 마케터가 소비자를 대상으로 정보를 교환하는 일련의 과정이라는 점에서 광고나 PR은 궤를 같이한다. 그리고 창의성이나 통찰력은 다양한 분야를 아우를 때 발생하지, 좁은 우물에서 건지기 어렵다. 광고가 지속적으로 연구되어야 할 당위성이자, 광고학의 존재 이유인 셈이다.

사실 광고학은 광고 현상을 체계적으로 접근할 수 있는 틀을 제공한다. 특히 광고 전략에 필요한 개념과 이론을 제공한다. 이론 없는 전략은 사상누각이기 때문이다. 그리고 광고학은 광고는 물론 PR, 이벤트, 판촉 등 제반 마케팅 커뮤니케이션의 전략을 수립할 수 있는 토대를 제공한다. 바로 이 책이 광고 이론을 강조하는 이유다. 책 제목 역시 "광고학"이고. 그래서 소비자 행동과 커뮤니케이션 이론에 기초하여 광고 전략의 함의를 설명하는 데 역점을 두었다. 물론 광고 현상을 종합적으로 살필 수 있는 개념, 모델, 이론 등이 다양하게 소개되어 있지만.

이 책은 앞으로도 "광고학"이라는 이름으로 계속 발간될 것이다. 비록 시간이 흘러 참여하는 저자들이 바뀌더라도 마케팅 커뮤니케이션을 이해하는 데 유용한 길잡이가 될 수 있기를 바란다. 나아가서 그러한 시도가 광고라는 학문의 위상을 높이는 데 기여할 것으로 기대한다.

이번 개정판을 위해 많은 분들의 도움을 받았다. 무엇보다 이 책에 수록된 많은 연구 및 자료의 저자들, 그리고 게재된 광고물 제작에 관여했던 국내외 광고인들. 이들의 선행 작업 덕분에 이 책이 풍부한 이론과 사례를 제시할 수 있었다. 특히 사례 연구를 흔쾌히 허락해 주신 동서식품의 김석수 회장님, 박정규 전무님, 최기호 팀장님과 스킨푸드의 관계자 여러분, 항상 격려와 지원을 아끼지 않는 한나래출판사 한기철 사장님, 이리라 이사, 조광재 이사, 이여진 씨, 이지은 씨, 자료를 찾느라 고생한 제자 이지훈 씨, 휴일에도 촬영을 감행해 주셨던 양현모 사진 작가님. 일일이 거론하지 못했지만 이 책에 직간접적으로 도움을 주신 모든 분들께 고개 숙여 감사드린다.

마지막으로, 각 저자가 하고픈 말. 첫째 저자, "하마, 여우 같은 곰, 강아지. Keep walking!" 둘째 저자, "항상 기쁨을 주는 집사람과 세 아이들에게 고마움을 전합니다." 막내 저자, "늘 일과 공부에 치여 헤매는 나를 묵묵히 지원해 주며 옆에 있어 준 나의 그 사람에게, 또 세상 누구보다 가장 큰 사랑을 물려주신 부모님께 감사드립니다."

2010년 1월

김광수, 우성택, 권은아

광고학? 왠지 고개가 갸우뚱거려지던 때가 불과 십수 년 전이다. 광고 현상은 있되 광고를 학문으로 접근하는 틀이 미비했기 때문이다. 그렇지만 광고는 이제 우리 사회의 시스템을 구성하는 중요한 일원으로서 그 비중을 점차 더하고 있다. 이 같은 흐름에 맞추어 광고를 종합적으로, 그리고 체계적으로 살필 필요도 커진다. 이 책의 제목이 '광고학'인 까닭이다.

이 책은 학부생 및 대학원생, 그리고 광고인은 물론 광고에 관심이 있는 일반인들 모두를 대상으로 한다. 그런 의미에서 시장 세분화가 안 된 책이라고 할 수 있다. 그렇지만 각 계층에 따라 '이 책을 이렇게 읽어 주었으면'이라는 생각에서 읽는 차례를 다음과 같이 정리해 보았다. 물론 어떻게 읽느냐는 전적으로 독자의 마음에 달려 있지만.

· 광고에 관심 있는 일반인 — 1부를 통해 광고계의 전반적인 흐름을 이해할 수 있다. 그리고 2부를 읽음으로써 광고가 사회에 끼치는 영향을 알 수 있을 뿐만 아니라 광고를 비평할 수 있는 틀을 갖출 수 있다. 아울러 5부의 14장에서 광고물의 시각 이미지를 분석할 수 있는 기초를 익힌다.

· 광고를 전공하는 대학생 — 물론 다 읽으면 좋겠지만, 다음과 같은 단계로 구분하는 것이 좋을 듯하다. 먼저 1부와 2부를 통해 광고계를 이해하는 것은 기본. 다음 단계는 광고 기획, 크리에이티브, 매체 기획에 대한 전체 윤곽을 그리는 작업. 이를 위해서는 3부, 5부, 6부. 그리고 광고계의 핵심적인 기능을 숙지한 이후에는 7부의 응용을 통해 다양한 시각과 광고 사례에 접촉하는 기회를 갖도록 한다.

· 광고를 전공하는 대학원생 또는 광고인 — 어떤 학문에 입문하더라도 이론이 강조되는 것은 보편적이다. 그런데 현장에서는 이론은 이론일 뿐 실제에는 적용되지 않는다고 불평을 한다. 그러나 이론이 이론으로서 존재하는 것이 아니라 현상을 설명하기 위해 필요하다는 것은 불문가지. 특히, 광고에서는 이론이 광고 효과를 설명할 뿐만

아니라 거꾸로 광고 전략을 수립하는 길잡이 역할을 한다. 따라서 4부의 광고 이론과 전략 부문을 집중적으로 살펴보는 것이 좋다고 생각한다. 그래야 대학원생은 왜 이론을 공부하는지, 광고인은 왜 이론이 중요한지를 알 수 있지 않을까?

이 책의 내용은 솔직히 짜깁기다. 많은 국내외의 광고학자들과 광고인들의 노력을 엮은 데 불과하다는 의미이다. 그야말로 학자의 강의와 연구는 선학과 동료들의 연구 성과에 전적으로 의존한다. 일일이 이름을 밝혀서 고마움을 표시하는 대신 참고 문헌을 통해 인용된 논문과 자료를 밝히도록 애썼다. 그렇지 못한 경우는 본인의 부주의이므로 질책을 달게 받도록 하겠다. 그리고 그 가운데에서도 큰 도움을 받았던 책을 소개하면 다음과 같다. *Advertising Management*(Batra, Myers, & Aaker), *Contemporary Advertising*(Arens & Bovee), *Advertising*(Dunn, Barban, Krugman, & Reid), *Advertising Excellence*(Bovee, Thill, Dovel, & Wood), *Advertising*(Cohen), *Advertising: Principles and Practice*(Wells, Burnett, & Moriarty), *Strategic Advertising Campaigns*(Schultz), *Managing Brand Equity*(Aaker), *Integrated Marketing Communications*(Schultz, Tannenbaum, & Lauterborn), *Consumer Behavior and Marketing Action*(Assael), *Selling and the Law*(Smith), *But the People in Legal Said*(Fueroghne), *The Design of Advertising*(Nelson), *International Marketing Management*(Jain), *Visual Communication*(Lester), *International Advertising Handbook*(Baudot), 《한국 언론사》(김민환), 《한국 광고사》(신인섭). 업계 저널인 〈광고 시대Advertising Age〉도 빼놓을 수 없다. 이외에 국내외 학술지를 비롯하여 많은 책과 논문이 이용되었다.

그리고 국내 광고대행사에서 출간하는 사보의 도움도 컸다. 특히 제일기획, LG애드, 금강기획, 오리콤, 코래드, 동방기획, 대홍기획, MBC애드컴, 한컴의 사보에 게재된 광고물과 자료가 많이 이용되었다. 아울러 자료를 제공한 광고인에게 고마움을 전하고자 한다. 코래드, 오길비, 앤 매더의 오주섭 이사, 대우자동차 이창원 홍보과장과 웰커뮤니케이션즈 문애란 부사장, 금강기획 이영희 이사, 제일기획 송인수 차장과 김홍탁 차장, LG애드

이강희 부국장 등. 이전에 몸담았던 광운대학교와 현재의 고려대학교 강의를 통해서 만났던 많은 학생들, 특히 대학원생들도 이 책에 기여한 바가 컸다. 광고와 배움에 대해 끊임없는 호기심과 열정으로 본인을 자극했기 때문이다.

그리고 이 책이 지나치게 많은 내용을 한꺼번에 다 싣고 있음에도 출판을 마다하지 않은 한나래 한기철 사장을 비롯하여, 난삽한 글의 편집 및 교정에 여념이 없었던 이리라 편집장, 이소영, 이수정 편집부원에게도 고마움을 전한다.

책을 내면서 부족함이 많다는 점을 항상 느낀다. 혹자는 그렇다면 책을 내지 않으면 될 것이 아니냐는 질책을 던질 수도 있다. 그럼에도 불구하고 책을 내는 것은 현실에 안주하지 않으려는 몸부림 때문이다. 공개됨으로써 자신을 더욱 벼릴 수 있다는 것이 광수 생각이다.

나의 소중한 가족에게 이 책을 바친다.

1999년 설날 무렵

홍보관 213호에서

김광수

1부 광고계

광고는 우리 생활 깊숙이 들어와 있다. 우리가 무엇을 하든, 어디를 가든 광고와 부딪치게 된다. 아침에 신문을 펼치면 쏟아지는 전단 광고에서부터 직장이나 학교에 가면서 타는 버스나 지하철 안의 광고, 그리고 길거리의 옥외 광고, 저녁에 잠자리에 들기 전에 보는 텔레비전 광고에 이르기까지.

그래서 사람들은 광고를 잘 안다고 생각한다. 사람들은 자신의 전공 이외에 광고를 전공한다는 얘기도 있을 정도다. 그렇지만 광고 현상은 다양할 뿐만 아니라 복잡한 체계로 구성되어 있다. 더욱이 경제, 사회, 문화에 끼치는 광고의 영향력을 파악하고 효과적으로 활용하기 위해서는 광고를 종합적으로 이해할 필요가 있다.

따라서 1부에서는 광고계를 전반적으로 살펴보는 데 주안점을 둔다. 마치 은하계를 구성하는 별들을 바라보듯이. 광고계가 어떻게 이루어졌는지, 그리고 광고계의 핵심 요인이 무엇인지를 알아본다.

1장 광고 이해의 기초

이 장에서는 광고의 정의와 종류를 설명하며, 광고 활동의 핵심적인 구성원들이 누구인지를 소개한다. 그리고 세계의 광고와 우리나라의 광고 현황을 간략하게 살펴본다.

1. 광고의 정의

영어 'advertising'은 라틴어 'ad vertere'에서 기원하는데, 이 뜻은 '마음을 어디로 향하게 한다'이다. 그렇다면 광고는 '상대방의 마음을 나한테 기울도록' 하는 과정이라고 할 수 있다. 이에 반해서 한자로는 넓을 광廣, 알릴 고告를 쓴다. 세상에 널리 알리는 활동으로 광고를 접근하고 있다. 과연 광고란 무엇인가?

사실 광고를 보는 시각은 다양하다. 광고를 비즈니스 및 관리 차원에서 접근하면 마케팅, 광고 메시지의 효과를 주로 보면 커뮤니케이션, 광고의 크리에이티브에 관심을 두면 미학, 사회 현상으로서의 광고를 강조하면 사회학, 경제 제도로서 파악하면 경제학, 광고와 소비자의 관계에 초점을 맞추면 심리학적 시각이 필요하게 된다. 즉 광고의 정의는 어떤 시각을 취하느냐에 따라 달라질 수

밖에 없다. 여기서는 크게 마케팅 시각과 커뮤니케이션 시각으로 구별하여 살펴보았다.

1) 마케팅 시각

경영학 전공자는 광고를 마케팅의 한 요소라고 보는 경향이 강하다. 마케팅은 예전의 판매 범주를 넘어서 보다 포괄적으로 정의되고 있다. "개인이나 조직을 만족시키는 교환 행위를 창출하는 아이디어, 상품, 서비스에 대한 일련의 기획 및 집행과정." 최근 미국마케팅협회American Marketing Association(2007)에서는 더욱 체계적으로 마케팅을 정의했다. "소비자, 고객, 파트너와 사회에 가치 있는 제공을 창출하고, 커뮤니케이션하고, 전달하고 교환하는 활동과 일련의 제도, 그리고 과정."

그렇다면 이 같은 마케팅을 구성하는 요소는 무엇이길래 광고가 끼어 있을까? 마케팅의 구성 요소는 각 단어의 첫 글자를 따서 흔히 4P라고 부르는데, 이를 간략하게 살펴보면 마케팅에서 무슨 내용이 다루어지는지를 알 수 있다(표 1-1 참조).

이들 요소들은 모두 판매에 영향을 끼치므로 마케팅 분야에서는 이들을 가장 효과적으로 배합해서(이를 마케팅 믹스라고 함) 소비자의 만족을 꾀하는 일이 주된 관심사가 된다. 그리고 광고는 촉진의 한 요인으로 취급하므로 광고의 역할을 마케

표 1-1. 마케팅의 4요소

구성 요소	내용
상품*product*	조사와 개발을 통해 다양한 특성을 지닌 제품을 생산하며, 디자인이나 포장 · 브랜딩의 과정을 의미한다.
유통*place*	생산자에서 소비자에게로 상품을 이동시키는 과정을 지칭하는데, 도 · 소매상 등의 마케팅 채널을 포함한다(distribution이라고도 함). 상품 저장 및 물건 주문과 배달 등의 활동이 해당된다.
가격*price*	상품에 대한 금전적 가치를 뜻하며, 가격 정책을 어떻게 수립할 것인지에 초점을 맞춘다.
촉진*promotion*	소비자와 잠재적 소비자 집단에 커뮤니케이션할 수 있는 다양한 수단을 의미한다(마케팅 커뮤니케이션이라고도 함). 인적 판매, 판촉*sales promotion*, 홍보, 광고 등이 대표적 도구이다.

팅 시각에서 살피게 된다. 한 예로 1948년 미국마케팅협회의 정의를 소개하면 다음과 같다.

> 광고는 신분을 밝힌 광고주가 아이디어, 상품 또는 서비스를 얼굴을 마주 보지 않고 제시하거나 판매를 장려하는 모든 형태이다.

하지만 잠깐 살펴보자. 촉진만 소비자에게 커뮤니케이션하는가? 상품의 디자인이나 색채, 상품의 내용 등도 사실상 소비자에게 무엇인가를 알리고 있다. 뿐만 아니라 가격도 우리에게 품질을 전해 준다. 유통도 예외는 아니다. 같은 화장품이라도 백화점에서 판매되느냐 또는 가판대에서 판매되느냐에 따라 가격과 품질에 대한 인식 차이를 가져온다. 그렇다면 마케팅의 제 요소들도 모두 생산자와 소비자 간의 커뮤니케이션이라고 할 수 있지 않은가? 그래서 우리는 종종 '마케팅이 커뮤니케이션'이요, '커뮤니케이션이 마케팅'이란 얘기를 듣는다. 바로 커뮤니케이션 시각이 대두되는 배경이기도 하다.

2) 커뮤니케이션 시각

커뮤니케이션 전공자는 광고를 커뮤니케이션으로 파악해야 된다고 본다. 그 같은 까닭을 알기 위해서 먼저 커뮤니케이션의 일반적 모델을 살펴보자(그림 1-1 참조).

송신자가 아이디어를 생각해서 이에 기초한 메시지를 제작하여*encoding*, 채널을 통해 수신자에게 보낸다. 그러면 수신자는 그 메시지를 해독하고*decoding*, 반응을 보이고, 이러한 반응을 다시 메시지로 만들어 송신자에게 보냄으로써*feedback* 연속성을 지닌다. 여기서 잡음*noise*이란 성공적인 커뮤니케이션을 방해하는 것들을 일컫는다. 인쇄가 잘못되어 메시지를 잘 읽을 수 없는 기술적인 문제나 '자신의 브랜드가 더 좋다'고 광고하는 경쟁자의 메시지 등이 이에 해당된다.

이 모델에 기초하면 송신자의 메시지를 수신자에게 전달하는 과정이 커뮤니

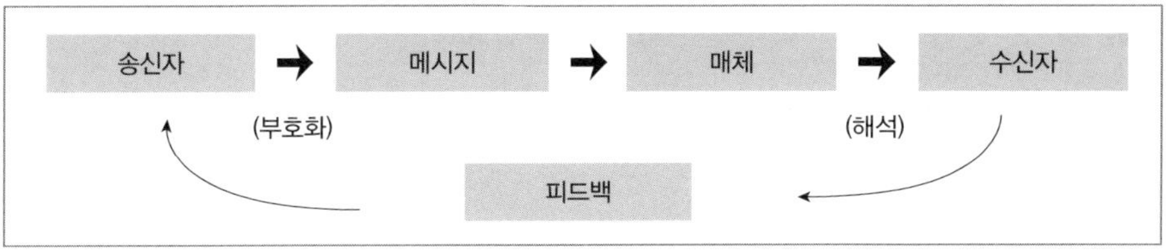

그림 1-1. 커뮤니케이션 모델

케이션이다. 다만 수신자의 수에 따라 적은 인원일 경우에는 휴먼 커뮤니케이션, 특정 집단의 구성원을 대상으로 할 때는 조직 커뮤니케이션, 많을 때는 매스 커뮤니케이션으로 분류한다. 물론 상황에 따라서도 정치 커뮤니케이션, 헬스 커뮤니케이션, 설득 커뮤니케이션 등으로 나뉘기도 하지만. 이를 광고에 적용하면, 광고주가 광고를 제작하여 매체를 통해 소비자에게 전달하는 일련의 커뮤니케이션 과정이라고 정의할 수 있다. 어떤 매체를 사용하든 광고주가 소비자에게 전달하는 메시지는 커뮤니케이션 범주에 속한다.

3) 종합적 관점

그렇다면 광고는 마케팅인가, 커뮤니케이션인가? 사실 이 질문부터가 잘못되었다. 이 두 개념은 상호 배제적인 개념이 아니기 때문이다. 모든 메시지의 전달 과정은 명백히 커뮤니케이션 현상에 속한다. 우리 브랜드가 좋다는 상업적 메시지이든, 우리 종교가 낫다는 비상업적 메시지이든. 게다가 마케팅의 개념은 종전에 비해 다양한 현상에 적용될 수 있는 보편성을 더하고 있다. 즉 단순한 판매만이 아니라 필요를 충족시키거나 교환하는 행위를 모두 마케팅으로 본다. 이런 점을 감안하면 광고는 커뮤니케이션 현상이자 동시에 마케팅 현상이다. 광고, 홍보, 판촉 등을 망라하여 마케팅 커뮤니케이션*marketing communications*이라고 칭하는 까닭도 궤를 같이한다. 그렇지만 일반적 상황에서의 커뮤니케이션이 아니라 마케팅 상황에서의 커뮤니케이션이므로 마케팅 요소가 영향을 많이 끼침은 두말할

▶ 광 고 사 랑 방 1-1	비슷한 광고 정의

광고 교과서에서 발췌한 광고의 정의를 살펴보면 대동소이하다. 그리고 이들 모두가 커뮤니케이션을 강조함을 알 수 있다.

· 광고주가 행동에 영향력을 행사하거나 설득하기 위한 노력으로 대중 매체를 이용해서 상품 또는 아이디어에 관한 정보를 유료로 제공하되 얼굴을 마주하지 않는 커뮤니케이션(Bovee, Thill, Dovel, & Wood, 1995).
· 광고주가 다양한 매체를 통해 상품 또는 아이디어에 관한 정보를 제공하는데 대체로 설득 속성을 지니며 비용이 지불된 비대인적 커뮤니케이션(Arens, 1996).
· 스폰서를 목표 수용자와 연결하기 위해 상호 작용 형태나 대중 매체를 사용해서 광범위한 청중에게 도달하기 위한 유료의 설득 커뮤니케이션(Wells, Moriarty, & Burnett, 2006).

나위가 없다.

사실 광고에 관한 정의를 살피면, 이 같은 공유성이 두드러진다. 비록 어떤 시각이 강조되었느냐는 차이가 있지만, 광고를 정의하는 데 마케팅과 커뮤니케이션 현상이 중요한 특성이라는 점은 대동소이하다(광고 사랑방 1-1 참조).

더욱이 최근의 학문에서 교차로적인 접근이 늘어나고 있듯이 광고 분야도 마찬가지다. 즉 광고라는 현상이 다양한 모습으로 여러 장소에서 등장함에 따라 관련 분야의 접근과 정의를 모두 이해할 필요가 있다. 그렇다면 광고가 마케팅이다, 혹은 커뮤니케이션이다라는 학문의 영역 확장식 정의는 더 이상 도움이 되지 않는다. 그것보다는 마케팅과 커뮤니케이션 접근을 종합하는 시각이 필요하다.

4) 광고의 특색

이 같은 종합적 시각에 기초하여 광고의 특색을 살피도록 하자. 첫째, 광고는 매체를 통해 전달되는 커뮤니케이션이다. 신문이나 텔레비전과 같은 대중 매체를 비롯하여 인터넷이나 휴대 전화 등 다양한 매체를 통해 수신자와 접촉한다. 하지만 대인 커뮤니케이션을 포함하지 않기 때문에 영업 사원이 소비자와 마주 앉아서 벌이는 활동은 광고에 포함되지 않는다.

둘째, 주로 일 대 일의 커뮤니케이션이 아니라 다수의 집단을 수용자로 설정하여 전개된다. 물론 직접 우편처럼 상대방의 이름을 써 넣는 등 개인적인 커뮤니케이션이 없는 것은 아니지만 광고는 일반적으로 광범위한 수용자를 상대한다.

셋째, 광고 송신자는 대개 광고비를 지불한다. 광고비란 광고를 전달하는 매체의 지면이나 시간에 대한 비용을 일컫는데, 송신자가 이 비용을 지불해야 한다. 그런 점에서 홍보 활동으로 신문에 홍보성 기사*publicity*가 게재되는 경우와는 차별화된다. 그렇지만 광고비가 무료인 광고도 있다. 예를 들면 '공익광고협의회'에서 방송사나 신문사에 요청하는 공익 광고는 비용을 지불하지 않고 전달된다. 미국에서는 이를 공공 광고(public service announcements: PSAs)라고 한다.

넷째, 광고는 송신자를 밝혀야 된다. 송신자가 광고를 하는 까닭은 바로 자신을 알리기 위한 것이니 당연한 이야기가 될 것이다. 이러한 정의에 따르면 무기명 대자보는 광고라고 보기에는 미흡하다. 그렇다고 예외가 없는 것은 아니다. 수용자의 호기심을 유발하기 위해서 광고주를 일부러 밝히지 않는 광고가 있는데, 이를 티저*teaser* 광고라고 한다.

다섯째, 광고는 비누나 자동차 같은 유형의 상품을 촉진시킬 뿐만 아니라 은행 혹은 미장원 같은 무형의 서비스도 포함한다. 또한 환경 보호와 같은 공익성 아이디어도 광고의 대상이 된다.

여섯째, 광고는 설득적인 속성을 지닌다. 상품, 서비스 혹은 아이디어를 선호하거나 선택하도록 만들기 위한 노력의 일환이라는 뜻이다. 물론 설득하지 않고 단지 정보를 제공하는 것만이 주요 목적인 광고가 있기는 하다. 학교의 결산 보고서를 신문 광고로 내는 경우가 이에 속한다. 그렇지만 이러한 정보 지향의 광고에서도 설득적인 측면이 전혀 없다고 얘기하긴 어렵다. 학교의 발전상이나 투명성을 은근히 암시하고 있으니까.

2. 광고의 종류

1) 일반적 분류

광고의 종류는 다양한데, 이들을 체계적으로 분류하기 위해서는 다음 기준을 이용할 수 있다. 송신자, 메시지의 내용 및 형태, 사용 매체, 광고가 노출되는 지역, 광고 목표, 목표 시장. 이들을 구체적으로 살펴보면 표 1-2와 같다. 이 밖에 트레일러*trailer* 광고가 있다. 예를 들면, 30초의 방송 광고에서 25초는 원래의 브랜드를 광고하고 남은 5초 동안 다른 브랜드를 광고할 수 있다. 이때 5초 동안에 뒤따르는 광고를 트레일러라고 일컫는다.

2) 새로운 광고 형태

광고의 새로운 형태가 등장하면서 이들에 대한 새로운 명칭도 생겼다. 신문의 기사 같은 광고*advertorial*와 텔레비전의 프로그램 같은 광고*informercial*, 진짜인지 가짜인지 헷갈리는 버추얼 광고*virtual advertising* 등이 대표적 사례이다. 광고*advertising*와 사설*editorial*의 합성어인 애드버토리얼은 신문 기사 같은 광고를 뜻한다. 신문에 많은 광고가 범람하면서 다른 광고와 차별화하고 기사 같은 형식을 취함으로써 신뢰도를 제고하기 위한 노력의 일환으로 나타난다. 때때로 기사처럼 작성되어 기사인지 광고인지 구별이 안 간다는 독자의 불평이 있기도 한데, 바로 그 점을 이용하는 셈이다.

정보*information*와 영상 광고*commercial*의 합성어인 인포머셜은 시간이 긴 텔레비전 광고를 의미한다. 보통 광고가 30초나 60초에 불과한 데 비하여 이 광고는 프로그램과 상응하는 긴 시간 동안 방영한다. 공중파 텔레비전과 달리 광고 시간 확보가 용이한 케이블 텔레비전에서 많이 볼 수 있다. 요약하면 애드버토리얼이 신문 기사를 흉내 낸다면, 인포머셜은 프로그램을 흉내 낸다.

버추얼 광고는 텔레비전 프로그램에 디지털 기술을 이용해서 전자 이미지를 삽입한다. 스포츠 중계에서 마치 선수들이 브랜드 상표 위에서 경기를 하고 있는 것과 같은 장면이 바로 그것이다. 실제 경기장에 그런 트레이드 마크가 그려진 것은 아니지만 컴퓨터로 그런 이미지를 만들어서 방송하므로 시청자는 실제인

표 1-2. 광고의 분류

분류 기준	분류	설명
송신자	상업적 광고	생산자, 도매상, 소매상이 광고주인 광고
	비상업적 광고	종교나 정치 집단, 노조, 정부, 학교 등이 광고주인 광고
매체	인쇄 광고	신문, 잡지에 게재된 광고
	방송 광고	텔레비전, 라디오로 전달되는 광고
	옥외 광고	야외(포스터, 간판)와 이동(버스, 지하철) 광고
	기타 매체 광고	인터넷, 케이블 TV, 직접 우편(DM) 등의 광고
지리	지역적 광고	해당 동네 혹은 해당 도시에만 하는 광고
	권역적 광고	여러 해당 지역을 포괄하는 광고
	전국적 광고	해당 국가의 상당 지역을 포괄하는 광고
	국제적 광고	해당 국가의 국경선을 넘어 외국을 포함하는 광고
광고 목표	상품 광고	상품이나 서비스 판매를 목표로 하는 광고
	기업 이미지 광고	비상품 광고의 대표적 유형으로 기업 자체를 광고
	의견 광고	사회적으로 논란되는 이슈에 영향력을 행사하는 광고
	공익 광고	사회적으로 대의명분이 있는 내용을 광고
	전반적 수요 광고	한 상품 범주의 수요 촉진을 목표로 하는 광고
	선택적 수요 광고	특정 브랜드의 수요 촉진을 목표로 하는 광고
목표 시장	소비자 광고	개인 소비자나 가정을 대상으로 전개되는 광고
	비즈니스 광고	사업적인 이유로 상품을 구매하는 사람을 대상으로 하는 광고
	산업 광고	기업에 판매하기 위해 구매하는 사람을 대상으로 하는 광고
	유통점 광고	도매상 또는 소매상 등 중간 상인을 대상으로 하는 광고
	전문직 광고	의사, 변호사와 같이 전문 직종의 면허를 취득한 사람을 대상으로 하는 광고

그림 1-2. 여러 종류의 광고

전반적 수요 광고(우리밀), 선택적 수요 광고(제네시스 쿠페), 기업 이미지 광고(SK텔레콤), 공익 광고(공익광고협의회), 의견 광고(시민 광장).

것처럼 보게 된다. 이런 형태의 광고는 이제 캐나다, 멕시코, 스페인의 엔터테인먼트 방송에도 선보이고 있어서 프로그램과 상품이 자연스럽게 합치되는 경향을 드러내고 있다(Elliott, 1999).

3. 광고계의 주요 등장 인물

대부분의 광고는 다양한 그룹이 노력해서 만든다. 광고계의 주요 등장 인물인 이들은 다음 집단으로 분류할 수 있다. 광고주, 광고대행사, 매체사, 특수 서비스 제공업자. 이들의 일반적인 관계는 그림 1-3과 같다. 물론 광고대행사가 개입되지 않고 광고주 스스로 진행하는 광고도 있는데 이 같은 경우는 대체로 소규모 광고 기획이 해당된다. 광고주와 광고대행사에 관한 구체적 사항은 3장에 수록되어 있으며 매체는 16장을 참조하기 바란다.

1) 광고주

광고주 혹은 스폰서는 광고 과정을 시작하는 조직체나 개인을 뜻한다. 광고 비용을 지불하며 최종 결정을 내리는 당사자다. 광고의 궁극적인 책임을 지고 있는 셈이다.

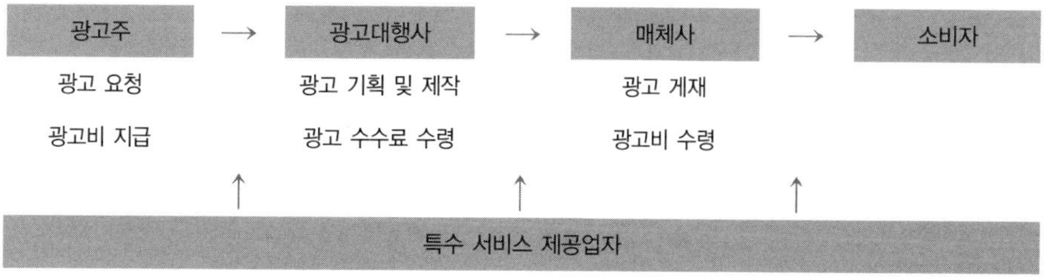

그림 1-3. 주요 등장 인물

표 1-3. 한국과 미국의 주요 광고주(2008년 기준)

순위	한국 광고주	광고비(10억 원)	미국 광고주	광고비(100만 달러)
1	삼성 전자	116	Procter & Gamble Co.	2,848
2	SK텔레콤	99	General Motors Corp.	2,118
3	LG전자	74	AT&T Inc.	1,663
4	케이티프리텔	64	Verizon Communications Inc.	1,615
5	현대자동차	58	Toyota Motor Corp.	1,555
6	하이마트	47	Ford Motor Co.	1,416
7	기아자동차	44	Johnson & Johnson	1,211
8	아모레퍼시픽	43	Time Warner Inc.	1,077
9	KT	38	Honda Motor Co.	1,017
10	롯데백화점	35	Cerberus Capital Mgt.(Chrysler)	1,003
계		618		15,523

* 광고비는 4대 매체를 기준. 한국 자료는 제일기획, 2009; 미국 자료는 The Nielsen Company, 2009. 3. 13.

우리나라에서 중요한 광고주 리스트를 살펴보려면, 한국광고주협회에서 발간한 《광고업계총람》이 유용하다. 2008년 현재 약 460개의 광고주가 수록되어 있으며 이들 광고주들의 담당 광고대행사와 광고비도 기록되어 있다. 미국의 경우에는 〈광고주 디렉토리*Standard Directory of Advertisers*〉(일명 *Advertiser Redbook*)가 약 2만 5000개의 기업을 소개한다. 광고주가 광고비를 얼마나 사용했는지를 아는 데는 제일기획의 《광고연감》이나 한국광고단체연합회의 〈광고계동향보고서〉(계간으로 한국 광고 자료의 관련 수치를 제공해 줌)도 유용하다. 한국과 미국의 주요 광고주가 표 1-3에 제시되어 있다.

2) 광고대행사

광고대행사*ad agency*는 광고주를 대행하여 광고 업무의 일부나 전체를 기획하고 이행한다. 광고대행사는 폭넓은 경험과 전문적 지식을 보유하며 광고주보다 새

표 1-4. 한국과 미국의 주요 광고대행사(2008년)

순위	한국 광고대행사	취급액(10억 원)	미국 광고대행사	취급액(100만 달러)
1	제일기획	2,671	BBDO Worldwide	636
2	이노션	842	McCann Erickson Worldwide	530
3	HS 애드	534	DraftFCB	510
4	대홍기획	383	Epsilon/Purple@Epsilon	461
5	TBWA KOREA	383	Digitas	377
6	웰콤	185	Rapp	365
7	오리콤	168	Euro RSCG Worldwide	343
8	한컴	164	Y&R	340
9	SK마케팅앤컴퍼니	153	JWT	332
10	휘닉스커뮤니케이션즈	150	Razorfish	317
계		5,633		4,211

* 한국 자료는 광고정보센터 〈광고계동향〉, 2009. 3; 미국 자료는 미국 내 취급액으로 *Advertising Age*, April 27, 2009.

로운 안목으로 문제점에 접근하여 효과적으로 광고를 수행한다.

우리나라 《광고업계총람》은 광고대행사를 115개로, 옥외 광고회사를 87개로 집계하고 있다(한국광고주협회, 2008). 취급액 기준으로 한국과 미국의 10대 광고회사를 살펴보면 표 1-4와 같다.

3) 매체

매체는 광고주의 메시지를 수용자에게 전달하는 커뮤니케이션 채널을 의미한다. 가장 많이 사용되는 매체는 신문, 잡지, 텔레비전, 라디오로서 이들을 흔히 4대 매체라 한다. 그렇지만 최근에는 뉴 미디어의 비중도 높아져서 별도의 분류 유목이 생길 정도가 되었다. 매체별로 광고비를 살펴보면 표 1-5와 같다.

우리나라의 광고비는 1987년 GNP 대비 1%(1987년 광고비 9700억 원 / GNP 97조 5000억

표 1-5. 매체별 광고비(2008년 기준)

부문	한국 광고비(10억 원)	미국 광고비(100만 달러)
텔레비전	2,760	69,077
라디오	277	9,896
신문	1,658	24,778
잡지	480	30,633
인터넷	1,190	22,968
기타 뉴 미디어	26	–
옥외 광고	640	4,051
영화	–	696
광고 제작	766	–
계	7,797	162,099

* 한국 자료는 제일기획 미디어디자인팀 제공, 텔레비전에는 케이블 860억 원을 포함, 기타 뉴 미디어에는 스카이라이프/DMB/IPTV를 포함; 미국 자료는 TNS Media Intelligence, 텔레비전에는 스폿, 네트워크, 케이블, 신디케이션, 스페인 네트워크 포함

표 1-6. 세계의 광고비(2007년 기준)

순위	국가	광고비(억 달러)	GDP(억 달러)	광고비/GDP(%)	1인당 GDP(달러)
1	미국	1,633	137,514	1.19	45,790
2	중국	767	32,055	2.39	5,345
3	일본	385	43,843	0.88	33,525
4	영국	299	27,720	1.08	33,535
5	브라질	266	13,134	2.03	9,570
6	독일	243	33,174	0.73	33,154
7	멕시코	190	10,228	1.86	10,228
8	프랑스	146	25,898	0.56	33,414
9	이탈리아	123	21,016	0.56	29,934
10	캐나다	113	13,299	0.85	35,729
11	스페인	97	14,369	0.68	31,312
12	한국	95	9,698	0.98	24,712

* 광고비 순위 자료는 WARC, 한국과 스페인의 광고비는 《광고연감》, GDP 자료는 World Bank.

원)를 넘어선 이래 계속 증가 추세에 있다. 급기야 1994년에는 세계 10위를 차지하고, 2007년에는 12위를 기록하였다. 아시아 지역에서는 중국, 일본 다음으로 광고비를 많이 쓰고 있음을 알 수 있다. 광고비 대 GDP의 비율을 살피면, 각국의 경제에서 광고 산업이 차지하는 비중을 추론할 수 있다. 미국과 영국은 광고비가 차지하는 비율이 1% 내외로 광고 산업의 비중이 큰 반면, 프랑스나 이탈리아는 0.5% 내외로 비교적 적은 편이다. 그런데 이들 대다수의 국가에서 국민 1인당 GDP는 3만 달러를 넘고 있다(World Bank, 2009). 다만 중국, 브라질, 멕시코, 우리나라가 이에 미치지 못하고 있다.

4) 특수 서비스 제공업자

광고계를 구성하는 또 다른 구성원으로 다양한 전문적인 서비스를 공급하는 회사(*supplier* 또는 *facilitator*)를 빼놓을 수 없다. 전문화되어 가는 광고계의 추세로 이들의 서비스 비중은 점점 더 커지고 있다. 이들을 서비스의 내용에 따라 분류하면 표 1-7과 같다.

이들 가운데 광고대행사와 마찬가지로 프로모션 대행을 해주는 업종이 많이

표 1-7. 특수 서비스 제공업자

종류	서비스 내용
PR 대행사	광고주의 다양한 이해 관계자 집단과의 관계를 관리함.
판촉 · 이벤트 대행사	다양한 판촉*Sales Promotion* 활동 및 이벤트를 기획하고 운영.
매체 전문 회사	매체의 광고를 판매하거나 구매하는 역할을 수행.
인터액티브 대행사	인터넷, CD-ROMs, 쌍방향 TV, 휴대 전화 등의 광고를 기획하고 집행.
직접 마케팅 회사	데이터베이스를 활용하여 직접 우편, 텔레마케팅 등을 이용한 판촉 활동 대행.
프로덕션	영상 광고물의 광고 제작을 책임지고 서비스 제공.
제작 전문 회사	광고 제작에 필요한 부문을 제공하는 회사(원색 분해 · 제판, CM 제작 · 녹음, 인쇄 등).
조사 회사	광고 효과를 비롯하여 소비자, 매체사, 광고주 등에 관한 다양한 형태의 조사 서비스 제공.

존재한다는 사실을 확인할 수 있다. 전술했듯이 마케팅 커뮤니케이션에는 다양한 활동이 있으며, 광고는 그중 일부에 불과하다. 따라서 특정 마케팅 커뮤니케이션 활동을 전문화한 대행사들이 존재한다(물론 일부 종합광고대행사에서는 이런 활동을 전담하는 부서가 따로 있기도 하지만). PR 대행사, 판촉 대행사 등이 그런 사례에 속한다. 특히 PR 대행사는 궁극적으로 조직체와 다양한 공중(또는 이해 관계자)간의 상호 호혜적인 관계에 초점을 맞추고 있다. 이를 위해 프레스 릴리스, 뉴스레터, 로비 등의 활동을 통해 조직체의 호의와 명성, 이미지를 쌓고 있다. 이에 비해 판촉 · 이벤트 대행사는 경품, 무료 샘플 배포, 쿠폰 발행을 비롯하여 전시회, 스포츠 등 각종 이벤트를 기획하고 운영한다. 소비자와 다양한 접점*contact points*을 활용하려는 통합적 마케팅 커뮤니케이션이 강조되면서 이들 대행사도 활발해지고 있다.

또 특기할 만한 곳은 바로 매체 전문 회사다. 전통적으로 종합 광고대행사에서 제공하던 매체 전략 및 집행 서비스에 해당되는데, 최근에는 이 부분이 특화되어 별도의 회사로 성장하게 되었다. 종합 광고대행사에서 이 부문을 일부러 분사시키기도 하지만. 매체 전문 회사는 구체적으로 미디어 렙*media rep*과 미

▶ 광 고 사 랑 방 1-2	**광고비의 해석**

광고비를 분석할 때는 다음과 같은 점에 유의해야 한다. 첫째, 누가 어떤 목적으로 광고비를 계산했는지를 살펴야 한다. 매체사의 경우에는 의도적으로 광고비 매출액을 과장할 수 있다. 그래야 앞으로도 높은 광고 단가를 책정할 수 있기 때문이다. 둘째, 광고비의 기준이 무엇인지를 봐야 한다. 광고비는 광고 취급액(또는 매출액), 광고 수익 등으로 구분된다. 한 예로 신문 광고의 지면 단가가 100원이라고 가정하고, 신문사가 이 지면을 판매했다면, 광고 매출액은 100원이지만, 광고 수익은 85원이다. 15%에 해당되는 15원은 광고대행사의 몫이기 때문이다. 광고대행사 입장에서도 이러한 경우에 100원은 매출액이 되며 수익은 15원이 되는 셈이다. 셋째, 광고비를 산출하는 시기가 서로 틀릴 수 있다. 그러면 동일 시기의 광고비를 비교하기가 어려워진다. 넷째, 국가간의 비교에서는 환율 계산을 해야 하는데 어떤 기준으로 어느 시일에 맞춰서 적용할 것인지에 따라 차이가 발생할 수 있다. 다섯째, 덧뽀 광고(광고 사랑방 1-3 참조)가 있는데, 이를 어떻게 처리하느냐에 따라서도 광고비 산출에 차이가 발생한다. 덧뽀 광고를 포함할 것인지 아닌지에 따라서 광고비의 차이가 생긴다. 이러한 내역이 광고비가 들쑥날쑥한 까닭이다.

▶ 광고사랑방 1-3 | 뎃뽀?

요즘도 신문에서는 신문 지면의 광고를 게재하면서 '뎃뽀를 쏘았다'는 얘기를 종종 한다. 웬 대포? 실상은 이렇다.

뎃뽀는 철포鐵砲의 일본식 발음으로 일제 강점기 시대의 구식 총을 뜻한다. 그런데 옛날 총을 쏘면 총알이 산탄이라 여러 발이 나가지만 명중률은 좋지 않았다. 그래서 쏘아서 맞으면 운이 좋았다나.

아무튼 이 총을 빗대어 신문업계에서는 광고 지면이 남으면 빈 지면을 내보낼 수 없으니 예전에 갖고 있던 광고 동판을 이용해서 돈을 낼 만한 광고주의 광고를 무단 게재하는 관행을 뎃뽀 광고라 한다. 그리고 신문 광고가 나온 후에 광고주를 찾아가 헐값이라도 광고비를 낼 것을 요구한다. 물론 돈을 주는 광고주도 있고, 그렇지 않은 광고주도 있겠지만.

디어 구매 대행사*media buying agency*로 구분할 수 있다. 전자는 특정 매체를 대표해 광고를 판매하며, 후자는 고객을 위해 매체의 시간이나 지면을 구매하는 기능에 초점을 맞춘다. 아울러 전통 매체와는 다른 기술적 특성을 가진 매체의 등장으로 인터액티브 대행사도 등장하였다(온라인 대행사라는 표현도 사용하지만 보다 다양한 매체를 포괄하기에 적합한 용어는 인터액티브 대행사). 인터넷, 휴대 전화, 쌍방향 텔레비전, 키오스크*kiosks*, CD-ROMs 등의 매체 광고를 기획하고 집행하는 것을 전문으로 한다. 그리고 직접 마케팅*Direct Marketing* 회사는 소비자의 직접 반응을 유도하는 것을 목표로 설정한 마케팅을 기획하고 집행한다. 직접 우편을 받아보고 소비자가 경품에 참가한다든가 또는 전화 판매원의 전화를 받고 물품을 구매하는 소비자 행동이 해당된다. 이러한 회사에게는 소비자의 데이터 베이스가 관건이 된다.

또한 광고나 판촉 활동에 도움을 주는 기관으로는 제작과 관련된 프로덕션이나 인쇄 회사, 그리고 각종 조사를 통해 합리적인 의사 결정을 도와주는 조사 회사가 있다. 이외에도 디자인 회사, 모델 에이전시, 컨설팅 회사 등이 직간접으로 마케팅 커뮤니케이션 활동에 기여하고 있다.

5) 소비자

일련의 마케팅 커뮤니케이션 활동은 모두 소비자를 대상으로 전개된다. 광고든, PR이든, 판촉이든, 궁극적으로는 소비자 집단에 도달한다는 뜻이다. 소비자는 대체로 일반 개인이나 세대가 된다. 그렇지만 반드시 그런 것은 아니다. 경우에 따라서는 사회 전체, 또는 정부나 업체도 소비자가 될 수도 있다. 불경기이지만 희망을 갖자는 기업의 이미지 광고는 우리 사회를 모두 대상으로 하고 있으며, 원자재를 판매하는 회사는 다른 제조 회사들을 소비자로 설정하고 있다. 이처럼 소비자는 다양한 구성원으로 이뤄져 있다.

더욱이 일반 소비자를 대상으로 설정했어도 기업의 마케팅 커뮤니케이션 목표에 따라 목표 시장은 이렇게도 나눠고 저렇게도 나뉜다. 386세대가 주요 소비자일 수도 있으며, 실버 세대를 일차 목표로 설정할 수도 있다. 또 소비자는 반응도 다양하다. 같은 10대일지라도 누구는 헤비메탈을 좋아하고, 누구는 발라드를 좋아한다. 참말로 요지경이다. 그래서 소비자를 대상으로 하는 광고학은 기기묘묘할 수밖에.

참고 문헌

광고정보센터 (2009. 3). 〈광고계동향〉.
제일기획 (1998). 《광고연감》.
—— (2008). 《광고연감》.
제일기획 미디어디자인팀 (2009). "광고비 자료."
한국광고주협회 (2008). 《2008 · 2009 광고업계총람》.

Advertising Age, February, 20, 1995; September, 29, 1997; April 27, 1998; April 27, 2009.
American Marketing Association, (Dec., 17, 2007). "AMA Definition of Marketing."

http://www.marketingpower.com/CommunityARC/Page/Additional/Definition

Arens, W.F. (1996). *Contemporary Advertising*. Chicago: Irwin.

Batra, R., Myers, J. G., & Aaker, D. A. (1996). *Advertising Management*. Upper Saddle River: Prentice-Hall, Inc.

Bovee, C. L., Thill, J. V., Dovel, G. P., & Wood, M. B. (1995). *Advertising Excellence*. New York: McGraw-Hill, Inc.

Elliott, S. (Oct. 1, 1999). "Real or Virtual? You Call It," *New York Times*.

Nielsen Company (March 13, 2009). "U.S. Ad Spending Fell 2.6% in 2008," *Nielsen Reports*. http://www.nielsenmedia.com/nc/portal/site/Public/menuitem

TNS Media Intelligence (2009). http://www.tns-mi.com/news.

Wells, W., Moriarty S., & Burnett, J. (2006). *Advertising: Principles and Practice*. Upper Saddle River: Pearson Education, Inc.

World Advertising Research Center (2008). "Top 10 countries by advertising expenditure, 2007." http://www.warc.com/LandingPages/Data/Adspend/AdspendByCountry.asp

World Bank (April 24, 2009). "Gross domestic product." http://siteresources.worldbank.org/DATASTATISTICS/Resources/GDP.pdf

2장 광고 역사

이 장에서는 광고가 역사적으로 어떻게 발전되어 왔는가를 살펴본다. 흔히 얘기하듯이 과거를 앎으로써 현재를 평가하고 미래를 예측할 수 있지 않을까? 세계의 광고 역사를 전체적으로 개관하고, 이어서 한국과 미국의 광고를 소개함으로써 양국의 광고 발전 상황을 서로 비교할 수 있는 기회를 갖도록 한다.

1. 광고 역사의 개관

1) 역사적 구분

역사는 우리에게 '왜'라는 인식과 더불어 현상을 깊이 이해할 수 있게 해준다. 뿐만 아니라 앞으로의 변화를 준비하는 데도 유용하다. 광고 역사를 이해하는 중요한 이유들이라고 할 수 있다(광고 사랑방 2-1 참조).

먼저 자세한 광고 역사를 살펴보기 전에 큰 그림을 이해하는 것이 중요하다. 그런 의미에서 광고의 역사를 세 단계로 나누면 표 2-1과 같다(Russell & Lane, 1990).

표 2-1. 세계 광고의 시기 구분

시기 구분	내용
고대의 광고	고대 물물 교환에서부터 18세기 중엽까지 판매자와 구매자는 원시적인 방법으로 의사소통을 하였다. 이 시기에는 진흙판, 고지원*town crier*(마을의 공고 사항을 길거리에서 외치는 사람), 선술집 간판 등이 상품과 서비스를 알리는 주요 광고 매체였다. 마케팅 전前 단계.
근대의 광고	1700년대 중엽부터 20세기 초까지는 광고가 많은 사람들에 도달할 수 있게 되었다. 18세기 말의 인쇄술 발달과 산업 혁명이 사회 변혁의 원동력이었던 것이다. 매스 커뮤니케이션의 초기에 해당된다.
현대의 광고	1940년 이래로 광고업계는 세분화된 목표 시장을 발견하고 적합한 메시지를 준비하고 도달시키는 방법을 개선하는 데 힘을 쏟았다. 현대적인 커뮤니케이션 기술이 광고를 돕는 시기라고 할 수 있다.

➤ 광 고 사 랑 방 2-1 | 광고 역사를 살필 때 주의할 점

대부분의 광고 개론서는 역사를 기술하면서 다음과 같은 오류를 범한다(Norris, 1980).

· 광고인과 행위의 에피소드에 치중한다.
· 광고가 등장하고 발전하게 된 사회 · 경제 · 정치적 환경을 소홀히 취급한다.
· 시장이 형성되기 이전의 사회가 존재한다는 것을 인식하지 못한다.
· 고대와 중세 시대의 경제는 현대 자본주의 체제와 다르다는 점을 지적하지 못한다.

특히 산업 혁명 이전과 이후의 환경을 철저히 이해할 필요가 있다. 산업 혁명 이전에는 인구의 90% 이상이 농업에 종사했기 때문에 약간의 잉여 생산물을 팔아서 스스로 생산할 수 없는 필요 물품을 구매하였다. 그야말로 노동은 그 자체가 생활을 영위하기 위한 것이지, 임금을 벌기 위한 것은 아니었다. 그러므로 초창기 신문에 게재된 광고에 대해 '광고 내용이 어떻다'는 묘사는 가능해도 일반 소비자의 생활과 연관시켜 광고의 역할을 묘사하는 것은 과장이다. 왜냐하면 사람들이 생산하는 거의 모든 것을 판매하고, 자신들이 소비하는 모든 것을 구매하는 시대가 되어서야 광고가 그 역할을 하기 때문이다.

2) 고대의 광고 현상

광고란 매우 자연스러운 현상이었다. 광고의 역사를 논하기 이전에 여러분이 강의실에서 휴대 전화를 잃어버렸다고 한번 가정해 보자. 우선 여러분은 잃어버린 강의실에 "휴대 전화 잃어버렸음, 찾아주면 사례하겠음. 연락처 갑돌이 gapdori@korea.ac.kr"라고 간단한 공고문을 부착하는 방법을 머리에 떠올릴 수 있을 것이다. 그렇지 않으면 대학 신문의 분실문 공고란에 광고를 게재하거나.

고대에 살던 선조들도 현대의 우리와 별반 다를 바가 없었다. 인류학자들은 고대 이집트에서 위와 같은 분실 공고의 원조를 발견했다. "도망간 노예를 찾아주면 사례금 지급"이라는 파피루스로 만들어진 포스터다. 또한 기원전 3000년에 제작된 것으로 보이는 바빌론의 진흙판에는 연고를 판매하는 상인과 신발 제조업자에 관한 내용이 적혀 있다. 폼페이의 고대 로마 도시에서는 오늘날과 유사한 정치 광고물도 보인다.

또한 그리스인은 술, 향료, 금속 등을 실은 선박의 도착을 소리쳐서 알리는 고지원에 의존했다. 이러한 고함꾼은 후에 유럽의 여러 나라에서 최근 소식을 소리쳐서 전달해 주었다. 당시의 높은 문맹률을 감안하면, 구두口頭 커뮤니케이션이 주가 된 이유를 짐작할 수 있다.

옥외 광고는 초기 광고의 한 형태로 오래전부터 자리잡았다는 것을 폼페이의 유적을 통해 알 수 있다(그림 2-1). 그리고 문맹률이 높았던 당시에는 그림 위주로 옥외 광고가 만들어졌다. 1614년 영국에서는 옥외 광고가 건물에서 240cm 이상

그림 2-1. 폼페이의 푸줏간 옥외 광고

➤ 광 고 사 랑 방 2-2	현상금 광고의 유래

요즘 우리가 사용하는 현상금 광고*want ad*의 원조는 siquis이다. 이는 고대 로마 시대에서부터 유래되었는데 '누군가 알고 있으면*if anyone knows*'이라는 뜻이다. 물건을 잃어버렸을 때 공고를 내면, 항상 '누군가 알고 있으면, 이런 물건을 찾아주시오'라는 말로 시작하기 때문이다.

벗어나는 것을 금지하였으며, 말을 탄 기사가 지나갈 수 있도록 옥외 간판을 높게 설치할 것을 요구하는 법안도 있었다(Russell & Lane, 1990).

3) 근대 전기의 광고: 인쇄 시대의 개막

인쇄술의 발전은 새로운 수준의 커뮤니케이션을 탄생시켰다(광고 사랑방 2-3 참조). 바로 매스 커뮤니케이션의 새로운 세상이 열린 것이다. 인쇄술이 많은 사람에게 이용 가능하게 되면서 읽고 쓸 수 있는 능력이 증가되었으며, 이는 광고를 고무시키는 역할을 하였다. 광고물이 포스터, 전단, 신문 등에 게재되면서 근대적 의미의 광고가 태동하였다(Wells, Burnett, & Moriarty, 1989).

초기의 인쇄업자는 책을 출판하면서 여분의 페이지를 이용하여 다른 신간 서적을 광고하였다. 그후에는 아라비아로부터 전래된 진기한 음료인 커피를 광고하는 데 여분의 페이지를 사용하기에 이르렀다.

신문의 발달과 함께 광고는 발전하였다. 상인들은 상품이 새로 들어왔나는 내용의 '공고 광고*notice advertising*'를 신문에 게재하였다. 이 광고는 판매 제품이나 가격에 관한 내용은 거의 담지 않았다. 공급되는 상품이 부족해서 단지 상품이 있다고만 이야기해도 사람들이 모여들었기 때문이다.

초창기의 신문은 뉴스레터 형식으로서 1525년 독일의 뉴스 팸플릿에서 인쇄된 신문 광고가 처음으로 등장했다. 물론 이들 신문은 부정기적이어서 1591년의 어떤 신문은 3년 동안의 소식을 한꺼번에 전하기도 하였다.

최초의 영어 신문은 1622년에 발간된 〈위클리 뉴스 오브 런던*The Weekly News*

▶ 광 고 사 랑 방 2 - 3	인쇄술의 발명

광고나 커뮤니케이션 관련 서적에는 으레 인쇄술의 발전을 기술하는 부분이 나온다. 그런데 거의 모든 외국 책들은 아직도 1440년경의 구텐베르크의 인쇄술 발명을 기원으로 설명한다. 그러나 금속 활자를 써서 인쇄한 최고본은 1297년에서 1298년 사이에 우리나라에서 간행된 것으로 추정되는 《심요법문》이다. 다만 현존하는 최고 금속본은 1377년에 간행된 《불조직지심체요철》이지만. 게다가 세계 최고의 목판 인쇄물도 신라 시대의 "무구정광대다라니경"이라는 두루마리 책이다(김민환, 1996).

of London〉이었으며, 1625년에 신문 광고가 처음 등장하였다. 1655년경에는 광고물*advertisement*이라는 단어가 처음 등장하였다. 성경에서는 '알림' 또는 '경고함'이라는 의미로 쓰였으나 후에는 상업적 정보를 알리는 표제로 사용되었다. 미국 최초의 신문 광고는 1704년에 〈보스턴 뉴스레터*Boston Newsletter*〉에 등장한다. "도둑을 잡아 주고, 도난당한 남자 의상을 돌려주면 보상한다"는 내용이었다.

인쇄 시대의 광고 메시지는 단순했고 또 정보 전달이 주된 목적이었으며, 이러한 상황은 1700년대 중반까지 이어진다. 대부분 농촌에 살았고 각 세대는 상대적으로 자급자족하는 편이었다. 즉, 필요한 것은 스스로 재배하거나 만들어 사용했다. 생산 체제는 가족 중심으로 운영되었으며 소규모였던 것이다(Bovee, Thill, Dovel, & Wood, 1995).

4) 근대 후기의 광고: 산업 혁명 시대

그러나 1700년대 중반에 영국에서 시작된 산업 혁명은 이러한 상황을 바꾸어 놓았다. 동력으로 작동되는 도구와 대규모 공장이 등장하였다. 많은 사람들이 도시의 공장에서 일하기 위해 농촌을 떠났으며 자신의 생산품보다는 대량 생산품에 의존하게 되었다. 예전보다 빠르게 더욱 싼 값으로 다양한 물건을 만들 수 있었으며 소비자의 수요가 증대되어 갔다. 이 같은 산업 혁명의 물결은 1800년대 초반에 미국까지 도달하게 된다.

세계의 인구도 1700년대 초반의 6억에서 1800년대 중반에는 12억으로 배가 되었다. 그리고 광고는 생산자와 소비자의 커뮤니케이션을 담당하게 되었다 (Bovee, Thill, Dovel, & Wood, 1995).

1839년에 소개된 사진술은 광고의 신뢰도와 창의성을 제고하는 데 큰 역할을 하였다. 1800년대 중반에는 잡지 광고가 대량 소비를 자극하기 위해 주로 이용되었다. 전신과 전화, 영화 등과 같은 새로운 매체가 등장하였으며 광고대행사도 선보이기 시작했다(광고사랑방 2-4).

➤ 광고사랑방 2-4	광고대행사의 등장

18세기 초 미국(주로 동부)의 신문은 광고의 주요 매체로 등장한다. 특히 서부 개척으로 동부와 서부의 거래가 활발해지면서 광고 물량도 급증하였다. 초반에는 광고물을 우체국에 맡겨 놓으면 신문사가 찾아가서 광고를 게재하였다고 한다. 우체국이 광고대행사의 시조였던 셈이다.

이후 상인(광고주)과 신문의 관계가 복잡해지면서 중간 상인의 등장이 필요하게 되었다. 다시 말하면, 신문의 지면을 사고파는 일을 도와줄 판매원이 요청되었다. 그리하여 1841년 필라델피아에서 파머Palmer가 '신문 지면의 매매를 담당한다*space salesman*'고 공표함으로써 첫 광고대행사가 등장하였다. 그는 신문 지면을 필요로 하는 광고주를 방문하여 계약을 체결하고 그 대가로 신문사로부터 25%의 수수료를 수령했다. 하지만 광고를 계획하거나 제작하지는 않았다. 초기의 광고대행사는 신문 대행사였던 셈이다. 1861년경에는 약 30개의 대행사가 있었다.

1865년에서 1880년 사이에는 지면 도매상*space wholesalers*이 성행하였다. 이는 신문사로부터 싼 가격으로(예나 지금이나 현금으로) 다량의 지면을 구입한 후에 이를 다시 광고주나 다른 광고대행사에 분할하여 소매 가격으로 판매한 것을 말한다. 이때까지 광고대행사는 광고주가 전해 주는 메시지를 단순히 기계적으로 만들어 내는 일에만 전념했다. 그렇지만 1870년대에 들어서면서 광고대행사는 크리에이티브의 주역으로 떠올랐다.

1875년 에이어Ayer는 오늘날의 광고대행사와 같은 형태의 광고회사를 설립했다. 광고 계약제를 제시하여 광고대행사와 광고주가 일정 기간 계약에 의하여 함께 일한다는 개념을 도입했다. 비록 수수료를 광고주에게서 지급받는다는 그의 제안은 받아들여지지 않았으나 광고주와 광고대행사가 계약을 체결해 연대 관계를 맺는 것은 업계로부터 동의를 받을 수 있었다. 그리고 수수료 비율도 15%가 적당한 것으로 받아들여졌다(수수료는 매체사에서 지급받음).

5) 현대의 광고

현대에 이르러서는 각 국가의 경제 제도 및 발전 상황에 따라 광고 산업이 다르게 발전한다. 세계는 크게 세 가지 국가군으로 분류할 수 있다(Baudot, 1989). (1) 제1 세계(선진국), (2) 제2 세계(구 사회주의국가), (3) 제3 세계(라틴 아메리카, 아시아, 아프리카). 이 틀에 따라 간략하게 소개하면 다음과 같다.

먼저, 시장 경제의 기반을 잡은 산업 국가인 제1 세계를 살펴보자. 이들 국가에서는 경쟁적인 시장 기능이 광고에 달려 있다는 점을 인식하였다. 또한 1차, 2차 세계 대전을 치르면서 저렴한 소비재 공급이 이루어지는 데 광고가 기여했으며(특히 라디오 광고), 1950년대에 들어서는 TV를 통해 중산층 대상의 광고와 브랜드의 유행이 자리잡게 된다. 보다 자세한 사항은 미국의 역사를 통해서 살펴볼 것이다.

둘째, 옛 소련과 동구, 중국 등의 제2 세계에서는 광고가 선전과 사회 통합의 도구로 이용되었다. 통제된 유통 구조에 기초할 뿐만 아니라, 유통비는 상품 가치에 포함되지 않는다는 마르크스의 주장이 광고에 대한 철학을 단적으로 보여준다. 그러나 경제 살리기에 나서면서 광고는 그 필요성을 인정받기 시작하였다. 특히 이들 사회주의 국가는 독일의 통일, 동유럽의 자유화, 지속적인 개방 정책으로 새로운 전기를 맞이하고 있다.

소련의 경우, 1920년대 중반 레닌이 '신경제 정책*New Economic Policy*'을 추진하면서 광고를 허용했다. 그러나 스탈린이 집권하면서 상업 광고는 허용되지 않았고, 그의 사후에야 광고는 다시 상업적 도구로 자리잡았다. 1957년 12월 프라하에서는 사회주의 국가들이 모여 '광고 근로자 1차 대회'를 개최하였다. 1958년 8월 소련 회의에서는 광고의 목표를 상품 수요에 영향을 끼치는 것뿐만 아니라 소비자에게 정보와 교육의 기회를 제공하는 것까지 포함한다고 발표했다. 1980년대 후반에는 고르바초프가 개방과 개혁의 기치를 내세웠으며, 1991년에 USSR은 러시아로 재편된다. 푸틴은 석유와 가스 에너지 부국의 강점을 활용하여 러시아 경제를 활성화시키는 데 성공한다(CIA, 2009). 2000년대에는 매년 25%씩 광고 시장이 성장하여 지금은 세계 10대 광고국에 진입하였다(박재희, 2008).

중국 역시 초기에는 중앙 집중식 구매와 할당으로 경제 활동이 이루어졌다. 따라서 광고의 역할은 오랫동안 제한적일 수밖에 없었다. 1949년 중화인민공화국이 건립되면서 국민 경제를 회복시키기 위해 광고 활동이 외국 광고주를 중심으로 한때 성행했다. 그러나 문화 혁명 기간(1966~76)에 광고는 자본주의 사회 병폐라 하여 금지되었다. 이후 1978년 12월 당의 11기 전국 회의에서 '개혁 · 개방' 정책이 채택됨에 따라 광고 산업이 지속적으로 발전하였다(한은경, 1996; CIA, 2009). 시장 지향적 경제는 최근 가속도가 붙어서 지난 5년간 경제 성장률이 연속 10%를 넘어섰다. 중국인의 생활 수준도 극적으로 향상되면서 광고비 총액 기준으로는 세계 5대 광고국에 들어간다. 수요와 공급의 불균형, 지역 간-계층 간 불균형이 시정되면 광고는 더욱 체계적으로 집행되고 급성장할 수 있는 계기를 마련할 것으로 보인다(황승민 · 소화동, 2008).

셋째, 제3 세계 국가에서는 주로 외국의 수입업자들이 근대적 의미의 광고를 전개하였다. 따라서 의약품과 담배 같은 상품이 주류를 이루었다. 제3 세계의 대행사 설립에도 외국의 영향력이 컸다. 1914년 브라질의 첫 광고대행사가 미국인 사업가에 의해 설립된 이래, 1930년대에는 외국 광고대행사가 현지 법인을 설립하기 시작했다. 1920년대 말과 1930년대 초에는 인도에서 외국의 광고대행사들이 속속 설립되었다. 1930년대에는 영국인이 나이지리아에 아프리카의 첫 광고대행사를 설립하였다.

2차 대전 이후에, 많은 제3 세계 국가들이 독립했다. 그후 도시화와 산업화 과정을 거치면서 세계 경제에서 중요한 파트너로 등장한다. 일례로 아프리카 대륙 인구의 25% 이상을 차지한 나이지리아와 이집트는 다국적 기업의 중요한 시장이 되었다. 제3 세계의 상황 전개는 우리나라의 역사를 통해서 더 자세히 살펴보자.

2. 우리나라의 광고 역사

우리나라 최초의 광고를 찾기란 쉽지 않겠지만 초기의 광고는 옥외 광고였을 것이다. 1123년(인종 원년)에 고려에 왔던 송나라 사람이 쓴《고려도경》이란 책을 보면, 개성의 광화문에서 부급관까지의 길 옆에는 시전 건물이 들어섰는데 이 건물에는 상호를 나타내는 간판이 붙어 있었다고 하니까(신인섭, 1986). 이보다 더 시대를 거슬러 올라갈 수도 있겠지만 여기에서는 보다 근대적 의미의 광고 현상에 초점을 맞추었다.

1) 근대 광고의 출현: 1886~1910년

우리나라는 1876년 일본과 강화도 조약을 체결한 후 미국, 영국 등과 차례로 통상조약을 맺었다. 1881년 부산에서 일본인들이 발행한 〈조선신보〉는 창간 초부터 마지막 면에 "본국 광고本局廣告"란을 두어 이 신문의 광고료가 4호 활자 1행 25자 1회에 3전임을 밝혔다. 그리하여 1882년 4월 15일자에 처음으로 '천금단千金丹' 광고를 게재함으로써 정간물에 게재된 최초의 광고로 기록된다(김민환, 1996).

박문국에서는 1883년에 〈한성순보〉를 발행하여 근대 신문의 효시가 되었지만 광고는 없었다. 이어서 1886년에 창간된 〈한성주보〉는 첫호 "본국 광고本局廣告"란에 광고를 권장하는 사고社告를 냈으며, 4호인 1886년 2월 22일자에 세창양행의 광고(그림 2-2 참조)가 처음 등장, 우리나라의 신문에서는 최초의 광고로 기록된다(신인섭, 1986).

1896년 4월 7일 창간한 〈독립신문〉은 국문판 3면에 광고물을 게재하였다(광고사랑방 2-5 참조). 1897년 이후부터는 국문판 4면에 "광고"라는 표제 아래, 영문판 1면과 4면에는 "ADVERTISEMENTS"라는 표제를 붙여서 광고를 게재하였다. 이후에 등장한 〈제국신문〉, 〈황성신문〉, 〈대한매일신보〉 등도 모두 광고를 게재하였다.

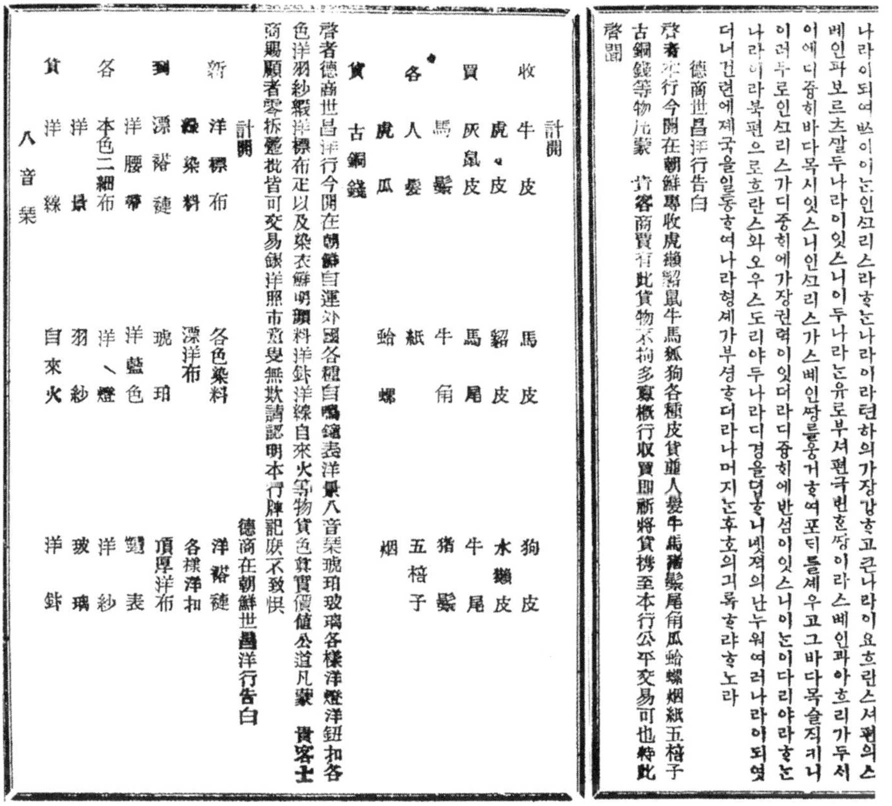

나라이되여 쓰이이는인쇠리스라ᄒᆞᄂᆞᆫ나라이라텬하의가장강ᄒᆞ고큰나라이요ᄒᆞ란스셔편의스
베인파보르츠갈두나라이잇스니이두나라ᄂᆞᆫ유로부셔편국번ᄒᆞᆫ짱이라스베인파아ᄒᆞ리가두셔
어에디즁히바다목시잇스니인쇠리스가스베인짱를웅거ᄒᆞ여포티를셰우고그바다목슬직키니
이러ᄒᆞ로인쇠리스가디즁히에가장권력이잇더라디즁히에반셤이잇스니이ᄂᆞᆫ이다리야라ᄒᆞᄂᆞᆫ
나라이라북편으로ᄒᆞ란스와오우스도리야두나라디경을뎝ᄒᆞ니녯적의난누워여러나라이되엿
더니건련에제국을일통ᄒᆞ여나라형셰가부셩ᄒᆞ더라나머지ᄂᆞᆫ후호의긔록ᄒᆞ랴ᄒᆞ노라

德商世昌洋行告白

啓者本行今開在朝鮮專收虎獺貂鼠牛馬狐狗各種皮貨並人髮牛馬猪鬃尾角爪蛤螺烟紙五棓子古銅錢等物凡蒙 貴客商賈有此貨物不拘多寡槪行收買即祈將貨携至本行公平交易可也特此
啓聞

計開

收 牛皮 馬皮 狗皮
買 虎皮 貂皮 水獺皮
灰鼠皮 馬尾 牛尾
馬鬃 牛角 猪鬃
各 人髮 紙 五棓子
虎瓜 蛤螺 烟
貨 古銅錢

啓者德商世昌洋行今開在朝鮮自運外國各種自鳴鐘表洋景八音琴琥珀玻璃各樣洋燈洋鈕扣各色洋羽紗羽緞洋標布疋以及染衣鮮明顔料洋針洋線自來火等物貨色眞實價値公道凡蒙 貴客士商賜顧者零拆躉批皆可交易銀洋照市價覈無欺請認明本行牌記庶不致悞

德商在朝鮮世昌洋行告白

計開

新 洋標布 各色染料 洋褡褳
綠染料 漂洋布 各樣洋扣
到 漂褡褳 琥珀 頂厚洋布
洋腰帶 洋藍色 鐘表
各 本色二細布 洋丶燈 洋紗
洋景 羽紗 玻璃
貨 洋線 自來火 洋針
八音琹

그림 2-2. 최초의 우리나라 신문 광고

덕상은 독일 상인이라는 뜻이며, 세창양행은 1883년 독일인 메이어가 세운 무역 상사이다. 그 내용은 세창양행이 조선에서 개업하여 소가죽, 호랑이 가죽, 머리카락 등을 사들이며 외국에서 들여온 자명종 시계, 서양 바늘, 서양 성냥 등을 판매한다는 것이다.

1910년경에는 한성광고사漢城廣告舍가 생겨서 신문이나 잡지의 광고를 취급했는데, 우리나라 광고대행사의 효시였다(신인섭, 1986). 전반적으로 이 시기의 광고는 국내 자본가가 성숙하지 못한 관계로 대부분 외국인 상업 자본가에 의해 점유되었다.

▶ 광 고 사 랑 방 2-5 | **〈독립신문〉의 광고**

"국문 신문을 끼고 거리를 다니는 풍경과 각 점포마다 이 신문을 펴놓고 읽는 광경이란 1896년 이래 새로운 현상이었다(〈동아일보〉, 1994. 10. 17)." 〈독립신문〉의 대중성을 짐작케 하는 기록이다. 발행 부수는 1898년 1월의 약 1500부로부터 11월경에는 최고 3000부까지 이르렀는데, 당시에는 신문을 돌려 읽었기 때문에 실제 독자 수는 더욱 많았을 것으로 추정된다.

〈독립신문〉은 광고를 신문 경영의 중요한 재원으로 인식했는데, 당시의 광고료 수입이 월 600원으로 전체 수입 5644원의 10.6%를 차지했다(신용하, 1974). 광고 요금도 기간과 크기에 따라 할인해 주었다. 1899년 6월 1일 국문판에 고지된 광고 요금 변경은 다음과 같다. 1단은 횡3단의 지면 체제에서 횡1단을 뜻한다.

광고 요금표

기간 \ 크기	1단의 28행(1단 전단)	1단의 14행(1/2단)	1단의 7행(1/4단)
1년	40원	20원	16원
6개월	24원	12원	10원
1개월	5원	3원	2원
1주(6일)	1원 50전	1원	75전
1회	50전	30전	20전

〈독립신문〉에 게재된 광고 비중은 '도소매/유통'이 19.5%, '서비스'가 15.4%, '은행 / 금융 / 보험'이 9.3%의 순으로 나타났다(총 508건의 광고 표집 가운데). 당시에는 3차 산업이 광고 상품의 주류를 이루었다고 볼 수 있다(김광수 · 남인용, 1996).

2) 일제 강점기 시대의 광고: 1910~1945년

한일 병합 이후 우리말 일간지는 총독부의 기관지로 바뀐 〈매일신보〉만이 남았다. 그렇지만 3 · 1 운동 이후 식민지 정책이 문화 정치로 바뀌면서 1920년에 〈조선일보〉, 〈동아일보〉, 〈시사신문〉이 창간되었다. 이들은 광고부를 두어 광고 유치 활동을 벌였다. 당시에는 대체로 광고가 지면의 30%를 차지했으며, 신문사 전체 수입 가운데 광고가 30~40% 정도였다. 전쟁 말기에 이르러서는 수입의 비중

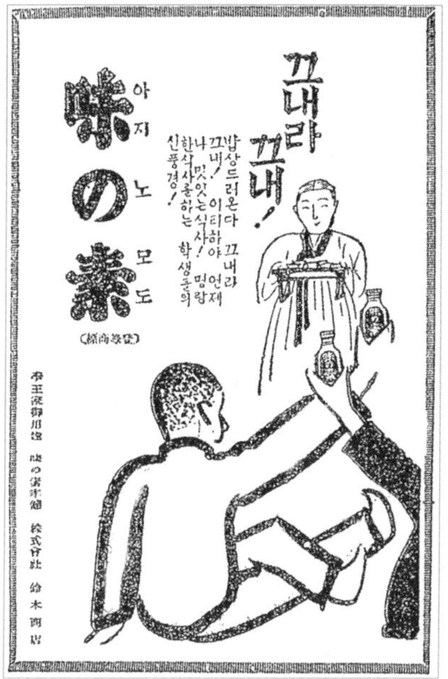

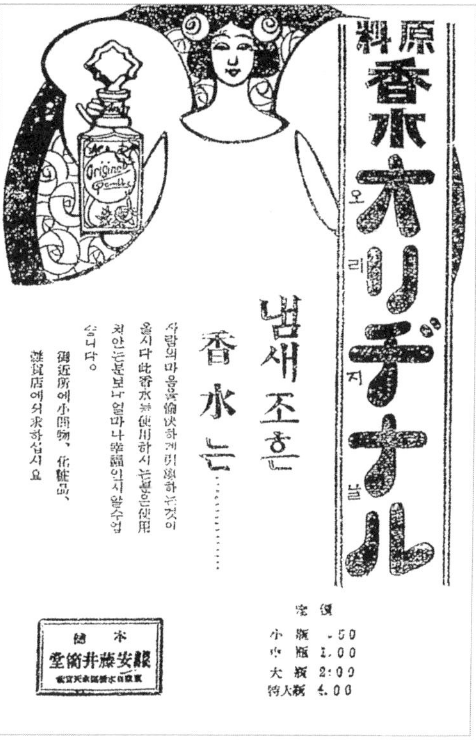

그림 2-3. 일제 강점기 시대의 광고

아지노모도 조미료, 오리지나루 향수

이 25% 정도로 떨어졌지만(강양욱, 1988).

〈동아일보〉에 게재된 광고 내용을 살펴보면, 조선 상품이 25%, 일본 상품이 68%, 미국 상품이 6% 정도를 차지했다. 이는 국내 자본의 기업이 미약했을 뿐만 아니라 우리나라가 계속 일본의 소비 식민지 역할을 하였음을 밀해 준다.

1925년 무렵부터 한국 신문에 일본 광고가 더욱 증가했는데, 그만큼 일제의 경제 침략이 극성을 부렸음을 알 수 있다. 주로 잡화, 약품, 화장품을 중심으로 광고가 전개되었다. 당시의 광고 요금은 1행(1단이 110행)에 60전이었으며 할인 관례가 있었다. 그리고 의약품 광고 가격이 다른 영업 광고보다 싼 요율의 적용을 받는 관례가 이때부터 비롯되었다.

〈동아일보〉는 1925년 8월 1일에 게재된 잡지 〈개벽〉 광고 때문에 신문 배포가 금지되는 시련을 겪는다. 1930년대에는 '포드' 자동차 광고도 등장했으며, 약품 광고 가운데 성병이나 정력제와 관련된 의약품들이 많았다. 우미관, 단성사, 조선극장 등의 연예 광고가 본격적으로 시작된 것도 1930년대 초의 일이고 보면 당시의 암울한 사회상에 대한 반작용을 보는 듯하다.

3) 광고 기반 조성기: 1945~1969년

1950년대는 일본 산업 자본가가 철수하고 국내 광고주는 아직 광고 물량을 공급할 정도로 성숙하지 못한 단계였다. 그러면서 신문사의 광고 수입도 급격히 줄어서(약 20% 정도) 거의 지대 수입에 의존할 정도였다(김민환, 1996). 그러나 6 · 25가 끝난 이후에 하강세를 극복하기 시작한다. '단사(댄서) 지급至急 모집' 광고가 등장했는가 하면, '위스키'와 '휘스키'의 광고 경쟁이 치열해지기도 하였다. 1954년에는 백설표설탕, 1957년에는 삼양설탕이 선보인다.

1955년 신문 발행 부수를 보면 〈동아일보〉가 17만 부, 〈경향신문〉이 10만 부, 〈한국일보〉가 6만 5000부 정도였다. 광고료는 1단 1행을 기준으로 했는데, 1단은 170행으로 구성되었다. 〈한국일보〉는 '광고 상담소'를 운영하였을 뿐만 아니라 1959년에는 '광고 윤리 요강 및 게재 기준'도 발표했다.

그림 2-4. 1950년대 중반의 광고

럭키치약

1954년 12월 5일에 CBS(기독교방송)가 창설되었고 1956년 5월 12일에 HLKZ–TV가 출현하였다. 그렇지만 당시 국내에는 31대의 텔레비전 수상기밖에 없었다. 1961년의 KBS(1969년부터는 순수 관영 방송으로 전환하여 상업 방송 중지함), 1964년의 DTV(동양텔레비전으로 TBC–TV의 전신)가 광고를 방송하였다. 그렇지만 수상기 보급이 너무 적어 텔레비전 시대가 도래한 것은 아니었다. 1969년 MBC가 개국함으로써 TV 3국 시대가 열렸고 방송의 위력은 1970년대부터 시작된다.

1960년대에는 경제 개발 계획이 진척되었다. 1962년 조립 생산차인 새나라가 선보였으며, 1963년에는 신진자동차가 일본 도요타와 손을 잡고 코로나를 생산하였다. 맥주는 한 병에 100원이 넘어서 소주, 약주, 청주에 비해 사치스러운 술에 속했다. 당시 극장의 입장료가 70원이었으니. 1963년부터는 삼양이 10원짜리 라면을 국내에 처음 선보여, 미원과 함께 식탁 문화에 변혁을 가져왔다. 또한 모나미볼펜이 1회용 문화의 시작을 선포한다(신한종합연구소, 1991).

초기의 광고는 상표를 강조하기 위해 연호와 최고의 형용사를 동반하는 것이 특징이었다. 활 활 활명수, 무궁 무궁 무궁화표, A ABC가 최고야 등. 오늘날과는 달리 상표 이름을 지을 때 'ㅇㅇ표'라고 이름에 '표'자를 붙였다. 샘표간장, 닭표간장, 말표고무신, 왕자표신발, 곰표밀가루, 번개표형광등, 삼표연탄 등등.

1968년에는 우리나라 최초로 광고비가 92억 원으로 집계되었으며, 1969년의

그림 2–5. 초기의 방송 광고
1956년 '깨어지지 않는 유니버셜 레코드' 광고가 HLKZ–TV를 통해 방영되면서 우리나라 방송 광고의 역사는 시작된다. 초반기의 텔레비전 광고는 글과 그림이 모두 손으로 작성된 슬라이드였으며 시간은 보통 40초였다. 광고의 코멘트는 아나운서가 생방송으로 진행하였고 1회 비용은 3500환 정도였다. 주요 광고주는 천도제약, 오레올시계, 수도피아노, 제일모직, 동양전파사, 정금사, 금성캬라멜, OB맥주, 크라운맥주 등이었다.

➤ 광 고 사 랑 방 2-6	한국 최초의 라디오 광고 노래

1959년 서광주조는 부산 일대를 중심으로 낙동강소주를 판매했는데 판매는 부진했다. 이를 타개하기 위해 상호를 진로소주로 바꾸고, 두꺼비 상표를 붙인 후에 광고 노래도 제작하였다. 그리하여 1959년 11월부터 부산 MBC 라디오 방송국을 통해 우리나라 최초의 광고 노래가 흘러 나왔다.

> 야야야 야야야 차차차/야야야야 야야야야 차차차/진로 진로 진로 진로/향기가 코 끝에 풍기면 혀 끝이 짜르르하네/줄줄 진로소주 한 잔이 파라다이스/가난한 사람들의 보너스/진로 한 잔이면 걱정도 없어/진로 한 잔 하고 카 하면/(어허 기분이 좋아요) 진로 파라다이스

광고 노래가 첫 방송된 후 1년 만에 판매가 25배나 늘어나서 연간 매출고가 25만 상자(1상자는 2홉들이 40병)가 되었다. 이듬해엔 33만 상자, 그다음 해에는 45만 상자. 게다가 진로의 최대 라이벌이었던 삼학소주가 1966년 탈세 사건으로 쓰러지자 진로는 순식간에 소주 천하를 이루었다(한국광고단체연합회, 1996).

매체별 광고비 비중은 신문이 약 50%, 라디오가 20%, 텔레비전이 10%를 차지하였다다(김민환, 1996). 1969년 10대 광고주는 동아제약, 한일약품, 한독약품, 유한양행, 종근당, 해태제과, 럭키화학, 영진약품, 일동제약, 한국화이자 순이었다. 가히 1960년대는 제약 광고의 시대라고 할 수 있다.

또한 합동통신사의 광고 기획실, 만보사, 애드코리아 등의 광고대행사가 출현하고 이들에게 광고를 맡기는 광고주들이 늘었다. 이들은 본격적인 광고대행사 시대를 알리는 전령사였던 셈이다.

4) 광고 성장기: 1970~1990년

유신으로 점철되던 사회 상황과 달리 경제는 정부의 지원으로 그 규모가 크게 늘었다. 이런 요인은 광고 산업에도 영향을 끼쳐 1970년대 광고 시장은 폭발적으로 증가한다. 총 광고비가 1970년에 100억, 1973년에 200억, 1979년에는 2000억을 넘어섰다.

그렇지만 생산과 유통이 아직 현대적이지 못했다. 한 예로 당시 청자 담배는 상류층의 상징이었는데, 다방(커피 한 잔에 100원)이나 살롱의 단골 손님이 아니면 구하기가 어려웠다.

1970년대는 '텔레비전 시대'라고 명명할 수 있다. 1969년에 12만 대에 불과했던 텔레비전 보급이 1979년에는 480만 대에 이르렀기 때문이다. 그리고 1978년 조사에 의하면 신문 접촉 시간이 평균 30분인 데 비하여 텔레비전은 1시간 이상으

그림 2-6. 〈동아일보〉 백지 광고 사태

1974년 12월 20일 이후 갑자기 광고주들이 줄줄이 광고를 해약했다. 그래서 〈동아일보〉는 백지 또는 격려 광고로 지면을 채웠으며 동아방송은 광고 없는 방송을 해야 했다. 이러한 배경은 다음과 같다. 10월 유신의 억압 정치가 계속되자, 1974년 10월 24일을 기점으로 〈동아일보〉, 〈조선일보〉, 〈한국일보〉에서 외부 간섭을 거부하는 자유 언론 실천 선언이 메아리쳤다. 그러나 정부는 광고주에게 압력을 넣어서 〈동아일보〉에 광고를 싣지 못하도록 탄압했던 것이다. 이른바 '〈동아일보〉 백지 광고 사태'이다. 이 같은 탄압은 121명의 〈동아일보〉 언론인과 33명의 〈조선일보〉 언론인을 해직시킨 이후인 1975년 7월 16일에야 끝나게 된다. 그러나 아이러니컬하게도 이 기간에 언론사의 광고 수입은 폭증했다(신인섭, 1986).

로 조사되어 신문보다 더 사랑받는 매체로 부상했음을 알 수 있다. 그렇지만 신문도 부수 확장에 박차를 가하였다. 1978년 12월 〈중앙일보〉는 발행 부수 100만 부를 돌파했다고 발표하였고, 1979년 2월에는 〈조선일보〉도 100만 부 발행을 공개한다.

1970년대는 광고대행사가 정착되는 시기로 광고대행사가 양적, 질적으로 발전하였다(김민환, 1996). 1970년대 후반부에 이르러서는 광고 창작의 중심이 광고대행사로 이행된다. (주)오리콤, 제일기획, 연합광고의 3대 광고대행사는 1979년 총 광고비의 24.4%에 달하는 413억 원을 집행하였다.

과거에 비해 제약 회사의 광고 비중이 감소된 것도 중요한 변화였다. 이에 비해 식품, 화장품, 가전 제품, 섬유, 의류 등이 급속도로 성장하였다. 1976년에 드링크류의 광고가 중단되는 등 제약 광고에 대한 규제 탓도 있었지만.

1980년에는 짓밟힌 '서울의 봄' 이후 언론 통폐합이 뒤따랐다. TBC 방송국이 1980년 11월 30일을 마지막으로 고별 방송을 하였다. 곧이어, 다음 날인 12월 1일부터 KBS를 필두로 컬러 방송이 시작되었다. 텔레비전 광고의 컬러화는 광고대행사와 텔레비전 광고 제작사인 프로덕션사가 분업하는 계기가 되었다. 광고대행사는 전략 등의 기획을 전담하였고, 그다음의 제작 단계는 프로덕션이 떠맡게 된 것이다.

한국방송공사법이 개정되어 1981년 3월 7일부터 KBS가 상업 광고를 시작하였다. 또한 언론 통폐합으로 한국방송광고공사가 발족되어 1981년부터 광고 시

➤ 광 고 사 랑 방 2-7	1970년대의 광고 노래

1970년대는 광고 노래가 대중 가요를 압도할 정도였다. 코카콜라의 "오직 그것뿐," 해태의 "12시에 만나요 부라보콘"이나 "맛동산 먹고 즐거운 파티," 빙그레 퍼모스트의 "먹고 싶은 마음, 주고 싶은 마음," 오란씨의 "하늘에서 별을 따다, 하늘에서 달을 따다," 농심의 "형님 먼저, 아우 먼저," 오리온제과의 "줄줄이 사탕" 등이 선을 보였다(한국광고단체연합회, 1996). 오죽하면 학생들의 소풍이나 직장인의 야유회에서 광고 노래 부르기 게임을 하였을까.

간의 영업을 독점 대행할 뿐만 아니라, 광고대행사를 인정하는 권한과 함께 방송 광고물도 심의하게 된다. 1989년 2월에 방송 광고물 심의는 방송위원회로 이관되었다.

1981년에는 일간지가 8면에서 12면으로 증면되었다. 1986년 〈조선일보〉는 발행 부수가 179만 부임을 공개하였다. 1987년 정간물 등 등록에 관한 법률로 인쇄 매체는 허가제에서 등록제로 변경되었다(임영태, 1998). 이에 따라 서울올림픽이 개최된 1988년에는 〈한겨레신문〉이 창간되는 등 신규 매체가 급증하였다. 1989년에는 한국ABC협회가 설립되어 매체에 대한 과학화 움직임의 발판을 마련하였다.

1980년대 초반에는 대기업 계열의 광고대행사가 대거 등장하는 시기이기도 하다. 해태그룹의 코래드, 현대그룹의 금강기획, 롯데그룹의 대홍기획, 태평양그룹의 동방기획 등.

1984년의 10대 광고주는 태평양화학, 금성사, 삼성전자, 대우전자, 럭키, 농심, 제일은행, 유한양행, 삼양식품, 해태제과 순이었다. 1986년에는 대우전자가 국내 최초로 비디오테이프에 15~60초씩 광고를 삽입하였다.

5) 광고 시장의 개방과 국제화: 1991년~현재

외국 기업에 대한 광고 대행업이 금지 업종에서 제한 업종으로 변경 고시된 것은 1987년. 그리고 1991년에는 광고 대행업이 외국인 투자 자유 업종으로 전환됨으로써 광고 시장이 개방되었다. 외국의 광고대행사가 국내 시장에 진출하는 형태는 표 2-2와 같이 네 가지로 구분할 수 있다(유재홍, 1993; 염성원, 2004).

국내 광고 시장의 개방은 국제적 수준의 광고 관행과 지식을 배울 수 있다는 점에서 경쟁력이 강화될 수 있는 계기로 평가되고 있으나 다음과 같은 우려도 제기된다.

표 2-2. 외국 광고대행사의 국내 진출 형태

구분	내용	사례
제휴	업무 등에서 협조 관계	웰콤은 2003년 영국의 사치앤드사치Saatchi and Saatchi와 업무 제휴
지분 참여	기존의 국내 광고회사에 자본을 투입하여 일정 지분을 확보	태평양 계열의 동방기획은 2000년에 지분 50.1%를 미국의 BBDO에 매각하여 BBDO동방으로 변경(이후 BBDO코리아)
합작 투자	국내 회사와 공동 출자하여 새로운 광고회사를 설립	KTB(한국종합기술금융)와 JWT은 2000년에 49 대 51의 비율로 공동 출자하여 톰슨디지털KTB를 설립
단독 투자	외국 회사가 독자적으로 설립하여 완전 소유	프랑스의 아바스Havas는 1997년 100% 투자하여 유로 넥스트를 설립

· 국내 광고계 잠식: 다국적 대행사의 영역 확장으로 국내 대행사 및 제작 관련업체의 시장 점유율 감소

· 국내 산업 시장 잠식: 시장 개방으로 다국적 기업의 국내 진출 활발

· 문화 침투: 서구적 가치관의 팽배로 인한 부작용 및 문화 정체성 확립의 어려움 등

이러한 우려가 초기에는 심각하지 않았다. 우리나라에서는 계열 광고회사가 지배적이기 때문이다. 비록 1997년 말 외환 위기의 여파로 2002년까지는 많은 국내 광고회사가 외국 자본의 손에 넘어갔으나, 2004년부터는 다시 계열 광고회사를 설립한 것도 우려를 잠재웠다. 외국 광고대행사는 계열 광고회사의 모기업 광고를 수주하기 어려우므로 이들이 공략할 수 있는 시장은 매우 제한적이라는 것이 그 이유였다. 게다가 1994년 방송광고대행인정제도가 허가제에서 등록제로 전환되면서 국내 광고회사가 급증하였다(김민기, 2001).

그렇지만 다국적 광고회사의 국내 광고 시장 점유율은 점차 증가하고 있다. 1997년에는 5.0%에 불과하였으나 2000년에는 33.3%로 대폭 증가하였다(염성원, 2004). 국내 기업이 해외 진출을 하면서 외국 광고회사의 글로벌 네트워크와 해외 시장 분석 능력이 필요했기 때문이었다. 따라서 개방화와 국제화 시대에 상응하

는 국내 광고대행사의 경쟁력이 요구되는 상황이라고 할 수 있다.

사실 우리나라의 경제는 1990년대에 세계의 시장 경제화가 강화되면서 외국 의존도가 심화되어 갔다. 1993년을 제외하고는 1990년대에 경상 수지가 모두 적자로 나타난 것도 이를 뒷받침한다(이헌창, 1999). 그럼에도 불구하고 국내 시장은 내수 확대로 치달았다. 1991년부터 가전사의 광고비 비중이 커지는 것도 궤를 같이한다. 대우입체냉장고탱크와 삼성냉장고문단속, 삼성손빨래세탁기와 LG카오스세탁기, 세진컴퓨터랜드와 삼성매직스테이션의 경쟁이 1990년대 중반의 광고비를 주도하게 되었다. 현대자동차, 기아자동차, 우리자동차판매(대우) 등도 10위권 내외에서 머무르면서 광고비의 견인차 역할을 했다.

하지만 이런 성장세는 1997년의 외환 위기로 위축된다. 많은 기업의 부도로 대량 실업이 발생하고 경기가 침체되면서 광고비 역시 대폭 감소되었다. 주요 매체의 광고비는 마이너스 성장을 기록했으며 광고회사는 유례없는 구조 조정을 단행하였다.

그렇지만 정보 통신 부문의 성장 덕분에 우리나라는 경제 위기를 빨리 극복하게 된다. 광고계도 예외는 아니었다. 기존 이동 통신 이외에 1997년에는 인허가를 앞둔 PCS 광고가 활발하게 전개되었다. 사실 1997년 광고를 가장 많이 한 10대 브랜드를 살피면 이동 통신과 단말기 회사가 다수였다. 2000년대 초반에도 컴퓨터 · 정보 통신 업종이 1위를, 식품 업종과 금융 · 보험 · 증권 업종이 2위와 3위 다툼을 지속한다.

방송 매체의 상황을 살피면, 1990년 평화방송과 불교방송의 종교 방송이, 1991년에 SBS-TV가 개국하면서 방송 광고의 적체 물량이 해소되기 시작했다. 1994년에는 KBS-1TV의 광고가 폐지되었다. 특히 1995년과 1997년에 걸쳐 지역 민방이 개국되면서 SBS는 네트워크를 가동하게 되었고, 국내 방송은 공민영 혼합 체제를 구축하였다(김민환 · 김광수, 2001). 2000년에는 EBS가 독립 공사화가 되면서 방송 매체의 광고 물량 증대에 기여하였다. 그러나 2000년부터는 케이블TV의 광고비가 증가하는 폭만큼, 방송 광고비가 감소하는 현상을 보인다(박정래, 2006).

그림 2-7. 최근의 방송 광고
SK텔레콤

더욱이 2008년에 불어 닥친 세계 경제의 침체는 방송사의 광고 매출 급감으로 이어진다.

인쇄 매체는 1980년대 후반부터 허가제에서 등록제로 변경됨에 따라 일간지가 대폭 늘어났다. 1992년에는 112개, 2007년에는 281개로 일간지의 등록 수가 증가했다. 그렇지만 광고비 매출은 이러한 양적 팽창을 뒤따르지 못했다. 1990년대에는 여론에 끼치는 영향력 덕분에 매체 중에서 광고비 점유율 1위를 차지하였으나, 2000년대에 들어서면서 텔레비전에 그 자리를 내주었다. 특히 역세권을 중심으로 배포되는 무가지의 영향력도 간과할 수 없다. 2002년 5월 창간된 〈메트로〉를 필두로 일련의 무가지는 통상 40~50만 부 내외를 배포한다. 이에 따라 스포츠지 뿐만 아니라 주요 일간지도 타격을 받았다. 물론 신문사도 자구책을 강구하였다. 1993년에는 조간 체제로 전환하였으며, 1995년부터는 가로쓰기를 채택하였고, 2002년부터는 유료 부수를 공개하였다. 그러나 2003년부터는 신문의 광고 수주가 전반적으로 감소하면서 광고 성수기(3~6월, 추석~연말)와 비성수기(7~8월)의 유형도 무너진다(박정래, 2000, 2002, 2004)

잡지는 더욱 다양해졌다. 기존의 미혼과 기혼 여성지 카테고리 분류에서 탈피하여 생활 정보지, 미혼 여성지, 패션 미용지, 종합 여성지 등으로 세분되었다. 아울러 〈에스콰이어〉와 같은 남성지, 〈씨네21〉을 비롯한 문화 정보지, 〈한겨레21〉 등의 시사 주간지가 창간되면서 다양한 전문지가 1995년에 등장하였다. 2000년에는 〈코스모폴리탄〉(한국판)과 같은 라이선스형 잡지와 〈노블레스〉처럼 상류층을 대상으로 하는 프리미엄 무가지도 탄생하였다.

뉴 미디어에서는 케이블 텔레비전과 온라인이 괄목할 성장을 이뤘다. 먼저 1995년 3월부터 시작한 케이블 방송을 살펴보자. 초반에는 일부 PP(Program Provider)의 경영 악화로 매각 및 합병이 일어나는 등 혼선을 겪었으나, 2005년에는 시청 가구 1350만을 확보하고, 케이블 텔레비전의 상위권 PP가 선전하면서 광고 매체로서의 위상을 확립한다. 2007년에는 8297억 원의 광고 매출을 기록해 지상파 방송사 2조 1000억 원의 40%에 육박한다(박정래, 2001, 2006; 황학익, 2008). 온라인에서는 세대교체가 발생한다. 1990년대에는 온라인의 1세대인 PC통신이 우세하였다. PC통신 이용자가 1997년에는 300만 명을 넘어섰다(박정래, 1998). 그렇지만 1999년부터는 온라인의 2세대인 인터넷이 비약적인 발전을 거듭한다. 1998년에 100억 원에 불과하였던 인터넷 광고비는 2000년에 1150억 원을 기록하여 210억 원의 PC통신을 앞질렀다. 방송국, 신문사, 잡지사들도 모두 온라인 미디어 사업을 시작하였으며, 2003년부터는 검색 광고의 수익 모델이 등장하면서 지금은 인터넷 광고비의 55%를 차지하게 되었다(박정래, 2000, 2001, 2006).

2000년에 들어서는 옥외 광고도 급신장하였다. 2002년 월드컵 기금 마련 야립 광고, 신공항 광고, 극장 광고, 교통 광고가 확대되었기 때문이다. 광고비를 추산하는 《광고연감》에서도 2005년부터는 옥외 광고를 별도로 취급하기 시작했다(박정래, 2002).

매체와 마찬가지로 마케팅 차원에서도 시장 세분화가 전개되었다. 소비자는 더 이상 고가·고품질, 또는 저가·저품질로 양분되는 시장 상황에 만족할 수 없었다. 그 빈틈을 이용한 중가 브랜드 전략이 성황을 이루었다. (주)이랜드는 이랜드, 브렌따노, 언더우드 등의 상표로 시장을 공략하였으며, 경림의 미스미스터라는 상표도 중가 구두 시장을 장악하였다. 사회적 세분화는 1990년대에 더욱 진행되어 X세대니 미시족이니 하는 신조어를 유행시킨다. 2000년대에는 휴대 전화를 잘 이용하는 엄지족, 인터넷 의존도가 심한 디지털 유목민이 등장한다. 그리고 소비의 양극화 현상도 심화되고 있다. 저가의 실속 상품과 고가의 명품 브랜드 구매가 동시에 발생하는 것이다. 라면으로 점심을 때우지만 스타벅스 커피를 마시는 된장녀가 등장하고, 매스티지*masstige* 상품이 성행하게 된 배경이기도 하다. 과연 21세기의 우리나라에는 어떤 족이 등장할 것인지, 그리고 광고인들은 이들의 필요와 욕구를 어떻게 충족시킬 것인지?

3. 미국의 광고 역사

1) 1800년대와 1900년대 초반

영국 식민지 시대의 미국에서는 신문이 중요한 매체였으며, 1704년 〈보스턴 뉴스레터*Boston Newsletter*〉에 첫 신문 광고가 등장한다. 옷 가게와 부두에서 도둑맞은 상품을 돌려달라는 내용이었다. 식민지 시대에 있던 약 30종 신문의 광고 지면은 당시 영국 신문과 마찬가지로 알림 성격이 강했다. 1800년까지는 토지, 도망간 노예, 역마차와 같은 교통 광고가 80% 이상을 차지하였다.

미국은 19세기에 농업 국가로 시작하여 19세기 말에는 산업 국가로 발돋움하게 된다. 특히 남북 전쟁(1861~1865) 이후에는 수백만 명의 남자가 집으로 돌아왔고 그들의 상처를 치료할 약이 필요했다. 그리하여 1870년대에 가장 큰 광고주는 특허 의약 광고주로 19세기 말까지 중요한 비중을 차지한다. 여기에서 '특허'란 성분이 특이해서가 아니라 식민지 시대부터 영국 왕실과 연관되어 있다는 전통을 강조하는 의미로 사용되었다. 그리고 19세기 말에는 대량 배포되는 잡지가 중요한 광고 매체로 부상하였다. 이는 1879년의 우편법Postal Act으로 잡지가 (잡지의 교육적 성격 때문에) 우송료를 할인받은 것도 한 원인이었다(Russell & Lane, 1990).

1885년에 영국에서 성공적으로 판매된 자전거는 미국으로 건너와서도 큰 인기를 끌었는데, 1890~1896년 동안 미국인은 자전거를 사기 위해 100만 달러를 사용하였다. 자동차 광고가 처음 등장하게 된 것은 1895년 11월 〈호스리스 에이지*Horseless Age*〉라는 잡지였으며, 1911년에 이르러서는 전국적인 잡지 광고의 1/8 정도를 차지했다.

그림 2-8. 미국의 초기 광고

당시는 소비자보다 소매상에게 상표명을 알리는 광고에 치중했다. 상표 광고와 함께 등장한 것이 슬로건이었다. 예를 들면 아이보리 비누의 "아이보리는 떠 있습니다*Ivory Soap – It Floats*," "아이보리 비누는 99.44% 순수합니다*Ivory Soap is 99 and 44/100s percent pure*." 위의 그림은 코닥의 "버튼만 누르면 우리가 책임집니다*You press the button, we do the rest*"라는 슬로건의 광고.

1800년대 후반과 1900년대 초반에는 많은 광고가 과장된 주장과 지킬 수 없는 약속을 하였다. 일례로 커피는 모든 질병을 치료해 주는 기적적인 성분이 있단다. 어떤 치통 시럽에는 모르핀이 사용되기도 하였다. 이 같은 상황에 대처하기 위해 1906년 '식품과 의약품에 관한 법Pure Food and Drug Act'이 의회에서 통과되었다. 공중의 건강을 보호하고 광고를 통제하는 최초의 연방법이었다.

이어서 1914년에는 '연방거래위원회법Federal Trade Commission Act'이 제정된다. 이는 기업이 불공정한 방식으로 사업하는 것을 불법으로 규정하고, 이 법에 의해 설립된 연방거래위원회(Federal Trade Commission: FTC)는 점차 오도 광고와 허위 광고 등을 제재하게 되었다. 즉 제재의 초점이 기업에서 소비자로 확대된 셈이다.

1900년대에 들어서면서 제조업자들은 미국의 시장 잠재 가능성과 발전성을 예견할 수 있었다. 대륙 횡단 철도는 대서양과 태평양을 연결했으며, 1900년의 인구는 7600만에 이르렀다. 이 가운데 30% 정도는 이민 온 사람들이었다.

1913년 헨리 포드는 조립 공정 라인에서 작업함으로써 저렴한 가격에 표준화된 자동차를 제작하는 방법을 고안하였다. 이로써 대량 생산이 가능해져 포드 자동차는 경쟁사의 1695달러에 비해 훨씬 낮은 265달러로 판매될 수 있었다. 이 같은 대량 생산은 대량 판매에 기초한 것이므로 광고가 필수적인 수단으로 등장하였다.

그러나 광고와 관련된 여러 관행은 아직 표준화되지 않아서 신문 발행인은 발행 부수가 몇백 부밖에 되지 않음에도 불구하고 수천 부에 이른다고 주장하기도 했다. 그러자 1912년에는 신문 발행인, 광고주, 광고대행사들이 발행 부수에 관한 발행인의 주장을 확인하기 위해서 '발행부수공사(Audit Bureau of Circulation: ABC)'를 설립하였다. ABC에서는 회계 감사와 발행 부수를 공개하는 보고서를 발행한다.

2) 1차 세계 대전과 2차 세계 대전

1917년 신문사는 자신들이 인정한 광고대행사에 대한 수수료를 광고비의 15%로 공표했는데, 오늘날까지 이 관행이 이어진다. 대행사의 인정 기준을 살펴보면 다음과 같다. (1) 신문사의 광고 단가를 광고주에 할인해 주지 않을 것(무할인 조항으로서 이는 1956년 폐지됨), (2) 건전한 재정, (3) 광고 취급 능력 등. 같은 해에 창설된 미국광고대행사협회(American Association of Advertising Agencies: AAAA 또는 4A's)는 광고계의 표준 설정에 오늘날까지도 큰 힘을 발휘한다.

미국이 1917년 1차 대전에 참전하게 되었을 때, 많은 광고대행사와 매체사는 국가에 서비스를 제공하기로 하였다. 그리하여 '공공정보위원회의 광고부Division of Advertising of the Committee of Public Information'에 소속되어 모병 광고를 수행하였다. "All Patriots Will, All Others Must Register, Uncle Sam Wants You." 또한 정부나 광

그림 2-9. 1차, 2차 대전 당시의 광고

▶ 광고사랑방 2-8	포드의 광고
포드자동차사는 18년 동안 검정 모델 'T'를 판매하다가 1927년 12월 새로운 모델을 선보였다. 포드는 새 모델을 광고하기 위해 130만 달러의 비용을 들여 2000개의 신문사에 5일 동안 전면 광고를 게재하였다. 12월 2일 100만 명의 인파가 신형 차를 구경하기 위해 뉴욕의 매장에 몰렸다. 너무 많은 사람이 몰려 그 날 오후에 신형 차는 전시실을 매디슨 스퀘어 가든으로 옮겨야 했다. 광고의 결과는 놀랄 만하였고, 그 날 이후로 소비자는 다양한 색상의 포드를 구입할 수 있었다.	

고주가 사들인 매체에 "Liberty Bonds"(정부의 채권을 구매해 달라는 내용), "Red Cross"(적십자를 지원해 달라는 내용), "Fuel Administration"(석유를 아껴 쓰자는 내용), "Food Administration"(고기와 밀을 아끼자는 내용) 등의 메시지를 제작하여 전달하였다.

1929년 10월 29일 주식 시장이 붕괴되었다. 대공황으로 말미암아 경제는 혼란에 빠져들었다. 광고가 위축되자 광고계는 광고의 효과를 제고하고 신뢰를 확보하기 위한 자구책을 강구하였다. 이러한 움직임은 조사에 초점을 맞추게 되었다. 이때 스타치Starch, 닐슨Nielsen, 갤럽Gallup 등이 각각 마케팅 조사 그룹을 조직하였다(Arens, 1996).

1934년에 대공황이 끝나고 광고는 점차 활발해지기 시작하였다. 금주법이 폐지되자 술 광고도 등장하였다. 이러한 가운데 광고에 영향을 끼친 네 가지 요소가 있었다(Wells, Burnett, & Moriarty, 1989).

(1) 라디오가 주요 광고 매체로 등장하였다. 1930년대 초에는 612개의 방송국과 200만 대의 라디오가 보급되었으나 1930년대 말에는 814개의 방송국과 5100만 대의 수신기로 증가했다.

(2) 1936년에 로빈슨-패트먼법Robinson-Patman Act이 통과되었다. 제조업자가 소매상의 규모와 상관없이 할인과 광고 지원금을 동일하게 제공해야 한다는 내용의 법안이었다.

(3) 의회는 1938년에 휠러-리법Wheeler-Lea Act을 통과시켜 FTC에 광고를 보다 직접적으로 통제할 수 있는 권한을 주었으며, 같은 해에 연방 식품·약물·화장품법Federal Food, Drug and Cosmetic Act을 제정하여 행정부가 이들 상품의 표기와 포장에 통제를 할 수 있도록 길을

터놓았다.

(4) 미국광고대행사협회(4A's)는 1932년에 허위 주장과 과장 광고를 반대하는 윤리 강령을 채택하였다.

또다시 2차 대전이 발발하자 많은 회사들이 광고비를 삭감했으나, 일부 회사는 호의를 쌓아 가는 것이 필요하다고 생각하여 공공의 이익을 위한 광고를 계속하였다. 특히 1차 대전과 상이하게 광고를 전면 중단하는 광고주는 거의 없었다. 물자 부족 시기에도 자사 상표를 유지할 필요성을 인식했던 것이다.

광고계(매체사, 광고대행사, 광고주)는 전쟁광고협의회War Advertising Council라는 기구를 조직하여 정부의 전쟁을 지원하였다. 전쟁 채권 구입, 산불 방지, 부주의한 대화로 인하여 적군에 도움을 주지 않도록 하는 "적이 듣고 있다*The enemy is listening*" 등 다양한 공공 캠페인을 수행하였다. 이러한 일련의 노력은 성공적이어서 전쟁 후에도 공공 이익의 문제를 다루는 역할을 떠맡는다. 바로 오늘날에도 활발하게 공익 메시지를 전달하는 광고협의회The Advertising Council다.

3) 1950, 1960년대

1952년 전국 텔레비전 방송이 시작된 이래로 텔레비전이 중요한 광고 매체로 자리잡기 시작하였다(NBC가 정규 네트워크 방송을 처음 시작한 것은 1939년이었다). 텔레비전 광고 매출액이 1949년에는 1230만 달러였으나, 1951년에는 1억 2800만 달러로 증가하였다.

당시 리브스Reeves(테드 베이츠Ted Bates 대행사 소속)는 "독특한 판매 제안(unique selling proposition: USP)"을 담고 있어야 효과적인 광고라고 보았다. 이는 바로 다른 경쟁자가 제공할 수 없는 중요한 소비자 혜택을 뜻한다. 그의 작품으로는 "M&M's melt in your mouth, not in your hands"(M&M은 손에서 녹는 것이 아니라 입 안에서 맛있게 녹는다는 표현) 등이 있다.

1960년대는 그야말로 크리에이티브의 시대였다. 마케팅 개념에 기초한 명확한 주제로 소비자의 주목을 받는 많은 수작이 나왔는데, 당시를 풍미했던 크리에이티브가 그림 2-10에 제시되어 있다. 광고에는 상품과 관련한 이야기가 있어야 한다고 강조했던 오길비Ogilvy 역시 왕성한 활동을 했다. "시속 60마일로 달리는 롤스로이스에서 들리는 잡음은 시계의 똑딱거리는 소리뿐"이라는 헤드라인이 그의 작품.

1960년대 말부터 FTC는 허위와 오도 주장을 한 광고를 대상으로 정정 광고 *corrective advertising*를 도입하였다. 또한 텔레비전의 발전은 미국인뿐만 아니라 세계인의 생활을 변화시켰다. 1969년 7월 20일 1억 5000만의 미국인을 포함한 지구인 5억 2800만 명이 함께 암스트롱과 앨드린의 달 착륙을 텔레비전을 통해 지켜보게 되었다.

그림 2-10. 1960년대의 미국 광고

멀쩡하게 생긴 차를 레몬이라고 하다니. 레몬은 겉보기는 멀쩡한데 실제는 불량인 자동차를 일컫는다. 이 폭스바겐은 레몬이라 미국에 수출되지 못했다고 광고한다. 왜 레몬인가? 조수석 앞에 있는 서랍에 미세한 흠집이 있어서 교체되어야 한다나. 조사는 오히려 광고에 걸림돌이 되었다고 여겼던 베른바흐Bernbach의 작품

➤ 광 고 사 랑 방 2-9	무할인 조항을 둘러싼 논란

매체사 협회와 대행사 협회 간의 계약에는 광고 단가 무할인*no-rebate* 조항이 있다. 덤핑과 같은 거래 질서 문란을 막기 위한 것이다. 그러나 1956년 미국 법무성은 이 조항이 판매자와 구매자 간의 협의 가능성을 제한하므로 독점 금지법에 저촉된다는 견해를 피력하였다. 법무성은 이런 관행을 중지하면 소송을 취하하겠다고 하여, 무할인 조항은 없어졌다. 비록 15% 수수료율 관행은 지속되었지만.

그리고 광고대행사가 당시의 15% 수수료(모든 매체에 제시된 광고비의 15%라는 뜻) 이외에 별도의 요금*fee*을 광고주와 협의할 수 있도록 조치하였다. 이로 인해 특화된 서비스를 제공하는 회사가 등장하게 되었다.

4) 1970, 1980년대

1970년대 미국 경제는 침체기에 있었기 때문에 기업의 이윤과 업적을 강조했다. 따라서 전통적인 매체에 의존한 광고보다는 단기적 이익에 보다 효과적인 판촉에 집중하였다. 광고를 활용하더라도 소비자의 심리에 호소하기보다는 강압적인 방식으로 메시지를 전달하는 데 치중하였다(Wells, Burnett, & Moriarty, 1989). 이처럼 광고의 효과를 강조하므로 1970년대는 광고의 책임을 묻는 시대*accountability* 라고 한다.

그런 맥락에서 이 시기에는 사회 과학 연구를 광고에 적용하였다. 심리학, 통계학 등의 이론이 광고에 적용되었을 뿐만 아니라, 광고 효과를 측정하고 조사하는 데 초점을 맞췄다. 조사를 강조하다 보니까 혹자는 조사의 시대 또는 포지셔닝*positioning* 시대라고도 한다. 이러한 흐름을 반영한 대표적 사례는 아비스Avis의 광고인 "우리는 2등이지만 열심히 노력한다." 경쟁사와의 위치를 이용해서 소비자의 마음 속에 파고든 광고로 손꼽힌다. 그리고 기만 광고에 대해 법적으로 규제하려는 노력으로 광고의 주장이 입증되지 않으면 안 되었다. 즉 광고하기 전에 광고 내용이 사실인지를 뒷받침하는 자료를 미리 확보해야 했다.

1970년대의 또 다른 중요한 변화는 광역 방송*broadcasting*에서 협역 방송*narrowcasting*으로의 전환이었다. 다양한 방송 기술은 적은 수의 목표 시장에 도달

▶ 광 고 사 랑 방 2-10	강압적 판매와 유화적 판매

광고 전략은 메시지의 강압 정도에 따라 강압적 판매*hard-sell*와 유화적 판매*soft-sell*로 구분될 수 있다. 전자는 말 그대로 강압적이고 직선적으로 전개되는 광고나 판촉을 일컬으며, 후자는 조용하면서 설득적이고 간접적인 방식에 소구하는 광고나 판촉을 의미한다. 어떤 사람이 버스 안에서 물건을 팔면서 "나 별이 다섯 개인데, 이제 착하게 살려고 하니까 껌 좀 하나 사줘"라고 한다면 전자의 사례가 될 것이다. 이에 비해 상품의 장단점이나 이미지를 제시하고 판단은 소비자의 몫으로 남겨 두는 판매 전략은 후자에 속한다.

하는 방법을 가능하게 했다. 이는 대량 판매를 강조하던 이전의 시기와는 대조적이다. 케이블 텔레비전이 대표 사례로 1970년대 말에는 2000만의 시청자를 확보하게 된다.

1980년대에 들어서 경제는 호황으로 반전되었다. 2차 대전이 끝날 당시의 소득 수준보다 2배나 높았다. 사회적으로는 레이건 대통령의 취임과 함께 보수색이 짙었다. 가족과 국가, 자본주의 가치가 강조되었던 것이다. 매체 역시 더욱 다양하게 발전했다. 새로운 전자 통신으로 인해 '매체 시대'라는 칭호를 들을 만하다.

광고 역시 소비자의 욕망을 마음 놓고 자극할 수 있었다. 텔레비전 광고 스타일은 빠른 컷을 활용한 MTV 비디오와 유사했다. 펑크와 얼터너티브가 유행이었다. 젊은이들은 1960년대의 이상주의에서 벗어나 자아를 의식하고 상업성에 회의적인 태도를 보였다(O'Guinn, Allen, & Semenik, 2009).

법무성이 15초 광고 금지를 해제함으로써 광고주는 보다 짧은 광고 시간을 이용할 수 있게 되었다. 시청자의 분할화, 광고의 혼잡화*clutter*, 비디오 영상을 빠르게 훑기*zip*와 채널 돌리기*zap*는 매체 계획을 어렵게 만든다. 이런 와중에 소비자의 관심을 끌기 위해서 다시 감정에 호소하는 광고 기법이 각광을 받기도 하였다.

1980년대의 또 다른 특성은 기업 간의 합병이다. 이러한 현상은 광고주뿐만 아니라 광고대행사에서도 발견된다. 효율성, 전문화, 그리고 전 세계에 걸친 보다 나은 운용을 모색하였다(Baudot, 1989). 국내외의 다양한 합병을 통해 미국 광고계는 세계화의 발판을 마련한다(Wells, Morarty, & Burnett, 2006).

5) 1990, 2000년대

1990년대부터는 새로운 매체가 광고계에 충격을 가져온다. 특히 인터넷의 성장은 상호 작용성으로 인해 기존의 광고 관행에 큰 변화를 수반하였다. 무엇보다 광고 효과의 즉각적인 측정이 가능해졌다. 따라서 광고계에 책임을 묻는 분위기가 다시 조성되었다(O'Guinn, Allen, & Semenik, 2009).

게다가 휘청거리는 미국 경제도 광고계를 압박하고 있다. 2000년대에도 지속적으로 쌓이는 무역 적자와 연방 정부의 부채, 치솟는 의료비, 중동과 아프간의 전쟁 비용, 유가 급등에 시달리고 있다. 특히 2008년에는 서브 프라임 모기지 사태, 투자 은행의 실패, 주택 가격의 하락 등으로 극심한 불황을 겪고 있다(CIA, 2009). 게다가 소득의 양극화 현상도 심화되고 인플레이션과 고실업으로 중·하류층의 소비가 위축되고 있다. 이에 따라 광고비 상위 10대 상품군에 속하는 자동차, 백화점, 정보통신업, 제약업, 영화계가 모두 광고비를 대폭 줄이지 않을 수 없었다(Nielsen Media, 2009).

이런 상황은 자연스레 광고보다 판촉을 더욱 중시하게 된다. 판촉이 상대적으로 즉각적인 판매 효과를 볼 수 있기 때문이다. 더욱이 경영진도 매년 주주 앞에서 경영 실적을 보일 필요도 있고. 그러다 보니 미국에서는 판촉비의 비중이 높아지고 있다(Schultz, Tannenbaum, & Lauterbaun, 1993). 물론 지나친 판촉의 의존으로 브랜드 자산의 삼소를 우려하는 시각도 있지만(Aaker, 1996).

소비자의 권한 위임도 더욱 강해지는 추세다. 상품 간의 차이를 별로 인식하지 못할 뿐만 아니라 브랜드 충성도 역시 미약해지고 있기 때문이다. 더구나 온라인에서 상품에 관한 광범위한 정보를 얻을 수 있게 되면서 가격 대비 상품의 가치에 민감하게 반응한다(Kotler & Keller, 2006). 매체나 정보 선택도 까다로우며 광고를 회피하는 경향도 강하다. 이에 대한 반작용으로 소비자의 매체 통제를 타개하기 위한 노력도 돋보인다. 바로 시청률이 높은 프로그램을 중심으로 성행하는 PPL(*product placement*, 프로그램과 같은 컨텐츠에 상품을 배치한 광고)이 대표적 사례에 속한다.

이를테면 폭스 네트워크의 〈아메리칸 아이돌〉 프로그램은 2007년 1/4분기에만 3113회의 협찬이 이뤄졌다. 그러니 조사 기관 닐슨이 PPL의 효과를 측정하기 시작할 수밖에(유현재, 2007). 이처럼 브랜드와 엔터테인먼트가 합쳐지는 현상을 "branded entertainment"로 지칭하기도 한다.

유통의 개념도 바뀌고 있다. 상점에 기반을 둔 유통은 직접 우편이나 홈쇼핑 또는 e비즈니스와 치열한 경합을 벌이고 있다. 소비자에게 부가 가치를 제공하지 않는 이상 오프라인의 설 자리가 취약하게 되었다. 은행 지점이나 여행사 등이 이런 사례에 속한다. 따라서 오프라인 유통은 엔터테인먼트 요소를 가미해서 체험 마케팅을 유도하거나 온라인을 덧붙여 고객의 편의를 도모한다.

이러한 현상은 매체의 광고비 비중에서도 발견된다. 미국에서 아직까지 광고비의 비중이 높은 매체는 텔레비전(미국 매체의 전체 광고비 중에서 43.3%), 잡지(20.4%), 신문(17.7%)이다. 2007년을 기점으로 7.6%의 인터넷이 7.2%인 라디오를 앞섰을 뿐이다(TNS Media Intelligence, 2008). 그렇지만 전통 매체의 광고비 감소 현상은 지속적이다. 1994년에는 텔레비전을 시청하는 여성 80%에 도달하기 위해서 3회의 스폿 광고만 잘 선택하면 되었으나 2003년에는 97회의 스폿 광고를 사용해야만 한다. 100개 이상의 채널로 인해 시청자가 그만큼 분할되어 있다는 뜻이다(Boyle, 2003). 특히 신문의 퇴조가 현저하다. 〈뉴욕 타임스〉, 〈USA 투데이〉 등 전국 신문의 광고비는 계속 감소 추세에 있으며, 지역 신문의 경우에는 폐간이 더 이상 뉴스가 아닐 정도이다. 다만 전통 매체 중에서도 목표 시장이 명확한 경우에만 증가세를 나타내고 있을 뿐이다. 텔레비전에서는 히스패닉과 케이블의 성장이, 잡지에서도 역시 히스패닉과 일요판의 성장이 눈에 띄는 이유이다(Nielsen Media, 2009).

전통 매체에 비해 인터넷은 두 자릿수 성장세를 구가하고 있다. 미국에서 인터넷 광고를 관장하는 IAB(Interactive Advertising Bureau)를 살피면, 해마다 온라인 광고의 종류도 대폭 증가하고 있다. 2007년 온라인에서 가장 많은 광고비를 사용한 광고주는 인터넷 전화의 리더인 보니지Vonage였다(유현재, 2007).

그림 2-11. 최근의 미국 광고

갭, 애플 컴퓨터

사우저 데킬라(그녀는 남자. 인생 참 거칠다. 그렇지만 당신의 데킬라는 그렇지 않다.)

이베이

세계화는 미국 광고계의 지속적인 화두였다. 특히 1999년에서 2002년 사이에 대규모 합병이 성행하였다(O'Guinn, Allen, & Semenik, 2009). 종합 광고대행사가 다른 종합 광고대행사나 인터액티브 회사 등을 인수 또는 합병했던 것이다. 광고주의 세계화 전략을 지원하기 위한 요인도 있었지만 광고대행사 입장에서는 세계 시장을 놓고 규모의 경제를 확보하기 위한 전략이었던 셈이다. 물론 광고주를 많이 영입하면서 이해의 갈등도 불거져 나오고, 인수 및 합병으로 부채 부담이 높아지기도 했지만.

이러한 시대적 흐름은 미국 광고계가 끊임없이 변화하고 있음을 알려주고 있다. 비록 불황을 겪고 있음에도 세계의 광고계를 주도하는 주된 이유는 시장 경제에 충실하기 때문일 것이다. 시장에 즉각적으로 반응하는 경영 및 마케팅, 그리고 마케팅 커뮤니케이션의 유연성이 경쟁력을 뒷받침한다. 과연 21세기에도 이러한 경쟁력이 유지될 것인지?

지금까지 살펴본 세계의 광고 시장은 경제의 세계화에 맞춰 급속도로 확장되고 있음을 확인할 수 있다. 그리고 세계의 소비자 시장을 위한 다국적 기업의 경쟁이 서로 치열해지며, 이들에게 보다 효과적인 서비스를 제공하기 위한 광고계도 같은 양상을 나타낸다. 매체는 다양해지면서 분할되고 있으며, 소비자는 세분되고 자신의 권한을 더욱 키우고 있다. 과연 광고계는 어떻게 진화할 것인가? 다음과 같은 점이 두드러질 것으로 보인다(Russell & Lane, 1990; Wells, Moriarty, & Burnett, 2006; Zaltman, 2003).

· 평생 독신, 기러기 가족, 자녀를 혼자 기르는 아빠, 실버 세대 등과 같은 새로운 가족 형태는 구매 결정과 소비에 영향을 끼친다. 따라서 변화하는 라이프스타일과 가정의 생활 패턴에 적합하도록 광고 전략이 수립되어야 한다.

· 정보 통신 기술과 제도의 변화 역시 광고에 영향을 끼친다. 휴대 전화와 인터넷의 일상화, 케이블TV · 전문 잡지의 확산, 홈 쇼핑 기술, 판촉의 증가 등이 광고 관행에 근본적인 변화를 준다. 조사를 실시하고 소비자의 매체 행동을 보다 적확하게 이해하는 것이 요구된다.

· 광고는 새로운 형태로 소비자에게 다가올 것이다. 'YouTube'를 비롯한 인터넷에서의 광고는 더 이상 광고라기보다는 오히려 단편 영화와 같다. 뉴욕의 한 건물 벽에 다양한 사람들의 영상을 투사한 광고도 뛰어난 창의성 덕분에 인구에 회자된다. 이처럼 미래의 광고는 빅 아이디어뿐만이 아니라 전달 방식에서도 진화할 것이다. 소비자와의 상호 작용에 초점을 맞추면서 통합적 마케팅 커뮤니케이션이 더욱 중요하게 될 것이다.

· 광고는 보다 국제적으로 이루어질 것이다. 1990년대를 지나면서 유럽은 단일 시장으로 성큼 다가섰으며, 사회주의 국가들은 시장을 개방하고 있다. 코스모폴리탄의 등장으로 국제적인 매체, 국제적인 소비자 심리 파악과 문화의 이해, 그리고 국제적 광고대행사와의 관계 등이 광고 전략에서 비중이 더욱 커질 것이다.

· 건강과 환경이 중요한 대의명분으로 부상할 것이다. 담배와 알코올 광고를 제한하려는 노력이 계속될 것이고 마약이나 AIDS를 방지하려는 광고, 그리고 환경 보호를 위한 광고에 지속적으로 관심을 기울일 것이다.

· 뇌 과학을 비롯하여 심리학이나 경제학, 커뮤니케이션학 등의 학제 간 연구를 통해 소비자 행동을 보다 체계적으로 설명할 수 있게 될 것이다. 이에 따라 그동안 상대적으로 간과되어 왔던 무의식과 감정의 역할이 광고 효과와 연계되어 강조될 것이다. 소비자의 가치와 문화 영역도 같은 맥락에서 더욱 주목받을 것이다.

참고 문헌

강양욱 (1988). 〈일제하 언론의 광고에 관한 연구〉. 서강대학교 대학원 석사 학위 논문.

김광수 · 남인용 (1996). "독립신문의 광고 분석," 《독립신문과 한 · 중 · 일 근대 신문의 생성》. 한국언론학회.

김민기 (2001. 3). "20세기 광고업계 변화 정리," 〈광고계동향〉.

김민환 (1996). 《한국 언론사》. 사회비평사.

——— · 김광수 (2001). 〈한국 방송광고의 발달사〉. 한국방송광고공사.

〈동아일보〉 (1994. 10. 17). "한국과 그 이웃," E. B. Bishop.

박재희 (2008). 《광고연감 2008》. 제일기획.

박정래 (1998). "광고비 분석," 《광고연감 1998》. 제일기획.

—— (2000). "광고비 분석," 《광고연감 2000》. 제일기획.

—— (2001). "광고비 분석," 《광고연감 2001》. 제일기획.

—— (2002). "광고비 분석," 《광고연감 2002》. 제일기획.

—— (2004). "광고비 분석," 《광고연감 2004》. 제일기획.

—— (2006). "광고비 분석," 《광고연감 2006》. 제일기획.

박화만 (1992). "광고비 분석," 《광고연감 1992》. 제일기획.

—— (1994). "광고비 분석," 《광고연감 1994》. 제일기획.

신상민 (1985. 4. 1). "60년 창간 광고 60년 세태 60년," 〈동아일보〉.

신용하 (1974). "독립신문의 창간과 그 계몽적 역할," 서울대학교 한국사학회 엮음. 《한국사론》. 지식산업사.

신인섭 (1986). 《한국 광고사》. 나남.

신한종합연구소 (1991). 《7089 우리들》. 고려원.

염성원 (2004). 〈국제광고에 관한 광고인의 인식연구〉. 한국방송광고공사 광고연구소.

유재홍 (1993). "광고 시장 개방," 〈광고정보〉, 6월호.

유현재 (2007). "미국 광고 산업 분석," 〈광고정보〉, 10월호.

이헌창 (1999). 《한국경제사》. 범문사.

임영태 (1998). 《대한민국 50년사 2: 유신 정부에서 국민의 정부 탄생까지》. 들녘.

하택환 (1990). "광고비 분석," 《광고연감 1990》. 제일기획.

한국광고단체연합회 (1996). 《한국 광고 100년》(상 · 하). 한국광고연구원.

한은경 (1996). 《중국의 방송 광고》. 한국방송광고공사.

황승민 · 소화동 (2008). 〈중국〉. 제일기획.

황학익 (2008). "광고비 분석," 《광고연감 2008》. 제일기획

Aaker, D. (1996). *Building Strong Brands*. New York: Free Press.

Arens, W. F. (1996). *Contemporary Advertising*. Chicago: Irwin.

Baudot, B. S. (1989). *International Advertising Handbook: A User's Guide to Rules and Regulations*. Lexington: Lexington Books.

Bovee, C. L., Thill, J. V., Dovel, G. P., & Wood, M. B. (1995). *Advertising Excellence*. New Yok: McGraw-Hill, Inc.

Boyle, M. (2003). "Brand Killers," *Fortune*, April 11, 89～100.

CIA (May 28, 2009). "The World Factbook—Russia."
https://www.cia.gov/library/publications/the-world-factbook/geos/RS.html

——— (May 28, 2009). "The World Factbook—China."
https://www.cia.gov/library/publications/the-world-factbook/geos/CH.html

——— (May 28, 2009). "The World Factbook—U. S. A."
https://www.cia.gov/library/publications/the-world-factbook/geos/US.html

Kotler, P. & Keller, K. L. (2006). *Marketing Management.* Upper Saddle River: Pearson Education.

Nielsen Media (March 13, 2009). "U. S. Ad Spending Fell 2.6% in 2008," *Nielsen Reports.* http://www.nilesenmedia.com/nc/portal/site/Public

Norris, V. P. (1980). "Advertising History - According to the Textbooks," *Journal of Advertising,* Vol. 9, No. 3.

O'Guinn, T. C., Allen, C. T., & Semenik, R. J. (2009). *Advertising and Integrated Brand Promotion.* Mason: South-Western.

Russell, J. T. & Lane, W. R. (1990). *Kleppner's Advertising Procedure.* Englewood Cliffs: Prentice-Hall, Inc.

Sawhney, M. (1999). "Making New Markets," *Business 2.0,* May, 116~121.

Schultz, D. E., Tannenbaum, S. I., & Lauterborn, R. F. (1993). *Integrated Marketing Communications.* Lincolnwood: NTC Business Books.

TNS Media Intelligence (March 25, 2008). "TNS Media Intelligence Reports U.S. Advertising Expenditures Grew 0.2% in 2007." http://www.tns-mi.com/news/03252008.htm

Wells, W., Burnett, J., & Moriarty, S. (1989). *Advertising: Principles and Practice.* Englewood Cliffs: Prentice-Hall, Inc.

———, Moriarty, S., & Burnett, J. (2006). *Advertising: Principles and Practice.* Upper Saddle River: Pearson Prentice Hall.

Zaltman, G. (2003). *How Customers Think.* Boston: Harvard Business Press.

3장 광고주와 광고대행사

이 장에서는 광고주와 광고대행사의 관계에 초점을 맞춘다. 우선 광고주의 입장에서 광고를 어떻게 관리할 것인지를 설명한다. 이어서 광고대행사의 직무를 소개하는데, 과연 여러분이 광고계에 몸담는다면 어떤 경력을 추구할 것인지를 알 수 있다. 그리고 광고대행사 관리에 관한 전반적인 정보가 소개되어 있다.

1. 광고주의 광고 관리

1) 광고주의 광고대행사 이용

광고주가 광고를 관리하는 방안에는 두 가지가 있다. (1) 독립 광고대행사 *independent agency*를 이용하는 방법, (2) 계열 광고대행사*in-house agency* 를 이용하는 방법. 전자는 광고주와 관련이 없는 개별적인 독립 회사를 지칭한다. 이에 반하여 후자는 광고주의 조직체 범주에 속해 운영되는 대행사를 의미한다. 양쪽의 장단점을 비교하면 표 3－1과 같다.

이러한 구분으로 한국과 미국의 광고계를 비교하면 다음과 같은 특징이 발견된다. 첫째, 미국에서는 독립 광고대행사가 매체 광고비의 98%를 취급한다. 이에

표 3-1. 독립 대행사와 계열 대행사의 장단점

구분	독립 광고대행사	계열 광고대행사
장점	· 다양한 광고주를 접촉한 경험 축적 · 시장이나 소비자에 대해 보다 객관적 시각 유지 · 환경 변화 등의 적응에 유연성 발휘	· 모기업의 지원을 받을 수 있음 · 계열사의 광고 업무를 일관되게 추진함 · 광고비 수수료가 외부로 나가지 않음
단점	· 광고주 유치에 경쟁적 · 광고주의 잦은 이동	· 외부 광고주 유치에 제한적 · 독립적/객관적 견해를 제공하는 데 제한적 · 모기업과 성패를 같이함

비해 우리나라 광고계에서는 계열 광고대행사의 비중이 상대적으로 높다. 실제로 2007년 상위 20개 광고대행사가 취급한 광고비 1조 7583억 원 가운데 65%가 계열 광고대행사를 통해 집행되었다. 미국의 광고계는 독립적으로 광고업을 전문으로 하는 광고대행사가 주도하는 데 비해 우리의 주요 광고대행사는 대기업에 속해 있다. 제일기획(삼성), HS애드(LG), 대홍기획(롯데), 이노션(현대), 휘닉스커뮤니케이션즈(보광), 오리콤(두산), 상암커뮤니케이션즈(대상).

둘째, 미국의 계열 광고대행사는 주로 모기업에 봉사하는 데 비해 우리의 계열 광고대행사는 모기업의 광고는 물론이고 타사의 광고 업무까지도 외주를 받아 운영한다. 일례로 캘빈 클라인Calvin Klein의 계열 광고대행사는 캘빈 클라인의 광고만 전담한다. 갭Gap이나 레브론Revlon도 마찬가지다. 이들은 기업의 광고 부서인 셈이다. 반면에 우리나라의 제일기획은 삼성그룹 계열의 광고는 물론이고 다른 그룹의 광고도 담당한다.

기업들이 독립 대행사를 활용하기보다 자체 계열 광고회사를 창업하려는 가장 큰 이유는 무엇일까? 무엇보다 광고를 외부에 대행하지 않음으로써 광고 대행비를 절감할 수 있다는 생각이 작용할 수 있다. 그렇지만 그러한 안일한 자세는 광고계 전반에 걸쳐 부정적인 영향을 끼칠 수 있다. 광고주 수주의 치열한 경쟁을 통해 광고계가 경쟁력을 제고하고 부가 가치를 더 창출해야 하는데 그 길을 막을 수 있기 때문이다. 아울러 광고 경쟁 회피가 궁극적으로 소비자를 제대로 읽지 못하여 기업 경쟁력을 약화시킬 가능성도 있다. 물론 이러한 우려에 대해서 대기업 지배 구조로 되어 있는 우리나라의 경제 현실에서 계열 광고대행사가 오히려 광고 경쟁력을 지탱할 수 있는 구조라는 지적도 있지만.

2) 광고주의 광고 부서

독립 광고대행사를 이용하든 계열 광고대행사를 이용하든 광고주 조직체에는 이들을 상대할 광고 부서가 필요하다. 특히 외부의 광고대행사를 이용하지 않는 소규모 광고주의 경우에는 광고 부서에서 광고물을 직접 디자인 및 제작한다. 그렇지만 대규모 광고주의 광고 부서에서 광고물을 직접 제작하는 일은 거의 없다. 그보다는 광고 부서에는 다음과 같은 업무를 주로 담당한다.

· 광고의 기획과 예산 배정 및 집행: 광고 목표를 수립하고 이를 달성하기 위한 일련의 전략을 개발하고 기획한 대로 광고가 집행되도록 한다. 뿐만 아니라 광고 효과에 대한 평가도 전담한다. 그리고 이러한 목표를 이루기 위한 광고비 예산의 산정과 승인받은 광고비에 대한 집행도 주요 업무에 속한다.

· 광고와 관련된 일의 협조: 광고 부서는 다른 마케팅이나 판촉 활동과 협조를 한다. 어떤 경우에는 광고 부서에서 홍보와 이벤트 등을 함께 전담할 수도 있다. 그 밖에 광고대행사 선정을 비롯하여 일련의 광고 과정에서 광고대행사와 긴밀한 파트너십을 형성한다.

2. 광고대행사의 조직

1) 광고대행사의 종류

앞에서 설명한 독립 광고대행사와 계열 광고대행사는 광고주와의 관계에 기초한 대행사의 분류였다. 광고대행사는 제공하는 서비스에 따라서도 다음과 같이 구분할 수 있다. (1) 종합 광고대행사*full service agency*, (2) 특수 대행사*limited service agency*, (3) 전문 대행사*specialized agency*.

첫째, 종합 광고대행사는 광고를 비롯하여 이와 관련된 모든 서비스를 제공할 수 있는 대행사이다. 광고뿐만 아니라 PR, 이벤트, 판촉 등과 같이 다양한 마케팅 커뮤니케이션을 제공할 수 있어야 한다. 이처럼 다양한 서비스를 제공함으로써 광고주의 커뮤니케이션 노력을 보다 통합적으로 다루어 효율성과 효과를 제고할 수 있다.

둘째, 특수 대행사는 광고의 여러 작업 가운데 선택적인 특정 서비스만을 전문적으로 제공하는 대행사이다. '크리에이티브 전문점*creative boutique*'이 대표적 사례다. 이 조직체는 혁신적인 광고 개념과 메시지를 개발하는 데 주력한다. 비록 다양한 광고 서비스를 제공하지는 않지만 신선한 아이디어를 제공한다는 측면에서 광고주가 선호한다. 대체로 이들은 프리랜서로 구성되어 있다.

또 다른 특수 대행사의 사례는 매체의 광고를 판매 또는 구매를 전담하는 매체 전문 회사*media specialist*에서 찾을 수 있다. 여기에는 두 종류가 있다. 하나는 매체를 대표해서 매체의 광고 시간 또는 지면을 판매해주는 미디어 렙*media representative*. 또 다른 하나는 고객(광고주나 광고대행사)을 위해서 매체의 광고 시간이나 지면을 구매해 주는 매체 구매 회사*media buying services*이다. 이들이 등장하게 된 배경은 다음과 같다(Wells, Moriarty, & Burnett, 2006). (1) 새로운 매체가 등장하면서 선택이 복잡하게 되었다. (2) 광고회사에서 매체 부서를 별도로 유지하는 비용이 많이 든다. (3) 전문 회사들은 여러 고객으로부터 구매 주선을 받으므로 구매력이 있어서 매체사로부터 할인 혜택을 받을 수 있다. 유럽에서는 이 같은 대행사가 잘 정착되어 있어 매체 광고 거래의 많은 양이 이들을 통해 이루어진다(프랑스는 매체의 75% 이상, 스페인은 약 50% 취급). 웨스턴 인터내셔널 미디어Western International Media나 비트 미디어 인터내셔널Vitt Media International이 대표적 회사로 약 3%의 수수료를 받는다. 미국에서는 이 같은 회사가 다루는 광고의 양이 약 10%에 불과하지만, 점차 증가하는 추세이다. 옥외 광고를 전문적으로 다루는 회사도 같은 범주에 속한다. 미국에서는 최근에 특수 대행사에 광고 업무를 영역에 따라 분할하여 맡기는 흐름이 일고 있다고 한다. 그러나 이러한 추세에 대하여 미국 광고대행사 협회는 종합 광고대행사의 장점을 다음과 같이 설득한다. (1) 보다 책임감 있는 일 처리, (2) 광고의 조정이나 집행이 보다 간편, (3) 시너지 효과 기대, (4) 재능 있는 전문인을 보다 많이 확보함.

셋째, 전문 대행사는 광고 제작 과정과 관련 있는 것이 아니라 소비자에 초점을 맞춘다. 일종의 시장 전문 대행사인 셈이다. 즉, 인종별, 산업별로 세분화된 특정 시장을 전문적으로 취급한다. 예를 들면, 로스앤젤레스에 있는 사치앤드사치

> **▶ 광고사랑방 3-1 | 제3의 광고대행사**
>
> 광고계의 빠른 환경 변화와 광고주의 필요를 충족시키기 위해 다양한 형태의 서비스가 제공된다. 그러한 사례로 '선택적 대행사*A La Carte Agency*'와 '프로젝트 대행사*Rolodex Agency*'를 들 수 있다. 선택적 대행사는 종합 광고대행사에서 광고주가 원하는 부분 서비스만을 제공하고 그에 대한 대가를 지급받는 것을 뜻한다. 마치 식당 메뉴판의 a la carte가 좋은 요리를 선택해서 먹을 수 있다는 의미처럼. 대체로 크리에이티브나 매체 구매 서비스가 해당된다. 한 예로 소규모 광고대행사가 방송 광고 시간을 구매할 자격이 없을 때 큰 광고대행사의 도움을 받을 수 있다.
>
> 프로젝트 대행사는 광고 전문가들이 관리 직원 없이 팀을 구성하여 프로젝트별로 운영하는 조직을 뜻한다. 프로젝트의 성격에 따라 마케팅 기획, 전략, 크리에이티브 등에서 필요한 인력을 충원하는데 소규모의 광고대행사에서 구할 수 없는 전문 인력과 유연성이 강점이라 할 수 있다. 조직의 조화를 이루는 문제에 직면할 수도 있겠지만(Russell & Lane, 1990).

Saatchi & Saatchi 자회사인 '팀 원Team One' 대행사는 부유층 소비자에 대한 자료를 전문적으로 다룬다. 일반적인 광고대행사 업무를 하는 것이 아니라 소비자 조사만을 전문적으로 한다. 부유층의 취미, 매체 접촉 습관, 소비 성향 등을 분석한다. 그리고 이들이 필요로 하는 제품을 연구하고 해당 광고주를 찾아간다. 부유층을 목표 시장으로 삼고자 하는 광고주는 이 같은 대행사에서 필요한 정보를 얻고 마케팅과 광고 전략을 수립한다.

2) 광고대행사의 조직

광고대행사의 조직은 크게 부서별 조직과 그룹별 조직의 형태로 나눌 수 있다(그림 3−1과 3−2 참조).

전자가 중앙 집중식 관리 형태라면 후자는 권한이 분산된 형태라고 할 수 있다. 특히 요즈음의 규모가 큰 광고대행사에서는 후자의 조직을 택한다. 즉 각 팀

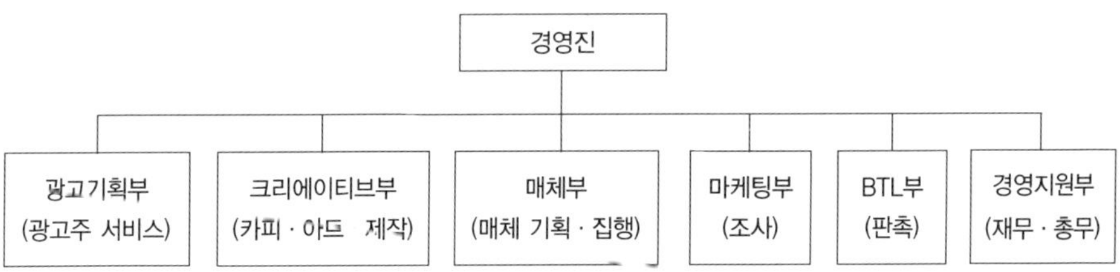

그림 3−1. 부서별 조직

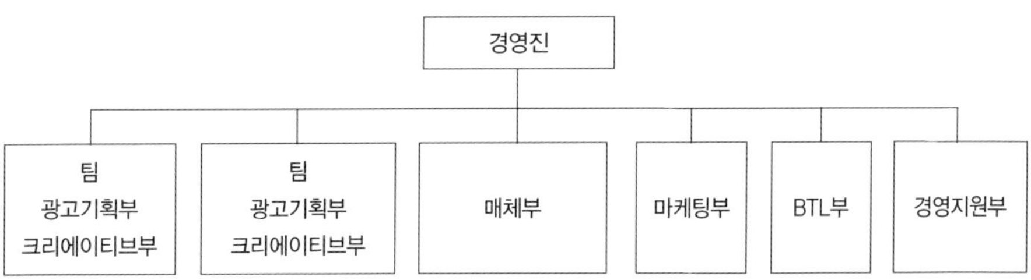

그림 3−2. 그룹별 조직

에게 광고주를 할당하는 방식으로 운영한다. 예를 들면, 1팀은 가전 제품팀, 2팀은 소비재팀, 3팀은 국제 광고주 담당팀 하는 식이다. 각 팀을 구성하는 조직은 대체로 기획부, 크리에이티브부로 되어 있다. 어떻게 보면 각 팀이 독립된 광고대행사처럼 기능한다고 할 수 있다.

그러면 기능별로 분화된 각 조직에서 하는 업무를 살펴보자. 그룹별 조직 역시 결국 이들을 조합한 것인 만큼 기능별 부서의 업무를 파악하는 것이 중요하다.

3) 광고 기획 조직

광고기획부(account management 또는 account service)는 광고주와 함께 담당 브랜드를 위한 마케팅 커뮤니케이션 전략을 결정한다. 브랜드의 장단점을 파악하는 것은 물론 숨겨진 혜택을 찾아내며, 목표 시장을 밝혀서, 경쟁력 있는 포지셔닝을 통해 최적의 판촉 전략을 개발한다(O'Guinn, Allen, & Semenik, 2009).

이를 위해서 광고주와 광고대행사 간의 연결 및 조정 기능을 담당한다. 이러한 기능에 중요한 역할을 맡는 직책이 바로 광고주 담당자account executive이다. 흔히 AE라 불린다. 광고대행사 내에서는 광고주를 대신하여 광고 기획과 제작을 돌보고, 광고주에게 가서는 광고대행사를 대표하여 대행사의 노력을 승인받는다. 이처럼 광고주를 위해서 일하지만 광고대행사를 대신해서도 일하는 까닭에 갈등

➤ 광 고 사 랑 방 3-2	AE가 되려면

AE는 광고주가 직면한 문제점을 잘 이해하고 이에 대한 해결책을 제시할 통찰력과 기획력을 갖추고 있어야 한다. 그렇기 때문에 소비자를 잘 이해하고 해당 상품이나 서비스에 대한 관심이 많아야 한다.

따라서 마케팅과 마케팅 커뮤니케이션에 대한 지식을 필요로 한다. 구체적으로는 광고 관리, 광고 전략, 홍보, 소비자 행동, 마케팅, 국제 마케팅, 설득 커뮤니케이션 등이 유용하다. 성격적으로는 광고주를 영입한다는 측면도 있어서 세일즈맨의 기질도 필요하고 발표력과 요점 정리에 탁월해야 한다. 너무 많은 요구였나?

을 겪을 때가 많다. 광고주의 광고비 규모가 클 경우에는 여러 AE가 그 광고주를 위해서 봉사하며 이들은 팀장 또는 국장account supervisor에 의해 감독받는다(Arens, 1996).

4) 크리에이티브 조직

크리에이티브creative 부서에서는 카피라이팅, 아트 디렉션, 제작 등을 포함하는 일련의 크리에이티브 작업이 이루어진다. 창작의 성격 때문에 조직이라는 관점에서는 상대적으로 유연한 집단이지만 마감 시간이나 작품의 질에 대해서는 엄격하다.

직책에 따른 역할 분담을 살피면 다음과 같다. 크리에이티브 디렉터(creative director: CD)가 이러한 작업을 총괄하는 책임을 맡는다. 카피라이터는 광고 메시지를 작성한다. 아트 디렉터나 디자이너는 디자인, 그림, 사진, 또는 활자체 등과 같은 시각적 요소의 제작을 담당한다. 프로듀서는 방송 광고 제작을 전담한다.

광고물을 최종적으로 완성시키는 작업도 크리에이티브 부서에서 책임진다. 이때는 대부분 광고대행사 내부에서 일하는 것이 아니라 외부의 광고 관련 제작사와 함께 일한다. 즉 인쇄업, 컴퓨터 그래픽, 독립 프로덕션 등과의 협업을 필요로 한다. 물론 대행사에 따라서는 방송 광고물 제작을 위해서 자사 내에 프로덕션을 설치한 경우도 있지만.

➤ 광 고 사 랑 방 3-3	카피라이터 또는 디자이너가 되기 위해서는

시나 소설을 잘 쓴다고 카피라이터가 되는 것은 아니다. 자신의 글을 쓰는 것이 아니라 소비자 관점에서 광고 메시지를 작성하는 것이기 때문이다. 그렇다고 글 쓰는 데 영 취미가 없는 사람이 자격이 있다는 것은 아니다. 인쇄와 방송 광고물의 메시지를 광고 전략에 따라 표현하여 소비자에게 전달할 책임이 있다. 따라서 습작이 중요할 뿐만 아니라 자신의 작품집을 만들어 놓을 필요가 있다. 대체로 인문 계열의 공부가 도움을 준다.

이에 비해 디자이너는 광고물의 시각 부분을 책임진다. 따라서 미술 계통의 학문적 배경이 유용하다. 자신의 포트폴리오를 준비하는 것이 필요하다.

5) 매체 조직

매체부에서는 목표 시장에 메시지를 전달하는 가장 효율적이고 효과적인 매체를 추천한다. 뿐만 아니라 실제 해당 매체사와 접촉하여 광고가 실릴 수 있도록 조치한다. 한마디로 말해, 매체 기획과 매체 구매를 담당한다.

주어진 예산 내에서 많은 목표 시장에 전달하기 위한 최적의 매체를 찾으려면 방법론이나 수학적 감각이 뛰어나야 한다. 매체부의 직책을 업무에 따라 구분하면 다음과 같다. 매체 팀장*media director*이 총괄하며, 매체 기획가*media planner*는 어떤 매체를 언제 얼마만큼의 비용에 어느 정도 구매할 것인지를 결정한다. 매체 구매자는 실제로 광고 지면이나 광고 시간의 구매를 담당한다. 매체 연구자*media researcher*는 각 매체가 소비자에게 어떻게 도달되는지 양적 또는 질적으로 분석하여 매체 기획에 도움을 준다.

6) 마케팅 조직

마케팅 또는 마케팅 조사부는 목표 시장을 조사하고 어떤 전략이 유효할 것인지를 밝히는 일련의 연구를 수행한다. 예를 들면, 시장 조사, 소비자 조사, 매체 조사, 광고 효과 조사 등. 대체로 통계학과 같은 양적인 방법론 또는 관찰이나 집담 인터뷰와 같은 질적인 방법론에 정통한 인력으로 구성된다.

일부 광고대행사에서는 조사 업무를 협조하기 위해 광고주 기획가*Account Planner*(이하 AP)라는 직책을 도입한다. AP는 다음과 같은 주요 기능을 수행한다. (1) 집담 인터뷰(focus group interview: FGI)나 일 대 일 인터뷰를 통해서 소비자와 긴밀한 접촉을 한다. (2) 이 같은 질적 연구는 마케팅 조사(대체로 양적 연구)와 차이가 있다. (3) 소비자의 입장을 해당 팀에 정기적으로 보고할 수 있으며 소비자를 대변할 수 있다. (4) 보다 효과적인 광고 전략이나 메시지를 개발할 수 있다(Barry, Peterson, & Todd, 1987; 오주섭, 1999). 제일기획에서도 1999년부터 AP 제도를 도입하였다(박재항, 2007).

▶ 광 고 사 랑 방 3-4	**AP의 탄생 배경**

광고주 기획*account planning*이라는 개념은 1965년 영국인 폴리트Pollitt에게서 비롯된다. 그는 영국의 광고대행사가 소비자에게 적절하게 다가가지 못하다는 평가를 내리고 이를 개선할 필요성을 역설했다. 이 같은 인식의 바탕에서 탄생한 기획 개념을 1967년 런던의 톰슨Thompson이 받아들였고, 1970년대 후반 영국에서 AP가 유행되었다. 그리고 미국에서서는 1981년 치아/데이 Chiat/Day를 선두로 AP 직책의 필요성을 받아들이기 시작했다. 소비자의 심금을 울릴 수 있는 소비자에 대한 통찰력을 제공하는 것이 주된 업무이다(오주섭, 1999; 강규철, 2003).

7) 빌로 더 라인(비측정 매체) 부서

역사적으로 회사들은 프로모션(광의)을 두 가지로 구분하였다. 어보브 더 라인 *above-the-line* 프로모션과 빌로 더 라인*below-the-line* 프로모션. 전자는 효과를 측정하는 매체의 광고를 지칭하며, 텔레비전, 라디오, 신문, 잡지, 인터넷, 옥외 광고 등이 속한다. 이에 비해 후자는 그 이외의 모든 판촉 활동으로서 효과를 측정하지 않는 매체(이하, 비측정 매체)를 뜻했다. 단순화하면, 전자는 대중 매체, 후자는 판촉(협의)이라고 볼 수 있다. 그러므로 딜러에게 제공하는 인센티브 또는 자사의 브랜드를 좋은 위치에 진열시키기 위한 판촉 활동 등이 후자에 포함된다. 경품, 할인쿠폰이나 샘플링과 같은 판촉은 물론 이벤트, PPL(product placement), 그리고 인터넷에서의 브로드밴드의 비디오와 유료 검색도 해당된다(O'Guinn, Allen, & Semenik, 2009).

광고회사에서는 전통적으로 어보브 더 라인에 치중하였으나, 최근에는 빌로 더 라인의 중요성이 커지면서 별도의 부서로 자리잡게 된 것이다. 실제로 2007년 말 미국에서는 프로모션 비용 중에서 측정 매체와 비측정 매체의 비율이 58.2% 대 41.8%였다. 그리고 점차 후자의 비중이 커질 추세다. 게다가 중요한 점은 비측정 매체가 증가할수록 측정 매체는 감소한다는 것이다(O'Guinn, Allen, & Semenik, 2009). 즉 광고주는 한정된 예산을 갖고 측정 대 비측정 매체를 선택하므로 제로섬 게임의 상황에 놓여 있는 셈이다. 따라서 비측정 매체의 부서는 다양한 인센티브(협의의 판촉)를 마련하는 방안을 수립한다. 브랜드가 상점이나, 인터넷 안으로 파고들어 소비자에게 보다 가깝고 효율적으로 다가갈 수 있는 전략이 중요한 과제다.

8) 경영 지원 조직

광고대행사를 일상적으로 운영하는 관리 및 행정 부서이다. 총무, 인사, 회계 및 재무가 주된 업무라고 할 수 있다. 총무 조직에서는 광고대행사에 필요한 기자재 주문 및 관리, 회사 공간 관리 등이 주된 업무인 반면, 인사 조직은 광고인 모집, 인사 발령, 사원 교육 등을 전담한다. 그리고 회계 및 재무에서는 회사의 자금 흐름을 관리하는데 광고주를 상대로 청구하거나, 매체사에 광고비를 지급하는 등의 일을 관장한다. 비록 광고 기획 및 제작에 직접적으로 관여하지는 않지만 광고 업무를 효과적으로 지원하기 위해선 광고 제반 현상에 대한 관심과 이해가 있어야 한다.

3. 광고대행사의 보상

광고대행사는 광고주에게 제공한 전문적인 서비스에 대한 비용을 어떻게 청구할 것인가? 이는 거꾸로 광고주는 광고대행사를 어떻게 보상할 것이냐에 해당된다. 이 보상에는 매체사도 개입한다. 매체사도 광고대행사로 인해 광고 거래가 성사되었을 때는 광고대행사에 지불할 몫이 생기기 때문이다.

광고회사가 광고주와 매체사를 위해 일한 대가로 받는 수익원(또는 계산서 작성법)은 크게 취급고 기준*billing based*과 비용 기준*cost based*으로 나뉜다(박원기, 2006). 전자는 매체 광고비나 제작비의 일정 비율을 광고대행사가 보상받는 것이고, 후자는 광고대행사가 투입한 비용을 산출하여 받는 방법이다. 그러나 실제로는 어느 하나의 방안이 아니라 여러 방법이 복합적으로 사용된다. 광고대행사의 수익원을 다음과 같이 구분하여 살펴보자. (1) 취급고 기준, (2) 비용 기준, (3) 취급고와 비용 기준의 혼용, (4) 인센티브.

1) 취급고 기준 보상

광고대행사의 서비스는 일반적으로 광고 제작과 매체를 통한 광고의 집행이다. 이 과정에서 취급고(또는 청구액)는 광고 제작비와 매체사의 광고비에서 발생한다. 따라서 광고대행사는 비용이 발생한 청구액을 요청하고, 덧붙여서 광고대행사의 이윤을 확보하기 위해 청구액의 일정 비율을 산출하여 별도의 보상을 요구한다.

이러한 취급고 기준은 다시 수수료*commission*와 마크업*mark-up*(이윤)으로 세분된다(박원기, 2006). 먼저, 수수료는 광고 지면이나 시간을 구매한 매체 가격의 일정 비율에 해당하는 금액을 일컫는다. 미국에서는 전통적으로 신문이나 잡지에서는 광고 지면 가격의 15%에 해당되는 금액을 수수료로 지불하였다. 방송도 마찬가지. 그러나 매체가 옥외 광고나 이동 광고 등일 때는 수수료율이 16.67%이다.

이와 같은 미국의 관행은 대부분 다른 나라에서도 통용된다. 즉 세계적으로 광고대행사의 표준 수수료율은 협의된 매체 가격의 15%라고 볼 수 있다. 물론 나라마다 차이가 없는 것은 아니다. 예를 들면, 뉴질랜드는 20%, 호주는 16% 등이다. 우리나라 인쇄 매체의 경우에는 15%로 설정되어 있으며, 방송 광고는 9~13% 수준이다. 이 같은 수수료 제도는 계산이 단순하다는 장점이 있지만 단점도 지닌다(광고 사랑방 3-5참조).

그렇지만 최근 미국에서는 15% 관행이 무너지고 있다. 광고주가 수수료율만큼 광고비 효과를 거두지 못한다고 판단하기 시작한 것이다. 따라서 15%를 채택하는 비율이 1976년에는 68%, 1992년 33%, 최근에는 14%에 불과하다(O'Guinn, Allen, & Semenik, 2009). 오히려 15% 이하의 수수료를 택하는 비율이 36%에 이른다. 일례로 미국의 자동차업계에서는 수수료율을 12% 또는 그 이하로 채택하고 있다. 우리나라는 대체로 15%이지만.

▶ 광 고 사 랑 방 3-5 | 수수료 제도의 이해

수수료 제도는 다음과 같은 특징이 있다. 광고 예산이라는 파이를 늘려 놔야 광고회사가 받을 수수료 조각도 커진다. 그렇기 때문에 혹시 다음과 같은 일이 벌어지는 것은 아닌지 주의해야 한다.

첫째, 광고인이 광고비를 높이기 위해 애쓴다. "시장이 세분화되었기에," "매체가 다양해져서," "개인적 마케팅 시대이므로" 등의 미사여구로 광고비 증액을 요청할 수 있다. 따라서 이러한 분석이 효과적인 광고를 위한 것인지 아니면 광고비를 좀 더 증액시키기 위한 수식어구인지 확인할 필요가 있다.

둘째, 광고인의 창의성을 저해할 수 있다. 광고회사가 광고주에게 광고 계획을 설명하는 중에, 광고회사의 한 젊고 패기만만한 신입 사원이 갑자기 의견이 있다고 손을 들었다. "우리 광고주가 지금 쓰는 광고 비용의 절반으로도 광고 목표를 달성할 수 있는 계획이 생각났습니다." 이 총명한 광고인의 운명은?

셋째, 광고주 쪽도 광고비를 높이는 데 동조할 수 있다. 광고주의 광고비가 많아지면 광고회사뿐만 아니라 광고주 쪽 사람도 득을 본다. 보다 많은 예산을 관장하게 되면 광고 부서는 보다 많은 인력을 필요로 하고 그만큼 회사 내에서 권한도 커지지 않겠는가?

결국 항상 반문해야 할 점은 이 광고로 소비자한테 무슨 반응을 얻을 것인지라는 명확한 목표 의식인 것이다. 그러한 점이 게임의 규칙이 되어야지, 비용의 많고 적음이 게임의 규칙이 되어서는 곤란하다(Priemer, 1989).

다음으로 마크업은 광고를 제작하는 데 들어간 비용의 17.65%를 적용한 금액을 지칭한다. 원래 제작비는 광고를 제작하면서 발생한 비용이므로 광고주에게 요청을 한다. 그렇지만 광고대행사 입장에서는 실질적인 비용만 청구해서는 남는 장사가 아니다. 따라서 제작을 통한 이윤을 창출해야 하므로 이윤의 비율을 제작비의 17.65%로 정해서 광고주에 청구하는 것이다. 즉 제작비 이외에 부가적으로 청구하여 광고대행사가 갖게 되는 몫을 이윤(*markup*, 원가에 덧붙이는 금액)이라고 한다.

특히 마크업은 광고대행사가 매체를 거래하지 않고 서비스를 제공할 때 적용한다. 예를 들면, 광고주가 광고대행사에 카탈로그를 제작 의뢰하였다. 이때는 매체의 광고비가 들어가는 것이 아니므로 제작비만 취급고가 발생하게 된다. 따라서 제작에 들어간 비용에 덧붙여 마크업을 청구하게 된다. 17.65%란 비율은 사실상 전체 취급액의 15%를 일관성 있게 확보하겠다는 취지에서 비롯된 것이다. 왜냐하면 제작비가 850만 원일 때, 마크업은 150만 원이 된다. 즉 광고주에게 요청하는 전체 예산은 1000만 원이고, 그중 15%인 150만 원을 보상받는 결과가 된다. 물론 이러한 계산이 항상 광고대행사의 이윤을 보장하는 것은 아니어서 높은 이윤(20%)을 채택하는 경우도 있다.

일반적으로 이윤을 적용시키는 작업을 살펴보면 다음과 같다. (1) 디자이너에 의해 완성된 작품(디자인 비용), (2) 사진 제작비(사진업자나 작가 포함), (3) 방송 광고 제작비, (4) 인쇄업자, (5) 비디오 프로덕션, (6) 녹음실 등.

취급고의 실제 사례를 들어보자. 광고주가 광고회사에 신문 광고를 의뢰했다. 신문사 광고 지면의 비용은 600만 원, 제작비는 400만 원이라고 가정하자. 그러면 광고대행사가 광고주에게 청구하는 비용은 취급고 기준에 따르면 표 3-2와 같다. 그리고 광고비는 그림 3-3과 같이 흐른다.

지금까지 살핀 수수료율이나 마크업은 고정 비율이다. 그렇지만 변동 비율도 있다. 취급고가 증가한다고 광고대행사의 작업량이 그만큼 비례하지는 않기

표 3-2. 취급고에 따른 광고대행사의 보상 사례

구분	광고회사의 취급고	광고회사의 보상	광고주의 전체 예산	매체사의 수익
매체	매체 비용 600만 원	수수료 90만 원 (600만 원 x 15%)	600만 원	510만 원
제작비	제작비 400만 원	마크업 71만 원 (400만 원 x 17.65%)	471만 원	-
합	1000만 원	161만 원	1071만 원	510만 원

광고주		광고대행사		매체사
1. 광고 요청	→	2. 광고 게재 요청	→	3. 광고 게재
	←	5. 광고비 요청	←	4. 광고비 요청
6. 광고비 지불	→	7. 수수료		
		8. 수수료 제외한 광고비 지급	→	

그림 3-3. 광고비의 흐름

때문이다. 따라서 최초의 매체비 10억 원까지는 15%, 그다음 10억 원에 대해서는 14%라는 식으로 슬라이딩 스케일에 따른 수수료율을 채택하는 경우도 있다. 대체로 고정 비율은 비용을 관리하기가 용이하다는 장점이 있는 반면, 실제 광고비에 상응하는 서비스를 받았는지를 판별하기가 어렵다.

2) 비용 기준 보상

광고대행사가 광고주를 위해 일하면서 발생하는 비용을 기준으로, 그 비용의 일정 비율을 이윤으로 책정하는 방법이다. 비용 기준의 보상은 크게 보수제*fee*와 요금제로 구분된다(박원기, 2006). 보수제는 대체로 연간 계약에 기초할 때 해당 광고주를 실질적으로 담당하는 광고대행사의 인력을 산출해서 견적을 내는 방법이다. 보통 월 단위로 일정 금액을 광고주에게 청구하게 된다. 예를 들어, A광고주를 위한 인력이 연간 10명이라고 할 때, 10명의 직접 급여 비용과 간접비(비용 이외에 이윤을 가산한 금액) 등을 청구하게 된다.

요금제란 보통 프로젝트 계약의 경우에 실제 투입되는 인력의 시간당 요금을 산출하는 방법이다. 원래 이 제도는 수수료를 받을 수 없는 경우에 행해졌다. 예를 들면, PR과 같은 서비스를 제공했을 경우 특정 매체로부터 수수료를 받을 수 없으므로 광고주로부터 PR 서비스 요금을 별도로 받을 수밖에 없다. 또한 특별한 광고 전략을 개발할 때는 노력에 들인 시간에 상응하는 요금을 받도록 계약할 수도 있다. 이 같은 상황에서는 대체로 시간당 요금을 계산한다.

보수제를 채택하면 작업의 질적, 양적인 측면을 모두 고려한다는 장점이 있다. 하지만 계산하기 어렵다는 단점도 있다. 그럼에도 불구하고 15%의 수수료 관행이 줄어들고 수수료율이 적어지면서 충분한 수입을 확보하지 못하게 되자, 광고대행사는 별도의 보수를 받을 수 있도록 노력한다.

▶ 광 고 사 랑 방 3-6 | **한국방송광고공사**

광고대행사가 신문이나 잡지에 광고를 내려면 신문사나 잡지사와 직접 거래한다. 그렇지만 방송 광고를 할 경우에는 그렇지 않다. 한국방송광고공사(Korea Broadcasting Advertising Corporation: KOBACO)가 방송사를 대표('media-representative' 또는 'media-rep')하기 때문이다. 따라서 광고대행사는 방송사 대신에 KOBACO와 거래를 한다. 1981년 1월 20일 5공화국과 함께 시작된 공사는 광고대행사나 광고주를 상대로 방송사의 광고 시간을 영업해 주며, 그 대가로 수수료를 받는다. 공사는 전에는 광고비의 19%를 수탁 수수료로 받았다(강미선, 1998). 그러나 지금은 광고비의 14%를 수령하여 대행사에는 다음과 같은 기준으로 수수료를 지급한다. 라디오 광고는 13%, 텔레비전 광고비가 2억 원 이하일 때는 12%, 2억~8억 원은 11%, 8억 원 이상은 9%. 광고 신탁액이 적을수록 수수료를 많이 지급하는 것은 중소 규모의 광고회사에 많은 수익을 올릴 수 있도록 한 배려이다(이시훈, 2007).

[인쇄 광고]
광고주 100% → 광고대행사 15% → 매체 85%
[방송 광고]
광고주 100% → 광고대행사 9~13% → 한국방송광고공사 1~5% → 매체 77~81%

이 제도는 매체사와 광고대행사가 직거래를 하지 못하는 유통 문제를 야기한다. 물론 특수 대행사의 사례에서 보았듯이 서구에도 미디어 렙이 있지만, 이들은 사기업이며 직거래 제도와 함께 존재한다.

이러한 문제에 대해 끊임없이 찬반이 부닥쳐 왔다. 찬성 측에서는 방송의 공공성을 내세워 광고주와 방송사 사이의 부적절한 영향력 행사를 막을 뿐만 아니라 광고비 인상을 억제하고 중소 규모의 방송사를 지원한다는 논리를 전개했다. 이에 비해 반대 측에서는 다음과 같은 논리를 내세웠다: (1) WTO의 개방 경제 체제는 자유화를 원칙으로 삼고 있는데 '방송 광고 시간'이라는 재화는 시장 기능에 맡겨져 있지 않다는 점, (2) 공영 방송일 경우에는 시장 조정 기능의 명분이 있으나 상업 방송인 SBS가 출현하면서 민영 방송의 경영 책임을 공사가 부담해야 하는 모순 발생과 공영성 논리 퇴색, (3) 유선 방송 출현으로 방송 광고 대행의 종합적인 체계 유지 결여.

결국은 헌법재판소에서 2008년 11월 27일 한국방송광고공사와 그 출자 회사만이 지상파의 방송 광고 판매 대행을 할 수 있도록 규정한 방송법에 대해 헌법 불합치 판결을 내렸다. 과잉 금지 원칙을 위반하여 청구인의 직업 수행의 자유와 평등권을 침해하였다고 보고, 2009년 12월 31일까지 개정할 것을 주문했다(〈한겨레〉, 2008. 11. 28). 이에 따라 방송통신위원회는 민영 미디어렙을 추진하고 있다.

3) 취급고와 비용 기준의 혼용

실제 광고주와 광고대행사가 계약할 때는 광고대행사의 보상을 특정 방법으로 고정하지 않고 혼용할 경우가 많다. 일례로 커미션과 마크업의 취급고 기준으로 계약했지만, 광고비를 너무 많이 집행하여서 광고대행사의 수익이 너무 높아질 수 있다. 그럴 경우에는 실제 비용을 반영하여 수익률의 몇 %를 넘는 금액에 대해서는 광고주에게 환불하는 계약을 맺을 수 있다.

4) 인센티브 보상 제도

광고 효과에 따라 광고대행사에게 보상을 해주는 제도를 인센티브 보상 또는 업적 보상이라고 한다. 특히, 요즈음 광고계에 강조되는 철학이 '광고의 책임'이다. 이는 광고가 과연 광고비를 투자한 만큼 효과가 있었는지 그 책임을 묻는 것을 뜻한다. 인센티브 제도는 업계의 이러한 경향을 반영한다.

일례로 캠벨Campbell, GM, 볼보Volvo, IBM 등은 더 이상 광고대행사에 15% 수수료를 일률적으로 지급하지 않는다. 광고대행사의 서비스가 좋으면 16%를 지급하고, 그저 그렇다면 13.5%를 지급하는 식으로 차등을 둔다.

그러나 판매 효과가 다양한 변인에 의해 영향받는다는 점을 고려하면, 광고 효과를 판매와 직접 연결시켜서 보상하려는 시도는 문제가 있다. 더욱이 광고주나 광고의 목표가 다양하기 때문에 '광고 효과 = 판매'라는 등식이 반드시 성립하는 것은 아니다. 따라서 이러한 점도 고려한 인센티브 보상 제도가 정착되어야 할 것이다.

지금까지 네 가지 보상 방법을 살펴봤으나 가장 보편적인 방법은 취급고 기준의 수수료제와 비용 기준의 보수제이다. 그렇다면 세계적으로 광고회사를 보상하는 데는 어떤 방법을 많이 사용할까? 미국에서는 1989년만 하더라도 수수료제 대 보수제의 비율이 66% 대 24%였다(Russell & Lane, 1990). 나머지 10%는 기타 방

표 3-3. 주요 국가의 광고회사 보상 방식 채택 비율(괄호 안은 조사 연도)

국가	수수료제	보수제	기타
일본(2002)	97	3	0
영국(2000)	61	27	12
프랑스(2000)	91	6	3
독일(1999)	79	15	5
미국(2000)	21	68	11
캐나다(1999)	30	66	4

법. 그렇지만 광고주는 원가 개념을 강하게 주문하고 있다. 1999년 미국의 1, 2위 광고주인 GM과 P&G가 보수제를 선언한 것도 대표적 사례에 속한다(박원기, 2006). 이런 여파로 2000년에는 보수제가 68%로서 수수료제의 21%에 비해 앞서고 있다(신인섭, 2003). 그러나 이는 미국의 사례이고 아직까지는 세계적으로 수수료제가 보편적이다. 주요 국가에서 매체를 취급했을 경우 보상 방법을 살피면 표 3-3과 같다(박원기, 2006).

4. 광고주 유치

광고대행사가 성공하기 위해서는 기존 광고주를 유지해야 할 뿐만 아니라 새로운 광고주를 유치해야 한다. 새로운 광고주를 영입하기 위한 방법으로는 (1) 소개, (2) 발표, (3) 광고대행사의 PR, (4) 광고주 포섭 공략 등이 있다.

1) 소개

광고대행사의 평판이 좋으면, 기존의 광고주나 광고 전문가들이 광고주에게 소개*referral*해 줄 것이다. 예를 들면 A맥주 광고가 잘되었다고 생각하는 라면 회사 광고팀은 A맥주에게 어느 광고대행사였느냐고 물어볼 수 있다.

그리고 광고 컨설턴트들도 광고대행사와 광고주의 연결에 종종 영향력을 행사한다. 우리나라에서는 그런 전문 컨설턴트를 찾기 어렵지만, 미국에서는 IBM, BMW, 버거킹 등의 광고주가 광고대행사를 옮길 때 이들이 개입하였다(Arens, 1996).

그러므로 광고대행사는 현재의 광고주는 물론이고 광고 전문가, 매체사, 그리고 관련 업자들과 좋은 유대 관계를 맺어야 한다. 특히 혈연, 지연, 학연 등이 의사 결정에 영향을 끼치는 우리 사회에서는 이 같은 평소의 관계가 광고주 유치에 결정적이라고 할 수 있다.

2) 발표

발표*presentation*는 광고주의 요청으로 이루어진다. 대체로 광고주가 기존의 광고회사를 교체하거나 광고대행사를 새로 선정할 때 사용된다. 발표 내용은 광고대행사의 간단한 소개에서부터 특정 상품의 광고 기획에 이르기까지 다양하다. 이러한 발표야말로 광고대행사의 능력을 평가받는 자리이기 때문에 좋은 발표를 할 수 있는 능력을 갖추어야 한다.

그 절차를 살펴보면 다음과 같다. 먼저 광고주는 광고대행사의 리스트를 놓고 심사하여, 자격이 있다고 생각되는 몇몇 최종 후보 광고대행사를 발표회에 초청한다. 초청할 때는 광고주가 다음과 같은 내용을 대행사에 알려 준다. 광고주의 배경, 마케팅 목표, 광고 문제 등.

그러면 이들 대행사가 각각 크리덴셜*credential*(회사 소개와 자격에 대한 내용)과 광고 기획을 발표할 기회를 갖는다. 가장 중요한 내용은 광고주가 염두에 두고 있는 소비자에 대한 이해, 마케팅 아이디어와 광고물 시안이라고 할 수 있다. 그러나 마케팅 아이디어는 오리지널 조사가 아니라 2차 자료 조사에 기초하여 얻어지며, 크리에이티브 사례들도 시간이나 비용 문제로 완성된 광고물이 아니라 대체로 개략적인 수준에서 이루어지는 것이 원칙이다. 그럼에도 불구하고 투기성 발표에서는 보다 많은 노력이 투입되고 있는 실정이다(광고 사랑방 3-7 참조). 그만큼 경쟁이 치열하기 때문이다. 일례로 미국의 65개 대행사를 대상으로 한 설문에서 PT의 성공률은 34%에 불과할 정도다(Buxton & Fulton, 1987).

이런 발표를 평가하여 광고주의 상품을 다룰 최종 광고대행사를 선정한다. 발표를 포함한 이러한 일련의 과정을 광고주의 입장에서는 '광고대행사 점검 *account review*'이라고 한다. 광고주가 이러한 점검을 시행하는 데는 다음과 같은 이유가 있다. 첫째, 광고대행사의 효과를 주기적으로 검토하여 평가한다. 둘째, 광고주가 광고대행사에 발표 비용을 지불할 법적 책임이 없다. 비록 일부 광고주는 발표 비용을 부분적으로 대행사에 지급하지만. 셋째, 광고주는 발표를 통해 여러 아이디어를 듣고 종합할 수 있는 기회가 마련된다.

그렇지만 대행사 입장에서는 발표에 상당한 시간과 노력을 들이는 데 비하여 실질적인 보상을 받지 못한다. 대부분의 광고주가 PT에 참가했으나 광고를 수주하지 못한 대행사들에게 참가비*rejection fee*를 지불해 주지 않기 때문이다. 이러한 상황을 개선하기 위해서는 광고업계의 공동 대응이 필요하다. 한 예로 1984년 미

▶ 광 고 사 랑 방 3-7	투기성 발표

원래 광고주에 발표하는 내용은 지금까지 광고대행사가 다루었던 기존의 광고 전략 사례에 초점을 맞춘다. 따라서 표준적인 발표 내용은 다음과 같이 구성된다. (1) 대행사의 연혁 및 경영진 등 소개(광고대행사의 포지셔닝), (2) 광고주에게 제공될 수 있는 서비스 소개(조사와 마케팅 등), (3) 광고대행사의 현재 광고주 소개, (4) 광고대행사의 기존 크리에이티브 작품 소개, (5) 광고대행사에 대한 외부 평가로 마감.

그렇지만 일부 광고주는 자신의 상품에 대하여 앞으로 어떻게 광고 기획할 것인지를 발표하라는 투기성 발표*speculative presentation*를 요청하기도 한다(요즘 이것이 유행하지만). 즉 만일 광고주를 위해 일한다면 광고 접근을 어떻게 하겠다는 가상적인 발표를 해야 하는 것이다.

그러나 이 같은 투기적인 발표는 새로운 캠페인에 대한 아이디어를 알려 주는 셈이므로 만일 계약을 체결하지 못할 경우, 광고대행사는 손해를 본다. 더욱이 발표 준비에 투입된 실질적 비용을 보상해 주는 것도 아니고. 그렇지만 광고주가 그런 발표를 요청하면, 대다수의 광고대행사는 응하지 않을 수 없는 형편이다.

국 필립스사Philips Interactive Media에서는 광고대행사 점검에서 두 곳의 광고대행사를 참여시켰다. 그런데 그 해 3월 마케팅 담당 부사장이 새로 임명되면서 점검 계획을 백지화하였다. 이에 두 광고대행사는 각각 2만 달러의 비용을 지불하라는 소송을 제기하였으며, 결국 필립스는 각각 1만 달러를 주기로 합의를 보았다(Buxton & Fulton, 1987).

3) 광고대행사의 PR

새로운 광고주를 영입하기 위해서는 광고대행사가 지역 사회에서 좋은 대외 관계를 갖는 것이 필요하다. 자원 봉사나 공익 사업을 수행함으로써 대행사의 이미지를 제고하면 결과적으로 신규 광고주 유치에 도움이 된다.

그러므로 일부 광고대행사는 대학생 광고인 여름 캠프, 인턴십, 세미나 후원

➤ 광 고 사 랑 방 3-8	광고대행사 평가 리스트

광고주가 현재의 광고대행사를 평가할 때, 다음 각 항목에 대해 1점(부정적)에서 10점(긍정적)의 척도로 평가할 수 있다. 그리고 이 평가 결과에 따라 과연 현재의 대행사가 좋은지, 아니면 변화를 모색해야 될지를 판단하게 될 것이다.

(1) 일반적 대행사 차원: 광고주 필요에 적합한 규모, 경영 관리 능력, 재정적 안정성, 다른 광고주와의 경쟁, 제공하는 서비스의 범위, 서비스 가격
(2) 마케팅 차원: 마케팅 자문을 제공할 수 있는 능력, 광고주 시장에 대한 이해, 광고주 시장을 취급한 경험, 해당 시장에서의 성공 경력
(3) 크리에이티브 차원: 전략과 연관 있는 크리에이티브 제작, 예술적 감각, 카피 능력, 전반적인 크리에이티브 질, 경쟁사와 비교했을 때의 효과
(4) 제작 차원: 크리에이티브 전략의 충실도, 스케줄과 예산에 대한 노력, 외부 업자의 통제 능력
(5) 매체 차원: 매체 조사 경력과 능력, 매체 전략의 효율성과 효과, 예산 내에서의 목표 달성 능력, 스케줄의 협상 및 집행 능력
(6) 인간 관계 차원: 전반적인 태도, 광고주와의 조화, 광고주에 할당된 능력 있는 인원
(7) 추천: 현 광고주들의 평가, 과거 광고주들의 평가, 매체사의 평가

Bonding to Branding
[모든 광고주용]
당신의 브랜드와 소비자의 관심을 단단하게 밀착시켜 판매 곡선을 최고로 상승시켜 줄 'Bonding to Branding'이란 이름의 초강력본드. 필요하신 분들은 지금 바로 02)513-1114로 연락주십시오.

주의 깨진 유리, 플라스틱, 팔, 다리, 찢어진 커플 등에는 사용하실 수 없습니다. 용량 써도 써도 마르지 않음.
제조 / 판매원 금강오길비

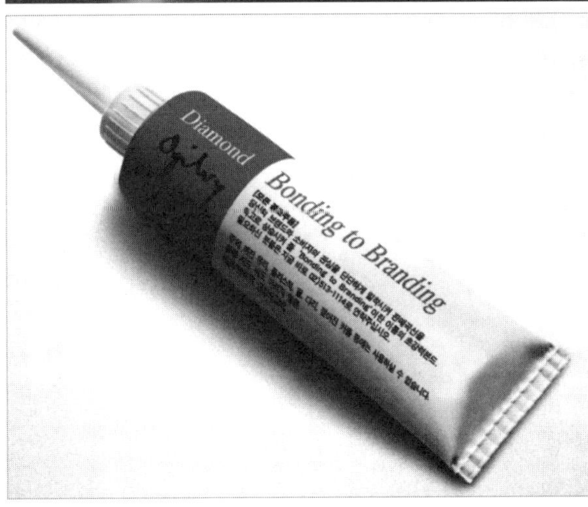

그림 3-4. 광고대행사의 홍보물
제일기획과 금강오길비그룹

등으로 대행사의 지명도를 높인다. 또한 광고 대회에 작품을 출전하여 수상하는 것도 언론에 공표되는 효과를 얻을 수 있다.

4) 광고주를 위한 적극적 공략

이는 우편이나 전화로 광고주를 접촉하고 개인적으로 직접 회합을 갖는 방법 등을 일컫는다. 광고대행사의 자사 광고도 대표적인 사례에 속한다. 특히 잘 알려지지 않은 광고대행사일 경우에 이러한 방법이 유용하다.

5. 광고대행사의 발표

1) 발표의 정의 및 중요성

광고대행사가 광고주를 영입하는 주된 방법은 바로 발표다. 광고주를 잃는 길도 역시 발표를 통해서이기는 하지만. 〈비즈니스 위크〉에 따르면, 하루 평균 3000만 번 이상의 각종 발표가 미국에서 벌어진다고 하니 매우 보편적인 현상임을 알 수 있다. 또한 얼마나 많은 시간과 노력이 발표에 투자되는지도 가늠할 수 있다.

발표는 판매하기 위해 물고 늘어지는 시간도 아니며, 광고대행사를 위한 시간도 아니다. 발표는 광고주를 위한 것이다. 발표를 이해하기 위해 정의를 내리면, 광고주의 행동을 돕기 위해서 발표자(광고회사)가 노력하는 과정이다. 그러므로 광고주의 문제를 이해하고 분석하며 해결책을 제시하는 각 단계에 대해서 광고주는 그 같은 노력을 판단한다. 여기에서 중요한 개념은 바로 해결책에 다가가는 노력이다. 즉 대행사는 문제 해결책을 제시하면서 그 대안을 옹호하는 노력을 기울이고 이에 대한 평가의 몫은 광고주에 속한다.

어떻게 보면, 법정에서 벌어지는 일과 유사하다. 광고대행사는 관련이 있는 증거와 믿을 만한 조사 자료를 제시해야 한다. 그래야 판사인 광고주는 대행사의 논거와 논리를 받아들일 테니까.

2) 발표 지침

발표는 여러분이 내용을 준비할 때부터 시작된다. 어떤 내용을 준비할 것인가? 어떻게 제시할 것인가? 감정적으로 또는 이성적으로, 아니면 논리와 감정을 섞어서? 간단히 요약하면 발표는 대체로 다음과 같이 구성된다. (1) 문제를 제시하고 (문제를 올바로 이해해야겠지만), (2) 문제를 해결하는 방안을 제시하고, (3) 어떻게 그 방안을 시행할 것인지를 설명한다. 그러면 발표할 때 도움이 될 만한 지침을 살펴보자(Schultz, 1991).

(1) 광고주의 관심사를 빨리 제시해야 한다

흔히 광고대행사의 발표는 자기 자신의 크리덴셜 발표 시간으로 절반을 채운다. 크리덴셜이란 자사의 업적과 현황을 소개함으로써 신용을 확보하는 내용을 일컫는다. 그리고 나서 후반전의 시간을 이용해서 광고주가 직면한 문제와 가능한 해결책을 제시 한다. 그렇지만 광고주는 지금까지 광고대행사가 해온 자랑보다는 자신의 사업에 관심이 높다. 따라서 광고주를 의식한다는 맥락에서 보다 빨리 광고주의 관심사를 발표하는 것이 좋다.

(2) 내용이 어떤 경우에 있어서도 중요하다

일단 내용이 형편없으면, 어떤 훌륭한 발표 기법을 구사했더라도 실패를 면할 길이 없다. 스스로 시험해 보면 안다. 자신이 잘 모르는 비즈니스일 때는 목소리가 경직되게 마련이다. 준비 못한 질문이 나오면, 발표자의 몸짓부터 이상해진다. 어색해지거나 끙끙거리거나 자세를 바꾸거나 등등. 따라서 많은 준비가 필수적이다. 어느 정도로 많이? 실제 발표에 사용할 내용보다 7배 정도 많은 자료를 섭렵하는 것이 바람직하다.

(3) 내용이 명확해야 한다

'무슨 소리를 하는지 모르겠다'라는 반응이 나오면 발표는 끝이다. 따라서 혼동과 모순이 없도록 해야 한다. 이를 위한 방안으로는 먼저 발표의 헤드라인을 작성해 본다. 그 내용은 광고주의 이익과 직결되는 것이어야 한다. 그리고 발표를 통해 광고주가 무슨 행동을 취하도록 할 것인지를 명확히 해야 한다. 요약하면 다음과 같은 논리 전개가 핵심이다. 광고주의 시장 점유율을 증대시킬 필요가 있다, 이런 전략으로 6개월 이내에 점유율이 증가할 것이다, 그렇지 않으면 우리는 물러가겠다.

(4) 광고주는 발표할 내용의 1 / 4 정도만을 기억한다

발표하는 내용을 광고주가 모두 기억할 것이라고 생각하면 오산이다. 대부분 내용은 잊어버리고 몇몇 관심 있는 부문만 이해하고 기억하기 때문이다. 그러므로 중요한 전략적 제안은 반복하는 것이 좋다. 발표하기 전에 무엇을 전달할 것인지를 이야기하고, 발표를 하면서 전달하고, 무엇을 발표했는지를 다시 한 번 이야기하는 것처럼.

(5) 광고주를 조심스럽게 참여시켜라

발표자가 광고주에게 질문을 하거나 코멘트를 요청하면 광고주는 긴장하게 마련이다. 사실 발표하는 동안은 발표자에게 장내를 관장하는 권한이 위임된다. 게다가 대다수의 수용자는 의견을 잘 따르는 편이다. 그렇지만 광고주의 기분을 무시하면서 발표에 참여시켜서는 곤란하다.

(6) 초조한 것이 나쁘지는 않지만 지나쳐서는 곤란하다

발표자가 어느 정도 초조하다는 사실은 광고주가 중요하다는 의미를 던져 주므

로 광고주에 대한 일종의 예의가 되는 셈이다. 그렇지만 지나치게 초조해서 발표에 지장이 있으면 곤란하다. 사실 광고계의 발표에서 가장 큰 문제 가운데 하나가 초조함이다. 왜 그럴까? 주된 이유는 발표와 동시에 즉각적인 평가를 받고 거절당할 수 있기 때문이다. 따라서 지나친 초조함은 줄여야 하는데 그 같은 방법으로는 자기 나름대로의 의식儀式을 마련하는 것이다. 일례로 자기 자신에게 타이르는 말을 한다든지, 걷는다든지 등등. 그리고 발표하기 전에 인사를 하거나 농담을 던짐으로써 목소리를 가다듬고 미소를 띤다. 억지웃음이 아니고 자신의 발표를 즐긴다는 맥락에서.

(7) 눈길을 주고받는 것은 매우 중요하다

발표자는 광고주에게 종종 눈길을 던질 필요가 있다. 눈길을 의식한 광고주는 발표를 잘 들어야 한다는 의무감을 느낀다. 그리고 눈 접촉을 통해서 발표의 내용이나 속도를 변경할 수 있다. 그렇다고 노려봐서는 곤란하며, 특정인을 지나치게 오래 응시해서도 곤란하다.

(8) 사람은 거짓말을 할 수 있으나 몸짓은 거짓말을 안 한다

광고주의 몸짓을 통해서 여러분은 중요한 반응을 알 수 있다. 고개를 꼿꼿이 들고 앞으로 약간 기울어져 있으면 높은 홍미를 느낀다는 징조. 그러나 광고주의 어이없어 하는 듯한 표정은 문제 발생을 의미한다. 그때는 질문을 하거나 타임아웃을 요청해서 분위기를 바꾸어야 한다. 광고주의 비언어적 커뮤니케이션에 관심을 갖도록.

이 같은 지침을 이용해서 발표를 하되 발표 양식은 오디오와 비디오를 적절히 사용하는 지혜가 필요하다. 파워포인트와 같은 소프트웨어는 발표용으로 유용한 도구가 될 수 있다.

발표 시간이 정해진 것은 아니다. 그렇지만 1시간 내외가 발표 시간으로 적절하다. 어떤 주제든 2시간이 넘으면 지루하다. 종종 발표자는 시간을 넘기기 일

쑤지만. 오히려 빨리 끝내는 것이 광고주에게 좋은 평가를 받는다. 30분 예정이었으면 한 5분 정도 빨리.

3) 질의와 응답

발표가 끝나면, 으레 질의와 응답이 있게 마련이다. 만일 질문이 하나도 없다면, 문제 있는 발표였던 셈이다. 질문이 없으면, 흥미도 없다는 말이기 때문이다. 그렇지 않으면 식사 시간을 훨씬 넘겨서 다들 배고파 지쳐 있거나.

질문을 통해서 광고주의 관심사를 알 수 있다. 광고주의 질문에 장황한 답변은 금물이다. 간단하게 답변을.

지금까지 광고주 유치를 위한 여러 방안을 살펴보았다. 광고대행사가 광고주를 영입하는 것은 핵심적인 영업 활동이다. 회사의 존립이 달려 있으니까. 그렇지만 광고를 수주하기 위해서 잠재 광고주에게 적극적으로 공략하는 차원을 넘어서 덤핑이나 과잉 서비스 등으로 불공정한 거래 관행을 자행하는 것은 바람직하지 않다. 광고계의 관행이 흐트러지며, 공정한 경쟁으로 경쟁력을 키워야 하는데 그런 토양이 무너지기 때문이다.

광고주도 마찬가지. 광고대행사를 선정하기 전에는 프리젠테이션이나 접촉 과정에서 고압적인 자세를 취하기 일쑤이다. 게다가 광고대행사를 선정한 후에는 계약서의 갑과 을의 관계를 강조하며 부당한 서비스를 요구한다. 그러나 광고대행사는 광고주의 문제를 해결하기 위한 전문적인 서비스를 제공한다. 그리고 광고주와 광고대행사는 모두 파트너십을 형성하고 있다. 양자가 모두 성실과 신의, 그리고 품위로 임할 때 광고계의 거래 관행이 성숙되고 경쟁력도 높아질 수 있지 않을까?

참고 문헌

강규철 (2003). "광고회사 조직변화의 신조류," 〈광고계동향〉, 7월.

강미선 (1998). "한국 광고 환경의 특성과 다국적 광고회사의 시장 적응화 전략," 〈커뮤니케이션 과학〉.

박원기 (2006). 〈광고대행 수수료에 관한 연구〉. 한국방송광고공사.

박재항 (2007). "사업 감각을 가진 AP가 살아남는다," 〈광고정보〉, 6월.

신인섭 (2003). "바뀌는 광고회사 보수제도," 〈광고계동향〉.

오주섭 (1999). 〈광고회사 AE 조직에 관한 연구〉. 고려대학교 언론대학원 석사 학위 논문.

이시훈 (2007). "매체별 광고대행 수수료율 현황과 바람직한 수수료율 책정 방향," 〈광고계동향〉, 9월.

제일기획 (1998). 《광고연감》.

〈한겨레〉 (2008. 11. 28). "코바코 방송광고 판매대행 독점, 헌법 불합치."

Arens, W. F. (1996). *Contemporary Advertising*. Chicago: Irwin.

Barry, T. E., Peterson, R. L., & Todd, W. B. (1987). "The Role of Account Planning in the Future of Advertising Agency Research," *Journal of Advertising Research*.

Buxton, E. & Fulton, S. (1987). *New Business for Ad Agencies*. New York: Executive Communications, Inc.

O'Guinn, T. C., Allen, C. T., & Semenik, R. J. (2009). *Advertising and Integrated Brand Promotion*. Mason: South-Western.

Priemer, A. B. (1989). *Effective Media Planning*. Massachusetts: Lexington Books.

Russell, J. T. & Lane, W. R. (1990). *Kleppner's Advertising Procedure*. Englewood Cliffs: Prentice-Hall, Inc.

Wells, W., Moriarty, S., & Burnett, J. (2006). *Advertising: Principles and Practice*. Upper Saddle River: Pearson Prentice Hall.

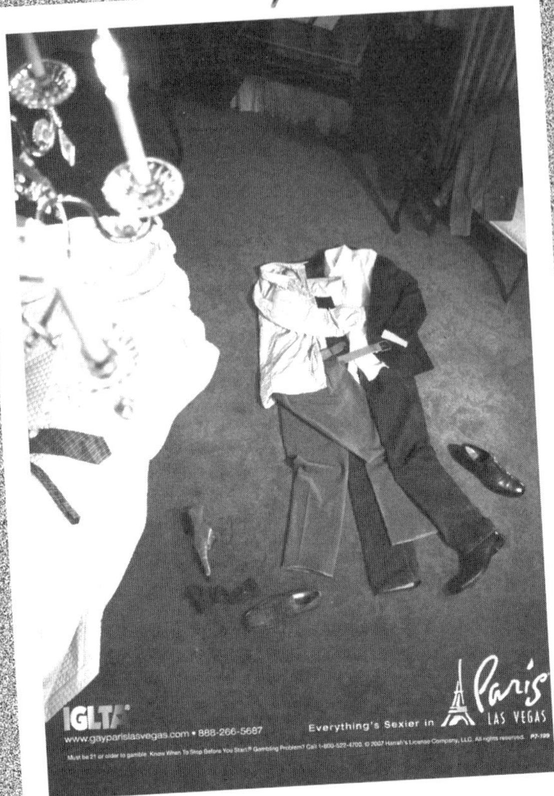
IGLTA
www.gayparislasvegas.com • 888-266-5687
Everything's Sexier in
Paris
LAS VEGAS

2부 광고 환경

1부에서는 은하계인 광고계 내부를 들여다보았다면, 2부는 은하계 주변을 둘러싼 우주라는 환경을 살펴본다. 과연 광고계는 환경 체계와 어떤 영향을 주고받는지, 즉 상호 작용을 둘러싼 이슈를 검토한다. 그리고 광고와 연관되어 있는 법제를 소개하였다. 광고 규제에 적용되는 원칙을 분석할 뿐만 아니라 소비자로서 알아야 할 광고 법제의 토대를 설명하였다.

4장 광고 환경

5장 광고 법제

4장 광고 환경

광고는 진공 상태에서 존재하지 않는다. 광고주, 광고대행사, 매체사, 소비자는 물론이고 주변의 다양한 환경과 직·간접적으로 영향을 주고받는다. 사회, 문화, 경제에 부정적인 영향을 끼친다는 비판도 종종 받는다. 광고는 어떤 논란에 휩싸이고 있으며, 과연 그 같은 책임을 모두 짊어져야 하는가?

사실 광고를 비판할 때 흔히 발생할 수 있는 오류는 비판의 대상이 광고의 존재 자체인지, 광고 형태나 내용의 문제인지를 혼동하는 데 있다. 따라서 이장을 통해 비판과 옹호 논리의 핵심을 이해하도록 하자.

1. 광고와 사회

광고는 사회의 보편적인 현상으로서 본질적으로 설득 성향을 항상 내재하고 있다. 바로 그 속성 때문에 광고는 종종 비판 대상이 되곤 한다. 광고 현상을 둘러싼 부정적 평가 가운데서 흔히 거론되는 이슈를 다음과 같이 분류해서 차례대로 살펴보자. (1) 광고는 현실을 창조하는가? (2) 광고는 사회의 품위를 저하시키는가? (3) 광고는 소비자를 통제하는가? (4) 광고는 잠재 의식 기법을 사용하는가? (5) 광고주가 매체사를 통제하는가?

1) 광고는 현실을 창조하는가?

"광고를 보면 그 나라의 이상理想을 알 수 있다." 1917년 영국의 소설가 더글러스Douglas의 말씀(Arens, 1996). 그만큼 광고는 해당 사회의 현실을 반영한다고 볼 수 있다. 과연 그럴까? 광고는 현실을 반영하는가, 아니면 현실을 창출하는가? 광고와 사회의 관계를 살펴보는 데 빼놓을 수 없는 질문이다(그림 4-1 참조).

광고가 주도적으로 현실을 만드는 사례를 제시해 보자. 예를 들면 치아가 하얗게 된다는 미백제 광고는 누런 치아보다는 하얀 치아가 미인의 조건이라고 생각하게 만든다. 모든 미인이 누런 치아였으면 하얀 치아의 필요성을 굳이 느끼지 않았을 텐데. 사실 광고에서 일정한 가치나 생활 양식을 묘사하면 이러한 모습이 사회에 영향을 끼친다. '현대인의 필수품은 아이팟iPod'이라는 광고에 접하면 소비자는 이 문제를 놓고 고민한다. 나는 과연 현대인, 아니면 원시인?

더욱이 광고에서 전개되는 고정 관념은 어린 소비자에게 이상적인 여성상이나 전형적인 남성상을 심어 준다. 또한 광고는 우리가 이전에 몰랐던 필요와 욕구를 일깨워 준다. 이 같은 관점에서 광고는 단지 바깥 세계를 반영하는 것이 아니라 소비자에게 현실이 되는 세계를 구축해 준다고도 볼 수 있다.

그러나 광고가 우리 주위의 현실을 반영한다는 견해도 타당성은 있다. 예를 들어 보자. 소비자의 증언식 광고에서 소비자 모델이 실제 자신의 사용 경험을 이야기한다. 두통, 치통에 그 약을 먹었더니 말끔해졌다고. 광고에서 전개되는 소비 상황을 보더라도 그 사회의 가치관, 생활 양식이나 습관 등을 반영한다. 소비자가 실생활에서 부닥치는 문제를 광고에서 제기하면서, 광고 상품이나 서비스로 문제를 해결할 수 있음을 전한다. 자동차 접촉 사고가 났을 때는 상냥하게 서로 인사하고 보험 회사에 전화를 건다. 광고는 소비자가 지닌 필요와 욕망을 반영하는 것이다. 이런 점에서 광고는 현실을 비춰 주는 창문인 셈이다.

그렇다면 과연 광고는 현실을 반영하는가 아니면 창출하는가? 위에서 보았듯이, 광고는 외부 현실을 분명히 반영한다. 그러나 광고는 우리에게 전달할 내

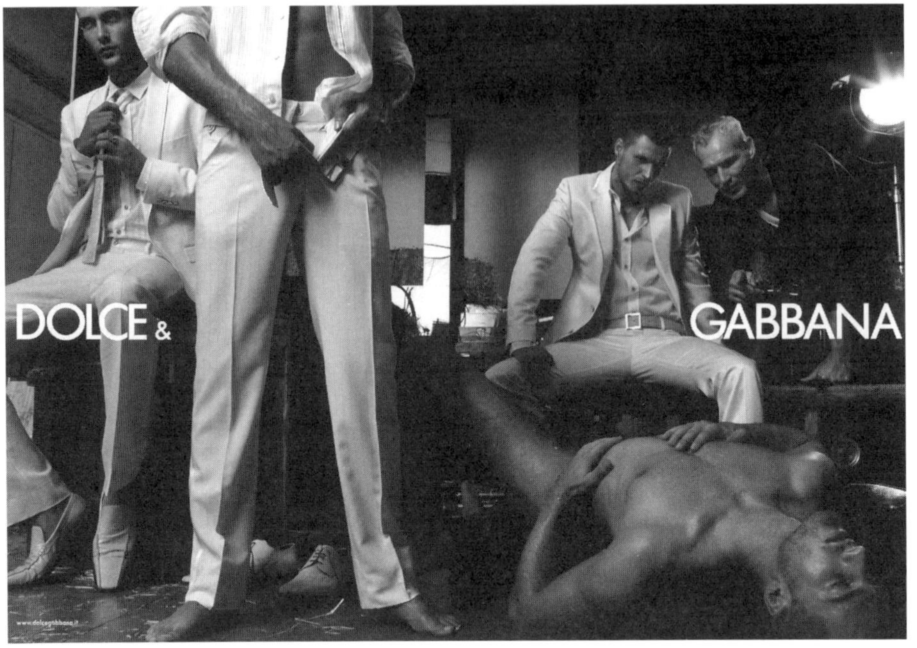

그림 4-1. 광고는 사회의 거울인가?
광고에 묘사된 장면은 과연 현실이 그렇기 때문에 그렇게 소구하는 것일까? 아니면 광고가 사회에 그 같은 성적 관계가 만연하도록 조장하는 것인가? 돌체앤드가바나.

용을 선택한다. 그리고 이 같은 선택은 소비자에게 광고의 의미를 받아들이도록 만들고, 이는 바로 우리 사회의 현실로 구성되기도 한다. 따라서 광고는 현실 반영과 창출의 측면을 모두 지닌다.

2) 광고는 사회의 품위를 저하시키는가?

광고는 종종 사회의 품위를 떨어뜨린다는 비판을 받는다. 과연 어떤 이유 때문에 그 같은 비판을 받는지 살펴보자.

먼저 콘돔 등의 피임 기구 같은 위생용품은 상품 자체가 사적이고 은밀하게 사용되기 때문에 공개될 경우 품위 논란이 발생한다. 이들 상품을 대중에게 광고

하는 것은 저속하므로 광고를 제한해야 한다는 의견으로 이어진다. 그 같은 주장의 이유는 다음과 같다. (1) 청소년에게 불필요한 호기심을 자극시킨다. (2) 사회에 성적 자유로움이 만연되어 있다는 인식을 불러일으킬 수 있다. (3) 공개적인 광고 대상이 되기에는 혐오감과 수치감이 수반된다.

그렇지만 이들에 대한 광고가 보다 적극적으로 전개되어야 한다는 반론도 있다. 이들 용품이 대중 매체에서 광고되는 것을 지지하는 배경에는 다음과 같은 이유가 있다. (1) AIDS를 비롯한 성병의 확산에 적극적으로 대처할 필요가 있다. (2) 위생 용품도 품위 있게 광고할 수 있다.

찬반의 논란이 이는 가운데 최근 사회는 성 문제를 더 이상 성역으로 놓아두지 않는다. '아우성'과 같은 성 담론이 장안의 화제가 될 뿐만 아니라 중요한 교육 과정으로 자리잡는 분위기도 그 같은 경향을 반영한다.

사실 품위의 기준은 시간과 상황에 따라 변한다. 성에 관한 담론도 예전의 '금기'와 '부끄러움'에서 탈피하여 이제는 '떳떳함'과 '아름다움'으로 나아간다. 광고도 그 같은 추세를 반영한다. 1995년 이전에는 우리나라 텔레비전에 생리대 광고가 등장할 수 없었다. 그러나 당시 방송위원회의 심의 규정 개정으로 1996년부터 허용되었다. 위생 용품으로서 생필품이라는 인식이 반영된 것이다. 요즈음 텔레비전에서 '흡수력이 좋아졌다'는 생리대 광고를 보고 "어휴, 낯 뜨겁게"라는 사람은 그리 많지 않을 것이다.

둘째, 광고 표현이 성적으로 자극적일 때 품위와 연관되어 자주 거론된다. 물론 상품과 성적인 내용이 필연적으로 연결될 경우에는 음란하다거나 모욕적이라고 여겨지지 않는다. 그러나 그런 연결이 작위적이거나, 또는 연관되어 있을지라도 그 표현이 과도하면 저질, 저속, 또는 음란한 표현으로 비판받는다.

물론 표현의 정도를 어느 정도 수용할지는 사회에 따라 상이하다. 일례로 유럽에서는 나체 광고가 상대적으로 허용되는 분위기인 데 비하여 우리나라나 미국 등에서는 제한받는다. 그렇지만 점차 노출에 대한 규제가 완화되는 경향이 엿보인다. 우리나라 방송에서는 브래지어 등 속옷 광고를 할 때 사람이 실제로 입

표 4-1. 선정적 텔레비전 광고 사례

상품명(상품군)	표현
아일락(음료)	고아라가 "보일락 말락"이라는 문구와 함께 짧은 치마를 입고 지나간다. 환풍구 밑의 바람이 치맛자락을 들어올린다.
에소르(남성 화장품)	정일우와 밤을 지새운 듯한 여자가 그의 셔츠를 입고 걸어온다. 이어서 "어젯밤 그의 집에서 잤다. 그냥 잤다"라는 독백이 흘러나온다.
이멕스(휘발유)	"난 사론 스톤, 본능적으로 강한 게 좋아요. 강한 걸로 넣어주세요."

은 장면을 허용하지 않았다. 그러나 1996년부터는 사람이 입은 채로 광고 촬영을 할 수 있게 되었다. 당시 방송위원회의 심의 규정을 개정하면서, 표현의 소재를 확대하는 데 초점을 맞추었기 때문이다. 따라서 인체에 입혀 놓는 방법은 자유롭게 하고, 어떻게 표현되었느냐를 품위의 영역에서 판단하기로 하였다. 미국 3대 네트워크에서도 1980년대 말부터는 속옷을 입은 모델을 광고할 수 있도록 하고 있다.

셋째, 저속한 품위에 대한 공방은 매체에 따라 상이할 수 있다. 일반적으로 같은 표현일지라도 방송 매체는 여타 매체에 비해 보다 보수적이다. 수용자의 범위가 남녀노소를 포함하므로 상대적으로 다양하고 광고를 회피하기도 쉽지 않기 때문이다. 반면에 인쇄 매체는 독자가 제한적이므로 다른 매체의 광고보다 덜 공격적이라고 여겨진다.

넷째, 품위에 문제가 있는 광고는 사회의 관심을 불러일으키고 인구에 회자된다. 광고주나 광고대행사는 종종 그 같은 점을 일부러 의도하는 경우가 있다. 각종 매체에서 광고에 대한 기사가 집중적으로 다루어져 홍보 효과를 부수적으로 얻을 수 있기 때문이다. 그렇지만 이들 광고가 반드시 판매로 이어지는 것은 아니다. 일례로 캘빈 클라인 광고는 종종 명백한 섹스 이미지를 사용하여 사회 전반적으로 광고에 대한 인지도는 높다. 그럼에도 불구하고 청바지 판매는 부진했다는 것이 이를 뒷받침한다. 베네통도 예외는 아니다. 사회 의식화를 제고하는 일련의 광고물을 전개하고 있어서 광고 회상도에서는 높은 순위를 기록하지만

그림 4-2. 사회에 논란을 불러일으키는 광고

베네통 광고물의 제작자인 토스카니Toscani는 다음과 같이 말한다. "광고는 상품을 판매하는 일만 하는 것은 아니다. 보다 더 의의 있는 일을 해야 할 사회적 책임이 있다."

이들 광고는 저속한 품위 때문에 나라에 따라 금지되거나 비난을 받아야 했다. 미국의 경우에는 적자를 보았을 뿐만 아니라 가게들이 문을 닫은 사례도 보고되었다.

3) 광고는 소비자를 통제하는가?

광고는 너무 강력하고 설득적이기 때문에 소비자로 하여금 필요 없는 상품도 구매하도록 한다는 비판이 있다. 특히 광고는 소비자의 불안감, 공포, 희망 등을 이용하므로 소비자의 의지가 나약해진다는 것이다. 사실 소비자는 광고를 통해 새로운 소비 형태를 학습하거나 질 좋은 상품을 알게 되면 다음과 같은 심리적 변화를 체험한다. 안절부절, 불만족 증대, 상상력 동원, 새로운 욕망의 불거짐, 소비 경향의 상승 등. 그러한 심적 변화는 궁극적으로 그 상품에 가까이 다가가도록 한다.

그러나 광고가 이러한 행위를 일부 조장하지만 결국 필요한 사람만 살 것이라는 가정이 보다 타당하다. 광고가 구매 여건이 되지 않는 사람을 움직이기는 어렵기 때문이다. 게다가 광고가 전지전능한 설득 기능을 발휘하는 것도 아니다. 광고의 설득력에 영향을 주는 요인들은 많다. 한 예로 하버드 경영대학의 연구에 따르면 다음과 같은 경우에 광고의 설득력은 약해진다. (1) 구매 능력이 없는 소비자를 대상으로 광고가 전개되었을 때, (2) 상품에 대한 욕구나 필요가 없을 때 (그림 4-3 참조), (3) 소비자가 설득 수단을 잘 모를 때, (4) 제품 차별화가 뚜렷하지 않을 때.

갤브레이스Galbraith도 욕구를 창출하는 광고의 설득력은 풍요로움과 연관이 있다고 주장한다. 즉 육체적 욕구 수준은 이미 충족되었고 무엇을 원하는지를 잘 모르는 부유층이 설득당할 가능성이 높다는 것이다. 거꾸로 가난한 사람은 식욕에 따라 영향을 받기 때문에 광고의 설득력이 미약하다는 것이다.

그림 4-3. 면도하는 여성
미국 광고대행사협회가 필요 없는 물건을 억지로 구매하도록 광고가 조장한다는 점을 반박하기 위하여 제작한 광고. 면도기를 광고한다고 해서 턱수염을 면도할 필요가 없는 여성이 그 면도기를 사겠는가?

또 프랑스 연구에서도 목표 소비자가 특정 상품에 강한 느낌이나 견해를 지니고 있으면 광고의 설득력은 제한적이라고 밝혔다. 이처럼 다양한 중재 변인들이 광고의 설득력에 영향을 끼치므로 일률적으로 '광고가 소비자를 조정한다'라고 일반화시키기는 어렵다. 심지어 8세 정도의 어린이도 광고의 의도를 파악할 수 있기 때문에 광고 내용을 완전히 신뢰하는 것이 아니라 신중하게 이해한다는 조사 결과도 있다. 따라서 광고의 소비자 통제를 그대로 수용하기는 어렵다는 것이 중론이다(Bovee, Thill, Dovel, & Wood, 1995).

4) 광고는 잠재 의식 기법을 사용하는가?

우선 잠재 의식*subconscious*(또는 *subliminal*) 기법이 무엇인지를 살펴보자. 사람의 물리적 또는 지각적 능력에는 한계가 있다. 예를 들면 인간은 음이 아주 높거나 아주 낮아 가청 범위를 벗어나면 듣지 못한다. 이처럼 사람의 인식 능력 경계선 범주를 넘어서 메시지를 제시하는 방법을 잠재 의식 기법이라 한다.

그러나 이러한 경계는 사람마다 상이하므로 결국 경계선은 확률적으로 추상화할 수밖에 없다. 수용자가 "들었다" 또는 "봤다"를 정확하게 판단할 수 있는 정도가 50%면 경계선에 있다고 본다. 따라서 정확한 발견 확률이 50%를 밑돌기 시작하면 경계선 아래에 있으므로 잠재 의식 기법을 사용했다고 볼 수 있다. 대체로 잠재 의식 기법은 다음과 같이 구분된다.

(1) 화면을 빠르게 전개하여 정상적인 시청 속도로는 도저히 알 수 없게 만든 광고

(2) 낮은 음향으로 속삭여서 도대체 무슨 소리인지 알아들을 수 없는 광고

(3) 시각적인 메시지(이미지나 글자)가 교묘하게 숨겨져 있어 찾을 수 없는 광고

그런데 이 같은 잠재 의식 기법이 신화처럼 떠오른 데는 다음과 같은 사건이 있었다. 1958년 뉴저지의 한 극장에서 희한한 일이 벌어졌다. 극장의 예고편을

보여 주면서 스크린에 '코카콜라를 마셔요,' '팝콘을 먹어요'라는 자막이 3000분의 1초의 짧은 순간에 5초마다 제시되었다. 물론 너무 빠른 순간에 자막이 제시되었으므로 관객들은 무슨 메시지를 봤는지 알 수 없었다. 그러나 이런 자막이 나간 몇 개월 사이에 팝콘의 판매가 60%가 증가하였고 콜라의 판매는 16%가 증가하였다고 한다.

이러한 실험 결과가 공표되자 잠재 의식 기법에 대한 신화가 탄생했다. 특히 이를 이용한 설득 커뮤니케이션의 효과와 윤리성에 대한 논의가 만발했다. 그리고 우리 주변의 광고물에 이러한 메시지가 있는지 조사하는 연구자도 생겼다. 키Key가 대표적 연구자에 속하는데, 리츠 크래커에 'sex'라는 글자를 모자이크하여 광고에 사용했다는 것을 찾아내기도 했다(윌슨 브라이언 키, 1993).

그러나 훗날 뉴저지 극장에서의 실험 소동은 거짓말이었음이 밝혀졌다. 이후 여러 연구가 진행되었는데, 그 결과를 종합하면 다음과 같다. 일부 심리학자들은 잠재 의식 기법을 이용하면 선호도에 영향을 끼칠 수 있다는 이론을 발표하기는 한다(Zajonc, 1980). 하지만 연구 결과를 종합해 보면 무의식적 차원에서 효과가 있으며 관여도가 높을 때는 그렇지 못하였다.

그럼에도 불구하고 사회에서는 광고계가 종종 잠재 의식 기법을 사용해서 소비자를 설득시킨다고 믿는다. 실제 광고계 종사자들은 그 같은 기법을 사용하지 않을 뿐 아니라 법적으로도 금지된 사항이다(때때로 장난기가 발동해서 극히 소수의 광고인들이 사용할 경우를 배제할 수는 없겠지만). 각국은 물론 국제적으로도 광고 관련 규정에서는 효과의 문제를 떠나서 잠재 의식 기법이 의도적인 기만을 포함하기 때문에 공중의 이익에 반反한다고 평가하여 금지하고 있다.

5) 광고주가 매체사를 통제하는가?

광고주는 매체에 광고비를 지불함으로써 매체 경영의 주된 수익원이 된다. 미국의 경우, 잡지 수익의 60%, 신문은 70%, 방송은 거의 100%를 광고가 지탱해 준다

(Batra, Myers, & Aaker, 1996). 신문의 경우는 그 비율이 2002년 87%로 증가하였다(김영주 · 이화진, 2004). 우리나라도 예외는 아니다. 2001년의 추정치를 보면, 〈조선일보〉의 경우 수익의 76.3%, 〈중앙일보〉는 82.2%를 광고에 의존한다(미디어경영연구소, 2002). 물론 〈한겨레〉와 같이 수익의 15.5%만을 광고에 의존하는 경우도 있지만(신문발전위원회, 2007). 방송의 경우를 살피면 그 의존도는 더욱 심하다(표 4-2 참조).

이런 측면에서 보면 다음과 같은 의문이 생긴다. 매체사는 광고주의 영향을 받지 않을까? 질문에 대한 답은 "그렇다" 이다. 실제로 광고주가 행사하는 영향력을 받고 있으며, 그런 사례를 유형별로 살피면 다음과 같다(김광수, 2005). 먼저 광고주의 긍정적 측면을 부각시키는 사례. 1999년 〈타임〉지는 의약품의 미래를 다루는 신년호에서 다른 제약회사 광고는 받지 않고 화이자 광고 하나만을 게재하였다. 2004년 CNN의〈 '아메리카 모닝' 뉴스쇼〉에서 식분화를 소개하면서 콘플레이크 박스가 방송되어 PPL(상품 배치)을 제공하였다.

다음으로 광고주에게 불리한 내용을 삭제해 주는 사례. 1998년 ABC뉴스는 디즈니월드에서 어린이에게 성욕을 느끼는 사람을 채용한 사례를 취재하였다. 그런데 스토리가 방송되기 며칠 전에 그 소식을 알게 된 디즈니 회장이 ABC가 그 뉴스를 방영하지 않기를 바란다고 말했다. 결국 ABC는 그 뉴스를 보도하지 않았다.

그리고 광고주에게 우호적이지 않을 때 되갚음하는 사례. 현대그룹의 정주영 회장이 1992년 대선에 출마했을 때 〈조선일보〉의 보도 방향이 비호의적이라고 해서 현대그룹의 광고를 철수하였다. 삼성그룹은 〈한겨레〉가 삼성에 대해 악의적으

표 4-2. 2005년 방송사의 광고 수익 의존도(단위: 100만 원)

	광고 수익	수신료	기타 수익	전체 수익	광고 의존도
KBS	653,657	524,619	98,382	1,276,658	51.20%
MBC	616,116	0	48,664	664,780	92.68%
SBS	569,092	0	39,721	608,813	93.48%

* 출처: 미디어경영연구소, 2006.

로 보도한다고 보고, 2007년부터 광고를 중단하였다(문현숙, 2008. 1. 16). 1997년 〈포춘〉은 IBM 회장의 인간성을 비난하는 기사를 실었다. 그러자 IBM과 자회사 로터스는 〈포춘〉에 예정하였던 연간 600만 달러 광고를 취소하였다.

아예 이런 갈등을 겪기 전에 매체사가 자제하는 경우도 왕왕 있다. 일례로 2006년 〈시사저널〉에서는 삼성 부회장의 인사 문제를 비판하는 기사를 작성했다. 그러자 〈중앙일보〉 출신이었던 당시 〈시사저널〉 사장은 인쇄 직전 기사를 삭제했다. 미국도 예외는 아니다. 2000년 편집인과 기자를 대상으로 한 서베이에서 조사 대상자의 1/4 정도가 때때로 정당한 기사를 회피한 적이 있다고 답하였다. 더욱이 탐사 보도의 기자들은 자기 검열의 중요한 요인으로 기업의 압력을 손꼽고 있었다. 광고주와 연관된 논란이 되는 이슈들을 피하고 싶은 게 매체사의 본능이라고나 할까?

그러나 매체가 광고주에 고분고분한 자세를 보인다면 그 매체는 시청자나 독자로부터 멀어질 것이고, 이는 시청률이나 구독률 감소로 이어질 것이다. 그렇게 되면 광고할 소비자가 감소하므로 광고주의 선호 대상에서 제외되는 악순환을 맞는다. 그리고 광고주에게도 역효과가 발생한다. 매체사에 영향을 끼친다는 것이 알려지면 독자나 시청자는 광고주에게 호감을 갖지 않는다. 수용자의 입장에서 매체는 뉴스나 오락의 중요한 정보원이기를 바라며, 이들 매체사가 객관적이고 비판적인 입장을 견지해 주길 기대하기 때문이다.

같은 맥락에서 정부의 지원도 그런 논란에 휩싸이기 십상이다. 사실 일부 매체들은 광고주가 아니라 국가의 지원을 받는다. 사회주의 국가의 매체나 자본주의의 공영 방송이 그러한 사례에 속한다. 그렇지만 언론 자유 옹호자들은 국가 지원을 빌미로 정부가 매체를 통제할 가능성이 있다는 점을 염려한다. 이에 비하여 매체사가 여러 광고주의 재정 지원을 받게 되면, 단독 광고주에게 영향받을 가능성은 상대적으로 적어진다. 그런 차원에서 매체사의 광고 수익은 나름대로의 균형을 이루는 기제를 갖추고 있는 셈이다.

▶ 광 고 사 랑 방 4-1 | **시민이 매체사와 광고주를 통제하는가?**

2008년 한미 양국은 쇠고기 협상 타결을 전격 발표했다. 그러나 MBC 〈PD수첩〉에서 쓰러지는 소의 영상을 포함한 미국산 쇠고기의 안전성을 문제삼는 내용을 방영하였다. 이어서 안티MB와 미친소닷넷 등의 네티즌이 주도하여 청계광장에서 촛불문화제를 열었다. 이후 촛불은 전국에 옮겨 붙었다(경향신문사, 2008).

그러나 쇠고기 수입을 반대하는 촛불 시위는 보도의 공정성을 문제삼아 일부 언론에 대한 불매 운동으로 번지고, 급기야는 해당 신문에 광고하는 기업들의 광고 압력으로 확대되었다. 신문사의 주된 수익은 구독료가 아니라 광고이기 때문이다. 그래서 네티즌들이 당일 조중동 신문에 실린 기업을 대상으로 전화를 걸어 광고 게재를 항의했다(《경향신문》, 2008. 6. 13).

그렇지만 당시 조중동에 광고 불매 운동을 벌였던 언론소비자주권캠페인(이하 언소주)은 2009년 2월 법원으로부터 업무 방해의 유죄 판결을 받았다. 사실 기업이 어떤 매체를 선택해서 광고를 집행하는지는 기업의 마케팅 전략에 따른 것이다. 혹자에게는 편파적인 매체 집행일 수도 있지만, 기업의 입장에서는 효율적인 매체 집행일 수 있다. 네티즌들이 기업의 고유 영역을 침범했으므로 영업 방해에 해당된 것이다.

이에 언소주는 조중동 3개 신문사에만 광고하는 기업을 선정하여 해당 기업의 불매 운동을 전개하고 있다. 불매 운동은 남에게 강요하지 않는 한 합법적인 의사 표현이 될 수 있기 때문이다. 언론사의 보도나 기업의 상품에 문제가 있으면 소비자는 구매하지 않을 권리가 있다. 바로 소비자 주권이다. 나아가서 자신의 구매력을 이용해 정치적인 가치관을 표현할 수도 있다(석진환, 2009. 6. 11). 제3 세계의 부당한 노동자 대우에 반대했던 나이키Nike 소비자 운동이 그러한 사례에 속한다(Connor, 2001). 언소주의 기업 불매 운동 첫째 대상자는 광동제약이었으며, 둘째 대상자는 삼성그룹이었다. 광동제약은 선정된 다음 날 동등하게 광고를 집행하겠다고 입장을 밝혔다(이문영, 2009. 6. 9; 이종운, 2009. 6. 9; 한지운, 2009. 6. 11).

결국 문제의 핵심은 "기업이 특정 매체에 집중 광고하는 행태가 과연 비윤리적이어서 불매 운동의 대상이 되어야 하는가?"로 압축될 수 있다. 일반 기업에게 매체 산업의 균형적 발전까지 책임지라고 요구하는 것이 무리인 것처럼 보일 수는 있나. 그러나 현대 사회에서 기업은 비즈니스뿐만 아니라 사회적 책임을 다해야 하며, 그 책임의 기준은 사회 구성원이 만들어 간다. 따라서 소비자나 기업을 포함한 사회가 소비자 주권을 어디까지 용인할 것인지, 기업의 윤리성을 어느 정도까지 요구할 것인지를 판단해야 한다.

2. 광고와 문화

광고와 문화의 관계를 살피기 전에 먼저 문화를 구성하는 요인을 세분하면 다음과 같다. 심벌, 영웅, 의식, 가치(De Mooij & Kegan, 1991). 따라서 여기에서는 광고가 이들 문화의 각 구성 요소에 어떤 영향을 끼치는지를 설명하였다.

1) 광고와 심벌

심벌이란 의미를 전달하는 단어, 몸짓, 그림, 또는 사물을 지칭하는데 광고가 이러한 심벌에 부정적 영향을 끼친다는 평가를 듣는다. 그 같은 영향에 대한 논의는 크게 (1) 언어의 파괴, (2) 비속어와 은어의 남용, (3) 외래어의 남용으로 정리될 수 있다.

첫째, 언어의 파괴에 대한 비판은 광고 표현이 언어 체계를 뒤틀리게 만든다는 데 집중된다. 이를테면, 운동화 광고에서 "당신도 10명 중에 한 명이 될 수 있다"는 표현(10명 중의 한 명이 정확한 표현), 라면 광고에서 "미소가 먹어줘"라는 표현이나 자동차 광고에서 "위험하라"는 문구는 어법상 맞지 않는다(신동립, 2006). 인터넷 포털 사이트 광고에서 첫 번째로 덧글을 달았다는 의미로 사용한 "일빠"라는 표현도 마찬가지(여도관 · 강경아 · 조아란, 2008). 그런 지적은 타당하다. 철자를 틀리게 쓴다든가 문법에 어긋나는 표현을 사용함으로써 바른 언어생활을 해칠 우려가 있기 때문이다.

그러나 어법에 맞는 표현만을 옳다고 옹호할 수는 없다. 대상과 표현과의 관계를 뜻하는 언어의 의미란 정적이 아니라 동적이기 때문이다. 언어는 시간과 상황에 따라 가변적이다. 새로운 표현은 우리 언어를 새롭게 보려는 시도이므로 언어의 역동적인 관계에서 비추어 볼 때 무조건 비난하기는 어렵다. 특히 자사 제품의 특징을 강조하거나 차별화하고자 할 때 사용되는 시적인 표현까지도 문제

삼아서는 곤란하다.

둘째, 비속어와 은어의 사용이다. 통속적이고 저속하다는 의미인 비속어의 사례. "팬티발 죽인다," "까고들 있네" 속옷 광고와 영화 광고에 사용되었던 표현이다. 집단에서 구성원들만 알도록 뜻을 숨겨 놓은 은어의 사례. "스포츠지에 게재된 나이트클럽 광고에서는 이성과의 즉석 사랑을 의미하는 '불고기 파티'를 운운하였다." 은어를 광고에 잘못 사용해 법원까지 가게 된 프랑스의 사례. 프랑스 로레알 화장품의 계열사에서 제조한 샴푸 광고에서 "이 샴푸를 판매하는 여사원은 BBR이어야 한다"라는 표현이 있었다. BBR은 프랑스 국기의 삼색을 뜻하기도 하지만, 은어로는 백인계 프랑스인 부모에게서 태어난 백인 프랑스인이라는 의미도 지니고 있다. 프랑스 대법원은 이 표현이 인종 차별이라고 유죄 판결을 내렸다(엄민용, 2009).

사실 비속어와 은어는 시대를 막론하고 있었다. 다만 그러한 표현은 사회의 일부 계층이나 제한된 집단에서 소속감을 과시하기 위해 사용되었다. 그런데 이들 표현을 광고에서 사용하면? 사회의 공식적인 언어로 승격되는 효과를 자아낸다. 즉 대중 매체에 공표됨으로써 공개적인 커뮤니케이션이 되면서, 모든 사람에게 바람직하지 하지 못한 표현을 알리고 그런 표현에 둔감하도록 만든다. 특히 인터넷이나 휴대 전화에서의 남발되는 비속어와 은어의 사용은 세대간 문자 언어를 단절시킬 정도로 우려된다(이승훈 · 최광, 2008). 더구나 언어의 영향력은 언어에만 머무는 것이 아니다. 어떤 언어를 사용하느냐는 화자는 물론, 청중의 마음에도 영향을 끼친다. 비속어와 은어가 사회 전반의 품위를 떨어뜨린다는 점이 간과되어서는 곤란하다.

셋째, 광고에는 외국어 사용이 많다는 비판이 있다. "플로리엔탈 향의 아로마콜로지 효과," "휴일의 리조트 트래디셔널," "이런 느낌이 바로 톰보이시." 읽을 수는 있으되 영어를 모르는 사람은 그 뜻을 알 길이 없다. 우리 광고에서 흔히 발견되는 외국어들이다. "스노버스터," "OPEN," "It's your day!" "팬터지 이벤트 빅쇼," "해피 해피 윈터." 모두 에버랜드 눈썰매장 광고에서 발견된 영어 표현이

다. 게다가 아예 외국어로 표기하는 경우에는 읽기조차 힘들다. "라이프스타일 전반을 self control하는 tough하고 sexy한 여성의 taste," "さわやかさが ちがう(상쾌함이 다르다는 칫솔 광고)." 아마 국내에 있는 외국인을 대상으로 한 광고였겠지라고 자위해야 될까? 하긴 요즘은 상표부터가 외국어 일색이다. 하이트, 빈폴, 애니콜, 엑스캔버스, 에쿠스.

외국어를 사용하는 데 찬성하는 측의 주장은 불가피론과 편의론으로 요약된다(임태섭, 1992). 불가피론은 급격히 들어오는 외래 문물을 전부 우리말로 대체하기에는 한계가 있으므로 외국어를 이용한다는 주장이다. 반면에 편의론은 우리말의 선택 폭을 넓히기 위해 외국어를 적극 수용하자는 주장이다.

그렇지만 무분별한 외국어 사용에는 심각한 문제가 도사리고 있다. 외국어의 과다 사용으로 언어뿐만 아니라 의식과 행동까지 외국의 것을 선호하게 되기 때문이다. 무엇보다도 외국어의 무분별한 남용은 우리 언어를 퇴색하게 만든다. 예를 들면 육감적인 여자는 '섹시'라고 해야 그 느낌이 와 닿고, 색깔을 '컬러'라고 하지 않으면 색상이 영 칙칙하게 변한다. 외국 사람의 행동 양식과 가치관을 더 바람직한 것으로 여기는 등 언어 문제를 넘어서 우리 사회의 의식에까지 부작용을 끼칠 수 있다. 나아가서 우리 문화의 정체성을 상실하고 우리 문화를 비하하게 된다는 데 그 우려가 더 깊어진다. 따라서 외국어 남용에 대한 비판은 광고계가 주의 깊게 귀 기울여야 할 것이다.

2) 광고와 영웅

광고는 우리 시대의 사람이건 저 세상의 사람이건 간에 우리가 사랑하고 가까이 하고 싶어 하는 영웅들을 만들어 낸다. 또한 광고는 무명인을 유명인으로 만들기도 한다. "남편은 여자하기 나름이에요"라는 말로 일약 스타가 된 최진실의 이야기를 끄집어 내는 것은 너무 진부한 일일 게다. 그리고 유명인은 더욱 유명인으로 거듭난다. 피겨 선수 김연아는 생수, 우유, 복권, 휴대 전화, 에어콘, 은행, 자동

그림 4-4. 광고와 영웅 탄생
애니콜 광고 모델 김연아

차, 대학교 등을 광고함으로써 우리나라 광고를 김연아 광고와 김연아 아닌 광고로 양분하고 있다(최연민, 2009. 5. 15).

이처럼 광고는 우리 시대의 영웅을 그려 내며, 소비자는 광고 속의 영웅과 동일시하거나 아니면 우상으로 삼아 가까이한다. 그렇지만 이러한 영웅 만들기에 부작용이 없는 것은 아니다. 특히 청소년들 사이에 외국인을 비롯한 유명인 숭배 심리가 조장될 우려가 있다. 이들이 가치관을 형성하는 중요한 시기에 유명인과의 동일시로 자신의 행동 양식이나 가치관에 좋지 않은 영향을 받을 것이 염려된다.

그렇지만 상품의 성능 개선 없이 안일하게 유명인과의 연상 작용으로 반짝 판매에만 신경 쓰는 자세는 지양되어야 한다. 단지 인기인이라는 이유로 상품에 인기가 생길 까닭은 없다. 무분별한 영웅 만들기는 문화적 혼돈만을 초래할 뿐이다.

사실 유명인을 쓰는 것은 메시지 전달 능력이 탁월하기 때문이라는 점을 주지할 필요가 있다. 테니스 라켓을 광고한다고 하자. 한 광고는 이 라켓이 과학적으로 제조되어 경기력을 향상시킬 것이라는 등의 이야기를 늘어놓는다. 또 다른 광고는 스페인 테니스 선수 나달이 그 라켓을 들고 있다. 두 광고를 비교해 보면 금세 유명인의 효력을 알 수 있다. 따라서 상품과 조화를 이루는 영웅이 탄생되도록 힘써야 할 것이다.

3) 광고와 의식

광고는 우리 시대의 의식儀式도 산출한다. 의식이란 한 문화권 내에서 사회적으로 필요하다고 여기는 집합적 행동을 일컫는다. 관혼상제를 비롯한 일련의 행사에서 표준화된 행동 양식이라고 할까? 이런 행동은 알게 모르게 광고의 영향을 받는다. 연인과 아직 키스를 못 해봤으면 '케이크야 도와줘'라고 외치고(파리바게트), '여보, 아버님이' 그런 전화를 받으면 가입한 상조회사를 떠올리면 된다(보람상조). 그리고 부채질해 주기 힘들면, 에어컨 사러 가고(하이마트), 연인끼리 같이 있고 싶으면 "라면할래"를 속삭이고(삼양라면), 결혼 말 나오면 웃으면 되고(SK텔레콤).

그렇지만 광고는 소비자에게 별로 필요하지 않은 의식을 가르친다는 비난을 받는다. 예를 들면 비행기에서 여승무원을 대하는 태도, 식당에서 우아하게 행동하는 법, 주유소에서 엔진 오일 주문하는 법, 남성다워지기 위한 행동, 여성다워지기 위한 스타일. 특히 광고 기법 가운데 하나인 생활 광고*slice of life*는 일상생활의 단면을 보여 줌으로써 소비자가 자신의 준거 집단으로 삼는 표준형 혹은 이상형의 생활 양식도 따르게 한다. 대형 냉장고나 고급 소파 등. 그리고 광고되는 상품은 행동을 취할 때 중요한 매개 수단이 된다. 자식이 부모에게 효도할 때는 경동보일러, 정을 나눌 때는 오리온초코파이, 피곤한 사람을 돌볼 때는 박카스 등.

불필요한 의식을 넘어서 과도한 의식을 강조한 광고 사례들은 소비자들의 눈살을 찌푸리게 만든다(박주희, 2006. 12. 1; 〈오마이뉴스〉, 2006. 11. 24). 남편의 사망 보험으로 안락한 생활 유지하기(푸르덴셜). 보험의 중요성은 인정하지만 반려자 죽음과

▶ 광 고 사 랑 방 4-2	일시적 유행 대 장기적 유행

광고가 유행을 조장할 때는 일시적 유행*fad*과 장기적 유행*fashion*으로 구분할 수 있다. 예를 들어 보자. 1990년대에 일부 대학생이 벼락 맞은 머리 모양을 한 적이 있다. 머리가 하늘로 뻗어 올라간 스타일인데, 혹자는 생쥐가 물에 빠진 스타일이라고도 했다. 그런데 이 유행은 대학의 한 과에서 1~2명 정도에게만 파급되었고 후속타를 이어 주는 학생이 별로 없었다. 그래서 그런지 그 유행은 쉽게 사라졌다. 일시적 유행이었던 셈이다. 이에 비해 머리카락에 부분적으로 물을 들이는 유행은 벌써 몇 년째 계속된다. 그리고 이 유행이 처음에는 여학생에게만 퍼졌는데 이제는 남학생들도 따라한다. 이처럼 시간을 두고 여러 계층에 수용되고, 다양한 형태로 번지면 장기적 유행이라고 할 수 있다.

겹치는 풍요로움이라니. 이성 친구한테 살고 있는 집 과시하기(래미안). 애틋한 사랑 감정에 집안 배경을 부추기는 속물근성이 낯간지럽다. 공부해서 신랑 얼굴 바꾸기(KTF). 그릇된 학업 태도와 외모 지상주의를 은근히 주입시키는 격. 과장 진급해서 한 턱 낼 때 사채 쓰기(Rush & Cash). 허례허식과 부채를 일상화하라는 꼴.

그러나 앞서 말한 광고와 소비자 통제의 관계에서 살펴보았듯이 광고가 전지전능한 힘을 행사하는 것은 아니다. 소비자는 자신의 상황에 맞는 합리적 정보처리와 구매 행동을 선택한다. 따라서 소비자의 의식은 소비자의 것. 일부 광고가 무분별한 의식을 양산하지만 소비자의 양식이 그러한 의식을 그대로 받아들이지는 않는다.

4) 광고와 가치

사회 발전의 초기 단계에서는 사회화가 대부분 가정에서 이뤄졌으나 이제는 학교와 대중 매체에서 광범위하게 이루어진다. 이런 맥락에서 대중 매체를 통해 전달되는 광고 역시 사회화를 담당한다. 즉 광고는 사회 생활에 필요한 중요한 가치를 담고 있다. 임태섭과 김광수(1993)는 우리나라의 텔레비전 광고에 나타난 가치를 표 4-3과 같이 밝힌다.

표 4-3. 우리 광고에 나타난 가치

가치	정의	사례
외래 가치	가치 판단의 준거가 외국	이탈리아풍의 격조 높은 맛(롯데 티라미스초컬릿)
전통 가치	가치 판단의 준거가 전통	우리 체질엔 우리 농산물(농협)
남녀 구분	남성 또는 여성다움을 강조	여자는 너무 호탕하면 못 써(호탕면)
청년 가치	젊은이의 관점을 중시	난 아무것도 가진 게 없지만 내 뜨거운 젊음을 줄 수가 있어(뺑뺑)
가정주의	가정의 행복과 사랑을 강조	우리 가족은 맥도날드(맥도날드)
과학주의	첨단 기술을 중시	신기술의 세계를 열어 가고 있습니다(현대전자)
자연주의	자연적인 것을 예찬	자연은 참 신선해요(서울우유)
개성주의	개성이나 자유로움 추구	살아 있는 자기 표현, 돋보이는 연출 감각(동산 섬유양말)
건강주의	건강과 장수 추구	장수 국가 불가리아, 불가리스의 신비(남양 불가리스)
활동주의	역동성을 중시	터보의 가속력(르까프)
최고주의	최고, 일류, 명성을 중시	커피의 명작(맥심)
편리주의	편안함이나 안락을 추구	버튼 하나로 척척(로케트보일러)
심미주의	아름다움을 추구	한 줄기 겨울바람에도 새로 피어나는 아름다움(쥬단학)
참신주의	새로움을 추구	사이다의 세대 교체(매실맛 사이다)

사실 가치는 무형적이므로 쉽게 관찰하기 어렵고, 또 이 때문에 경시되는 경향이 있다. 마치 수돗물에 벌레가 들어 있으면 항의가 빗발치지만, 정신에 해로운 내용(광고든 방송이든)에는 무신경하듯이. 그러나 가치는 문화의 핵심적인 요인으로서 삶의 기준이 될 뿐만 아니라 어떤 삶을 영위할 것인지에 영향을 끼친다. 따라서 광고를 통해 어떤 가치가 전달되는지 주목할 필요가 있으며, 비윤리적인 가치가 있을 경우 논란의 대상이 된다.

그러한 사례 가운데 하나가 바로 고정 관념*stereotypes*이다. 고정 관념이란 특정 집단의 구성원이라는 사실에 기초하여 개인의 행동을 예측하고 범주화시키는 과정을 의미한다. 여성을 성적 대상으로 묘사하는 것이나, 뚱보를 꺼려야 할 대상으로 설정하는 것 등이 이에 해당된다. 광고도 이 같은 고정 관념을 조장한다고 비난받는다. 일례로 1960년부터 1979년까지 2000종의 미국 잡지를 연구한 결과를 보면 다음과 같다(Batra, Myers, & Aaker, 1996). (1) 여성을 남성보다 젊게 묘사했다(광고에 등장한 여성의 나이가 잡지 구독자층보다 젊었다). (2) 여성은 패션과 화장품과 연관되거나, 집안일을 하는 것으로 주로 묘사되었다. (3) 남성은 직장 일이나 바깥 여가 활동을 하는 것으로 묘사되었다.

그렇지만 오늘날 현대인들은 다양한 정보원을 갖기 때문에 광고를 고정 관념의 주범으로 몰기에는 어려운 점이 있다. 즉 친구나 주위 사람 또는 방송, 인터넷의 매체가 다양한 시각을 제공한다. 따라서 광고에서 특정 역할의 묘사에 접촉했다고 하여 고정 관념이 쉽게 형성된다고 보기는 어렵다. 물론 고정 관념을 강화시키는 데 기여할 수는 있겠지만.

그림 4-5. 광고에서의 역 성차별
요즈음은 거꾸로 남성이 집안일을 열심히 돌보는 모습으로 등장할 뿐만 아니라 성적 대상으로도 등장한다. 하긴 '간 큰 남자 시리즈'가 나오는 세상이니. 레브론 찰리Charlie 향수 광고

➤ 광 고 사 랑 방 4-3	광고의 여성 차별에 대응하는 법

전국여성조직(National Organization for Women: NOW)은 여성에게 가장 모욕적인 광고 목록을 만든다. 그리고 회원들에게 광고주와 광고대행사에 그처럼 모욕적인 광고를 만든 데 대해 항의하도록 촉구한다. 또 포르노반대여성단체(Women Against Pornography)는 음란 정도가 강하고 여성을 가장 비천하게 만든 광고를 선정하여 플라스틱 돼지상Plastic Pig Award을 수여한다(이창근 · 김광수, 1990).

3. 광고와 경제

광고는 기본적으로 경제 구조에 속한다. 광고주의 경제적 기능을 수행하며, 소비자의 경제적 결정 과정에 영향을 끼치기 때문이다. 광고와 경제의 관계에서 논란이 되는 부분은 다음과 같이 구분된다. (1) 광고가 가격에 끼치는 영향, (2) 광고가 경쟁에 끼치는 영향, (3) 광고가 경기에 끼치는 영향. 이들을 차례대로 살펴보자.

1) 광고가 상품 가격을 올리는가?

광고는 생산 단가를 올린다는 비판을 받는다. 즉 회사가 광고를 많이 하면 결국 광고비가 소비자에게 높은 가격으로 전이되지 않겠느냐는 논리다. 실제로 광고비가 줄어들자 상품 가격이 낮아진 사례가 있다. 미국에서 담배의 텔레비전 광고가 금지되자 담배 회사들은 비용 절감을 통해 이윤이 늘어났고 소비자 가격은 인하되었다.

그러나 광고가 반드시 생산 단가를 올리지는 않는다. 도리어 생산비를 낮추는 기능을 할 수 있다. 주지하다시피, 생산비를 낮출 수 있는 요인 가운데 하나는 같은 제품을 많이 제조하는 것이다. 바로 '규모의 경제*economy of scale*' 원칙으로 이는 생산 또는 판매하는 상품의 수를 증대시킴으로써 상품의 제조 원가를 낮출 수 있는 능력을 뜻한다.

이처럼 규모의 경제에 기초하여 회사가 생산비를 보다 낮추려면 많은 상품을 팔아야 하고 이를 위해서는 많은 소비자에게 상품을 알려야 한다. 알리는 방법은 다양하다. 영업 사원의 가가호호 방문이나 전화 걸기, 우편 또는 판촉 등. 그런데 이들 가운데 광고보다 효율성이 높은 도구를 찾기란 어렵다. 즉 많은 사람에게 값싼 비용으로 정보를 전달하는 방법으로는 광고가 적격이다. 그러므로 광고는 대량 판매를 가능하도록 만들고 생산성을 높임으로써 실제 비용을 저하시킨다.

게다가 상품 가격을 결정하는 데는 여러 요인이 작용하기 때문에 높은 가격을 광고 탓으로만 돌리기에는 적절하지 않다. 일반적으로 상품 가격을 결정하는 요인을 중요 순서대로 보면 다음과 같다. (1) 소비자가 상품에 대해서 인식하는 가치, (2) 경쟁 상품의 가격, (3) 소비자의 수요, (4) 상품 생산 비용 (광고도 있지만 주로 원자재, 생산비, 임금, 이윤), (5) 유통 단계, (6) 정치적 또는 법적인 요인.

물론 이러한 중요도의 순위는 산업들마다 또는 상품이나 서비스마다 다를 테지만 이러한 여러 요인들이 상품 가격에 영향을 끼침을 확인할 수 있다. 즉 광고는 상품 가격의 결정 요인 가운데 일부에 지나지 않는다. 따라서 비싼 상품 가격을 광고의 탓으로만 돌려서는 곤란하다.

광고와 상품 가격의 관계는 업종별로도 상이하다. 유통이나 소매상의 광고에서는 가격이 중요한 메시지 내용이 된다. 백화점이나 슈퍼마켓의 세일즈 광고 등이 이에 해당된다. 따라서 이들 업체의 광고는 가격을 인하시키는 역할을 한다. 반면에 제조업의 경우에서는 광고가 상품의 특성이나 차별화를 강조하는 내용을 담게 된다. 화장품이 대표적 사례로서 광고가 보다 높은 가격을 유지시키는 측면이 강하다.

2) 광고는 시장 독점을 조장하는가?

일각에서는 광고가 독점을 조장한다고 비판한다. 왜냐하면, 광고는 경쟁자보다 낫다고 주장함으로써 특정 상품을 선호하도록 만들고, 소비자가 특정 상품만을 선호하여 구매하면 독점이 형성될 수 있기 때문이다. 이런 주장은 한 상품의 이름을 다른 경쟁 상품이 사용하지 못하고 특정 상표에 부가 가치를 덧붙일 수 있다는 데 기초한다.

그러나 과연 광고가 독점을 조장하는가? 광고는 오히려 독점으로 이끈다기보다는 독점 현상을 막는 데 기여한다고 평가된다. 시장 선도자가 자사 제품을 좋다고 광고하듯이, 다른 경쟁사들도 각자의 상품이 좋다고 광고할 수 있다. 즉 광고는 모든 경쟁자가 소비자에게 정보를 제공할 수 있는 기회를 제공한다. 바로 그런 취지에서 미국의 연방거래위원회(FTC)와 대법원에서도 변호사나 의약업계에 종사하는 전문인들의 광고를 허용했다. 광고를 제한하는 것보다는 광고를 허용함으로써 소비자가 합리적으로 구매 결정을 내릴 수 있고 서비스 가격도 인하될 수 있을 것이라고 보았기 때문이다.

이처럼 광고와 시장 경쟁의 관계는 두 시각으로 요약될 수 있다. (1) 광고는 시장 지배를 돕는다. (2) 광고는 시장 경쟁에 도움을 준다. 이들의 시각을 비교하면 표 4-4와 같다.

사실 소비자가 상표와 서비스, 그리고 시장에 관한 정보를 많이 가질 때 경제는 그야말로 경제적이 된다. 보다 합리적인 결정을 내릴 수 있기 때문이다. 그러고 보면 광고란 이러한 정보를 전해 주는 데 적격이다. 일례로 여러분이 동네에 새로운 커피점을 개점한다고 가정해 보자. 그런데 이미 스타벅스, 커피빈 등과 같은 커피 전문점이 동네에서 장사를 잘하고 있다. 이때 여러분은 이들과 어떻게 경쟁하겠는가? 먼저 광고를 통해 동네 주민들한테 기존의 커피 전문점 말고 새로운 상점이 생겼다는 것을 알릴 것이다. 즉 정보를 제공함으로써 시장의 독과점 상황을 경쟁적 상황으로 이끈다. 이러한 관점에서 보면 시장 지배적 측면보다는

▶ 광 고 사 랑 방 4-4 | **광고와 가격의 관계에 대한 최근 모델**

포터와 스타이너는 유통업자의 역할을 강조하여 광고와 가격의 관계를 분석한다(한상필, 1995). 먼저 포터는 유통업자가 취급하는 제품을 일용 잡화와 비일용 잡화로 구분하여 광고 효과를 설명한다.

포터의 모델

구분	일용 잡화를 취급하는 유통	비일용 잡화를 취급하는 유통
생산자	소비자를 대상으로 광고함으로써 상품 차별화를 꾀함(끌어당기기 전략). 공장도 가격은 높은 편임	유통점을 대상으로 광고함으로써 유통 장악에 초점(밀어내기 전략). 공장도 가격은 낮은 편임
유통업자	판매 장소만 제공하는 역할. 상품 회전이 빠르지만 이윤 폭은 낮음	상점 이미지로 상품 차별화를 꾀함. 상품 회전이 늦지만 이윤 폭은 높음
소비자	제품 정보를 주로 생산자의 광고에서 얻으며 설득 지향적 광고에 접촉함	생산자와 유통업자의 광고에서 정보를 얻으며 정보 지향적 광고에 접촉함

스타이너는 생산자의 광고로 해당 제품군의 평균 가격은 인하된다고 보았다.

스타이너의 모델

단계의 구분	단계의 특성	광고와 가격 간의 관계
비광고 단계	생산자: 광고 안 함, 경쟁적 상황 유통점: 영향력 강함 소비자: 특정 브랜드 선호 없음	광고가 없으므로 공장도 가격이 낮지만 유통의 이윤 폭이 높아지면서 소비자 가격이 매우 높음
초기 광고 단계	생산자: 소매점 대상의 광고 전개 유통점: 이윤 폭이 감소 소비자: 광고된 상표에 구매 욕구	공장도 가격은 낮으며 규모의 경제가 발생하여 소비자 가격은 약간 낮아짐
광고 성장 단계	생산자: 소비자 대상의 광고 전개 유통점: 이윤 폭 거의 없음 소비자: 수요 증가	공장도 가격은 조금 높아지며 유통점의 가격 경쟁과 수요 증가로 소비자 가격 더 낮아짐
광고 성숙 단계 (1) 생산자 지배	광고를 많이 하는 소수 생산자가 시장 지배	광고는 시장 지배를 강화시키며 제품 차별화로 소비자 가격이 매우 높음
(2) 공동 지배	유통점이 개발한 상표가 소수 생산자의 상표와 경쟁하는 상황	소수 생산자 상표의 소비자 가격은 유통점 상표와의 경쟁으로 비싸지 않게 됨
(3) 유통점 상표 지배	유통점 상표가 시장을 거의 점유	소비자 가격은 생산자 지배보다는 낮으나 공동 지배보다는 높아짐

표 4-4. 광고와 경쟁의 관계

구분	광고 = 시장 지배	광고 = 시장 경쟁
시장 진입의 장애	시장 진입자는 기존의 브랜드 충성도를 극복하기 위해서 많은 광고를 해야 한다.	새로운 상품의 속성을 소비자에 전달함으로써 보다 자유로운 경쟁을 촉진시킨다.
소비자의 구매 행동	상표에 많이 주목하고 특정 상표에 보다 충실해지며 가격에 덜 민감하게 된다.	가격에 민감해지며, 결국 품질과 가격을 비교하여 가장 좋은 가치의 상품을 구매하게 된다.
광고의 역할	소비자의 선호도와 취향에 영향을 끼치며, 상품 속성의 평가를 변화시키고, 경쟁 상품과 차별화한다.	소비자에게 상품 속성에 관한 정보를 알리지만, 이들 속성의 평가에는 영향을 끼치지 못한다.

▶ 광 고 사 랑 방 4-5 **광고와 상품의 부가 가치**

광고는 정보를 전달함으로써 부가 가치를 만든다. 일례로 암앤드해머Arm&Hammer는 베이킹 소다를 판매하면서 시장 성장률이 감소하자 상품의 새로운 사용 방법을 광고하였다. 냉장고의 악취 제거라든가 치아를 하얗게 하는 데도 쓸 수 있다고 알렸다. 이러한 광고는 상품의 유용성을 덧붙임으로써 소비자에게 부가적인 가치를 제공해 준 사례라고 할 수 있다.

부가적 가치는 상품의 실제적인 유형의 차이에서도 올 수 있지만 무형의 차이에서도 찾을 수 있다. 예를 들어 유명한 향수를 쓰면서 어떤 위세나 매력을 느낀다면 이러한 심리적 느낌은 소비자에게 다른 향수와 비교하여 가치를 부가해 주는 것이다. 명품 가방이나 시계 등도 그 같은 유형에 속한다.

시장 경쟁의 측면이 보다 강하다. 물론 지역 시장이 아니라 전국 시장에 진입하려면 광고비 부담으로 경쟁을 저해한다는 반론도 있지만.

3) 광고와 경기의 관계

일반적으로 경제가 호황일 때 소비자나 기업은 구매력이 증가하게 되며, 광고주는 광고비 예산을 늘린다. 그리고 증액된 광고비는 매체사를 활성화시킬 뿐만 아니라 판매를 증가시킨다.

이와 반대로 불황기에는 이윤에 대한 압박감으로 광고비가 삭감되고 소비자의 구매 능력도 줄어든다. 특히 광고비 예산을 판매액의 몇 퍼센트씩 할당하는 광고주들은 이러한 경향을 강하게 보인다. 문제는 이렇게 되면 광고비가 경기 사이클을 조화롭게 하는 것이 아니라 더욱 극단적으로 몰고 간다는 점이다. 물론 광고가 경제 전반에 끼치는 영향력은 시설 투자 등과 같은 요인에 비해서는 상대적으로 작기는 하다. 그렇지만 광고의 감소는 구매와 소비의 위축으로 치달으면 경기에 나쁜 영향을 끼칠 수밖에 없다.

그런데 광고계에서는 불황기일수록 광고비에 대한 투자를 아끼지 말아야 한다고 충고한다. 불황일 때는 브랜드 충성도 유지가 중요한 전략이 되며, 경쟁사로부터 시장 점유율을 확보할 수 있는 호기라는 점이 작용한다. 더욱이 불황기 때의 투자는 호경기가 돌아왔을 때 더욱 효과를 볼 수 있다.

그렇지만 방향을 잘못 잡은 광고는 한 사회의 경기에 끼치는 영향을 넘어서 국가 경제에 파국을 가져올 수도 있다. 멕시코는 1994년과 1995년 겨울에 엄청난 경제 붕괴를 경험했다. 이러한 붕괴에 과소비를 부추긴 광고가 적지 않게 기여했다. 이들 광고가 주로 미국산 소비재 구입을 설득하는 데 치중했으며, 이들 소비재는 이제 우리 귀에 익은 '단기 외채'로 수입되었다. 그래서 경제난을 가중시켰다는 지적이다(Schiller, 1996). 과연 1997년 말에 우리나라를 강타한 외환 위기의 원인 가운데 광고는 기여한 바가 없는지?

전반적으로 광고가 경제에 악영향을 끼친다는 배경에는 광고가 낭비라는 생각이 깔려 있다. 즉, 과소비를 유발하는, 그래서 경제에서 불필요한 구성 요소라는 것이다. 그러나 이처럼 자원을 낭비한다는 비판은 사실상 경쟁 과정을 공격하는 셈이다. 경쟁이라는 제도에서는 낭비와 중복이 필연적이다. 반면에 경쟁은 소비자에게 다양한 선택의 기회를 제공한다. 사회에서 그러한 낭비를 통제해야 되는가? 만일 그렇다고 한다면 상품을 선택할 수 있는 소비자의 권리를 빼앗고 국가가 경제를 주도하는 상황이 벌어질 것이다.

이에 반하여 어떤 상품의 성공과 실패를 결정하는 것이 국가나 사회가 아니라 소비자라고 생각한다면 이는 보다 시장 경제의 원리를 따르는 셈이다. 그리고 소비자가 이러한 결정을 내리도록 도와주는 것이 바로 광고이다.

참고 문헌

〈경향신문〉 (2008. 6. 13). "조중동을 상대로 입증한 네티즌 파워."

경향신문사 (2008). 《촛불 그 65일의 기록》.

김광수 (1995). 《방송 광고의 이해》. 나남.

—— (2005). "광고주의 언론에 대한 영향력 고찰," 〈관훈저널〉, 봄호, 122~130.

김영주 · 이화진 (2004). "광고시장을 둘러싼 매체 간 경쟁," 179~208. 방송위원회: 방송광고제도 개선방안 마련을 위한 토론회.

문현숙 (2008. 1. 17). "삼성의 광고 중단은 비판언론 길들이기," 〈한겨레〉.

미디어경영연구소 (2006. 11. 24). "방송산업 연말 경영분석과 향후 전망(1)," http://www.media21.or.kr/solution/bbs

—— (2002). "2001년도 중앙일간지 광고매출 대 신문판매."

박주희 (2006. 12. 1). "피자보다 빠르게 배달되는 사채 쓰라고?," 〈한겨레〉.

방송문화진흥회 (1997. 11). 〈방송 문화 지표 개발 연구〉.

석진환 (2009. 6. 11). "업무방해죄 소지" "구매력 이용 가치관 표현," 〈한겨레〉.

신동립 (2006. 10. 8). "TV가 버리는 한글, 광고가 지키는 한글," 〈뉴시스〉.

신문발전위원회 (2007). 〈일간신문 2005 회계연도 자료〉.

엄민용 (2009. 6. 25). "인종차별 — 로레알 광고 유죄," 〈스포츠칸〉.

여도관 · 강경아 · 조아란 (2008). "지상파TV · 라디오, 케이블TV · 위성방송(스팟)," 〈광고심의〉, 3월호, 월간광고심의.

〈오마이뉴스〉 (2006. 11. 24). "열심히 공부하면 신랑 얼굴이 바뀐다?"

이문영 (2009. 6. 11). "광동제약 '편중광고 않겠다,'" 〈한겨레〉.

이승훈 · 최광 (2008. 6. 30). "공룡포털의 그늘 — 한글파괴 · 쇼핑 사기 등 부작용 속출," 〈매일경제〉.

이종운 (2009. 6. 9) "광동제약 불매운동 하룻만에 일단락," 〈약업신문〉.

이창근 · 김광수 (1990). 《매스 미디어 심리학》. 나남.

임태섭 (1992). "방송 언어 정책을 위한 제언 I," 〈방송연구〉, 겨울호.

——— · 김광수 (1993). "광고 메시지의 질적 접근," 〈광고연구〉.
최연민 (2009. 5. 15). "지금 대한민국 광고는 김연아 광고, 김연아 아닌 광고," 〈한국일보〉.
키, 윌슨 브라이언 (1993). 《현대 사회와 잠재 의식의 광고학》. 허갑중 옮김. 나남.
한국광고자율심의기구 (1996). 《1995년도 광고 언어 오용 사례 조사 자료》.
한상필 (1995). 《광고와 경제》. 나남.
한지운 (2009. 6. 11). "언소주, 삼성 5개 계열사 불매 운동할 것," 〈경제투데이〉.

Arens, W. F. (1996). *Contemporary Advertising*. Chicago: Irwin.
Batra, R., Myers, J. G., & Aaker, D. A. (1996). *Advertising Management*. Upper Saddle River: Prentice-Hall, Inc.
Bovee, C L., Thill, J. V., Dovel, G. P. & Wood M. B. (1995). *Advertising Excellence*. New Yok: McGraw-Hill, Inc.
Connor, T. (May 2001). "Still Waiting for Nike to Do it," Global Exchange. http://www.globalexchange.org/campaigns/sweatshops/nike/NikeReport.pdf
De Mooij, M. K. & Kegan W. (1991). *Advertising Worldwide*. New York: Prentice-Hall, Inc.
Schiller, H. I. (1996). *Information Inequality*. New York: Routledge.
Zajonc, R. B. (1980). "Feeling & Thinking: Preferences Need No Inference," *American Psychologist*, 35.

5장 광고 법제

흔히 광고 규제라고 명명하는데, 이는 광고를 옭아맨다라는 부정적 의미가 연상되어 그보다는 중립적인 용어 '법제'를 택하기로 한다. 사실 광고와 관련된 법규와 제도를 논의하는 자리니까. 법제의 중요한 원칙을 설명하였으며, 우리나라와 미국의 광고 법제의 기본 개념과 현황을 소개하였다. 아울러 국제적으로 영향을 끼치는 법규도 제시하였다.

1. 광고 윤리

1) 윤리적 딜레마와 윤리적 일탈

법 이전에 도덕성이 있어야 한다. 그런 의미에서 윤리를 먼저 소개하겠다. 광고에서의 윤리는 두 가지로 나눌 수 있다. (1) 윤리적 딜레마, (2) 윤리적 일탈.

먼저 갈등 당사자들이 모두 나름대로의 타당성을 지니고 있어 윤리적으로 해결하기 힘든 윤리적 딜레마를 살펴보자. 담배 회사의 광고를 허용할 것인가와 같은 문제가 이에 해당된다. 허용하면 건강에 해로운 행동을 조장하는 것이고, 금지하면 담배 회사의 표현 자유를 억압하고 합법적인 상품을 판매할 수 없도록 하는 것이다. 관련 당사자의 권리 사이에 갈등이 발생하여 윤리적으로 진퇴양난에 빠지게 된다.

다음으로 비윤리적 결정을 했을 때 발생하는 윤리적 일탈을 보자. 거대한 타이어를 가진 트럭이 일렬로 서 있는 자동차들을 짓밟고 지나간다. 모든 차의 지붕이 찌그러진다. 단 하나, 볼보 자동차만을 제외하고. 볼보 차의 지붕이 튼튼하다는 것을 보여 주기 위한 광고였다. 그러나 그 광고의 사실 여부를 입증하라고 요구하자 볼보의 지붕에는 별도의 버팀목이 있었음이 밝혀졌다. 그 광고는 중단되었으며 이를 제작한 광고대행사는 사퇴하였다.

이 같은 구분에서 알 수 있듯이 윤리적 딜레마는 법의 경계선상에 있지만, 일탈은 법의 영역에 속한다. 그래서 일탈은 비교적 명확하게 판단을 내릴 수 있으나, 딜레마를 둘러싸고는 항상 논란이 벌어진다. 일반적으로 광고 딜레마와 연관하여 가장 뜨겁게 논의되는 쟁점을 정리하면 다음과 같다. (1) 건강에 해로운 상품의 광고, (2) 어린이를 대상으로 한 광고.

2) 건강에 해로운 상품의 광고

건강에 해롭거나 안전하지 못한 상품의 광고를 허용해야 하는가? 술과 담배가 대표적인 사례이다. 원래 이들 상품들은 소비자가 스스로 건강상의 위험을 감수하므로 예전에는 별 문제가 없었다. 그렇지만 흡연과 음주로 인한 폐해가 확실해지고, 청소년의 취약성이 드러나면서 점차 규제하자는 목소리가 높아졌다. 이들 광고를 제한하면, 판매가 감소될 것이고 결과적으로 건강과 관련된 해악을 줄일 수 있다는 주장까지 나온다.

그러나 광고를 금지하는 것은 표현의 자유에 위배된다는 반대 의견도 강력하게 제기된다. 상품 자체가 적법한 것인데 이를 반대하면 곤란하다는 것이다. 진정 불법적인 상품이면 생산을 중단시켜야지, 합법적 상품을 진실되게 광고하는데 무엇이 잘못이냐는 항변이다.

하지만 광고를 전면적으로 금지한다면 문제가 있겠지만, 광고를 제한한다고 해서 표현 자유에 위반되는 것은 아니다. 다만 시간, 장소, 방법에 대해서만 합리

그림 5-1 술과 담배 광고
소주(처음처럼), 양주(임페리얼), 담배(캐멀)

적인 제한을 하며, 공공의 건강에 해롭거나 오도하는 메시지를 제한하고, 정치적 표현을 제한하는 것은 아니기 때문이다(Gostin, Arno, & Brandt, 1997). 더구나 담배나 술의 옹호론자도 청소년 보호 차원에서 광고를 규제해야 된다는 데는 찬성한다. 따라서 청소년과 같이 영향받기 쉬운 집단에 노출될 가능성이 있는 매체의 광고는 제재된다.

구체적으로 우리나라에서는 텔레비전과 라디오의 담배 광고를 금지하고 있다. 심지어는 담배 회사의 기업 이미지 광고도 방송 광고의 금지 대상이다. 간접적으로 담배를 광고하는 셈이기 때문이다(《경향신문》, 2007. 2. 8). 미국도 라디오와 텔레비전 광고를 1971년부터 금지했다. 이후 2009년 의회를 통과한 가족흡연방지와 담배통제법The Family Smoking Prevention and Tobacco Control Act에 오바마 대통령이 서명함으로써 FDA(Food and Drug Administration)는 담배를 포괄적으로 규제할 수 있게 되었다(광고 사랑방 5－1 참조). 캐나다와 유럽은 일찍부터 일체의 담배 광고를 금지하고 있지만, 국제적으로는 세계보건기구(WHO)가 2003년 채택한 '담배규제를 위한 기본협약Framework Convention on Tobacco Control'이 2005년부터 효력을 발휘하였다. 이에 따라 이 협약에 가입한 국가들이 자국 내에 상응하는 담배 규제를 만들기에 분주하다. 유럽연합의 담배광고지시*Tobacco Advertising Directory*가 여기에 해당된다. 세계에서 중국과 미국에 이어 세 번째의 흡연국인 러시아도 2013년까지 담배 광고를 금지하기 위한 법안을 만들기로 했다(《동아일보》, 2008. 1. 11).

술도 담배와 마찬가지로 논란이 끊이지 않는다. 음주 운전에 대한 사회적 비판도 가세해서 술 광고는 이래저래 조심스럽기만 하다. 특히 알코올 도수 17도 이상은 우리나라의 방송 광고가 금지되어 있고, 17도 미만의 주류일지라도 오후 10시 이후에나 광고할 수 있다. 이처럼 대중 매체의 광고가 어려워지자 소비자에게 다가갈 수 있는 다양한 매체를 강구하지만, 비판의 목소리는 높다. 이를테면 지하철 역사의 벽에 설치된 전광판에 소주 광고가 등장한다. 광고 모델은 인기 있는 드라마 〈CSI〉의 배우와 닮은 사람들이다. 참이슬 수사대 광고다. 시간대를 가리지 않고, 남녀노소를 가리지 않고 방영되는 술 광고는 규제 대상이라는 지적이 일고 있다(이진경, 2007. 3. 23).

미국에서는 알코올의 텔레비전 광고가 금지되어 있지는 않다. 그렇지만 맥주를 제외한 주류업계는 스스로 광고를 자제하고 있으며, 대부분의 네트워크 방송사도 독주 광고는 거절하고 있다. 그런 금기 사항을 2002년 스미노프가 방

➤ 광 고 사 랑 방 5-1	미국 담배 광고 규제의 흐름

미국 담배 광고의 시초는 1789년 로릴래드담배Lorillard Tobacco회사의 신문 광고였다. 19세기 말에는 담뱃갑 안에 유명인이나 스포츠 선수의 카드를 넣어서 판촉하였다. 1차 세계 대전과 2차 세계 대전 당시 미군은 담배를 무료로 또는 싼 가격으로 배급받았다. 전쟁 이후에 고객이 될 것임을 확신한 담배 회사의 전략이었다. 1950년대에는 대중 매체를 이용한 광고가 성행하였다. NBC 간판 프로그램 〈나이틀리 뉴스*Nightly News*〉의 전신이었던 〈캐멀 뉴스 카라반*Camel News Caravan*〉 프로그램의 스폰서도 담배 회사였다.

그러나 1960년대에 들어서면서 담배의 폐해가 지적되기 시작하였다. 1965년에는 의회가 담뱃갑에 건강 경고문을 부착할 것을 요구했으며, 1970년부터는 서전 제네럴Surgeon General의 경고문이 부착된다. 1971년에는 텔레비전과 라디오 광고가 금지되었다.

1980년대 후반 R. J. 레이놀즈사R. J. Reynolds가 캐멀Camel 담배 광고에 조 캐멀Joe Camel 커리커처를 등장시킴으로써 논란이 더욱 가열되었다. 낙타 모양의 주인공이 어린 청소년을 유혹하기 위해 고안되었다는 비판이 바로 그것이다. 연방거래위원회(FTC)에서는 청소년을 대상으로 했는지를 입증하기 위해 애썼으며, 레이놀즈사는 결국 그 광고를 전면 중단하였다.

급기야 1996년에는 FDA가 보다 엄격한 담배 규제를 제안하였다. 그 안에 따르면 모든 자판기 판매와 담배 샘플의 배포가 금지된다. 특히 인쇄 매체에 오직 묘비 광고*tombstone ad*(흰 바탕에 검은 글씨만의 광고)만 허용된다. 다만 18세 이하의 독자가 15%를 넘지 않음을 증명할 수 있는 신문이나 잡지는 예외. 간판을 비롯한 옥외 광고도 학교 및 운동장으로부터 1000피트(300m) 내에는 금지된다. 모자나 의류를 포함하여 일체의 스포츠나 문화 이벤트에서도 담배 브랜드나 스폰서의 로고를 금지하도록 제안했다.

그러나 그 규제안은 2000년 대법원에 의해 무효화되었다. FDA가 담배에 대한 사법권을 가지려면 의회가 먼저 그런 법안을 통과시켜야 한다는 것이 이유였다(Redhead & Burrows, 2007). 그후 2009년 미 의회가 '가족흡연방지와 담배통제법'을 통과시키고, 오바마 대통령이 서명하였다(Olstad & James, 2009). 이에 따라 FDA는 광고의 위치를 결정하고 일부 광고는 흑백으로만 허용하며, 담뱃갑에 커다란 경고문을 부착하고, '부드러운' 또는 '저 타르' 용어를 금지할 수 있게 되었다. 어린이를 유혹하기 위해 맛이 첨가된 담배도 금지할 수 있다. 그렇다고 담배 판매를 금지할 수 있는 전면적인 권한을 FDA가 갖는 것은 아니지만.

송하면서 깨뜨리긴 했지만. 미국에서도 술 광고가 청소년에게 해로운 영향을 끼칠 것을 우려한다. 일례로 2003년 FTC는 주류 회사에 마케팅 자료를 요청하였다. 이런 분위기로 인해 앤하우저 부시 회사는 맥주 광고를 MTV에서 VH-1

으로 옮겼다. MTV의 시청자 50%가 청소년이었기 때문이다(Wells, Moriarty, & Burnett, 2006).

3) 어린이 광고

왜 어린이를 대상으로 한 광고가 논란의 대상이 될까? 어린이는 경험과 지식이 미숙하여 영향받기 쉬운 집단에 속하기 때문이다. 그리하여 광고와 관련하여 다음과 같은 문제점이 제기된다.

(1) 어린이는 광고의 판매 의도를 이해하지 못한다(특히 만화의 내용과 상품 내용이 일치할 때, 어린이는 그것이 광고인지 프로그램의 연속인지를 구분하지 못한다).

(2) 설득적 소구에 자신을 방어할 충분한 인지적 능력을 결여했다(일례로 다른 어린이들은 게임기를 다 갖고 있는데 자기만 없다고 인식한다).

(3) 광고 내용과 실제를 구분할 수 있는 능력이 약하다(장난감 크기나 작동 여부에 대해 구분하지 못한다).

(4) 부모와의 갈등을 야기할 수 있다(필요 여부를 생각하지 않고 부모에게 구매 요청한다).

(5) 성인 대상의 광고에 노출될 수 있으며 이들 내용은 어린이에게 부적합하다(광고에 나타난 그릇된 애정이나 가정 관계 등을 보편적으로 받아들이고 태도를 형성할 수 있다).

(6) 인스턴트 식품이나 스낵류 등의 광고는 가정에서의 건전한 식생활을 방해할 수 있다(스낵을 아무 때나 먹겠다고 아우성을 쳐서 정상적인 식사를 할 수 없다).

(7) 광고를 모방 또는 상상함으로써 어린이의 안전을 위협하는 행동이 뒤따를 수 있다(세탁기 안에 사람이 들어가 있는 광고를 시청한 어린이가 세탁기 안에 실제로 들어간다).

그러나 또 다른 연구에 따르면 일반적으로 우려하는 것처럼 어린이들은 영향받기 쉬운 집단이 아니다. 이들의 연구 결과는 광고가 전능한 영향력을 행사하는 것은 아니라고 반박한다. 그 이유는 다음과 같다.

(1) 어린이는 프로그램과 광고를 구별할 수 있다. 적어도 초등학교 2학년이 되면 광고의 판매 의도를 이해할 수 있다. 이런 능력은 미취학 아동에게서도 발견된다.

(2) 어린이는 성장하면서 광고에 대한 주의력이 떨어진다.

(3) 어린이는 성장하면서 광고에 대해 부정적인 생각을 갖게 된다.

(4) 광고가 어린이 구매나 구매 요청 행동을 1차적으로 결정하는 것은 아니다.

(5) 광고의 형태에 따라 영향이 다르다.

(6) 부모가 시청 행위를 통제하면, 어린이는 광고의 속성을 보다 잘 이해한다.

(7) 가정 교육이 잘되어 있으면 음식 광고는 어린이 식생활에 별다른 영향을 끼치지 못한다.

그렇지만 어린이에 대한 광고 효과가 명확히 밝혀진 것은 아니다. 특히 어린이들은 영향받기 쉬운 집단이라는 속성이 간과되어서는 안 된다. 이런 맥락에서 세계 각국은 어린이를 대상으로 한 마케팅에 관심을 갖고 업계의 시정을 요구하고 있다. 일례로 미국에서는 어린이 대상의 광고에 대해 일찍 주목하고 있었는데 여기에는 어린이텔레비전을 위한 활동Action for Children's Television 단체의 활약이 컸다(1992년 해체되었음). 그 덕에 미 의회는 1990년에 어린이텔레비전법Children's Television Act을 통과시켰으며, FCC가 현재도 이 법을 실행하고 있다. 이 법은 어린이 프로그램

그림 5-2. 대부업체 광고

최근 우리 사회에는 대부업체 광고가 범람하고 있다. 2007년에는 투니버스를 비롯한 일부 케이블 채널에도 방영되어 어린이에 대한 영향을 우려로 철회되기도 하였다. 우리 주변에서 흔히 볼 수 있는 대부업체의 광고.

의 광고 시간을 규정하고 있다. 주말에는 1시간당 10.5분, 주중에는 1시간당 12분. 또한 미국의 공익과학센터 *The Centre for Science in the Public Interest*와 같은 단체에서는 어린이 비만과 관련하여 정크 푸드 마케팅을 소송하겠다고 문제를 제기하였다(김윤경, 2007. 6. 14). 캐나다 대법원에서도 어린이를 직접적인 대상으로 전개되는 광고는 금지한다는 퀘벡의 규정을 지지하였다. 유럽집행위원회(EC) 역시 어린이를 대상으로 하는 광고를 업계 스스로 바꾸지 않으면 금지법을 제정하겠다는 방침을 밝히고, 영국 정부도 비만 유발 제품에 적색 경고 라벨을 붙이는 방안 등을 고려하고 있다.

이처럼 민관에서 어린이를 대상으로 한 업체의 광고에 관심을 쏟자, 업계에서도 스스로 자구책을 모색하지 않을 수 없다. 2005년 2월에는 미국 식품 회사 크래프트사가 어린이 대상의 광고를 중단하였으며, 2006년에는 맥도날드나 펩시와 같은 식음료 회사들이 정부의 규제를 미연에 방지하기 위해 자발적으로 '어린이 식음료 광고 발의Children's Food and Beverage Advertising Initiative'를 체결했다. 각 회사가 어린이를 대상으로 하는 광고비의 절반을 보다 건강한 식생활의 대안을 촉진하는데 사용하겠다는 것이 주요 내역(BBB). 2007년 2월, 스니커즈와 마스 초코릿 바를 제조하는 마스터푸드도 12세 미만의 어린이를 대상으로 광고 등의 마케팅 활동을 하지 않겠다고 유럽집행위원회에 밝혔다(권소현, 2007. 2. 5). 2007년 6월, 미국 켈로그는 12세 미만의 어린이를 대상으로 열량이나 설탕 함유량이 높은 제품을 광고하지 않겠다고 밝혔다(김윤경, 2007. 6. 14). 국제음료협회위원회(ICBA)도 2008년 소아 비만을 우려해 12세 미만의 어린이를 대상으로 한 광고나 마케팅 활동을 중단하기로 했다(Bloomberg, 2008. 5. 20). 코카콜라나 펩시콜라와 같은 청량음료 회사들이 지금처럼 공격적인 마케팅을 지속하면 담배 회사처럼 될 것을 우려했기 때문이다. 이유야 여하지간에 식음료 회사들의 어린이 배려는 더 활발해질 추세다.

그런데 우리나라의 식음료는? 일례로 어린이 치약 제품들은 '삼켜도 안전하다'고 표시 및 광고를 한다. 그러나 식약청은 일부 치약에 함유된 불소를 과다하

➤ 광 고 사 랑 방 5-2	어린이 만화 프로그램과 광고

미국에서 어린이 광고에 대한 쟁점 가운데 하나가 어린이 만화 프로그램과 광고의 관계이다. 광고주들이 만화 제작을 후원하며, 만화 프로그램 상영의 광고 시간에는 자사의 장난감을 광고한다. 따라서 만화 내용과 상품 광고 내용이 일치할 경우가 있다. 어떻게 보면 만화 프로그램이 광고인 셈이다. 〈히맨*He-Man*〉, 〈더 스머프*the Smurfs*〉, 〈더 머펫츠*the Murphets*〉 등이 그런 사례에 속한다. 이 같은 상황에서 어린이들은 만화(오락 프로그램)와 광고(프로그램의 스폰서)를 구분하지 못할 가능성이 더욱 높아진다. 몇몇 단체가 지속적으로 비판하고 있지만 FCC의 제재까지 이어지지는 않고 있다.

게 섭취하면 치아가 변하거나 위점막 등이 손상될 수 있다고 적발했다(유병률, 2009. 4. 3). 어린이를 대상으로 허위 광고를 한 셈. 어린이 만화 영화 전문 채널에서는 대부업 광고를 통해, 돈 급할 때 전화하라고 한다(노용택 · 박지훈, 2007. 5. 5). 우리 어린이들이 대출받아서 무엇을 하라고?

2. 광고 법제의 기초

1) 광고 법제의 시초

17세기에 등장한 자유방임적 경제 이데올로기로 광고에 관한 법제는 '구매자買主의 위험 부담*caveat emptor*'이라는 원칙에 근거를 두었다. 이는 '구매자여, 주의하라'라는 뜻으로 구매자가 잘 알아서 구매하고, 정부는 거래에 개입해서는 안 된다는 의미를 담고 있다.

그러나 현대적인 비즈니스와 기술의 속성은 '구매자의 위험 부담'이라는 기본적인 가정을 쓸모없게 만들었다. 그러한 이유는 다음과 같다(Norris, 1980).

(1) 시장의 독과점 상황이 광범위해지면서 소비자의 자유로운 선택이 어려워졌다.

(2) 기술 발전으로 상품은 복잡해지고, 소비자는 모든 정보를 소화할 수 없게 되었다.

(3) 생산자가 정보 지향적 광고보다는 감정적인 기법에 의존하면서 소비자는 합리성보다는 충동적으로 구매하게 되었다.

이러한 상황에서 생산자가 제품에 책임져야 한다는 인식이 자리잡게 되었다. 바로 '생산자賣主의 위험 부담*caveat venditor*' 개념이다. 이런 시각 아래 생산자가 수행하는 광고를 통제하기 위한 다양한 조치들이 만들어졌다.

2) 광고 법제의 종류

광고 법제는 법제의 강제성과 효력 범위에 따라 구분될 수 있나. 민지 법제의 강제성에 따라 자율 규제와 법규(또는 타율 규제)로 대별할 수 있다. 자율 규제는 법적 구속력은 없지만 대부분의 광고업계가 자발적으로 받아들이고 있다(자율 규제의 구체적 내역은 광고 사랑방 5-3 참조). 이에 반해 법규는 공공의 이익을 잘 보호하기 위해서 정부의 통제가 필요하다는 전제 아래 수행되는 여러 형태의 정부 통제를 뜻한다. 한 사회가 보호해야 할 가치에 대한 표현이라고 할 수 있다. 자율 규제가 취지

➤ 광 고 사 랑 방 5-3	자율 규제의 구분

보드윈은 광고의 자율 규제를 다음과 같이 구분한다(Boddewyn, 1988).

- 자율 정화*self-discipline*: 회사 조직 내에서 제정되어 적용
- 순수 자율*pure self-regulation*: 산업체에서 제정되어 적용
- 협동 자율*coopted self-regulation*: 산업체에서 주도하지만 비산업체 조직이나 공중을 포함하여 제정하고 적용
- 협의 자율*negotiated self-regulation*: 협동 자율 규제와 성격은 같으나, 비산업체 참여자가 내적인 구성원으로 참여하지 않고 외부에서만 협조함
- 강제 자율*mandated self-regulation*: 산업체 주도적이지만 강제성을 띰

를 이해하고 협조하는 당사자에게만 적용되는 반면, 법규는 규제 적용의 범위가 전반적이며 강제성을 띤다.

둘째, 법제의 효력 범위는 국내, 권역, 그리고 국제 세 차원으로 분류될 수 있다. 국제와 권역 차원은 자국의 경계선을 넘어서 적용된다. 국제화가 심화되면서 국내법이 국제적인 관행과 마찰이 없고 조화로워야 한다는 점에서 국제 법제는 점차 그 비중을 더해 간다.

광고 관련 법규는 각종 법률에 산재해 있다. 이들을 모두 살펴보는 것은 그 내용이 방대할 뿐만 아니라 법률이 계속 개정되기 때문에 각각의 조항을 살펴보는 것은 그 의미가 퇴색한다. 그보다는 각종 광고 법규를 꿰뚫는 중요한 틀을 살펴보는 것이 중요하다. 이 같은 맥락에서 다음의 원칙을 살펴보자. (1) 허위 광고, (2) 기만 광고, (3) 불공정 광고, (4) 비교 광고, (5) 광고와 저작권, (6) 광고와 표현의 자유.

3) 허위 광고

광고의 진실성을 제고하기 위해서 법규는 허위와 기만 광고를 제재하는 데 초점을 맞춘다. 과연 허위와 기만의 의미는 무엇인가? 예를 들어 설명해 보자. '탄산 음료' 상품을 광고에서는 '섬유 음료'라고 표현하였고, 소비자는 '변비약'이라고 받아들였다고 하자. '탄산 음료'를 '섬유 음료'라고 묘사하였으므로 이는 허위에 해당된다. 허위는 표시 대상물과 표현된 내용을 비교해 표현이 대상과 상이할 때 발생하는 개념이다(그림 5-3 참조).

그리고 '섬유 음료'라는 허위 광고에 접촉해서 소비자가 '섬유 음료'라고 인식했다고 하자. 이 경우 소비자는 메시지를 제대로 이해하였다. 그렇지만 결과적으로 '탄산 음료' 상품을 '섬유 음료'로 받아들이게 된다. 이처럼 기만은 사실과는 다른 인식을 형성할 때 발생한다. 즉, 허위 광고로 기만이 발생한 것이다.

또 다른 기만은 오해에서 발생한다. '섬유 음료'라고 광고했는데 소비자가 변

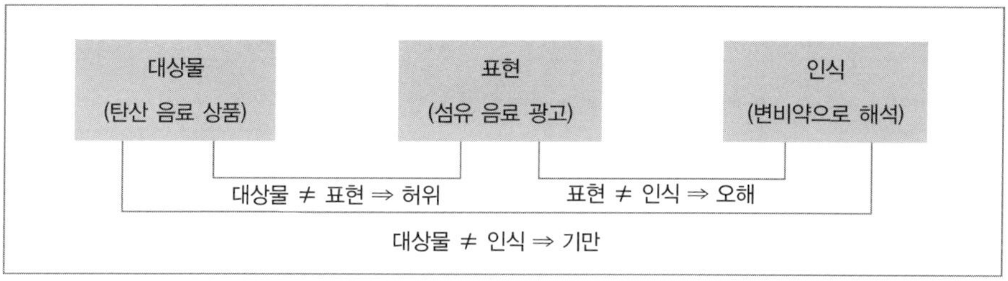

그림 5-3. 허위, 오해, 그리고 기만 관계

비약이라고 생각했다면 이는 오해이다. 표현된 내용과 소비자에게 전달된 의미(즉 인식된 현실)에 차이가 있을 때를 오해라고 한다. 기만은 광고 주장과는 상관없이 전달된 의미가 상품에 관한 사실과 상이할 때 발생함을 알 수 있다. 이를 종합하면 광고에서의 기만은 두 가지 경로가 있다. 하나는 허위로 인한 기만, 또 다른 하나는 오해로 인한 기만.

우선 허위에 관해서 살펴보자. 허위 광고가 발생할 수 있는 경로는 두 가지다. 잘못된 표식과 중요한 정보의 생략. 먼저 잘못된 표식은 문자 그대로 사실과 표현이 상이할 때 발견된다. 실제로는 섬유소가 하나도 없는데 섬유 음료라고 표현하면 허위 광고이다. 허위로 인한 기만의 경우 대부분 메시지의 허위 자체로 기만 가능성이 있다고 말함으로써 기만의 경험적 증거 없이 규제될 수 있다(예외적인 경우는 광고 사랑방 5-4 참조).

또 다른 허위는 생략에 기인한다. 소비자의 구매 결정에 영향을 끼칠 만한 중요한 정보를 생략함으로써 소비자를 오도할 수 있다. 일례로 어떤 감기약을 광고하면서 뛰어난 감기 치료 효능에 대해서만 말하고 당뇨병 환자에게는 치명적인 성분이 있다는 사실을 표현하지 않을 경우, 이 광고는 중요한 사실을 전달하지 않은 셈이다. 물론 광고의 짧은 시간이나 적은 지면에 모든 정보를 어떻게 일일이 전달할 수 있느냐는 항변이 있다. 그렇기 때문에 '중요한' 정보라는 단서가 붙어 있다. 특히 그러한 정보를 제공하지 않음으로써 소비자의 건강과 안전에 위험이 있을 경우에는 허위 광고뿐만 아니라 불공정 광고에도 해당된다.

➤ 광 고 사 랑 방 5－4	허위 광고이지만 허용되는 광고

허위이지만 예외적으로 허용되는 광고에는 세 종류가 있다(김광수, 1994a).

(1) 모형 사용: 실물을 사용하지 않고 대체물로 광고를 제작하였다면 이는 허위 광고에 속할 것이다. 그러나 대체물이 실물보다 원래 상품의 속성을 보다 정확히 묘사할 경우에는 모형을 사용할 수 있다. 조명 때문에 실제 아이스크림을 사용할 수 없어서 대신 으깬 감자를 사용하는 것이 그러한 사례에 속한다.
(2) 사소한 허위: 사소한 사실의 허위는 허용된다. 즉 소비자 선택에 중대한 영향을 끼치는 내용이 아닌 범위 내에서는 사소한 허위 표현이 인정된다. 일례로 자동차의 배기량이 형식 승인에 3496cc로 되어 있는 경우, 3500cc로 표기할 수 있다.
(3) 허풍 광고: 허풍 광고*puffery*에 대해서는 허용 여부를 놓고 논란이 많다. 허풍 광고는 측정할 수 없는 속성을 과장하는 표현을 의미한다. 자동차가 자신의 뒤 범퍼를 이용해서 브레이크가 고장난 학교 버스를 세우는 장면은 허풍일까, 허위일까? 이러한 구분은 소비자 구매에 얼마나 중요한 영향을 끼치느냐에 달려 있다. 사소한 경우에는 소비자가 웃어넘김으로써 허풍으로 허용된다. 반면에 자동차의 힘이 강하다는 정보를 제공하여 구매에 중요한 영향력을 행사했다면 더 이상 애교로 볼 수 없으며 입증 대상이 된다.

4) 기만 광고

허위로 인한 기만 이외에 또 다른 기만은 오해에 기초를 둔다. 이와 같은 기만을 평가하기 위해선 광고 표현과 광고 대상의 전달된 의미를 살펴보아야 한다. 그런데 오해가 기만을 결정하는 것이 아니라는 점에 유의할 필요가 있다. 오해에 의한 기만을 결정하는 준거는 오해의 증명이 아니라 기만을 증명해야 규제 대상이 된다. 비록 허위에서는 기만 여부와 관계없이 허위 자체로 규제 대상이 되었지만.

어떤 경우에는 오해했기 때문에 기만 당하지 않을 수도 있다. "게처럼 단단하게 삽시다"라는 건강 음료의 카피를 보고서, 그 음료를 마시면 '몸이 정말로 게 껍질같이'라고 생각했다면 표현과 의미가 일치하므로 '이해'한 셈이다. 그러나 일반 소비자는 그 광고를 보고 표현과는 달리 '음료에 게 성분이 들어 있군'이라고 이해하게 되어 오해가 발생한다. 그리고 그러한 오해로 인해 기만당하지 않게 된다. 따라서 오해 여부보다는 소비자가 받아들인 의미와 실제 상품 간의 차이인 기만 여부를 판정해야 한다.

여기서 한 가지 지적할 사항은 기만과 기만성을 구분해야 한다는 점이다. 기만은 소비자가 실제로 기만당한 것을 뜻하지만, 기만성은 기만의 잠재성을 포함한 의미이므로 반드시 소비자의 기만을 전제로 하지 않는다. 그리고 법규는 기만을 제재하는 것이 아니라 기만성을 제재 대상으로 하므로, 기만성이라는 표현이 더욱 정확할 것으로 판단된다. 다시 말하면, 광고 규제에서는 실제로 기만이 발생해야만 위법 사항으로 간주하는 것이 아니라 '오도할 경향이나 능력*tendency or capacity to mislead*'이 있으면 기만적 광고라고 판결할 수 있다. 잠재적인 피해를 예방하는 것도 법제의 중요한 목적이 되기 때문이다.

그렇다면 기만성을 결정짓는 요인들은 무엇일까? 이에 대한 지침을 정리하면 다음과 같다(김광수, 1992).

(1) 거래 행위에 중요한 영향을 끼치는 사항에 대한 기만성은 제재 대상이 된다.

(2) 광고가 사실을 전달했을지라도 전체적으로 허위 인상을 주면 기만 광고로 판정한다.

(3) 광고주가 기만 광고의 사실이나 의도를 사전에 인식했는지의 여부는 결정과 무관하다.

(4) 광고 표현이 여러 해석이 가능하며 그중 한 해석이 허위라면, 기만 광고에 해당된다.

(5) 상품과 관련된 특정 조건이나 결과를 확실히 공개하지 않았으면 기만 광고에 해당된다.

이런 지침을 보면 독자들은 고개를 갸우뚱거리기 십상이다. 사실적 표현으로 광고했는데도 소비자가 기만을 당할 수 있는가? 그렇다면 그것은 광고 책임이 아니라 소비자 잘못이 아닐까? 물론 소비자의 부주의로 오해와 기만이 일어날 수도 있다. 그러나 사실이지만 소비자를 오도시키는 광고도 왕왕 발생하며, 그런 광고는 제재의 대상이 된다. 그런 사례를 유형별로 살펴보자(김광수, 1995).

➤ 광 고 사 랑 방 5-5	누가 기만당해야 기만인가?

'붕어빵'이 붕어로 만들어졌다고 믿는 사람이 한 명이라도 있다면? 그럼 붕어빵은 기만 광고에 해당되나? 이 질문은 기만을 결정할 때 보호해야 되는 소비자의 범위가 어느 정도인가와 직결되어 있다.

미국의 FTC에서는 목표 시장의 25% 이상이 기만당하면 제재 대상으로 파악한다. 우리나라에서는 정확한 수치가 제시되어 있지 않다. 다만 평균적인 소비자의 개념에 기초하고 있음을 다음 판례를 통해 알 수 있다.

남양유업은 다우우유 방송 광고에서 당시 신정당 대표 박찬종을 모델로 '무균질'이란 표현을 사용하였다. 남양은 무균질이 비균질非均質이란 뜻의 무균질無均質이라고 설명했으나, 방송위원회는 세균이 없다는 무균無菌으로 오해할 소지가 있다고 주장하였다. 이에 서울고법 특별3부는 다음과 같이 판결하였다. "상식이 있는 소비자라면 '무균질'의 의미를 알 수 있다고 주장하나 낙농학에 전문 지식이 없는 일반 시청자들은 균이 없다는 의미로 오인할 소지가 있다" (김광수, 1995).

(1) 확장 해석을 유도: "국제 대회 우승"이라고 광고했는데, 실제 참가자는 대부분 국내인이었고 외국인은 지극히 소수였을 경우.

(2) 부인하는 문구의 가시성 부족: 우디 앨런이 나와서 특정 비디오 체인점을 광고했는데, 실제로는 "우디 앨런을 닮은 사람"이라는 자막을 조그맣게 처리하여 읽을 수 없는 경우.

(3) 상황적 조건을 오해하도록 만듬: "시리얼 한 컵에 영양분이 이렇게 많습니다"라고 광고했는데, 실제로는 시리얼 한 컵과 우유 한 컵에 포함되어 있는 영양분을 표현한 경우.

(4) 병렬문을 통해 논리적 비약을 유도함: "우유에 DHA성분이 들어있다," "DHA는 뇌 성분이다"라는 문장을 연결함으로써 DHA를 함유한 우유는 뇌 성장에 기여하는 것처럼 추론하도록 함.

(5) 두 가지 의미를 내포한 경우: "무균질"은 균이 없는 품질이라는 뜻도 되지만 균질하지 않다는 뜻도 포함하고 있으며, 전자의 의미는 사실과 다른 경우.

(6) 애매모호한 표현: "이 상품의 용도는 세계보건기구에서 승인받음"이라고 광고함으로써 무엇을 승인받았다는 것인지, 그리고 승인이란 과연 어떤 의미인지를 혼동하도록 함.

5) 불공정 광고

허위나 기만적인 광고는 아니지만 법규의 제재 대상이 되는 광고가 바로 불공정 광고다. 이는 소비자가 부당하게 피해를 입거나 공공 정책에 위반되었을 경우에 발생한다. 여기에서 피해란 경제적 피해, 또는 건강이나 안전 등을 포함한다. 구체적으로는 다음과 같은 표현이 해당된다. 사전에 입증되지 않은 주장, 어린이나 노인같이 영향받기 쉬운 집단을 착취하는 주장, 제품이나 경쟁자에 관한 중요한 정보를 생략하여 소비자가 타당한 선택을 할 수 없는 경우, 공공 정책과 위반되는 내용.

일례로 어린이 광고에서 "아빠한테 사 달라고 해요"와 같은 표현이 나온다면 이는 기만적인 광고라고 할 수 없다. 그렇지만 이는 어린이의 심성을 착취한다고 볼 수 있기 때문에 불공정 광고에 해당된다. 어린이가 인형을 목욕탕에서 씻기고 난 후에 헤어드라이어로 인형의 머리를 말려 주는 광고는 전기 안전 문제로 불공정 광고에 속한다. 2009년 초에 여성부에서는 남녀평등의 개념을 나타내기 위해 철도 선로 위를 낭만적으로 걸어가는 남녀의 포스터를 제작했다(《조선일보》, 2009. 4. 29). 그렇지만 이것도 사실은 불공정 광고이다. 선로 위를 걷는 것은 철도안전법에 위반되기 때문이다.

미국에서도 소비자가 합리적으로 피할 수 없는 중요한 피해를 야기시킬 때 불공정 광고로 접근한다. 그리고 광고가 소비자에게 전달되기 이전에 입증*substantiation*(광고 주장을 문서로 증명하는 것)을 하지 않으면 이것 역시 불공정 광고에 해당된다.

➤ 광 고 사 랑 방 5-6	미국에서의 불공정 광고 판단 기준

불공정이란 개념이 허위나 기만에 비해 애매하므로 이에 대한 명확한 범위를 설정해 줄 것을 미국 광고계에서 요구했다. 이에 따라 미국 연방거래위원회에서는 다음과 같은 보충 기준을 마련하였다. (1) 소비자에게 발생하는 피해가 상당해야 불공정, (2) 소비자가 피해를 합리적으로 피할 수 없어야 불공정, (3) 소비자나 경쟁 상황에 혜택을 주는 것보다는 피해가 더 커야 불공정.

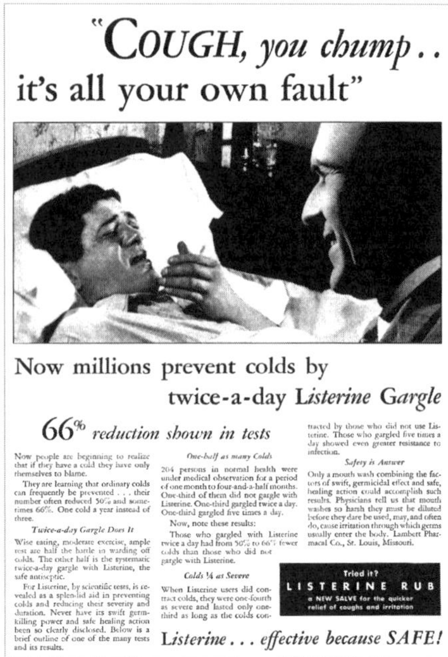

그림 5-4. 기만, 허위, 불공정 광고

남여 평등을 강조하면서 철길 위를 걷는 남여를 묘사한 여성부의 불공정 광고, 마치 감기 치료제인 것처럼 오도한 구강청정제 리스테린의 기만 광고, 객관성이 부족한데도 키가 클 수 있다고 주장하여 공정위의 지적을 받은 허위 광고, 허위이지만 기만당하지 않는 요플레 광고

6) 비교 광고

비교 광고란 경쟁사 또는 경쟁 제품을 직 · 간접적으로 거론하는 표현을 하는 광고를 의미한다. 물론 자사의 구 모델과 신 모델을 비교할 수도 있다. 예전에 비해 '개선된,' '향상된,' '흡수력이 40% 이상 좋아졌다' 등. 여기에서는 경쟁사와 연관된 비교 광고에 국한하여 논의를 전개하였다.

우리나라에서는 오래전부터 비교 광고가 법적으로는 허용되고 있었다. 그렇지만 과거의 '독점 규제 및 공정거래에 관한 법률'에 따르면 자사의 유리한 부분만을 경쟁사와 비교하면 부당한 비교 광고로 규정하였다. 비교 광고가 원래 경쟁 우위에 있는 내용을 알리려는 것인데 법 자체가 비교의 취지를 원천 봉쇄하고 있던 셈이었다(김봉현, 2004). 그러다 보니 경쟁사를 함축적으로 제시하는 간접 비교 광고가 성행한다. 예를 들면, 동종 업계의 다른 모든 경쟁사와 비교하여 우수함을 강조한다. "가장 많은 분들이 보고 계십니다"(1994년의 〈조선일보〉 광고), "국내 유일 침대공학연구소"(에이스침대는 과학이라고 주장하면서). 또는 경쟁사의 이름을 거론하지 않고 익명으로 처리한다. "A사 세탁기 — 한 덩어리로 나왔습니다, B사 세탁기 — 한 덩어리로 나왔습니다, C사 세탁기 — 역시 한 덩어리로 나왔습니다, 매직세탁기 — 하나씩 하나씩 나왔습니다"(세탁기의 엉킴 방지 기능을 알리는 광고). 그리고 그 비교의 정도가 심하면 부당하다는 판정을 받기 일쑤였다. 일례로 1998년 "같은 800cc라면 어떤 차를 타시겠습니까?"라고 말한 티코의 광고도 자사의 유리한 점만 강조했다고 부당한 비교 광고로 판정받았다(이재철, 1999). 이외에도 1998년 컴팩은 "지는 IBM이 있으면 뜨는 컴팩도 있다"는 비교 광고를 시도했다가 법정까지 가서 컴팩은 사과 광고를 신문에 게재해야 했다. 그렇지만 법원은 "객관적인 사실에 근거한 비교 광고를 허용할 수 있다"라는 판결을 내려 비교 광고의 토대를 마련해 줬다(이재철, 1999).

오늘날 시행되고 있는 공정거래위원회의 표시 · 광고의 공정화에 관한 법률 3조 1항 3호(2008. 2. 29 시행)에 의하면 부당하지만 않으면 비교 광고를 할 수 있다.

그림 5-5. 비교 광고 사례
헤이지스, 맥도널드 커피

문제는 어떻게 하면 부당하지 않을 수 있는가에 초점이 모아진다. 그에 대한 해답은 표시 · 광고의 공정화에 관한 법률 시행령(2009. 3. 12 시행) 3조 3항에 제시되어 있다: 비교 대상 및 기준을 명시하고, 객관적 근거에 의해 비교할 때. 보다 구체적인 사항은 비교 표시 · 광고에 관한 심사 지침(2001. 8. 22)에 제시되어 있다. 주요 원칙을 보면 다음과 같다.

(1) 유용하고 정확한 정보 제공을 목적으로 한다(피자를 '헛' 먹었다는 식의 비방은 유용한 정보의 제공이라고 보기 어렵다).

(2) 비교 대상이 명확하고 적정해야 한다(동종 또는 가장 유사한 상품과 비교해야지, 자기보다 월등한 또는 열등한 경쟁사와 비교함으로써 오도해서는 안 된다).

(3) 비교 기준이 적정하고 합리적이어야 한다(자신의 맥주는 여름 판매량에 기초하고, 경쟁사 맥주는 겨울 판매량을 비교해서는 안 된다).

(4) 비교 내용이 진실되어야 한다(자동차의 최고 출력이 경쟁사와 조금 차이는 있지만, 그 차이가 힘찬 주행을 결정짓지 않음에도 불구하고 자신의 자동차는 힘 있고, 타사는 힘 없다고 비교하면 안 된다).

(5) 객관적이고 타당한 비교 방법으로 실시한 시험·조사 결과에 기초해야 한다(통신 회사 광고에서 어떤 소비자가 특정 상황에서 체험한 통화 품질을 갖고 전체 소비자가 그런 경험을 할 것이라고 오도해서는 안 된다).

사실 올바른 비교 광고는 소비자의 합리적 결정에 필요한 정보를 제공한다. 미국에서는 1972년부터 연방거래위원회의 정책 변화로 비교 광고가 허용되었고(Fueroghne, 1989), 일본에서도 1987년부터 허용되었다(Mueller, 1992). 뿐만 아니라 유럽공동체에서도 1997년부터 비교 광고를 수용하였다. 오래전부터 비교 광고를 허용했던 미국의 광고대행사협회에서 제의한 지침은 비록 1974년에 제정되었지만 오늘날에도 비교 광고를 효과적으로 운영하는 데 시사하는 바가 적지 않다.

(1) 정보를 제공하기 위해 사용되어야지, 결코 부당하게 공격하거나 명성을 실추시키기 위해 사용되어서는 안 된다.

(2) 경쟁사의 이름이 거론될 때는 시장에서 중요한 경쟁자여야 한다.

(3) 비교는 공정하고 적절히 밝혀져야 한다.

(4) 비교 기준이 동일해야 한다.

(5) 비교의 목적으로 이름을 밝혀야지, 단지 연관시켜서 신분 상승을 꾀해서는 안 된다.

(6) 테스트는 객관적 기관(될 수 있으면 독립적인 기관)에 의해 시행되어야 한다.

(7) 테스트는 광고 안의 모든 주장을 뒷받침해야 한다.

(8) 결과의 한 부분이나 중요하지 않은 차이를 강조하여 소비자가 그릇된 결론을 내리도록

유도해서는 안 된다.

(9) 비교 대상은 소비자에게 중요한 가치여야 한다.

(10) '증언식 광고*testimonial*'를 사용할 때는 개인 의견이 전체 의견을 대표하는 것처럼 함축해서는 안 된다.

7) 저작권과 광고

저작권이란 일정 기간 동안 문학이나 음악 또는 예술(광고를 포함)의 원작품을 사용할 독점권을 소유자에게 부여하는 권리다. 그 권리의 인정은 국제적으로는 1886년의 베른협약에서 비롯된다. 이후 1961년에 체결된 '로마협약*International Convention for the Protection of Performers, Producers, Phonograms, & Broadcasting Organization*'은 1964년부터 발효되었다. 내국민 대우, 최소 보호, 실연자 · 음반 제작자 · 방송 사업자 등의 저작인접권을 인정하였다. 그리고 1996년에는 UN 특별기구인 WIPO(World Intellectual Property Organization, 1967년 설립)의 저작권 조약과 실연 음반 조약이 체결되었다. 이 두 조약은 모두 디지털 전송 시대의 변화에 대응하기 위한 것으로 일명 '인터넷 조약'이라고 칭한다. 저작권 조약은 보호 대상의 저작물을 확대하였을 뿐만 아니라 저작권의 개념도 확대하였다. 배포권, 대여권, 공중 전달권 등을 인정했기 때문이다. 이에 비해 실연 음반 조약의 경우 실연자 · 음반 제작자를 보호하고 있는데 우리나라는 아직 가입하지 않고 있다(한국소프트웨어진흥원, 2002).

이러한 국제적 흐름을 우리나라가 반영하기 시작한 것은 1987년이라고 할 수 있다. 물론 1908년 대한제국 당시에도 한국 저작권령이 있었으며, 1957년에도 저작권법이 제정되기는 하였다(문화체육관광부 홈페이지). 그렇지만 1987년 7월 1일 '세계 저작권 조약Universal Copyright Convention'에 가입함으로써 저작권의 국제적 보호에 새로운 전기를 맞이했다. 1987년의 저작권법(전부 개정)으로 외국인 저작물을 상호주의 원칙에 따라 보호할 수 있게 되었던 것이다.

그리고 1995년 1월 1일 일괄 가입 방식을 취하는 WTO 협정이 발효됨으로써 부속 협정 가운데 하나인 '지적재산권의 무역관련협정(Agreement on Trade Related Aspects of Intellectual Property Rights, Including Trade in Counterfeit Goods: 이하 TRIPs)'도 효력을 발휘하게 되었다. TRIPs 협정의 주요 원칙은 내국민 대우, 최혜국 대우, 지적 재산권 보호의 최저 수준 설정 등이다(한승헌, 1996). 이를테면 저작권 최저 보호 기간을 저작자 사망 후 50년으로 설정하고 있다. 이러한 협정에 기초하여 국내 저작권법도 일부 개정되어, 소급 보호도 인정하는 등 외국인의 저작권이 더욱 보호될 수 있게 되었다.

그렇다면 광고는 이러한 저작권법과 어떤 관계가 있을까? 먼저, 저작권의 소유자에 대해서 살펴보자. 일반적으로 고용주가 피고용인에게 작품을 제작하라고 했을 때는 저작권자가 고용주가 된다. 즉 피고용인이 작품을 만들었지만, 피고용인은 저작권을 소유할 수 없으며 고용인이 갖는다. 이를 '고용 관계에서의 창작품 규칙*works-for-hire rule*'이라고 한다(Fueroghne, 1989).

그렇지만 고객을 대신해서 작품을 만드는 통상적인 전문 서비스는 해당되지 않는다. 예를 들면, 광고대행사처럼 광고주를 위해서 광고물을 제작하는 경우는 전문 서비스에 속하므로 고용 관계에서의 창작품 규칙에 포함되지 않는다. 따라서 광고물의 저작권자는 광고대행사가 된다. 다만 그 같은 위탁 제작의 경우, 위탁 계약을 체결할 때 저작권이 광고주에 속한다는 것을 명시할 수는 있다. 저작권은 타인에게 양도할 수 있는 재산권이기 때문이다. 따라서 그 같은 조항을 명시한 경우를 제외하고는 광고물의 저작권은 광고회사에 귀속된다.

저작권은 또한 '공정한 사용 원칙*fair use doctrine*'이 적용된다. 이는 창작품의 비판, 보도, 교육, 또는 연구와 같은 목적을 위해서 저작물 복사를 허용한다는 것을 뜻한다. 사상과 정보의 자유로운 흐름을 원하는 사회의 욕구와 저작권자의 권리를 조화시키기 위해 만들어졌다. 그렇지만 상업적 목적으로 복사한다면 이는 저작권자의 권리를 침해하는 것이다.

이 같은 공정한 사용의 원칙에 기초하여 패러디가 허용된다. 패러디란 원작을 희화화한 작품 또는 풍자나 웃음을 목표로 원작과 가깝게 모방한 작품을 의미한다. 그렇지만 저작권 침해에 위배될 가능성이 높으므로 다음과 같은 점에 유의해야 한다.

(1) 패러디의 목적이 상업적인지 아니면 비상업적이고 교육적인지

(2) 패러디에서 사용한 저작권 작품의 속성

(3) 패러디에서 사용한 저작권 작품의 양과 실체

(4) 패러디가 저작권의 상품적 가치에 끼친 영향

그러나 최근에는 공정한 사용 원칙의 중요 기준을 '목적'에 두지 않고, '변용 *transformative use*'에 기초한다. 변용이란 원 저작물을 삽입해서 원 저작물이 의도했던 반응을 그대로 재연하기 위한 것이 아니라 다른 반응을 야기시킬 의도로 사용되는 것을 뜻한다. 예를 들어보자. 1991년 잡지 〈베너티 페어〉의 표지 사진으로 만삭의 데미 무어가 실렸다. 여성의 임신에 대한 사회의 긍정적 인식을 제고하는 데 기여한 사진이었다. 그런데 1994년 영화 〈총알 탄 사나이 3〉의 광고가 이 사진을 패러디해서 사진 작가가 소송을 제기했다. 법원은 원래 사진과는 다른 반응을 야기하므로 공정한 사용에 해당된다고 판결했다(김기태, 2009).

이러한 경향은 저작권이 저작자를 보호하는 입장에서 탈피하여 저작물의 이용 편익을 강조하는 추세로 변화되고 있음을 나타낸다. 사실 저작권법은 저작자와 이용 활성화라는 양면을 균형 있게 보호하며 발전하는 접근이 필요하다(황지혜, 2007. 6. 12). 이런 맥락에서 듀크대학의 시도는 저작물의 이용 편익을 증대한다는 측면에서 주목할 만하다. 듀크대학은 인터넷에 사진 자료를 모아서 공중이 이용할 수 있도록 만드는 디지털 스크립토리엄*Scriptorium* 프로젝트를 진행 중이다. 그 중의 하나가 광고 접근*Ad*Access* 프로젝트인데, 이 데이터베이스에는 1911년에서 1955년까지의 7000점 이상의 광고물(주로 미국 신문과 잡지 광고)을 수록하고 있다. 광고주나 광고대행사의 저작권자를 찾아서 승인받은 것이므로 허락없이 이용할 수 있다(Prithcer, 2000).

그러나 원칙적으로 보호받은 저작권은 허락을 받아야 사용할 수 있다. 그렇지 않으면 저작권 침해가 된다. 일례로 국내 B건설회사의 광고에 모 호텔 라운지에 있는 미술 작품이 광고의 배경 장면으로 10초간 등장하였다. 일반 공중에게 개방된 장소에서의 미술 저작물은 복제를 허용하므로 괜찮을 것으로 생각했다. 그런데 미술가는 저작권 침해로 소송을 제기하였다. 이에 법원은 호텔 라운지가 일반 공중의 출입은 자유롭지만 개방된 장소는 아니므로, B건설회사와 광고대행사는 미술가에게 500만 원을 지불하라고 판결하였다(〈스포츠조선〉, 2007. 5. 23).

그런데 저자권자를 일일이 찾아다니며 허락을 구하는 것이 쉽지는 않다. 따라서 광고에 음악을 이용할 때는 가수나 연주자의 저작권을 일괄해서 대행해 주는 한국음악저작권협회(KOMCA)를 이용한다. 어문 저작물을 사용할 때는 한국문예학술저작권협회, 극본은 방송작가협회, 음반은 한국음반협회와 접촉해야 한다(이창환, 1993; 한국지적소유권학회, 1994). 그리고 실연자의 방송보상청구권과 디지털음성송신보상 청구권을 행사할 수 있도록 지정된 단체는 한국예술실연자단체연합회이다(〈뉴스테이지〉, 2008. 10. 10). 광고계에서도 스스로 제작한 광고 제작물의 저작권에 대한 권리를 보호하기 위해서 연합회를 구성하여 일괄 대행하는 제도를 모색해야 하지 않을까?

8) 광고와 표현의 자유

헌법 제21조 1항은 언론 출판의 자유를 명시함으로써 표현의 자유를 보장한다. 그렇다면 광고는 언론 출판의 자유에 속하는가? 이 질문에 답하기 위해서는 광고를 먼저 정의해야 한다. 광고가 언론 출판에 속한다면 표현의 자유를 누려야 할 것이고, 그렇지 않다면 별도로 정립되어야 하기 때문이다.

광고 개념은 시대를 달리하면서 변화되었다. 20세기 초반에는 광고가 경제 활동의 일부로서 다루어져야 한다고 보았다. 그러나 20세기 후반에는 보다 종합적 접근이 시도된다. 경제적 교환에 비중을 두는 것이 아니라 가치의 교환에 중점을 두게 되었다. 따라서 광고의 영역을 정치나 공공 서비스 등과 같은 새로운 인간 행동으로 확장시킨다. 이 같은 광고 위상의 변화는 표현의 자유라는 측면에서 다음과 같은 중요한 의미를 함축한다. 정보를 받을 권리를 강조하면서 광고가 커뮤니케이션 법규와 겹치는 부분이 생기게 된 것이다. 따라서 정치 광고와 의견 광고와 같은 광고 유형에는 표현 자유의 보호막이 적용될 수 있는 근거가 마련되었다. 즉 비상업 광고는 표현 자유의 영역에 속한다.

그렇다면 '불특정 다수를 대상으로 구매 의욕을 자극하기 위한 일련의 활동'인 상업 광고는 표현의 자유를 보호받지 못하는가? 결론부터 이야기한다면, 상업 광고는 차별적 대우를 받는다. 사실 초기의 상업 광고는 거래에 사용되는 언어이므로 거래법의 영역에서 다루어졌다. 즉 광고주가 소비자에게 광고에서 약속한 대로 전달할 수 있도록 책임을 부과하는 데 초점이 맞춰졌던 것이다.

그렇지만 표현 자유의 완전한 보호를 받지 못한다고 바로 규제의 정당성으로 이어지지는 않는다. 광고 규제가 정당성을 부여받기 위해서는 '필요하고도 합리적'이 되어야 한다. 심지어 상업 광고가 언론 출판의 범주에 속한다 할지라도 바로 표현의 자유를 보장받지는 못한다. 헌법 제37조 2항은 필요하고 합리적인 경우에는 언론의 자유를 제한할 수 있도록 허용하기 때문이다.

그래서 상업 광고 규제의 정당성은 '필요와 합리'라는 기준을 충족시켜 주는지가 관건이 된다. 강력한 표현의 자유를 부여받은 정치 광고(비상업 광고의 일종)에서도 광고 종류나 배포 방법 등의 형식적 측면에서는 엄격한 규제가 적용되는데, 그 이유도 바로 '필요와 합리성'으로 귀결된다(김광수, 1992). 미국에서도 완전한 보호를 받는 표현 역시 시간, 장소, 방법에는 합리적 제재를 가할 수 있다. 물론 그 같은 제재가 커뮤니케이션 내용에 변화를 주지 않는다는 조건이 있다. 따라서 그러한 규제를 "내용 중립적인 법규"라고 한다(Boedecker, Morgan, & Wright, 1995).

그렇다면 어떤 경우에 상업적 표현을 제한할 수 있는가? 광고를 어떤 기준으로 규제할 수 있는지를 체계적으로 밝힌 국내의 판례를 찾기 힘들었다. 따라서 미국 광고계에서 흔히 거론되는 기준을 센트럴 허드슨 전력회사 대 뉴욕시립위원회 판례에서 살펴보자(표 5-1 참조. Boedecker, Morgan, & Wright, 1995; Mandel, 1994). 법원이 광고 제재의 정당성을 판단하는데 제시한 기준은 다음과 같다.

(1) 상업적 표현이 기만적이고 불법적인 행동을 조장하는가? (그렇다면 제재 가능)

(2) 광고 규제를 정당화할 수 있는 사회의 실질적인 이해가 있는가? (그렇다면 제재 가능)

(3) 상업적 표현을 금지해야 정부 목적이나 이해를 증진시키는가? (그렇다면 제재 가능)

(4) 규제가 정부의 이익을 위해서 필요 이상으로 과도한 것은 아닌가? (그렇다면 제재하지 못함)

표 5-1. 광고의 표현 자유에 영향을 끼친 미국의 주요 판례

1942년 발렌타인 대 크레스텐슨(Valentine v. Chrestensen)
발렌타인은 자신이 소유한 잠수함의 유료 관람을 위해 길거리에서 전단을 나눠 주었는데, 법원은 이 같은 발렌타인의 행동이 상업적 표현이므로 수정 헌법 제1조의 보호를 받을 수 없다고 결정.
1964년 뉴욕 타임스 대 설리번(New York Times v. Sullivan)
한 인권 단체가 앨라배마 인권 운동 시위 진압 과정에 항의하는 광고(경찰의 폭력적인 진압을 묘사)를 〈뉴욕 타임스〉에 게재하였다. 이에 당시 진압 책임자인 설리번 총경은 〈뉴욕 타임스〉를 대상으로 그 광고가 명예훼손죄에 해당된다고 소송을 제기했다. 재판부는 그 표현이 사적이라기보다 공적 관심사에 해당되므로 광고물은 보호받아야 된다고 판결.
1975년 비글로 대 버지니아(Bigelow v. Virginia)
당시 버지니아 주에서는 낙태를 금지한 반면에 뉴욕 주에서는 허용했다. 버지니아의 주간지(발행인 비글로)에서 뉴욕 병원의 낙태 광고를 게재했고 버지니아 당국은 그 광고를 위법이라고 제재했다. 이러한 제재에 대해 법원은 뉴욕 병원의 낙태 광고가 버지니아 주민들이 알아야 할 정보를 담았고, 합법적이고 헌법적인 이해에 적합한 광고이므로 "제재할 수 없다"고 결정.
1980년 센트럴 허드슨 전력회사 대 뉴욕시립위원회 (Central Hudson Gas and Electric Corp. v. Public Service Commission)
전기 사용을 촉진하는 센트럴 허드슨 전력회사의 광고에 대해서 뉴욕시는 에너지 절약을 이유로 이를 금지하도록 제소했다. 법원은 본문의 네 기준을 제시: (1), (2), (3)을 통과했으나 (4)는 통과하지 못해 뉴욕 시는 패소. 즉 법원은 광고에서 효율적인 에너지 사용을 촉진할 수도 있는데 모든 에너지 광고를 금지한 것은 "필요 이상의 과도한 조치"라고 판단했다. 마지막 기준은 "최소한의 규제 수단이었는지를 검토"하는 셈이다.

1986년 푸에르토리코 당국 대 푸에르토리코 관광사

(Posadas de Puerto Rico Associates v. Tourism Company of Puerto Rico)

푸에르토리코 당국은 거주자 대상의 카지노 광고를 금지시켰는데, 법원은 이 조치를 정당하다고 판결하였다(여행객을 상대로 광고하는 것은 허용). 그 이유는 시민의 건강, 안전, 그리고 복지를 보호하는 당국의 이해는 실질적이었고, 광고를 금지시킴으로써 정부의 이해를 증진시키며, 주어진 여건에서 필요 이상의 과도한 조치가 아니었다고 보았기 때문.

1989년 뉴욕 주립 대학 이사회 대 폭스(Board of Trustees of the St. Univ. of New York v. Fox)

뉴욕 주립 대학 기숙사에서 터퍼웨어(식기 및 용기 제조업체) 파티를 개최하려 했다. 학교는 이 행사가 교육 분위기 유지 및 상업적으로 학생이 이용되는 것을 방지하려는 학교의 목적에 위배된다고 제재하자, 학생은 언론 자유에 위배된다고 항의했다. 법정은 규제 당국이 최소한의 규제 수단이었는지를 보여 줄 필요는 없으며, 규제 당국이 밝혀야 할 것은 규제 당국의 원래 목적과 그 목적을 이루기 위한 광고 제재 사이에 합리성과 적합성을 갖추고 있는지가 보다 중요하다고 결론지었다. 학교의 승소.

1993년 미국 정부와 FCC 대 에지 방송사

(United States and FCC v. Edge Broadcasting Company)

에지 방송사는 복권을 인정하지 않는 북캐롤라이나 주에서 운영하는 라디오 방송사이다. 그런데 청취자의 90%가 복권을 인정하는 버지니아 주에 거주했다. 이 방송사가 버지니아 주의 복권 광고를 하지 못하도록 제재를 받으면서 문제가 생겼다. 센트럴 허드슨 판례의 (1), (2), (3) 기준은 통과했으나 (4)는 통과하지 못했다. 에지 청취자의 10%가 북캐롤라이나의 거주민이었으므로 필요한 조치로 판정하여 제재의 정당성을 지지하였다.

1993년 신시내티시 대 디스커버리 네트워크사(City of Cincinnati v. Discovery Network Inc.)

디스커버리사는 신문 가판대에서 성인 교육이나 레크리에이션에 관한 광고 전단을 배포하였다. 신시내티 시 당국은 길거리의 안전과 좋은 환경을 유지하는 데 방해된다고 제소했다. 법원은 금지 조치가 시 당국의 이해를 증진시키지도 않을 뿐 아니라 목표와 수단 사이에 적합성을 갖추지 못했다고 판결했다. 시에는 약 2000개의 가판대가 있는데 상업 전단을 뿌리는 곳은 단지 62개소였다. 더욱이 시 당국은 단순한 "시간, 장소, 방법에 의한 규제"라고 항변했지만, 상업과 비상업적 내용이라는 메시지 차이에 근거해 차별적으로 상업적 메시지를 규제했기 때문에 법원은 해당 사유 없다고 기각, 시 당국의 패소.

1997년 글릭맨 대 윌리엄 브러더스(Glickman v. Williman Bros. & Elliott, Inc., et al.)

농업마케팅합의법은 1937년부터 독점거래법의 적용을 받지 않고 농산물 가격이나 품질을 공동으로 결정하고, 농산물을 공동 광고하도록 고안되었다. 물론 그 비용도 공동 부담. 그런데 일부 과일 재배업자들이 정부의 농산물 공동 광고 강제가 상업적 표현 권한에 위배된다고 농림부(장관은 글릭맨)를 제소한 것. 대법원은 그러한 강제가 상업적 표현의 자유를 위배하지 않는다고 판결. 왜냐하면 그런 마케팅 강제가 있다고 해서 커뮤니케이션할 권한을 막는 것은 아니고, 그런 공동 마케팅이 사상 표현에 사용되는 것은 아니기 때문.

3. 국내의 광고 법제

1) 법제

국내 법규 제정자는 대체로 정부나 공공 기관으로서 이는 지역 통치주의에 입각한 국제법의 원칙에 기초한다. 따라서 자국 영토 내에서의 광고는 물론이고 자국 영토의 외부에서 유래하는 광고도 포함하여 해당 국가가 통제한다. 국내 법규는 특정 사회의 가치관과 그 사회가 이들 가치를 보호하는 정도를 공식적으로 표시한 것이며 바람직하지 못한 행위를 통제하고 이로운 행위를 진작시키는 데 주안점을 둔다. 국내 법규를 제정하는 데는 대체로 광고의 진실성, 경제관, 문화, 외국 광고를 통제하기 위한 민족주의의 영향 등이 주요 요소로 등장한다.

우리나라에는 법률, 시행령, 부령 등을 합쳐서 약 200여 개에 이르는 광고 관련 법규가 산재해 이중적 제재와 일관성 결여가 지적되곤 하였다(한국광고단체연합회, 1991). 이러한 문제를 시정하기 위해 공정거래위원회에서는 2009년 5월 1일 '표시 · 광고사항에 대한 통합공고'를 공고하였다. 국내 개별법상 표시 · 광고 사항

표 5-2. 국내 광고 관련 법률

구분	세분	관련 법률
일반	1. 가격	물가안정에 관한 법률
	2. 거래	방문판매 등에 관한 법률 / 전자상거래 등에서의 소비사보호에 관한 법률 / 할부거래에 관한 법률
	3. 계량	계량에 관한 법률
	4. 환경	자원의 절약 및 재활용촉진에 관한 법률 / 환경기술개발 및 지원에 관한 법률
	5. 원산지	대외무역법
	6. 제품 등의 인정	산업표준화법
	7. 상표 · 특허 · 실용신안 · 디자인	상표법 / 특허법 / 실용신안법 / 디자인보호법

<table>
<tr><td rowspan="21">분야</td><td rowspan="3">1. 농수산업</td><td>1) 농산물</td><td>농산물품질관리법 / 친환경농업육성법</td></tr>
<tr><td>2) 축산물</td><td>축산물가공처리법 / 소 및 쇠고기 이력추적에 관한 법률</td></tr>
<tr><td>3) 수산물</td><td>수산물품질관리법</td></tr>
<tr><td rowspan="6">2. 제조업</td><td>1) 식품</td><td>식품위생법 / 건강기능식품에 관한 법률 / 인삼산업법</td></tr>
<tr><td>2) 의약품</td><td>약사법</td></tr>
<tr><td>3) 의료기기</td><td>의료기기법</td></tr>
<tr><td>4) 화장품</td><td>화장품법</td></tr>
<tr><td>5) 공산품</td><td>품질경영 및 공산품 안전관리법 / 전기용품안전관리법/에너지이용합리화법 / 소음 · 진동규제법 / 산업안전보건법</td></tr>
<tr><td>6) 기타</td><td>수산물품질관리법농약관리법 / 담배사업법 / 주세법 / 비료관리법 / 사료관리법 / 유해화학물질관리법 / 출판문화산업진흥법 / 신문 등의 자유와 기능 보장에 관한 법률 / 잡지 등 정기간행물의 진흥에 관한 법률</td></tr>
<tr><td colspan="2">3. 가스업</td><td>액화석유가스의 안전관리 및 사업법 / 고압가스안전관리법</td></tr>
<tr><td colspan="2">4. 건설업</td><td>전기공사업법 / 건축물의 분양에 관한 법률 / 주택법</td></tr>
<tr><td colspan="2">5. 운수업</td><td>여객자동차운수사업법</td></tr>
<tr><td colspan="2">6. 통신업</td><td>정보통신망 이용촉진 및 정보보호 등에 관한 법률</td></tr>
<tr><td colspan="2">7. 금융업</td><td>자본시장과 금융투자업에 관한 법률 / 대부업의 등록 및 금융이용자보호에 관한 법률 / 예금자보호법</td></tr>
<tr><td colspan="2">8. 사업서비스업</td><td>변호사법 / 변호사업무광고규정(대한변호사협회)</td></tr>
<tr><td colspan="2">9. 교육서비스업</td><td>학원의 설립 · 운영 및 과외교습에 관한 법률</td></tr>
<tr><td colspan="2">10. 공공행정, 사회보장행정</td><td>국민건강증진법</td></tr>
<tr><td colspan="2">11. 보건사업</td><td>의료법</td></tr>
<tr><td colspan="2">12. 오락문화관련서비스업</td><td>문화산업진흥기본법 / 복권및 복권기금법 / 경륜 · 경정법/사행행위 등 규제 및 처벌특례법 / 음악산업진흥에 관한 법률 / 영화 및 비디오물의 진흥에 관한 법률 / 게임산업진흥에 관한 법률 / 청소년보호법</td></tr>
</table>

을 규정하고 있는 내용을 종합적으로 알려주기 위해서다. 공고 내용을 정리하여 주요 법률을 살피면 표 5－2와 같다.

광고와 관련된 다양한 법률이 존재한다는 사실은 광범위한 광고의 영향력을

표 5-3. 광고 관련 법제와 관련된 주요 기관

기관	관련 법규	광고 관련 주요 내용
공정거래위원회	독점 규제 및 공정 거래에 관한 법률, 동 시행령, 경품류 제공에 관한 불공정 거래 행위의 유형 및 기준 지정 고시, 표시·광고의 공정화에 대한 법률, 동 시행령, 심사 지침	표시, 광고, 경품 등의 활동에 대한 감시 및 시정 조치를 취함
방송통신위원회	방송법, 동 시행령	방송 광고의 종류 및 시간을 규정; 사전 심의 대상의 방송 광고 지정(위헌)
한국방송광고공사	방송법, 동 시행령	지상파 방송 사업자는 한국방송광고공사가 위탁하는 방송 광고를 할 수 있음
지자체	옥외 광고물 등 관리법, 동 시행령	옥외 광고물의 종류에 따라 크기, 위치 등을 규정하고 허가제 및 신고제를 운영
한국소비자원	소비자기본법	분쟁조정위원회 등을 통해 소비자 피해를 구제

뒷받침한다. 여기에서는 개별적 법률을 일일이 살피기보다는 광고 법제에 영향을 끼치는 기구를 중심으로 설명하고자 한다. 통합 공고를 한 공정거래위원회는 기업을 중심으로 광고 관련법을 정리하였기 때문에 광고주에 해당되는 내용이 주로 관심이다. 그렇지만 광고는 광고물이 게재되는 매체사도 관련이 있다. 따라서 매체사와 연관된 기관을 포함해서 중요한 법제를 관장하는 기구를 제시하면 표 5-3과 같다.

공정거래위원회가 표시 및 광고에 대한 다양한 법률 및 지침을 운용하고 있는데 그중 정정 광고와 임시 중지 명령에 대한 내역을 살펴보자(미국의 연방거래위원회에서도 정정 광고*corrective advertising*와 중지 명령*cease order*을 운용하고 있음). '정정광고에 관한 운영지침(2000년 12월 22일 제정)'은 소비자의 오인성을 치유할 필요성이 큰 표시나 광고에 적용된다. 즉 소비자를 오도하는 광고로 소비자의 구매 선택 및 거래 질서에 중대한 영향을 끼쳤을 때 이러한 조치를 취한다(심의 절차 및 결정 과정은 그림 5-6 참조). 정정 광고를 명할 때는 부과 횟수 등은 광고주의 재정 상황을 고려하지만, 일

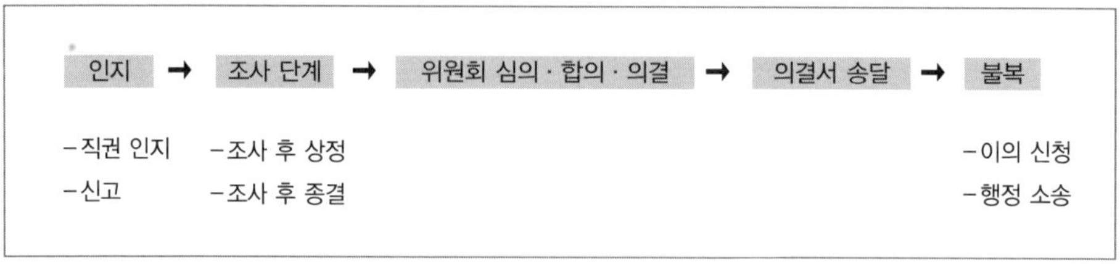

그림 5-6. 공정거래위원회의 사건 처리 절차

반적으로 처음 광고가 행해진 매체에 다시 게재하는 것을 원칙으로 한다. 이를테면 "저희 회사의 ㅇㅇ제품의 연료 절감 효과는 5%이며, 10% 이상 연료 절감 효과가 있다는 종전의 광고는 ㅇㅇ년ㅇ월ㅇ일 공정거래위원회에 의하여 부당 광고로 결정되었습니다."

이에 비해 '임시중지명령에 관한 운영지침(1999년 6월 30일부터 시행)'은 다음 두 가지 경우를 대상으로 표시나 광고를 중단시킬 수 있다. 하나는 표시 · 광고법의 주요 규정을 위반한다고 명백하게 의심될 때이다. 실증 자료를 제출하지 않았거나, 부당한 표시 광고 유형이 여기에 속한다. 또 다른 하나는 소비자 또는 경쟁 사업자에게 회복하기 어려운 손해가 발생할 우려가 있어 이를 예방할 필요가 있을 때다. 이러한 절차는 직권에 의해서, 또는 다음 단체의 요청으로 진행된다. 소비자 단체, 방송통신심의위원회, 한국간행물윤리위원회, 한국신문윤리위원회, 한국소비자원.

방송통신위원회는 방송과 관련한 규정을 관장하고 있다. 이를테면 방송 프로그램의 광고 시간은 프로그램 시간의 100분의 10을 초과할 수 없으며(방송법 시행령 59조 2항 1호 가), 중간 광고를 할 수 없다(동 시행령 59조 2항 1호 나). 그리고 방송법 시행령 21조의 2(구 방송법 32조 2항)에 의하면 방송 광고를 사전 심의할 수 있도록 규정하고 있었다. 이에 따라 2000년부터 당시의 방송위원회는 한국광고자율심의기구에 텔레비전 방송 광고의 사전 심의를 위탁하고 비용을 지급하였다. 심의 기구는 민간이 주도하였지만 실질적으로는 행정 기관에 의한 사전 검열을 하고 있었던 셈이다. 이에 대한 헌법소원 심판이 2005년 한 광고주로부터 청구되어, 헌법재판소는

2008년 6월 26일, 헌법이 금지하는 사전 검열에 해당한다고 판단하여 위헌 결정을 내렸다. 아울러 심의 기구의 전 직원을 직권 면직하였다. 이제는 광고계가 명실상부한 자율 심의의 역량을 키워나가야 할 때다. 방송사, 광고주, 광고대행사가 협조하여 공동의 자율 심의 기구를 설립하든, 그렇지 않으면 개별적으로 진행하든.

한국방송광고고사는 1980년 언론통폐합 조치의 일환으로 탄생하여, 방송법에 의해 지상파 방송의 미디어 렙 기능을 수행하고 있다(광고사랑방 3-5 참조). 그렇지만 독점적 영업에 대한 문제 제기가 끊임없었다. 급기야 민영 방송 광고 판매대행사인 태평양미디어앤드커뮤니케이션이 헌법소원을 청구하였다. 이에 따라 2008년 헌법재판소는 "광고공사와 광고공사가 출자한 회사만이 지상파 방송 광고 판매 대행을 할 수 있도록 규정한 방송법(현 73조)은 과잉금지 원칙을 위반하여 청구인의 직업 수행의 자유와 평등권을 침해하였다"며 헌법 불합치 결정을 내렸다(전승훈 · 전성철, 2008. 11. 28). 그러한 판단 기준은 다음과 같았다.

(1) 목적의 정당성: 과연 그 법의 입법 목적이 정당한가? (방송법 목적은 방송의 공정성과 공익성, 다양성을 확보하기 위해 광고공사에게 방송 광고의 판매 대행을 위임하였으므로 입법 목적은 정당하다.)

(2) 수단의 적합성: 목적이 정당하더라도 그 목적을 위한 수단이 적합한가? (외관상으로는 제한적 경쟁 체제를 도입하고 있으나 아무런 기준없이 특정 주체에게만 판매 대행을 허용하며, 출자를 하더라도 독점 체제의 연장일 뿐이므로 적합한 수단이 되지 못한다.)

(3) 피해의 최소성: 적합한 수단이라도 기본권 침해로 인한 피해를 최소화할 수 있는 방안인가? (방송 광고 판매 대행 사업을 허가제로 할 수 있고, 조건을 충족 못 하면 허가를 취소할 수 있는데 그런 방법을 마련하지 않았으므로 피해의 최소성에 어긋난다.)

(4) 법익 균형성: 기본권 침해로 얻은 법익과 잃는 법익이 서로 균형은 맞는가? (현재 민영 미디어 렙사는 케이블 텔레비전이나 유선방송 사업자의 방송 광고를 판매할 수 있으나 그 규모는 지상파에 비해 미약하다. 아울러 현 체제는 공익을 보호하는 데 적합하지 않고 오히려 민영 사업자의 기본권만 침해하고 있어 법익 균형성에 어긋난다.)

물론 기본권은 무제한 허용되지 않고 법에 의해 제한이 가능하지만, 방송법은 과잉 제한하고 있으므로 과잉 금지 원칙에 어긋난다는 것이다. 아울러 평등권에 대해서도, 차별의 목적과 목적 달성을 위한 수단이 서로 적합한지를 검토하였다. 방송 광고 판매의 차별 목적은 방송의 공공성과 공익성에 기초하며, 그 수단은 오로지 광고공사 또는 광고공사가 출자한 회사로 제한하고 있다. 그러나 허가제를 통해서도 차별 목적인 방송의 공공성과 공익성을 달성할 수 있으므로 차별 목적과 수단 사이의 비례성을 상실했다고 판결하였다. 그러나 위헌 선언을 하면 그날 이후로 해당 법 조항이 효력을 상실하므로, 방송 광고의 판매 시장이 무질서하게 될 것을 우려하였다. 이에 따라 현행 조항을 2009년 12월 31일까지 잠정적으로 유지하며, 그때까지 법을 개정하도록 조치하였다.

이러한 헌재 결정 이후에, 광고계에서는 미디어 렙을 어떻게 꾸려 나갈지에 대한 갑론을박이 한창이다. 논의는 크게 두 가지로 구분된다(김유림, 2008. 11. 28). 하나는 완전 경쟁 체제(이른바 1사 1렙), 또 다른 하나는 제한 경쟁 체제(이른바 1민영 1공영). 전자는 광고 판매를 완전히 시장에 맡기자는 주장으로서 방송사별로 미디어 렙을 허용하자는 것이다. 이에 비해 후자는 민영 방송사를 대표한 미디어 렙과 공영 방송사를 대표하는 미디어 렙을 제안한다. 전자가 방송사의 광고 판매 영향력과 책임을 확대하자는 데 비해, 후자는 미디어 렙을 통해 방송의 공익성을 제고한다는 데 역점을 두고 있다. 과연 어떤 미디어 렙이 등장할지 귀추가 주목된다.

옥외 광고물은 공중이 자유로이 통행할 수 있는 장소에서 볼 수 있는 것으로서 간판 · 입간판 · 현수막 · 벽보 · 전단 등을 말한다. 교통 시설이나 교통 수단에 표시되는 것도 포함한다. 이러한 광고물은 '옥외광고물 등 관리법'에 의해 통제받고 있다. 특히 옥외 광고물을 설치할 때는 특별자치도지사 · 시장 · 군수 또는 구청장의 허가를 받거나 신고해야 한다. 옥외 광고물의 종류, 크기, 위치, 디자인은 물론, 심의 및 옥외 광고업의 등록 등에 대한 규정을 망라하고 있다. 그러나 행안부는 획일화된 옥외 광고물의 디자인 관련 규정을 지자체의 조례로 정하도록 위임해서 자율성을 확대할 계획이다. 또한 16종으로 나뉜 광고물 분류 체계도 건물 이용 광고물, 독립 광고물, 시설 이용 광고물 등 5종으로 단순화하고, 광고물 종류에 따른 허가제와 신고제를 신고제로 일원화할 계획이다(최석영, 2009. 3. 24). 사실 우리의 생활 환경은 광고 간판으로 뒤덮여 있다고 해도 과언이 아니다. 특히 무분별하게 난립되어 있는 옥외 광고물은 정보를 전달하는 역할도 못하고 오히려 도시의 경관을 해치고 있다. 법령 정비와 이에 상응하는 옥외 광고를 통해 쾌적하고 품격 있는 생활 환경이 조성되어야 할 것이다.

마지막으로 소비자가 광고로 인한 피해를 보상해 주는 한국소비자원이 있다. 1987년 설립된 한국소비자보호원이 2007년 소비자기본법에 의해 명칭이 변경되었다. 한국소비자원은 소비자의 권익을 증진하기 위한 국가 기관으로 주요 기능은 다음과 같다. (1) 물품, 용역의 규격 · 품실 · 안전성 등에 관한 시험 검사 및 조사 · 분석, (2) 소비자 불만 처리 및 피해 구제. 특히 소비자와 사업자 간의 분쟁을 조정하기 위한 소비자분쟁조정위원회를 설치하여 운영하고 있다. 분쟁 조정은 사법적 절차를 진행하기 전에 당사자 간의 분쟁 해결을 위한 마지막 수단으로서 준사법적 성격을 지닌다. 초점은 소비자 피해의 구제, 즉 보상이다. 일례로 아파트 발코니에 대한 허위 광고를 믿고 분양 신청한 소비자들은 분쟁 조정을 통해 손해를 보상받을 수 있는 기회를 모색할 수 있다.

2) 자율 규제

일반적으로 정부 규제가 강화될수록 산업체는 자율 규제를 더욱 공고히 하는 경향이 있다. 업계가 자신의 이익을 보호하기 위해 자율 규제를 철저히 시행함으로써 법규의 예봉을 미리 예방할 수 있기 때문이다. 우리나라 매체를 중심으로 진행되는 자율 심의 기구를 요약하면 표 5-4와 같다.

먼저 인쇄 매체의 자율 심의를 살펴보자. 한국신문윤리위원회가 2007년 심의해서 조치를 취한 광고물은 360건이었다. 이중에서 주의가 317건, 비공개 경고가

표 5-4. 국내의 자율 심의 단체

단체	초점	구체적 심의 근거와 결정
한국신문윤리위원회	신문 광고	· 신문 광고 윤리 강령과 동 실천 요강 강령에 의거한 사후 심의 · 심의 결정: 기각, 주의, 비공개 경고, 공개 경고
한국간행물윤리위원회	각종 도서와 잡지	· 심의 규정에 따른 사후 심의로 주의, 경고 등을 주거나 공정거래위원회에 통보
한국방송협회	지상파 방송	· 방송 광고의 사전 심의
한국케이블TV방송협회	케이블 방송	· 케이블 방송 광고의 사전 심의
광고주협회	방송 광고	· 모니터링 중심의 사후 심의 예정
방송통신심의위원회	방송과 통신	· 사후 심의 · 방송 광고, 인터넷 광고, 상품 소개 및 판매

43건, 공개 경고는 한 건도 없었다. 이중에서 빈번한 결정인 '주의'를 받은 스포츠 신문의 광고 사례를 제시하면 다음과 같다: 기이한 포즈를 취하고 있는 여인 사진을 배경으로 "완전! HOT! 바나나걸?," "힘껏! 눌러주세요? 꾹?" 등 자극적인 문구를 함께 나열한 특정 이동통신사의 성인용 모바일 서비스 광고. 한국간행물윤리위원회는 산하에 5개의 전문심의위원회를 두고 도서, 만화, 정간물, 전자 출판물, 외국 간행물 등을 심의하고 있다. 그중 한 전문심의위원회에서 간행물의 광고를 담당하고 있다. 심의 규정은 소비자 기만과 오인에 초점을 두고 있다. 심의 규정의 위반이 미약한 경우에는 주의와 경고 조치를 취한다. 그렇지만 그 정도가 심하면, 공정거래위원회에 통보하거나 임시 중지 명령을 요청한다.

다음으로 방송 매체의 자율 심의는 방송법의 헌법 불합치 판결로, 사전 심의가 금지된 이후에 갈팡질팡하고 있는 형국이다. 무엇보다 방송협회와 케이블TV 협회가 따로따로 사전 심의를 진행하고 있어서 방송 광고의 심의를 받은 입장에서는 비효율적이라는 불만이 제기될 수 있다. 물론 법적인 사전 심의를 탈피한 대가인 만큼 감내할 번거로움이기는 하지만. 이에 비해 방송통신심의위원회는 사후 심의를 담당한다. 2008년 방송위원회의 방송 심의와 정보통신윤리위원회의 통신 심의 기능을 합친 민간 독립 심의 기구다. 광고 심의는 두 팀으로 나누어 운영하고 있다. 하나는 상품 소개 및 판매 전문 방송 내용(인터넷 포함)을 비롯하여 간접 광고를 심의하고 있으며, 또 다른 하나는 방송 광고를 심의하고 있다. 문제가 제기된 광고에 대해서는 심의를 통해 그 결과에 따라 권고, 의견 제시, 관계 부서 통보 등의 조치를 취하고 있다.

이 밖에 업계의 내부에서 실행되는 자율 정리 과정*self-clearance process*이 있다. 이들 과정은 소비자가 광고에 접하기 이전에, 즉 산업계의 자율 규제나 정부의 법규 이전에 수행되는 규제를 가리킨다(Zanot, 1985). 이러한 자율 정리 과정은 각 광고회사나 각 광고주 또는 각 매체사가 스스로 엄격한 심의 규정을 적용하는 것이 원칙이다. 앞으로 경쟁사외의 분쟁이나 소비자 문제가 많이 발생할 것으로 예상되므로 자율 정리 과정은 보다 강화되어야 할 것으로 보인다.

4. 미국의 광고 법제

1) 법제

광고를 관장하는 미국의 정부 기관들을 살펴보면 표 5-5와 같다. 이중에서 광고와 관련해서 가장 활발한 기관은 연방거래위원회Federal Trade Commission(이하 FTC)로서 우리나라의 공정거래위원회와 상응한다. 이 위원회의 업무는 대체로 다음과 같다. (1) 불공정 또는 속이는 행위에 관한 규정을 제정, (2) 규정 위반 시에는 법정으로 이관하여 사건 처리, (3) 산업계에 규정을 해석하는 '산업 지침서*Industry Guide*' 발송, (4) 의뢰 들어온 질문에 대해서 '충고 의견*Advisory Opinion*' 제시.

특히 광고와 관련된 규제를 많이 시행하고 있는데 여기에는 다음과 같은 역

표 5-5. 미국 광고 규제의 주요 정부 기관

기관	기능
연방거래위원회 Federal Trade Commission (FTC)	기업의 경쟁 행위(광고 포함)와 소비자 보호에 초점.
연방통신위원회 Federal Communications Commission (FCC)	1934년 통신법에 의해 설립되어 방송 · 전화 등을 관장함. 방송 광고의 규제. 모든 광고에 스폰서를 밝히도록 하고 음란한 내용 등의 광고를 규제함. 방송사의 면허 허가권을 지니고 있음.
식품 · 의약품국 Food and Drug Administration (FDA)	보건부에 소속. 처방약과 가판약*over-the-counter drugs*(두통약과 같이 의사 처방이 필요 없는 약)의 광고와 포장, 용기 등을 규제.
증권거래위원회 Securities and Exchange Commission (SEC)	증권 광고와 연차 보고서의 정보 공개를 규제.
우정공사 U.S. Postal Service (USPS)	DM 광고와 우편을 통한 방법으로 상품을 전달하는 모든 광고를 규제.
알코올 · 담배 · 무기 · 화약국 Bureau of Alcohol, Tobacco, Firearms, & Explosives (ATF)	재무부 소속. 술 광고를 규제하며, 술의 경고문 부착 등도 관장.
특허청 Patent Office	미 상표 등록을 관장.
국회 도서관 Library of Congress	저작권 등록을 관장.

사적 배경이 있다. 1890년의 셔먼 반독점법Sherman Anti-Trust Act에서는 경쟁을 방해하는 회사들의 연합을 막는 데 초점을 두었다. 이를 수정한 1914년의 클레이튼 반독점법Clayton Anti-Trust Act도 경쟁에 기초한다. 생산자가 소매상에 가격을 차별하지 못하도록 조치하는 데 역점을 두었기 때문이다. 같은 해에 설립된 FTC에서도 여전히 기업의 경쟁 원칙이 주된 관심사였다.

그러나 이 같은 기업 중심의 시각은 변하기 시작한다. 1938년 휠러-리 수정법(Wheeler-Lea Amendment to FTC Act)을 통해서 FTC 활동은 소비자 광고를 포함하였다. 비로소 허위와 기만 광고로부터 소비자를 보호할 수 있는 근거가 마련된 것이다. 1956년에는 경쟁자의 피해 유무와 상관없이 소비자의 피해 사례만 있으면

표 5-6. FTC의 제재 조치

조치	설명
법원 명령 청구	소비자에게 극심한 해가 있을 경우에 법원에 광고 금지를 요청. 예비적 금지 명령(재판이 열리기 전)과 영속적 금지 명령이 있음.
중지 명령	위원회의 중지 명령으로서 해당 업체는 법원에 상고 가능.
긍정적 공개	정보 생략으로 기만 광고가 되었을 경우 정보 공개를 명령.
정정 광고	공중을 오도시킨 경우, 광고주로 하여금 해당 광고를 정정함으로써 소비자의 오인을 회복시키도록 함.
다상품 명령	광고주가 위법 행위를 계속하거나 허위 광고에 의도적으로 개입했으면 위원회는 그 회사의 모든 상품 광고에 적용되는 명령을 취할 수 있음.
합의 명령	광고주와 위원회가 협상에 의거하여 광고주가 앞으로 위반 광고를 중지하겠다는 동의서를 작성. 광고주가 유죄를 인정하지 않아도 됨.

조사할 수 있는 권한도 위임받게 된다. 광고 법제의 원칙이 불공정 경쟁에서 소비자 복지로 전환된 것이다. 이에 따라 FTC는 다양한 광고 규칙을 제정하고 있다. 이를테면, 1971년부터 운영하는 '광고 입증 프로그램*advertising substantiation program*'은 광고주가 광고 주장을 입증할 것을 요구하고 있다. 이 프로그램은 1972년부터 '합리적 기준*reasonable basis*'을 도입함으로써 주장을 뒷받침할 증거 자료를 광고 집행 이전에 확보할 것도 요구하고 있다. 아울러 유명인의 보증 광고도 관여하고 있는데, 유명인은 실제 상품의 사용자이어야 함을 명시하고 있다. 이를테면 타이거 우즈가 나이키 광고에 나오면 정말로 나이키를 사용해야 한다. 그렇지 않을 경우에는 기만적이라고 판단한다. 이러한 광고 규제를 위반하였을 경우에는 적절한 제재 조치를 취한다(표 5-6 참조).

2) 자율 규제

미국의 자율 규제는 업계의 차원과 각 조직체의 차원으로 구분할 수 있다. 먼저 업계 차원을 살펴보겠다. 업계에서 가장 활발한 기관은 BBB(Better Business Bureau: 10만 이상의 기업 회원으로 구성된 비즈니스 감시 단체)이다. BBB는 각 지역마다 설치되어서(미국과 캐나다에 약 200개), 소비자가 광고에 대한 불만을 제기하면 해당 지역의 BBB가 광고주와 접촉하여 해결하도록 한다. 물론 법적 권위가 있는 것이 아니라 영향력을 행사함으로써 문제를 해결한다.

그리고 지역 BBB의 총괄 기구인 CBBB(Council of Better Business Bureaus)는 보다 체계적인 광고 자율 규제를 시도한다. 1971년에 CBBB는 미국광고대행사협회(4A's), 미국광고연합(America Advertising Federation: AAF), 전국광고주협회(Association of National Advertisers: ANA) 등과 함께 전국광고심의협의회(National Advertising Review Council: NARC)를 창설했다. 이 협의회에서는 광고 전문인들이 기만적이라고 판단한 전국적 광고를 철회하도록 협상하는 역할을 맡는다. 주요 운영 기구로는 전국광고심의국(National Advertising Review Board: NARB)과 CBBB의 전국광고지부(National Advertising Division: NAD)가 있다.

광고에 관한 불평이 접수되면(주로 경쟁사에 의해서 제기된다), 우선 NAD가 일차적으로 해결한다. 그리고 분쟁이 해결되지 않았을 때 NARB로 넘긴다. NARB는 광고주, 대행사, 시민 대표 등 50명으로 구성되었는데 심사를 할 때는 5명이 할당된다. 지금까지 NAD의 1차 결정에 불복한 광고주는 2%에 불과할 뿐만 아니라, 이들조차도 NARB의 결정에는 승복했기 때문에 자율 규제의 협조는 성숙한 면모를 보여 준다.

특히 NAD는 어린이를 대상으로 한 광고에 대한 사회적 비난이 일자, 이러한 문제를 인식하여 1974년에 어린이광고심의부(Children's Advertising Review Unit: CARU)를 산하 조직으로 설치했다. 이 부서는 영향받기 쉬운 어린이에게 진실되고 정확한 광고를 촉진시키는 것을 중요한 목적으로 삼는다. 12세 이하를 대상으로 한 광고

▶ 광고 사랑방 5-7	CARU 원칙

(1) 어린이는 정보의 신뢰성을 평가하는 능력이 제한적이므로 보호되어야 한다.
(2) 어린이는 상상력이 풍부하고 가상 놀이가 성장 과정에서 중요하므로 어린이의 상상력을 불공정하게 착취하는 일이 없어야 한다. 상품 품질이나 성능에 대한 기대를 상상하도록 유도하는 것은 금지되어야 한다.
(3) 광고는 교육적인 기능을 행사할 수 있다. 즉 어린이 자신의 건강과 행복에 영향을 끼칠 관행을 배울 수 있으므로 진실되고 정확하게 정보를 전달해야 한다.
(4) 될 수 있으면 긍정적이고 이익이 되는 사회 행동(우정, 친절, 정직, 정의, 관대, 타인 존경)을 나타내는 광고를 전개해야 한다.
(5) 소수 인종 집단과 다른 집단에 대해서도 친사회적 역할과 긍정적 역할을 제시해야 한다. 사회적 편견과 편견에 호소하는 표현은 피해야 한다.
(6) 어린이의 개인적, 사회적 발전에 가장 큰 영향을 끼치는 것은 부모와 자식 간의 관계다. 따라서 건설적인 방향의 가족 관계가 형성될 수 있도록 노력해야 한다.

를 모니터하고 있다(광고 사랑방 5-7 참조).

미국광고대행사협회(The American Association of Advertising Agencies, 4A's)도 법적인 권한은 없지만 회원 대행사가 지켜야 할 업계의 지침을 제시한다. 그중 하나가 4A's의 크리에이티브 코드*Creative Code*다. 허위나 오도하는 주장을 담은 광고를 제작하지 않으며, 공중의 품위를 저해하는 표현을 하지 않겠다는 내용을 담고 있다.

업계의 집합적인 노력 이외에 광고계에 속한 조직체 각자의 정화 과정이 있다. 즉 대부분의 광고주, 광고대행사, 매체사는 스스로 광고를 심의한다. 그렇기 때문에 연방 정부나 FTC에 위배되는 광고를 찾기란 쉽지 않다. 특히 방송사는 각자의 지침을 지니고, 방송 표준 및 관행 부서Broadcast Standards and Practices Department에서 광고를 사전 검사한다. 각 지침은 큰 원칙에 있어서는 대동소이하다. 허위 광고, 기만적 광고, 외설물, 점성술 등의 광고 금지 등. 방송사의 광고 심의는 두 단계로 이루어지는데, 1차는 스토리보드 심의를 하고, 2차는 완성물을 대상으로 심의한다. 2차 심의는 대체로 스토리보드에서 지적된 내용과 완성물만을 비교한다.

5. 국제적 광고 법제

1) 국제 광고 법제의 성격

광고에 관한 법규는 국내 차원에서뿐만 아니라 국제적 차원에서 혹은 권역적 차원에서도 거론된다. 사실 1960년대까지 국제 법규라고는 국제상공회의소의 협약 정도에 불과하였으나 그후에 외국 무역과 투자가 국제적인 현상으로 자리잡으면서 국제 사회에서 광고가 주목받기 시작하였고 이에 대한 규정도 함께 논의, 제정되었다.

주로 국제 협약과 지침들로 구성되는 이들 국제 광고 법규는 통치권의 요소가 없기 때문에 연성법*soft-law*(성격상 자발적이거나 추천적 요소를 내재한 통제)이라고 불린다. 즉 체결 당사국 사이에 합의를 하였으나 만일 지키지 않았을 때에는 어떠한 통치권으로부터 법적 구속력이 없고 자발적인 협약과 지침을 제정하는 데 국한되어 있어 자율 규제의 성격이 강하다. 그러나 이러한 협약이 국내법을 통해, 혹은 국제 조약을 통해 협약을 발효하기로 합의했을 때는 조약 당사국 간에 법적인 효력이 발생하기 때문에 법규 성격을 띠게 된다(광고 사랑방 5-8 참조). 비록 연성법은 강제성이 약하지만 국제화가 진전됨에 따라 국제 차원의 광고 규제는 그 중대성이 점차 증가되고 있다. 특히 이들 연성법은 다음과 같은 기능을 지닌다.

▶ 광 고 사 랑 방 5-8	WHO 협약의 종류

세계보건기구(World Health Organization: WHO)에서 제정한 협약은 조약*treaty*, 규정*regulation*, 권고*recommendation*의 세 가지 법적 성격을 지닌다(Baudot, 1989). 조약은 회원국 2/3 이상의 찬성으로 채택되면 법적 구속력을 지니는 것으로 강제적 법규이며, 규정은 다수결 투표의 원칙 아래 채택하는데 각 회원국의 동의가 없으면 효력이 발생하지 못한다는 점에서 조약과는 달리 준사법적 성격을 갖는다. 권고는 법적 구속력이 없으며 단지 도덕적 · 정치적 권위를 지닐 뿐이고 회원국이 권고를 국내법으로 제정해야만 법적 구속력이 생기게 된다.

(1) 국내 관련법 제정에 있어서 국내 입법 타당성을 제공한다.

(2) 국내 관련법 제정에 지침이 된다.

(3) 국내 관련법과 국제적 규제의 양자를 조화시키는 역할을 한다.

(4) 자국법의 영역을 벗어나는 사안을 통제할 수 있다.

(5) 공중의 관심을 촉구한다.

(6) 국제 간의 분쟁에 해결의 기준을 제공한다.

2) 국제 광고 법제의 현황

국제적으로 광고 법규와 관련되어 활동하는 기구들과 이들의 주요 활동 내용을 정리하면 표 5-7과 같다(김광수, 1991). 물론 단체의 성격에 따라 광고와 관련된 초점이 상이하다. 이를테면 UN 기구에서는 제3 세계의 입장이 주로 반영되어 광고로 인한 문화적, 사회적 폐단을 방지하도록 광고를 규제하자는 방향으로 접근한다. 그런 영향으로 UNESCO의 경우, 1984년 미국이 탈퇴하였다가 2003년에 다시 복귀하기도 하였다.

이에 비해 WTO는 공정한 무역과 자유 시장에 초점을 맞춘다. 출현 배경을 간략하게 살피면 다음과 같다. 1948년에 발족된 관세무역일반협정(GATT)은 1993년 우루과이라운드가 타결되고, 1994년 모로코의 마라케시에서 각료들이 서명함으로써, 1995년부터 세계무역기구(WTO)로 개편된다. 서비스와 지적 재산권을 포괄하고, 다수결 원칙을 채택하고 있는 WTO는 무역 협정을 시행하며, 무역 협상의 포럼 기능과 함께 갈등을 조정한다. WTO가 관할하는 부속 협정 가운데 광고와 관련된 부분은 Annex 1B인 서비스교역에 관한 일반협정(General Agreement on Trade in Services: GATS)이다. 중요 규칙은 다음과 같다(한철수, 1994).

· 최혜국 대우: 국가 간 차별을 금지함

· 공개주의: 모든 서비스 교역의 관련 법규를 공포함

표 5-7. 국제 광고 법제와 자율 규제

제정 기구	제정된 규정 (제정 연도)	주요 특징
세계보건기구 WHO	모유 대체품의 마케팅에 관한 국제 협약(1981. 5. 21)	모유 대체품의 마케팅/광고 협약: 118개국 찬성, 3개국 기권(한국, 아르헨티나, 일본), 1개국 반대(미국)
	담배 통제 기본 협약(2003. 5. 21)	담배 수요를 줄이기 위해 협약국이 다음과 같은 조치를 취할 것을 요구: 가격과 세금 조치, 비가격 조치로는 담배 광고, 판촉, 스폰서십 금지 등
유네스코 UNESCO	세계 저작권 협약(1952. 9. 6 채택; 1971. 7. 24 수정)	저작권을 보호하기 위한 협약
	문화적 다양성의 보호 및 촉진 협약(2005. 10)	문화 표현의 창작, 생산, 배포, 접근과 향유를 강화; 문화 정책의 자국 권한 확인; 문화 상품을 통한 정체성, 가치, 의미의 수단 확인
세계무역기구 WTO	서비스 교역에 관한 일반 협정(1991. 5)	서비스 교역의 자유화를 가속화하기 위한 다자간 규범
경제협력개발기구 OECD	소비자 분쟁 해결과 보상에 관한 권고(2007)	국내외에 걸쳐 소비자의 문제를 효과적으로 해결해 주기 위한 틀을 제시
	국경을 넘는 부정과 기만의 상업 행위로부터 소비자 보호 지침(2003)	인터넷과 기술의 발전으로 소비자 보호 필요성 증대; 소비자를 보호하는 국가 간 기관이 신속하고 효율적으로 협조하여 부정한 방법을 대처하기 위함
	e비즈니스 가이드라인 (1999)	온라인 쇼핑에서 소비자를 보호하기 위한 지침
국제상공회의소 ICC	광고 관행에 관한 국제 협약(1986)	자율 규제의 국제 모델(미 법원의 참고 자료임); 광고 주장 입증과 품위 등을 강조
	어린이 광고를 위한 지침(1982)	어린이 광고에 관한 자율 규제; 어린이의 무지나 무경험을 이용하지 말 것
	판촉 관행에 관한 국제 협약(1977)	판촉에 관한 자율 규제; 수혜자의 신뢰 남용 금지
국제제약협회 IFPMA	의약품 마케팅에 관한 협약(1987)	의약업계의 자율 규제 의약품 안전에 관한 정보의 적절한 전달

· 내국민 대우 제한: 자국 양허표에 유보한 제한 이외에는 내 · 외국인 간의 모든 차별을 금지함

· 국내 규제 권한의 인정: 무차별적인 조치는 합법적인 국내 규제로서 각국의 자유에 속하는 사항임

2001년부터는 농산물과 서비스를 보강하기 위해 카타르의 도하에서 출발한 '도하 개발 의제*Doha Devlopment Agenda*'의 합의를 위해 노력하고 있다(한국노동연구원, 2004. 3). 의제 중에서 서비스 협상과 관련하여 인력 이동이 논란이 되고 있다. GATS에서는 국경을 넘어 서비스를 제공하는 유형을 네 가지로 분류한다. 해외에서 A국으로 서비스를 수입하는 경우를 모드 1, 해외 시장에서 서비스를 소비하면 모드 2, A국의 상업적 주재를 통한 외국인의 서비스 공급은 모드 3, 외국의 자연인이 A국으로 이동하면 모드 4. 이러한 개방에 대해 개도국과 선진국이 첨예하게 대립하고 있다. 인력 시장이 영향을 받을 것이며, 경쟁력 강화가 불가피하게 되기 때문이다. 이외에도 표식*labeling*, 상품의 안전, 기만적 관행 등에 대해서 논의 중이다(Mueller, 2004).

반면에 OECD의 소비자정책위원회Committee on Consumer Policy는 2년마다 한 번씩 회의를 개최하여 소비자 보호나 e비즈니스의 분쟁 등에 관한 지침을 설정한다. 정보 공유와 토론 등으로 국제 비즈니스와 관련한 자발적인 협조를 얻는 데 주력하는 셈이다. 그리고 국제상공회의소나 국제제약협회같이 업계가 중심이 된 기구에서는 업계의 이익과 소비자의 이익을 함께 조화롭게 추구하는 데 초점을 맞춘다.

이들 국제 광고 규제의 일반적인 목적은 소비자 보호와 경쟁 기업의 보호로 간추릴 수 있다. 즉 허위나 기만적인 상업 활동에서 소비자를 보호하고, 경쟁사의 불공정 관행에 대하여 광고주를 보호하기 위한 것이다. 이들 규제의 공통된 원칙을 요약하면 다음과 같다.

(1) 광고 활동은 국가 통치권, 국가의 사회와 문화 가치를 존중한다.

(2) 필요한 정보는 공개한다.

(3) 광고는 진실성과 품위를 유지한다.

(4) 어린이 광고, 유해 상품에 관한 광고는 특별한 주의와 통제를 한다.

(5) 공정한 경쟁을 유지한다.

(6) 광고는 광고로서 식별할 수 있어야 한다.

국제 광고 규제와 국내 광고의 규제가 조화롭게 발전할 때, 광고는 소비자의 구매 결정과 선택에 도움을 줄 수 있을 뿐만 아니라 기업의 비즈니스 활동에도 기여할 수 있을 것이다. 그리고 합리적인 법제에 기초하여 광고 관행이 이뤄질 때 소비 문화는 더욱 풍요로워지고 광고 위상도 제고될 수 있지 않을까?

➤ 광 고 사 랑 방 5-9	통합 유럽의 광고 법제

유럽공동체(EC)의 법적 조치는 세 가지 유형이 있다. (1) 법규, (2) 지시*directive*, (3) 유럽 사법재판소의 결정. 이 가운데 광고의 원칙을 체계적으로 알 수 있는 틀은 '국경 없는 텔레비전에 관한 지시Television Without Frontiers Directive'에서 찾을 수 있다(김광수, 1998. 12). 1989년에 처음으로 채택된 이 지시는 방송의 국경 출입 허용과 광고에 관한 최소한의 규칙을 중심으로 관련 조항이 기술된다. 광고에 대한 책임을 광고 송신국에 귀속시키며, 광고 시간은 전체 방송량의 15%를 넘길 수 없고 1시간에 12분을 초과하지 못한다는 규정도 포함한다. 이 지시에 따르면 담배와 처방 의약품의 텔레비전 광고를 할 수 없다. 특히 담배와 관련해서는 2003년에 '담배 광고 지시Tobacco Advertising Directive'를 마련하고, 2006년 사법부로부터 타당성을 확인받기까지 하였다. 이로써 담배 광고와 스폰서십이 텔레비전뿐만 아니라 다른 매체에서도 금지되었다(*Commission of the European Communities*, 2008). '국경 없는 텔레비전에 관한 지시'는 2007년 12월 '시청각 미디어 서비스 지시Audiovisual Media Services Directive'로 대치되었다. 새로운 지시에 따르면 담배에 대해서는 PPL을 포함하여 시청각 상업 광고의 모든 형태가 금지되어 있다.

이외에 '오도 광고에 관한 지시'는 1984년에 채택되었으며, 비교 광고를 포함하기 위해 1997년에 수정되었다. 이후 2005년 5월 11일에 채택한 '불공정 상업 행위 지시Unfair Commercial Practices Directive'로 대체되었다. 그리고 2006년 12월 12일에는 '오도와 비교 광고 지시Misleading and Comparative Advertising Directive'를 제정하여 보완, 운용하고 있다(MOP, 2007).

참고 문헌

강희종 (2008. 10. 11). "방송 광고 자율심의 '따로따로,'" 〈디지털타임스〉.

〈경향신문〉 (2007. 2. 8). "KT&G 기업광고는 담배광고, 흡연 연상 방송불가 정당."

권소현 (2007. 2. 5) "초콜릿바 스니커즈, '어린이에겐 광고 안 해,'" 〈이데일리〉.

김광수 (1991). "국제 광고 규제의 이해," 〈광고연구〉, 12호.

—— (1992). "광고 관련 판례 연구," 〈광고연구〉, 15호.

—— (1994a). "광고 규제의 이론적 고찰," 〈방송연구〉.

—— (1994b). 《광고 비평》. 한나래.

—— (1995). 《방송 광고의 이해》. 나남.

—— (1998. 12). "유럽 통합과 광고 법제," 〈EU 브리핑〉.

김기태 (2009). "광고와 저작권: 공정이용의 조건과 광고," 〈광고정보〉, 5월호.

김봉현 (2004). "비교광고의 운용실태 및 표현방식에 관한 내용분석 연구," 〈광고연구〉, 62호.

김유림 (2008. 11. 28). "민영 미디어 렙 시대, 광고업계 지형바뀐다," 〈머니투데이〉.

김윤경 (2007. 6. 14). "켈로그, 어린이 광고 마케팅 제한한다," 〈이데일리〉.

노용택 · 박지훈 (2007. 5. 5). "대부업 광고에 멍드는 동심 — 어린이 전문채널서 돈 급할 때 전화하라니," 〈국민일보〉.

〈뉴스테이지〉 (2008. 10. 10) "저작인접권이란?" http://www.newstage.co.kr/view.php?bbs_id=opinion_05&doc_num=224

〈동아일보〉 (1994. 9. 30). "광고 심의 헌법 소원."

—— (2008. 1. 11). "흡연국가 러시아 5년내 담배광고 금지."

문화관광부 홈페이지. 저작권의 모든 것.

〈스포츠조선〉 (2007. 5. 23). "호텔 라운지 전시 미술품 복제는 저작권 침해."

유병율 (2009. 4. 3). "먹어도 되는 어린이 치약? 허위광고!" 〈한국일보〉.

이제헌 (1999). "현장에서 바라보는 비교광고의 가능성," 〈광고정보〉, 6월호.

이진경 (2007. 3. 23). "지하철 전광판 술광고 '눈살,'" 〈세계일보〉.

이창환 (1993). "저작권, 광고에 있어서의 적용과 해석," 〈오리콤〉, 3월호.

전승훈 · 전성철 (2008. 11. 28). "헌재 '방송광고공사 광고독점 헌법 불합치,'" 〈동아일보〉.

제일기획 (1997). 〈광고 관련 법규집〉(《광고연감》 1997년도 별책).

〈조선일보〉 (1999. 1. 18). "정보 부실 상품 광고 못 한다."

—— (2009. 4. 29). "철길걷는 여성부 포스터에 코레일 '속앓이.'"

최석영 (2009. 3. 24). "옥외간판, 지자체 따라 다양해진다," 〈서울경제〉.

한국광고단체연합회 (1991. 12). 〈한국 광고 법규의 현황과 특성에 관한 연구〉.

한국광고자율심의기구 (1996). 〈1996년도 연차 광고 심의 종합 보고서〉.

한국노동연구원 (2004. 3). 〈WTO 서비스 협상관련 각국의 노동시장 개방현황 및 정책과제 연구〉.

한국소프트웨어진흥원 (2002. 1). 〈WTO 뉴라운드 체제 하에서의 국내디지털콘텐츠 산업 대응 방안 연구〉.

한국신문윤리위원회. "불만처리상황."
http://www.ikpec.or.kr/provide/review_view.asp?no=20082-8&page=1&spage=1&g=2&k1=00&k2=00&f_year=&f_month=&pc=&kw=광고

한국지적소유권학회 (1994). 《광고와 저작권》. 공보처.

한승헌 (1996). "TRIPs 협정의 시행과 저작권 보호의 변화," 〈제일기획〉, 5월호.

한철수 (1994). 《서비스 산업 개방과 WTO》. 다산.

황지혜 (2007. 6. 12). "저작권 정책, 저작물 이용활성화로 변화해야," 〈전자신문〉.

ABC (1992). Advertising Standards and Guidelines.

Batra, R., Myers, J. G., & Aaker, D. A. (1996). *Advertising Management.* Upper Saddle River: Prentice-Hall, Inc.

Baudot, B. S. (1989). *International Advertising Handbook: A User's Guide to Rules and Regulations.* Lexington: Lexington Books.

Better Business Bureau. "The Children's Food and Beverage Advertising Initiative."
http://www.bbb.org/us/children-food-beverage-advertising-initiative/

Bloomberg (2008. 5. 20). "International Council of Beverages Associations Adopts."
http://www.bloomberg.com/apps/news?pid=conewsstory&refer=conews&tkr=PEP:US&sid=a4.M.uO3hvmQ

Boddewyn, J. J. (1988). *Advertising Self-Regulation and Outside Participation.* New York: Quorum Books.

Boedecker, K. A., Morgan, F. W., & Wright, L. B. (1995). "The Evolution of First Amendment Protection for Commercial Speech," *Journal of Marketing*, Vol. 5, No. 1, January.

Children's Television Act of 1990. http://tviv.org/The_Children's_Television_Act_of_1990

Commission of the European Communities (2008). "Report on the implementation of the EU Tobacco Advertising Directive."
http://ec.europa.eu/health/ph_determinants/life_style/Tobacco/Documents/com_20080520_en.pdf

FTC (1995. 4). "Fact sheet, Children's Television Programming."
http://www.fcc.gov/Bureaus/Mass_Media/Factsheets/kidstv.txt

Fueroghne, D. K. (1989). *But the People in Legal Said: A Guide to Current Legal Issues in*

Advertising. Homewood: Dow Jones-Irwin.

Mandel, R. P. (1994). "Regulation of Commercial Speech: Did the 1993 Supreme Court Decisions Clarify the Scope of Fisrt Amendment Protection?" *Journal of Public Policy and Marketing*.

Matheson Ormsby Prentice (2007). http://www.mop.ie/dynamic/files/IP%20Group%20Misleading%20and%20comparative%20advertising%20regulations%20implemented%20Jan%202008.pdf.

Mueller, B. (1992). "Standardization vs. Specialization: An Examination of Westernization in Japanese Advertising," *Journal of Advertising Research*, 32.

—— (2004). *Dynamics of International Advertising*. New York: Peter Lang.

Norris, V. O. (1980). "Advertising History — According to the Textbooks," *Journal of Advertising*, Vol. 9, No. 3.

Olstad, S. & James, R. (2009). "A brief history of cigarette advertising," *Time*, June 29.

Perna, G. (2009. 3. 4). "House bill puts FDA in control of tobacco ads," *Healthcare Digital*.

Pritcher, L. (2000). "Ad*Access: Seeking copyright permissions for a digital age," *D-Lib Magazine*, February.

Redhead, C. S. & Burrows, V. (2007. 4. 30). "Congressional Research Service Report for Congress: FDA Regulation of Tobacco Products: A Policy and Legal."
Analysis. http://www.nationalaglawcenter.org/assets/crs/RL32619.pdf.

Smith, C. (1989). *Selling and the Law: Advertising and Promotion*. Wilmette: Callaghan & Company.

Wells, W., Moriarty S., & Burnett, J. (2006). *Advertising: Principles and Practice*. Upper Saddle River: Pearson Education, Inc.

WHO FCTC. http://www.who.int/fctc/about/en/index.html

Zanot, E. J. (1985). "Unseen But Effective Advertising Regulation: The Clearance Process," *Journal of Advertising*, Vol. 14, No. 4.

3부 광고 기획

여기에서는 광고 기획을 전반적으로 다루고 있다. 3부가 광고 전략에 접근하는 기획의 구성 틀이라면, 4부에서는 광고 전략을 수립하는 실제 방안에 초점을 맞추고 있다. 구체적으로 3부의 6장은 광고 기획을 어떻게 이해하고 접근해야 하는지를 소개한다. 이어서 7장에는 일련의 광고 결정을 내리는 데 도움을 주는 광고 조사가 제시되어 있다. 마지막으로 8장에서는 광고의 목표 수립과 목표 시장의 설정을 살펴본다.

6장 광고 기획에 대한 접근 틀

광고 기획의 첫걸음에 해당된다. 다양한 접근 틀이 있으나 어떤 틀을 선택하든지 브랜드에 대한 소비자 중심 시각이 반영되어 있어야 한다. 그 같은 배경을 토대로 가장 많이 사용되고 있는 목표 지향적 기획과 통합적 마케팅 커뮤니케이션을 소개하였다.

1. 광고 기획의 접근

1) 광고 기획의 유형

광고 기획을 수립하는 데는 크게 세 가지 방안이 있다(Arens, 1996). (1) 목표 지향 *top-down* 기획, (2) 현안 중심적*bottom-up* 기획, (3) 통합적 마케팅 커뮤니케이션 *integrated marketing communication* 기획.

먼저 목표 지향적 기획은 가장 전통적이며 보편적인 방안이다. 기업의 마케팅 목표에 맞춰서 광고 목표를 수립하는 방안을 일컫는다. 두 번째 현안 중심적 기획은 소규모 기업이 하루하루 운영해 나가면서 그때 그때 부닥치는 문제를 해결하기 위해 광고를 기획하는 방식을 뜻한다. 전술 중심적이라고 할 수 있다. 마지막의 통합적 마케팅 커뮤니케이션 기획은 소비자에 기초한 커뮤니케이션의 중요성이 강조되면서 근래에 등장하였다. 데이터베이스 마케팅과 밀접한 관련을 맺는다. 여기에서는 목표 지향적 기획과 통합적 마케팅 커뮤니케이션 기획을 중점적으로 소개하였다.

이들 틀을 소개하기 전에 짚고 넘어갈 점이 있다. 첫째, 제시된 광고 기획 틀이 마법 상자는 아니라는 점이다. '광고 기획을 어떻게 수립할 것이냐?'라는 문제에 직면하여 어떤 틀을 사용했는지가 중요한 것은 아니다. 보다 핵심적인 내용은 논리적인 사고가 전략의 핵심이라는 점이다. 따라서 다음에 제시되는 기획 틀은 기본적인 기획서의 구성 내용이며, 이들은 생각을 정리하고 전략을 수립하는 데 가이드라인이라는 점을 간과해서는 안 된다.

둘째, 이들 틀은 마법 상자는 아니지만 전략적 사고에 매우 유용하다. 특히 제시된 접근 틀은 광고 기획뿐만 아니라 마케팅이나 다른 기획을 짜는 데도 적용될 수 있다. 마케팅 상황에 적용하면 효율적으로 마케팅 기획을 수립할 수 있으며, 조직의 대내외 상황에 적용하면 발전 전략을 꾀할 수 있다. 즉 어떤 조직체든지 목표를 달성하기 위한 기획 및 전략 수립에서 유연하게 활용된다.

마지막으로, 어떤 틀을 사용할지라도 소비자가 중심이 되어야 한다. 소비자의 권한이 강화되었으므로 더 이상 생산자 중심의 대중 마케팅이 효력을 발휘하기 어렵기 때문이다. 그리고 소비자는 브랜드 인식에 기초해 상품을 선택하고 구매한다. 따라서 소비자가 브랜드를 어떻게 접근하고 있는지를 파악하는 것이 기획서의 주축이다. 이런 맥락에서 기획 틀을 소개하기 전에 소비자와 브랜드의 중요성을 먼저 살펴보았다.

2) 소비자를 중심으로

소비자의 권한 위임은 진작부터 진행되었으나 마케팅에서 그러한 사실을 받아들이기 시작한 것은 불과 얼마 전의 일이다. 세계의 마케팅을 주도하는 미국에서도

표 6-1. 미국의 마케팅 변화

시기	마케팅 내용
2차 대전	많은 기업이 전쟁 산업으로 전환하였으며, 모든 노력은 생산에 집중되었다. 상호 교환성, 통일성, 그리고 적은 시간에 많은 상품을 생산하는 것이 주된 관건.
1945~1950년대	종전 이후 중단되었던 일상 생활이 시작되면서 보상 심리 덕분에 구매 욕구가 높아졌다. 공장은 이미 존재하는 수요를 대상으로 대량 생산과 공급에 급급하였다. 유통도 군대식으로 효율성 강조.
1950년대 말 ~1960년대	초기 수요가 충족되었으므로 표준화된 대량 생산을 위해 수요 창출이 필요하게 되었다. 1960년부터 4P 이론, MBA 프로그램 등의 도입으로 판매 개념이 강조되었다. 소비자는 수동적이라는 시각이 팽배.
1970~1980년대	미국의 1970, 1980년대의 성장률은 지난 1950, 1960년대의 절반에 불과하였다. 그럼에도 불구하고 기업의 마케팅은 대중 마케팅에 머물렀으며, 소비 시장은 확대되고 있음.
1990~2000년대	소비자 권한 위임이 강화되면서 브랜드 가치의 창출과 브랜드 자산 관리에 초점. 소비자를 공략하기 위해 전통적인 커뮤니케이션에서 벗어나 통합적 커뮤니케이션 비중이 높아짐.

1970년대와 1980년대에 시장의 힘이 소비자에게로 옮겨가는 현상이 나타났으나 기업의 마케팅은 그러한 변화에 둔감했었다. 탈대중화*demassification*라는 용어를 귓전에 흘려듣고, 근시안적인 대중 마케팅(Levitt, 1960)에 집착하고 있었던 것이다. 1990년대에 들어서야 주주보다 이해 관계자에 주목하고, 소비자 시각에서 상품의 가치를 강조하게 되었다(표 6-1 참조).

우리나라도 시기의 차이는 있지만 그러한 변화의 내용은 대동소이하다(표 6-2 참조). 1950, 1960년대를 지나며 산업화의 기초를 다진 우리나라는 소득 수준이 점차 높아졌다. 그리고 1970, 1980년대에는 대량 생산과 대중 마케팅의 시대를 경험하게 된다. 1990년대와 2000년대를 거치면서 시장은 더욱 세분화되고, 인터넷 등으로 소비자의 목소리도 높아지고 있다.

이러한 흐름의 기저에는 소비자 시장의 변화가 자리잡고 있다. 특히 인구 속성과 심리 속성에서 큰 변화가 나타났다. 우선 우리나라의 중요한 인구 변화를 정리하면 표 6-3과 같다(통계청, 1997; 2009). 2008년에는 5가구 중 1가구는 1인 가

표 6-2. 우리나라의 마케팅 변화

시기	마케팅 내용
일제 강점기 시대	일본의 식민지 정책은 일본에서는 공업, 한국에서는 농업을 장려하는 수탈적 산업 정책이었다. 소량의 가내 공업이나 수공업 수준으로서 생산 체제가 빈약하였다. 따라서 마케팅에 대한 의식이 거의 없었음.
1945~1960년대	해방 직후, 일본인들이 경영하던 적산 기업을 인수하여 생산에 참여하기 시작한다. 1960년대에 경제 개발 정책이 수립되어 대량 생산 체제가 태동한다. 그렇지만 아직 마케팅에 대한 인식이 활발하지는 못함.
1970~1980년대	수요가 공급을 초과한 상황이 지속되었다. 기업은 생산 지향적 마케팅을 전개하고 시장 확대를 꾀한다. 즉 판매할 수 있는 제품보다 만든 제품을 판매하는 데 초점을 맞춤.
1990~2000년대	1990년대 초반, 시장 개방화로 다국적 기업의 국내 진출이 현저해졌다. 해외 여행이 일반화되는 등 소비 사회로 빠르게 전환되고 있다. 전자 상거래를 비롯한 유통 환경도 급변.

표 6-3. 우리나라의 인구 구조 변화

구분	1975년	1985년	1995년	2005년	의미
평균 가구원 수	5.0명	4.1명	3.3명	2.9명	· 가족의 가치 따를 압력 감소 · 다양한 라이프스타일 선택 · 세대수의 증가에 따른 필요 증대 · 자녀 감소로 자녀에게 많은 투자
기대 수명	남 60.2세 여 67.9세	64.5세 72.8세	69.6세 77.4세	75.1세 81.9세	· 고령화 인구 증대
노령 인구 증가	3.5%*	4.3%	6.0%	9.3%	· 실버 산업(건강과 복지) 증대 · 소비 영향력 증대: 매력적 시장으로 등장 · 안락함과 편안함을 추구
여성 경제 활동 참가율	40.4%	41.9%	48.3%	50.1%	· 여성의 진보주의적 성향 높아짐 · 능동적 소비 문화
평균 교육 연한	6.62년	8.58년	10.25년	11.2년	· 높은 소비 수준과 설득에 저항적

* 65세 이상의 인구 비율

구가 될 정도로 핵가족이 가속화되고 있고, 인구 성장율은 0.31%에 불과하며(정동권, 2009. 2. 20), 고령화 사회가 심화되고 있다. 이러한 현상은 미국에서도 발견된다. 4가구 중 1가구가 1인 가구이며, 고령화 비율은 12.5%에 달한다. 1960년대와 2000년대를 비교하면 더욱 격세지감을 느낄 수 있다(*New York Times*, 1988. 6. 2; U. S. Census Bureau, 2003; U. N., 2008). (1) 평균 가족의 수는 3.67명에서 3.14명으로 줄었고, (2) 25세 이상의 인구 중에서 7.7%만이 대졸 이상의 학력이었으나 지금은 24.4%에 달하며, (3) 인구는 70.0%에서 79.1%가 도시로 집중하고 있었다.

심리적 속성에서도 소비자는 많은 변모를 보인다. 첫째, 자아 지향적으로 자신의 개성과 기호를 추구하는 경향이 높아진다. 그러므로 패션과 레저 등에 높은 관심을 갖는다. 둘째, 국제화 감각이 높아진다. 여기에는 월경 매체(직접 위성 방송 등)와 여행 증가 등도 한몫한다. 문화적 특성이 존재하지만 라이프스타일과 가치관에서 보편성이 확대일로에 있다(문영숙 · 이혜갑 · 김광수, 1993).

기술의 발전도 소비자에게 권한을 강화시키는 계기로 작용한다. 특히 컴퓨터와 커뮤니케이션 분야가 선도적인 역할을 한다. 컴퓨터의 활용으로 경쟁사가 쉽게 신제품의 기술적 특성을 모방할 수 있어서 상품, 가격, 유통 등에서는 차별화를 이루기 어려워졌다. 그리고 매체가 다양해졌다. 대량 생산의 가치와 조화를 이루었던 대중 매체는 '다매체 · 다채널' 시대로 변했다. 이에 따라 시장이 분할되면서, 마케팅 커뮤니케이션에 의한 상품 차별화가 이루어진다.

이와 같은 소비자와 기술의 변화는 다음과 같은 함의를 지닌다. 먼저 생산자의 논리가 아니라 소비자의 필요와 욕구에 적합한 기준이 요구된다. 즉 규모의 경제는 더 이상 이윤을 보장해 줄 수 없으며, 상품의 질은 생산이 아니라 소비자의 가격과 가치에 대한 인식에 의해 결정된다. 그러므로 소비자에게 초점을 맞추고 소비자 눈높이에서 현상을 바라볼 필요성이 대두된다.

둘째, 소비자의 권한 강화는 다양한 소비자의 욕구가 존재함을 인정한다는 뜻이다. 그러므로 다품종 소량 생산의 시대가 전개된다. 대중 마케팅이나 평균 소비자를 대상으로 전개되는 마케팅은 효력을 상실하게 되었다. 그보다는 선택

➤ 광 고 사 랑 방 6-1	소비자를 중시해서 덕 본 사례

닛산Nissan 자동차의 광고를 따내기 위해 수많은 광고대행사가 경합하였다. 그렇지만 아무도 신생 치아\데이Chiat\Day 대행사에는 눈길을 주지 않았다. 그러나 프리젠테이션 이후에 180만 달러를 차지한 것은 바로 그 대행사였다. 왜? 닛산이 말하길, "다른 모든 대행사들은 자동차 비즈니스에 대해서 이야기했다. 그렇지만 치아\데이는 자동차 구매자에 대해서 잘 알고 있었다."

적 마케팅*selective marketing*을 전개해야 한다. 그리고 소비자의 수요에 항상 즉각적으로 반응을 보여야 한다. 일례로 베네통은 미국, 일본 등지에 광통신망을 설치하고 현지 수요에 대처하기 위해 현지의 시장 정보를 컴퓨터에 입력하고 2주 만에 다양한 디자인의 상품을 출하한다.

셋째, 이러한 인식의 변화는 광고를 보는 시각에도 적용된다. 더 이상 대중 마케팅 시대처럼 소비자를 무시하고 수동적인 존재로 보아서는 곤란하다. "크리에이티브를 더 뛰어나게 한다, 더 나은 고객 서비스를 실천한다, 다른 대행사보다 이런 점이 낫다" 등과 같은 구호나 실천 방향은 적절하지 않다. 왜? 이제는 소비자가 중심인 시대니까.

이러한 소비자 중심 시각은 생산자에게 직접적으로 영향을 끼친다. 소비자의 변화에 상응해야 시장에서 생존할 수 있기 때문이다. 그리고 마케터는 브랜드를 통해 소비자와의 관계를 구축한다. 광고 기획 과정에서 소비자의 의사 결정 및 선택 대상이 되는 브랜드에 초점을 맞춰야 하는 까닭이다. 브랜드의 중요성이 부각되는 배경은 다음과 같다.

3) 브랜드의 중요성

예전에는 상품의 차별화를 물리적인 특성에 기초하였다. 따라서 자사에는 있지만 경쟁사에 없는 기술적 우위를 강조하는 것이 전통적인 마케팅이었다. 이를테면, 물에 뜨는 아이보리 비누, 집어먹을 때 손에서 녹지 않는 M&M 초콜릿, 주행할 때 소음이 들리지 않는 롤스로이스 자동차 등.

그러나 기술과 정보의 혁신으로 상품 간의 기술적 차이가 두드러지지 않게 되었다. 그러자 많은 기업이 상품의 가격 할인이나 사은품에 기대어 판매한다. 판촉은 광고에 비해 단기적인 효과가 뛰어나기 때문이다. 미국에서도 이런 풍토 탓에 판촉비의 비중이 높아지기도 하였다. 그렇지만 판촉만을 강조하면, 장기적으로는 문제가 발생한다. 판촉은 경쟁사에서 쉽게 따라하고, 소비자들 역시 할인 주기에 따라 구매하게 되는 것이다.

그렇다면 소비자에 어떻게 접근해야 할까? 라이트Light(BSBW 전 최고경영자)는 미래의 마케팅을 다음과 같이 전망한다. "마케팅 전쟁은 이제 브랜드 전쟁이 될 것이다. 그러므로 공장을 소유하는 것보다 시장을 소유하는 것이 더 중요해진다. 그리고 시장을 소유하는 유일한 방법은 시장 지배적인 브랜드를 지니는 것이다." 여기에서 브랜드란 자신의 상품이나 서비스를 밝히고 경쟁사와 차별화하기 위한 이름이나 심벌을 뜻한다. 사실 브랜드 지향적인 선택은 오늘날 시장의 지배적인 현상이다. 미국 주부들의 77%가 브랜드에 따라 의류를 구매한다고 응답한 갤럽 조사가 이를 뒷받침한다.

우리나라의 시장도 해방 이후에는 제품 중심적이었다. 더구나 당시에는 각 상품군을 대표하는 브랜드가 워낙 제한적이기도 했다. 치약은 럭키, 텔레비전은 금성과 삼성, 자동차는 현대의 포니에 불과할 정도로. 이후 경쟁이 활발해지면서 제품들은 기술력의 차이를 강조하기 시작한다. 김치 저장 칸이 있는 냉장고, 소음이 적은 냉장고. 또는 세탁물이 꼬이지 않는 세탁기, 세제를 적게 써도 되는 세탁기.

이러한 제품의 기술력은 최근 정보 통신의 발전으로 경쟁사가 쉽게 추월할 수 있게 되었다. SKT이든 KT이든 휴대 전화의 통화 완료율이나 통화 품질에서 차이는 별로 없고, 텔레비전 화면 역시 LG건 삼성이건 그 차이를 잘 느끼지 못한다. 게다가 시장 개방과 내수 시장의 확대로 다양한 국내외 브랜드가 선보이게 되었다. 이러한 브랜드 춘추 전국 시대에 직면하여 기업 입장에서는 브랜드 개발

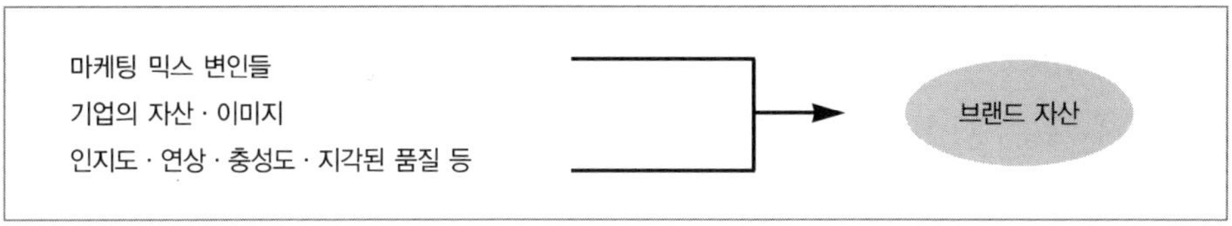

그림 6-1. 브랜드 자산 모델

과 관리가 중대한 과제가 될 수밖에 없다.

더욱이 기업의 가치를 평가할 때는 브랜드 자산*brand equity*이 핵심적인 내용으로 부상한다(광고사랑방 6-2 참조). 기업 인수나 합병에서도 브랜드 명성에 상응하는 가격을 더 지불하지 않던가? 해당 브랜드에 대한 소비자 연상과 행동의 집합을 의미하는 브랜드 자산은 브랜드 명이 없을 때에 비해 더 많은 판매량과 이익을 얻을 수 있도록 한다. 브랜드는 소비자의 정보 처리를 도울 뿐만 아니라 구매 결정의 확신이나 소비 경험의 만족에 영향을 끼치기 때문이다.

브랜드 자산에 영향을 끼치는 요인은 그림 6-1과 같이 제시할 수 있다(Aaker, 1991). 이러한 모델은 마케팅 커뮤니케이션이 브랜드 자산을 구축하는 하나의 결정 요인임을 일깨워 준다. 그리고 광고를 기획할 때 어떤 역할을 해야 되는지를 제시해 준다. 첫째, 브랜드 인지도를 강조할 수 있다. 인지도란 어떤 한 상표가 특정 제품군에 속한다는 것을 잠재 소비자가 인식하거나 기억하는 능력을 뜻한다. 그 기억하는 정도에 따라서, '마음속에서 가장 먼저 떠오르는 브랜드*top of mind*,' '기억할 수 있는 브랜드*brand recall*,' '보고 알 수 있는 브랜드*brand recognition*'로 구분할 수 있다. 인지도만으로 시장 점유율을 높일 수 있는 경우가 있으므로 브랜드 인지도는 그 중요성을 더한다.

둘째, 브랜드 연상에 초점을 맞출 수 있다. 이는 브랜드에 연결된 기억상의 모든 것을 일컬으며, 브랜드 이미지란 연상이 의미 있게 조직된 집합체를 지칭한다. 상품의 유무형 속성, 소비자 이익, 상대적인 가격, 상품의 사용례, 상품의 이용자, 라이프스타일 · 인간성, 제품군, 경쟁사, 원산지 등. 어떤 개념과 연결되었느냐의 여부와 함께 연결 강도도 분석한다. 이를 토대로 경쟁 브랜드와 차별화될

▶ 광고사랑방 6-2 　브랜드 자산의 평가 방법

브랜드 자산을 평가하는 방법을 소개하면 다음과 같다. (1) 상표명의 프리미엄 가격, (2) 상표명과 소비자 선호도, (3) 주식 가격에 따른 브랜드 자산.

첫째, 상표명이 얼마만큼의 프리미엄 가격을 생성할 것이냐에 초점을 맞춘다. 시장에서의 상표 가격을 조사하거나 소비자를 대상으로 조사한다. 그러나 시장에서의 조사는 이미 가격에서 유사한 수준을 보이고 있어 그다지 도움이 되지 않는다. 따라서 이보다는 소비자를 대상으로 가상의 제품에 대해 조사한다. 예를 들면, 신제품 의류를 놓고(상표명 없이), 소비자에게 얼마나 지불할 것인지를 질문한다. 그리고 같은 제품을 여러 상품 이름으로 가장하여 묻는다. '무명씨'일 경우, '씨씨'라고 했을 경우, '크리스천 디올'이라고 했을 경우 각각의 가격 평균이 상이할 것이다. 바로 그러한 가격 차이가 브랜드 자산을 반영한 것이라고 볼 수 있다.

둘째, 상표명이 소비자의 태도에 어떤 영향을 끼치는지를 살핀다. 첫째 방법은 가격이 유사한 상품군(담배와 같은)에서는 사용하기가 힘든 반면, 이 방법은 그러한 업종에도 적용이 가능하다. 선호도, 태도, 구매 의도 등을 측정함으로써 상표명이 소비자의 브랜드 평가에 끼치는 영향을 조사한다. 상표명을 밝혔을 때 소비자들이 얼마만큼 더 좋아하는지 혹은 싫어하는지를 살펴보는 것이다. 브랜드 자산의 현 상황을 파악하는 데 유용하지만, 앞으로의 브랜드 변화를 측정하지 못한다는 단점이 있다.

세 번째 방법은 주식 가격의 변동을 통해서 브랜드 가치를 판단한다. 먼저 기업의 시장 가격에서 유형 자산(공장 가격, 재고품, 현금 등)을 뺀다. 그러면 무형 자산이 남게 되는데, 이를 세 부분으로 나눈다. 브랜드 자산의 가치, 비상표 가치(R & D, 특허), 산업계의 가치(집중률). 이 가운데 브랜드 자산은 다음과 같은 결정 요인에 의해 영향을 받는다고 접근한다. 브랜드 연령과 시장 진입 순서(오래될수록 큰 가치), 누적된 광고(광고를 많이 했을수록 큰 가치), 업종에서의 광고 점유율(높은 광고 점유율은 포지셔닝에 이득).

실제 측정에서는 다양한 요인이 복합적으로 반영되고 있다. 일례로 밀워드브라운조사회사에서는 회사와 브랜드의 수익, 브랜드 충성도, 브랜드 잠재력 등을 이용해 글로벌 브랜드의 가치를 조사한다. 2009년의 조사 결과는 다음과 같다(Milward Brown, 2009). 1위 구글(브랜드 가치는 1000억 달러), 2위 마이크로소프트(762억 달러), 3위 코카콜라(676억 달러), 4위 IBM(666억 달러), 5위 맥도널드(665억 달러). 국내에서는 한국생산성본부가 브랜드 인지도와 이미지 등으로 '국가 브랜드 경쟁력 지수'를 산출하고 있다(염태정, 2009. 3. 9). 2009년 상반기에 높은 점수를 받은 브랜드는 다음과 같다. 래미안(100점 만점에 81점), 센스(78점), 애니콜(77점), 지펠(77점), 쿠쿠(77점). 이에 비해 박찬수(2003)는 브랜드 인지 및 선호도를 반영한 확률적 선택 모형에 기초하여 브랜드 자산을 측정한다. 이 방식에 따르면 2008년 애니콜의 브랜드 자산 가치는 5조 7000억 원(박세환, 2008. 11. 12).

수 있는 연상 구축의 가능성을 점검할 수 있다.

셋째, 브랜드 충성도 역시 마케팅 커뮤니케이션의 관심사다. 대체로 새로운 시장을 개척하는 것보다는 기존 시장을 잘 유지하는 것이 더 시급한 과제다. 기존 소비자의 유지는 새로운 소비자를 설득하는 일보다 시간과 비용이 덜 들기도 하고. 일례로 충성도가 비교적 낮은 미국 자동차업계에서는 소비자 이탈을 5% 정도만 줄이면 이윤이 30% 증가한다. 따라서 불만족이나 브랜드 스위칭의 요인들을 검토함으로써 마케팅 커뮤니케이션의 과제를 탐색할 수 있다.

마지막으로 마케팅 커뮤니케이션은 지각된 품질에 영향을 끼칠 수 있다. 지각된 품질이란 브랜드 품질에 대한 소비자의 인식으로서 실제 객관적인 품질과는 상이하다. 소비자의 기대와 만족 수준에 따라 브랜드 품질은 상이해질 수 있기 때문이다. 품질은 제품과 서비스 영역으로 구분된다. 제조 명세서에 따라 제품이 결함 없이 잘 만들어졌는지, 또는 '소비자 눈에 띄는 마무리 작업'이 잘 되어 있는지가 전자에 속한다. 이에 비해 종업원의 태도나 능력을 소비자가 어떻게 평가하는지가 후자의 사례.

이러한 내용은 브랜드 자산의 이면에 소비자가 자리잡고 있음을 확인시켜 준다. 소비자 인식이 브랜드 자산을 형성하기 때문이다. 그런 측면에서 브랜드 자산과 소비자의 인식은 동전의 앞뒷면인 셈이다. 특히 광고 기획의 전 과정에서 근본적인 문제를 해결하는 것이 가장 중요하다. 즉 브랜드와 연관하여 소비자를 철저히 이해하고 소비자를 동기화시킬 수 있는 요인을 밝히는 것에 노력을 집중해야 한다. 이처럼 브랜드와 소비자의 중심 시각을 배경으로 광고 기획의 두 가지 틀, 목표 지향적 기획과 통합적 마케팅 커뮤니케이션 기획을 차례대로 설명하였다.

2. 목표 지향적 기획

기획안을 수립하는 가장 보편적인 방안이다. 기업의 비즈니스 기획과 마케팅 기획에 맞춰 광고 기획을 수립하므로 일관성이 돋보인다. 또한 논리적이고 직선적이기 때문에 이해하기 쉽고, 상대방에게 전달하기도 용이하다. 반면에 일련의 기획에 초점을 맞추므로 소비자에 대한 중요성을 중간에 놓칠 염려가 있다. 목표 지향적 기획의 순서는 다음과 같다.

1) 상황 분석

기획은 앞으로 할 일에 관한 내용이지만, 그렇다고 앞만 바라본다고 해결책이 나오는 것은 아니다. 기획은 현 상황을 바로 보는 데서 시작한다. 따라서 브랜드 상황을 제대로 파악하기 위해서는 현재와 과거의 정보가 필요하다. 그러한 정보는 소비자를 대상으로 하는 서베이나 경영진의 인터뷰와 같은 조사를 통해서 얻든, 아니면 기존의 소비자 불만 자료나 신문 스크랩과 같이 수집된 자료일 수 있다.

이들 정보에 기초하여 조직체가 직면한 환경을 요약하고 분석한다. 특히 목표 시장*target market*에 영향을 끼칠 만한 다양한 요인을 밝히는 데 초점을 맞춘다. 분석 대상은 다음과 같이 네 가지로 구분할 수 있다(O'Guinn, Allen, & Semenik, 2009). (1) 역사적 맥락, (2) 산업 분석, (3) 시장 분석, (4) 경쟁사 분석. 역사적 맥락이 내부 요인인 반면, 나머지 세 영역은 외부 요인의 분석인 셈이다.

첫째, 역사적 맥락은 "과거 없이 현재 없다"는 말로 대표된다. 오늘의 문제는 과거에서 비롯되었다는 의미와도 일맥상통한다. 따라서 고객 회사나 브랜드의 역사, 또는 우려하는 이슈 등에 대해서 살필 필요가 있다. 구체적으로는 시장 점유율, 이윤, 생산 단가, 경영 업적, 조직체의 재정, 구성원의 태도, 기존 전략의 평가, 상품의 장단점 등이 대상이다.

둘째, 산업 분석은 특정 회사에만 초점을 맞추는 것이 아니라 산업 전반에 걸쳐 시야를 넓힌다. 해당 산업에서의 공급 상황, 기술적 변화, 유통, 정부와 사법부의 규제와 같은 환경 등을 분석한다. 산업의 흐름을 거시적으로 살핌으로써 연관 산업과의 관계를 파악하고 미래의 트렌드를 알 수 있다.

셋째, 시장 분석은 소비자에 관한 내역이다. 수요 없이 시장도 없다. 따라서 소비자의 필요와 욕구가 무엇인지를 잘 파악하는 작업이 필요하다. 누가 주된 소비자인지, 왜 소비하는지에 대한 내용을 밝힌다.

마지막으로 경쟁사 분석이다. 게임은 혼자 하는 게 아니다. 누가 경쟁자인지, 경쟁자의 장단점은 무엇인지를 알아야 한다. 심지어는 경쟁자의 현재 전략은 물론 미래 전략도 고려해야 한다. 뒷북을 치면 고객을 놓칠 테니까.

이러한 분석 결과는 SWOT 표로 요약, 정리된다. SWOT는 장점*strengths*, 단점*weaknesses*, 기회*opportunities*, 위협*threats*의 앞 글자를 딴 것이다. 내부 요인을 장점과 단점으로 구분하고, 외부 요인을 기회와 위협으로 세분하여 표로 만든다. SWOT에 들어갈 내용을 구체적으로 살펴보면 표 6-4와 같다.

많은 정보를 SWOT로 분석하는 중요한 이유는 바로 브랜드가 직면한 문제점

표 6-4. SWOT의 내용

장점(S)	단점(W)
비교 경쟁력은(기술, 생산비, 경영진)? 재정 확보는? 소비자의 호의적 태도? 높은 시장 점유율?	경쟁력 약화(제품, 노사분규 등)? 재정적 곤란 · 저이윤? 이미지 저하? 명확한 전략 결여?
기회(O)	**위협(T)**
새로운 시장 진입이나 시장 확대? 상품 라인 확대 가능성? 경쟁사의 취약점? 사회적 상황 개선(규제 철폐, 인식 변화 등)?	새로운 경쟁자(또는 대체품 등장)? 저조한 시장 성장률? 상황적 곤란(규제, 정책, 불황)? 소비자의 필요 등 변화?

을 적확하게 찾아내는 데 있다. 문제를 제대로 짚어야 이에 상응하는 해결책을 구할 수 있기 때문이다. 그런 맥락에서 엉뚱한 문제를 끄집어내서 붙잡고 늘어져 봐야 소용이 없다. 그보다는 핵심적인 문제를 포착해 멍청한 해결책이라도 제시하는 게 훨씬 낫다. 적어도 문제점을 알고 있으니 계속 노력하다 보면 적절한 해결책을 구할 수 있으니까. 그래서 우문현답보다 현문우답이 낫다고 하지 않던가?

사실 문제를 알면, 해결은 의외로 쉬울 가능성이 높다. 등잔 밑이 어둡다고 하지 않던가? 그래서 SWOT의 두 번째 기능은 바로 문제를 해결하기 위한 전략적 방향을 찾는 데 있다. 자신의 장점을 강화시킨다든가, 시장의 기회를 활용한다든가, 또는 장점과 기회를 연결시킨다든가. 그렇지 않으면 자신의 단점을 개선하든가, 시장의 위협을 예방하는 데 초점을 맞춰 전략의 지침을 얻을 수 있다. 즉 SWOT에서 밝힌 요인 중에서, 또는 요인들의 조합에서 브랜드의 해결 방향을 모색할 수 있다.

2) 마케팅 목표와 전략의 기술

광고 기획이지만 마케팅에 관한 내용을 기술하는 이유는 바로 마케팅과 마케팅 커뮤니케이션의 목표가 일관성이 있는지를 점검하기 위한 것이다. '마케팅 따로, 커뮤니케이션 따로'라면, 시너지 효과를 기대하기는 힘들고 소비자의 혼돈만 불러일으킬 것이다.

그러므로 상황 분석에 이어 확인할 내용은 마케팅 목표이다(광고사랑방 6-3 참조). 일반적으로 마케팅 목표는 다음과 같은 요건을 갖춘다. (1) 회사의 전반적인 목표와 상응해야, (2) 성취 동기를 자극할 수 있는 것이어야(너무 지나치지도 너무 모자라지도 않게), (3) 측정 가능해야, (4) 기간이 명시되어야 한다. 그리고 마케팅 목표는 흔히 판매로 기술된다. 일례로 '기저귀를 100만 개 팔자.' 또는 판매로 이끄는 요인으로 설정할 수도 있다. '기저귀 파는 소매점을 200군데 더 늘리자.'

이어서 마케팅 전략에서는 목표 시장을 기술하고 시장 내에서 원하는 포지

➤ 광 고 사 랑 방 6-3	제품의 라이프 사이클에 따른 마케팅 목표

마케팅 목표를 수립할 때, 전통적으로 많이 사용하는 접근 틀 중의 하나가 제품의 라이프 사이클(*product life cycle*: PLC)이다. PLC는 다음과 같은 전제에 기초한다. (1) 제품은 사람의 생로병사처럼 그 생명에 제한이 있다, (2) 제품의 판매와 이윤은 시간의 흐름에 따라 변한다, (3) 이 같은 변화에는 독특한 단계가 있으며, 각 단계별로 기회와 위협이 상이하다, (4) 따라서 각 라이프 사이클 단계별로 이에 적합한 마케팅 및 광고 전략이 필요하다. 구체적으로 PLC는 제품 판매와 시간의 관계를 다음 그림과 같이 묘사하고, 흔히 네 단계로 구분하여 접근한다(Kotler & Keller, 2006).

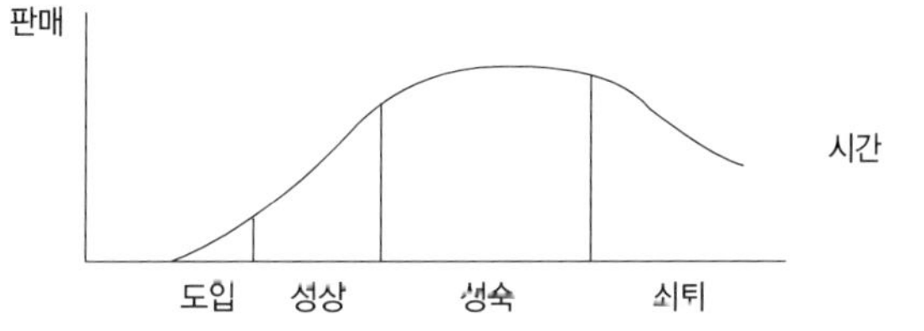

이러한 단계 구분은 '혁신의 확산*diffusion of innovation*' 이론과 연관이 있다. 이 이론에 따르면, 신제품이 시장에 나올 때는 단지 소수의 소비자(혁신자*innovators*)만이 구매한다. 그리고 제품이 만족스러우면, 그 뒤를 이어 재빠르게 수용하는 소비자들(초기 채택자*early adopters*)이 생긴다. 그리고 경쟁사의 진입으로 경쟁이 가열되면서 신제품에 대한 인지도는 높아지고 가격은 인하되어 다수의 소비자들이 이 제품을 구매한다(빠른 다수자*early majority*와 느린 다수자 *late majority*). 그렇지만 많은 소비자들이 구매한 후에는 시장의 성장 가능성이 줄어든다. 따라서 판매는 쇠퇴하고 막차를 타는 사람들*laggards*만 구매에 관심을 보인다. 이처럼 PLC는 신제품의 확산과 채택이라는 과정으로 설명될 수 있다.

나아가서 PLC는 각 단계에 따라 효과적인 마케팅 목표를 수립할 수 있는 틀을 제공한다. 도입기에서는 상품의 인지도를 제고하고 상품의 구매 시도를 꾀한다. 뒤이은 성장기에서는 시장 점유율 극대에, 성숙기에서는 이윤 극대화와 시장 점유율 유지에 초점을 맞춘다. 이에 비해 쇠퇴기에서는 비용을 최소화할 필요가 있다. 그리고 이러한 마케팅 목표와 상응하게 마케팅 커뮤니케이션이 기획될 수 있다. 이를테면 도입기에서는 혁신자, 성장기에서는 초기 채택자, 성숙기에서는 다수자가 일차적 목표 시장이 된다. 특히 성숙기에서는 상표 차별화는 물론 사용량과 빈도를 제고하고, 쇠퇴기에서는 상표 충성도가 강한 고객을 유지할 필요가 있다.

그렇지만 PLC는 각 단계의 지속 기간이 다양하기 때문에 예측력은 미약하다. 그리고 어느 단계에 속하는지를 판별하기란 어렵다. 더욱이 판매가 감소하기 시작한다고 해서, 제품이 쇠퇴기에 들어갔다고 단정할 수 없다(Kotler, 1984). 그러므로 이를 변형한 라이프 사이클이 이용되기도 한다. 그러한 대표적 사례가 러셀과 레인이 제시한 '광고의 나선형'이다(Lane & Russell, 2001). 이들은 기본적으로 광고의 단계를 PLC에 기초하여 세 단계로 구분한다.

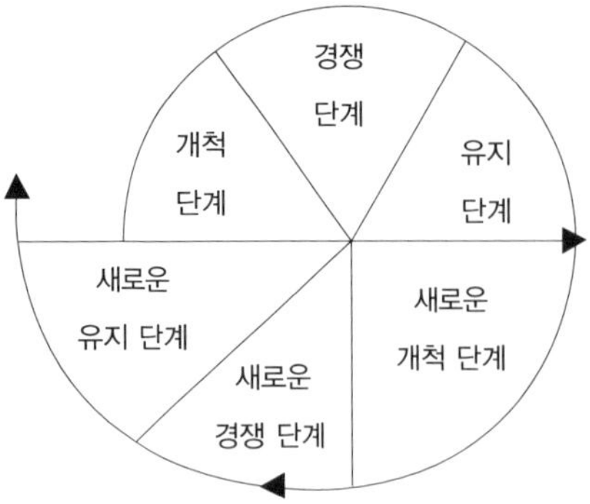

(1) 개척 단계: 제품에 대한 필요성을 일깨워 줘야 하는 단계
(2) 경쟁 단계: 제품의 선호도를 구축하기 위해 경쟁 브랜드에 비해 우월함을 보여 줄 단계
(3) 유지 단계: 제품의 유용성이나 각 브랜드 특성이 알려졌으므로 자사 브랜드에 충성적인 소비자를 유지해야 할 단계

제품의 수명을 시간의 흐름에 따라 일직선 방향으로 묘사한 것이 아니라 원형으로 묘사한 점이 특이하다. 제품이 차별화를 지속하고, 새로운 상품의 특성을 개발하면 라이프 사이클이 지속될 수 있다고 본 것이다. 그러나 이 역시 PLC와 마찬가지로 어느 단계에 있는지는 오랜 시간이 지났을 때 확실하게 알 수 있다는 단점을 지닌다.

션, 그리고 목표 시장을 설득할 마케팅 믹스에 대한 내용이 들어가 있어야 한다. 마케팅 믹스란 마케팅의 4요소를 잘 조합하여 효과를 극대화하는 방안을 지칭한다. 구체적으로는 다음과 같은 내용이 기술되어야 한다.

· 상품 전략: 기저귀의 흡수 기능을 개선
· 가격 전략: 시장 확장을 위한 기저귀 가격 할인
· 유통 전략: 대도시 지역의 편의점을 집중 공략
· 마케팅 커뮤니케이션 전략: 기저귀의 혜택을 신세대 주부에게 전달

특히 가격은 마케팅 커뮤니케이션의 핵심 내용이 될 수 있다는 점에서 점검의 대상이다. 이를테면 신제품을 시장에 내놓을 때 가격 정책은 크게 두 가지로 구분할 수 있다. '훑기*skimming*'와 '침투*penetration*.' 훑기는 상품 가격을 높게 책정하고 그 비용을 지불할 수 있는 소비자만을 대상으로 판매 전략을 펴는 것을 뜻한다. 그리고 시간이 지나면 조금 더 싸게 내놓은 다음에 그 비용을 지불할 소비자

를 끌어들이고, 이런 식으로 반복하는 전략이다. 이에 반해 침투는 초반에 시장을 많이 확보하기 위해서 가격을 저렴하게 책정하는 경우다. 시장 규모가 크고 소비자가 비용에 민감하며 경쟁 가능성이 있을 경우, 자신의 시장을 확보하기 위해 사용한다.

유통도 마케팅 커뮤니케이션과 일관성을 유지해야 될 부문이다. 대체로 도매상이나 소매상을 통하여 물건을 판매하는 생산업자는 다음과 같은 두 가지 전략을 사용할 수 있다. 하나는 유통 채널에 집중적인 촉진을 통해 판매하는 방식이다. 이는 제조업자에서 유통업자로, 그리고 유통업자에서 소비자로 물건의 판매를 추진하기 때문에 '밀기*push*' 전략이라고 한다. 또 한 가지의 방법은 최종 소비자에게 촉진을 집중시킴으로써 소비자의 수요를 창출하고 소비자들이 유통 채널에 상품을 요구하도록 이끈다. 이는 소비자의 수요가 물건을 잡아 끌어당기는 형식이라고 하여 '끌기*pull*' 전략이라고 한다.

3) 광고 목표의 기술

마케팅 목표 및 전략에 이어서 드디어 광고 목표를 기술한다. 다양한 마케팅 커뮤니케이션을 검토하여 그중 어떤 촉진이 적합한지 타당성을 검토하여 결정한다. 즉 전체 촉진 기법 가운데 광고의 역할을 설정한다. 구체적으로 광고 목표는 목표 시장을 대상으로 커뮤니케이션을 통해서 달성하고자 하는 목표로 기술한다. 목표의 사례를 제시하면 다음과 같다. 이 같은 광고 목표와 관련된 광고 이론은 9장부터 기술되어 있다.

(1) 관심을 촉구한다: 상품 군이나 자사 브랜드에 관심을.

(2) 브랜드 인지도를 높인다: 자사 브랜드를 기억하라고.

(3) 브랜드 이미지를 구축한다: 브랜드 정체성을 확립한다, 브랜드 포지션을 인식시킨다, 특정 연상을 떠올리도록 한다.

(4) 브랜드와 관련된 감정을 자극한다: 브랜드와 특정 감정을 연결시킨다, 좋은 감정을 느끼도록 만든다.

(5) 정보를 제공한다: 상품에 대한 이해를 돕는다, 상품에 대한 새로운 믿음을 구축한다.

(6) 브랜드에 대한 의견이나 태도를 바꾼다: 선호도를 높인다, 기존 태도를 강화시킨다.

(7) 브랜드 구매 의도를 높인다: 브랜드의 선택 가능성을 높인다.

(8) 행동을 촉구한다: 한번 써보라고, 매장을 방문하라고.

(9) 브랜드 충성도를 높인다: 만족도를 느끼도록, 반복 구매를 하도록.

4) 광고 전략의 기술

그렇다면 광고 목표를 어떻게 성취할 것인가? 광고 전략은 크리에이티브 전략(또는 메시지 전략)과 매체 전략, 그리고 예산으로 구성된다. 구체적으로 크리에이티브 전략은 무엇을 어떻게 말할 것인가에 관한 내용인데, 이는 11장에 설명되어 있다. 반면에 매체 전략은 언제, 어디서 말할 것인가를 뜻하는데, 15장과 16장에 기술되어 있다.

그리고 마지막으로 예산에 관한 내역이다. 종종 광고 예산이 광고 목표 이전에 기술되는 경우가 있다. 그러나 예산은 수단이지 목표가 될 수 없다는 점에서 목표 이후에 기술되는 것이 더 타당하다. 멋진 인생을 사는 것이 꿈인데 돈이 없어서 목표를 바꿀 수 있겠는가? 돈이 없으면 그에 합당한 전략을 모색하는 것이 타당하다. 그런 맥락에서 예산이 광고 목표를 결정짓게 해서는 곤란하다. 그렇다고 현실을 무시하고 목표를 세우란 뜻은 아니다. 다만, 예산으로 목표를 결정하는 우는 범하지 말아야 한다는 점을 강조한다. 이에 대한 설명은 17장에 기술되어 있다.

5) 평가

광고 전략을 수립하고, 광고를 집행하는 것으로 광고 기획이 끝난 것은 아니다. 전략과 집행에 대한 평가 과정이 있어야 한다. 광고란 소비자와의 일회성 커뮤니케이션이 아니기 때문이다. 피드백을 통해서 소비자와의 관계를 지속적으로 유지하고 발전시켜야 한다. 그래야 해당 광고주를 위한 서비스 역시 제대로 이뤄질 수 있다. 따라서 광고 효과를 평가함으로써 광고 전략을 검토하고 보다 나은 커뮤니케이션 과정이 이뤄질 수 있도록 해야 한다. 이러한 평가에는 다양한 형태의 조사가 전개된다. 이에 대해서는 7장에 자세하게 제시되어 있다.

3. 통합적 마케팅 커뮤니케이션 기획

최근에는 소비자 역할에 대한 인식이 높아지면서 기획안을 수립할 때도 철저하게 소비자 입장에서 이루어진다. 통합적 마케팅 커뮤니케이션(integrated marketing communications: IMC)에 기초한 기획안을 설명하기 전에 먼저 IMC의 배경을 살펴보자.

1) IMC란?

1989년 미국광고대행사협회의 요청으로 슐츠Schultz는 IMC를 다음과 같이 정의했다. "다양한 커뮤니케이션 분야(광고, 판촉, 홍보 등)의 전략적 역할을 평가하고 이들을 종합적으로 조합하는 계획을 수립함으로써 명확하고 일관되며 최대한의 커뮤니케이션 효과를 얻고자 하는 마케팅 커뮤니케이션 기획의 개념."

그렇지만 이 정의는 광고대행사나 광고주, 그리고 소비자의 시각을 반영하지 못했다는 지적을 받았다. 그리하여 IMC는 다음과 같이 재정의되었다. "목표 수용자에게 영향을 끼칠 목적으로 회사나 상표의 모든 접촉을 고려하여 다양한 설득 커뮤니케이션 형태를 기획하고 시행하는 과정." 1장에서 논의한 마케팅과 커뮤니케이션의 학제 간 시각이 종합적으로 반영되어 있음을 확인할 수 있다. 이 같은 정의에서 중요한 특성을 간추리면 다음과 같다.

첫째, 소비자의 중요성을 인식한다. 전통적 입장에서는 광고주가 광고나 홍보 등을 각각 어떻게 전개할 것인지를 고민한다. 그러나 소비자 입장에서는 그런 차이가 무의미하다. 광고에서 보았든, 입소문을 통해서 들었든, 소비자 머릿속에서는 이들 메시지들이 따로따로 저장되어 있는 것이 아니다. 즉 어떤 브랜드의 신문 광고는 머릿속 이쪽에, 텔레비전 광고는 머릿속 저쪽에 저장하지는 않는다. 이들 메시지들은 관련성과 중요성에 따라 브랜드를 중심으로 연결되어 머릿속에 저장된다. 이것이 바로 마케팅 커뮤니케이션을 통합적으로 접근해야 하는 이유이다(Light, 1993).

둘째, 기본적인 개념은 시너지이다. 마케팅 커뮤니케이션의 여러 요소들을 개별적, 독립적으로 기획하고 수행할 때는 (그리하여 예산을 확보하기 위해서 또는 권력 다툼의 갈등이 발생하고) 효과를 기대할 수 없다. 그보다 각각의 요소가 통합 · 조정되면 그 브랜드나 기업의 메시지는 월등한 효과를 볼 수 있다. 그런 맥락에서 IMC는 원점에서 시작하는 커뮤니케이션 기획*zero-based communication planning*이다. 지난해 또는 기존 법칙에 연연하는 것이 아니라 문제에 새로 접근한다(Schultz, 1993).

셋째, 브랜드 접촉*brand contacts*에 초점을 맞춘다. 이는 소비자가 브랜드와 접촉하는 모든 과정을 이해하도록 노력해야 함을 뜻한다. 예를 들면 상품의 포장, 상점의 진열장, 친구가 전하는 이야기, 매체 광고, 영업 사원 등처럼 다양한 소스

▶ 광 고 사 랑 방 6-4	머리글자로 된 말이 뜻하는 바는?

IMC는 오늘날 마케팅에서 가장 주목받는다고 말할 수 있다. 왜? 머리글자로 된 용어*acronym*로 사용된다는 것은 중요성을 인정받고 있으며 해당 분야에서 보편성을 확보했다는 뜻이기 때문이다. 이를테면, 경영학에서는 TQM(total quality management), 직장에서 OJT(on the job training) 등. 음, 정치인이 약자를 쓰는 이유도?

를 통해서 소비자는 브랜드와 접촉하며, 이러한 접촉에서 얻은 정보를 통합 처리한다. 그러므로 소비자의 시각에서 중요한 브랜드 접촉을 파악할 필요가 있다(문영숙 · 이혜갑 · 김광수, 1993).

이 같은 특성을 지닌 IMC의 접근은 다음과 같은 이점이 있다. (1) 메시지의 일관성, (2) 객관적인 마케팅 커뮤니케이션의 추천, (3) 다양한 매체의 보다 나은 활용, (4) 크리에이티브의 통합, (5) 보다 정확한 마케팅, (6) 운영상 효율성의 제고, (7) 비용의 절감 등.

2) 소비자 행동에 대한 데이터베이스

이 기획 틀은 소비자 행동에 대한 데이터베이스에서 출발한다. 데이터베이스에는 소비자의 인구적, 심리적 속성을 비롯하여 구매 행동 등이 저장되어 있다. 그러므로 기획안을 수립할 때 기업의 입장이나 판매 목표에 초점을 두지 않고, 소비자 지향적이 될 수밖에 없다. 그리고 마케팅 목표는 자연스럽게 기획 과정에서 훨씬 나

데이터베이스

↓

세분화

↓

브랜드 연결

↓

마케팅 목표

↓

커뮤니케이션 목표와 전략

↓

마케팅 커뮤니케이션 믹스

(직접 마케팅, 광고, 홍보, 판촉, 이벤트)

그림 6-2. IMC에 기초한 기획 흐름

중 단계에 나타나게 된다. 전통적 기획안에서는 마케팅 목표가 상황 분석에 이어서 바로 등장하였지만. 먼저 전체적인 흐름을 묘사하면 그림 6—2와 같다(Arens, 1996).

여기에서 하나 지적할 점은 IMC에서는 목표 시장을 단지 소비자로 국한시키지는 않는다는 것이다. 소비자의 범주를 넘어서 모든 이해 관계자*stakeholders*가 목표 시장이 될 수 있다(Wells, Moriarty, & Burnett, 2006). 정부 관계자, 언론인, 시민 단체, 지역 사회 주민, 또는 회사의 구성원 등이 그러한 사례에 속한다. 해당 기업 또는 해당 브랜드에 영향을 끼칠 수 있는 모든 집단이 대상이 되는 셈이다. 다만 여기에서는 논의가 간편하도록 소비자에 초점을 맞췄다.

3) 세분화와 분류

우선 데이터베이스에 기초하여 일단 목표 시장을 분류한다. 전술했듯이 소비자만이 목표 시장이 되는 것은 아니다. 따라서 다양한 이해 관계자를 포함해서 세분화를 시도할 경우에는 자사에 대한 태도에 따라 호의적인 집단, 중립적인 집단, 적대적인 집단 등으로 나눌 수 있다.

그렇지만 일반적으로 소비자를 대상으로 IMC를 전개할 경우에는 분류 방식은 크게 두 가지로 구분된다. (1) 브랜드 충성도, (2) 구매량. 이를 세분화하면 전자는 브랜드 충성 집단, 경쟁사 브랜드 사용자, 교환 사용자*brand switchers*, 비사용자. 반면에 후자는 다량, 보통, 소량 사용자와 비사용자. 이 같은 분류에 기초하여 특정 집단을 목표 시장으로 선정한다. 이처럼 IMC 기획은 세분화된 목표 시장을 먼저 결정하고 나서, 문제와 해결책을 모색한다.

4) 브랜드 연결

브랜드 연결*brand connections* 단계에서는 선정된 집단을 대상으로 이들이 과연 브랜드와 어떻게 접촉하는지를 분석한다. 구체적으로는 소비자나 이해 관계자가 브

그림 6-3. 뜻하지 않은 나이키의 등장

랜드에 접촉하는 모든 장소나 방식을 뜻하는 접촉점*contact points*을 분석한다. 즉 브랜드와 관련된 메시지가 이들에게 전달되는 경로라고 할 수 있다. 이를테면 나이키 브랜드는 나이키 광고나 매장에서만 접촉하는 것은 아니다. 골프 중계에 등장한 타이거 우즈의 모자에서, 피트니스 센터의 트레드밀을 달리고 있는 여성의 셔츠에서, 백악관에서 일요일 회의를 주재하고 있는 오바마 대통령의 양말에서도 발견된다(그림 6-3).

여기에서 중요한 점은 바로 브랜드가 행하는 모든 활동이 메시지를 전달하고 있다는 사실이다. 따라서 이러한 접촉점에서 전달되고 있는 브랜드 의미는 무엇인지, 또는 브랜드에 대한 소비자의 태도는 무엇인지도 분석한다. 이러한 분석이 중요한 까닭은 바로 소비자가 브랜드와 어떻게 연결되어 있는지를 알아야 전략을 세울 수 있기 때문이다. 즉 이러한 내역은 이들 목표 집단과 커뮤니케이션하기 위해 가장 적합한 시간, 장소, 상황 등을 결정짓는다.

5) 마케팅 목표

위의 분석에 기초하여 마케팅 목표를 수립한다. 대체로 마케팅 목표는 사용량이나 사용 빈도에 초점을 맞춘다. 이를테면 브랜드 충성이 강한 집단을 목표로 설정하였다면 사용량을 유지하거나 증가시키는 것이 목표가 될 것이다. 이에 반해, 경쟁 제품을 사용하는 집단이 목표 시장이라면 자사 상품의 시도*trial*를 제고하는 데 초점을 맞출 수 있다. 그리고 이 브랜드, 저 브랜드를 왔다 갔다 하는 사용자의 경우에는 재구매의 빈도를 늘리는 것이 마케팅 목표일 수 있다. 또한 해당 상품군을 아예 사용하지 않는 집단을 목표 시장으로 설정하였으면 상품 자체를 시도하는 데 역점을 둔다.

6) 커뮤니케이션 목표

마케팅 목표에 기술된 소비자의 행동을 얻기 위해서 어떤 커뮤니케이션이 필요한지를 밝힌다. 즉 커뮤니케이션 목표는 소비자의 행동과 연관이 있어야 한다. 일례로 재구매율을 높이는 것이 마케팅 목표라고 하자. 그렇다면 여러 대안 중에서 재구매율에 가장 영향을 끼칠 수 있는 커뮤니케이션 목표의 대안을 찾게 된다. 브랜드 인지도를 제고하는 것이 타당할 것인지, 아니면 브랜드 태도를 호의적으로 만드는 것이 더 영향을 끼칠 것인지를 판단해서 커뮤니케이션 목표를 선택하게 된다.

7) 마케팅 커뮤니케이션 믹스

커뮤니케이션 목표를 달성하기 위해서 이용할 수 있는 다양한 도구를 망라한다. 커뮤니케이션 도구 가운데는 직접 마케팅, 광고, 판촉, 홍보, 이벤트 등이 있다. 따라서 이들 도구를 적절히 조합하여 원하는 소비자 행동을 얻을 수 있는 것이 바

그림 6-4. 마케팅 커뮤니케이션 믹스의 사례
말레이시아 관광청이 참여한 2009년 서울 페스티벌

로 마케팅 커뮤니케이션 믹스이다. 이를테면, 서울시에서는 '서울'이라는 브랜드를 국내외에 알리기 위해 IMC 전략을 채택하고 있다(강승규, 2004. 11). 대중 매체나 인터넷을 통한 홍보는 물론 '하이 서울 페스티벌'과 같은 이벤트를 기획하는가 하면, 서울을 연고로 하는 스포츠 구단(야구는 두산, 히어로즈, LG, 축구는 FC서울, 농구는 삼성, SK)과 공동으로 서울 고향 의식을 북돋기도 한다.

다양한 조합을 통할 때 시너지 효과를 생성할 수 있는 것이 일반적이다. 그렇다고 마구잡이로 뒤섞어서는 시너지가 아니라 오히려 역효과를 볼 수 있다. 따라서 목표에 보다 적합한 커뮤니케이션 도구를 잘 선택해서 사용할 필요가 있다(표 6-5 참조; Wells, Moriarty, & Burnett, 2006).

마지막 단계에서는 IMC 전략의 효과를 조사한다. 광고를 집행했을 경우에는 소비자를 대상으로 광고 효과를 측정하고, PR을 전개하였을 때는 이해 관계자를 대상으로 PR 효과를 측정한다. 판촉도 마찬가지다. 판촉의 목표 시장을 대상으로 판촉 효과를 측정한다. 이러한 조사 결과는 IMC 전략을 평가할 수 있을 뿐만 아니라 미래의 IMC 전략 수립에 이용된다. 효과 조사를 통해서 목표 시장에 대한 자료는 다시 첫 단계의 데이터베이스에 덧붙여지기 때문이다. 즉 IMC는 목표 시장과의 지속적인 상호 작용으로 순환되는 셈이다.

표 6-5. 마케팅 커뮤니케이션 목표에 따른 커뮤니케이션 방법

목표	커뮤니케이션 방법
인지도 제고	광고, PR, 이벤트, 입소문
신뢰도 제고	PR
정보 제공	광고, PR
선호도/태도 제고	광고
브랜드 구매 시도	판촉(샘플링 등)
충동 구매를 자극	구매 시점의 판촉
브랜드 재구매	판촉(쿠폰)
이해 관계자와 관계/사회 여론 개선	PR
유통점과의 관계 개선	유통점 대상의 판촉, 영업 사원

참고 문헌

강승규 (2004. 11). "서울시 브랜드 통합 마케팅 커뮤니케이션 전략," 〈Brand Report〉.

김민환 · 김광수 (2001). 〈한국방송광고의 발달사〉. 한국방송광고공사.

박세환 (2008. 11. 12). "애니콜 브랜드 가치는 5조 7천억원," 〈한국경제〉.

박찬수 (2003). "EQUITYMAP II를 이용한 체계적인 브랜드 자산 측정," 〈광고학연구〉, 14(5), pp.75~88.

슐츠, 단 외 (1993). 《통합적 마케팅 커뮤니케이션》. 문영숙 · 이혜갑 · 김광수 옮김. 범우사.

정동권 (2009. 2. 20). "5가구 중 1가구는 1인가구," 〈국민일보〉.

염태정 (2009. 3. 9). "국가브랜드경쟁력지수 어떻게 조사했나," 〈중앙일보〉.

통계청 (1997). 〈한국의 사회 지표〉.

—— (2005). 〈인구주택총조사〉.

—— (2009). 〈2008 한국의 사회지표〉.

Aaker, D. A. (1991). *Managing Brand Eguity*. New York: Free Press.

Arens, W. F. (1996). *Contemporary Advertising*. Chicago: Irwin.

Kotler, P. & Keller, K. L. (2006). *Marketing Management*. Upper Saddle River: Pearson Education.

Lane, W. R. & Russell, J. T. (2001). *Advertising*. Upper Saddle River: Prentice Hall.

Levitt, T. (1960). "Marketing Myopia," *Harvard Business Review*.

Light, L. (1993). *Marketing News*, March 22.

Milward Brown (2009). BRANDZ Top 100: Most Valuable Global Brands 2009.

New York Times (1988, June 2). "Size of U.S. Family Continues to Drop," Census Bureau Says.

O'Guinn, T. C., Allen, C. T., & Semenik, R. J. (2009). *Advertising and Integrated Brand Promotion*. Mason: South-Western.

Schultz, D. E. (1993). *Marketing News*, January 18.

U.S. Census Bureau (2003, August). "Census 2000 Brief."

U.N. (2008). "World Urbanization Prospects: 2007 Revision Population Database."

Wells, W., Moriarty, S., & Burnett, J. (2006). *Advertising: Principles and Practice*. Upper Saddle River: Pearson Prentice Hall.

7장 광고 조사

어떤 기획의 틀을 이용하든지, 항상 처음과 끝에는 조사가 있다. 문제를 찾으려고 해도 조사가 필요하고, 해결을 시도한 후에도 전략을 평가하기 위해 조사가 개입된다. 이처럼 조사는 광고 기획을 비롯하여 효과 측정에 이르는 전 과정에 걸쳐 필요하다. 과연 조사란 무엇인지를 알아보고, 광고 조사의 종류에 대해서 구체적으로 살펴본다. 조사에 관한 기본 개념과 종류를 학습함으로써 실제 조사를 계획하고 수행할 수 있는 기본적인 능력을 갖추도록 한다.

1. 조사의 기초

조사라고 하면 흔히 숫자나 통계를 연상하기 쉽다. 그리고 경원, 또는 경멸하는 경향이 있다. 그렇지만 조사는 논리적 사고는 물론 의사 결정에 유용한 도구이다. 광고와 관련된 조사 방법을 살펴보기 전에 과연 조사란 왜 필요한지, 그리고 어떤 태도로 임해야 되는지를 소개한다.

1) 조사의 필요성

광고 기획에서는 브랜드가 직면한 문제를 찾는 것이 첫 걸음이다. 흔히 부딪치는 문제는 다음과 같다. 브랜드 품질에 문제가 있거나, 경쟁사보다 비교 우위를 확보하지 못하였거나, 소비자의 인식이 잘못되었거나. 또는 시장 환경이 좋지 않거나.

이러한 문제에 해답을 얻을 수 있는 방법은 다양하다. 점쟁이처럼 직관에 의존할 수도 있으며, 경륜이 풍부한 컨설턴트처럼 경험으로 돌파구를 찾을 수도 있다. 그렇지 않으면 독선적인 브랜드 매니저나 경영진처럼 아집을 내세우거나. 주지하다시피, 이런 방법들은 모두 과학적이지 못하다. 사실 인간은 문제의 해결을 찾는 과정에서 실수를 저지르기 쉽다. 여기에는 다음과 같은 성향이 있기 때문이다.

(1) 부주의하고 부정확한 관찰을 하기 일쑤다. 인간의 기억력은 얼마나 제한적인가?

(2) 일반화의 오류를 범하기 쉽다. 몇 가지 사례만을 관찰하고 쉽게 결론에 도달하지 않던가?

(3) 우리는 선택적인 관찰을 하려는 경향이 있다. 자신의 주장을 뒷받침하는 사례는 크게 부각하고, 모순되는 사례는 특별한 사례*outlier*로 취급해 버리지 않는가?

(4) 자신의 이해득실이나 주관을 지식 추구의 과정에 반영하려고 한다. 결과가 원하는 대로 나오지 않으면, 조사의 수치를 왜곡하거나 자신의 입맛대로 해석하지 않던가?

이처럼 인간은 지식 추구에서 실수를 범하기 쉽다. 그렇기 때문에 우리는 질문에 믿을 만한 답을 얻기 위해 과학적 방법을 동원한다. 그리고 조사는 과학적 방법의 대표적인 도구에 해당된다. 즉 조사는 문제 해결에 대한 정보를 제공하는 체계적인 접근 방법으로 자료를 수집하고 분석해서 해답을 도출하는 일련의 과정으로 구성된다. 우리는 이러한 조사를 통해서 소비자나 시장 상황에 대한 정보를 얻을 수 있고 마케팅 커뮤니케이션의 전략을 수립할 수 있다. 또한 그 효과를 검토하여 앞으로의 전략에 반영할 수도 있다. 구체적으로 조사는 다음과 같은 혜택을 제공한다. (1) 문제 해결에 도움을 준다. (2) 광고를 보다 효율적이고 효과적으로 수행할 수 있도록 해준다. (3) 위험 부담을 경감시킨다.

2) 다양한 시각

조사를 한다고 하면 대체로 서베이를 통한 수치된 자료의 수집을 떠올린다. 물론 문제를 찾거나 해결하는 데 많이 사용되지만 이는 세상을 탐구하는 하나의 방법에 불과하다. 현상을 분석할 때는 특정 시각을 염두에 두기보다 다양한 시각을 유지하는 것이 중요하다. 색안경으로 인해 볼 것을 못 보는 일이 없어야 하기 때문이다. 그런 의미에서 지식과 탐구에 대한 다양한 시각을 제시하면 표 7－1과 같다(Hirschman & Holbrook, 1992).

물론 이러한 분류 틀의 제시와 해석에는 유의할 점이 있다. 쿤이 지적했듯이 이러한 분류는 학문 영역의 확장이나 정당성에 이용되는 경우가 있기 때문이다(Kuhn, 1970). 그럼에도 불구하고 분류 체계를 소개하는 이유는 시각의 다양성을 강조하여 조사를 적절하게 사용하자는 데 있다. 조사가 특정 틀에 갇히지 않고 자유로울 때 문제 해결에 실질적으로 기여할 수 있다(김광수, 1993).

표 7-1. 지식과 탐구에 대한 기본 틀

존재 차원	현실의 구성	인간관	인식론적 입장	대표적 방법론
주관성 지향	인간 상상력을 투사하여	직관적인 의식의 존재	현상학적 통찰력을 통해	현상학
↑	사회 경제적으로	심벌 창조자	현실의 창조 과정을 통해	해석학/민족지학
	심벌의 상호 작용에 의해	심벌 사용자	심벌/담론의 패턴을 통해	심벌 분석
	정보와 학습에 의해	정보 처리자	상황 묘사를 통해	게슈탈트 상황 분석
↓	과정에 의해	적응자	체제, 과정, 변화를 통해	역사적 접근
객관성 지향	물리적 외부 구조에 의해	반응자	실증적 과학을 통해	실증주의(실험)

2. 조사의 절차

조사 과정은 어떤 단계를 거치는지 개략적으로 살펴보면 그림 7-1과 같다. 전술한 6장의 광고 기획에서는 문제를 찾기 위해 조사가 필요하다고 설명했지만, 여기에서는 광고보다는 조사가 중심이므로 문제를 먼저 제시하였다. 즉 조사하는 이유가 있어야 조사를 진행할 수 있다는 맥락에서 첫 단계를 문제 제기로 설정하였다.

문제 제기 → 기존 자료 조사 → 자료 수집 → 자료 분석 → 해석 및 해답

그림 7-1. 조사의 절차

1) 문제 제기

"멍청한 질문에 명쾌한 해답을 제시하는 것보다는 명확한 질문에 두리뭉수리한 답을 구하는 것이 낫다." 통계학자 투키Tukey의 말이다. 답보다는 질문의 중요성을 역설한다. 즉 무엇을 모르는지 정확히 알아야 답을 구할 수 있다는 점에서 문제 의식은 해답을 얻는 첫걸음이라고 할 수 있다. 애매한 질문을 던져 놓으면 애매한 답을 얻을 수밖에.

아예 조사 보고서를 미리 써보는 것도 좋은 방법이다. 비록 조사는 시행하지 않았지만 보고서의 윤곽을 그려 나가면 어떤 조사가 필요한지 명확해질 수 있기 때문이다. 문제 제기는 바로 조사를 하는 이유이므로 광고 결정과 연관이 있어야 한다. 조사를 통해 목표 시장을 밝히거나, 소비자의 필요를 끄집어내거나 브랜드에 대한 소비자의 인식을 파악할 수 있어야 한다. 그리고 '그것도 알면 좋지'라는 질문보다 '꼭 알아야 할 정보'를 얻기 위한 질문이어야 한다.

2) 기존 문헌의 조사

문제에 대한 답을 구하기 위해 수집하는 자료는 다음과 같이 구분될 수 있다(표 7-2 참조). 1차적 자료와 2차적 자료, 그리고 연합*syndicate* 자료. 1차적 자료는 본인이 직접 조사하여 얻는 자료인 반면, 2차적 자료는 기존의 자료를 활용하는 경우다. 이에 비해 연합 자료는 조사를 통해 얻은 자료를 여럿이 공동으로 이용할 때를 일컫는다. 일례로 우리나라의 6개 광고대행사가 소비자 프로파일 조사*Consumer Profile Research*를 한동안 공동으로 진행했다(강양욱, 1998). 개별적으로 전국 6000명의 소비자를 조사하려면 비용이 많이 들기 때문이었다. 물론 공동으로 조사한 자료를 분석하여 나름대로 의미를 부여하는 것은 각 대행사의 몫이었지만.

자료를 찾다 보면 많은 양의 자료에 질식당하기 십상이다. 이를 예방하고 자료를 잘 통제하기 위해서는 다음과 같은 질문을 항상 염두에 두어야 한다. (1) 자료가 문제 해결에 적합한가?(자료의 타당도) (2) 자료의 수집 기관, 자료의 모집 방법, 조사된 자료가 믿을 만한가?(자료의 신뢰도)

타당도란 '과연 측정하고자 했던 대상을 측정하는지?'와 연관된다. 몸무게를 측정하려고 했는데 키를 측정하면 그 조사 결과는 타당성이 없어진다. 이에 비해

표 7-2. 자료의 성격에 따른 유형

자료 종류	자료 성격	수집 방법	장단점
1차적 자료	연구자의 문제 해결을 위해 새롭게 모은 자료	서베이, 인터뷰 등을 이용	주어진 문제에 적절한 답을 구할 수 있지만, 자료 수집과 분석에 시간과 비용이 들어감
2차적 자료	다른 연구 문제를 해결하기 위해 모은 기존 자료	기존 자료집이나 통계치 등을 이용	비용과 시간이 적게 들지만, 연구자의 문제에 대한 적절한 답을 구하기 어려움
연합 자료	여러 고객의 요청으로 특정 조사 기관이 수집한 자료	참여한 고객들이 조사 기관에 비용을 지불하고 조사 결과 이용	비용을 분담할 수 있지만, 자료를 공유해야 된다는 단점이 있음

신뢰도란 하나의 측정 방법을 사용하여 하나의 대상을 측정했을 때 '똑같은 결과가 항상 나오느냐?'에 관한 내역이다. 몸무게를 측정하려고 저울에 올라섰는데, 올라설 때마다 무게가 달리 나오면 그 저울의 신뢰도는 낮은 셈.

그리하여 신뢰도와 타당도가 높은 기존 자료를 찾게 되면, 굳이 연구자가 직접 조사를 진행하지 않아도 된다. 기존 자료에서 답을 얻을 수 있으니까 시간과 노력이 얼마나 절감되겠는가? 더욱이 1차 조사를 시행할 수밖에 없을지라도 기존 문헌 조사는 간과할 수 없는 절차이다. 직면한 문제에 대해 다양한 통찰력을 얻을 수 있을 뿐만 아니라 조사에 대한 지침을 얻을 수 있기 때문이다.

그러면 국내에는 어떤 2차적 자료가 있을까? 이를 정보원에 따라 소개하면 다음과 같다(표 7-3 참조). 첫째, 국가 기관이나 공기관의 자료를 손꼽을 수 있다. 통계청의 홈페이지(http://www.nso.go.kr) 또는 언론 데이터 베이스인 KINDS (http://www.kinds.or.kr)가 대표적인 사례다. 둘째, 학술 단체가 발행하는 학술지를 이용할 수 있다. 소비자와 광고 현상을 체계적으로 설명하는 이론적 틀을 제공받을 수 있다. 셋째, 협회에서 국내의 광고계 상황에 관한 디렉토리 또는 광고비 동향을 제공하고 있다. 넷째, 업계에서 발행하는 사보는 자사의 광고 사례를 소개하거나 소비자 동향과 같은 시의성 있는 정보를 담고 있다. 특기할 만한 사항은 광고계의 유일한 광고연감을 협회나 공기관이 아니라 제일기획 광고대행사에서 발행하고 있다는 점이다. 마지막으로 상업적 조사 회사의 조사 자료가 있다. 비용을 지불하고 구입해야 되지만.

국외 학술지와 관련한 주요 정보원은 다음과 같다. 〈광고 저널*Journal of Advertising*〉, 〈광고 연구 저널*Journal of Advertising Research*〉, 〈소비자 조사 저널*Journal of Consumer Research*〉, 〈마케팅 저널*Journal of Marketing*〉, 〈마케팅 연구 저널*Journal of Marketing Research*〉, 〈심리학과 마케팅 저널*Journal of Psychology and Marketing*〉 등이 있다. 그리고 광고계 정보를 담고 있는 국제적인 업계 저널로는 〈광고 시대*Advertising Age*〉를 손꼽을 수 있다.

그렇지만 브랜드가 직면한 문제에 적확한 답을 제공하는 자료를 찾기란 쉽

표 7-3. 국내의 광고 관련 자료

구분	전문지(발행 주기)	발행 기관	내용
국가/ 공기관	사회지표, e나라지표(온라인)	통계청	인구, 경제, 사회 지표
	KINDS(온라인)	한국언론재단	신문 기사 데이터베이스
	광고연구(계간) 광고정보(월간)	한국방송공사	- 광고 이론 및 사례 - 광고계 시사지
	방송통신심의연감(연간) 심의의결-온라인(월간)	방송통신심의위원회	방송 광고 심의 결과
학술 단체	광고학연구(연간 6호)	한국광고학회	광고 이론, 방법론, 사례
	광고홍보학보(계간)	한국광고홍보학회	광고와 홍보
	언론학보(격월)	한국언론학회	제반 커뮤니케이션
	방송학보(격월)	한국방송학회	방송 관련 논문
협회	광고업계총람(연간) KAA저널(격월간)	한국광고주협회	-광고계 디렉토리 -광고주 동향
	광고계동향(월간) 광고계동향분석보고서(계간)	한국광고단체연합회	광고비 현황
	광고산업(연간)	광고업협회	연감
대행사	광고연감(연간)	제일기획	연감
	사보(월간 혹은 격월간)	각 광고대행사	광고계 정보
조사 회사	시청률 조사(매일) 4대매체광고량(월별)	AGB닐슨미디어리서치	텔레비전 시청률 조사 (지상파, 케이블, 스카이)
	시청률 조사(매일) GRP 조사(월별)	TNS미디어코리아	텔레비전 시청률 조사 (지상파, 케이블, 스카이)

지 않다. 왜냐하면 현재 브랜드가 처한 상황이나 목표 시장이 기존 자료에 묘사되어 있는 내용과는 상이하기 때문이다. 따라서 직접 조사를 진행하는 단계로 넘어간다.

▶ 광고사랑방 7-1 | **미국의 유용한 자료**

· 인구통계국(Census Bureau): 웹 사이트(http://www.census.gov)를 통해 미국의 인구 및 경제 통계를 얻을 수 있음. 〈현재 인구 서베이*Current Population Survey*〉를 방문하면 (http://www.census.gov/cps) 사회적 이슈에 대한 서베이 결과를 알 수 있음.

· 시몬스시장조사기관(Simmons Market Research Bureau: SMRB): 〈전국 소비자 조사*National Consumer Study*〉는 2만 5000명의 성인을 대상으로 450개의 상품군에 걸쳐 8000개 브랜드 및 매체의 소비 행태, 인구·심리적 속성을 매년 조사하고 계간 발표; 〈다매체 관여 조사*Multi-Media Engagement Study*〉는 6만 8000명을 대상으로 잡지와 텔레비전, 웹 사이트의 이용을 매년 조사하여 계간 발표.

· 미디어마크조사(Mediamark Research & Intelligence: MRI): 〈미국 소비자 조사*The Survey of American Consumer*〉는 매년 2600명을 대상으로 550개의 상품군에 걸쳐 6000개의 브랜드 소비와 함께 신문, 잡지, 텔레비전 매체의 소비를 조사.

· 닐슨Nielsen: 〈닐슨 유통 인덱스*Nielsen Retail Index*〉는 1600곳의 식품점, 750곳의 편의점, 150곳의 대형 마트점의 판매 상황, 시장 점유율, 상품 가격 등에 관한 판매 시점 정보 제공. 텔레비전 시청률을 비롯하여 온라인 매체도 측정.

· 아비트론Arbitron: 전국과 지역의 라디오 방송 청취율 조사가 대표적.

· 포리스터Forrester: 〈소비자 기술적 속성*Consumer Technographics*〉 조사를 통해서 새로운 기술이 소비자에 어떤 영향을 끼쳤는지를 분석하는 등 새로운 환경의 마케팅 전략에 유용한 정보 제공

3) 표본 선정

직접 조사를 진행하려면, 조사의 대상을 결정해야 한다. 일반적으로 마케팅 커뮤니케이션의 조사 대상자는 목표 시장에서 찾는다. 따라서 소비자나 수용자, 또는 이해 관계자 집단이 누구인지를 밝힌다. 이때 조사하고 싶은 전체 집단을 모집단이라고 한다. 그리고 해당 집단에 속한 구성원을 모두 조사한다면 이는 센서스가 된다. 전 국민을 대상으로 하는 인구 센서스가 대표적 사례.

그렇지만 대부분의 경우에 모든 사람을 다 조사할 수 있는 시간과 경비가 없다. 그리고 그럴 필요도 없다. 모집단에서 일부 사람들을 잘 뽑아 조사하면 모두를 조사할 때와 유사한 답을 얻을 수 있기 때문이다. 국물의 간을 맛보려고 국물

을 다 마시지 않는 것처럼.

문제는 모집단에서 선택된 구성원을 표본이라고 하는데, 그 표본이 모집단을 잘 대표하느냐가 관건이다. 국물의 간을 제대로 맛보려면, 맛보기 전에 국물을 잘 휘저어 놓듯이. 그러면 우리는 몇백 명의 표본을 조사하고도 많은 사람들을 추론할 수 있는 결과를 얻을 수 있다.

표본을 선정하는 방법을 표집이라고 하는데 여기에는 두 가지가 있다. (1) 확률 표집, (2) 비확률 표집. 확률 표집은 모집단의 구성원이 표본에 선정될 확률을 알고 있는 경우인데 세부적으로는 표 7-4와 같다. 확률 표집은 모집단을 대표할 수 있으며, 표집 오차를 계산할 수 있다는 장점을 갖지만, 다음과 같은 단점도 있다. 모든 모집단 구성원에게 일련번호를 매겨야 하는데 이는 비용이 많이 들 뿐만 아니라 실제로 어려운 일이다.

그러므로 비확률 표집일지라도 자료 수집의 목표에 합당할 수 있으므로 사용되는 경우가 많다. 비확률 표집은 모집단에 속한 구성원이 표본으로 뽑힐 가능성을 알 수가 없는 경우를 일컫는다. 대표적 종류는 다음과 같다. (1) 편의 표집(학교 정문에서 아침 9시에 만나는 학생을 선정한다), (2) 할당 표집(남녀 비율과 문과와 이과 비율, 학년 비율 등을 종합적으로 고려하여 각 집단에 표집될 인원을 할당한 후에 채워 나간다), (3) 판단 표집(교양 강좌를 수강하는 학생들이 대표성을 띤다고 믿고 이들을 대상으로 조사한다).

표 7-4. 확률 표집 방법

표집 방안	표집의 구체적 절차
무선 표집	어떤 대학교에 6000명의 학생이 있다고 하자. 이들에게 일련번호를 부여하고(또는 학번을 대상으로), 난수표를 이용하여 60명을 선정한다. 소속 구성원 개개인이 뽑힐 확률은 60/6000이 된다. 이처럼 뽑힐 확률을 알 수 있다.
계층 표집	6000명의 학생을 중요한 속성에 따라 구분한다. 한 예로 학년에 따라 중요한 차이가 있을 것으로 보아 네 집단으로 구분하고, 각 학년에서 무선 표집을 한다.
군집 표집	6000명 모집단의 특성을 반영하는 집단이 자연스럽게 형성되어 있다. 예를 들면 학과의 구분이 대표적 사례이다. 따라서 몇 개의 학과를 선정하고 해당 학과들에서 무선 표집을 한다.

4) 연구 방법의 선정과 자료 수집

선정된 표본을 대상으로 자료를 수집하기 위해서 어떤 방법을 사용할 것인가? 조사 방법은 문제에 따라서 구분될 수 있다. 마케팅 조사가 마케팅에 관련된 의사 결정을 도와준다면, 광고 조사는 광고 문제와 연관되어 있다(마케팅 조사와 시장 조사를 혼동해서는 곤란하다. 시장 조사는 특정 소비자에 대한 정보를 수집하는 과정을 일컫는다).

광고나 마케팅을 비롯한 사회 과학에서 주로 사용되는 연구 방법은 표 7-5와 같다. 이중에서 광고학계나 업계에서 많이 사용하는 방법은 실증적 연구 방법과 질적 연구 방법이다. 이들을 중심으로 좀 더 구체적으로 살펴보자. 먼저 실증적 연구 방법을 세분하면 다음과 같다.

(1) 서베이: 표본으로부터 직접 자료를 수집하는 방법을 뜻한다. 자료 수집 방법에 따라 우편 서베이, 전화 서베이, 면접 서베이로 구분된다. 서베이 형태와 상관없이 응답자로부터 반응을 얻기 위해 설문지(일련의 질문과 응답 항목으로 구성)를 사용한다.

(2) 관찰: 소비자나 수용자 행동을 기록함으로써 측정하는 방법을 관찰이라고 한다. 텔레비전 시청률의 측정이 대표적 사례에 속한다. 또한 슈퍼마켓에서 상품의 이동 등을 스캐너로

표 7-5. 연구 방법의 종류

연구 방법	설명(종류)	사례
문헌 연구 방법	자료를 통해 관련 현상을 기술하고 설명하는 방법(도서관 서베이)	시민 단체의 조중동 광고주 압박에 대한 의미를 기존 문헌으로 고찰
실증적(또는 양적) 연구 방법	숫자로 전환될 수 있는 자료를 수집하는 방법(서베이, 관찰, 실험)	10대를 대상으로 좋아하는 음료의 질문을 만들어 조사
질적 연구 방법	수집된 자료를 수치화하기 곤란함(인터뷰, 필드 워크, 민족지학)	아파트 단지에서 과속하는 운전자의 동기를 알기 위한 면담 조사
사례 연구	인물 · 사건 · 사상 · 기관 등의 단일 사례를 집중적으로 연구	"생각대로 하면 되고"의 광고 캠페인 사례 연구

관찰하는 것도 이 범주에 속한다. (질적인 방법에도 관찰이 있다. 인류학의 참여 관찰과 같은 방법이 그런 사례인데, 이 책에서는 필드워크로 명명하여 차별화하였다.)

(3) 실험: 주요 변인을 통제하고 독립 변인이 종속 변인에 어떠한 영향을 끼쳤는지를 조사한다. 독립 변인은 광고 모델이나 광고 디자인 형태, 광고 크기 등이 될 수 있고, 종속 변인은 소비자의 태도, 이미지 형성 등과 같은 효과가 해당된다. 이를테면 광고의 배경 음악으로 재즈와 트로트 중에서 어느 쪽을 소비자가 더 좋아하는지 실험으로 알아볼 수 있다.

이러한 실증적 연구 방법은 질문이 명료하고 직선적일 뿐만 아니라 질문에 대한 응답자의 반응도 정형화되어 있다. 따라서 이러한 응답에 기초한 결론은 비교적 객관적이며 해석상의 어려움도 별로 없다. 그러나 이 방법은 소비자가 자신의 태도나 행동을 잘 알고 있어서 질문에 잘 응답할 것이라고 전제한다. 바로 이 전제가 실증적 방법을 취약하게 만드는 요인이 되고 있다. 소비자가 불성실할 수도 있으며, 소비자가 사실은 자신의 결정에 대해서 잘 모를 수 있기 때문이다. 그런 맥락에서 질적 방법이 보완책이 될 수 있다.

질적 연구 방법은 소비자의 동기나 태도와 관련하여 중요한 변인을 찾을 때 사용된다. 연구의 탐색적인 단계에서 많이 사용되는 이유이기도 하다(양적인 방법은 상대적으로 확인하는 단계에서 많이 활용). 가장 많이 사용되는 질적 연구 방법은 심층 인터뷰와 집담 인터뷰(*focus group interview*: FGI), 필드 워크*field work*, 민족지학*ethnography*이다.

(1) 심층 인터뷰: 인터뷰 진행자가 참가자를 대상으로 일련의 질문을 던져서 그 사람의 개인적인 의견이나 태도 등을 조사한다. 질문에는 정답이 없으며 얼마나 솔직하고 근원적인 생각과 느낌을 털어놓느냐가 관건이 된다.

(2) 집담 인터뷰: 약 10명 내외의 사람들을 대상으로 전개된다. 참여자들의 상호 작용이 중요하므로 참가자의 구성이나 분위기 등을 배려해야 한다. 심층 인터뷰보다는 상대적으로 정형화된 질문이 강조된다. 보통 2시간 내외로 진행하므로 한 사람당 얘기할 시간은 10분

내외. 얘기를 별로 못한다는 것이 흠.

(3) 필드 워크: 소비 현장에서 소비자를 관찰하고 소비자의 경험으로부터 통찰력을 얻고자 하는 방법이다. 조사자가 소비자의 환경 속으로 들어가 관찰과 인터뷰를 통해 소비자가 내포하고 있는 의미를 추출하는 데 역점을 둔다. 소비자의 트렌드를 잘 읽는 쿨한 소비자를 찾아 관찰하고 인터뷰하는 쿨헌트*coolhunt* 역시 필드워크의 한 종류(O'Guinn, Allen, & Semenik, 2009).

(4) 민족지학: 소비자의 소비 생활을 직접 영위함으로써 소비자를 이해하는 방법이다. 이를테면 베스트웨스턴호텔에서는 노부부의 호텔 투숙 행태를 알기 위해 직접 노부부 25쌍에게 미국을 여행하면서 투숙하는 장면을 촬영하도록 요청하였다(Wells, Moriarty, & Burnett, 2006). 또한 스카이다이버의 경험을 이해하기 위해 연구자가 직접 스카이다이버가 된다(Celsi, Rose, & Leigh, 1993).

특히 질적인 방법에서는 소비자가 답변하기 힘든 질문에 유용하다. 일례로 아름다움에 대해서 어떻게 생각하느냐, 혹은 건강에 대해서 어떻게 생각하느냐 등처럼. 그러나 이처럼 직접적인 질문은 소비자의 진실한 답을 구하기 힘들 경우가 있다. 응답자가 사회적으로 바람직한 답변을 하거나 실제로 자기 마음을 자신이 잘 모를 수 있기 때문이다. 따라서 왜곡된 응답을 피하기 위해서 간접적인 방식의 질문이 유용할 수 있다. 소비자의 심층적인 태도를 알기 위한 대표적 방법이 투사적 기법*projective technique*이다. 투사적 기법은 명확한 질문이 아니라 애매하고 비정형화된 질문을 던짐으로써 응답자가 자신의 생각이나 느낌을 투사할 수 있도록 한다. 몇몇 종류를 살펴보면 다음과 같다(아커, 1991).

- 문장 완성형: 사람들은 '하이트'를 좋아한다. 왜냐하면 ……
- 단어 연상형: '필스너' 하면 생각나는 것은?
- 그림 해석: 친구끼리 '코로나'를 마시는 그림이 있다. 어떤 분위기가 느껴지는가?
- 사람이라면: '하이네켄'을 사람이라고 상상하고, 그 사람을 묘사해 보시오.

➤ 광 고 사 랑 방 7-2	은유 추출 기법

은유 추출 기법*metaphor elicitation technique*은 다음과 같이 진행된다. 조사의 주제를 "코카콜라"라고 하자. 그러면 인터뷰할 소비자에게 코카콜라에 대해서 일주일 동안 생각할 시간을 주고, 그동안 커피에 대한 생각이나 느낌을 가장 잘 나타내는 사진이나 그림, 또는 물건을 준비해서 다음 인터뷰 때 갖고 오라고 부탁한다. 그러면 소비자가 일상 생활을 하다가 언뜻언뜻 "아, 콜라 숙제가 있었지, 무슨 사진을 가져갈까?"라고 생각한다. 그래서 이런저런 고민 끝에 2차 인터뷰 날이 가까워지면, 사진(이를테면 수풀)을 집어들고 온다. 그러면 인터뷰어는 그 소비자와 함께 그 사진을 갖고 온 이유에 대해서 이런저런 면담을 진행한다. "콜라를 마시면 상쾌하거든요" 등등의 얘기를 주고받는다. 이런 인터뷰 속에 소비자가 자신도 의식하지 못했던 무의식이나 감정이 묻어난다는 것이다. 그런 내용을 분석해서 "코카콜라"에 대한 소비자의 태도를 조사한다. 그 결과, 코카콜라에는 역동성뿐만 아니라 편안함과 같은 연상도 내포하고 있음을 알 수 있다. 하버드 비즈니스대학의 잘트먼 교수가 개발하여 ZMET으로 명명하였다(Zaltman, 2003).

질적인 방법으로 얻은 결론은 주관적이어서 일반화시키기 어렵다는 비판을 듣는다. 그렇지만 소비자나 상품에 대한 통찰력을 제시한다는 점에서 그 강점을 찾을 수 있다. 최근에는 은유 추출 기법도 등장하였다(광고사랑방 7-2).

5) 자료 분석 및 결과 제시

수집된 자료는 처리되고 분석되어야 한다. 그래야 유의미한 정보로 변신한다. 자료란 기본적인 사실, 수치, 아이디어 등에 불과하고, 자료를 의미 있게 구성하고 분석할 때 비로소 정보가 될 수 있다.

양적인 방법을 사용했을 때에는 컴퓨터가 이 단계에서 많은 도움을 준다. 특히 통계 패키지 프로그램을 많이 이용한다. SPSS가 대표적 프로그램이다. 자료를 요약하는 일에서부터 변인 간의 관계나 정교한 모델에 이르기까지 유용하다.

이러한 분석 못지않게 결과를 제시하는 일도 중요하다. 더구나 결과를 검토하고 의사 결정을 내리는 사람들은 조사 전문인과 다를 수 있다. 따라서 조사 전문 용어와는 다른 용어로 결과를 제시할 필요가 있다. 될 수 있는 대로 통계적 어휘를 빼고 그 대신에 간결하고 논리적으로 구성될 수 있도록 보고서가 작성되어야 한다.

6) 조사의 한계

사회 과학에서 사용되는 조사 방법의 한계에 대해선 오랫동안 논란이 있었다. 이러한 논란은 이론과 조사의 관계가 무시된 채 조사 기술만이 성행했기 때문이다. 조사 방법에 얽매여 통계를 맹신하는 분위기가 원인 중의 하나이다. 흔히 어떤 통계 기법을 사용했다고 해서 더욱 돋보이는 경우가 그런 사례에 속한다. 그러나 방법론이 이론적으로 적합한지를 검토해야 한다. 질문에 대한 답을 얻는 데 과연 그 조사 방법이 타당한지, 그리고 수집한 자료에 적용할 수 있는 분식 방법인지를 살필 필요가 있다.

한 가지 더 경계해야 될 점은 자료에 얽매이는 자세다. 흔히 범하는 실수가 수집한 자료가 이야기해 주는 방향으로 해석의 방향을 결정하는 것이다. 이를 흔히 자료 지향적 접근이라고 하는데 이러한 자세도 조사의 맹신에서 비롯된다. 수치화된 자료는 불변의 진실이라고 받아들이는 것이다. 그렇지만 수집한 자료가 잘못되었을 가능성도 있다. 또한 자료는 연구자의 이론을 뒷받침하기 위한 도구이므로 자료에 앞서 이론 지향적인 자세가 요구된다.

사실 우리가 알고 있는 유명한 이론의 상당수는 아직 경험적으로 입증되지 못한 부분이 있다. 예를 들면, 소비자 행동론 가운데 정보 처리 모델로 소개되는 하워드와 세스(Howard & Sheth)의 모델은 경험적 자료에 의해서 지지받지 못한 부분이 있다. 그렇지만 계속 유용한 이론으로 남아 있다. 이론이 자료에 의해서 입증되지 않았다고 이론을 버려서는 곤란하다. 계속 경험적으로 검증하는 노력을 기울여야 한다. 이렇게 볼 때 단지 자료에 묶여서 결과를 해석하는 것은 한계가 있음을 직시해야 한다.

3. 광고 조사

1) 광고 조사의 구분

광고 전략을 수립하기 전에 광고대행사는 소비자의 인식, 경쟁자에 대한 평가 등을 알아야 한다. 그리고 조사를 통해 이러한 정보를 얻을 수 있다. 광고 조사의 종류는 그 시점과 내용에 따라 표 7−6과 같이 구분할 수 있다. 광고 전략 조사는 광고가 만들어지기 전에, 사전 테스트는 광고가 만들어지기 직전(또는 만들었지만 아직 집행하기 전)에, 그리고 사후 테스트는 광고가 집행된 후에 시행된다.

표 7−6. 광고 조사

종류	시간적 구분	설명
광고 전략 조사	크리에이티브 작업 이전	상품 개념, 목표 소비자, 상품 사용 등에 관한 조사
사전 테스트	광고 제작 완성 이전 또는 광고 집행 이전	광고 개념, 광고 시안, 브랜드명, 슬로건 등에 관한 조사
사후 테스트	광고 집행 이후	소비자 태도 변화, 판매 변화 등을 비롯한 광고 효과 조사

2) 광고 전략 조사

광고 전략 조사는 광고 전략을 수립하기 위한 조사다. 조사 결과는 전략의 방향을 결정하는 데 사용되며, 궁극적으로 크리에이티브 전략에 반영된다. 전략 수립에 필요한 정보가 많은 만큼 조사의 내용 역시 다양하다.

(1) 상품 개념 및 소비자 인식 조사

새로운 상품을 내놓을 때 아이디어를 확인하기 위해 소비자 집단을 대상으로 인터뷰를 한다. 상품에 초점을 맞춘 컨셉트 테스팅*concept testing*이다. 소비자의 피드백을 통해 상품 개념이 타당한지를 확인할 수 있을 뿐만 아니라 시장에 대한 통찰력을 얻을 수 있다.

또한 상품을 개발할 때는 상품의 어떤 특성이 구매에 중요한 영향을 끼치는지를 조사할 필요가 있다. 이러한 조사에 컨조인트 분석*conjoint analysis*이 유용하다. 예를 들어, 신혼여행 상품을 개발한다면 여행객들이 중시하는 요인을 파악해야 된다. 이를 위해 목적지, 숙소, 기간 등에 기초한 여러 여행 상품을 만들어 소비자에게 선호도를 평가하게 한다. 그리고 소비자의 선택을 분석하여 각 요인의 상대적 중요성을 파악할 수 있고, 그 결과에 기초하여 최적의 여행 상품을 조합할 수 있다. 즉 컨조인트 분석으로 상품 개념의 구성을 결정할 수 있다.

그리고 소비자가 여러 상품을 어떻게 인식하는지를 아는 데는 인식 지도*perceptual map*가 도움을 준다. 이는 주로 다차원 척도법*multi-dimensional scaling* 통계 기법으로 작성된다. 이를테면, 그림 7-2의 지도에서 두 가지 차원이 맥주의 주요 속성을 나타낸다. (1) 맛, (2) 가격. 이 같은 지도는 경쟁사와 비교하여 자사 제품이 소비자 마음에 어떻게 자리잡고 있는지를 시각적으로 알려 준다(Hawkins, Best, &

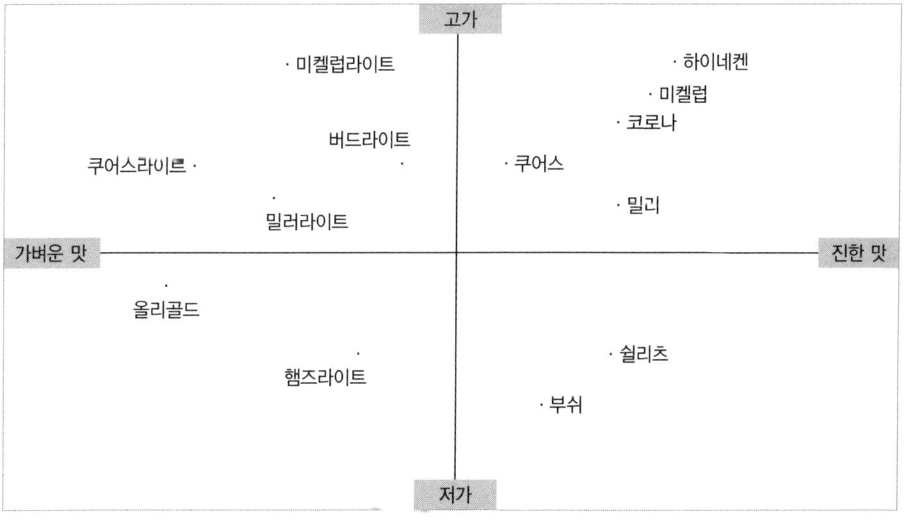

그림 7-2. 다차원 척도의 사례: 맥주

Coney, 2004). 나아가서 차별화를 시도할 필요가 있는지, 차별화를 한다면 어느 방향으로 포지셔닝할 것인지에 관한 지침을 얻을 수 있다.

(2) 목표 시장 조사

앞서 말했듯이 목표 시장을 선정하기 위해서는 먼저 시장을 세분화해야 한다. 이를 위해서는 군집 분석cluster analysis이 유용하다. 다양한 소비자를 대상으로 서베이를 한 후에, 의견이나 태도 등에 따라 동질성이 강한 구성원은 같은 집단으로, 이질적이면 다른 집단으로 구분한다. 이를테면, 맥주 소비자 집단은 맥주 소비 행동에 따라 다음과 같은 군집을 얻을 수 있다. 대중적인 맥주라면 가리지 않는 집단, 라이트 맥주만을 고집하는 집단, 수입 맥주를 즐기는 집단, 독특한 맥주(흑맥주나 에일과 같은)를 찾는 집단. 이들 집단 가운데 자사 브랜드는 어떤 군집을 목표 시장으로 할 것인지를 판단할 수 있다.

(3) 매체 조사

매체를 선정하기 위해서는 매체 조사가 필요하다. 이 영역에 관해서는 상업적 조사 기관의 서비스를 제공받는 경우가 많다. 물론 목표 시장의 매체 소비 행태가 어떠한지를 직접 조사할 수도 있지만. 일반적으로 텔레비전의 시청률 조사, 신문이나 잡지의 열독률 등에 관한 조사를 토대로 선정된 목표 시장에 어떻게 도달하느냐를 기획하게 된다. 즉 매체 전략의 중요한 투입이 되는 셈이다.

(4) 메시지 요소 조사

질적인 방법을 통해 소비자의 태도나 반응을 조사함으로써 광고 전략에서 사용할 다양한 메시지를 발굴할 수 있다. 상품의 차별성이나 특성을 소비자 입장에서 정리함으로써 중요한 광고 컨셉트나 주제를 발견할 수 있다(광고에 초점을 맞춘 컨셉트 테스팅인 셈이다).

3) 사전 테스트

사전 테스트는 광고 전략을 수립한 후에, 광고 제작의 전후로 이뤄지는 조사이다. 광고물에 대한 평가가 중심 내용이므로 카피 리서치*copy research*라고 불리기도 한다. 광고를 제작하기 전이라면, 광고 시안, 중요한 광고 개념이나 슬로건 등을 조사한다. 특히 하나의 광고물 또는 여러 광고물을 준비하여(완성물이 아니라 간단한 스케치 형태임), 소비자 반응을 측정한다. 최종적으로 광고물을 제작, 완성하기 전에 과연 올바른 방향으로 나아가고 있는지를 확신시켜 준다. 실수를 줄이고 광고 메시지를 효과적으로 만들 수 있는 셈이다. 일례로 DDB 니덤(DDB Needham Worldwide) 대행사는 제작된 모든 광고물의 사전 테스트를 시행하고 있다. 광고주에게 광고물을 추천하기 전에, 메시지의 난섬이 없도록 조치하는 것이다.

이 단계에서 사용되는 테스트 기법은 집담 인터뷰, 투사 기법, 생리적 테스트, 극장 테스트 등이 있다. 이 가운데 생리적 테스트는 신체의 생리적 반응을 측정하는 기계(폴리그래프*polygraph* 등)를 이용한다. 응답자의 신체에 전극을 부착시키고 광고를 보여 주면서 응답자가 느끼는 생리적 반응을 측정한다. 이때 측정하는 내용은 다음과 같다. 심장 박동, 표피의 전기 저항 등. 이 가운데 몇 가지를 살펴보면 다음과 같다.

· 알파 파워: 뇌의 전기적 활동을 EEG(electroencephalograph)로 측정. 8Hz에서 13Hz 사이의 파장을 알파 곡선이라 하는데, 이 강도를 알파 파워라고 한다. 알파 파워의 크기는 인지적 활동과 반비례하는 것으로 알려졌다(현용진, 1992).

· GSR(galvanic skin response): 표피에 약한 전기 자극을 흘려보낸 다음에 그 흐름에 대한 표피의 저항을 측정. 옴ohm으로 측정된 저항의 역수를 전도 계수*conductance*라 하는데, 이에 기초한 반응을 GSR이라 칭한다. GSR은 즐겁거나 기분 나쁜 감성적 자극 등에 대하여 모두 높은 상관 관계를 보이는 것으로 알려졌다(Buck, 1984).

이외에도 뇌의 어느 부분이 작동하는지를 보여 주는 MRI(magnetic resonance imaging), 또는 인쇄 매체에서 소비자가 어디에 얼마나 주목하는지를 나타내는 시선 측정*eye tracking*, 목소리에 반영된 흥분 상태를 측정하는 목소리 반응 분석*voice-response analysis* 등이 있다(O'Guinn, Allen, & Semenik, 2009). 이들 생리적 반응은 신체의 변화를 측정하는 데는 정확하지만, 그 반응의 원인이 무엇인지, 그리고 그 의미가 무엇인지를 아는 데는 어려움이 있다.

물론 정보 전달이나 브랜드 인지도 제고가 목표라면 인지 차원을 측정한다. 얼마나 잘 이해했는지, 브랜드 이름을 잘 기억하는지를 질문함으로써 광고물을 평가한다.

그리고 광고를 제작한 후에, 그렇지만 아직 매체에 게재되기 전에도 광고물을 조사할 수 있다. 사전 테스트는 소비자에게 노출되기 이전에 진행되는 테스트라는 의미이기 때문이다. 이러한 조사를 통해서 광고물의 효과를 제고할 수 있는 기회를 끝까지 모색한다.

4) 사후 테스트

사후 테스트는 광고가 실제로 게재되거나 방영된 이후에 광고 효과가 얼마나 있었는지를 평가한다. 이러한 평가는 이후 광고 전략에 중요한 피드백을 제공한다. 광고 효과로서 측정될 수 있는 대상은 다음과 같다. 인지 효과(정보 전달이나 이해 등), 태도 효과(선호도나 태도의 변화 등), 행동 효과(구매 시도 여부나 구매량 또는 판매량의 변화 등).

이 가운데 인지 효과는 대체로 서베이를 통해 측정된다. 광고가 집행된 다음 날 측정하기 때문에 일명 '하루 지난 후 회상*day-after recall* (DAR)'이라고 불린다. 그 질문 내용에 따라 다음과 같이 구분된다. 예를 들어, 어제 '신라면'의 새로운 광고가 텔레비전에 방영되었다고 하자. 그러면 표본에게 전화 등의 방법을 이용, 어제 텔레비전을 시청했는가를 물어본 다음, 시청한 사람들을 대상으로 다음과 같은 질문을 던진다.

(1) 비보조 회상*unaided recall* 테스트: 어젯밤 라면 광고 보신 거 있어요?

(2) 보조 회상*aided recall* 테스트: 어젯밤 신라면 광고 보셨어요?

(3) 인식*recognition* 테스트: 다음 가운데 어젯밤 광고된 상표명은 무엇인가요?

① 신라면 ② 진라면 ③ 삼양라면 ④ 장라면

미국의 브루존 리서치Bruzzone Research 회사에서는 방송 광고의 회상 테스트에서 포토보드(실제 방송 광고에서 주요 정지 화면을 선택하여 인쇄한 것)를 이용한다. 시청자 표본에게 포토보드를 인터넷으로 보내 주고 광고를 보았는지, 브랜드 이름을 기억하는지(포토보드에는 브랜드 이름이 밝혀져 있지 않음)를 측정한다(O'Guinn, Allen, & Semenik, 2009).

인쇄 광고의 효과 측정으로는 미국의 스타치Starch 회사가 손꼽힌다. 해마다 10만 명 이상을 대상으로 인터뷰하여 인쇄 광고의 효과를 측정한 〈스타치 리더십 보고서*Starch Readership Report*〉를 발행한다. 구체적으로 다음과 같은 정보의 수치를 제공한다(그림 7-3). (1) 광고 본 것을 기억하는지(noted), (2) 광고와 상품 이름을 정확하게 연결시키는지(associated), (3) 광고의 절반 이상을 읽었는지(read most).

그런데 이러한 기억 측정에 대해서 일부 연구자는 반대한다. 기억한다고 구매하는 것은 아니기 때문이다. 게다가 기억을 높이는 광고가 창의성이나 설득력이 뛰어난 것도 아니다.

태도 차원의 효과는 광고를 얼마나 좋아했는지, 또는 브랜드 태도가 얼마나 변했는지 등을 측정한다. 이러한 조사 역시 표본을 대상으로 진행하여, 광고가 집행되기 이전의 수준과 비교함으로써 효과를 가늠한다.

마지막의 행동 차원은 표본 조사를 통해서도 알 수 있지만, 회사의 판매 실적이나 시장 점유율 변화를 추적해서도 추론할 수 있다. 물론 판매의 흥망성쇠가 광고 탓만은 아니지만. 이외에도 인터넷의 댓글과 같은 반응이나 회사로 걸려오는 문의 전화 등을 통해서도 시장 반응을 유추할 수 있다.

사후 테스트에서 중요한 점은 효과를 알기 위해서는 광고를 집행하기 이전에

그림 7-3. 스타치 점수 사례

광고물을 전체적으로 기억하는 응답자의 비율이 56%, 광고와 상품 이름을 연결한 응답 비율이 53%, 그리고 광고의 절반 이상을 읽은 응답자는 24%였다고 측정한 숫자를 적어 놓았다.

소비자 대상의 조사가 있어야 한다는 것이다. 이른바 베이스라인*baseline*이 있어야 광고 전략 이후의 효과를 알 수 있지, 사후에만 조사해서는 효과를 가늠할 수 없다. 따라서 효과를 염두에 둔다면 사전에 조사를 진행시킬 필요가 있다. 그럼에도 불구하고 대부분의 광고주는 사전 조사에 들어가는 비용과 시간을 아까워해서 탈이지만.

참고 문헌

강양욱 (1998). "소비자 / 시청취자 조사," 〈광고정보〉, 11월호.
김광수 (1993). "광고 연구의 질적 접근: 방송 광고 시청 행태를 중심으로," 〈광고연구〉, 여름호.
아커, 데이비드 A. (1991). 《브랜드 자산의 전략적 관리》. 마케팅커뮤니케이션연구회 옮김. 나남.
현용진 (1992). "TV 광고의 한 장면이 그 인접 장면의 기억에 미치는 영향," 〈광고연구〉, 봄호.

Babbie, E. (1983). *The Practice of Social Research*. Belmont: Wadsworth Publishing Company.
Buck, R. (1984). *Human Motivation and Emotion*. New York: John Wiley & Sons.
Celsi, R., Rose, R., & Leigh, T. (1993). "An Exploration of High-Risk Leisure Consumption through Skydiving," *Journal of Consumer Research*.
Hawkins, D. I., Best, R. J., & Coney, K. A. (2004). *Consumer Behavier*. New York: Mc Graw Hill.
Hirschman, E. C. & Holbrook, M. B. (1992). *Postmodern Consumer Research: The Study of Consumption as Text*. Newbury Park: Sage.
Kerlinger, F. N. (1973). *Foundations of Behavioral Research*. New York: Holt, Rinehart & Winston, Inc.
Kuhn, T. S. (1970). *The Structure of Scientific Revolution*. Chicago: The University of Chicago Press.
Morgan, G. & Smircich, L. (1984). "The Case for Qualitative Research," S. W. Brown & R. P. Fisk (eds.), *Marketing Theory*. New York: John Wiley & Sons.
O'Guinn, T. C., Allen, C. T., & Semenik, R. J. (2009). *Advertising and Integrated Brand Promotion*. Mason: South-Western.
Wells, W., Moriarty, S., & Burnett, J. (2006). *Advertising: Principles and Practice*. Upper Saddle River: Pearson Prentice Hall.
Winer, R. S. & Moore, W. L. (1989). "Evaluating the Effects of Marketing-Mix Variables on Brand Positioning," *Journal of Advertising Research*, February / March.
Zaltman, G. (2003). *How Customers Think*. Boston: Harvard Business Press.

8장 광고 목표와 시장 세분화

광고 기획 과정에서 광고 목표를 우선 수립할 것인지, 아니면 목표 시장을 먼저 설정할 것인지는 어떤 접근 틀을 따랐느냐에 따라서 상이하다. 전통적 방안은 목표에 우선 순위를 두는 반면, 통합적 마케팅 커뮤니케이션은 목표 시장에 비중을 두는 경향이 강하기 때문이다. 사실 상황에 따라서 목표 시장이 앞서거니, 또는 목표가 앞서거니 할 수 있다. 항공사의 비행기가 추락했다면 위기 관리라는 목표가 선행 요인이 될 터이고, 경쟁사의 판촉에 자사의 충성 고객이 유혹당하고 있다면 목표 시장이 관건일 것이다. 그만큼 광고 기획의 핵심은 목표와 목표 시장이라고 할 수 있다. 여기에서는 광고 전략의 구체적 방안을 논의하기에 앞서 이들 핵심적인 요인들을 다루었다. 목표와 목표 시장을 이해하면 전략도 용이하기 때문이다. 논의의 순서는 광고 목표, 시장 세분화, 그리고 목표 시장의 선정으로 하였다.

1. 광고 목표의 이해

1) 목표의 기능

"목표 없는 사람은 어떤 일을 해도 무의미하다." 공자의 말이다. 무슨 일을 하든지 목표 지향적인 자세가 중요하다는 뜻이리라. 사실 목표는 그 자체가 중요한 기능을 수행한다. 그렇다면 광고 목표가 어떤 역할을 하는지를 먼저 살펴보자 (Batra, Myers, & Aaker, 1996).

첫째, 커뮤니케이션 기능과 조정 기능을 한다. 광고주와 광고대행사 간의 커뮤니케이션을 도울 뿐만 아니라, 광고대행사 내의 구성원들 사이에서도 할 일이 무엇인지를 알리고 과제를 서로 조정할 수 있도록 해준다. 둘째, 목표는 일을 하

➤ 광 고 사 랑 방 8-1	**목표와 전략의 차이**

목표는 앞으로 이루어지기를 바라는 조건에 대한 진술문이다. 반면에 전략은 이러한 목표를 어떻게 수행할 것인가에 관한 내용을 담는다.

는 과정에서 이런저런 결정을 내릴 때 기준을 제공한다. 만일 여러 가지 광고 전략이 고려된다면 그 가운데 목표에 적합한 전략이 선택되어야 할 것이다. 광고주 취향이나 모델의 매력도가 아니라. 셋째, 광고 효과를 평가하는 데 유용하다. 광고 집행 후 그 효과를 측정할 기준을 제공하는 것이 바로 목표다. 목표를 달성했느냐가 관건이 될 테니까.

2) 마케팅 목표와의 연계

광고 목표는 광고 상황만 고려하여 결정해서는 안 된다. 광고는 여대생을 목표로 하는 반면에 마케팅은 직장 여성에 초점을 맞춘다면 조직 내부는 물론 시장에도 혼란만 가중시킬 뿐이다. 그보다는 회사의 전반적 목표와 마케팅 목표를 반영해야 한다.

일례로 어떤 기업의 금년도 비즈니스 목표가 이윤을 3% 증대시키는 것이고, 마케팅 목표는 시장 점유율을 6% 더 증가시키는 것이라고 하자. 이런 상황에서 기존 고객을 대상으로 브랜드 충성도를 제고하는 광고 목표를 세워서는 마케팅 목표를 달성하기 어렵고, 그보다는 새로운 고객을 더 확보해야 마케팅 목표에 기여할 수 있을 것이다. 그런 맥락에서 새로운 목표 시장을 설정하고 이들에게 자사 상품의 경제적 혜택을 집중적으로 알리는 방향으로 광고 목표를 설정하는 것이 보다 타당할 것이다. 이처럼 광고 목표가 마케팅 목표와 일관성이 있을 때 회사에 기여할 수 있게 된다.

3) 광고 목표와 판매의 관계

아마도 광고 목표를 무엇으로 설정할 것인가에 대해서 흔히 나오는 답은 판매일 것이다. 특히 광고주 입장에서는 가장 편리하고 유혹적이다(관심이 많을 테니까). 광고를 집행하고 나서 판매나 시장 점유율을 측정하기란 비교적 쉽고 또 분명하다. 그러나 광고 목표를 판매에 연결시키는 것은 타당하지 못하다. 그 이유는 다음과 같다.

(1) 광고는 판매에 영향을 끼치는 많은 변인들 가운데 하나이며, 광고 변인만의 기여도를 따로 떼어 내서 밝히기란 어렵다. 광고 등의 마케팅 커뮤니케이션뿐만이 아니라 가격, 유통, 상품의 품질 등과 같은 다른 요인들도 판매에 영향을 끼친다.

(2) 광고의 기여도는 종종 장기간에 걸쳐서 일어난다. 일례로 구매 기간이 짧은 소비재의 경우, 광고 노출 효과는 9개월 이후에나 사라진다. 그만큼 광고 효과를 단기간에 걸쳐서 판단하는 것은 무리다.

물론 광고 목표를 판매에 연결시킬 경우가 전혀 없는 것은 아니다. 직접 마케팅이나 직접 우편이 주된 마케팅 커뮤니케이션이고 다른 커뮤니케이션이 없을 때는 광고를 판매에 연결시켜 목표를 수립하는 것이 가능하다. 예를 들면, 기념 주화를 판매하는데 일부 소비자만을 대상으로 직접 우편만의 판촉 활동을 했다면, 이때는 마케팅 커뮤니케이션의 목표를 주화의 판매에 직결시킬 수 있다.

그렇지만 앞에서 살펴보았듯이 광고와 판매의 관계가 직접적으로 관찰되는 일은 드물다. 대신 광고는 판매로 이끄는 요인 중의 하나이자, 판매로 이끄는 중간 과정에 놓여 있다고 볼 수 있다. 즉 광고가 소비자 인식에 영향을 끼치고, 그러한 커뮤니케이션 과정이 판매에 연결되는 것으로 모델을 설정한다. 이렇게 접근하는 이론적 배경을 살펴보자.

2. 광고 목표의 수립

1) 조작적 접근

광고 목표는 조작적操作的으로 서술되어야 한다. 구체적이어야 시행하는 데 효율적일 뿐만 아니라 효과 측정도 가능하기 때문이다. 광고 목표를 조작적으로 접근하게 된 데는 다음과 같은 배경이 크게 작용하였다. 1961년 쿨리Cooley가 전국광고주협회(ANA)의 후원을 받아 《측정 가능한 광고 효과로 광고 목표를 수립하기 *Defining Advertising Goals for Measured Advertising Results*》(DAGMAR)라는 책을 펴냈다(Leckenby & Wedding, 1982).

이 책은 제목 그대로 광고 기획이나 측정에 객관성을 부여하는 데 초점을 맞춘다. 또한 광고 목표가 마케팅 과제와는 다른, 즉 커뮤니케이션 과제임을 명확히 한다. 나아가서 커뮤니케이션 목표를 수립하려면 커뮤니케이션 과정의 모델에 기초해야 한다는 점을 강조하고, 수용자가 거치는 일련의 단계를 설정하였다. DAGMAR에서 설정한 커뮤니케이션 과정은 다음과 같다.

인지도 → 이해 → 태도 → 행동

수용자가 상품을 구매하는 행동에 이르기 위해서는 일련의 정신적 단계를 거치는데, 이들의 중요한 단계를 인지도*awareness*, 이해, 태도로 제시한 것이다. 중요한 전제는 다음 단계로 넘어가기 위해서는 반드시 전前 단계를 거쳐서 차례대로 진행한다는 점이다. 이러한 틀을 계층적 효과*hierarchy of effects* 모델이라 한다(이에 기초한 전략에 대해서는 10장을 보라).

이 같은 'DAGMAR 접근'에 대해 비판이 없는 것은 아니다. 무엇보다 판매가 아니라 소비자의 인지*cognition*를 광고 목표로 측정하는 데 반대한다. 인지가 판매에 영향을 끼치지 못한다면 무엇 때문에 인지를 측정하느냐고 반문한다. 또한 인지가 판매에 궁극적으로 영향을 끼친다면 왜 판매를 직접 측정하지 않느냐고 비판한다.

또 다른 비판은 계층 구조에 모아진다. 상황에 따라서 효과가 계층적으로 일어나지 않을 수도 있다고 반박한다. 즉 단계를 건너뛸 수도 있고, 일방향이 아니라 피드백의 단계가 있을 수도 있으며, 또한 감정적인 과정을 거칠 수도 있다는 것이다. 따라서 이 계층 모델을 모든 구매 상황에 적용하는 것은 무리라고 공격한다. DAGMAR 이외에도 다양한 계층적 구조의 모델이 있는데, 이들도 유사한 비판을 받는다.

그럼에도 불구하고 'DAGMAR 접근'은 커뮤니케이션 개념을 광고 목표 수립에 도입함으로써 타당성 있고 실용적인 틀을 제공하였다는 평가를 받는다. 또한 조작적으로 접근하면서 목표 설정이나 사후 효과 측정 등에 있어서 유용하기 때문에 보다 객관적이고 구체적이라는 점도 긍정적으로 평가된다.

그러면 이 같은 조작적 접근 틀에 기초해 광고 목표를 수립한다고 하자. 과연 어떤 내용이 목표에 들어가야 할까? 일반적으로 다음과 같은 내용이 제시되어야 한다(Govoni, Eng, & Galper, 1986). (1) 목표 시장, (2) 구체적 행동의 결과, (3) 커뮤니케이션 과정, (4) 구체적 반응. 이들을 차례대로 살펴보면 다음과 같다.

2) 목표 시장은?

무엇보다 커뮤니케이션 대상인 목표 시장의 묘사가 있어야 한다. 해당 상품을 필요로 할 뿐만 아니라 구매 능력이 있고 접근 가능한 소비자는 누구일까? 특히 브랜드와 상응하는 이미지와 라이프스타일을 지닌 소비자가 일차 목표 시장이 된다. 일례로 '빅토리아 시크릿' 속옷 브랜드가 한국에 진출하여 광고한다고 가정했을 때 목표 시장은 다음과 같이 기술될 수 있다. "20대와 30대의 직장 여성."

3) 원하는 소비자의 행동은?

커뮤니케이션, 즉 광고가 목표 시장에 어떤 영향을 끼칠 것인지를 반영시켜야 한다. 이는 주로 소비자의 행동과 관련된 반응으로 다음과 같은 차원으로 묘사될 수 있다. 행동 변화, 특정 행동 강화, 행동에 영향력 행사, 행동의 촉발. 이러한 행동을 명확하게 설정하면 목표 시장도 더욱 구체적으로 떠오르기 마련이다. 그리고 이들에게 어떤 행동을 요구할지도 보다 선명해진다. 행동에 기초한 소비자 구분과 원하는 소비자 행동을 소개하면 다음과 같다.

· 자사 이용자: 사용을 유지, 사용량을 증가, 구매 시점을 단축
· 경쟁사 이용자: 자사 상품을 시도, 자사 상품의 사용량을 증대, 자사에 충성심 형성
· 자사와 경쟁사를 왔다 갔다 하는 이용자: 자사 상품의 사용 빈도를 증대
· 비이용자: 상품군의 이용을 유도

'빅토리아 시크릿'의 경우, 원하는 행동에 기초하여 다음과 같이 광고 목표를 세울 수 있다. "20대와 30대 직장 여성 가운데 프리미엄 속옷을 구매하였던 소비자를 대상으로 '빅토리아 시크릿'의 착용을 시도해 보라는 것."

4) 행동을 야기하는 커뮤니케이션 과정은?

그런데 문제는 광고가 행동을 직접적으로 촉발시키는 데 그다지 적합하지 않다는 점이다. 미팅에 가서 "나 잘났어" 광고한다고, 바로 나를 선택할 파트너가 몇 명이나 될까? 마찬가지로 '빅토리아 시크릿'의 속옷 텔레비전 광고를 시청하고 바로 백화점에 가서 구매하는 경우가 얼마나 있겠는가?

그보다는 광고 자극과 소비자 행동의 반응 사이에 존재하는 일련의 과정에 초점을 맞추는 것이 더 유용하다. 이러한 과정의 중간 반응들을 중개 변인

소비자에게 일어나길 원하는 행동('빅토리아 시크릿'의 시착)	➡	그 행동을 유발시킬 커뮤니케이션 과정: 감정, 인지, 태도 등('빅토리아 시크릿'에 대한 인지도 제고)	➡	그 커뮤니케이션 과정에 영향을 끼칠 광고의 역할('빅토리아 시크릿' 브랜드명 반복)

그림 8-1. 광고와 소비자의 행동

*intervening variables*이라 하는데 이들은 인지도, 지식, 감정, 태도, 연상 등과 같은 광범위한 정신적 개념들을 포함한다. 다시 말하면, 소비자의 감정과 인지에 영향을 미치는 일련의 과정이 해당된다.

따라서 목표는 비록 행동 지향적일지라도, 조작적으로 목표를 정의하기 위해서는 정보 처리와 같은 커뮤니케이션 과정의 중개 변인으로 정의를 내리게 된다. 즉 어떤 커뮤니케이션이 그러한 행동을 유발할 것인가에 초점을 맞추어야 한다. 그런 다음에 그 과정에서 광고의 역할이 무엇인지를 고민해야 한다. 그것이 바로 광고 목표의 핵심이 된다. 이 같은 관계를 도식화하면 그림 8-1과 같다.

그러므로 '빅토리아 시크릿'의 광고 목표는 이제 다음과 같이 구체적으로 된다. "20대와 30대의 직장 여성 가운데 프리미엄 속옷을 구매하였던 소비자에게('빅토리아 시크릿'의 시착을 권유하기 위해서) '빅토리아 시크릿'의 인지도를 높이는 것"으로 기술할 수 있다.

5) 구체적인 반응은?

목표로 삼는 커뮤니케이션 단계의 반응은 가능한 구체적으로 묘사되어야 한다. 그래야 이후에 평가의 정확성과 타당성을 높일 수 있기 때문이다. 일반적으로 다음과 같은 내용을 포함한다. (1) 목표 반응을 가능하면 양적으로 묘사, (2) 목표 반응의 객관적 측정 방법을 묘사, (3) 목표 반응을 달성하는 기간 명시.

또다시 '빅토리아 시크릿'의 목표. "20대와 30대의 직장 여성 가운데 프리미엄 속옷을 구매하였던 소비자에게('빅토리아 시크릿'의 시착을 권유하기 위해서) '빅토리아 시크

렛' 속옷의 인지도를 80% 심어 놓는데, 이 인지도는 비보조 회상도로 측정될 것이며 기간은 내년 1월부터 12월까지." 이 정도면 매우 구체적으로 광고 목표가 기술된 셈이다.

3. 시장 세분화

앞서 말한 광고 목표에서는 목표 시장을 간략하게 언급하고 목표 수립을 제시하였다. 그렇지만 목표 시장의 설정은 간단한 작업이 아니다. 많은 소비자를 대상으로 우리 상품에 맞는 목표 시장을 어떻게 찾을 것인가? 이를 위해서는 우선 시장을 세분해서 살펴보아야 한다.

1) 분할된 시장과 다양화된 상품

1970년대의 서울 길거리는 포니 자동차 일색이었다. 그것도 검정색으로. 그렇지만 요즈음은 각종 외제차를 비롯하여 다양한 국산 자동차를 볼 수 있다. 또한 1980년대까지만 하더라도 운동화하면 그냥 흰색 운동화를 의미했다. 그런데 지금은 진열대에 가면, 색상이 다양해진 것은 물론 그 종류에 정신없다. 테니스화, 농구화, 조깅화, 산책용, 패션용, 자세 교정용 등등. 생산자와 판매자는 다양한 상품을 내놓으며, 소비자는 자신의 필요와 취향에 적합한 상품을 선택한다. 종전에는 10인 1색이었으나 이제는 10인 10색의 과정을 거쳐 앞으로는 1인 10색으로 변

➤ 광 고 사 랑 방 8－2	선택적 마케팅과 대중 마케팅

일단의 소비자 집단을 선택하여 그들을 목표로 상품과 광고 공세를 벌이는 것을 선택적*selective* 또는 타깃*target* 마케팅이라고 한다. 이에 반하여 표준화된 제품으로 일반 대중을 대상으로 전개되는 마케팅을 대중*mass* 마케팅이라고 한다.

하는 추세라고나 할까?

그런 맥락에서 대중 마케팅은 더 이상 적합한 틀로 작용하지 못한다. 6장에서도 설명했듯이 소비자의 권한이 강화되었으며, 소비자의 필요와 욕구가 다양해졌고, 다양한 매체의 등장으로 도달할 수용자가 분할되었기 때문이다. 더구나 경쟁이 치열해지면서 다품종의 시장 상황도 소비자 시장의 분할을 촉진하게 되었다. 이처럼 세분화된 시장 상황에서 광고주는 마케팅을 성공적으로 수행하기 위해서 선택적 마케팅을 택하게 된다. 선택적 마케팅은 다음 세 단계로 구성된다.

(1) 세분화*segmentation*: 전체 시장을 다양한 하부 시장으로 나누는 과정

(2) 목표 선정*targeting*: 가장 매력적인 집단을 목표로 선정하는 과정

(3) 포지셔닝*positioning*: 목표로 선정된 집단에 상품의 위상을 정립하는 과정

이 가운데 세 번째 단계인 포지셔닝은 광고 목표와 전략에 관한 내용이므로 보다 자세한 것은 10장에서 다룬다. 여기서는 목표 시장을 어떻게 선택할 것이냐에 초점을 맞춘다.

2) 세분화란 무엇인가?

세분화는 모든 소비자가 동일하지 않다는 전제에서 출발한다. 만일 모든 사람이 찍어 낸 붕어빵처럼 똑같다면 세분화를 할 필요가 없지 않겠는가? 세분화란 소비자 시장을 유사한 속성을 지닌 하부 집단으로 분할하는 과정을 뜻한다. 분할된 각 하부 집단을 세분화된 시장이라고 하며, 광고주가 목표로 삼으려는 하부 집단을 세분화된 목표*target segment*라고 한다. 과연 세분화를 하면 좋은 까닭은?

(1) 회사의 자원은 한정적이다. 따라서 특정 집단을 선정하면 회사 자원을 보다 효율적으로 투자할 수 있다.

(2) 소비자의 필요나 동기를 보다 잘 이해할 수 있다. 모든 집단이 아니라 특정 집단에 몰두할 수 있기 때문이다.

(3) 경쟁자를 잘 파악할 수 있다. 특정 집단을 공략하는 경쟁자들을 보다 심층적으로 분석하여 대처할 수 있다.

물론 단점도 있다. 세분화를 통하여 목표 집단을 선정했음은 다른 집단은 배제하겠다는 뜻이다. 따라서 그로 인해 기회를 잃어버리는 불이익이 발생할 수 있다. 또한 세분화가 잘못 이루어져서 엉뚱한 시장을 선정할 위험 부담도 있다.

4. 세분화 전략

시장을 세분화하는 데는 다양한 변인들이 이용될 수 있다. 이들 변인들은 시장을 묘사하고 차별화하는 데 유용하다. 이들은 크게 세 종류로 구분된다. (1) 인구 구조 변인, (2) 심리 구조 변인, (3) 지리 구조 변인. 이들을 차례대로 살펴보면 다음과 같다.

1) 인구 구조에 따른 세분화

인구 구조 변인에서 무엇보다 중요한 것은 인구의 수다. 시장의 크기와 직결되어 있기 때문이다. 2009년 현재 4875만 명인 우리나라 인구는 현재 출산율이라면(1.13명) 2018년부터는 인구가 줄기 시작해서 2050년에는 4234만 명이 될 전망이다(김선하, 2009. 7. 11). 인구의 13%가 줄어들면, 시장 규모가 줄어드니 마케터가 촉각을 세우지 않을 수 없다. 이외에 인구 구조 변인으로는 연령, 성별, 인종, 세대 형태, 주택 소유 형태, 교육, 직업, 소득 등이 있다. 이들 변인들은 시장 상황을 알려 주므로 중요한 관찰 대상이다.

(1) 연령

어느 사회에서나 나이는 소비자를 구분하는 큰 잣대가 된다. 우리 사회에서는 흔히 한국 전쟁을 겪었느냐의 여부에 따라서 세대를 구분하기도 하고, 사회의 큰 변화를 가져온 운동에 연계하여 4·19 세대 또는 6·3 세대를 운운한다. 요즈음은 X세대니 Y세대(광고 사랑방 8-3), 또는 386세대(1960년대에 태어나서 1980년대에 대학을 다닌

▶ 광 고 사 랑 방 8-3	미국의 세대 구분

미국의 세대 구분과 주요 특성은 다음 표와 같다(Tsui, 2001. 1. 15).

구분	태어난 시기	인구 수	특색
베이비 부머*baby boomer*	1946~1964	7800만 명	가치와 대의명분 지향적
X세대*Generation X*	1965~1977	5700만 명	개인주의 성향, 회의적
Y세대*Generation Y*	1978~1994	6000만 명	도시풍, 신랄한 태도
밀레니엄 세대*millennials*	1995~2002	4200만 명	다문화, 테크노 정통

이중에서 현재 소비를 주도하고 있는 X세대와 Y세대를 좀 더 상세하게 살펴보자. X세대는 이름을 X라고 붙인데서 알 수 있듯이 예측 불가능하고, 애매하며, 모순적인 성격이 강하다(Stephey, 2008. 4. 16). 이들의 특성은 다음과 같다. (1) 텔레비전이나 대중 잡지에서 멀어졌다, (2) 다양한 문화적 속성을 지니고 사회 의식이 있으며 늦게 결혼하는 경향이 있다, (3) 선택의 다양성 속에서 자라 왔기 때문에 잘 설득당하지 않는다, (4) 착하며 기본적인 가치를 중시하고 잘난 체하지 않는다, (5) 기존 세대의 성공 상징을 좋아하지 않는다. 이 같은 특성 때문에 이들을 대상으로 한 광고 메시지는 절제하는 접근*low-key approach*이 주로 사용된다(*Advertising Age*, 1993. 2. 1). 미국의 X세대에 비해 우리 사회의 X세대는 약간 다른 속성을 지닌다. 우선 연령별로 통상 10대를 지칭한다. 그리고 언어적 정보 처리보다는 시각적 정보 처리에 능숙하고 자기주장이 강한 점에서는 동일하지만 다음과 같은 특성에서 차이를 보인다. 지나치게 이기적이고 인내심이 부족하다. 그리고 풍요로움을 지나치게 만끽하려 한다는 우려도 듣는다.

미국의 Y세대는 X세대에 비해 더 이상주의적이며 자유롭다. 출근할 때도 슬리퍼*flip-flops*를 신고 간다. 하긴 백악관에서 대통령을 만날 때도 슬리퍼를 신고 가서 뉴스거리가 되었으니까. 더구나 공부하거나 일할 때도 아이팟을 귀에 꽂고 있다(Armour, 2005. 11. 8). 그러니 이들 Y세대에게 커뮤니케이션할 때는 창의적인 방법이 요구된다. 온라인의 입소문이라든가, 컴퓨터 게임을 통한 PPL, 새로운 유형의 스포츠나 쿨 이벤트를 통한 접촉 등(Kotler & Keller, 2006).

1990년대에 30대였던 세대) 등도 많이 거론된다.

이 같은 연령 구분이 중요한 까닭은 무엇보다 이들의 소비 행동이 다르기 때문이다. 예를 들어, 글로벌 경제 위기로 소비 패턴이 달라졌는데, 연령별로 큰 차이를 보이고 있다. 20대는 외식비를 줄이고, 30대는 문화나 레저비를, 40대는 옷값을, 50대는 식료품비를 줄였다(박기수, 2009. 1. 29). 이 얘기는 20대의 경우, 먹는 돈은 아껴도 문화나 레저비는 아낄 수 없다는 경향을 보여 준다. 과연 여러분은 신세대 또는 쉰세대?

노령 집단 역시 동일한 성향을 소유하는 것이 아니라 다양한 가치관과 활동상을 보여 준다. 이들은 무기력하고 소비 활동이 제한적일 것이라는 종전의 관점과는 달리 활동적이며 세련된 소비 경향을 보여 준다. 예를 들면 "위험하더라도 모험적인 스포츠가 좋나"라는 응답이 20%에 육박하고, 인터넷 쇼핑몰에서 구매한 경험도 24%에 이른다(〈광고계동향〉, 2005). 그러니 노령 집단을 세분화하는 것도 수긍이 간다. (1) 55~64세는 갓 연로, (2) 65~74세는 성장한 연로, (3) 75~84세는 원숙한 연로, (4) 85세 이상은 안정기의 연로.

(2) 성별

성별 역시 소비자를 구분하는 중요한 요인이다. 남성과 여성의 관심사에는 차이가 발생하기 때문이다. 화장품은 아무래도 여성이 많이 사용하며, 면도용품은 남성이 주로 사용하지 않는가? 앞으로 하고 싶은 레저 활동을 살펴보면, 남성은 수영을 하고 싶다는 비율이 30%에 불과한 데 비해, 여성은 60%에 육박한다(제일기획 마케팅연구소, 1995). 최근 인터파크의 베스트셀러를 분석한 결과에서는 남성은 자전거, 여성은 닌텐도였지만(〈뉴스와이어〉, 2007. 12. 7). 쇼핑 행태도 상이하다. 남성은 여성에 비해 신용 카드 사용률이 상대적으로 낮을 뿐만 아니라 할인 혜택 이용도 비교적 둔한 편이다(우석봉 · 박은아, 2008).

그렇지만 최근에는 성 역할이 분명하지 않은 경우도 있다. 일례로 남성들의 화장품이나 향수 사용이 증가했다. 인터파크 남성 베스트셀러 1위는 마스크 팩이었다(〈뉴스와이어〉, 2007. 12. 7). 또한 직장 여성들이 증가하면서 남성들이 가사를 돌보는 경향도 높아졌다. 미국에서는 슈퍼마켓에서 쇼핑하는 사람들의 40%가 남성이라고 한다. 그리고 그 가운데 33%는 혼자서 쇼핑하며, 25%는 부인과 함께 쇼핑한다. 이제는 남성도 식품의 주요 결정자가 된 것이다. 하긴 혼자서 자녀를 키우는 아빠의 수가 1980년에 62만 명에서 2008년에는 220만 명으로 늘어났으니까(*USA Today*, 2009. 6. 19).

(3) 가구

가구는 세대와 개념이 다르다. 가구는 생계를 같이 하는 생활 단위인 데 비해서 세대는 법률적 성격이 강해서 가족과 혈연에 초점을 둔 단위이다. 일례로 4인 가족이 있는데 미혼 자녀 둘이 각각 떨어져서 생활한다면, 세대 수는 하나지만 가구 수는 셋이다. 그래서 우리나라의 주택 보급률은 무엇을 기준했느냐에 따라 상이하다. 2007년 주택은 1379만 채, 가구 수는 1641만, 세대 수는 1276만이었다. 세대 수에 따른 주택 보급률은 108%이지만 가구 수에 따르면 84%인 셈이다(유병규, 2008. 7. 23).

여기에서는 가구에 초점을 맞춘다. 가구가 중요한 소비의 단위가 되기 때문이다. 일반적으로 냉장고, 가구, 오디오 등의 상품은 가구 별로 구매하지 않던가? 즉 이 같은 상품을 마케팅할 때는 어떤 가구를 목표로 할 것인지가 중요한 관건이 된다. 광고 역시 가구의 구매 결정 과정에 초점이 맞춰 전개된다.

요즘은 가구를 구성하는 종류가 다양하다. 미혼으로 혼자 거주하는 가구, 아이 있는 부부 가구, 혼자서 아이 키우는 가구, 기러기 가구, 아이가 다 떠나서 부부만 남아 있는 가구 등. 특히 우리나라의 1인 가구는 2009년 현재 342만이다. 그러다 보니 일인용 가구를 비롯해 일인용 상품이 각광을 받는다. 하긴 예전에는 텔레비전이나 에어컨의 구매 단위가 세대 또는 가구였다. 그러나 이제는 가전 제품이 아니라 개전個電 제품이라고 불릴 정도로 개인이 소비 단위가 되는 추세다.

(4) 소득, 교육, 직업

소득, 교육, 직업은 종종 높은 상관 관계를 보인다. 상위 직종은 대체로 교육 수준이 높을 뿐만 아니라 높은 소득을 올리기 때문이다. 따라서 이들 세 변인을 조합하여 사회 경제 지위(social economic status: SES)의 지수를 만들어 내기도 한다. 월 평균 소득에 기초한 우리나라의 가구 분포는 표 8－1과 같다(〈가계조사연보〉, 2006).

그렇지만 일반적으로는 소득 계층을 중간 값에 기초하여 상대적으로 얘기한다. 즉 우리나라 중간 가구 소득의 50% 미만이면 저소득층, 이 소득의 150% 이상이면 고소득층, 그사이(50~150%) 면 중산층이라고 정의를 내린다. 2005년에서 2008년 사이의 중간 값이 약 260만 원이다. 따라서 130만 원에서 390만 원 사이의 월 소득이 있으면 중산층인 셈이다. 최근 우리 사회는 고소득층과 저소득층의 격차가 더욱 벌이지고 있을 뿐만 아니라(박성휴, 2006. 5. 11), 중산층의 비율도 2005년 57.7%에서 2008년 49.9%로 감소하고 있다(*International Business Times*, 2009. 4. 23). 이에 따라 소비 행

표 8－1. 우리나라의 소득 분포(2006)

월 소득(만 원)	가구 분포(%)
600 이상	10.4
550~600	2.7
500~550	4.1
450~500	5.3
400~450	6.9
350~400	8.7
300~350	10.6
250~300	11.2
200~250	11.5
150~200	10.1
100~150	8.3
50~100	6.3
50 미만	3.9

태도 양극화되고 있다. 일례로 가구 소득이 100만 원에서 200만 원 사이인 계층의 예술 행사 관람율은 2006년 54.7%에서 48.3%로 줄어들고 있다(김지원, 2008. 11. 6).

(5) 인종

우리 사회는 요즈음 단일 민족이란 용어가 무색해졌다. 체류하는 외국인이 116만 명이 넘었기 때문이다. 국제 결혼이 늘고, 외국인 노동자가 증가하면서 인종이 다양해지기 시작한 것이다. 이러한 변화는 다문화 가정이란 용어가 낯설지 않은 데서도 쉽게 체감할 수 있다. 한 가족 안에서 다른 문화적 배경을 가진 구성원이 있다는 뜻이다. 그렇지만 아직은 다인종의 시장 중요성이 미미한 편이어서 광고에 반영될 정도는 아니다.

그러나 나라에 따라서는 인종에 따른 언어와 문화의 차이가 존재하며 이에 따른 세분화가 중요하다. 미국이 대표적 사례에 속하는데, 히스패닉, 아프리칸, 아시안 등이 주요 소수 인종으로 손꼽힌다(Kotler & Keller, 2006). 특히 히스패닉은 2050년에는 미국 인구의 1/4이 예상될 정도로 빠른 속도로 증가하고 있다. 비록 다양한 배경의 국적(쿠바, 멕시코, 푸에르토리코, 도미니카 공화국 등)이 어우러져 있지만 강한 가족 유대감, 높은 브랜드 충성도 등과 같은 동질성을 공유하고 있다. 이에 비해 아프리칸은 패션, 스포츠, 음악, 엔터테인먼트 분야에서 활발한 소비 행태를 보이고 있다. 아시아 계통은 중국, 필리핀, 인도, 한국, 베트남, 일본 등이 주축인데 브랜드에 민감하게 반응하는 특성을 공유하고 있다. 특히 다른 사람들이 어떻게 생각하느냐에 많은 관심을 쏟는다.

2) 심리 구조에 따른 세분화

심리 구조적*psychographics* 세분화는 심리적 특성과 행동적 특성에 따라 시장을 세분화하는 것을 지칭한다. 전자로는 소비자의 동기, 태도, 인간성, 라이프스타일 등이 중요한 변인이 되며 후자에는 소비자의 구매 및 소비 행동이 속한다.

(1) 동기 또는 혜택

1950년 미국 시장에 인스턴트 커피가 처음 등장했을 때, 가정주부들을 대상으로 조사가 진행되었다. 그 결과, 구매하지 않은 주부들은 맛이 없다고 얘기했다. 그러나 이들의 동기를 심층적으로 살폈더니 구매하지 않은 이유는 다른 데 있었다. 물을 끓여 커피가 뚝뚝 떨어지게 해 마시는 드립*drip* 커피와 달리, 인스턴트 커피는 게으르고 부적절한 가정주부로 보이게 만든다는 것이다. 요새야 세상이 많이

➤ 광 고 사 랑 방 8－4	혜택 중심적인 세분화 사례

1973년 코카콜라는 소다 음료의 브랜드 충성도가 감소하는 경향을 발견하였다. 하루에 똑같은 브랜드를 몇 병씩 마시던 사람들이 이제는 하루에도 몇 차례씩 브랜드를 바꿔 가며 마셨다. 그래서 음료 회사는 소비자를 차지하려고 경쟁하는 것이 아니라 마시는 상황에서 우위를 차지하려고 애썼다.

이에 코카콜라는 소비자가 추구하는 혜택에 따라 세분화 작업을 하였다. 이 같은 연구 결과는 비밀이지만, 이러한 연구 틀을 적용한 와인 연구는 공표되었다. 따라서 와인을 대상으로 한 혜택 중심의 세분화 결과를 살펴보자.

1150명의 와인을 마시는 사람을 대상으로 지난 3일 동안 '와인 마시기' 일기장을 쓰도록 한 자료를 분석한 결과, 이들은 1720번의 소비 상황에 걸쳐서 총 3888잔을 마셨다. 이들의 소비 상황을 군집 분석하였더니 다음 표와 같은 분류가 나왔다(Dubow, 1992).

상황의 구분	특성	소비량
사교를 위해	축하, 친근, 즐거움, 함께하는 자리	35%
자기와의 대화	쉬기 위해, 잠 자려고, 나를 위해	24%
절제하기 위해	저알코올, 저칼로리, 몸무게에 신경 씀	17%
음식과의 조화	음식에 적합한 술	12%
와인을 위하여	맛과 향을 음미, 까다롭게 선택함	10%

우리나라에서도 다양한 음료의 소비 이유를 인터뷰한 결과, 다음과 같은 혜택을 추구하는 것으로 밝혀졌다(김광수 · 오주섭 · 서현진, 2009). 건강을 생각해서, 시간적인 여유를 갖기 위해서, 생각을 정리하기 위해서, 맛에 탐닉하기 위해서, 사회적 관계를 위해, 환경을 고려해서, 경제성을 따져서, 브랜드 이미지를 즐기려고 등. 이런 내용을 토대로 우리나라 음료 소비자의 세분화가 진행될 수 있을 것이다.

바뀌었지만.

이처럼 소비자는 상품을 구매하는 이유 또는 상품을 통해서 얻고자 하는 혜택이 무엇이냐에 따라 구분될 수 있다. 일례로 자동차를 구입할 때 가장 중요하게 고려하는 가치는 다음과 같이 구분된다. 우수한 성능, 적은 유지비, 스타일, 크기/배기량, 선택 사양(김용관, 1992). 또는 치약을 구입할 때도 소비자가 추구하는 혜택은 다양하다. 치약의 맛, 치아의 미백 효과, 충치 예방, 가격(Batra, Myers, & Aaker, 1996). 과연 여러분은 치약을 살 때 어떤 점에 신경을 쓰는지?

(2) 라이프스타일

라이프스타일에 따른 세분화는 종종 심리 구조적 세분화라고 불릴 만큼 중요한 비중을 차지한다. 일반적으로 라이프스타일은 소비자에게 다음과 같이 질문하여 동의하는 정도로 집단을 구분한다. (1) 활동*activities*(무엇을 하며 시간을 보내는가?), (2) 관심*interests*(관심이나 선호하는 내용은?), (3) 의견*opinions*(사회적 이슈나 상품에 대한 의견은?). 이들의

그림 8-2. VALS

이상주의	성취 지향	자아 지향	
	혁신형*innovators* 성공한, 세련된, 활동적 고상한 취향 중시		풍부한 자원 ↑
창의형*thinkers* 성숙한, 만족한, 사색적 기능성 중시	성취형*achievers* 목표 지향적, 성공한, 성공 과시를 중시	체험형*experiencers* 젊은, 열정-충동적, 신남 패션과 엔테테인먼트 중시	
신념형*believers* 보수적, 전통적 미국산 선호,	노력형*strivers* 유행적, 즐거운 스타일 중시	제조형*makers* 실용적, 자급자족 미국산 선호	
	생존형*survivers* 수동적, 변화 두려운 브랜드 충성도 높음		↓ 제한된 자원

앞 글자를 따서 AIO 조사라고도 한다.

그동안 라이프스타일에 대한 조사가 많지만 가장 널리 알려진 것은 SRI 컨설팅 비지니스 인텔리전스SRI Consulting Business Intelligence(SRIC-BI)에서 개발한 VALS(the Values and Lifestyle)이다. 이는 4개의 인구 구조 문항과 33개의 태도 문항을 통해서 미국의 성인 소비자를 여덟 집단으로 나눈 것이다(그림 8-2). 이들 집단은 크게 두 가지 차원으로 구분된다. 먼저 주요 동기*primary motivation*에 따라 세 집단으로 나눈다. 이상주의(지식과 원칙에 관심), 성취 지향(성공에 높은 관심), 자아 표현 지향(사회적/물리적 활동 선호). 그리고 이들 집단을 자신이 소유한 자원(부나 능력 등)에 따라 세분한다. 여러분도 ww.sric-bi.com를 방문해서 설문에 응답하면 어떤 라이프스타일에 속하는지 알 수 있다.

그러면 우리나라의 라이프스타일은 어떤 유형이 있을까? 조사에 따라서 다양한 집단으로 구분하지만, 여기에서는 2008년에 전국 40개 도시 13세에서 64세의 남녀 6000명을 대상으로 조사한 '소비자 행태 조사*Media Consumer Research*'를 살펴보자(한국방송광고공사, 2008). 이 조사는 가치관, 대인 관계, 식생활, 교육, 건강, 매체 이용 등에 걸쳐 113개 문항에 대한 응답을 군집 분석하여 소비자를 6집단으로 구분하고 있다(표 8-2 참조).

그리고 라이프스타일이 다르면, 즐기는 여가가 다르다. 이를테면, 현실 적응형은 여가 시간에 지상파 TV를 주로 시청하지만, 자기 표현형은 등산을, 트렌드

표 8-2. 우리나라의 라이프스타일 유형

구분	특징	비율
수동적 현실 적응형	현실 중시, 환경과 조건에 순응적 성향	26.6%
도회적 의견 선도형	서구 생활 동경, 패션 유행에 민감, 신제품 조기 수용	19.1%
성공 지향적 자기 표현형	명확한 목표 의식, 타인의 인정 중시, 브랜드 중시	17.0%
가치 중심적 알뜰 살림형	미래 행복 중시, 현재 규범 중시, 합리성 중시	16.7%
감성적 트렌드 추종형	대중 지향적, 광고에 의한 제품 구입	11.7%
무기력형	자기 만족 낮음, 주관 약함, 광고 영향력 낮음	9.0%

추종형은 PC를 즐긴다. 아울러 소비 태도 역시 상이하다. 현실 적응형은 현재의 소비에 급급하지만, 알뜰 살림형은 미래 지향적이고, 의견 선도형은 조기 수용자 *early adopter* 성향을 보인다.

(3) 행동 특성에 따라

시장 세분화는 기본적으로 소비자의 차이에 기초한다. 그런데 이러한 차이를 분명하게 감별할 수 있는 차원이 바로 행동이다. 예를 들면, 민주화 운동에 관한 시민들의 차이를 조사한다면, 설문지로 이런저런 생각을 100번 묻는 것보다 실제로 참가했는지 행동 차원을 조사하는 것이 효율적이다.

상품이나 서비스에 있어서도 마찬가지다. '소주'에 대한 소비자의 차이를 알려면, '소주'에 대한 인식을 조사하는 것보다 '소주'를 즐겨 마시는지를 묻는 것이 더 효과적이다. 그리고 소주의 음주 여부에 따라 시장을 세분화하는 것이 보다 명확하다. 그래서 업계에서는 흔히 소비량에 따라서 다량 소비자, 중간 소비자, 소량 소비자, 비소비자로 구분하거나, 어떤 상표를 이용했느냐에 따라 자사 이용자, 경쟁사 이용자, 왔다갔다 이용자, 비이용자로 세분한다.

사실 구매 경험이나 행동에 따른 소비자 세분은 광고 전략에서 중요한 의미를 지닌다. 소비자라고 다 같은 소비자가 아니라는 것을 드러내기 때문이다. 특히 다량 소비자의 중요성을 단적으로 나타낸다. 이를 뒷받침하는 키워드가 비즈니스 분야의 파레토 원칙*Pareto Principle*이다. 이는 80-20 규칙이라고도 하는데, 그 기원은 다음과 같다. 경영학자 주란*Juran*은 품질 문제의 80%는 불량품 20%에서 비롯된다고 지적하면서, 이 현상을 파레토 원칙이라고 불렀다. 파레토는 이탈리아 경제학자로서 이탈리아의 자산 80%는 상류층 20%가 소유하고 있다는 것을 관찰하였다. 즉 효과의 80%는 원인의 20%에 기인한다는 경험칙에 기초하여 중요한 소수와 사소한 다수가 있다는 의미로 사용된다. 광고에서는 사용자의 20%가 소비되는 양의 80%를 차지한다는 현상을 가리킨다. 일례로 소주 마시는 사람의 20%에 해당되는 주당들이 소주 전체의 80%를 소비한다는 것이다. 백화점에서도 상위 구매 고객 20%가 전체 매출의 80%를 차지하고 있어 이들 고객을 특별 관리하고 있다(장상진, 2009. 5. 20). 물론 비율이 항상 맞는 것은 아니지만, 다량 소비자의 중요성을 부각시키는 개념이다.

그렇지만 최근에는 다량 소비자를 제외한 비주류 소비자 80%가 매출에 더 중요하다는 주장도 제기되고 있다. 이른바 롱 테일*long tail* 현상이다. 이는 비주류 소비자의 매출 합이 주류 소비자(다량 소비자)의 매출을 넘어선다는 의미이다. 이를테면 휴대 전화의 광고가 많은 이용자에게 거부감 없이 전달될 수 있다면 휴대 전화가 광고 매체로 성공할 수 있게 된다(양효석, 2009. 5. 11). 이런 경우에는 소수의 핵심 이용자가 중요한 것이 아니라 다수의 비주류 이용자가 중요한 관건이 된다.

3) 지리 구조에 따른 세분화

지역으로도 시장을 세분화할 수 있다. 같은 지역에 사는 사람은 유사한 필요를 공통적으로 갖는다는 데서 출발한다. 일례로 미국 남부와 중부에서는 부드러운 하얀 빵을 선호하는 데 비해, 동부나 서부 지역에서는 비교적 딱딱한 빵(호밀, 밀 등)을 좋아한다. 또한 풍선껌이 가장 많이 팔리는 곳은 솔트레이크시티인 반면, 최악의 판매처는 미니애폴리스. 자두 주스는 마이애미에서는 인기가 있지만, 덴버에서는 별로다(Schiffman & Kanuk, 1991). 이러한 지역 차이에는 문화적 배경 탓도 있지만 기후도 반영된다. 이를테면 선벨트인 남부와 서부에서는 여름 스포츠 상품의 판매가 호조를 보인다. 그렇지만 같은 서부일지라도 워싱턴 주와 오리건 수는 여름에도 바다가 차가워서 해수욕을 거의 못해 캘리포니아와는 대조적이다. 반면에 스노벨트인 북부와 동부는 겨울 스포츠 상품의 좋은 판매 기회를 갖는다.

우리나라도 지역에 따른 차이가 있다. 음식을 보면, 강원도는 슴슴한 맛, 서울·경기도는 소박한 맛, 충청도는 구수한 맛, 경상도는 매운 맛, 전라도는 간이 센 맛으로 구분될 수 있다(한국음식문화연구소). 지방색을 나타내는 소주도 있고, 지역 연고의 스포츠 구단도 있다. 의료 기관을 이용한 횟수에서도 동일한 연령대에서 지역별 차이를 나타냈다. 40대 연령층을 보면 전남 지역이 1년간 17.9일로 가장 많이 병원을 찾았으며 서울 지역은 13.5일로 가장 적었다. 70대의 경우에는 부산·제주가 49.3일로 가장 높았고 강원이 40.0일로 제일 적었지만(국민건강보험공단, 2007).

지금까지 시장을 세분화할 수 있는 여러 요인을 제시하였다. 이들을 이용하면 중요한 여러 하부 집단들을 밝힐 수 있다. 그렇다면 그다음 단계는 "하부 집단 중에서 어떤 집단을 목표로 선정할 것이냐" 이다(대중 마케팅을 목표로 하지 않는다면). 지금부터 목표 집단을 고르는 방법을 살펴보자.

5. 목표 시장의 선정

1) 목표 시장의 선정 기준

시장을 세분하였다고 아무 집단이나 목표 시장으로 뽑힐 수 있는 것은 아니다. 다음과 같은 기준을 충족시켜야 목표 집단(*target market* 또는 *target segment*)이 될 수 있다. 첫째, 세분된 집단 내의 소비자는 유사한 필요와 동기 등의 특성을 지녀야 한다. 그래야 해당 집단을 대상으로 마케팅 노력을 전개했을 때 집단 내의 소비자가 유사한 반응을 보일 것이 아니겠는가? 이를테면 정력에 도움을 준다는 강장제에 모든 남자들이 귀가 솔깃한 것은 아니다.

둘째, 장사할 만큼 시장의 크기가 보장되어야 한다. 세분화가 지나쳐서 너무 시장 규모가 작을 경우, 목표 집단에서 얻는 이윤이 적기 때문이다. 그렇다고 작은 시장은 다 포기하라는 뜻은 아니다. 시장 규모가 작지만 이윤이 클 경우도 있기는 하다. 현대카드의 '더 블랙'은 상위 소득 계층 0.05%를 대상으로 하여 성공하였다.

셋째, 자신의 상품으로써 선정된 집단의 욕구를 충족시킬 수 있어야 한다. 아무리 매력적인 집단일지라도 소비자만 보고 쫓아갈 수는 없는 노릇이다. 자기 상품과 해당 시장의 소비자 욕구를 비교 검토할 필요가 있다. 칼로리가 높은 맥주를 다이어트에 열심인 여성들한테 권하기는 힘들다.

넷째, 선정된 시장 상황에서 자신이 생존하고 경쟁할 수 있는지를 살펴야 한다. 이는 시장 진입 장애와 퇴거 장애를 극복할 수 있느냐와 직결된다. 시장 진입 장애는 시장에 참여하기 위해서 극복해야 될 재정, 기술, 규제 차원의 장애를 뜻한다. 반면에 퇴거 장애는 시장에서 빠져 나오는 것을 저해하는 요인들로서 그 동안의 투자, 보증 해결 등이다. 자신이 지닌 역량을 보고서 목표 시장을 선정해야 한다는 의미이다. 고급 향수에 도전장을 내밀 경우, 외국 브랜드와 경쟁력이 있고, 백화점 유통을 확보하는 등 진입 장애를 극복해야 할 것이다.

2) 목표 시장의 선정 전략

세분화된 집단 가운데 어느 집단을 선정하느냐에 따라 마케팅 전략이 다양해질 수 있다. 기본적으로 다음 네 가지 선택이 있을 수 있다.

(1) 무차별 마케팅

세분화를 하였으나 어느 집단도 선정하지 않는다. 그 대신 모든 집단을 대상으로 동일한 마케팅 커뮤니케이션을 전개한다. 세분화하고 나서 보니까 별로 유용하지 않을 수도 있고, 비용도 많이 들고, 오히려 모두를 대상으로 삼는 것이 더 많은 기회라고 판단했을 때 채택된다. 세분화했다고 그 가운데 하나만 고르란 법은 없으니까. 그야말로 차별을 하지 않는 대중 마케팅, 또는 집합*aggregation* 마케팅인 셈이다. 코카콜라가 처음 시장에 선보였을 때, 남녀노소에게 모두 소구하였던 것이 그러한 사례에 속한다. 1950년대와 1960년대에 사회 계층을 막론하고 어떤 가정이라도 필수품이었던 백설표설탕이나 곰표밀가루 역시 마찬가지.

▶ 광 고 사 랑 방 8-5	P&G의 차별화된 마케팅

P&G사는 세계적으로 여섯 가지 샴푸를 판매하면서 다음과 같은 차별화된 마케팅을 전개한다.

· Aussie – 자연스럽게 빛나는 머릿결을 원하는 사람에게.
· Fekkai – 유럽 감각과 스타일에 빛나는 최고급 럭셔리 샴푸로 신선하고 생동감 있는 향을.
· Heads & Shoulders – 두피 건조나 가려움, 비듬을 없애 줌.
· Herbal Essences – 변화를 원하는 사람에게.
· Infusium 23 – 문제가 있는 머릿결을 부드럽고 건강하고 관리하기 좋은 상태로 복원.
· Pantene – 머리카락에 비타민을 공급해서 볼륨감이나 촉촉한 머릿결을 유지.
세제도 예외는 아니다.
· Ivory – 기저귀와 유아 옷의 세탁에 적합.
· Tide – 대가족의 세탁용.
· Cheer – 찬 물, 더운 물 가리지 않고 때가 잘 빠짐.
· Gain – 향수 가미.
· Dreft – 천연 원료로 만든 자연 세제로 어린이용.
· Era – 농축된 액체 세제이며 얼룩 지우는 단백질 함유.

(2) 차별화된 마케팅

세분된 집단에서 복수의 집단을 선택하여 각각의 집단을 대상으로 차별적인 마케팅 커뮤니케이션을 전개하는 것을 뜻한다. 세분화의 장점을 누리는 동시에 여러 시장을 동시에 추구하는 이점이 있다. 물론 시간과 노력은 많이 들겠지만. 요즘의 코카콜라가 그런 전략을 추구함을 알 수 있다. 코크 클래식(전통적 계층), 코크 라이트(건강을 약간 생각하는 계층), 코크 제로(다이어트를 심각하게 생각하는 계층) 등. 이들은 각기 목표로 하는 집단이 상이하며 각 집단을 대상으로 서로 다른 광고 캠페인을 벌인다.

(3) 집중적 마케팅

무차별과 차별화된 마케팅은 모두 많은 수의 소비자를 대상으로 전개된다. 그렇지만 집중적 마케팅은 한 집단을 선정하여 집중적으로 공략한다. 모든 역량을 집중할 수 있다는 특징이 있다. 해당 시장이 특별한 관심을 받을 필요가 있거나, 혹

그림 8-3. 집중적 마케팅 사례
시계를 소유하는 것이 아니라 다음 세대를 위해 돌보고 있을 뿐이라는 파텍 필립 시계

은 광고주의 자원이 부족해서 이 같은 방법을 선택할 수도 있다. 파텍 필립Patek Philippe 시계는 전반적으로 인지도가 낮지만 특정 집단에게는 신분의 상징으로 널리 알려져 있을 뿐만 아니라 높은 평가를 받는다. 그 같은 배경에는 상류층만이 목표 시장으로 선정되기 때문이다.

(4) 개인적 마케팅

집단으로 세분화하지 않고 개별 소비자를 세분화 집단으로 설정하는 것이다. 마치 맞춤 양복을 재단하듯이 소비자 개개인의 필요와 욕구에 맞춰서 마케팅을 전개한다는 뜻이다. 직접 우편 방식의 마케팅이 대표적인 유형에 속한다.

3) 목표 시장 선정의 위험과 기회

세분화된 집단을 놓고 그 가운데 하나를 고를 때 어떤 실수를 범할까? 일반적으로 소비자가 많이 있는 집단을 선정하는 경향이 있다. 소비자가 많으니까 그 집단을 공략하면 이윤이 많을 것이라고 여기는 것이다. 문제는 그렇게 되면 너도 나도 그 집단을 대상으로 뛰어들어 경쟁이 가열될 수 있다. 이처럼 다수의 시장을 목표로 해야 성공할 것이라는 잘못된 믿음을 다수의 오류*majority fallacy*라고 한다.

반면에 정작 어떤 브랜드도 공략하지 않는 조그만 빈틈의 시장이 존재할 수 있다. 이처럼 작은 규모지만 세분화된 시장을 집중적으로 공략하는 전략을 틈새 시장 전략*niche market strategy*이라고 한다. 중저가 구두인 미스미스터, 중저가 의류인 이랜드도 틈새 시장을 공략한 대표 사례로 손꼽힌다. 일례로 운동화를 판매할 때는 너도 나도 스포츠화로서의 가능성을 놓고 시장에 접근한다. 그러다 보면 운동화 제조업체는 치열한 경쟁을 벌이게 된다. 레저화로서의 운동화 시장은 초기에 감지되지 않았던 것이다. 이 틈새를 발견하고 시장을 공략한 것이 리복Reebok이다.

목표 집단을 선정하였으면, 광고 목표 가운데 하나는 달성한 셈이다. 누구를 대상으로 광고를 전개할 것인가를 알았으니까. 그다음 과제는 이들을 대상으로 무슨 말을 전달할 것이냐가 관건이다. 바로 광고 전략이 되는 셈이다. 일부 책에서는 세분화, 목표 집단 선정을 설명하고 나서 포지셔닝을 함께 소개한다. 그러나 포지셔닝은 커뮤니케이션 전략의 일부분이므로 이 책에서는 여기에서 소개하지 않고 4부의 광고 이론과 전략에 기술하였다.

참고 문헌

〈가계조사연보〉 (2006). "전국가구의 소득계층별 가구당 월평균 소득."
〈광고계동향〉 (2005. 12. 21). "소비자 라이프스타일 변화 조사 발표."
국민건강보험공단 (2007). 〈2006년 지역별 의료 이용 특성〉.
김광수 · 오주섭 · 서현진 (2009). 《음료의 소비 문화》. 한나래.
김선하 (2009. 7. 11). "올드코리아 – 2050년 OECD 최고령 국가," 〈중앙일보〉.
김용관 (1992). "고성능 엘란트라를 위한 고성능 광고 캠페인," 〈광고학연구〉.
김지원 (2008. 11. 6). "문화 양극화 계속 커진다," 〈한국일보〉.
〈뉴스와이어〉 (2007. 12. 7). "인터파크, 2007 인기상품, 성별에 따른 소비트렌드."
박기수 (2009. 1. 29). "경제난에 소비패턴 변화," 〈한국일보〉.
박성휴 (2006. 5. 11). "가계소득 양극화 사상 최악, 상위 20%가구와 하위 20% 격차 8.4배,"

〈경향신문〉.
양효석 (2009. 5. 11). "SK텔레콤, 새먹거리 '모바일 광고사업' 검토," 〈이데일리〉.
우석봉 · 박은아 (2008). "한국인, 우리들의 소비 트렌드 보고서," 〈광고정보〉, 2월호.
유병규 (2008. 7. 23). "현실과 동떨어진 주택보급률," 〈매일경제〉.
International Business Times (2009. 4. 23). "최근 중산층 붕괴 현황과 시사점."
장상진 (2009. 5. 20). "백화점은 '8 대 2 법칙'이 지배한다," 〈조선일보〉.
제일기획마케팅연구소 (1995). 《한국인 라이프스타일과 소비 행동》. 경문사.
통계청 (1997). 〈한국의 사회 지표〉.
한국방송광고공사 (1997). 〈전국 소비자 의식 조사〉.
—— (2008). 〈2008 소비자 행태 조사 보고서〉.
한국음식문화연구소. "향토음식문화." http://www/daom21.com/KFCI.
황인호 (1996). "한국인의 라이프스타일 유형 분석," 〈제일기획〉, 8월호.

Advertising Age (1993. 2. 1). "The Media Wakes Upto Generation X."
Armour, S. (2005. 11. 8). "Generation Y They've arrived at work with a new attitude." *USA Today*.
Batra, R., Myers, J. G., & Aaker, D. A. (1996). *Advertising Management*. Upper Saddle River: Prentice-Hall, Inc.
Bovee, C. L., Thill, J. V., Dovel, G. P., & Wood, M. B. (1995). *Advertising Excellence*. New York: McGraw-Hill, Inc.
Dentsu (1991). "Japan 1991 Marketing and Advertising Yearbook."
Dubow, J. S. (1992). "Occasion-based vs. user-based benefit segmentation," *Journal of Advertising Research*, March/April.
Govoni, N., Eng, R. & Galper, M. V. (1986). *Promotional Management*. Englewood Cliffs: Prentice-Hall, Inc.
Kotler, P. & Keller, K. L. (2006). *Marketing Management*. Upper Saddle River: Pearson Education, Inc.
Lazer, W. (1987). *Handbook of Demographics for Marketing and Advertising: Sources and Trends on the U.S. Consumer*. Massachusetts: Lexington Books.
Leckenby, J. D. & Wedding, N. (1982). *Advertising Management: Criteria, Analysis, and Decision Making*. Columbus: Grid Publishing, Inc.
Schiffman, L. G. & Kanuk, L. L. (1991). *Consumer Behavior*. Englewood Cliffs: Prentice-Hall, Inc.
Stephey, M. J. (2008. 4. 16). "Gen-X: The Ignored Generation," *Time*.
Tsui, B. (2001. 1. 15). "Generation Next," *Advertising Age*.
USA Today (2009. 6. 19). "Dads raising kids alone."

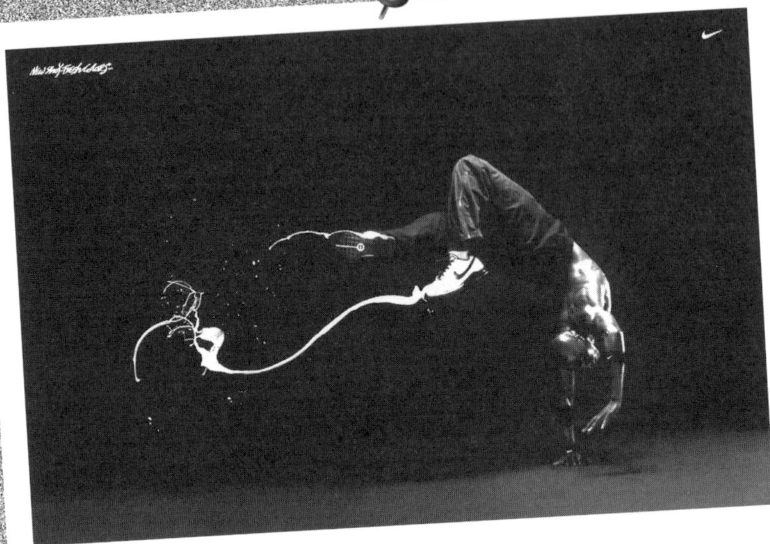

4부 광고 이론과 전략

흔히 목표를 달성하는 방법에만 급급하여 전략을 그럴 듯하게 포장하는 데 치중한다. 정작 그런 전략을 왜 사용해야 되는지에 대한 이유는 도외시한 채. 그렇지만 이론 없는 전략은 전략이라고 할 수 없다. 이론이란 바로 현상을 설명해 주는 체계적인 틀이기 때문이다. 따라서 이론은 "왜 그런 전략을 수립했느냐?"에 해당되는 셈이다. 그러므로 이론 따로, 전략 따로가 아니라 이론과 전략은 하나가 된다.

그리고 광고 현상을 설명할 수 있는 이론은 매우 다양하다. 심리학, 설득 커뮤니케이션 등 학제 간 연구가 왕성한 탓이다. 워낙 많은 이론이 있으므로 이들을 일일이 제시하는 것은 지난하며 지루한 작업이기도 하다. 그보다는 체계적으로 정리하기 위해 다음과 같이 구분하여 제시하였다. 소비자 행동론과 광고 효과 이론.

전자는 심리학에 기초하여 소비자에 영향을 끼치는 요인을 제시하고 있다. 이에 반해 후자는 광고 메시지의 효과와 관련하여 많이 거론되는 이론을 포함하였다. 물론 이러한 구분은 다분히 작위적일 뿐만 아니라 서로 겹치기도 한다. 일례로 태도는 소비자 행동의 심리적 영향에서 중요한 개념일 뿐만 아니라 광고 효과 이론의 광고 태도 이론에서도 핵심적이다. 그럼에도 불구하고 이와 같은 구분은 다양한 이론을 전체적으로 개관하는 데 유용하다. 9장에서는 소비자 행동론에 기초해 기본적인 틀을 소개하고, 10장에서는 광고 효과 이론을 통해 메시지에 대한 소비자의 반응에 보다 초점을 맞추었다.

9장 소비자 행동론과 광고 전략

광고 이론의 중심은 소비자를 이해하고 분석하는 것이다. 더욱이 이제는 시장을 생산자가 아닌 소비자가 좌우하는 시대가 되지 않았는가? 효율적이고 효과적인 광고 전략을 수립하기 위해서는 소비자에게 초점을 맞추어야 한다. 이러한 맥락에서 소비자 행동론 또는 설득 커뮤니케이션 이론은 광고 이론의 중요한 토대가 된다. 그렇다면 소비자 행동에 영향을 끼치는 요인은 무엇인가? 이는 크게 심리적 영향, 사회적 영향, 상황적 영향으로 분류할 수 있다. 그리고 이러한 영향은 소비자의 정보 처리 과정에 반영된다. 따라서 이 장에서는 소비자 행동에 관한 이론 및 이에 기초한 광고 전략을 제시하였다.

1. 심리적 영향

먼저 심리적 영향은 소비자가 구매 결정을 내리도록 이끄는 동기와 태도를 비롯한 내재적인 변인들을 망라한다. 이를 필요와 동기, 태도, 성격—자아 개념—라이프스타일, 감정으로 구분하여 살펴보자.

1) 필요와 동기

모든 구매는 필요에 의해 이루어진다. 혹시 아무 이유 없이 '그냥' 물건을 살 때도 있다고 주장할 수 있겠지만, '그냥'도 열심히 들여다보면 뭔가 이유가 있지 않을까? 왠지 마음이 허전해서라든가 하는.

표 9-1. 마슬로의 필요 계층 구조

종류	설명	광고 전략의 사례
자아 실현 필요	자신의 잠재력을 실현하고 인격을 개발할 요소	봉사하는 택시 기사 – 현대 모비스
존경 필요	자존심을 지키고 인정받을 요소	지하철 줄서기 – 박카스
사회적 필요	사회의 상호 작용 요소(소속감, 사랑, 인정 등)	나, X세대 – 남성 화장품 트윈X
안전 필요	안전하고 건강한 삶을 영위할 요소	겨울길에 강한 아이젠 II – 금호타이어
생리적 필요	생존을 보장받을 요소(음식, 물, 수면, 섹스 등)	출출할 때 오른손으로 비비고 – 팔도비빔면

필요란 현재의 상황과 이상적인 상황 사이에 차이가 있음을 감지할 때 발생한다. 그리고 필요는 동기를 생성시킨다. 동기란 필요를 충족시키기 위해서 행동으로 이끄는 내적인 요인이다. 일례로 지금 갑갑하지만 뭔가 신났으면 좋겠다는 생각이 필요인 셈이고, 그러한 필요를 충족시키기 위해 맥주를 마시고 싶은 동기가 생긴다.

그러면 사람들은 어떤 필요와 동기를 지니고 있을까? 심리학자 마슬로Maslow는 인간의 필요를 크게 다섯 종류로 구분하며(표 9–1 참조), 이들 필요를 충족시킬 동기가 발생한다고 설명한다. 필요는 피라미드 형태로 조직되어서 보다 윗 단계

그림 9-1. 필요나 동기에 기초한 광고
비아그라, 서울우유

의 필요를 충족시키기 전에 밑 단계가 충족되어야 한다고 제안하였다.

그렇지만 이 모델은 다음과 같은 비판을 받는다. (1) 사람들은 동시에 두세 가지 필요를 추구할 수 있다. (2) 필요가 반드시 계층 구조상에 있는 것은 아니다. (3) 나라마다, 그리고 목표 시장마다 필요의 계층 구조는 상이하다. (4) 지나치게 서구의 가치관을 반영한다. 그럼에도 불구하고 이 구조는 구매자의 행동에 영향을 끼칠 수 있는 필요를 제시하고 있어서 유용하다. 즉 소비자의 어떤 필요에 초점을 맞춰 광고 전략을 수립해야 되는지를 정리해 준다.

이에 비해 맥과이어McGuire는 필요를 인지와 감정, 그리고 보존 및 성장으로 접근한다(Hawkins, Best, & Coney, 2004). 인지적 필요란 사람이 환경에 적응하고 의미

표 9-2. 맥과이어의 필요 구분

<table>
<tr><th>인지 / 감정</th><th>보존 / 성장</th><th>필요의 종류</th><th>설명 및 광고 전략</th></tr>
<tr><td rowspan="8">인지</td><td rowspan="4">보존</td><td>일관성 필요</td><td>태도와 행동, 의견 등에서 일관성을 유지할 욕구(인지 부조화 이론). 고가를 고품질과 연계하여 인지 부조화를 줄이려는 시계 광고.</td></tr>
<tr><td>귀인 필요</td><td>인과 관계를 밝히려는 욕구(귀인 이론). 광고주의 얘기는 평가 절하하므로 소비자의 경험으로 신뢰도를 높이려는 두통약 광고.</td></tr>
<tr><td>분류 필요</td><td>정보와 경험을 분류하고 조직할 욕구. 식품이지만 기능성을 강조함으로써 의약품과 같은 효능이 있다고 믿게끔 하는 차 음료 광고.</td></tr>
<tr><td>객관화 필요</td><td>추론하기 위해 관찰 가능한 단서에 의존함. 좋은 배경을 가진 집안은 거주하고 있는 아파트에서 드러난다는 광고.</td></tr>
<tr><td rowspan="4">성장</td><td>자율성 필요</td><td>독립적이고 개인적인 필요. 가고픈 곳은 어디든 갈 수 있음을 강조하는 승용차 광고.</td></tr>
<tr><td>자극 필요</td><td>자극을 원하므로 다양성 추구. 일상의 권태에서 탈출하라고 유혹하는 놀이동산 광고.</td></tr>
<tr><td>합목적 필요</td><td>원하는 결과에 맞추는 행동. 수술비나 입원비 걱정없이 질병을 치료할 수 있다는 의료 보험 광고.</td></tr>
<tr><td>유용성 필요</td><td>문제를 해결하려는 욕구. 옷장의 습기를 제거하기 위해 제습제의 필요를 강조.</td></tr>
</table>

를 획득하는 것을 뜻하며, 감정적 필요는 느낌을 만족하고 개인적인 목표를 달성하는 것을 의미한다. 이에 비해 보존적 필요는 항상성을, 성장적 필요는 발전 지향과 연관이 있다. 이들 네 가지 분류에 기초하여 필요를 16가지로 구분하고 있다(표 9-2).

지금까지 제시한 필요와 동기는 일반적인 내용이다. 그렇지만 실제 상품이나 소비 상황에 직면하면 더욱 다양한 소비자의 구매 동기가 드러난다. 심지어 소비자는 자신이 왜 그러한 상품을 구매했는지를 잘 모를 때도 있다. 그런 경우에는 심리 분석 이론*psychoanalytic theory*이 유용하다. 전술한 동기 연구와 같이 보편적인 동기를 모색하는 것은 아니지만 소비자의 무의식적 동기를 이해할 수 있는

<table>
<tr><th>인지 / 감정</th><th>보존 / 성장</th><th>필요의 종류</th><th>설명 및 광고 전략</th></tr>
<tr><td rowspan="8">감정</td><td rowspan="4">보존</td><td>갈등 감소 필요</td><td>갈등과 스트레스를 줄이려는 욕구. 바쁜 현대인의 생활에 잠시나마 여유를 가져다주는 한 잔의 커피.</td></tr>
<tr><td>표현 필요</td><td>자신을 타인한테 표출하는 욕구. 자신의 자유분방함을 알려주는 다 뜯어진 청바지 광고.</td></tr>
<tr><td>자아 방어 필요</td><td>자신을 보호하고 방어하려는 욕구. 이웃집 주부도 장만한 김치 냉장고가 우리집에 없어서야.</td></tr>
<tr><td>강화 필요</td><td>보상받은 행동을 지속하려는 욕구. 좋은 와인을 마심으로써 그러한 가치를 아는 사람과 교류할 수 있음을 강조.</td></tr>
<tr><td rowspan="4">성장</td><td>주장 필요</td><td>성공, 파워, 존경을 원함. 성공을 원하는 사람이라면 깨끗이 밀어야 한다고 강조하는 면도기 광고.</td></tr>
<tr><td>소속 필요</td><td>다른 사람과의 만족스런 관계를 원함. 멋있는 신세대라면 가져야 할 MP3.</td></tr>
<tr><td>정체성 필요</td><td>자신의 역할을 만족스럽고, 중요하게 만들기 위한 욕구. 자녀를 둔 부모라면 아이의 두뇌 향상을 위해 필요한 게임기.</td></tr>
<tr><td>모델링 필요</td><td>다른 사람의 행동을 따르고 싶은 욕구. 맥주를 마시는 격투기 선수를 보면서 젊은이들이 따라 마시고 싶도록 만듬.</td></tr>
</table>

통찰력을 제공한다. 이러한 동기를 찾기 위해서는 투사적 기법이나 은유 추출 기법 등의 방법을 사용한다. 일례로 한 심층 인터뷰에서 스프레이 약을 뿌려 바퀴벌레를 잡을 때, 가정주부는 남성에 대한 증오심을 발산시킨다는 것을 밝혔다. 이런 내용에 기초해 주부의 사냥 쾌감을 은근히 부추기는 광고 전략을 수립할 수 있을 것이다.

그리고 소비자가 상품으로부터 기대하는 혜택과 가치를 체계적으로 밝히는 데는 수단-목표 연결 이론*means-end chain theory*이 유용하다. 이들의 연결을 탐색하는 방법으로는 래더링*laddering* 기법이 이용되는데, 이에 대해서는 10장에 자세히 기술되어 있다.

2) 태도

모 그룹을 좋아하니까 그 회사의 자동차를 사는 사람이 있다. 또 어느 배우를 싫어해서 그 사람이 모델로 나오는 맥주는 안 마신다는 소비자도 있다. 이처럼 특정 기업이나 특정인에 대한 태도가 그 상품에 대한 소비자의 행동에 영향을 끼치는 사례가 많이 있다.

사실 우리는 주변 사람이나 사물에 대해서 알게 모르게 태도를 형성한다. 친구들에 대한 태도, 색상에 대한 태도, 기업에 대한 태도, 사회 문제에 대한 태도, 국가에 대한 태도 등. 과연 태도란 무엇일까?

태도라는 용어가 처음 사용된 것은 1800년대로 거슬러 올라간다. 당시에는 연극 배우의 '몸동작'을 일컬어 태도라고 했다. 그렇지만 오늘날에는 정신 상태 또는 마음의 자세를 지칭하게 되었다. 알포트Allport가 1935년에 내린 정의는 다음과 같다. "일관성 있게 사물에 대해 긍정적 또는 부정적으로 반응하는 학습된 경향."

이후 태도는 행동에 영향을 끼치므로 중요한 연구 대상이 되었다. 그리고 1960년대와 1980년대에 들어서는 태도를 다차원적으로 접근하였다. 즉 태도란 다음의 세 요소로 구성된다고 정의한 것이다. 사물에 대한 믿음, 사물에 대한 느낌, 사물에 대한 행동적 의도. 이를 다차원적 접근 또는 세 요소 시각이라고 한다. 이 같은 접근은 다양한 구성 요소들을 밝혀서 태도에 대한 연구를 풍성하게 했다는 점에서 긍정적이다. 그렇지만 태도를 구성하기 위해서 세 요소가 모두 필요한 것은 아니라는 점이 간과된다. 또한 다차원적 접근은 태도와 세 요소 간의 관계를 불분명하게 만들었다는 점도 지적된다. 세 요소가 결정 요인인지, 아니면 구성 요인인지 헛갈리게 했던 것이다. 게다가 세 요소가 서로 불일치할 때가 왕왕 있다.

이러한 비판은 다차원으로 구성되어 있다는 시각에서 벗어나 태도를 1차원으로 접근하도록 만든다. 그런 맥락에서 태도는 다음과 같이 정의될 수 있다. 사물에 대한 긍정적 또는 부정적인 평가. 물론 다차원적 접근에서 벗어났다고 해서 세 요소가 무시되는 것은 아니다. 1차원으로 접근한 대신, 이들이 태도를 결정하는 선행 요인들로 자리바꿈했다. 그리고 최근에는 세 요소에 덧붙여 동기가 추가되었다(그림 9-2 참조). 이들 결정 요인을 뒷받침하는 이론과 광고 전략은 표 9-3에 제시되어 있다.

이러한 태도의 일차원적 접근에 덧붙여 또 다른 움직임은 태도를 선호도로 대체하려는 데서 발견된다. 태도라는 개념이 중요한 까닭은 행동을 예측하기 위해서인데, 태도보다는 선호도가 행동을 예측하는 데 더욱 설명력이 있다는 것이

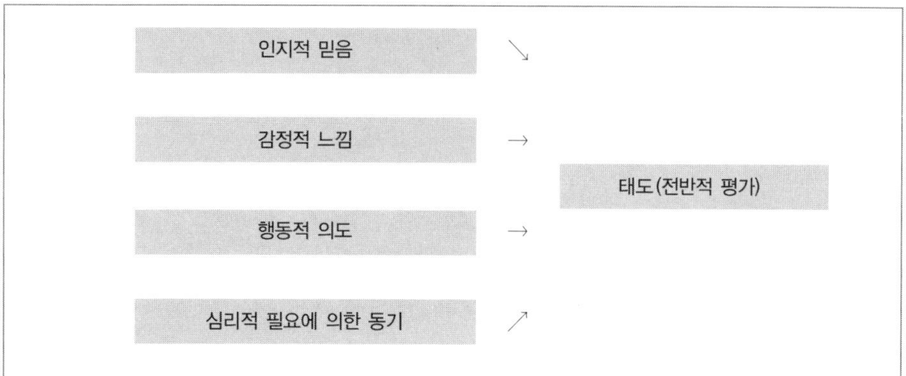

그림 9-2. 태도 결정 요인들과 태도

표 9-3. 태도의 결정 요인에 대한 설명

결정 요인	관련 이론*	관련 학자 및 설명	광고 전략
인지적 믿음	계획된 행동 이론	피시바인과 아젠Fishbein & Ajzen. 특정 행동의 여부는 다음 요인에 의해 결정. (1) 행동에 대한 태도, (2) 행동에 대한 사회적 압력 인식, (3) 행동 수행 능력에 대한 인식.	주변 사람들도 모두 그 상품을 즐기고 있음을 강조하여 사회적으로 긍정적이라는 인식을 불어넣음.
	정교화 가능성 모델	페티와 카시오포Petty & Cacioppo. 관여도와 정보 처리 능력에 따라 태도는 중심 통로와 주변 통로를 통해 형성됨. 전자는 논쟁의 질에 의해, 후자는 주변 단서의 영향을 받음.	고관여 소비자에게는 상품의 기능을 객관적으로 설명하고, 저관여 소비자에게는 멋있는 배경 음악으로 호소함.
감정적 느낌	고전적 조건 형성	스탯Staats. 중립적 자극이 태도를 자연스럽게 생성시키는 자극과 짝 지어지면서 연상에 의한 학습을 통해 중립적 자극이 태도를 유발함.	유명인을 등장시켜 브랜드에 대한 호감을 유발.
	단순 노출 가설	자이언Zajonc. 사물에 노출될수록 그 사물에 긍정적인 느낌이 생성됨.	광고 노출 빈도를 증가시켜 브랜드 선호도 증대.
행동적 의도	도구적 조건 형성	손다이크와 스키너Thorndike & Skinner. 보상은 행동의 반복 가능성을 높이는 반면, 벌과 무보상은 그럴 가능성을 줄임.	광고를 통해 구매 결정에 대한 격려나 보상을 제공함으로써 재구매율을 높임.
	안면 피드백 가설	스트랙Strack. 얼굴 표정을 바꿈으로써 감성이나 태도에 변화를 줄 수 있음.	광고 노출 중에 수용자의 웃음을 유발할 수 있으면 긍정적 브랜드 태도 형성.
심리적 필요에 의한 동기	기능적 접근	카츠Katz. 개인은 심리적 필요를 충족시키기 위해 태도를 형성하거나 변화시킴. 태도의 기능을 이해할 필요. (1) 실용적 기능, (2) 지식 기능, (3) 자아 방어적 기능, (4) 가치 표현 기능.	구매 결정을 위해 지식을 추구하는 소비자에게 정보 지향적인 광고 제공.
	인지 부조화 이론	페스팅거Festinger. 일치되지 않는 두 생각을 지닐 때는 불편한 느낌인 인지적 부조화가 발생. 사람들은 이 부조화를 줄이기 위해 동기화되어 있음.	자사 브랜드의 호감도가 낮은 소비자를 대상으로 좋아하는 모델을 광고에 등장시킴.

* 결정 요인이 태도에 영향을 끼친다는 것을 뒷받침하는 이론

주된 이유다. 호감도*liking* 또는 선호도*preference*는 말 그대로 좋고 싫음을 의미하는 감정으로서 인간의 접근과 회피 행동에 내재하는 기본적인 기제를 반영한다. 단순 노출 가설에서도 중요한 효과는 선호도 형성이다.

10장의 광고 효과 이론에서는 브랜드 태도를 중요한 효과로 설정하고 있으므로, 다양한 태도 이론과 전략이 소개된다. 인지적 믿음을 강조하는 다속성 태도 모델, 정교화 가능성 모델을 비롯하여 감정을 중시하는 조건 반사와 단순 노출 효과, 광고 태도 모델이 보다 상세하게 제시된다.

3) 성격, 자아 개념, 그리고 라이프스타일

우리는 가족이나 가까운 친구들의 성격*personality*을 묘사할 수 있다. '불같다'거나, '칼 같다'거나. 성격은 유사한 상황에 직면했을 때 표출하는 반응의 특성을 의미한다. 대체로 일관성 있고 그러한 성격에 기초해 개인의 행동을 예측할 수 있다. 그렇기 때문에 마케팅 커뮤니케이션 전략에 대한 소비자의 반응도 성격과 연관지어 설명할 수 있다. 일례로 순종형의 소비자에게는 권위적 인물을 광고 모델로 내세우면 보다 효과적이라든가.

성격에 관한 속성 이론*trait theory*은 일련의 질문으로 개인의 성격을 측정하는 데 초점을 맞춘다. 다양한 성격을 측정함으로써 소비자를 심층적으로 묘사할 수 있다는 이점이 있다. 소비자의 성격을 구성하는 속성을 측정하는 데는 요인의 복잡성에 따라 두 방법이 있다. 단일 요인 방법과 복합 요인 방법.

전자는 소비 상황에 적합한 단일 요인을 모색한다. 일례로 인지 필요성*need for cognition*은 생각하는 것을 좋아하는 성격을 일컫는다. 주변을 둘러보면 복잡한 사고를 즐기는 사람이 있는가 하면(또는 즐기는 척하는 사람도 있지만), 머리 쓰는 것을 매우 싫어하는 단순형도 있다. 인지 필요성이 높은 사람들은 쇼핑할 때, 정보를 많이 탐문하고, 다양한 상품을 비교한다. 따라서 이들을 목표 시장으로 설정하면, 시각 정보보다는 언어적 정보에 치중해야 한다.

그림 9-3. 성격을 강조하는 광고
트롬, 햇반

이에 비해 후자는 소비자를 묘사하기 위해 여러 요인을 사용한다. 대표적인 방법은 다음과 같은 다섯 가지 요인에 기초한 모델이다. 경험에의 개방성*Openness to experience*, 조심성*Conscientiousness*, 외향성*Extroversion*, 순응성*Agreeableness*, 불안정*Neuroticism*(이들 앞 글자를 따면 OCEAN). 제품에 대한 불평을 제기하는 소비자는 외향적이므로 말하기 좋아하고 집단성이 강하다. 따라서 이들을 담당하는 직원은 상대방의 대담성에 차분하게 대처할 수 있어야 한다. 더욱이 브랜드 역시 사람처럼 성격을 지닐 수 있다. 사실 소비자는 사람의 성격을 판별하듯이 브랜드도 성격을 지각한다. 브랜드에 따라 성실성이 뛰어나거나, 신나거나, 능력이 있거나, 세련되었거나, 거칠다고 얘기하는 것이 그러한 사례다(Aaker, 1997). 따라서 마케터는 어떤 브랜드의 성격을 개발하거나 유지할 것인지도 관심사가 된다.

자아 개념은 자신에 대한 생각과 느낌으로 정의된다. 이 개념은 실제 자아와 이상적 자아로 구분된다. 전자는 나에 대한 현재의 인식인 반면, 후자는 자신이 꿈꾸고 있는 자아다. 일례로 자신은 정숙한 여인이라고 생각했는데 왜 새빨간 립스틱에 이끌리는 것일까? 이런 의문을 품고 있으면 실제 자아와 이상적 자아에 차이가 있는 셈이다.

소비자는 자아의 일관성을 유지하려는 욕구가 있으므로, 광고는 이러한 욕구에 초점을 맞춘다. 특정 브랜드를 사용함으로써 실제 자아를 강화시키거나, 또는 실제 자아와 이상적 자아의 차이를 줄일 수 있다는 광고가 대표적 사례다.

문화적 차이를 설명하는 데도 자아 개념이 유용하다. 여기에는 독립적 자아 개념*independent self-concept*과 상호의존적 자아 개념*interdependent self-concept*이 많이 거론된다. 전자는 개인주의 문화가 팽배한 지역의 소비자에게서 많이 발견되는데, 이들에게는 개인의 목표나 성취감을 강조하는 것이 효과적이다. 이에 비해 후자는 집단주의 문화가 지배적인 곳에 집중되는데, 가족과 소속 집단, 사회 관계에 초점을 맞추면 설득력이 높다. 물론 한 사회의 문화를 '독립적이냐 상호의존적이냐'로 양분하는 것은 지나친 일반화일 수 있다. 집단주의 사회이지만 하부 문화에 따라서는 독립적 자아 개념이 우세할 수 있으니까. 그렇지만 국제 광고처럼 지역적 차이를 집단적으로 살필 때는 자아 개념이 유용한 준거틀이 될 수 있다.

자아 개념은 브랜드의 사용이나 소유를 설명하는 데도 이용된다. 사람들은 소유한 물건에 따라 어느 정도 결정되기 때문이다. 네 명이 출퇴근에 이용하는 교통 수단을 예로 들어보자. 자전거, 경차, 외제차, 지하철. 무엇을 타느냐에 따라 각각 다른 정체성이 떠오르기 마련이다. 소유의 중요성은 소유한 물건의 상실에서도 드러난다. 노트북이나 휴대 전화을 분실하면 복구할 때까지는 한동안 정상적인 삶이 힘들어진다. 그리고 헤어스타일을 바꾸면 스스로 변한 느낌이 든다. 집이나 직장을 잃어버린 사람은 딴 사람이 되기 십상이다.

이런 맥락에서 소유한 물품은 자아를 연장시키는 역할을 한다. 즉 상품은 확장된 자아*extended self*를 형성한다. 따라서 자사 상표가 소비자에게 어떤 정체성을 제공하는지를 고찰하여 전략을 수립할 수 있다. 흐린 날에도 선글라스를 쓰는 소비자는 신비스런 자아 정체감이 중요하므로 이에 상응하는 광고 전략이 효과적일 것이다.

라이프스타일은 자아 개념의 연장선상에 놓여 있다. 삶의 방식을 뜻한다는 점에서 자아 개념이 반영되기 때문이다. 그리고 개인과 가족은 물론 세대의 라이프스타일은 소비 행동에 영향을 끼친다. 일례로 부엌 근처에 얼씬거리지도 않던 남편들이 이제는 설거지는 물론 앞치마까지 두르고 요리하는 모습이 어색하지 않다. 물론 소비자가 매번 소비 행동을 할 때마다 라이프스타일을 의식하는 것은 아니다. 그보다는 라이프스타일이 은근히 작용할 가능성이 높다. 그래서 환경 친화적인 라이프스타일을 지향한다면 에너지 절약 상품에, 유행을 좇는 라이프스타일이라면 신상품에 무의식적으로 보다 이끌리게 된다.

그러면 라이프스타일은 어떻게 측정하는가? 가장 보편적인 절차는 다음과 같다. 먼저 활동, 관심과 의견을 묻는 일련의 질문을 만든다. 보통 약 300개의 항목으로 구성된다. 둘째, 사람들에게 각 항목에 대해 어떻게 생각하느냐를 질문한다(의견 일치의 정도를 이를테면 6점 척도로 응답). 셋째, 응답한 반응에 기초하여 유사한 속성을 지닌 사람들을 몇 개의 집단으로 묶는다. 이 같은 통계 과정을 군집 분석이라고 한다. 넷째, 질문에 응답한 반응에 기초하여 각 집단을 명명한다. 예를 들어 BSBW(Backer Spielvogel Bates Worldwide)가 개발한 글로벌 스캔GLOBAL SCAN은 14개국의 1만 5000명을 대상으로 다섯 집단을 도출하였다(Hawkins, Best, & Coney, 2004). 성공을

그림 9-4. 라이프스타일을 사용한 광고

평원을 달리는 할리 데이비슨, 스케이보드를 타는 할아버지를 묘사한 V8

위해 애쓰는 집단*strivers*, 성취한 집단*achievers*, 경제와 가사로 압박받는 집단*pressured*, 만족하고 적응하는 집단*adapters*, 전통적 집단*traditionals*.

이와 같은 라이프스타일을 통해 시장을 세분화할 수 있을 뿐만 아니라 매체도 효율적으로 선택할 수 있다. 일례로 자아를 실현했거나 성공한 집단은 텔레비전을 별로 시청하지 않는다. 그러므로 인쇄 매체를 중심으로 매체 전략이 기획되어야 할 것이다. 또한 라이프스타일은 소비자가 중시하는 가치를 나타내므로 어떤 메시지로 목표 시장을 공략할지도 제시해 준다.

4) 감정

감정은 사물이나 주변 환경에 대한 심리적, 생리적 반응을 의미한다. 감정을 보다 잘 이해하기 위해서는 그 특징을 살필 필요가 있다(김광수 · 김아중, 2008). 첫째, 감정을 불러일으키는 선행 요인이 있다. 둘째, 신체와 뇌의 생리적 반응을 동반한다. 셋째, 자극과 감정적 반응은 거의 자동적으로 일어난다. 넷째, 감정의 체험은 인지적 판단에 의해 영향받는다. 다섯째, 얼굴이나 신체의 행동적 신호가 있다.

이와 같은 감정은 차원으로 접근하기도 하며, 종류를 구분하기도 한다. 전자로서는 즐거움*pleasure*, 상기*arousal*, 지배성*dominance*의 세 차원 구분이 대표적이며, 후자에는 무서움, 놀람, 슬픔, 역겨움, 화, 기대, 기쁨, 사랑과 같은 감정의 구분을 손꼽을 수 있다.

감정은 보편적인 반응 기제를 지니고 있어서 광고를 비롯한 일상적인 설득 커뮤니케이션에서 많이 사용되고 있다. 기본적으로 감정에 기초한 광고 전략은 두 가지 형태다. 하나는 긍정적인 감정을 브랜드의 혜택과 연결시키는 것이다. 부모님과 통화함으로써 정을 한껏 느낄 수 있다는 메시지가 해당된다. 또 다른 하나는 부정적인 감정을 줄이는 브랜드의 역할이 있을 수 있다. 이를테면, 갑작스런 가족 사망의 슬픔을 생명 보험으로 극복할 수 있다고 얘기하는 것이다.

감정을 광고에 사용하는 또 다른 이유는 소비자의 주목을 높일 수 있고, 해당

그림 9-5. 감정을 사용한 타이어 광고 사례
미쉐린, 요코하마

감정을 브랜드와 연결시킬 수 있기 때문이다. 감정의 이 같은 효과는 10장에 제시된 조건화 이론이나 광고 태도 모델에서 설명되어 있다. 그리고 성적 소구와 같이 구체적인 감정을 사용한 전략은 11장 크리에이티브에 소개되어 있다.

2. 사회적 영향

사회적 차원의 요인들도 개인의 구매 행동에 영향을 끼칠 수 있다. 그 같은 영향을 다음과 같이 구분해 살펴보자. (1) 문화, (2) 준거 집단, (3) 가족, (4) 구전.

1) 문화

(1) 문화란

개고기, 말고기, 돼지고기 등을 먹느냐 마느냐는 문화권에 따라서 차이가 난다. '4'라는 숫자를 좋아하고 싫어하는 것도 문화에 의해 영향을 받는다. 이처럼 문화는 소비자의 행동에 직·간접적인 영향을 끼친다. 여기서 문화란 한 사회가 공유하는 가치, 심벌, 의식을 뜻하는데 다음과 같은 특징을 갖는다. (1) 학습된다. (2) 문화 규범을 통해서 개인의 행동을 이끈다. (3) 지속적이지만 변화되기도 한다. (4) 광범위하게 받아들여지며 다른 문화와 차별적인 가치로 구성된다. 문화와 광고 전략의 관계를 이해하기 위해서 문화의 주요 구성 요인을 가치, 심벌, 의식으로 구분해서 이들을 차례대로 살펴보았다.

(2) 가치에 대하여

로키치Rokeach는 문화적 가치를 "개인과 사회가 얻고자 애쓰는 믿음들"로 정의한다. 그리고 이를 궁극적 가치와 도구적 가치로 세분한다. 궁극적 가치는 안락한 삶, 신나는 삶, 세계 평화, 평등, 자유, 행복, 국가 안전, 구원, 자존심, 아름다운 세상, 지혜, 가족의 안전, 성숙한 사랑, 성취, 내적 조화 등이며, 이러한 가치를 성취하는 수단이 도구적 가치가 된다.

그러면 이 같은 문화적 가치는 어떻게 밝힐 수 있는가? 그 방법에는 세 가지가 있다. (1) 서베이, (2) 관찰, (3) 내용 분석. 첫째, 서베이는 문화 가치와 연관된 항목의 목록을 만들어서 사람들을 대상으로 조사한다. 이들 자료로 가치 변화나 새로운 가치의 형성 등에 대해서 분석한다. 미국에서는 모니터서비스Monitor Service란 조사 회사가 해마다 무선 표집한 2500명을 대상으로 인터뷰를 함으로써 문화의 변동을 알아낸다.

둘째, 질적 기법인 관찰은 문화 구성원들과 직접 생활하면서 관습과 행동을 관찰하는 문화 인류학에서 비롯되었다(관찰에 의한 문화 연구를 민속지학*ethnography*이라고 함). 그렇지만 소비자 행동을 연구하기 위해서 인류학자처럼 오랜 기간에 걸쳐 관찰할 수 없으므로 짧은 시간에 걸쳐 가정이나 쇼핑센터 또는 소비의 자연스런 상황에서 관찰한다. 그러한 대표적 사례로 '소비자 행동 오디세이*Consumer Behavior Odyssey*' 연구를 손꼽을 수 있다. 이는 1986년 여름, 소비자 행동 연구자 10여 명이 레저용 차를 함께 타고 캘리포니아에서 매사추세츠를 횡단하면서 이루어졌다.

목표는 미리 설정된 가설 없이 소비자의 쇼핑, 구매, 소비에 접근하여 소비자 이해를 제고한다는 것이었다. 인터뷰, 비디오나 사진 촬영 등을 통해 소비자의 느낌, 의견, 가치, 태도, 행동 등을 조사하였다. 이 자료에 기초하여 '물물 교환 장소에 참가하는 사람의 동기' 등을 비롯한 여러 연구가 발표되었다(Kassarjian, 1986).

셋째, 내용 분석은 문화적 가치가 반영된 매체의 메시지를 분석한다. 신문이나 잡지 내용을 연구하여 그 시대의 주류를 이루는 문화 가치를 찾아내는 것이다. 또는 광고에 나타난 각 사회의 가치를 알아보는 것도 이러한 유형에 속한다. 광고의 내용 분석을 통하여 여성이나 소수 집단이 왜곡되어 묘사되었는지를 판별할 수도 있다.

(3) 심벌에 대하여

심벌이란 언어를 비롯한 상징 체계를 의미한다. 제품도 종종 소비자에게 심벌의 역할을 수행한다. 사실 소비자는 상품의 유용성보다 상품의 상징성 때문에 그 상품을 구매하는 경우도 있다. 그러므로 마케터는 상품을 긍정적인 문화 가치에 연계시키려고 노력한다. 상품의 상징적 기능은 다음과 같다. (1) 상품은 사회적 신분을 전달한다(메르세데스 벤츠가 권위와 부를 나타내듯이). (2) 상품은 자신을 표현한다(말보로 담배를 피움으로써 개인주의와 강한 독립성을 드러내듯이). (3) 상품은 경험을 공유하도록 한다(그에게 벨트를 보내느냐 아니면 신발을 보내느냐가 서로 다른 의미를 드러내듯이). (4) 상품은 유용성이 아닌 즐거움을 동반한 미적 또는 감각적 특질을 지닌다(프랑스 패션이 미국 패션에 비해 미적 측면을 강조하듯이). (5) 상품은 과거의 경험을 불러일으킨다(결혼 반지를 보면 무슨 생각이 떠오를까?).

그리고 심벌의 의미는 문화마다 상이하다. 올빼미는 미국에서는 지혜를 나타내지만, 인도에서는 불행을 의미한다(Hawkins, Best, & Coney, 2004). 사슴은 미국에서는 우아하지만, 브라질에서는 동성애를 말한다. 노란 꽃은 멕시코에서는 죽음을, 프랑스에서는 간통을 뜻한다. 따라서 마케터는 자사 브랜드와 문화적 상징을 잘 엮을 필요가 있다.

(4) 의식에 대하여

의식*ritual*은 연속적으로 일어나는 상징적인 행동으로 자주 반복된다는 특징을 지닌다. 예를 들면, '몸단장'은 대다수 사람에게 의식에 속한다. 양치질하고, 샤워하고, 머리를 손질하고 화장품을 바르는 것은 연속적으로 일어나며, 날마다 반복된다.

이 밖에 '선물 주기'도 일련의 이벤트가 연속적으로 발생하는 의식이다. 선물 사기, 선물 주기, 받은 사람의 반응을 평가하기. 업계에서는 이 같은 선물 주고받기 기간을 마케팅 기회로 활용한다. 입학식, 졸업식, 추석, 크리스마스 등. 그리고 축제일도 선물 주기와 관련이 있어서 특정 상품의 소비를 촉진시킨다. 발렌타인데이에는 초콜릿과 꽃, 화이트데이에는 사탕.

의식은 세 가지 구성 요인을 지닌다. 첫째, 의식화된 인공물이 있다. 이는 종종 소비재의 형태를 띤다. 크리스마스 트리, 점멸 전구, 카드, 산타클로스 등이 크리스마스 의식과 연관된 인공물이다. 둘째, 의식은 각본을 포함한다. 이는 누가, 언제, 어떻게 상품을 사용하는지를 규정하는 각본을 뜻한다. 생일날 케이크를 사 갖고 와서 촛불을 켜고 노래를 부르는 순서가 있듯이. 셋째, 의식은 특정 개인에 규정된 행동 역할이 있다. 스승의 날, 카네이션을 선사하는 제자와 그 감사의 뜻을 받는 스승의 역할이 정해져 있듯이.

광고는 자신의 제품을 바로 이 같은 의식에 연결시키고자 한다. 축하할 때는 샴페인을, 유혹할 때는 향수를, 사랑할 때는 다이아몬드를. 아울러 치아 미백제를 사용해서 활짝 웃을 때를 대비하고, 가글을 사용해서 연인과의 입맞춤에서 구박당하지 않아야 한다고 가르친다.

2) 준거 집단

어린이들이 무엇을 먹을지는 부모가 좌우한다. 10대들이 좋아하는 음악이나 TV 프로그램은 또래 집단에 의해 많은 영향을 받는다. 직장인들은 소속된 조직의 눈치를 보며 복장을 입는다. 이처럼 소비자 행동에 영향을 끼치는 가장 중요한 요인 가운데 하나가 준거 집단*reference group*이다. 이는 개인의 믿음과 태도 형성, 또는 행동 결정에 참고되거나 기준이 되는 집단을 뜻한다. 사실 우리는 남이 하니까 따라서 하는 경우가 많다. 옆집이 신상품을 들여놓아서 우리도. 친구가 골프 하니까 나도. 주식 광풍이 부니까 너도나도.

아셀은 준거 집단을 집단의 소속과 집단에 대한 태도에 따라 네 집단으로 구별한다(표 9-4 참조. Assael, 1995). 이 가운데 긍정적 소속 집단은 마케터에게 중요하다. 왜냐하면 브랜드를 소유한 소비자들이 커뮤니티를 형성할 수도 있기 때문이다. 원래 커뮤니티란 전통과 행동 양식, 책임감 등을 공유하고 의식하는 특징을 지닌다. 따라서 특정 브랜드를 소유하거나 그 브랜드와 심리적인 관계를 구축한 소비자들로 구성된 브랜드 커뮤니티*brand communities* 역시 공통된 문화를 형성한다. 이를테면 할리 데이비슨 오토바이를 타는 사람들은 각 지역별로 '호그HOG'(Harley-Davidson Owners' Group) 지부를 조직하여 회원의 유대감을 강화시키고 있다. 마케팅 커뮤니케이션은 이와 같이 브랜드 커뮤니티를 구성하고, 나아가서 브랜드 소유에 가치를 더함으로써 브랜드 충성도를 제고하는 데 기여할 수 있다.

준거 집단이 소비자에게 영향을 끼치는 차원은 크게 세 가지로 나뉜다. (1) 정보 차원, (2) 비교 차원, (3) 규범 차원. 이들 차원에 기초한 광고 전략을 제시하면 다음과 같다. 첫째, 소비자가 믿을 만한 소식통이라고 생각되는 준거 집단에서 정보를 받아들이는 것을 의미한다. 세일즈맨이나 광고가 아니라 그 분야에 대해 잘 아는 친구나 전문가의 조언을 듣는 경우가 해당된다. 이를테면 껌 광고에 치과 의사를 등장시키듯이 전문가가 브랜드를 보증한다.

표 9-4. 준거 집단의 종류

집단에 대한 태도	집단 소속 여부(사례)	
	소속되어 있음	소속되어 있지 않음
긍정적	긍정적 소속 집단(자랑스런 한국인)	갈망 집단(연예인)
부정적	부정적 집단(추태 부리는 한국인)	회피 집단(조직 폭력 집단)

▶ 광고사랑방 9-1 **학교에 광고를**

미국에서는 휘틀 커뮤니케이션사Whittle Communication가 채널 원Channel One을 운영한다. 이 채널은 날마다 10분 동안 프로그램을 각 학교에 제공하는 대신 2분 동안 광고를 방송할 권리를 확보하고 있다. 또한 스콜라스틱사Scholastic Inc.는 기업의 후원으로 학교용 잡지와 포스터를 제작하여 배포한다. 학교에 이러한 상업주의가 침투해야 하는가에 대한 비판적인 시각이 있지만 학생들이 이로 인해 받는 혜택과 손실을 비교할 필요는 있다.

우리나라의 경우, 학교의 광고판 설치는 학교장이 교직원들과 협의해 설치할 수 있다(박주희 · 최현준, 2006. 3. 6). 일부 학교에서 화장실 광고가 허용되어 영화 포스터가 부착되거나, 무료로 설치된 농구대에 광고가 보이기도 하는 이유다. 과연 캠퍼스에 광고가 어느 정도로 침투할 것인지?

둘째, 소비자가 자신의 태도를 준거 집단과 계속 비교하면서 발생한다. 예를 들면 학급에 새로 전학 온 학생은 자신의 태도와 유사한 학우들을 골라서 사귀게 된다. 이 같은 원리를 이용하여 광고에서도 목표 시장과 가장 유사한 전형적인 소비자를 선택하여 상품을 광고하도록 한다. 물론 이 같은 비교는 보통 소비자뿐만 아니라 유명인도 이용될 수 있다. 소비자는 유명인의 이미지에 동화하려는 욕구가 있기 때문이다. 그래서 예쁜 여배우가 등장하는 화장품을 사용함으로써 심리적, 상징적 동질성을 모색한다.

셋째, 소비자는 준거 집단의 인정이나 칭찬을 받으려고 행동할 수 있다. 자동차처럼 가시성이 뛰어난 상품의 경우, 준거 집단의 규범에 많은 영향을 받는다. 화장품에 번들거림이 없다고 친구가 칭찬해 주거나, 새 차를 직장 동료가 부러운 눈길로 바라보는 등등. 또 다른 방법은 그 상품을 사용하지 않으면 준거 집단의 거부에 직면한다는 '문제점 끄집어내기' 식으로 내용을 전개할 수 있다. 그 상품을 써보지 않았으면 따돌림 당한다고, 또는 시대에 뒤떨어졌다고.

3) 가족

가족의 구매 결정은 개인과는 다음과 같은 점에서 상이하다. (1) 공동 결정의 가능성. (2) 결정 과정에서 각 가족 구성원의 역할이 상이함. (3) 구매 결정을 내릴 때 구성원 간에 발생할 수 있는 갈등을 해결해야 함.

가족의 구매 결정에서 영향력을 가장 많이 행사하는 사람은 바로 부부다. 이들의 역할은 대체로 제품의 종류에 따라 다르다. 이를테면 오디오는 남편 주도, 부엌 용품은 부인 주도, 자동차는 합동으로. 옷과 같은 경우는 남편이나 아내가 개별적으로 결정하기 쉽다. 이러한 역할 차이는 광고에서 중요한 함의를 지닌다. 만일 남편 속옷의 경우, 아내가 주도적으로 구매를 결정한다면 광고 메시지는 주부에 맞춰야 하기 때문이다. 물론 제품 종류 이외에도 가족의 성격에 따라 구매 결정이 상이하기도 하다. 알콩달콩한지, 가부장적인지, 또는 엄처시하인지.

전반적으로 부부 역할은 시대에 따라 많은 변화를 보인다. 미국 사례를 중심으로 그 같은 변화를 살펴보면 다음과 같다. 1987년 남편이 장을 보는 경우는 17%였으나 1992년에는 25%로 늘어났고, 자동차를 구매할 때 부부가 공동으로 결정하는 경우는 1955년 25%에서 1982년에는 57%로 증가했다. 따라서 전통적인 구매 역할을 전제해서 광고 전략을 수립할 수 없게 된다. 부부 간의 구매 결정 과정을 이해한 후에 목표가 남편인지, 아내인지 또는 부부인지를 결정해야 한다.

문제는 두 사람 이상이 결정에 참여할 때는 필연적으로 갈등이 발생한다는 점이다. 이때는 갈등을 해소하기 위해 서로 교섭을 하거나, 권위를 내세우거나, 감정에 호소하거나, 논리적으로 접근하거나, 제3의 정보원을 활용한다. 물론 갈등이 해소되지 않은 채 가정 불화로 이어질 수도 있고.

광고 전략 차원에서는 가족 구성원 사이에서 의사 결정이나 갈등이 어떤 식으로 해결되는지를 밝히는 것이 중요하다. 특히 구매자와 소비자가 상이할 수도 있다는 점이 간과되어서는 안 된다. 이러한 분석을 거쳐야 누구를 대상으로 어떤 식으로 메시지를 접근해야 효과적인지를 알 수 있다.

표 9-5. 어린이의 사회화 단계

단계	연령 구분 (만 나이)	인지 발달	소비자 사회화 사례
감각 운동기	0~2세	초기: 반사 행위에 국한 후기: 대상 영속성 개념* 획득	소비 단계
조작 이전기	3~7세	시각적 인상에 의존하여 사고; 자아중심적임(미운 일곱 살)	부모가 제한된 구매 선택을 허용(음료의 종류 선택 등)
구체적 조작기	8~11세	구체적 대상에 대해 논리적 사고를 적용하기 시작; 추상적 사고는 초보적 단계	제한된 범위에서 직접 구매와 소비, 친구와의 교류, 부모를 설득하려는 시도
형식적 조작기	12세~	추상적 용어로 추론 가능	구매와 소비 범위를 확대

* 어떤 대상이 감각에서 없어져도 그 대상이 계속 존재한다는 사실을 아는 개념

가족의 구매 결정에서는 자녀의 역할을 빼놓을 수 없다. 자녀도 물품을 직접 구매하거나 구매에 영향력을 행사하기 때문이다. 물론 이러한 역할 정도는 상품에 따라 상이하지만 식음료 등에서는 자녀의 목소리가 높다. 특히 어린이는 가족 상황에서 '소비자가 되는 사회화' 과정을 겪고 있으므로 부모와 자녀의 관계를 제대로 이해하고 접근할 필요가 있다.

어린이는 인지 발달 과정에 따라 사회화의 여러 단계를 거치게 된다. 어린이의 발달 과정에 대해서는 스위스 심리학자인 피아제Piaget가 탁월한 업적을 남겼다. 그에 따르면 어린이는 환경에 적응하기 위해 '동화*assimilation*'와 '적응*accommodation*'이라는 기본 과정을 겪는다. 기존 틀에 비추어 현재의 경험을 해석하는 과정이 동화이고, 현재의 경험을 해석하기 위해 기존 인지 구조를 변형시키는 과정이 적응이다. 따라서 인지 발달 단계란 동화와 적응 과정에 의해 스키마*schema*(사물에 대하여 조직화된 믿음의 체계)가 변화됨으로써 환경에 적응하는 과정이다. 이들 단계에 따른 사회화 사례를 살펴보면 표 9-5와 같다.

4) 구전

구전은 두 사람 이상 사이에서 발생하는 대인 커뮤니케이션이다. "만족한 소비자야말로 가장 좋은 세일즈맨이다"라는 말이 있듯이 구전은 소비자 행동에 중요한 영향을 끼친다. 그렇지만 구전은 부정적인 경우도 있다. 게다가 부정적일 때는 더욱 큰 영향력을 발휘한다. 소비자는 형편없는 상품으로 화가 났을 때, 만족했을 때보다 세 배 이상 많은 사람에게 불평하니까.

구전은 다음과 같은 조건에서 영향력을 발휘한다. (1) 소비자의 상품 관여도가 높을 때, (2) 상품 구매에 따른 위험 부담이 높을 때. 첫째, 소비자가 특정 상품과 연관이 있을 때는, 상품과 관련된 이야기를 하고 다른 사람에게 영향을 끼치고 싶어 한다. 관여도는 두 가지 경우에 높을 수 있다. 하나는 자신이 상품을 소유하거나 구매 결정을 내릴 상황에 있는 경우다(상황적 관여*situational involvement*). 또 다른 하나는 상품의 범주에 관심이 높은 경우다(내재적 관여*enduring involvement*). 이 같은 사람들은 자신의 경험을 이야기하거나, 다른 사람에게 조언을 주고, 또는 상품에 관한 뉴스를 전달하는 등 다양한 구전 커뮤니케이션 활동을 수행한다. 둘째, 상품 구매에 위험 부담이 있다고 인식하는 소비자는 상품과 관련된 대화를 시작하고 주변 사람들에게 정보를 구하게 마련이다. 위험 부담을 줄이기 위해서다. 이 같은 경우에도 정보를 구하는 사람이나 정보를 전달하는 사람 모두에게 구전의 영향력이 강해질 수 있다.

이런 상황에서는 시제품 사용을 통해서 구전을 활용할 수 있다. 특히 샘플을 통해 상품 사용을 시도하거나, 자동차의 경우 시승을 권함으로써 이루어진다. 마케터는 이 같은 행사에 참여한 소비자가 주변 소비자에게 경험담을 전달하기를 기대한다. 아울러 소비자의 경험담이나 의견 지도자의 견해를 광고에 담는 방법도 긍정적인 구전으로 이끌 수 있다.

그렇지만 구전이 모든 상황에서 영향력을 행사하는 것은 아니다. 구전의 영향력이 감소하는 경우도 있다. 소비자가 상품에 깊은 인상을 갖고 있을 때, 상품

➤ 광고사랑방 9-2	코로나의 성공

코로나 맥주는 멕시코산이다. 이 맥주가 미국에 수입되기 전에는 텍사스나 캘리포니아 주민들이 멕시코에 여행 갔다가 오면서 몇 병씩 들고 오는 데 불과하였다. 그러나 술집이나 레스토랑 등에서 선보인 이 맥주는 구전에 의해 인기를 끌면서 수입되기 시작했다. 샌디에이고에서 비롯된 코로나 인기는 캘리포니아 해안을 휩쓸었다. 급기야 많은 여피족들이 거주하는 시카고에서도 판매량이 급증하였다. 1984년에는 170만 상자가 팔렸으며, 슈퍼마켓에서도 팔리기 시작한 1987년에는 1370만 상자의 판매고를 기록하여 하이네켄 다음으로 잘 팔리는 수입 맥주가 되었다. 2008년에도 코로나는 수입 맥주 중에서 28%, 하이네켄은 18%의 시장 점유율을 차지하였다.

에 대한 부정적 정보를 이미 접촉했을 때, 소비자가 믿을 만한 부정적 정보에 노출되어 상품에 의심을 가질 때.

3. 상황적 영향

1) 상황의 중요성

소비자의 구매 행동은 상황에 따라서 변한다. 여기에서 상황이란 시간과 장소에 따라 일시적으로 형성된 조건이나 환경을 의미한다. 상황적 영향은 다음과 같이 나눌 수 있다(표 9-6 참조). (1) 소비 상황, (2) 구매 상황, (3) 커뮤니케이션 상황.

물론 소비자가 구매할 때 상황의 영향만 받는 것은 아니다. 상황과 상품의 영향을 받아서 구매 결정을 내리고 선택하게 된다(그림 9-6). 그런 맥락에서 다음과 같은 질문이 예상된다. 과연 상황과 상품 가운데 어느 요인이 더 큰 영향력을 행사하는가? 즉 소비자가 콘플레이크 시리얼을 구매한 것은 상품의 영양가 때문인가, 그렇지 않으면 선반의 위치가 좋기 때문인가? 일반적으로 밝혀진 원칙은 다음과 같다. (1) 브랜드 충성도가 높을수록 상황적 영향력은 감소한다. (2) 상품에 대한 관여도가 높을수록 상황적 영향력은 감소한다. (3) 일회용이 아니라 내

표 9-6. 상황적 영향의 종류

구분	정의	전략 사례
소비 상황	브랜드를 사용할 때 상황	애인을 만날 때와 출근할 때 사용하는 향수는 다를 수 있음
구매 상황	가게 안에서의 상황	미국 소비자를 대상으로 조사한 화장품 충동 구매에 영향을 끼치는 요인(중복 응답 허용)은 (1) 가격 할인(56%), (2) 무료 샘플(35%), (3) 디스플레이(27%)
	선물 구매 상황	남에게 선물하기 위한 구매는 관여도가 높음
	갑작스런 구매 상황	구매하려는 브랜드가 없을 때, 또는 시간이 없을 때
커뮤니케이션 상황	소비자의 정보 노출 상황	텔레비전을 볼 때 여럿이 혹은 혼자서 볼 때
	광고가 등장하는 주변적 상황	슬픈 프로그램보다 즐거운 프로그램의 광고가 더 효과적인지?
	소비자가 정보에 접촉했을 때의 기분 상태	무드가 광고의 정보 처리에 끼치는 영향

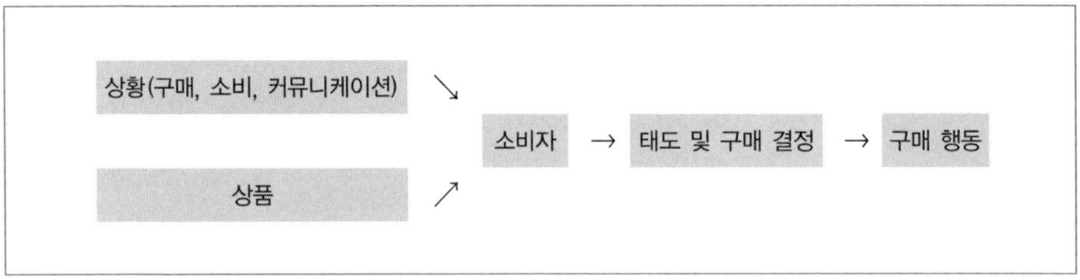

그림 9-6. 상황의 영향

구재를 구매할 때 상황적 영향력은 감소한다.

아울러 상황, 상품, 소비자 사이의 상호 작용은 어느 정도인지도 중요한 관심사다. 이 같은 관계를 단적으로 보여 주는 일련의 연구를 제시하면 표 9−7과 같다(Assael, 1995). 비록 미국 소비자를 대상으로 한 조사지만 상호 관계를 이해하는 데는 중요한 지침이 될 것이다. 대체로 어떤 한 요인이 영향을 끼치기보다는 두 요인 이상의 상호 작용을 통해 구매를 결정한다는 것을 알 수 있다. 예를 들면, 음료수를 선택할 때는 상황과 상품과의 이원적 상호 작용이 구매 행동의 39.8%를 설명한다. 이는 상황에 따라, 그리고 어떤 상품과 마주하고 있는지에 따라 구매

표 9-7. 상황, 상품, 소비자가 구매 행동에 끼치는 영향(%)

구분	음료수	스낵류	패스트푸드	레저	영화	금융 기관	병원
상황(S)	2.7	0.4	2.2	2.0	0.5	0.4	0.1
상품(P)	14.6	6.7	13.4	8.8	16.6	14.5	44.9
소비자(C)	0.5	6.7	8.1	4.5	0.9	12.5	10.8
S x P	39.8	18.7	15.3	13.4	7.0	16.5	8.1
S x C	2.7	6.1	2.2	4.0	1.9	2.9	1.1
P x C	11.8	22.4	20.1	21.2	33.7	17.7	16.2
S x P x C	27.8	39.0	38.7	46.1	39.4	35.4	18.8
계	100.0	100.0	100.0	100.0	100.0	100.0	100.0

* 수치는 구매 행동을 설명해 주는 변량의 %를 뜻한다

행동에 변화가 있다는 것을 의미한다. 반면에 병원 선택에서는 병원의 서비스 사체가 중요한 영향을 끼치고 있어 예외적이다.

2) 상황과 광고 전략

상황이 소비자 행동에 영향을 끼친다는 사실은 광고 전략 수립과도 연관이 있다. 첫째, 시장 세분화에 도움을 준다. 일례로 스낵을 즐기는 소비자는 다음과 같이 구분할 수 있다. 영양가 있는 스낵을 고르는 사람, 몸무게에 신경 쓰면서 스낵을 먹는 사람, 무분별하게 스낵을 찾는 사람 등. 이 같은 세분화에서 첫 두 집단은 상황과 직결된다. 이들이 식사 시간 사이에 스낵을 찾기보다는 식사 시간에 스낵을 먹을 확률이 높기 때문이다.

둘째, 신상품 개발에도 유용하다. 다이얼Dial사는 미국 직장인들이 시간을 절약하기 위해 자신의 책상에서 식사하는 상황을 주시하였다. 게다가 직장에서 전자레인지를 사용할 수 있는 환경이 조성되었다. 이에 따라 다이얼사는 1987년 'Lunch Bucket(점심통)'이라는 전자레인지용 점심 식사를 처음으로 개발하였다.

그림 9-7. 틀 짜기 광고

어떤 상황에서 어떤 제품을 사용할 것인지를 묘사하는 광고의 사례. 상황에 기초한 광고 전략에서는 그 같은 상황을 묘사할 뿐만 아니라 해당 상황과 자사 상품을 연결시키는 고리를 만들어야 한다. 소니, 더블A

셋째, 포지셔닝 전략에도 도움을 준다. 부엌에서 사용하는 페이퍼 타월은 사용 상황에 따라 튼튼용, 보통용, 장식용으로 구분된다. 튼튼용은 오븐이나 창문 등을 닦을 때, 보통용은 부엌 싱크대나 접시를 닦을 때, 장식용은 냅킨 대용으로 사용된다. 그러므로 페이퍼 타월을 포지셔닝하기 위해서는 사용 상황을 인식할 필요가 있다.

넷째, 광고 메시지를 작성하는 데도 상품 사용 상황은 중요하다. 와인이 손님 접대용으로 구매된다면, 손님 접대의 사용 상황을 광고에 담을 필요성이 있다. 이처럼 상품을 사용하는 상황의 맥락에서 광고하는 관행을 프레이밍*framing*(틀 짜기. 광고사랑방 9-3 참조)이라고 한다(Deighton, Romer, & Neslin, 1989). 즉 사용 상황을 광고함으로써 소비자는 관련된 상황에서 해당 상품을 틀에 맞추듯이 사용하게 된다.

➤ 광고사랑방 9-3	프레이밍

사실 프레이밍은 보다 포괄적으로 사용된다. 프레이밍은 일반적으로 메시지의 특정 요소를 선택하고 두드러지게 만드는 일련의 과정을 뜻한다. 그리고 프레이밍 효과란 메시지를 구성하면서 의미 전달에 차이를 유발시키고 수용자에게 끼치는 영향을 의미한다. 즉 광고 메시지를 어떻게 구성하느냐에 따른 효과 연구를 프레이밍 연구라고 한다. 일례로 지방질이 25%인 쇠고기가 있다고 하자. 이를 육질이 75%나 된다고 표현하는 것과 지방질이 25%밖에 안 된다는 광고 메시지 가운데 어느 쪽이 효과적일까?(김광수, 1998)

4. 정보 처리 모델

구매 결정을 내리기 위해서 소비자는 광고, 상품을 사용한 경험, 주위 사람 등으로부터 각종 정보를 얻는다. 이러한 정보는 소비자의 머릿속에서 지각하는 단계를 비롯하여 처리, 기억하는 과정을 거친다. 전반적인 정보 처리 단계 및 이에 따른 광고 전략을 설명하였다.

1) 소비자의 정보 추구

(1) 정보 추구의 종류 및 결정 요인

소비자가 정보를 처리하기 위해서는 먼저 정보를 추구해야 한다. 정보 추구는 크게 내재적 추구와 외부적 추구로 구분된다. 내재적 추구는 기존의 경험이나 기존 정보 처리 등으로서 기억에 이미 저장된 정보를 인출하는 것을 의미한다. 소비자 자신이 정보원이 된다는 뜻에서 내재적이라고 한다. 반면에 외부적 추구는 소비자의 외부 환경에 있는 정보원에게 의존할 경우를 뜻한다. 주변 사람이나 대중 매체의 정보, 또는 마케팅 등이 외부 정보원이 될 수 있다.

그러면 어떤 경우에 소비자가 정보를 추구하는가? 정보 추구에 영향을 끼치는 요인과 정보 추구의 관계는 다음과 같다.

(1) 관여도가 높을수록 정보 추구가 많아진다.

(2) 구매와 관련한 위험 부담이 높다고 인식할 때 정보 추구가 많아진다.

(3) 상품에 대한 지식이 적을 때, 정보 추구가 많아진다.

(4) 상품에 대한 경험이 많을 때, 정보 추구는 적어진다. 단, 경험이 부정적일 경우에는 정보 추구가 많아진다.

(5) 구매 결정을 내려야 할 시간적 압박이 적을 때 정보 추구가 많아진다.

(6) 가격이 비쌀수록 정보 추구가 많아진다.

(7) 브랜드 사이에 상당한 차이가 있을 때 정보 추구가 많아진다.

소비자가 추구하는 정보는 다양하다. (1) 여러 가지 해결책, (2) 해결책을 선택하기 위한 평가 기준, (3) 평가 기준에 따른 각 해결책의 평가. 예를 들어, 목이 마른 소비자가 있다고 하자. 그러면 머릿속으로 생각하든, 주변을 두리번거리든 문제 해결을 위해 여러 대안을 찾는다. 냉수, 생수, 스포츠 음료, 커피, 차, 맥주. 그리고 이들 중에서 무엇을 선택할 것인지를 평가하기 위한 기준을 떠올린다. 어떤 상황에서 마실 것인지(일하는 상황 또는 휴식 상황), 음료의 온도는 어떤 것이 좋을지(차가운 또는 따뜻한), 어떤 맛을 원하는지(개운한 또는 달콤한). 그리하여 일하는 상황에서 따뜻하고 개운한 맛의 기준에 적합한 차 음료를 선택하게 된다.

(2) 정보 추구와 광고 전략

정보 추구의 결정 요인은 어떤 경우에 소비자가 정보를 추구할 것인지를 알려 준다. 일반적으로 위험 부담이 있고, 고가의 상품일 때, 그리고 브랜드 간의 상품 차별화가 클 경우에 정보를 획득하고자 한다. 따라서 자동차, 컴퓨터와 같은 상품에서는 광고를 통해 정보를 제공할 필요가 있다. 이 경우, 정보가 반드시 상품에 대한 특성을 뜻하는 것은 아니다. 이미지나 심벌도 정보에 속할 수 있다.

아울러 정보 추구의 내역에서도 광고 전략의 함의를 찾을 수 있다. 무엇보다 브랜드는 소비자의 머릿속에 적합한 해결책으로 떠올라야 한다. 문제 해결을 위해 소비자 머리에 떠오르는 브랜드들을 '떠올린 집합*evoked set*'이라고 한다. 따라서 브랜드는 떠올린 집합에 포함되는 것이 중요한 과제가 된다. 물론 떠올랐다고 해서 다 해결책으로 고려하는 것은 아니다. 그러므로 떠올린 집합보다 선택 가능성이 더 높은 것은 바로 '고려 집합*consideration set*'이다. 맥주의 경우, 소비자는 보통 11개의 맥주를 떠올리지만, 선택으로 고려하는 브랜드는 4개 정도이다(Roberts, 1989). 청량음료의 경우는 12개의 브랜드를 떠올리지만, 정작 고려 집합에 속하는 브랜드는 5개에 불과. 인스턴트 커피에서도 떠올린 집합은 10개 내외이며, 관심 있게 평가하는 브랜드는 4개 정도.

브랜드가 고려 집합에 포함되어 있으면, 마케터는 해당 브랜드가 선택될 수 있도록 선호도를 제고하는 데 역점을 둬야 한다. 그렇지만 떠올린 집합에 있되 고려 집합에 포함되지 않았다면, 왜 고려되고 있지 않은지를 검토해서 이를 개선해야 한다. 그리고 떠올린 집합에도 포함되지 않았다면, 브랜드 인지도를 더욱 제고해야 할 것이다.

또한 소비자의 평가 기준이 잘못 형성되어 있거나, 자사 브랜드에 불리한 경우에는 평가 기준을 바꾸는 광고 전략을 펼칠 수 있다. 냉장고를 선택할 때 얼음을 만들 수 있느냐보다는 소음이 적어야 한다거나, 침대를 구매할 때 디자인보다는 매트리스의 견고함이 중요하다거나.

마지막으로 소비자가 정보를 추구할 때는 다양한 정보원에 의존하므로 이들 정보원을 관리하는 것도 중요한 과제다. 이를테면 소비자는 인터넷을 통해 상품 정보를 획득하거나 구매할 만한 브랜드를 추천받는다. 구매자의 평이 좋거나 많이 구매한 브랜드를 선택하는 것이 그런 사례 중의 하나다. 따라서 마케터는 웹사이트를 통해서 유용하면서도 쉽고 재미있는 정보를 제공하는 것은 물론 소비자와의 관계도 구축할 수 있어야 한다.

2) 정보 처리

(1) 정보 처리에 관한 모델

정보를 획득한 후에는 이를 처리하게 된다. 과연 소비자는 어떻게 정보를 처리할까? 인지 심리학에 따르면, 정보 처리는 구성적이다. 매체에서 듣거나 보는 대로 정보를 문자 그대로 단순히 저장했다가 인출하는 것이 아니라는 뜻이다. 그보다는 기존에 저장된 정보와 새로운 정보는 상호 작용을 통해 서로 영향을 끼쳐 새 정보나 구舊 정보가 수정되는 과정을 거친다. 이러한 원칙에 따라 일반적으로 정보 처리하는 단계를 묘사하면 그림 9-8과 같다.

첫 단계를 살펴보자. 우리의 감각 기관은 흔히 오감이라고 불린다. 시각, 촉각, 후각, 청각, 미각. 이러한 감각적 요소를 통하여 주변의 자극에 주목하고 자극을 받아들인다. 이처럼 외부의 자극을 선택하여 일관성 있게 수용하는 과정을 지각*perception*이라고 한다(이에 대한 상세한 설명은 13장 시각적 커뮤니케이션 이론 부분을 참조).

지각 단계의 과정을 통과한 정보는 작동 기억*working memory*을 거친다. 이 단계에서는 들어온 정보에 대해 다음과 같은 판단을 한다. (1) 새 정보를 장기 기억에 추가할 것인지, (2) 관련된 기존의 정보를 새 정보로 수정하여 장기 기억에 저장할 것인지, (3) 새로운 정보를 거절할 것인지. 앞의 두 경우는 새로운 정보가 커뮤니케이션 효과를 달성한 셈이다. 이에 반해 세 번째는 새 정보를 받아들이지 않기로 판단한 것이므로 커뮤니케이션 효과는 발생하지 않는다. 이 같은 거절은 여러 이유가 있을 수 있다. 중요하지 않으니까, 관련 없으니까, 바람직하지 않으

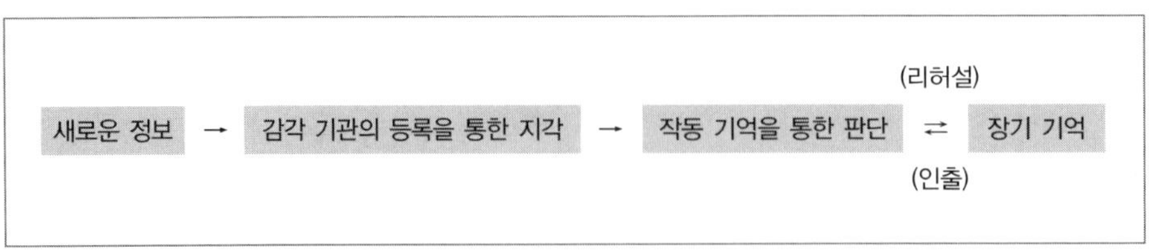

그림 9-8. 소비자의 일반적 정보 처리 모델

니까, 난해하니까 등등.

작동 기억(또는 단기 기억)은 정보 처리 능력이 제한적이다. 즉 정보 처리를 할 수 있는 시간이나 양이 한정적이다. 보통 1분 이내에 처리되며, 한번에 처리할 수 있는 정보 양도 평균적으로 7개 덩어리에 불과하다. 일례로 전화번호가 여덟 자리로 되어 있더라도 우리는 이를 두 덩어리로 묶어 외우려고 한다.

새 정보를 어떤 형태로든 저장하기로 판단하였으면 리허설을 통해 장기 기억에 저장한다. 그리고 새로운 정보를 해석하기 위해 기존 정보가 필요하면, 장기 기억에서 관련 정보를 인출하여 판단하는 데 사용한다. 장기 기억의 정보는 이미지, 혹은 단어나 문장의 형태로 저장된다. '한복'이라는 기억 속에는 우아한 곡선과 같은 이미지를 포함하여, 한국미라는 개념이 들어 있듯이. 장기 기억은 기억하는 내용에 따라 두 가지로 나눌 수 있다. 과거 경험을 저장하는 에피소드 기억*episodic memory*, 사실이나 개념을 기억하는 의미 기억*semantic memory*. '지난 토요일에 놀이동산에서 무엇을 했다'는 정보는 전자인 반면, '친환경,' '기업 윤리' 등에 관한 일반 지식들은 후자에 해당된다.

그렇다면 기억은 어떤 식으로 우리 머릿속에 저장될까? 저장된 방식은 인지의 경제성에 기초한다고 본다(Bransford, 1971). 즉 지식들이 서로 중복되어서 혼돈스러운 것이 아니라 체계적으로 자리잡고 있는 것이다(그림 9-9 참조).

이 그림은 가상적인 구조를 나타내는데, 상위 단계는 큰 분류 체계에 해당된다. 일례로 동물 · 식물 등과 같은 상위 단계는 주요 속성에서 차이가 나고 공유하는 특성이 별로 없다. 그다음의 기본 단계는 종류마다 차별성을 제공해 주는 개념의 속성이 드러난다. 자연이나 사회의 대상물들을 분류할 때 가장 빈번하게 사용된다. 마지막의 하위 단계는 기본 단계를 보다 구체화시키거나 보다 많은 연상을 추구할 때 넘어가는 단계이다. 이 단계에서는 분류 간에 유사 속성이 많고 차별 속성은 적어지며, 상표가 많이 연결된다. 예를 들면, 맥주라고 했을 때 하이트, OB, 카스 등이 떠오른다.

장기 기억에 저장된 각 이미지나 단어를 노드*node* 라고 하는데, 이들은 또 다

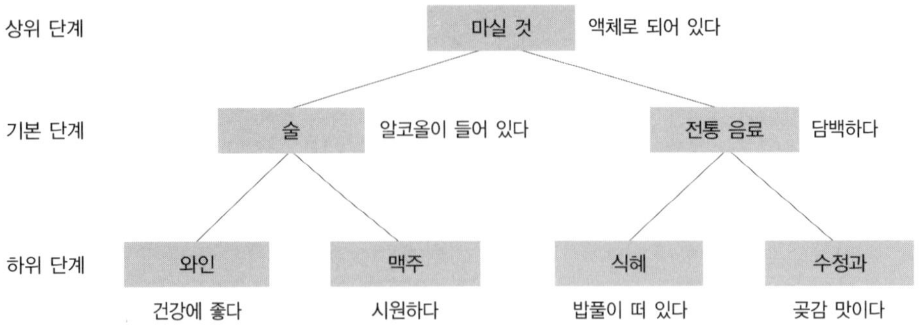

그림 9-9. 의미 기억의 가상 구조

른 이미지나 단어들과 서로 연결된다. 특히 의미 기억 속에 저장된 정보들은 상당히 체계적으로 분류되고 마치 신경계처럼 구성된다고 본다. 이른바 네트워크를 형성한다는 것이다. 이들 노드는 각 사물에 대하여 소비자가 마음속에 지닌 믿음을 나타낸다. 그리고 이 같은 믿음의 덩어리를 스키마라고 한다. 광고나 마케팅 시각에서는 각 브랜드 또는 각 회사에 대해 연상되는 일련의 개념이나 이미지를 스키마라고 생각할 수 있다.

(2) 정보 처리와 광고 전략

먼저 정보 처리에 대한 이론은 '지각된 현실'이 중요하다는 사실을 알 수 있다. 즉 객관적으로 바깥에 존재하는 현실이 아니라, 각 개인이 머릿속에 그리는 주관적 사실이 보다 의미를 갖는다.

상품의 속성도 결국은 객관적 품질과 상관없이 소비자가 그 상품을 어떻게 평가하느냐에 달려 있다. 소비자의 상품 지각은 다양한 정보원에 의해 형성되기 마련이다. 이중에는 마케팅 커뮤니케이션도 포함된다. 광고에 접촉한 소비자가 상품을 어떻게 인식하는지가 상품의 품질에 대한 믿음과 기대를 형성한다.

둘째, 작동 기억은 광고 전략에 대해 다음과 같은 지침을 제공한다. 마케터는 자신의 광고 메시지가 소비자의 즉각적인 반응을 불러일으키는 것을 기대한다.

일례로 출출한 시간에 텔레비전에서 라면 광고를 보고 슈퍼마켓에 가서 그 라면을 사 와서 끓여 먹기를 바란다. 그러나 이런 경우는 극히 드물다.

대부분의 광고 메시지는 반응을 즉각 불러일으키기보다는 소비자의 머릿속에 저장된다. 특히 소비자는 작동 기억에서 메시지를 수용 또는 거절할 것인지를 판단한다. 따라서 광고 메시지는 다음과 같은 특성을 가질 필요가 있다. 쉽게 정체성이 드러날 것, 범주화가 용이할 것, 기존 지식과 일관성이 높을 것.

셋째, 장기 기억 가운데 의미 기억은 다음과 같은 광고 전략을 시사한다. 무엇보다 의미 기억에 자사 상표가 저장되어야 한다. 그런 맥락에서 장기 기억에 저장되려면 광고 메시지를 반복하는 것이 가장 명백한 수단이다. 일례로 반복 횟수를

➤ 광고사랑방 9-4 | 의미 기억에 기초한 시장 경쟁 구도

소비자의 인식에 기초하여 시장 경쟁 구조를 파악할 수 있다(하영원 · 박홍수, 1992). 일례로 맥주 시장의 지각도를 살펴보자. [시장 구조 1]은 대다수 소비자가 맥주를 고를 때, '보통 맥주'와 '드라이 맥주' 가운데 어느 쪽을 결정할지를 우선적으로 고민하는 구조를 보여 준다. [시장 구조 3]은 'OB' 아니면 '하이트' 둘 가운데 어느 회사 것으로 마실 것이냐를 우선 결정하는 경향이 높음을 뜻한다. 반면에 [시장 구조 2]는 각 회사의 각 브랜드가 서로 경합하는 상황으로 소비자는 이들을 개별적으로 골라야 할 처지에 있다.

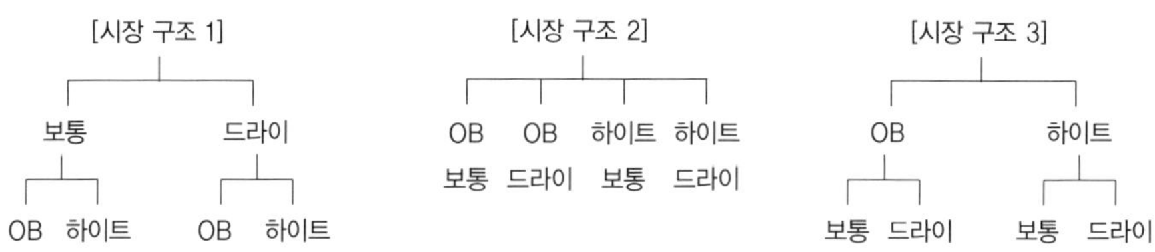

이 같은 세 구조는 새로운 브랜드를 출하할 때, 자기 시장 잠식*cannibalization*의 정도가 상이하다. 예를 들어, 흑맥주라는 범주를 새로 맥주 시장에 선보인다고 하자. 다수 소비자가 구조 1과 같은 지각도를 갖고 있으면, 시장 잠식 정도가 별로 심하지 않다. 그렇지만 3의 지각도라면, 새로 나온 흑맥주는 각 회사의 기존 브랜드를 잠식할 가능성이 매우 높다. 2의 구조는 약간 잠식당할 것으로 전망된다.

1회에서 6회로 늘렸을 때, 광고에 대한 회상은 세 배로 증가한다(Ray & Sawyer, 1971).

그다음 과제는 의미 기억 가운데 브랜드가 차지하는 위상이다. 자사 상표가 하위 단계에 없거나, 혹은 있지만 나쁜 속성과 함께 연상될 수 있다. 반대로 상위 단계에서 브랜드가 자리잡을 수도 있다. 화장지라고 하면 크리넥스가 바로 연상되듯이. 여기에 기초하여 마케터가 할 일은 다음과 같이 구분된다. (1) 일단 하위 단계에 자사의 브랜드를 연결시키는 일이 급하다. (2) 될 수 있으면 상위 단계로 자사의 브랜드를 이동시키면 좋다. (3) 각 브랜드에 좋은 속성을 연결시켜야 한다.

3) 스키마 이론

(1) 스키마

스키마는 사람이나 사물, 사건에 대한 개인적인 정보를 조직하는 지식 구조나 지식 틀을 의미한다. 그리스어로 '모양'이란 뜻인 스키마는 문자 그대로 우리가 사물에 대해 알고 있는 전체적인 윤곽이 된다. 스키마는 지식을 통해 어떤 일이 발생할 것이라는 기대를 도출한다. 일례로 '만지다'라는 동사에 대해서 지닌 지식의 일부분을 스키마로 묘사하면 그림 9−10과 같다.

'만지다'라는 동사를 이해하도록 하기 위해서 컴퓨터 프로그램을 짠다면, 아마도 그림에 있는 내용들이 최소한 입력되어야 할 것이다. 이 같은 사실로 미루어 볼 때, 우리의 스키마가 얼마나 중요한 역할을 하는지 알 수 있다.

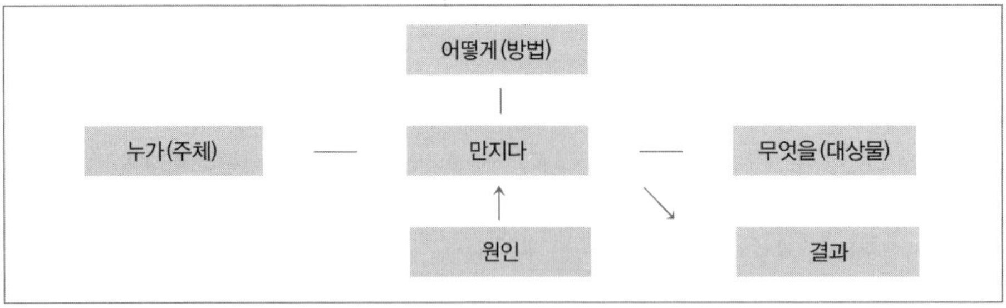

그림 9−10. '만지다'의 스키마

스키마에 내포된 다양한 지식 체계들은 비교적 추상적으로 구체화된다. 따라서 '만지다'라는 스키마는 다양한 상황이나 사례에 적용될 수 있다. 손이 코를, 발이 머리를 만질 수도 있지 않겠는가? 그렇지만 '향수가 코를 만졌다'라는 표현에 접하면 누구나 이상하다고 생각한다. 우리의 기존 스키마에서 벗어나기 때문이다. 게다가 스키마 내에는 여러 하위 스키마가 내재할 수 있다. '나무젓가락'으로 휴대 전화를 만졌다면, 나무젓가락을 포장지에서 꺼내 두 개로 쪼개는 행동의 하위 스키마가 있다.

좀 더 복잡한 스키마로 옮겨 보자. 스크립트*script*는 특정 상황에서 사건이 연속적으로 어떻게 전개되는지에 대한 지식을 의미한다. 그 같은 맥락에서 스크립트는 이벤트 스키마라고 할 수 있다. 레스토랑에 들어가면, 앉아서 주문을 하고 주 음식을 먹고 디저트를 먹는 등의 일련의 사건에 대한 지식이 이에 해당된다.

이에 반해 이야기 스크립트*narrative script*는 이야기의 줄거리를 꿰뚫는 지식 체계를 뜻한다. 즉 사건의 도입, 전개, 분규, 해결 등으로 이어지는 이야기 구조 틀에 관한 내용을 담는다.

(2) 스키마의 영향과 광고 전략

다양한 스키마는 우리의 정보 처리에 어떤 영향을 끼칠까? 첫째, 우리의 해석에 영향을 끼친다. 모호한 정보에 접촉했을 때는 기존의 스키마와 일치하도록 해석한다. 일례로 연사가 등장하기 전에, 사회자가 그 연사를 냉정한 사람이라고 소개했다고 하자. 청중은 연사의 말이나 행동에 접촉한 후에 '연사는 역시 냉정한 사람'이라고 평가하기 쉽다. 즉 그 연사에 대해서 갖고 있던 정보 또는 지식(냉정한 사람)이 그 사람을 해석하는 데 영향을 끼친다.

둘째, 스키마는 우리의 기억에도 영향을 끼친다. 어떤 사람에 대해 약간의 지식이 있다고 할 때, 우리는 그 사람의 스키마와 일치하는 행동을 기억하는 경향이 있다. 예를 들어, 어떤 정치 후보자가 아는 것은 없고 폼만 잡는다고 알고 있다고 하자. 그런데 그 후보가 토론회에 나왔다면, 그 후보가 제대로 말한 것도 있겠지만 주로 실수한 것만 기억하기 쉽다. 기존 스키마와 일치하는 쪽으로 정보 처리하기 때문이다. 물론 때때로 기존의 스키마와 일치하지 않는 내용이 눈에 띄어서 더 잘 기억이 될 수도 있다. 그렇지만 이는 그런 불일치 내용을 이해할 필요가 있느냐에 달려 있다(Worchel, Cooper, & Goethals, 1991). 만일 필요를 느끼지 않는다면 기존 스키마의 재강화가 이루어질 것이다.

이 같은 스키마 이론에 따르면 우리는 정보를 해석할 때, 스키마와 일치하도록 해석하는 경향이 있다. 또한 정보를 기억할 때도, 스키마와 일치하는 정보를 기억하기 쉽다. 특히 개개인의 정보 처리 능력은 제한되어 있으므로 많은 정보에 직면해 각 상품에 대하여 저장하는 정보는 적을 수밖에 없다. 한 예로 구독 신문이 하나일 경우는 1면에서 마지막 면까지 자세히 보지만, 여러 신문을 구독할 때는 다 훑어야 된다는 생각으로 몇몇 기사만 선택하여 보듯이. 이런 맥락에서 광고 메시지에 담겨져 있는 정보는 더욱 명백하고 간결하며 쉽게 이해할 수 있어야 한다.

지금까지는 소비자 행동론에 기초한 광고 전략을 개관하였다. 소비자를 이해하는 이론은 궁극적으로 소비자에 영향을 끼칠 수 있는 전략과 연계되어 있음을 확인할 수 있다. 다음 장에는 광고 효과 이론에 초점을 맞춘 광고 전략이 소개되어 있다.

참고 문헌

김광수 (1998). "광고에서의 프레이밍 효과," 〈광고학연구〉, 겨울호.

——— · 김아중(2008). 《감정 커뮤니케이션》. 한나래.

박주희 · 최현준(2006. 3. 6). "학교복도까지 파고든 상업광고," 〈한겨레〉.

아커, 데이비드 A. (1991). 《브랜드 자산의 전략적 관리》. 마케팅 커뮤니케이션 연구회 옮김. 나남.

하영원 · 박홍수 (1992). "광고 전략 수립을 위한 시장의 경쟁 구조 파악," 〈광고연구〉, 봄호.

Aaker, J. L. (1997). "Dimensions of Brand Personality," *Journal of Marketing Research*, 347~56.

Assael, H. (1995). *Consumer Behavior and Marketing Action.* Cincinnati: South-Western College Publishing.

Bransford, J. D. (1971). *Human Cognition: Learning, Understanding, and Remembering.* Belmont: Wadsworth Publishing Company.

Deighton, J., Romer, D., & McQueen, J. (1989). "Using Drama to Persuade," *Journal of Consumer Research*, December.

Hawkins, D. I., Best, R. J., & Coney, K. A. (2004). *Consumer Behavior: Building Marketing Strategy.* Boston: McGraw Hill.

Kassarjian, H. H. (1986). "How We Spent Our Summer Vacation: A Preliminary Report on the 1986 Consumer Behavior Odyssey," *Advances in Consumer Research.*

Leckenby, J. D. & Wedding, N. (1982). *Advertising Management: Criteria, Analysis, and Decision Making.* Columbus: Grid Publishing, Inc.

Miller, K. E. & Ginter, J. L. (1979). "As Investigation of Situational Variation in Brand Choice Behavior and Attitude," *Journal of Marketing Research*, 16, February.

Ray, M. L. & Sawyer, A. G. (1971). "Repetition in Media Models: A Laboratory Technique," *Journal of Marketing Research*, February.

Roberts, J. (1989). "A Grounded Model of Consideration Set Size and Composition," *Advances in Consumer Research*, T. K. Srull (Ed.), 750.

Schnaars, S. P. (1991). *Marketing Strategy.* New York: The Free Press.

Sutherland, M. (1993). *Advertising and the Mind of Consumer Brand Choice.* St. Leonards: Allen & Unwin.

Worchel, S., Cooper, J., & Goethals, G. R. (1991). *Understanding Social Psychology.* Pacific Grove: Brooks / Cole Publishing Company.

10장 광고 효과 이론과 전략

이 장에서는 광고 효과를 설명하는 이론적 틀을 소개한다. 광고 효과란 광고에 노출된 소비자에게서 일어나는 일련의 반응을 지칭한다. 그 같은 반응에는 광고에 대한 태도를 비롯하여 브랜드에 대한 태도에 이르기까지 다양하다. 각 이론을 소개하기 전에 광고 효과에 대한 연구를 개관하였으며, 다양한 이론을 감정 지향적 이론과 인지 지향적 이론으로 구별하여 소개하였다. 그리고 이들 이론이 어떤 전략적 함의를 지니고 있는지를 제시하였다.

1. 광고 효과 이론에 대한 접근

일반적으로 광고는 브랜드 태도 또는 구매 행동에 영향을 끼침으로써 효과를 생성한다. 그리고 이 같은 효과 생성의 경로를 밝히는 데 광고 연구의 초점이 모아진다. 이런 맥락에서 10장에서는 주로 브랜드 태도에 초점을 맞춘 이론을 소개한다. 과연 우리가 브랜드를 좋아하게 되는 과정은 무엇일까?

잠깐 브랜드에 대한 사례를 접어 두고 음식에 대한 이야기부터 해보자. 당신은 맥주를 좋아하십니까? 처음 맛보았을 때부터 좋아했나요? 사실 맥주를 처음 마셨던 때를 기억하면 첫 잔에 반했다는 사람은 많지 않을 것이다. 김치나 청국장도 예외는 아니다. 어떻게 이런 음식들을 좋아하게 되는 걸까? 처음에는 싫어하던 음식을 선호하게 만들 수 있다면 어떤 사물에 대해서도 좋아하게 만들 수 있지 않을까? 김치를 예로 들어 보자. 우리는 단순히 김치의 영양가에 대해 듣고 김치를 좋아하지는 않는다. 김치를 처음 맛보는 사람에게는 매운 맛과 같은 강렬한 부정적인 감정이 또 다른 중요한 감정 요인으로 극복되어야 좋아하게 된다. 일례로 부모의 격려를 통한 우쭐감(김치를 잘도 먹네, 기특하기도 하지)이나 강요 또는 윽박을 통한 공포감(김치 안 먹으면 국물도 없어), 사회적 압력으로 인한 소속감(한국 사람이 김치도 못 먹니?), 남성답고 싶은 기분(사나이답게 김치를 한입에) 등등.

물론 선호도는 감정 요인 없이 인지 요인에 의해서도 결정된다. 신문에서 음료와 관련된 새로 나온 책에 대한 서평을 읽었다고 하자. 음료의 사례를 통해 소비 문화를 이해하기 쉽게 쓴 재미있는 책. 여러분은 그 서평을 읽고 비록 저자에 대해서는 잘 모르지만, 새로 출간된 그 책에 대하여 호감을 가질 수 있다.

종합해 보건대, 선호도는 감정과 인지의 요인이 복합적으로 작용하여 형성된다(Zajonc & Markus, 1982). 따라서 선호도를 변경시키려면 인지와 감정의 양 요인이 모두 주의 깊게 분석되어야 한다. 만약 감정적 반응이 주축이 되어 형성된 선호도를 바꾸려면 인지보다는 감정을 공략해야 할 것이다. 또한 인지 반응을 중심으로 선호도가 형성되었다면 이때는 인지 차원을 공격하는 것이 더 효과적일 것이다.

결국 선호도에 영향을 끼치기 위해서는 감정과 인지가 복합적으로 작용해야 한다(행동의 영향에 대해서는 광고 사랑방 10-1 참조). 광고 효과를 설명하는 이론들은 어느 한쪽을 강조하는가 하면, 양쪽을 모두 포괄하기도 한다. 따라서 이분법적으로 구분하는 데는 무리가 있지만, 편의상 다음과 같이 구별하여 관련 이론들을 소개하였다.

- 감정*emotion* 중심적 이론: 조건화 이론, 단순 노출 효과 이론, 광고 태도 이론
- 인지*cognition* 중심적 이론: 계층 효과 이론, 정교화 가능성 모델, 인지 반응 모델, 다차원 속성 태도 모델, 포지셔닝 이론, 수단-목표 이론
- 감정과 인지의 종합적 이론: FCB 모델

이론은 관련 현상을 설명해 줄 수 있는 체계적인 논리 틀이다. 위에 소개한

이론에 대해서 일부 학자는 이론이 아니라 현상을 간단하게 묘사하는 모델 수준이라고 폄하할 수도 있다. 그렇지만 여기서는 광고 현상을 설명할 뿐만 아니라 광고 전략 수립에 유용한 틀이면 이론이라고 포함하여 설명했음을 밝힌다.

또 다른 중요한 점은 이들 각 이론이 모든 광고 현상을 설명해 주지는 못한다는 것이다. 어떤 이론이 한 상황에서는 더 적합한 설명 틀이 될 수 있는 반면 또 다른 상황에서는 설명력이 떨어질 수 있다. 이런 점을 감안할 때 어느 한 이론이 낫다고 단정할 수는 없다. 물론 이론의 일반화 능력에는 정도의 차이가 있겠지만.

광고 효과로 비록 브랜드 태도가 설정되었으나 선호도가 혼용되고 있다는 점도 밝혀 둔다. 태도가 전반적인 평가로서 다차원으로 구성되어 있다고 보는 반면, 선호도는 좋아하는 정도로서 일차원적이며 보다 구체성을 띠고 느낌에 기초한다고 할 수 있다. 따라서 인지 지향적인 연구자가 태도를 주로 사용하는 데 비해 감정을 강조할 때는 선호도가 사용되는 편이다. 여기에서는 이들 개념의 차이보다는 광고 효과라는 종속 변인의 큰 범주 안에서 함께 사용되고 있음을 밝힌다.

➤ 광 고 사 랑 방 10-1 | 행동에 의한 선호도 결정

선호도는 기본적으로 감정에 기초한 행동적인 현상으로 볼 수 있다. 행동적인 현상은 대상이 되는 사물에 더 자주 가까이 다가가는 경향을 뜻한다. 사실 초기 연구에서는 태도를 '근접 ↔ 회피'로 파악했다. 그래서 사람 간의 태도를 측정할 때 사람들을 식탁에 앉히고 어느 사람 쪽으로 많이 기대는지 식탁에 가하는 압력을 측정했다.

태도의 구성 요소 가운데 행동적인 요인을 잘 설명하는 근래의 실험을 소개하면 다음과 같다. 헤드폰의 성능을 실험한다고 참가자한테 얘기하고, 헤드폰에서는 등록금에 대한 의견이 나오도록 했다. 한 집단은 헤드폰을 들으면서 고개를 좌우로 흔들라고 요청하였고, 또 다른 집단에게는 헤드폰을 들으면서 고개를 위아래로 끄덕이라고 요청하였다. 요즈음은 조깅이나 자전거를 타면서 헤드폰을 듣기 때문에 신체가 움직여도 잘 들리는지를 테스트해야 된다고 설명하고. 실험 후에 등록금에 대한 의견에 대해서 찬반을 물었더니 좌우로 고개를 흔든 집단은 그 의견에 반대하였고, 고개를 위아래로 끄덕였던 집단은 대체로 찬성하였다(Zajonc & Markus, 1982). 선호도를 결정하는 데 근육의 움직임과 같은 행동적 측면이 어떻게 영향을 끼쳤는지를 단적으로 보인 사례였다. 그렇다면 데이트할 때 고개를 계속 위아래로 끄덕이게 하는 방법은 없을까?

2. 조건화 이론

1) 이론적 배경

감정이 광고 효과를 어떻게 생성시킬 수 있는지를 설명하는 하나의 이론은 고전적 조건화*classical conditioning*에 기초한다. 1920년대에 파블로프가 제시한 고전적 조건화는 학습의 가장 기본적인 형태로서 주된 내용은 다음과 같다. 개에게 음식을 주면 침을 흘린다. 음식은 무조건 자극(*unconditioned stimulus*: US)이며, 침 흘리는 현상은 무조건 반응(*unconditioned response*: UR)이다. 이와 같은 무조건 반응은 선천적으로 또는 경험에 의해 후천적으로 습득된다. 이런 관계를 이용해 음식을 제시한 직후에 박자 측정기(조건 자극)를 들려준다. 이들 두 자극의 짝짓기를 반복하면, 개는 조건 자극(*conditioned stimulus*: CS)인 박자 측정기만 듣고서도 침을 흘리게 된다. 즉 박자 측정기만 듣고서도 침을 흘리는 조건 반응(*conditioned response*: CR)을 학습한다.

이 과정을 광고에 적용하면 그림 10−1과 같다. 광고에 등장하는 아름다운 모델이나 멋있는 풍경은 좋은 느낌을 생성한다. 마치 지하철 옆자리에 예쁜 여자가 앉으면 남자 승객의 입가에 저절로 미소가 피어오르듯이. 광고에서는 그 같은 무조건 자극을 브랜드 혹은 브랜드의 사용과 함께 체계적으로 연결한다. 이 과정을 통하여 조건화된 자극인 브랜드가 조건화된 반응인 좋은 감정을 느끼도록 꾀한다.

이런 조건화가 실제 광고 상황에 적용되는지를 살피기 위해, 곤은 네 집단의 대학생에게 다음과 같은 실험을 전개하였다(Gorn, 1982). 배경 음악으로 좋아하는

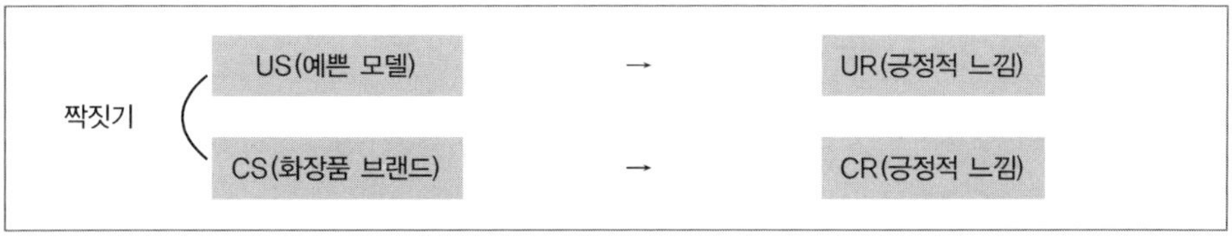

그림 10−1. 광고에서의 조건화

표 10-1. 펜의 선택 결과

펜의 종류 / 배경 음악	광고된 펜	광고되지 않은 펜	계
좋아하는 음악	74	20	94
싫어하는 음악	30	71	101
계	104	91	195

음악 또는 싫어하는 음악을 틀어 주고, 베이지색 또는 파란색 펜의 광고 슬라이드를 보여 주었다(약 1분간). 실험이 끝난 후에 베이지색과 파란색 펜 가운데 자신이 좋아하는 펜을 하나씩 선택하도록 하였다. 그 결과는 표 10-1과 같다.

94명 가운데 74명은 좋아하는 음악과 연계된 펜을 선택하였다. 그리고 왜 그 펜을 선택했는지를 물었을 때, 대다수 학생들은 색깔을 좋아해서 선택했다고 응답했으며 음악을 언급한 학생은 없었다. 이 같은 결과는 조건화 과정이 광고에서 발생할 수 있다는 것을 뜻한다. 특히, 여러 차례 노출되지 않고 단 한 번의 노출로도 조건화가 발생한 결과는 주목할 만하다. 비록 뒤이은 연구에서는 곤의 연구 결과를 얻지 못했기 때문에 광고에서의 조건화에 대해서는 아직 논란이 계속되고 있지만.

2) 조건화와 광고 전략

조건화를 광고에 이용할 때 어떤 요인을 고려해야 할 것인가? 일련의 연구를 통하여 다음 상황에서 더욱 효과적임이 밝혀졌다.

(1) 무조건 자극은 생리적 또는 상징적으로 두드러져야 한다. 눈에 띄지 않는 무조건 자극을 사용하면 효과가 반감한다.

(2) 무조건 자극과 조건 자극은 서로 적합성이 있거나 관계가 있어야 한다. 자극 간에 이질성이 있거나 관계가 성립되지 않으면 연결을 이루기 힘들거나 조건 반응이 사라지기 때문

이다.

⑶ 조건 자극인 브랜드는 새롭고 친숙하지 않아야 무조건 자극과 연결되기 쉽다. 너무 잘 알려진 브랜드의 경우는 다양한 연상이 이미 구축되어 있으므로 새로운 무조건 자극과의 연결이 쉽지 않다.

⑷ 노출 횟수가 증가해야 된다. 즉 무조건 자극과 조건 자극의 짝짓기 횟수가 증가될수록 조건 반응의 조건화가 강해진다.

⑸ 대체로 무조건 자극이 제시된 후에 조건 자극이 제시되는 것이 연상 구축에 효과적이다. 무조건 자극에 기초한 무조건 반응이 조건 자극에 전이될 수 있기 때문이다. 그렇지만 순서 효과는 좀 더 연구되어야 할 과제이다.

⑹ 만일 무조건 자극이 보편화되었을 경우에는, 무조건 자극을 새로운 방식이나 전혀 다른 상황에서 사용하는 것이 효과적이다.

물론 조건화가 항상 작용하는 것은 아니다. 사람들은 뭔가를 배울 때, 자극만을 보고 반응하는 것은 아니기 때문이다. 상황에 따라 학습 효과가 달라질 수 있다. 뿐만 아니라 사람들이 기계적으로 조건화를 학습하는 피동적인 존재는 아니다. 능동적으로 학습 과정에 참여하므로 조건화 효과가 광고에서 그대로 나타날 것이라고 기대하기는 어렵다.

그렇지만 소비자가 광고에 노출될 때 항상 의식적인 학습 과정을 거치는 것은 아니다. 오히려 무의식적으로 광고를 정보 처리할 가능성이 높다. 그러한 상황에서는 광고 모델이나 음악과 같은 현서한 자극의 역할이 기대될 수 있다.

3. 단순 노출 효과 이론

1) 이론적 배경

심리학자 자이언의 화장실에는 《교사를 위한 3만 단어 연습*The Teacher's Workbook of 30,000 Words*》이라는 책이 있었다. 이 책의 발간 경위는 다음과 같다(Zajonc, 1986). 미국은 1930년대에 대공황을 겪었다. 당시 복지행정부Works Progress Administration에서는 손다이크와 로지에게 실직된 언론인, 소설가, 시인 등 지식인에게 일자리를 만들어 주는 프로젝트를 고안하도록 요청하였다. 고민 끝에 이들은 기상천외한 아이디어를 내놓았다.

지식인들로 하여금 미국 사회에서 가장 보편적으로 읽히는 책(성경, 잡지 등)에 등장한 단어의 빈도를 계산하도록 한 것이다. 그리하여 3만 단어의 빈도를 수록한 책자가 만들어졌다. 이 책에 의하면 당시 미국의 인쇄물에서 가장 많이 사용된 단어는 'love'로 460만 횟수 가운데 4804번 등장하였다(표 10-2 참조).

이러한 정보는 미국 사회의 가치를 알려 준다. 즉 가장 많은 빈도를 차지하는 단어는 그만큼 중요한 가치로 자리잡았다는 증거로 볼 수 있지 않을까? 그렇다면 다음과 같은 해석이 가능하다. 엄마와 아빠 둘 가운데 하나를 선택하라면 엄마가 선택되고, 돈보다는 부모가 앞선다. 그렇지만 미인은 돈을 주고 살 수 있기 때문

표 10-2. 단어의 등장 횟수

단어	횟수	단어	횟수
사랑	4804	행복	761
엄마	3993	진실	698
아빠	3235	건강	591
금전	3089	명성	107
미인	776	평등	30

에 돈이 더 중시된다. 그리고 진실은 미인계 앞에서 맥을 못 추게 마련이다. 자이언은 이 책을 읽고 단순히 자극물에 노출되어도 선호도가 형성될 수 있다*mere exposure effect*는 가설을 세우기에 이르렀다.

2) 단순 노출 효과와 광고 전략

노출과 선호도와의 인과 관계를 밝히려는 실험 연구가 해리슨(Harrison, 1977)에 의해서 행해졌다. 미국인들에게 중국 상형 문자를 0, 1, 2, 5, 10, 25의 횟수로 구분하여 노출하였다. 그런 다음에 제시된 글자를 얼마나 좋아하는지 조사하였다. 그 결과는 많이 볼수록 좋아하는 것으로 밝혀졌다.

사이언은 한 걸음 더 나아가 인지 작용 없이도 노출이 선호도를 이끈다는 주장을 하였다. 물론 이 같은 주장에 대한 반론도 많다. 반론의 중심 내용은 "알아야 좋아할 것 아니냐?"는 데 모아진다. 즉 갑돌이가 갑순이를 좋아한다면 갑순이가 누구인지를 알아야 할 것 아니겠는가?

이러한 비판과는 대조적으로 단순 노출 이론은 다음과 같이 주장한다. (1) 감정 반응은 인지적 평가 없이 발생할 수 있다(감정과 인지는 독립적). (2) 감정 반응은 인지 반응 없이도 선호도를 결정할 수 있다. (3) 인식*recognition*은 중요한 인지 반응 가운데 하나다. 이 같은 논리에 기초한 일련의 실험 결과는 인식 없이도 선호도가 형성될 수 있다는 점을 보여 주었다(표 10-3). 즉 인지가 항상 선호도를 결정짓는 것이 아니라는 반증을 제시한 셈이다.

이처럼 사물의 반복 노출만으로도 선호도에 직접 영향을 끼친다는 이론은 다음과 같은 광고 전략을 함축한다. 광고를 반복하면 비록 소비자가 상품에 대한 정보를 알지 못할지라도 브랜드에 대한 선호도로 이끌 수 있다. 특히 소비자가 인지적 반응을 개입하지 않은 채로 광고를 통해 브랜드에 노출될 때, 그런 효과가 두드러진다. 따라서 광고를 하는 것 자체가 중요한 전략이 될 수 있다. 소비자가 별 생각없이 반복 노출되는 브랜드에 대해서 친숙도와 호감도가 생성될 수 있기

표 10-3. 단순 노출에 관한 연구 결과

연구자	실험 내용
크로스, 할컴, 매터 (Cross, Halcomb, & Matter, 1967)	쥐들을 두 집단으로 나누어 모차르트와 쇤베르그 음악을 하루에 12시간씩 두 달 동안 들려준 후, 어떤 음악을 좋아하는지 다음과 같이 테스트하였다. 시소 같은 장치에서 쥐가 한 쪽 끝으로 가면 모차르트 음악이 들리고, 또 다른 쪽으로 가면 쇤베르그 음악이 들리도록 작동하였다. 그 결과, 모차르트 음악을 들었던 쥐들은 모차르트 음악이 들리는 축에 머무르는 시간이 길었다. 쇤베르그 음악도 마찬가지.
매트린(Matlin, 1971)	실험 전반부에는 표의 문자 등을 보여 준 후에, 실험 후반부에는 참가자에게 전반부의 표의 문자와 새로운 표의 문자를 보여 주었다. 그 결과, 주관적 친숙도*와 상관없이 객관적 친숙도*에 따라 선호도가 형성되었다.
모랜드와 자이언 (Moreland & Zajonc, 1977, 1979)	매트린과 유사한 실험을 통하여 객관적 친숙도와 선호도의 관계를 입증하였다. 한 실험에서는 0.43의 상관 관계, 또 다른 실험에서는 0.50의 상관 계수를 나타냈다.
윌슨 (Wilson, 1979)	헤드폰을 낀 실험자에게 한쪽 귀에는 이야기를 들려주고 또 다른 귀에는 실험 자극물인 소리를 들려주었다. 그 결과, 주관적 친숙도와 상관없이 소리에 대한 객관적 친숙도가 음의 선호도를 좌우했다.
쿤스트윌슨과 자이언 (Kunst-Wilson & Zajonc, 1980)	슬라이드를 보여 주면서 100만분의 1초 동안 다각형을 삽입했다. 그리고 제시된 다각형과 새로운 다각형에 대해서 보았는지의 여부와 선호도를 측정하였다. 그 결과, 슬라이드를 시청할 때 짧은 시간이지만 제시되었던 다각형을 선호하는 결과가 나왔다.

* 주관적 친숙도: 참가자가 본 적이 있다고 주관적으로 판단하는 친숙도.
객관적 친숙도: 참가자의 주관적 친숙도와 관계없이 실제로 자극물이 제시된 경우.

때문이다.

더욱이 인지 활동이 없어도 감정이 바로 선호도에 영향을 끼칠 수 있다는 점은 광고 전략에서 중요한 시사점을 제공한다. 소비자가 브랜드에 접촉할 때 소비자를 미소짓게 만들 수 있다면, 브랜드에 대한 태도 역시 변화될 가능성이 있다. 그렇기 때문에 광고 속에서 브랜드가 긍정적인 감정을 생성한다면, 그런 감정적 반응은 브랜드 태도로 이어질 수 있다. 그러므로 광고는 브랜드에 대한 소비자의 긍정적 반응을 이끌어내는 데 힘쓸 필요가 있다.

> ▶ 광 고 사 랑 방 10-2 | **감정이 선호도에 영향을 끼치는 기제**
>
> 프랑스 의사 웨인바움Waynbaum은 감정 반응이 바로 선호도로 이어질 수 있다는 점을 다음과 같이 설명한다. 얼굴에 뼈는 몇 개 없는데도 80개의 근육이 있는 것은 혈액이 뇌로 흐를 때 근육이 밸브 기능을 하기 때문이다. 뇌로 피가 공급되는 것은 긍정적 신호로 본다. 산소를 보다 많이 얻는 것은 좋기 때문이다. 이와 반대로 피 공급이 뇌로 원활하지 못하면, 이는 부정적인 느낌이 든다. 화가 나면, 대체로 눈썹 위의 근육이 이마에 압력을 가하게 된다. 그리고 혈액이 뇌로 유입되지 않고 두개골의 표피로 흐른다. 그 결과 머리 위쪽의 체온이 올라가게 된다. 그래서 그런지 만화에서 보면 머리 위로 김이 팍팍 올라간다. 아니면 "열 받았다" 또는 "열 난다"는 표현을 쓰지 않는가? 영어도 비슷하다. "I am really steamed," "I am boiling mad." 이러한 이론을 노출과 선호도에 적용시키면, 친숙한 사물은 인지 활동 없이 편안한 얼굴의 표현을 유발한다. 그리고 그 얼굴의 표현이 뇌로 유입되는 혈액을 변화시켜 주관적인 상태에 변화를 주며 그것이 결국은 선호도로 이끈다고 볼 수 있다. 물론 오늘날 이러한 설명은 감정을 너무 단순화하여서 설명하였다는 지적을 받고 있으나 감정의 중요성을 제시하였다는 점에서 주목할 만하다.

그렇지만 소비자가 구매 결정 과정에서 생각을 많이 할 경우에는 단순 노출 효과는 반감한다. 대체로 고관여 제품을 구매할 때나 합리성이 많이 요구되는 상황이 대표적 사례에 속한다. 아울러 브랜드에 대한 태도가 이미 형성되어 있을 경우에는 반복 노출이 태도 변화에 도움이 되지 않는다. 싫은 사람을 자꾸 봐야 된다면 더욱 짜증이 나기 마련이다. 싫은 사람을 만나더라도 싫은 생각을 할 겨를이 없이 반복 노출되는 상황이라면 모를까?

4. 광고 태도 이론

1) 광고 태도의 이론적 배경

1970년대에는 수용자를 인지적인 정보 처리자로 인식하는 경향이 강했다. 광고물에 접촉한 소비자가 광고 내용을 기억 또는 이해하는지가 관건이었고, 광고 효

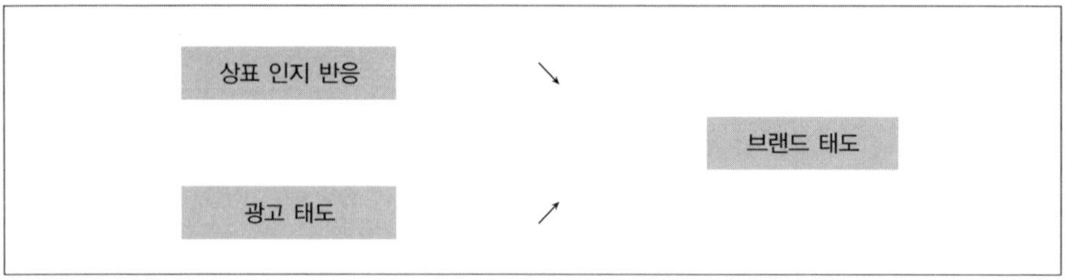

그림 10-2. 초기 광고 태도 모델

▶ 광고사랑방 10-3　감정에 대한 연구

감정을 구성하는 요인은 다음과 같다(Holbrook, 1986). 이 같은 구성 요인을 살펴보면, 우리가 흔히 자기 보고*self-report* 방식으로 감성적 반응을 측정할 때는 '느낌'과 '인지적 평가'가 상호 작용함을 알 수 있다. 주관적인 느낌을 기록하고자 할 때는 인지적 평가가 개입하기 때문이다.

그리고 자기 보고 방식으로 감정을 측정할 때는 크게 차원적 접근과 유형적 접근으로 구분된다. 전자는 즐거움*pleasure*, 자극*arousal*, 지배력*dominance* 과 같은 차원으로 감정을 분석한다(Mehrabian & Russell, 1974). 이에 비해 후자는 기쁨, 슬픔과 같은 특정한 감정 형태로 감정적인 반응을 이해한다(Plutchik, 1980).

구성 요소	초점	측정	비고
인지적 평가	자극이 주어진 상황을 긍정 또는 부정적으로 평가하는 과정을 의미	어떻게 해석하고, 어떤 믿음을 지니는지를 측정	인지 중심 학자는 어떤 특정한 감정을 느끼기 전에 필요한 단계로 설정함. 감정 중심 학자는 이 단계 없이도 감정적 정보 처리가 가능하다고 봄
느낌	주관적이고 현상적이며 경험적인 부문	주관적 경험을 언어적 자료로 수집	느낌을 측정하는 방법론상의 어려움
행동적 표현	몸짓, 비언어적 동작, 얼굴 표현	얼굴 근육 등을 근전도로 측정	주로 얼굴 표현에 초점
생리적 반응	신체적 변화에 초점을 맞춤	순환 계통(혈압, 맥박), 뇌파, 피부의 전기 저항 반응(GSR) 등	특정 반응과 주관적으로 경험하는 감정 사이의 상관 관계를 밝히기 어려움

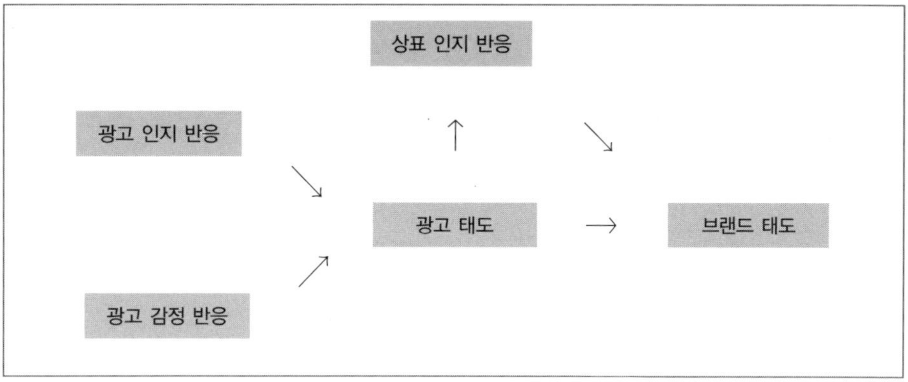

그림 10-3. 광고 태도의 종합 모델

과를 조사할 때도 이 같은 부문에 초점이 맞춰졌다.

그렇지만 1980년대부터는 광고에 대한 수용자의 감정적 반응에 관심을 갖게 되었다. 감정에 관심을 갖는 연구 흐름은 '광고 태도*attitude toward the ad*' 개념을 정립함으로써 광고 효과를 설명하려는 시도로 이어졌다(Mitchell & Olson, 1981; Shimp, 1981). 초기 연구는 브랜드 태도에 영향을 끼치는 변인으로서 브랜드 인지 반응 이외에 광고 태도만을 덧붙였다(그림 10-2 참조). 여기서 광고 태도는 광고물을 좋아하는지의 정도를 뜻하며, 상표 인지 반응은 상품 속성에 대한 평가를 의미한다.

이후의 연구는 단순히 광고 태도만을 도입하는 것이 아니라 광고 태도의 결정 요인들을 소개하여 좀 더 정밀한 모델을 구축한다. 그렇지만 결정 요인은 연구자에 따라 다양하다. 매켄지, 러츠와 벨츠(MacKenzie, Lutz, & Belch)는 광고 태도의 결정 요인으로 광고 인지 반응을 포함하였다. 반면에 콕스와 로캔더(Cox & Locander)는 광고의 감정적 반응만을 소개한다. 버크와 이델(Burke & Edell)은 인지적 반응과 감정적 반응을 모두 포괄하고 있다(Kim & Punj, 1992). 인지적 반응은 광고 제작에 대한 평가를 의미하며(신뢰도나 유용성, 제작이 잘되었는지, 정보적이었는지에 대한 평가), 감정적 반응은 광고에 접촉하면서 발생하는 느낌을 뜻한다. 여기서는 이들 모두를 포괄하는 종합적인 접근을 제시하였다(그림 10-3 참조).

2) 광고 태도와 광고 전략

광고 태도에 초점을 맞춘 일련의 연구는 광고 태도가 브랜드 태도에 끼치는 영향력에 대해서 다음과 같이 밝히고 있다.

(1) 광고 태도는 저관여나 고관여와 상관없이 광고의 감정 반응을 통해 영향력을 발휘한다(감정 반응은 피할 수 없는 커뮤니케이션 과정이기 때문이다).

(2) 고관여에서는 광고의 감정 반응 이외에 광고의 인지 반응도 작용한다.

(3) 광고의 감정 반응은 광고 태도 이외에 상표 인지 반응이나 브랜드 태도에도 영향을 끼친다.

(4) 잘 알려진 브랜드보다는 새 브랜드의 경우에 광고 태도의 영향력이 강하다.

(5) 내구재 상품보다는 소비재 상품의 경우에 광고 태도의 영향력이 강하다.

이러한 연구 결과는 광고 태도의 중요성을 확인해 주며, 특히 광고에 접촉하면서 발생하는 감정적 반응의 다양한 역할을 강조한다. 나아가 긍정적인 광고 태도를 생성하는 조건들을 밝힌다. 특히 광고 제작에서 유의할 지침을 제공한다.

(1) 광고물의 신뢰도가 높아야 한다. 그래야 광고의 인지적 반응이 긍정적 기능을 수행할 수 있다. 광고 속의 등장 인물이 전문성이나 진실성이 돋보여야 하는 까닭이다.

(2) 광고 내용이 반드시 사실일 필요는 없지만 사실인 것처럼 보여야(광고 사랑방 10-4 참조) 감정 이입이 잘 발생하며, 감정적 반응을 보다 효과적으로 불러일으킬 수 있다. 감정 이입은 소비자의 유사 경험 여부에 따라 영향을 받는다.

(3) 광고물은 긍정적인 감정 반응을 불러일으키도록 제작되어야 한다(유머나 따뜻한 감정 등). 물론 공포 등과 같은 위협적 소구는 부정적인 감정을 불러일으키지만 소비자가 이를 극복할 동기가 부여된다면 적절한 광고 효과가 발생한다.

(4) 브랜드와 연관이 있거나 선호되는 제작 요인들을 사용해야 광고의 인지 반응이 긍정적

➤ 광고사랑방10-4	불신의 중단

영화를 볼 때 관객이 영화를 즐길 수 있는 것은 영화 내용을 불신하는 것*suspension of disblief*을 중단하기 때문이다. 예를 들면, 〈매트릭스〉에서는 마치 그 같은 상황이 존재하기라도 하듯 영화에 몰입하고 손에 땀을 쥐고 긴장한다. '저런 세상이 어디 있어?' 라고 불신한다면 영화를 왜 보나?

광고도 마찬가지다. 광고에 접하는 소비자는 불신을 중단함으로써 광고 내용에 몰입할 수 있는데, 그처럼 되기 위해서는 광고 내용이 실감나게 그려져야 한다. 바로 이것이 사실인 것처럼 보이도록 광고를 제작해야 하는 이유이며, 그래야 감정 이입이 잘 일어날 수 있고, 감정 반응이 생성된다.

으로 된다.

(5) 고관여에서는 브랜드의 인지 반응뿐만 아니라 광고의 감정적 반응도 영향력을 행사한다. 관여도와 상관없이 감정은 항상 내재하는 중요한 매개 변인이다.

5. 계층 효과 모델

1) 이론적 배경

광고 목표는 대체로 커뮤니케이션에 초점을 맞춘다. 그렇다면 소비자가 경험하는 커뮤니케이션 과정은 어떤 것인지를 이해할 필요가 있다. 이런 맥락에서 연구자들은 광고의 정보 처리가 어떤 단계를 거치는지에 관심을 가졌다. 그리고 소비자의 설득과 구매 행동에 이르는 과정을 표 10-4와 같이 다양한 계층 구조로 제시하였다(Leckenby & Wedding, 1982).

계층 효과 모델은 소비자의 커뮤니케이션 과정을 단순화하여 이해하기 쉽게 단계를 설정해 놓았다는 장점이 있다. 반면에 설정한 단계의 순서가 뒤바뀌거나 어떤 단계는 생략될 수 있다는 가능성을 배제하였다는 단점이 지적된다. 또한 계층 모델은 일반화된 현상에 기초하므로 자신의 상품에 맞는 소비자의 심리 상태

표 10-4. 계층 효과 모델의 사례

구분	내용
AIDA(Strong, 1925)	주목-흥미-욕구-행동 attention-interest-desire-action
AICDA(Bedell, 1940)	주목-흥미-확신-욕구-행동 attention-interest-conviction-desire-action
DAGMAR(Colley, 1961)	인지도-이해-확신-행동 awareness-comprehension-conviction-action
3D*(Lavidge & Steiner, 1961)	인지도-지식-호감-확신-구매 awareness-knowledge-liking-conviction-purchase
Adoption(Rogers, 1962)	인지도-흥미-평가-채택 awareness-interest-evaluation-adoption
CAPP(Maloney, 1966) **	인지도-선호-수용-구매 awareness-preference-acceptance-buying
Processing(McGuire, 1969)	주목-이해-수용-유지-행동 attention-comprehension-yielding-retention-behavior

* 태도를 인지, 감정(호감), 행동의 세 차원으로 접근하였음을 지칭

** 레오버넷 광고대행사Leo Burnett Agency에서 개발한 Continuous Advertising Planning Program의 약자

로 수정될 필요도 있다. 그럼에도 불구하고 커뮤니케이션 과정을 손쉽게 정리할 수 있다는 점에서 광고 전략 수립에 때때로 이용된다. 대표적인 계층 모델을 살펴보면 다음과 같다.

가장 역사가 오래되고 간편한 것은 1920년대에 개발된 AIDA 모델이다. 이는 영업 사원이 효과적으로 판매하기 위해서는 소비자의 주목을 끌고 흥미를 불러일으키고 욕구를 생성시킨 다음에 행동을 촉구해야 된다는 데 기인한다. 이러한 모델을 광고 전략에 사용하는 방법은 각 상품의 위치를 계층 구조에 기초하여 파악하는 것이다. 그리하여 취약 단계를 공략하는 것을 주요 광고 목표로 삼는다. 이를테면 인지도나 이해 또는 지식 단계는 상대적으로 높지만 호감이 낮다면 호감을 제고할 필요가 있다.

2) 계층 효과 모델과 관여

기존의 계층 효과 모델은 다음과 같은 가정을 한다. 인지cognition → 태도 → 행동. 즉 소비자는 그 브랜드를 평가하고 나서, 태도를 형성하고, 그 이후에 구매 행동으로 이어진다고 본다. 그러나 소비자의 행동은 항상 그렇지 않다. 그 순서를 따르지 않을 경우도 있다. 이 같은 문제점을 제기한 배경에는 저관여 이론이 기여했다.

1965년 크루그만Krugman은 제너럴 일렉트릭General Electric의 광고 담당 매니저로 있으면서 다음과 같은 연구를 수행하였다. 텔레비전 광고를 볼 때 소비자는 상품에 대한 정보를 얻을 기회가 거의 없다. 특히 인쇄 매체의 광고와 비교하면 더욱 그렇다. 그런데 어떻게 텔레비전 광고는 효과를 생성할 수 있을까? 텔레비전 광고를 반복하면, 상표 선호도가 증가되는데 소비자에게 어떻게 영향을 끼쳤을까?

그 해답은 다음과 같이 찾을 수 있었다. 소비자가 광고 메시지에 반복 노출되면 소비자의 준거틀frame of reference을 변경시킬 수 있고 그러한 준거틀의 변화가 브랜드에 대한 개념을 조직하는 데 중요한 역할을 한다. 즉 인지 구조의 미묘한 변화가 브랜드를 다르게 볼 수 있도록 한다(광고 사랑방 10-5 참조). 나아가서 그러한 변화는 구매 행동에 영향을 끼칠 수 있다.

그러므로 예전의 '인지 → 정서(사실은 태도) → 행동' 모델이 모든 소비자 행동을 설명해 주지는 못한다. 그 대신 저관여 상황(특히 텔레비전 매체와 관련된 저관여)에서는 '간단한 인지의 변화 → 행동 → 태도'의 흐름이 제시되었다. 1970년대 초반 스탠퍼드 대학교의 레이와 그의 동료 연구자들도 이 같은 주장을 뒷받침하였다. 위험 부담도 적고 관심도 별로 없는 상품일 경우, 또는 텔레비전 광고일 경우에는 광범위한 정보에 기초하여 태도 변화를 유발하지 않는다. 그보다는 광고가 '마음속에 떠오르는 상표'로 이끌어서 구매를 시도하게 만든다.

이후 관여도의 개념은 광고 효과를 설명하는 데 중요한 변인으로 등장한다. 소비자가 고관여 상황에 있고 문제 해결을 모색한다면, 이 상황에서 광고는 상품

> ▶ 광 고 사 랑 방 10-5 | **깃털론**
>
> 호주의 심리학자 서더랜드Sutherland는 광고 효과 이론을 설명하면서 광고가 전지전능한 효과를 수용자에게 발휘하는 것이 아니라 미묘한 상황에서 살짝 균형을 흩뜨리는, 깃털 무게만큼의 효과가 있다고 보았다(Sutherland, 1993). 품질이나 경쟁력이 엇비슷한 상품들을 놓고 소비자가 선택을 고민할 때 광고는 선택의 균형을 약간 기울여 특정 상표를 선택하도록 만든다. 즉 광고 효과가 클 것이라는 잘못된 신화에 사로잡혀서 진정한 광고 효과의 의미를 간과하는 데 경종을 울렸다.

의 합리적 혜택에 초점을 맞추어야 할 것이다. 그러한 메시지를 통해서 소비자는 태도 변화를 유발할 수 있고 궁극적으로 행동의 변화를 수반할 수 있기 때문이다.

반면에, 저관여 상황의 경우 광고는 인지도 또는 친숙도를 제고하는 데 주안점을 두어야 한다. 즉 저관여 상황에서는 선택할 상표들을 기억 속에서 끄집어내어 그 가운데 브랜드를 택하게 된다. 따라서 이때는 소비자의 머릿속에 떠오르는 상표군에 자신의 브랜드 명이 포함되어야 한다. 사실 소비자들은 상품에 대한 특성을 잘 알지 못하면서 "아, 난 저 상품에 대해 들어 본 적 있어" 또는 "본 적이 있어"라고 말하면서 그 상품을 좋아하는 경우가 있다.

3) 계층 효과에 기초한 광고 전략

위에서 설명한 계층 구조의 각 단계가 광고 전략의 초점이 될 수 있다. 즉 광고에 접촉하여 행동을 유발하기까지의 중개 과정인 일련의 커뮤니케이션 변인들이 광고 전략의 대상이 된다.

(1) 브랜드 인지도

광고가 가장 훌륭하게 성취할 수 있는 커뮤니케이션 가운데 하나가 바로 인지도awareness 제고이다. 특히 새로운 브랜드를 마케팅할 때, 한번 사용해 보라는 목표를 달성하기 위해선 인지도가 필수적이다.

➤ 광 고 사 랑 방 10 - 6	인지도의 중요성

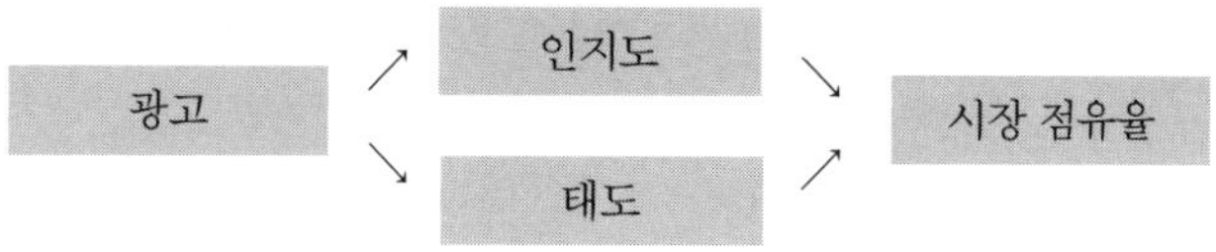

광고는 인지도와 태도를 통해 시장 점유율에 영향을 끼친다. 광고가 어떻게 판매 효과를 생성하는지를 밝혀 주는 이 틀은 커피 시장을 연구한 결과에서 얻어졌다. 태도 변화만큼이나 인지도의 제고가 판매에 영향을 끼친다는 점을 알 수 있다(Aaker, 1991).

또한 상품이 친숙한지의 여부가 구매를 결정할 때도 인지도는 중요한 역할을 한다. 이른바 저관여 제품(껌이나 비누)을 구매할 때는 브랜드를 알고 있는지의 여부가 중요하다. 맥주집에 가서 맥주를 달라고 했을 때, 여러분 머릿속에 떠오르는 상표가 무엇인지 한번 열거해 보라. 그때 머릿속에 먼저 떠오르는 브랜드[*top-of-mind*]를 마실 확률이 높아진다.

물론 인지도가 판매의 충분 조건은 아니다. 닛산의 인피니티 자동차 론칭 캠페인에서는 자동차 대신에 바위나 나무 같은 자연만을 보여 주었다. 광고 인지도는 90% 이상을 기록하는 호조를 보였으나 차의 판매는 실망스러웠다. 왜 구매해야 되는지를 보여 주지 못했기 때문이다.

(2) 브랜드 이해

브랜드에 대한 사실이나 속성을 알려 주는 일도 중요한 광고 전략 가운데 하나다. 단순히 브랜드 이름을 알았다고 해서 구매할 경우도 있겠지만 그보다는 소비자가 상품에 대한 속성을 제대로 이해해야 구매할 가능성이 높기 때문이다.

예를 들어 자동차의 에어백 유용성을 알기는 쉽다. 그러나 IBM의 OS/2와 마이크로소프트사의 윈도즈에서 왜 새로운 버전을 구입해야 하는지 이해하기는 어렵다. 광고에서 이러한 속성이나 차이를 이해시킬 수 있어야 소비자의 상품 구매에 영향력을 행사할 수 있다.

➤ 광 고 사 랑 방 10-7	브랜드 만족과 광고 전략

브랜드 만족의 제고도 역시 중요한 광고 전략 가운데 하나다. 일반적으로 소비자가 만족할 수 있는 방안은 네 가지로 분류될 수 있다(Schnaars, 1991). (1) 소비자와의 관계 설정, (2) 우수한 서비스 제공, (3) 브랜드에 대한 책임, (4) 효과적인 불만 처리. 광고 전략도 이 같은 방안에 따라서 수립될 수 있다. 첫째, 소비자와의 관계 구축은 일과성이 아니라 장기적인 거래 관계로 형성된다. 광고 메시지에서도 관계 마케팅과 같은 내용을 반영함으로써 브랜드 만족에 초점을 맞출 수 있다. 둘째, 상품의 혁신보다 어떤 면에서는 좋은 서비스가 소비자를 더 끌 수 있다. 물론 서비스의 질을 높이려면 그 비용이 소비자에게 전가되는 측면이 있지만, 형편없는 서비스는 소비자를 잃어버린다는 점에서 자사의 우수한 서비스를 알릴 필요가 있다. 셋째, 상품의 품질에 대해 무제한적인 책임 의식을 지녀야 한다. 결국 소비자의 제품에 대한 만족은 브랜드 충성도를 높일 수 있는 기회를 제공하므로 중대한 과제다. 넷째, 불만족인 소비자를 효과적으로 관리하는 것도 만족을 높일 수 있다. 만족은 불만족을 줄이는 데서도 얻을 수 있다. 더욱이 경쟁사와 차별화될 수 있는 요인으로도 기능할 수 있으므로 이 같은 점을 고려한 광고 전략도 유용할 것이다.

(3) 브랜드 태도와 선호도

브랜드 태도를 인지, 감정, 행동의 세 구성 요인으로 접근할 때는 그 측정 또한 다양하다. 한 예로 '좋은-나쁜*good-bad*'과 '좋아하는-싫어하는*liking-disliking*'이 혼재되어 있다. 그러나 이들 항목은 서로 상이하다. 전자가 상품의 품질(인지)을 측정한다면, 후자는 선호도(감정)를 측정하기 때문이다. 따라서 개념 간의 관계를 보다 정확히 이해하기 위해서는 태도보다는 선호도를 이용할 필요가 있다.

그렇다면 브랜드에 대한 선호도를 어떻게 제고할 수 있을까? 이에 대해서는 좋은 감정이나 좋은 상표 사용의 경험을 브랜드에 연결시킴으로써 상표 선호도가 높아질 수 있다고 보는 시각이 있다. 전술한 단순 반복 노출, 조건화, 광고 태도 등이 여기에 해당된다. 반면에 상품의 속성을 좋게 평가함으로써 상표 선호도를 높일 수 있다고 보는 인지적 시각도 있다. 후술되어 있는 정교화 가능성 모델, 인지 반응 모델, 다차원 속성 태도 모델 등이 바로 그러한 시각을 대표한다.

6. 정교화 가능성 모델

1) ELM의 이론적 배경

관여도가 소비자의 브랜드 태도를 형성하는 데 결정적인 역할을 한다고 보는 이론 가운데 하나가 정교화 가능성 모델(*Elaboration Likelihood Model*: ELM)이다. 이 이론은 태도 변화를 정보 처리 과정의 깊이와 연관짓고 있다. 그리하여 한쪽 끝에는 설득에 이르는 중심 통로*central route to persuasion*, 반대편에는 설득에 이르는 주변 통로*peripheral route to persuasion*가 있다(Petty & Cacioppo, 1981).

중심 통로는 상품과 관련이 있는 정보를 주의 깊게 생각하고 분석함으로써 태도가 형성되거나 변화되는 과정을 지칭한다. 주로 소비자의 관여도가 높을 때 광고를 정보 처리하면 상표 속성이나 브랜드의 장단점을 깊이 생각하게 된다. 중심 통로를 통하여 형성된 태도는 상대적으로 변화에 강하고 오래 지속되며, 행동을 보다 잘 예측할 수 있다. 이에 비해 주변 통로는 정보를 탐구하거나 처리할 동기가 적은 저관여 상황에서 발생한다. 주변 통로의 사례는 다음과 같다.

· 광고에서 제시된 주장이 논리적이지는 않지만, 뭔지 모르게 많은 주장을 제시했으므로 그 브랜드의 성능이 괜찮을 것 같다.

· 광고에 등장한 모델이 좋아서 그 상표가 마음에 든다.

· 무슨 주장인지 몰라도 너무 극단적이어서 싫다 등등.

그렇다면 소비자는 어떤 통로를 통하여 광고를 정보 처리할 것인가? 이를 예측하는 데는 정보 처리할 동기와 능력이 중요한 변인으로 등장한다(그림 10-4 참조). 동기와 능력이 모두 높을 때, 소비자는 중심 통로로 정보 처리할 가능성이 높다. 반면에 동기와 능력 가운데 어느 하나가 낮을 때는 주변 통로로 정보 처리할

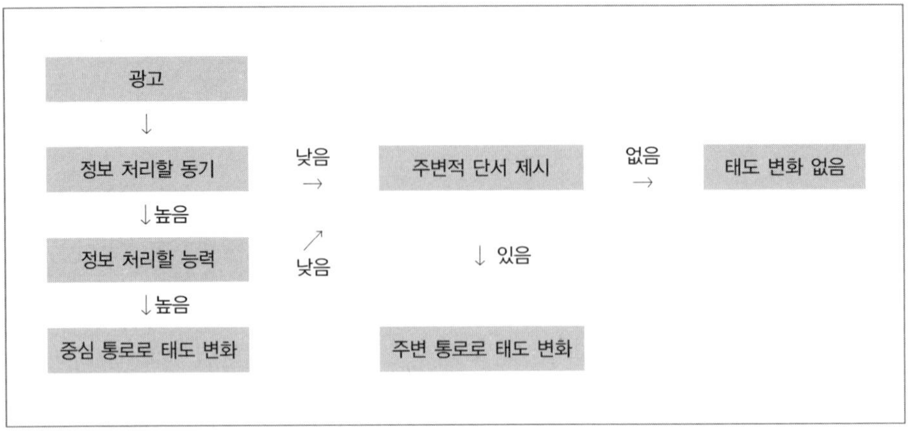

그림 10-4. 정교화 가능성 모델

가능성이 높다.

ELM의 초석이 되었던 실험 연구는 다음과 같은 독립 변인을 실험 처치하였다. 관여도, 광고 내용의 논리성, 광고 모델의 선정. 자세한 내역은 표 10-4에 제시되어 있다. 실험 결과, 저관여 집단에서는 유명인이 설득 효과가 있었다. 유명인이 주변적 단서로 기능하였던 것이다. 반면에 고관여 집단에서는 논리적인 광고가 더 설득적이었다. 광고의 논리적 메시지가 중심적 단서로 작용하였음을 알 수 있다. 이를 종합하면 저관여에서는 주변적 단서가, 고관여 상황에서는 중심적 정보가 중요한 역할을 한다.

하지만 ELM은 다음과 같은 비판을 받는다. 첫째, 이 모델에 따르면 제시한 정보가 중심적 내용인지 아니면 주변적 단서로 작용할지 판별하기가 어렵다. 광고 모델은 보통 주변 단서로 기능한다. 그렇지만 감각적 또는 쾌락적 혜택을 포함한 상품의 경우(예를 들면, 향수나 샴푸 등), 소비자는 광고 모델의 매력을 중심적 정보로 처리할 것이다. 이처럼 정보의 통로 방향을 사전에 예측할 수 없다면, ELM 이론은 부정이 불가능한 이론이 된다. 원래 이론은 기각이 가능하도록 설정되어야 한다. 그런데 결과를 보고 나서 "아, 그것은 주변적 단서였어" 또는 "음 그것은 중심적 내용이었구만" 이라고 한다면, 이론으로서의 자격이 취약하게 된다.

표 10-5. ELM 실험

변인	변인 값	실험 내용
관여	고관여	참가자에게 실험이 끝난 후 면도기를 선물로 갖게 될 것이고 광고에 제시된 면도기는 곧 시장에 출하될 것이라고 이야기함
	저관여	참가자에게 실험 후에 치약을 선물로 갖게 될 것이고 광고된 면도기 제품은 다른 지역에 판매될 것이라고 이야기함
광고 내용	논리적	비교 검사 결과, 이 면도기는 다른 경쟁 제품에 비해 두 배나 면도가 잘 된다는 사실을 제시
	비논리적	별다른 논거 없이 사용하기 좋다고 광고함
광고 모델	유명인	유명 스포츠인을 광고 모델로 사용
	보통인	평범한 시민을 광고 모델로 사용

둘째, 정보 처리 과정이 반드시 중심적 또는 주변적 통로 가운데 어느 하나일 필요는 없다는 비판이 제기된다. 즉 중심과 주변 통로의 양쪽을 혼합하여 정보처리할 수도 있는데 그러한 가능성이 배제되어 있다. 이러한 비판에 대해 페티는 "중심과 주변 통로가 상호 배제적이라고 이야기한 적이 없다"고 한다. 상대적으로 어느 통로가 더 우세한가에 초점을 맞추었다는 것이다. 이러한 설명에도 불구하고 초기 이들의 연구는 이분법적으로 접근했다는 오해를 주기에 충분했다.

마지막으로 중심과 주변의 어느 통로도 감정을 고려하지 못했다는 비판이 제기된다. 즉 ELM은 인지 중심적인 모델이라는 지적이다. 이에 대해 페티 등은 중심과 주변의 통로에 중심적 감정과 주변적 감정이 모두 작용할 수 있다고 모델을 확대한다. 예를 들면 샴푸 광고에서 광고 모델의 매력은 중심적 통로인 데 비하여 자동차 광고에서 광고 모델의 매력은 주변적 통로라는 것이다. 감정의 중요성을 인정한 것은 모델의 일반화에 기여한 측면이 있다. 그렇지만 모델의 동기와 능력이라는 조절 변인을 볼 때 감정에의 적용은 적절성이 떨어지며 또한 중심과 주변 감정의 구별은 여전히 논란거리로 남아 있다.

2) ELM과 광고 전략

이 같은 비판에도 불구하고 ELM은 광고 전략에 유용하게 적용될 수 있다. 먼저 목표 시장의 동기와 능력을 파악하는 것이 광고 목표를 수립하는 데 중요하다. 그리하여 만일 동기와 능력이 모두 높다면 광고를 중심 통로로 처리할 것이다. 그렇다면 태도 변화나 형성을 위해서는 '왜 이 상품이 좋은지에 대해서 강한 논리적 근거'를 제시하는 것이 바람직하다. 즉 주장의 강도나 질이 중요한 관건으로 부상한다.

반면에 동기나 능력 가운데 어느 하나라도 낮다면, 광고는 주변 통로로 처리될 가능성이 높다. 그때는 광고 모델이나 광고 제작 요소를 통하여 브랜드에 대한 선호도를 생성하도록 해야 한다. 앞서 설명한 '광고 태도'가 주변 통로의 범주로 파악되는 것도 같은 맥락이다. 그러나 여기에는 아직 논란의 여지가 있다. 저관여 상황에서는 물론이고 고관여에서도 광고 태도의 역할이 입증되었기 때문이다. 따라서 광고 태도 자체에도 중심 통로와 주변 통로가 있다는 주장이 제기되기도 한다.

7. 인지 반응 모델

1) 인지 반응의 이론적 배경

1960년대에는 브랜드에 대한 회상*recall*이 설득을 좌우할 것이라는 견해가 지배적이었다. 이 같은 믿음은 다음과 같은 논리에 기초한다.

(1) 소비자의 관여도가 높다면, 광고에 담겨진 내용을 열심히 정보 처리할 것이다.

(2) 광고에서 학습한 내용은 브랜드 태도를 변화시킬 것이다.

(3) 광고 효과를 알기 위해서는 소비자가 기억한 광고 내용을 측정하면 된다.

이러한 사고에 기초하여 일련의 연구는 소비자가 광고 내용을 기억했는지와 브랜드 태도의 관계를 밝히는 데 초점을 맞추었다.

그러나 1960년대 후반과 1970년대 초반에 걸친 이들 조사는 광고 내용의 회상과 브랜드 태도 간의 낮은 상관 관계만을 발견했을 뿐이다. 여기에는 다음과 같은 까닭이 있다. 저관여 상황에서는 브랜드명의 회상과 설득 간에 높은 상관 관계가 있었다. 관여도가 낮은 소비자는 기억해 낼 수 있는 브랜드 가운데 하나만을 고르면 구매를 결정하는 데 충분했기 때문이다. 그러나 기억 또는 회상이 고관여에서는 설득의 필요조건이 될 수 있지만 충분조건이 되지는 못했다. 따라서 회상이 태도를 결정짓는 요인으로 부적합하였다.

게다가 내용을 '기억했다 또는 못했다'가 중요한 것이 아니라 광고에 접촉할 때 떠오르는 생각들의 성격이 무엇인지가 더 중요하다고 파악하기 시작했다. 즉 머릿속에 떠오르는 생각들의 내역이 태도를 결정짓는다고 보았다. 마치 맞선을 볼 때 상대방에 대해 무엇을 기억하느냐가 중요한 것이 아니라 무슨 생각들이 떠올랐느냐가 중요한 것처럼. 이처럼 떠오르는 생각들을 '인지 반응*cognitive response*' 또는 '프로토콜*verbal protocol*'이라고 한다. 그리고 여기에 초점을 맞춰 설득 효과를 검증하는 연구를 인지 반응 모델*cognitive response model*이라고 한다.

인지 반응을 측정하기 위해서는 대체로 소비자에게 광고를 보면서 무슨 생각이 떠올랐는지를 광고를 본 직후에 물어 본다. 그리고 이러한 생각들을 기록하도록 한다. 후에 이들 프로토콜은 반응의 성격에 따라 분류된다. 라이트는 광고를 본 후에 소비자들이 기록한 생각을 표 10-6과 같이 분류하였다(Wright, 1980). 우리나라에서도 이 같은 접근을 이용하여 소비자가 방송 광고를 시청하면서 생성한 인지 반응을 다음과 같이 분류하였다(김광수, 1993). 광고 제작 요소 반응, 광고 모델 반응, 상품 관련 반응, 광고 탐닉적 반응, 광고에의 소극적 반응 등.

인지 반응에 기초한 연구들은 광고 효과를 다음과 같이 밝힌다. 우선 지지 주장의 숫자는 믿음의 긍정적 변화와 정적인 상관 관계가 있다. 여기서 믿음이란 브랜드 태도를 결정짓는 요소로서 브랜드 속성에 대한 믿음을 말한다. 따라서 믿

표 10-6. 인지 반응의 분류

분류	정의
반대 주장	광고 내용이나 논리를 부정하는 인지적 반응
정보원 훼손	정보원(광고주)이나 광고 제작 스타일에 부정적인 반응
지지 주장	광고에 담긴 주장에 긍정적인 반응
광고 제작 지지	광고 제작 스타일, 광고물의 질이나 모델 등에 대하여 긍정적인 반응

음이 긍정적으로 변화했다는 사실은 지지 주장의 숫자가 증가할수록 브랜드 태도가 긍정적으로 변화했음을 뜻한다. 그리고 반대 주장의 숫자는 믿음의 부정적 변화와 정적인 상관 관계가 있다. 따라서 설득전략은 지지 주장을 늘리고, 반대 주장을 줄이는 데 초점을 맞추게 된다.

2) 인지 반응과 광고 전략

인지 반응의 양과 질을 통제할 수 있다면 이는 광고 전략에 유용한 지침을 제공한다. 그 같은 맥락에서 인지 반응의 연구 결과를 광고 전략에 연계시키면 다음과 같다. 먼저 광고에 의해서 생성된 인지 반응의 전체 숫자를 살펴보면 과연 광고가 중심부로 처리되었는지, 주변부로 처리되었는지 알 수 있다. 전체 숫자에 영향을 끼치는 요인을 살펴보면 다음과 같다.

(1) 광고 매체: 소비자가 정보 처리의 속도를 통제할 수 있으면 지지와 반대 주장이 많이 생성된다. 일반적으로는 인쇄 매체의 광고가 영상 매체의 광고에 비해서 보다 많은 수의 인지 반응을 불러일으킨다.

(2) 관여도 또는 동기: 관심이 많고 관여도가 높으면 보다 많은 인지 반응이 유발된다. 따라서 태도도 중심적으로 형성될 가능성이 높다.

(3) 소비자의 지식 수준: 많이 알면 많은 논쟁을 벌이게 될 것이고(그것이 지지 주장이든 반대

주장이든), 태도 형성도 중심 통로를 통해 이루어질 것이다.

⑷ 주의 분산: 소비자가 광고에 접촉하는 동안 주의가 분산되면, 논쟁이 줄어든다.

⑸ 감정: 소비자가 감정적인 상태일수록 논의는 줄어들고, 태도는 주변 통로를 통해 형성될 가능성이 높다.

둘째, 인지 반응의 질적 속성에 대해서 살펴보자. 긍정적 또는 부정적 반응을 결정짓는 요인들은 다음과 같다.

⑴ 반복: 광고가 반복되면 반대 주장의 숫자는 줄다가 늘어나게 된다. 반면에 지지 주장의 숫자는 광고가 반복될수록 늘다가 줄게 된다. 따라서 지지 주장의 숫자를 최고로 만들고 반대 주장의 숫자를 최소로 하는 지점은 반복의 중간 지점이 될 것이다. 그 지점이 어디인지는 소비자와 광고의 성격에 따라 상이하겠지만.

⑵ 기존 태도와의 차이: 만일 기존 태도와 일치한다면 지지 주장이 생성되겠지만, 차이가 크면 클수록 반대 주장이 증가할 것이다.

⑶ 광고의 논리적 강도: 만일 광고의 논리성이 강하면 지지 반응이 생성될 것이지만, 취약하면 반대 주장이 떠오를 것이다.

⑷ 느끼는 감정 속성: 긍정적인 감정을 경험하면 지지 주장이 생성될 가능성이 높다. 따라서 적대적인 소비자에게는 주의를 분산시키거나 긍정적 분위기를 생성할 필요가 있다.

셋째, 관여와 관련해서는 다음과 같은 광고 전략이 적합할 것으로 보인다. ⑴ 고관여 상황에서는 지지 주장을 자극하고 반대 주장을 최소화시키도록 해야 한다. ⑵ 소비자가 고관여 상황이 아니라면, 태도는 제작 관련된 인지 반응에 의해 영향을 받으므로 이를 통해 태도 변화를 유도해야 한다. 이 같은 인지적 반응의 결과는 ELM과 유사하다. 관여도에 따라 광고 효과에 차이가 있었을 뿐 아니라, 광고 효과에 영향을 끼치는 인지적 반응이 상이했기 때문이다.

8. 다속성 태도 모델

1) 태도 모델의 종류

광고 목표나 전략을 수립할 때, 또는 광고 효과를 평가할 때 브랜드 태도는 중요한 기준이 된다. 이 같은 배경에는 브랜드 태도가 브랜드 선택을 결정짓는다고 보기 때문이다.

물론 호의적인 브랜드 태도가 항상 구매 행동으로 이어지는 것은 아니다. 포르셰 자동차를 좋아한다고 사는 것도 아니고, 신제품을 싫어하지만 전문가의 추천으로 구매하는 경우도 있다. 그렇지만 이러한 사례는 예외적이고, 브랜드 태도와 구매 행동 간에는 대체로 높은 상관관계가 있다. 예를 들면 담배 X에 대해 '훌륭하다'고 생각하는 사람의 78%가 그 브랜드를 구매했으며, '그저 그렇다'고 생각하는 소비자의 7%만이 담배 X를 선택했다(Batra, Myers, & Aaker, 1996).

태도가 설득의 중요한 관건임은 분명하다. 그렇다고 단순히 태도의 상태만을 측정해서는 곤란하다. 왜 좋아하고 싫어하는지를 밝힐 수 있어야 태도 형성이나 변화를 꾀할 수 있기 때문이다. 그러므로 태도를 형성하는 결정 구조를 이해할 필요가 있다. 이에 대해서는 일반적으로 범주*category*에 기초한 접근과 인지 구조*cognitive structure*에 기초한 접근으로 양분된다. 범주는 사람들이 세상을 분류하는 특성에 기초한다. 마치 주변 사람을 평가할 때, 좋은 사람이나 나쁜 사람으로 분류하는 것처럼. 따라서 브랜드를 평가할 때도 브랜드를 해당 범주에 분류하고, 그 범주에 대한 태도를 기억 속에서 끄집어내서 그 브랜드의 태도를 형성한다. 예를 들어 저 브랜드는 '명품 같아'라고 분류하면 명품에 대한 정보를 끄집어내서 그 브랜드를 판단한다. 이때 명품 범주의 전형적인 사례*prototype*, 혹은 범주에서 가장 좋은 사례*exemplar*를 기준으로 삼을 수 있다. 광고에서는 식품을 마치 의약품처럼 소구하는 경우가 해당된다(요구르트를 음료수가 아니라 변비 치료제인 양). 이에 비해

표 10-7. 비보충적 모델의 종류

모델	정의	사례
최소 기준 충족 전략 *conjunctive strategy*	각 속성에 대해 최소한의 기준을 설정하여 그 기준이 충족되면 선택(자신에게 적당하지 않은 브랜드를 우선 배제하는 데 초점)	RAM은 16메가 이상, 하드는 1기가 이상이어야 선택을 고려함.
특정 속성의 분리 전략 *disjunctive strategy*	일부 중요 속성들에 대해서 최소한의 기준을 설정(중요하지 않은 속성을 배제하고 최소 기준 충족에 비해 높은 기준을 설정함)	하드가 2기가 이상이면 OK.
중요 기준 서열 전략 *lexicographic strategy*	가장 중요한 속성에 따라 가장 좋은 브랜드를 선택하고, 동급의 브랜드가 있으면 그 다음 중요한 속성에 따라 평가하여 제일 좋은 브랜드를 선택	하드 용량이 제일 높은 브랜드를 선택 그런 브랜드가 2개 이상이면 RAM이 가장 뛰어난 것으로 선택.

서 인지 구조는 다음과 같은 가정에 근거를 둔다. 브랜드는 여러 속성으로 구성되며, 각 속성에 대한 평가를 종합해 브랜드 태도를 형성한다. 속성을 분석한 후에 태도가 형성되므로 아래에서 위로 처리하는 방식*bottom-up processing*이라고 불린다. 여러 속성이 태도에 내재하므로 이 같은 맥락에서 다속성 태도 모델*multi-attribute attitude model*이라고도 한다.

다차원 속성이 태도에 영향을 끼치는 방법은 보충적 모델*compensatory model*과 비보충적 모델*non-compensatory model*로 구별된다. 전자는 어떤 한 속성에서 저조한 평가가 나왔어도, 또 다른 속성에서 높은 점수를 받게 되면 저조한 점수가 상쇄되는 구조를 의미한다. A 화장품 품질은 나쁘지만 가격이 서렴하니까 괜찮다는 평가가 여기에 해당된다. 그렇지만 후자에서는 한 속성에서의 높은 점수가 열악한 속성을 보충해 줄 수 없다. 이는 다시 표 10-7과 같이 세 가지로 세분된다.

인지 구조 모델 가운데 피시바인과 아젠(Fishbein & Ajzen)의 모델이 가장 많이 이용되는데 이를 수식으로 나타내면 다음과 같다.

표 10-8. 소나타에 대한 태도 산출: 갑돌이와 갑순이(괄호 안)의 태도

믿음	믿음 점수	평가	평가 점수	계(bi x ei)
소나타 가격은 적절한가?	5(5)	자동차의 가격은 중요한가?	5(2)	25(10)
소나타의 크기는 적당한가?	4(1)	자동차의 크기는 중요한가?	3(5)	12(5)
현대 이미지는 좋은가?	5(3)	회사의 이미지는 중요한가?	1(4)	5(12)
$\Sigma\ b_i e_i$				42(27)

$$A=\sum_{i=1}^{n} b_i e_i$$

A: 브랜드에 대한 태도

i: 브랜드의 속성

bi: 브랜드가 i의 속성을 지니는지에 대한 믿음

ei: 상품군에서 i 속성이 얼마나 중요한지에 대한 평가

예를 들어 자동차에 대한 태도를 측정할 때, 가격, 크기, 제조 회사 이미지 등의 속성이 영향을 끼친다고 하자. 그렇다면 이들 속성에 대한 소비자의 반응을 측정함으로써 소비자의 각 자동차에 대한 태도를 산출할 수 있다. 각 항목을 6점 척도로 했을 때(0점: 전혀 그렇지 않다, 5점: 매우 그렇다), 갑돌이와 갑순이의 태도는 표 10-8과 같다(괄호 안은 갑순이의 점수). 갑돌이는 42점, 갑순이는 27점으로 갑돌이의 태도가 보다 호의적임을 알 수 있다. 그리고 갑돌이와 갑순이는 자동차에 대한 접근이 상이하였다. 갑돌이는 차의 가격에, 갑순이는 차의 크기에 관심을 쏟았다. 인지 구조 모델은 이처럼 태도를 측정할 수 있을 뿐만 아니라 태도가 어떻게 형성되었는지를 알려 준다는 점에서 유용하다.

2) 인지 구조 모델과 광고 전략

인지 구조 모델은 광고 전략에 여러 가지 지침을 제공한다. 무엇보다 소비자마다 각 속성에 대한 평가나 믿음이 상이하다는 점을 반영할 수 있다. 그리고 상이한

구조에 따라 시장 세분화를 꾀할 수 있다. 예를 들면, 자동차의 크기가 중요한 집단과 그렇지 않은 집단으로 구분하여 메시지를 차별화할 수 있다.

그러면 태도가 인지 구조 모델에 의해서 형성된다고 할 때, 이러한 지식을 광고 전략에 어떻게 이용할 수 있는가? 첫째, 평가 기준을 바꾼다. 갑돌이는 제조 회사 이미지가 중요하지 않다고 평가한다. 그렇다면 제조 회사가 좋아야 부품을 구하기가 용이하거나 애프터서비스를 받기 쉽다는 광고 메시지를 전달함으로써 갑돌이의 평가 차원에 변화를 줄 수 있다. 물론 제조 회사의 이미지가 잘 알려져 있지 않거나 잘못 알려져 있을 때 가능하다. 둘째, 속성에 대한 믿음을 바꿀 수 있다. 갑순이는 소나타의 크기에 불만이 많다. 이때는 소나타에 씨름 선수가 탈 수 있다는 광고로 소나타에 대한 믿음에 변화를 주는 메시지를 제작할 수 있다. 셋째, 새로운 속성을 태도 형성에 도입한다. 예를 들어 소나타가 승차감에 자신이 있다고 하자. 그러면 가격, 크기, 이미지 이외에 승차감이라는 속성을 전달함으로써 태도의 결정 요인을 바꾸어 놓을 수 있다.

그렇지만 이 모델을 이용해서 광고 전략을 수립할 때는 다음과 같은 점에 주의해야 한다. (1) 소비자가 속성에 대해서 잘 모를 수 있다(이 모델은 제시하는 속성에 대해서 소비자가 잘 안다고 가정). (2) 속성 간에 상호 작용이 있을 수 있다(이 모델은 단순 합으로 태도를 산출). (3) 태도가 형성된 이후에 믿음이나 평가를 내릴 수 있다(이 모델은 믿음이 형성된 다음에 태도를 형성한다고 가정(광고 사랑방 10-8 참조)).

➤ 광 고 사 랑 방 10-8	태도가 먼저냐, 속성 평가가 먼저냐

맞선을 본다고 하자. '한눈에 좋다'라는 식의 태도가 형성될 것인가? 아니면 학벌, 성격 등의 속성을 조목조목 따진 다음에 태도가 형성될 것인가? 아마도 전자가 십중팔구일 것이다. 그리고 속성에 대한 평가는 태도에 영향을 받아서 이루어지기 쉽다. 이른바 자기 합리적인 절차인 셈이다. 이 같은 경우는 인지 구조 모델이 적합하지 않다.

9. 포지셔닝 이론

1) 이론적 배경

포지셔닝*positioning*이 광고계에 중요한 개념으로 자리잡은 데는 라이즈Ries와 트라우트Trout의 공이 컸다. 그들은 1972년 〈광고 시대*Advertising Age*〉에 "포지셔닝 시대*Positioning Era*"라는 기사를 연재하였으며, 1982년에는 이를 모아 《포지셔닝: 당신의 마음을 사로잡기 위한 전쟁터*Positioning: The Battle For Your Mind*》를 펴냈다(광고 사랑방 10-9 참조). 이후 포지셔닝은 광고계를 대표하는 하나의 용어로 자리잡았다.

과연 포지셔닝 이론의 요체는 무엇인가? 먼저 다음과 같은 시장 상황을 설정한다. 지나치게 많은 커뮤니케이션으로 뒤덮여 있는 현대 사회에서 소비자는 조각조각의 정보를 피상적으로 수용하는 경향이 있다. 그러므로 이들 소비자에게 도달할 수 있는 효과적인 커뮤니케이션은 메시지를 매우 단순화하여 전해 주는 것이다. 어떻게 보면 적을수록 좋다. 특히 수많은 메시지의 홍수 속에서 소비자에게 도달할 가능성은 적다. 따라서 송신자가 아니라 수용자에 초점을 맞춰야 한다. 즉 상품이 지닌 현실이 아니라 소비자의 인식에 집중할 필요가 있다.

그러면 소비자 마음은 어떤가? 소비자는 상품들을 중요한 속성에 따라 평가한다. 그리고 각 상품은 소비자 마음속에 포지션을 차지한다. 포지션이란 소비자가 해당 상표에 대해 지닌 연상의 집합으로서 소비자 마음속에 자리잡은 상대적 위치를 의미한다. 소비자가 다른 경쟁 상표와 비교하여 얼마나 유사한지 또는 독특한지를 비교 평가하기 때문이다. 그러므로 포지셔닝이란 상품을 소비자 마음속에 자리잡게 하는 일련의 과정으로 정의할 수 있다. 특히 소비자가 한 상품이나 서비스를 다른 경쟁 업체와 비교하여 어떻게 인식할 것인지에 초점을 맞춘다.

이러한 인식은 기본적으로 해당 브랜드와 특정 속성의 연결로 구성된다. 나아가서 이러한 연결은 정보 처리를 할 때 관련 개념을 상호 연결짓는 기억의 연상

광고사랑방 10-9

포지셔닝 주마간산

1950년대는 상품 시대였다. 당시 광고는 상품의 속성에 초점을 맞추었다. 리브스Reeves가 주장한 독특한 판매 제안*unique selling proposition*(경쟁사에 없는 상품의 독특한 속성을 제안하는 기법)을 찾는 데 급급했다. 그러나 경쟁사들이 '유사 상품'을 내놓기 시작하면서 상품 시대는 종말을 고했다.

뒤이은 1960년대는 이미지 시대였다. 상품의 특성보다는 회사의 명성이나 이미지가 상품을 판매하는 데 더 중요하다는 점이 강조되었다. 이런 맥락에서 오길비Ogilvy는 "모든 광고는 브랜드 이미지에 대한 장기 투자"라고 선언했다. 그렇지만 모든 회사들이 다 같이 이미지에 초점을 맞추자 소비자는 혼동되었다.

그렇다면 1970년대 이후는? '커뮤니케이션 과다 사회'에서 살고 있다. 〈뉴욕 타임스〉의 일요판 신문은 50만 단어 이상이 수록되어 있는데 이를 다 읽으려면 28시간이 걸린다. 그리고 미국에서는 연간 3만 권의 책이 출간되는데, 이를 하루 24시간 동안 읽는다 해도 한 해분만 17년이 걸린다. 이 같은 세상 속에서 우리가 살아남는 방법은 단순해지는 것이다. 그리고 우리는 순위를 매기는 데 익숙하다. 달에 첫발을 디딘 사람은? 누구나 닐 암스트롱이라고 답한다. 그런데 두 번째 사람은? 고개가 갸우뚱. 첫사랑은 누구? 두 번째 사랑은? 첫사랑만큼 각인되지는 않는다.

마케팅에서도 마찬가지다. 미국에서는 175종의 담배가 판매되고 있으며 자동차는 290종이 시장에 선보인다. 소비자 머릿속에 떠오르는 첫 번째 상품이 성공 가능성이 보다 높아진다. 인간은 평균적으로 한꺼번에 일곱 단위 이상을 처리할 수 없다. 전화번호가 흔히 일곱 자리고, 주민등록 번호 끝자리도 일곱이고, 백설공주에 등장하는 난쟁이 숫자도 일곱이고.

그리하여 광고에서도 소비자 마음속에 자리잡는 일이 중요해졌다. 바로 포지셔닝 시대가 도래한 것이다. 레벤브로이Löwenbrau와 경쟁하던 벡스Beck's는 다음과 같은 포지셔닝 전략을 사용했다. "여러분은 지금까지 미국에서 가장 인기 있는 독일 맥주를 마셨습니다. 이제 독일에서 가장 인기 있는 독일 맥주를 드십시오."

컴퓨터업계에서는 IBM이 메인 프레임 컴퓨터의 70%를 차지한 강자다. 이 같은 시장 상황에서 경쟁업자는 자신과 소비자의 연계 속에서 강점을 찾으려고 해야 한다. 그 같은 점을 컴퓨터에 연결시켜 포지셔닝해야지 무턱대고 IBM과 같이 행동해서는 실패한다. 물론 '할 수 있나*can do*'는 정신은 높이 평가해야 하지만, 자신을 아는 것은 더 중요하다(Ries & Trout, 1982). 1996년 트라우트는 《새로운 포지셔닝*The New Positioning*》이라는 책을 출간하였다. 마인드의 중요성을 강조하면서(Trout & Rivkin, 1996).

네트워크*associative network of memory*에 기초한다. 사실 우리가 학습한다는 것은 뇌의 뉴런(신경 세포)들이 서로 짝짓기를 하는 것과 일맥상통한다. 그런 측면에서 포지셔닝 이론은 뇌의 학습 및 기억 기제인 셈이다.

포지셔닝은 다음과 같은 유용성이 있다. 첫째, 시장의 현황을 쉽게 묘사해 준다. 그리하여 자사 상품과 경쟁 상품의 상대적 위상을 알려 준다. 둘째, 전략 수립에 유용하다. 앞으로의 상품 개발은 물론 어떤 마케팅이나 광고 전략을 수립할지에 대해서 방향을 제시해 준다. 셋째, 광고를 사후 평가하는 데 이용된다. 광고를 전개하고 나서 과연 소비자 마음속에 자사 상표가 원하는 목표대로 자리매김했는지를 알 수 있다.

2) 포지셔닝 방법론

포지셔닝 전략을 수립하기 위해서는 각 상표의 포지션이 소비자 마음속에 어떻게 자리잡고 있는지를 알아야 한다. 그래야 자사 상표의 위치를 알 수 있고 앞으로 어떤 포지셔닝 전략을 취할 것인지를 수립할 수 있다.

그러면 소비자 마음을 어떻게 읽을 수 있을까? 가장 간단하게 소비자의 마음을 그릴 수 있는 방안은 다음과 같다. (1) 경쟁이 되는 제품을 고른다. (2) 자사 제품을 포함해서 경쟁 제품에 대한 중요한 속성(소비자 구매에 영향을 끼치는 중요 변수들)을 선정한다. (3) 소비자들을 대상으로 각 제품의 각 속성에 대해서 질문한다. (4) 각 제품 속성의 평균을 구한다. (5) 그 평균을 여러 도형의 모양에 각 제품별로 그린다. 그와 같은 사례는 그림 10-5에 제시되어 있다.

그렇지만 소비자의 인식을 나타내는 데는 주로 다차원 척도법을 이용한 지각 지도*perceptual map*가 사용된다. 대략적인 순서는 다음과 같다.

(1) 해당 상품의 구매에서 중요한 속성들을 선정한다(이를테면 자동차의 경우, 가격, 배기량, 이미지 등).

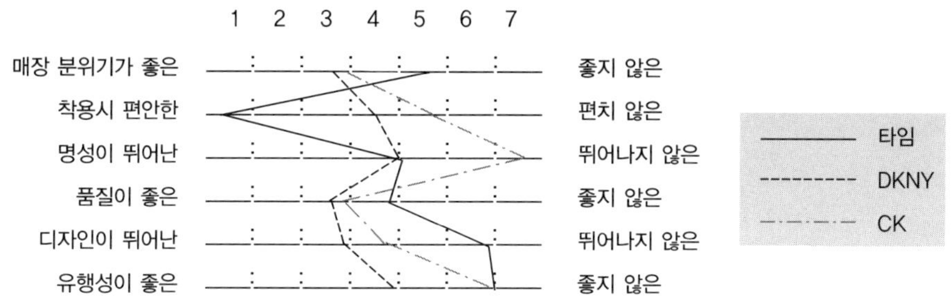

막대 모양의 그림: 의류의 이미지 – 신수연 · 조정아(2009. 2)의 연구 결과를 토대로 재구성.

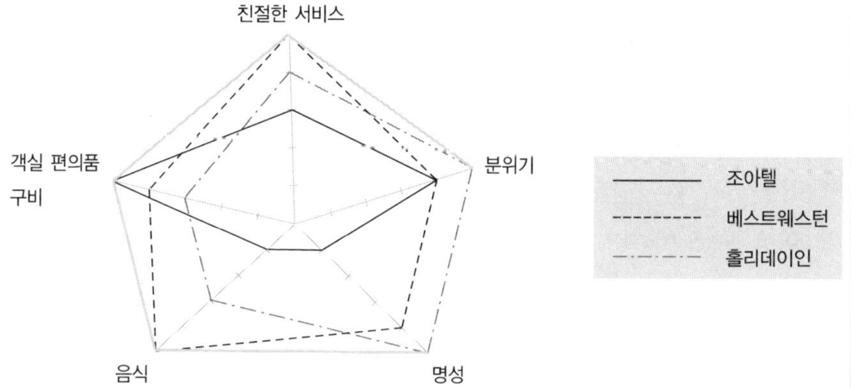

별 모양의 그림: 중저가 체인호텔의 이미지 – 한진수 · 주영태(2005)의 연구 결과를 토대로 재구성.

그림 10–5. 소비자 인식의 간편한 그림 사례

(2) 목표 소비자를 대상으로 각 브랜드에 대한 속성들을 조사한다.

(3) 수집된 자료로 각 브랜드 간의 상이성 거리를 계산한다(물론 수작업을 통해 계산하는 것이 아니라 SPSS 등과 같은 통계 패키지 프로그램을 이용한다).

(4) 계산된 수치를 이용해 다차원 공간에서 각 브랜드의 위치를 투영한다(대체로 해석상의 이유로 2차원 공간이 많이 이용된다).

(5) 공간의 축(대체로 x, y)을 해석하기 위해 속성을 이용한 인자 분석*factor analysis*을 수행한다.

(6) 각 브랜드의 상대적 위치를 공간상에서 해석한다.

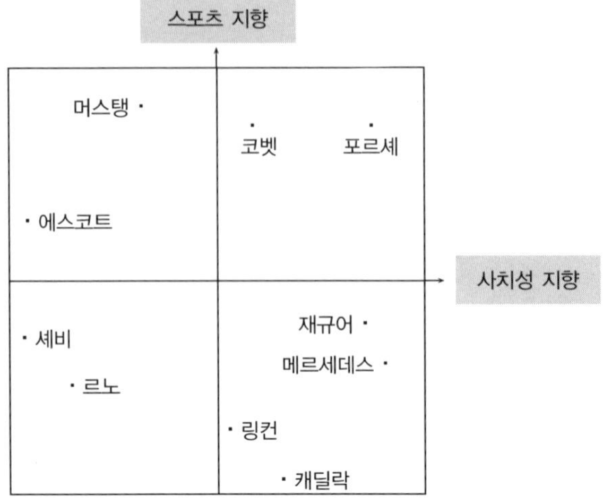

코벳과 포르셰는 스포츠 성향이 강한 반면 재규어나 메르세데스는 그렇지 못하다. 그리고 코벳과 포르셰는 스포츠 성향은 유사하지만 사치성에서는 포르셰가 월등하게 인식된다(Green, Carmone, & Smith, 1989).

그림 10-6. 다차원 척도의 사례

3) 포지셔닝 전략

포지셔닝 전략의 유형을 나누는 방법은 각 연구자에 따라 상이하다. 여기에서는 이들이 제시한 방법 가운데 대표적인 몇 가지를 소개한다(Harrison, 1989).

(1) 소비자의 이익과 연관시키는 포지셔닝

가장 보편적인 포지셔닝 방법이다. 상품의 특성이나 우수성을 강조하는 기법과도 유사하다. 단지 시각이 상품의 입장에서 소비자의 입장으로 바뀌었을 뿐. 일례로 부엌에서 사용하는 페이퍼 타월은 예전에는 흡수력을 강조했다. 그러나 흡수만 잘해서는 곤란하다. 물기를 닦고 휴지통에 가는 순간 종이가 흐트러지는데. 이에 비바 상표는 내구성으로 포지셔닝을 하였다. 즉 끈질기게 물기를 머금고 휴지통까지 갈 수 있다는 것을. 미국 치약 시장의 40%를 점유한 크레스트Crest는 충치 예방을 강

▶ 광 고 사 랑 방 10-10	자료가 범주형일 때는

다차원 척도는 질문에 대한 응답이 연속형 자료일 때 주로 사용된다. 이에 비해 응답이 범주형일 경우에는(예를 들면, 애프터서비스가 좋은 자동차는?) 대응 분석*correspondence analysis*이 사용된다. 대응 분석의 경우 각 사례(자동차)와 변인(속성)을 한꺼번에 도표로 나타낼 수 있다는 장점이 있다. 특히 상품의 사례 수가 적을 때는 다차원 척도보다 대응 분석이 보다 소비자의 인식을 그리는 데 더 적합하다(조성겸, 1992).

조한다. 미국 치과의사협회에서 보증한다는 광고 카피도 한몫을 담당하였지만.

이 같은 포지셔닝 기법은 자동차 회사에도 잘 나타난다. 도요타나 혼다는 경제성을, 볼보는 내구성과 안전을, BMW는 성능을 강조한다. 뿐만 아니라 자동차 회사의 각 브랜드도 강조하는 이익이 상이하다. 현대의 중형 세단인 소나타는 30~40대를 대상으로 역동적이면서도 감각적인 스타일과 세련미를 강조하고, 프레미엄급인 제너시스 자동차는 50대 이상의 고소득층을 대상으로 최고급 품격과 럭셔리를 호소한다. 테드 베이츠에 있던 유명한 카피라이터 리브스의 독특한 판매 제안(USP)도 이 같은 범주에 속한다. 이는 소비자에게 어떤 경쟁사도 제공할 수 없는 가장 중요한 이익을 전달하는 전략을 뜻한다. 그러한 사례가 바로 "M&M 초콜릿은 손에서 녹지 않고 입에서 녹습니다."

(2) 가격에 의한 포지셔닝

1980년대 중반의 구두 시장은 고가(6만~8만 원)의 브랜드 제품과 저가(2만 원 이하)의 유통상 제품으로 양분되었다. 그러나 경림은 서베이 결과, 소비자가 중저가의 품질 좋은 구두를 원하고 있음을 알았다. 바로 가격과 품질의 두 차원에서 틈새를 찾아낸 것이다. 그리하여 1988년 3만 원대의 미스미스터 구두를 출시하여 중저가 구두 시장의 50%를 차지하게 된다. 나머지 50%를 놓고 해피워크(경림), 레스모아(금강), 브랑누아(엘칸토) 등이 치열한 다툼을 벌였다. 이랜드도 저가 고품질이라는 포지셔닝으로 패션 시장에서 성공을 거둔 후에 브랜드를 다변화시키고 있다.

최근에는 중저가의 다양한 상품과 서비스가 속속 등장하고 있다. 이를테면 2006년에 대한항공과 아시아나에 도전하여 저가 운임을 내세운 제주항공도 이런 사례에 속한다. 숙박업계도 예외는 아니다. 고가의 특1급 호텔과 저가의 모텔로 양극화되어 있던 시장이 2000년대 초반부터 중저가 비즈니스 호텔이 등장하고 있다. 베스트웨스턴, 라마다, 이비스 앰배서더, 토요코인 등.

(3) 사용에 따른 포지셔닝

존슨앤드존슨사의 베이비 샴푸는 원래 유아용이었다. 그러나 유아 시장을 넘어서 '머리를 자주 감는 성인'으로 사용자를 확대하였다. 이들 소비자에게는 부드러운 샴푸라는 포지션이 중요한 구매 요인이 되기 때문이다. 이 같은 포지셔닝 전략으로 시장 점유율이 3%에서 14%로 증가하였다.

이처럼 용례를 강조하여 포지셔닝하는 사례는 게토레이에서도 찾을 수 있다. 일반적으로 스포츠 음료라고 알려져 있지만, 감기에 걸려 수분 섭취가 많이 필요할 때도 사용한다. 심지어는 의사들도 추천할 정도가 되었다. 암앤드해머사의 베이킹 소다도 단순히 빵 굽는 데만이 아니라 냉장고 안의 냄새를 없앨 때, 치아를 하얗게 만들고 싶을 때도 사용한다. 크리넥스 역시 사용 범위가 넓다. 감기 걸렸을 때는 물론이고, 눈물을 훔칠 때, 화장을 지울 때 등.

➤ 광 고 사 랑 방 10-11	상품의 특성을 찾아서

물리적 차원의 상품 특성은 쉽게 찾을 수 있으며 소비자에게 전달하기도 쉽다. 예를 들면, 휴대전화의 무게가 가볍다거나 텔레비전의 스크린이 평평하다는 것 등이 해당된다. 다만 경쟁사에 비해서 경쟁력이 있고 또 소비자에게 중요한 속성이어야 한다는 것이 문제이지만. 그리고 쉽게 측정되지 않는 유사 물리적 특성이 있다. 소주의 맛, 향수의 향 등이다. 물리적 또는 유사 물리적 차원은 기술적 우위가 있을 때는 그나마 쉽게 이용될 수 있는 포지셔닝 전략이다. 그렇지만 이 같은 특성이 없을 때는 심리적 특성으로 포지셔닝 전략을 세운다. 소비자의 복지를 증진시키는 혜택을 강조하는 것이 그런 사례에 속한다. 스포츠 음료는 갈증 해소를 소개하고, 보험은 안심을 판매하고, 의류는 아름다움과 멋스러움을 내세운다.

(4) 상품 사용자에 의한 포지셔닝

이 전략은 소비자가 결국 구매하는 것은 상품 자체가 아니라 상품에 담겨 있는 라이프스타일이나 인간성이라는 점에 기초한다. 특히 눈에 잘 띄는 소비재(의류, 기호품) 에서 많이 사용된다.

펩시는 콜라의 브랜드 충성도가 높은 집단을 조사하여 다음과 같은 차이를 발견하였다. 코카콜라를 마시는 사람은 가정적 이미지와 전형적인 시골 미국인의 특성을 지닌 반면에 펩시는 명랑하고 혁신적이고 약간은 건방지고 잘 나서는 인간성을 띤다. 그 같은 사용자의 이미지를 광고에 이용하여 독특한 포지션을 구축할 수 있다. 버지니아 슬림 담배 광고는 젊고 활기찬 여성을 모델로 등장시킨다. 그리고 그 옛날 설움받던 여성상을 함께 제시하여 대비시킨다. 이처럼 어떤 사람이 버지니아 슬림 담배를 피운다는 것을 보여 줌으로써 제품을 포지셔닝할 수 있다. 그렇다면 캘빈 클라인 옷을 즐겨 입는 사람은 어떤 성적 욕구를 지니는지를 쉽게 알 수 있지 않을까?

(5) 상품 종류에 따른 포지셔닝

청량음료 시장은 코카콜라와 펩시가 지배하며(세계 시장의 60%를 점유), 세븐업은 청량음료로서 제대로 자리를 잡지 못했다. 소비자들은 기껏해야 칵테일하는 데 섞어 마시는 음료나 다이어트용 정도로 알고 있었다. 그러나 세븐업은 청량음료로 취급받고 싶었다. 콜라와는 다르지만, 뭔가 다른 청량음료를 원할 때, 그때는 세븐업을. 그래서 나온 포지셔닝 전략이 "Uncola" 였다. '나는 콜라가 아니예요!'

정도가 지나쳐서 아예 제품군을 탈피하고자 하는 경우도 있다. 자신이 속한 제품군에서 벗어나 다른 제품군에 속하는 양 포지셔닝하는 사례를 살펴보자. 도브는 단순한 비누에서 탈피하는 전략을 취하였다. 건조한 피부의 여성에게는 클렌징크림의 기능을 할 수 있다는 것을 알렸다. 즉 비누에서 클렌징크림 제품으로 변신을 꾀한 것이다.

(6) 경쟁사에 대비한 포지셔닝

약도를 설명해 줄 때, 복잡하고 자세하게 길거리를 말하는 것보다는 유명한 빌딩을 말해 주는 것이 효율적이다. 마찬가지로 경쟁사가 명확한 이미지를 갖고 있다면 경쟁사를 비교의 준거 틀로 이용할 수 있다. 이른바 시장 선도자만큼 좋거나 더 뛰어나다는 점을 주장해야 한다.

렌터카업계는 허츠, 아비스, 내셔널의 순서로 시장을 점유하고 있었다. 2위인 아비스는 3위인 내셔널과 각축전을 벌였는데, 3위를 따돌리기 위해 아비스가 쓴 전략은 바로 1위와 자신을 비교한 것이다. "Avis is only No. 2 in rent-a-cars, so why go with us? We try harder." 과연 열심히 노력했기 때문에 아비스가 성공했을까? 노력한다고 세상사가 다 뜻대로 되지는 않는다. 1위인 허츠Hertz와 연계되어서 아비스의 위치가 새롭게 자리매김된 것이다. 더욱이 2등이어서 동정심도 발동했을 터이고 3위와는 격차를 벌려 놓고. 그런데 아비스가 ITT에 팔린 이후 아비스는 2위에 만족하지 않고 1위가 되겠다는 광고를 냈다. "Avis is going to be No. 1." 말로써 허츠와 경쟁할 수는 없는데, 그 같은 광고 전략은 효과가 없었다.

10. 수단-목표 이론

1) 이론적 배경

수단-목표 연결 이론*means-end chain theory*은 1979년 가트먼Gutman과 레이놀즈Reynolds 등에 의해 개발되었다. 이 이론은 다음과 같은 요인을 서로 연결하는 데 초점을 맞춘다. 상품 속에 내재하는 속성(수단), 그 속성이 소비자에게 제공하는 결과, 그리고 결과로 인해 성취되는 개인적인 가치(목표). 즉 소비자는 자신이 바라는 목표를 얻기 위하여 이를 만족시킬 수단을 지닌 상품을 선택한다는 전제를 내포한다. 수단-목표 연결 이론은 소비자한테 왜 그런 속성과 결과가 중요한지를 가치와 연계하여 설명해 준다.

가치란 소비자가 바람직하다고 여기는 믿음을 뜻한다. 따라서 소비자가 지닌 가치는 어떤 소비가 좋을지에 대한 규범을 제공할 뿐만 아니라 가치에 어긋나는 구매를 할 경우에는 자신의 정체성이나 자존감이 훼손된다. 즉 가치는 규범과 제재를 통해 일련의 소비 행동에 영향을 끼친다. 이를테면, '건강' 가치를 강조하는 소비자는 식사나 음료를 선택할 때 그 가치의 영향을 받는다. 다만 그러한 가치가 은연중에 작용하므로 잘 의식하지 못할 때가 많겠지만.

이러한 가치가 개인 차원이 아니라 집단이나 사회 차원에서 공유될 때는 하위 문화 또는 문화를 구성한다. 그리고 문화적 가치 역시 개인적 가치와 마찬가지로 해당 사회의 소비 패턴에 작용한다. 구체적으로 세부적인 행동 지침을 제공하는 것은 아니지만 어떻게 생각하고 어떻게 구매하는 것이 자연스러운지에 대한 틀을 제공한다.

2) 방법론

수단-방법의 지도를 그리기 위해서는 '사다리 만들기*laddering*' 기법을 이용한다. 이는 심층 인터뷰 기법을 이용해서 속성(attributes, A), 결과(consequences, C), 가치(values, V)의 연결 고리를 찾는 방법이다. 약 50~60명 정도를 대상으로 개별 인터뷰를 하는데 구체적 절차는 다음과 같다(Reynolds & Gutman, 1988).

넌서, 상표 간에 유의미한 차이가 있는지를 물어 보고, 그런 차이는 어떤 속성에서 비롯되는지를 질문한다. 대체로 소비자가 한 상품군의 차이에 대해 말할 수 있는 속성은 10~12개 정도에 이른다.

둘째, 이들 속성을 대상으로 A-C-V의 내용을 찾는다. 우선 하나의 속성을 대상으로 그런 속성의 유무가 '당신에게 왜 중요한가?'라는 일련의 질문을 계속 던짐으로써 그 속성으로 인해 발생하는 물리적 결과와 심리적 결과를 기술하고, 이어서 그 결과들이 궁극적으로 소비자 개개인에게 어떤 가치로 직결되는지를

표 10-9. 와인쿨러에 대한 내용의 요약 코드

구분	내용(괄호 안의 숫자는 언급한 빈도)
가치	가족 간의 유대 관계를 돈독히 한다(21). 자존심을 제고한다(23).
심리적 결과	사교적으로 될 수 있다(19). 좋은 인상을 심어 줄 수 있다(18). 세련된 이미지를 만들 수 있다(17).
기능적 결과	너무 많이 취하지 않는다(14). 보다 여성답다(13).
속성	병 모양이 예쁘다(5). 알코올이 적다(6).

묻는다. 이 같은 방법을 모든 속성에 반복하여 사다리를 구성할 내용을 만든다. 첫째와 둘째의 인터뷰는 대략 1시간이 소요된다.

셋째, A, C, V에 대한 내용들을 정리하고 비슷한 의미들은 하나의 대표적인 의미로 묶어서 정리한다(신뢰성을 높이기 위해 코더가 두 명 이상 필요하다). 내용들은 보통 30~50개 정도. 그리고 나서 각 반응의 총계를 구한다(와인쿨러에 대한 인터뷰 결과의 사례는 표 10-9에 제시).

넷째, 내용들 간의 직접적 연결과 간접적 연결의 수치를 행렬로 표시한다. 일례로 '병 모양'이 '보다 여성답다'라는 내용으로 이끌었다는 사람이 3명이고, 2명은 두 가지 내용 사이에 다른 내용을 집어넣은 다음에 연결시켰다고 하자. 그러면 직접 영향은 3이고, 간접 영향(직접 영향을 포함해서)은 5가 된다. 이를 행렬표의 숫

표 10-10. 내용 연결의 행렬

	품질	여성다움	많이 취하지 않음
병 모양	1.0	3.5	0.0
적은 양의 알코올	0.0	1.2	5.0

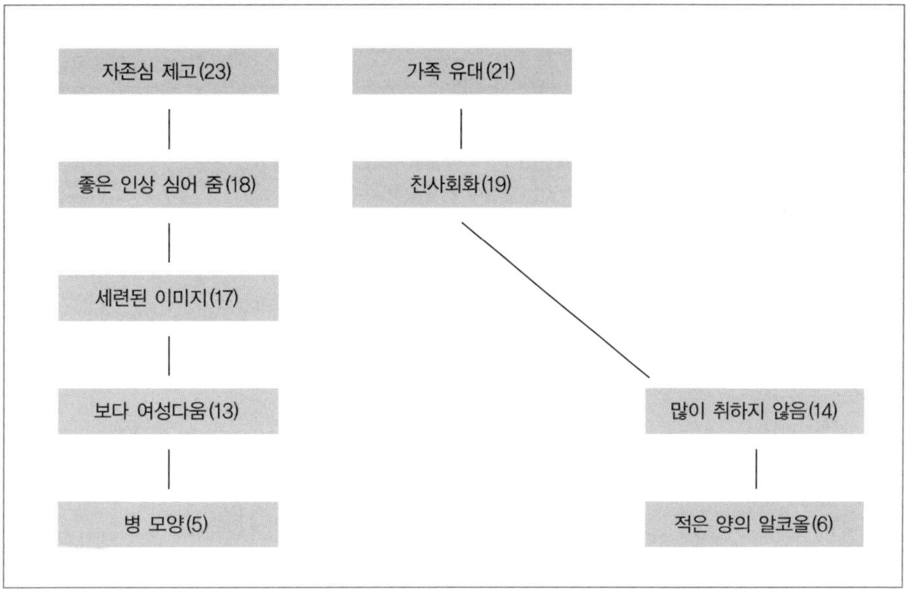

그림 10-7. 계층적 가치 지도

자에서는 3.05로 표현한다. 점의 왼쪽에는 직접 연결의 빈도 수를, 점의 오른쪽에는 간접 연결의 빈도 수를 기입한다. 와인쿨러의 사례에서 각 내용 간의 연결이 표 10-10에 제시되어 있다.

다섯째, 이 행렬표를 가지고 계층적 가치 지도(hierarchical value map: HVM)를 만든다. 지도를 만드는 데 유용한 지침은 다음과 같다. (1) 3개 혹은 4개의 단계를 만든다(속성 결과(기능적 결과, 심리적 결과), 가치), (2) 한 속성에 직접적 연결이 가장 많은 내용을 선정하여 서로 연결시킨다, (3) 그리고 그 내용의 열을 찾아가 가장 많은 내용을 또 선정하여 연결한다. 이 같은 식으로 반복하고 최소한의 연결 수치인 컷 오프*cut-off*를 결정하여 원래의 행렬에 있는 관계를 가장 많이 반영시키는 지도를 그린다(그림 10-7).

표 10-11. MECCAS

MECCAS 구성 요인	요인의 설명	사례: 항공사의 정시 운항	
		사다리	MECCAS 이용
추진력 *driving force*	-전략의 가치 지향 -광고에서 초점을 맞춰야 할 궁극적 수준	자부심(가치)	자부심
지렛대 *leverage point*	-광고가 가치를 톡톡 건드리는 방법 -가치가 광고 내용과 연결되는 방법		성취감
제작틀 *executional framework*	-광고 제작의 전반적인 시나리오 -지향하는 가치를 커뮤니케이션하는 전달체		피곤함과 긴장 줄임
소비자 이익 *consumer benefit*	-광고에서 명백하게 전달될 긍정적 결과	신뢰성(결과)	신뢰성
메시지 요소 *message elements*	-전달될 상품의 속성이나 결과	정시 운항 (속성)	정시 운항

3) 수단-방법 전략

광고란 어떻게 보면 이미지 관리다. 그렇다면 이미지 조사를 이미지 전략으로 어떻게 변화시키는지가 관건이다. 그런 맥락에서 '사다리 만들기'를 통해서 일련의 이미지 내용을 발굴할 수 있다.

구체적으로 광고 전략을 수립하기 위해서, MECCAS(Means-End Conceptualization of Components for Advertising Strategy)라는 틀이 사용된다. 표 10-11에는 MECCAS를 이용한 항공사의 정시 운항 사례가 제시되어 있다. 정시 운항, 신뢰성, 자부심으로 이어지는 사다리의 연결 고리에서 가치를 전달하기 위한 광고 방법은 무엇일까? MECCAS를 이용하면 '성취감'이라는 개념을 도출해 낼 수 있다.

11. FCB 모델

1) 이론적 배경

FCB(Foote, Cone and Belding) 광고대행사의 본Vaughn은 1980년 광고 전략을 어떻게 수립할지에 대한 기획 모델을 개발하였다. 먼저 모델을 개발하게 된 배경을 설명하면 다음과 같다. 그는 기존의 광고 이론 흐름을 크게 세 가지로 묶어서 종합하였다(Vaughn, 1980; Ratchford, 1987).

첫째 흐름은 마케팅에서의 전통적인 광고 효과 이론이다. 이는 소비자를 네 가지 유형으로 구분한다. (1) 기능과 정보를 중시하는 경제적 소비자, (2) 자극에 반응하는 습관적 소비자, (3) 부의식과 감정에 좌우되는 심리적 소비자, (4) 문화와 사회적 영향을 받는 사회적 소비자. 이 이론들은 비록 타당성은 있지만, 어떤 상황에 적합한지, 그리고 다른 이론들과 어떻게 융합시킬지가 문제되고, 구체성도 결여한다는 비판을 받아야 했다.

두 번째 흐름은 소비자 행동론이다. 1961년 라비지와 스타이너(Lavidge & Steiner)의 계층 효과 이론은 '인지도 → 지식 → 선호 → 구매'의 단계 모델에 기초했다. 그후에 나온 EKB(Engel-Kollat-Blackwell) 모델, 하워드와 셰스(Howard & Sheth) 모델 등은 많은 변인을 포함시켰다. 그렇지만 이들 모델의 조작화와 예측력은 저조하였다. 이에 대한 반작용으로 좀 더 단순한 모델을 지향하게 되는데, 그러한 대표적 사례가 로버트슨Robertson의 수정된 계층 효과라고 할 수 있다. 이는 '인지−감정−행동 *Learn−Feel−Do*'의 기본을 유지하면서 "일부 소비자는 어떤 상황에서 계층을 따를 수도, 또는 따르지 않을 수도 있다"는 식으로 좀 더 유연성을 지녔다.

세 번째의 흐름은 당시로서는 최근의 동향이었던 '소비자 관여'와 '뇌의 분화' 영역이다. 이들은 소비자 조사의 상반되는 연구 결과를 설명하는 데 유용했다. 관여 정도에 따라 정보 처리나 구매 결정 과정에 차이가 발생하므로 광고 수

그림 10-8. FCB 모델의 구매 결정 유형

용에도 영향을 끼칠 것이라고 판단하였다. 그리고 뇌의 좌반구(인지 기능)와 우반구(감정 기능)의 기능이 상이하므로 생각과 느낌 가운데 어떤 커뮤니케이션이 일어나는지에 따라 광고 효과가 달라질 것이라고 접근하였다.

본은 이 같은 세 흐름을 종합하면 광고가 어떻게 효과를 발생시키는지를 잘 이해할 수 있을 것으로 생각했다. 그리하여 소비자의 구매 결정을 다음 두 차원으로 구분하였다. 소비자의 관여도와 소비자의 정보 처리 과정. 소비자 관여도를 '고관여와 저관여'로 구분하고, 소비자 정보 처리 과정은 '생각과 느낌'으로 분류하여 4개의 격자를 만들었는데 이를 FCB 격자 모델*FCB grid model*이라고 한다. 각각의 구매 결정에 대한 특징을 살펴보면 그림 10-8과 같다. 이 모델에 기초하여 소비자의 구매 결정을 크게 네 유형으로 구분하여, 상품 또는 목표 시장에 따라 적합한 유형을 선택하고, 그에 따른 광고 전략을 수립한다.

2) 모델의 연구 방법

FCB의 조사 절차는 다음과 같다. 첫째, 소비자를 대상으로 다음과 같은 설문 조사를 실시한다.

(질문) 자신이 쓸 세숫비누를 슈퍼마켓에 가서 사야 합니다. 다양한 비누들이 진열되어 있습니다. 여러분은 어떻게 행동하는지를 제시된 항목에 따라 표시해 주세요.

X1. 나쁜 상품을 골라도 별일 아니다	1 2 3 4 5 6 7	나쁜 상품을 고르면 손실이다
X2. 전혀 중요하지 않은 결정이다	1 2 3 4 5 6 7	매우 중요한 결정이다
X3. 결정에는 생각이 필요하지 않다	1 2 3 4 5 6 7	결정에는 많은 생각이 필요하다
X4. 결정은 논리적이지도 객관적이지도 않다	1 2 3 4 5 6 7	결정은 논리적이고 객관적이다
X5. 결정은 기능적 사실에 기초하지 않는다	1 2 3 4 5 6 7	결정은 기능적 사실에 기초한다
X6. 결정은 나의 개성을 나타내지 않는다	1 2 3 4 5 6 7	결정은 나의 개성을 나타낸다
X7. 감정적으로 결정하지 않는다	1 2 3 4 5 6 7	감정적으로 결정한다
X8. 결정은 오감에 기초하지 않는다	1 2 3 4 5 6 7	결정은 오감에 기초한다

둘째, 위 설문에 대한 응답을 기초로 다음 공식을 사용하여 관여도와 생각 느낌 차원의 평균 점수를 구한다. '생각과 느낌'에서 8점을 더해 주는 것은 7점 척도로 복귀시켜 주기 위한 방법이다.

관여도 = (X1 + X2 + X3)/3

생각 · 느낌 = 느낌/3 − 생각/2 + 8 = (X6 + X7 + X8)/3 − (X4 + X5)/2 + 8

그림 10-9. 제품군의 위치

셋째, 각 제품군을 조사한 결과를 그림으로 묘사한다(그림 10-9 참조). 유의할 점은 생각과 느낌의 좌표에 관한 해석이다. 생각과 느낌은 상대적이므로 느낌에 위치한다고 해서 느낌만으로 정보 처리를 한다는 뜻은 아니다. 상대적으로 느낌이 중심적이고 생각은 적게 반영된다는 의미로 해석해야 한다.

3) 전략

모든 상품이 동일한 방식의 광고로 효과를 얻을 수 있는 것은 아니다. 어떤 경우에는 정보와 감정이 모두 필요할 때도 있고, 어느 하나만으로도 판매로 이끌 수 있다. 또는 정보와 감정 어느 쪽도 별로 필요하지 않을 경우도 있다. 그 같은 맥락에서 FCB 모델은 특정 상품의 광고에서 정보나 감정의 지렛대 가운데 어느 쪽이 더 필요한지를 밝혀 준다. 이에 따라 적정한 광고 모델을 수립하고 제작하도록 도와준다. 각 영역별로 유용한 전략적 지침을 제시하면 표 10-12와 같다.

표 10-12. FCB에 기초한 광고 전략

영역	전략적 지침
광고 전략	· 인지-감정-행동의 단계를 융통성 있게 적용 · 광고 목표를 정보 · 설득 · 강요 등에 따라 구체적으로 설정 · 상품 상황이 변하면 커뮤니케이션 전략도 함께 변화된다는 것을 일깨워 줌
크리에이티브 전략	· 모든 광고는 소비자로 하여금 상품에 대해 생각, 느낌, 또는 행동을 유발하도록 고안되어야 함 · 차별화 특성이 없는 저관여 상품에는 광고 제작 스타일이 중요한 과제가 됨
매체 전략	· 노출 기획은 광고 효과를 극대화하기 위해서 인지-감정-행동의 과정을 활용해야 함 · 매체의 선택도 FCB 격자 모델에 따라서 이루어질 수 있음
조사	· 카피 테스트가 목표 수용자를 대상으로 진행되어야 함 · 광고 효과의 측정은 관련 있는 반응을 대상으로 전개되어야 함

FCB 모델은 다음과 같은 비판을 받는다. (1) 지나치게 광고 전략을 단순화시켰다. (2) 상품에 대한 소비자의 태도를 나타내는 모델에 불과하다. (3) 태도 형성 이전에 광고에서 필수적인 브랜드 인지와 같은 변인이 전략 단계에서 빠져 있다. (4) 생각과 관여도의 개념화와 측정이 혼재되어 있다. (5) 느낌에는 긍정과 부정이 있는데 이를 구분하지 못한다. (6) 제품군과 브랜드에 대한 태도가 상이할 텐데 그런 점이 간과된다(광고 사랑방 10-12 참조). 그렇지만 FCB 모델은 광고 전략의 현상을 쉽게 이해할 수 있도록 도와주며 상품군 전반적으로 큰 그림을 그려주는 역할을 한다는 점에서는 높이 평가된다.

➤ 광 고 사 랑 방 10-12	**로시터-퍼시-도노번 격자**

FCB를 수정한 광고 기획의 격자식 접근법이 등장하였다. 바로 로시터-퍼시-도노번 격자 Rossiter-Percy-Donovan Grid 모델이다(Rossiter, Percy, & Donovan, 1991). 이는 다음과 같은 점에서 큰 차이를 보인다. (1) 상표 인지도를 상표 태도 이전의 필요 단계로 설정, (2) 태도를 관여와 동기 두 차원으로 구분. 구체적으로 관여는 저관여와 고관여로 구분하였으며, 동기는 크게 정보적 동기와 전이적 동기로 분류한다.

김광수 (1993). "광고 연구의 질적 접근," 〈광고연구〉, 여름호.

신수연 · 조정아 (2009. 2). "국내 여성 캐릭터 · 커리어 브랜드의 리포지셔닝에 관한 연구," 〈복식문화연구〉, 120~131.

아커, 데이비드 (2004). 《브랜드 자산의 전략적 관리》. 나남.

염진철 (2004). "패밀리 레스토랑 포지셔닝 전략에 관한 연구 — 지각도를 통한 포지셔닝 분석," 〈한국조리학회지〉, 153~166.

조성겸 (1992). "상응 분석 방법을 이용한 지각지도 구성에 관한 연구," 〈광고연구〉.

한진수 · 주영태 (2005). "중저가 체인호텔 브랜드 이미지 포시서닝에 관한 연구," 〈관광연구저널〉, 351~368.

Batra, R. , J. G. Myers, & D. A. Aaker (1996). *Advertising Management.* Upper Saddle River: Prentice-Hall, Inc.

Gorn, G. J. (1982). "The Effects of Music in Advertising on Choice Behavior: A Classical Conditioning Approach," *Journal of Marketing*, 46.

Green, P., Carmone, F., & Smith, S. (1989). "Multidimensional Scaling: Concepts and Applications." http://marketiong.byu.edu/htmlpages/tutorials/closter.htm.

Harrison, A. A. (1977). "Mere Exposure," *In Advance in Experimental Social Psyolcology*, 10, L. Berkowitz (ed). New York: Academic Press.

Harrison, T. (1989). *A Handbook of Advertising Techniques.* London: Kogan Page.

Holbrook, M. B. (1986). "Emotion in the Consumption Experience: Toward a New Model of the Human Behavior," Wayne D. Hoyer & William R. Wilson (eds.), *The Role of Affect in Consumer Behavior.* Lexington: Lexington Books.

Kim, K. & Punj, G. (1992). "Discriminant Validity of Determinants of Brand Attitude in New Brand Commercials," American Marketing Associations Educators' Proceedings, Summer.

Leckenby, J. P. & Wedding, N. (1982). *Advertising Management.* Columbus: Grid Publishing Inc.

Mehrabian, A. & Russell, J. A. (1974). *An Approach to Environmental Psychology.* Cambridge: MIT Press.

Mitchell, A. A. & Olson, J. C. (1981). "Are Product Attribute Beliefs the Only Mediator of Advertising Effects on Brand Attitude?" *Journal of Marketing Research*, 18, August.

Perry, R. E. & Cacioppo, J. T. (1981). *Attitudes and Persuasion: Classic and Contemporary Approaches.* Dubuque: WCB.

Plutchik, R. (1980). *Emotion: A Psycho-evolutionary Synthesis.* New York: Harper & Row.

Ratchford, B. T. (1987). "New Insights about the FCB Grid," *Journal of Advertising Research*, August/September.

Reynold, T. J. & Gutman, J. (1988). "Laddering Theory, Method, Analysis, and Interpretation," *Journal of Advertising Research*, Fed./March.

Ries, A. & Trout, J. (1982). *Positioning: The Battle for Your Mind.* New York: Warner Books.

Rossiter, J. R., Percy, L., & Donovan, R. J. (1991). "A Better Advertising Planning Grid," *Journal of Advertising Research.*

Schnaars, S. P. (1991). *Marketing Strategy.* New York: The Free Press.

Shimp, T. A. (1981). "Attitude toward the Ad as a Mediator of Consumer Brand Choice," *Journal of Advertising*, Vol. 10, No. 2.

Trout, J. & Rivkin, S. (1996). *The New Positioning: The Latest on the World's Business Strategy.* New York: McGraw-Hill.

Vaughn, R. (1980). "How Advertising Works: A Planning Model," *Journal of Advertising Research.*

Wright, P. (1980). "Message Evoked Thoughts: Persuasion Research Using Thought Verbalizations," *Journal of Consumer Research*, 7, September.

Zajonc, R. B. (1986). "Basic Mechanisms of Preference Formation," in R. A. Peterson, W. D. Hoyer, & W. R. Wilson (eds.), *The Role of Affect in Consumer Behavior.* Lexington: Lexington Books.

—— & Markus, H. (1982). "Affective and Cognitive Factors in Preferences," *Journal of Consumer Research*, September.

www.volkswagen.co.nz
4Motion. Get to the jobs others can't.
Commercial Vehicles

5부 크리에이티브

광고 목표와 전략을 수립하였으면 그다음 단계는 광고를 제작하는 과정이다. 즉 광고 전략에서 '무엇을 말할 것인가'를 결정하였으면, 광고 제작에서는 '어떻게 말할 것인가'라는 작업에 들어간다. 5부는 메시지 전략을 광고물 표현으로 어떻게 전환시키는지 즉, 크리에이티브 과정이 어떻게 전개되는지를 살펴본다.

구체적으로 11장에서는 크리에이티브 전략을 개관하였으며, 12장에서는 광고물의 카피에 대한 기본 개념을 설명한다. 13장에서는 시각 커뮤니케이션 이론을 소개함으로써 창의적인 아트 작업을 이해하도록 한다. 마지막으로 14장에서는 실제로 광고물을 만드는 절차를 제시한다.

11장 크리에이티브 전략

광고 제작의 전반적인 과정을 개관하고 어떻게 하면 창의성 있는 빅 아이디어를 얻을 수 있는지에 대해 논의한다. 그리고 메시지 전략을 수립할 수 있는 기본 틀을 묘사하며, 광고의 다양한 소구 양식을 소개한다.

1. 크리에이티브의 이해

1) 광고 제작이란

광고대행사에서 "권 국장 어디 갔어?" 라고 물으면 흔히 듣는 대답은 "제작 회의에 갔어요" 이다. 제작 회의란 수립된 광고 전략에 기초하여 광고물을 어떻게 제작할 것인가를 논의하는 모임이다. 즉 전략을 제작으로 옮기는 과정이다. 전략이 무엇을 이야기할 것인가*product concept*를 결정한다면, 제작에서는 광고 전략을 소비자에게 어떻게 커뮤니케이션할지를 정한다. 바로 이 과정에서 빅 아이디어(또는 창의적 사고)가 떠오르게 되고 그 결과로 좋은 광고, 훌륭한 광고가 탄생하게 된다. 먼저 빅 아이디어의 사례를 살펴보자.

1974년 밀러 맥주 회사는 밀러 라이트를 선보였다. 그후로 이 맥주는 라이트 맥주의 대표 주자가 되었다. 경쟁사인 앤하우저 부시Anheuser-Busch에서는 1982년 버드와이저 라이트를 내놓았지만 역부족이었다. 술집에서 "라이트 맥주 주세요" 또는 "라이트"라고 주문하면 밀러를 갖다 주기 일쑤였다. 이런 상황에서 버드와이저는 소비자에게 일단 한번 마시도록 시도하는 것이 최대의 과제라고 생각했다. 이를 위한 전략은 우선 브랜드 이름을 버드 라이트로 간단하게 하는 것이었다. 그리고 다음과 같은 광고 메시지를 내보냈다(Schultz, 1991).

> 술집에서 남자가 "라이트 주세요"라고 주문한다. 그러자 갑자기 레이저 빛이 등장하는가 하면, 강아지가 불붙은 고리로 뛰어드는 등 희한한 일이 벌어진다. 그때서야 남자는 자신이 실수했다는 것을 깨닫고, "버드 라이트 말이오"라고 정정한다.

이처럼 소비자나 바텐더의 타성을 깨는 방법으로 메시지 전략을 구사하였다. 그리고 이 광고는 창의성이 높은 빅 아이디어로 평가받았으며, 라이트 맥주 광고의 유명한 사례로 자리잡게 된다.

또 다른 빅 아이디어의 사례는 치어Cheer세제 광고에서 찾을 수 있다. 어떤 온도의 물에서도 세탁이 잘 된다는 이 세제의 장점은 소비자에게 전달하고자 하였다. 여러분이라면 이 같은 제품 개념(광고 전략)을 어떤 방식으로 소비자에게 전할 것인가? 바텐더가 등장하여 칵테일 만드는 용기에다 얼음물을 집어넣는다. 그리고 때묻은 수건을 집어넣고 칵테일을 만들 듯이 마구 흔든다. 그리고 나서 수건을 끄집어 내니 하얗다. 그리고 아무 일도 없다는 듯이 바텐더는 퇴장한다.

2) 창의성이란

광고에서 가장 중요하고 재미있는 주제 가운데 하나가 창의성이다. 이는 기존의 아이디어를 새롭게 보거나 새로운 아이디어를 만들어 내는 능력을 뜻한다. 어떻게 보면 이전에는 전혀 상관이 없던 아이디어를 서로 연결시킬 수 있는 능력이라고 말할 수도 있다. 아인슈타인이 우주를 이해하기 위해 기존의 전제를 새로 분석하여 상대성 이론을 내놓았듯이. 연필이 자꾸 굴러다니니까 모나게 만들 듯이. 이 같은 창의성은 광고의 아트와 카피를 만드는 데 중요하다.

그렇다면 어떻게 창의적 사고를 할 수 있을까? 일반적으로 창의성이 뛰어난 사람들한테는 다음과 같은 세 가지 자질이 돋보인다고 한다. (1) 위험 부담을 기꺼이 받아들임, (2) 다양한 사고, (3) 유머 감각.

첫째는 기존 방식을 답습하지 않음으로써 발생하는 위험이다. 사실 혁신이란 버리는 데서 출발한다는 이야기가 있다. 새로 시작하는 것이 중요한 것이 아니라 이전의 잘못된 관행을 하지 않는 것이 보다 중요하다는 뜻이다. 미국의 경영학자인 드러커Drucker의 말이다. 그래서 그런지 모 재벌 총수도 마누라만 빼고 다 바꾸자고 했다던가. 다수의 사람들이 행해 왔던 방법을 벗어날 때 새로운 길이 보인다.

둘째는 우리의 사고 습관과 관련이 있다. 우리는 학교 교육을 통하여 일반적으로 수렴적 사고를 하게 된다. 즉 어떤 상황에 부딪치면 여러 가지 사실들을 수집하여 모든 가능성을 분석한 뒤에 가장 논리적이고 옳은 결정으로 수렴한다. 만일 광고계에서 수렴적 사고를 한다면 그 상품 범주 안에서 하나의 광고만 존재할 것이다. 그러나 창의적 사고에서는 이와는 반대로 다양한 사고를 필요로 한다. 좀 더 정확하게는 분기分岐하는 사고로 명명하는 것도 좋을 듯하다. 이러한 사고는 한 문제를 해결하는 데는 여러 방법이 있으며 하나의 정답이 아니라 여러 정답이 있을 수 있다는 데 기초한다. 그리하여 가능한 대안을 확대한 다음에 대처 방안을 찾는 특성이 있다.

셋째, 유머 감각은 광고에서의 일에 재미를 위해 필요한 것은 아니다. 그보다는 마음을 개방시켜 새로운 아이디어나 새로운 연결 가능성에 노출될 수 있도록 하기 위한 것이다. 권위와 체면의 형식에 얽매이면 자유로운 생각이 떠오를 수 없으므로 기존 관념을 탈피하는 데 유용한 유머 감각이 필요하다. 웃음은 긴

➤ 광고사랑방 11-1	창의성에 관한 시스템 이론

시카고 대학의 심리학자였던 칙센트미하이Csikszentmihalyi(1997)는 특정 분야의 창의성을 구성하는 요인을 세 가지 시스템으로 구분한다. 영역, 필드, 인재. 그리고 각 차원이 다음과 같이 구축될 때 창의성을 높일 수 있다고 주장한다. 첫째, 영역 차원에서는 해당 영역의 지식 구조가 명확하고, 지식이 집중되어 있으며, 지식에 접근 가능해야 한다. 둘째, 필드 차원에서는 잠재적인 인재를 제대로 선발할 수 있는 게이트키퍼가 있어야 하며, 창의적인 작품을 객관적으로 평가하고 격려할 수 있는 전문가가 자리잡아야 한다. 셋째, 인재 차원에서는 역동적이면서도 고요하고, 수렴적이면서도 다기적이고, 상상적이면서도 현실적이고, 유희적이면서도 규율적인 성향을 고무해야 한다.

장을 이완시키고 힘든 과제에 도전할 수 있는 힘을 주기 때문이다.

이 같은 창의적 사고는 궁극적으로 빅 아이디어(또는 크리에이티브 컨셉트)로 귀결된다. 빅 아이디어란 창의성이 뛰어나고 광고 전략인 판매 소구를 극적으로 만든 생각을 뜻한다. 이는 일련의 광고 제작을 통일시키는 주제라고 할 수 있다. 어떤 사고가 빅 아이디어인지를 판별하는 것은 결국 광고 목표를 달성할 수 있느냐와 직결된다.

3) 크리에이티브 과정

그러면 창의적인 아이디어를 어떻게 얻게 되는가? 광고 아이디어를 얻기 위한 절차는 다양하다. 일례로 JWT(J. Walter Thompson) 대행사에 재직했던 영Young은 1940년에 다음과 같은 단계를 제시한다. (1) 원 자료를 수집하기, (2) 소화를 위해 음식물을 씹듯이 수집한 자료를 이해하기, (3) 무의식 세계에 문제를 던져 놓고 새로운 조합이나 의미가 떠오르기를 기다리기, (4) 아이디어의 탄생, (5) 떠오른 아이디어를 가공하기(Schultz, 1991).

여러 모델을 종합하여 일반적인 크리에이티브 과정을 묘사하면 표 11-1과 같다.

표 11-1. 창의적 아이디어의 도출 단계

단계	내용
적응	광고를 통해 해결하려는 문제가 무엇인지를 명확히 밝히는 데서 출발한다.
준비	문제에 대한 정보를 가능한 한 많이 수집하여 그 속에 몰입한다. 많은 사실과 일화를 알수록 예기치 않은 아이디어가 떠오를 가능성이 높기 때문에 상품, 회사, 경쟁사, 소비자에 대해 많이 알아야 한다.
분석	모아 놓은 사실과 숫자를 정리하여 논리적 분석을 수행한다.
생각하기	새로운 연상을 찾기 위한 과정으로 반짝이는 아이디어를 도출한다.
배양	아이디어를 얻었으면 일단 의식적인 작업으로부터 잠시 손을 놓고 이제부터는 무의식이 아이디어를 검토하도록 한다. 비록 해결책을 적극적으로 생각하는 것은 아니지만 음악을 들으면서 혹은 맥주를 마시는 가운데 또 다른 생각이 떠오를 수 있기 때문이다.
종합	아이디어를 정리해서 모든 생각들을 종합한다. 이는 궁극적으로 광고의 빅 아이디어를 만드는 것을 뜻한다.
평가	과연 빅 아이디어가 좋은 아이디어인지를 판단한다. 그 기준은 (1) 광고 목표와 관련이 있는가? (2) 놀라움과 흥미를 불러일으킬 정도로 창의적인가? (3) 광고 캠페인을 지속할 수 있을 만큼 풍부한 내용을 담았는가?

4) 빅 아이디어를 얻는 전략

빅 아이디어를 얻는 방법은 다양하다. (1) 집단적으로 영감을 얻기 위해 자유 연상을 퍼붓는 '머리 맞대고 해결책 찾기*brain storming*,' (2) 소비자와의 '집담 인터뷰*focus group interview*,' (3) 상품이나 서비스의 선택에 중요한 속성 리스트를 작성.

그렇지만 이보다 근본적으로 빅 아이디어를 얻는 방법은 두 개념의 결합*bisociation*에 있다. 코스틀러Koestler가 창안한 개념인데 이를 광고 상황에 적용한 것은 번스타인(Bernstein, 1974) 이었다. 이는 두 개의 사상이 부딪쳐서 합쳐질 때 새로운 생각이 떠오르게 되는 방안을 의미한다.

한 예로 레벤브로이는 비싸지만 품질이 좋은 맥주다. 이를 광고하기 위한 빅 아이디어는? 아마도 일반적 표현은 탁월한 품질의 레벤브로이, 탁월함의 상징, 맥주 맛을 아는 사람의 선택 등등일 것이다. 그렇지만 양자의 결합에 초점을 맞추면 표현의 양식이 달라진다. "레벤브로이가 없으면, 샴페인을 주문하세요." 맥주와 샴페인이 연결됨으로써 다음과 같은 메시지를 전달한다. (1) 맥주의 품질이 최고라는 이야기를 하지 않아도 좋은 품질임을 전달, (2) 맥주가 품질의 상징인 샴페인과 연계되면서 높은 가격에 대한 정당성을 부여함, (3) 샴페인이 없을 때 맥주를 찾을 것이 아니라 맥주가 없을 때 샴페인을 권함으로써 주종의 우선 순위를 바꿈.

또 다른 방식은 드 보노de Bono가 제시한 측면 사고이다. 수직 사고가 전통적인 논리적 방식이라면 측면 사고는 변화를 위해 도전적으로 생각하는 과정을 가리킨다. 측면 사고를 하기 위해서 다음과 같은 시도가 유용하다. (1) 현재 상황의 대안을 내놓을 것, (2) 현재의 전제 조건을 뒤바꿔 볼 것, (3) 혁신적일 것, (4) 잠시 판단을 유보할 것, (5) 일상적인 접근을 뒤바꿔 볼 것, (6) 해당 상황과 상응하는 유사 상황을 모색할 것, (7) 논리적 점프를 시도할 것, (8) 가장 가능하지 않을 것 같은 상황을 모색할 것 등.

고든Gordon도 은유와 유추에 기초한 창의적 사고를 훈련시키는 창조적 문제 해결 프로그램을 개발했다. 기본적으로는 연상에 기초하고 있다. 구체적으로 은유는 한 상황에서의 아이디어를 다른 개념과의 유사성을 제시하기 위해 다른 상황에서 사용하는 것을 뜻한다. 예를 들면 그대 얼굴은 달덩어리. 이에 비해 유추는 과정을 설명하는 형태나 관계를 나타낸다. 유추는 다음과 같이 세 가지로 분류된다.

(1) 직접 유추*direct analogy*: 문제 상황의 주요 요소와 새로운 상황에서의 유사한 개념 사이의 은유적 비교(눈과 카메라의 유사함).

(2) 사적 유추*personal analogy*: 해당 문제에 감정 이입을 함(우산이 폭우 속에서 펼쳐질 때 우산은 어떻게 느낄 것인지를 상상해 봄).

(3) 압축된 갈등*compressed conflict*: 서로 대조적인 두 단어를 합쳐서 새로운 아이디어를 창출함(부드러운 침입자).

2. 크리에이티브 전략

1) 크리에이티브 전략

크리에이티브는 카피와 아트를 모두 지칭한다. 예전에는 카피와 아트가 독립적으로 기능하여 카피라이터가 총지휘를 하고, 아트 디렉터는 카피라이터의 아이디어를 지원해 주는 역할에 머물렀다. 그렇지만 오늘날에는 상호 연관성이 인식되어 보통 한팀에서 작업하며 이들의 작업을 크리에이티브 디렉터가 감독한다.

크리에이티브 전략은 다음과 같은 기획 내용을 포함한다. (1) 카피라이터나 디자이너를 위한 기본 정보인 카피 강령, (2) 광고의 오디오와 시각적 요소를 결정짓는 제작 기획, (3) 광고의 디자인을 결정하는 아트 기획. 이 가운데 카피 강령 작성의 기본 틀을 살펴보자. 카피 강령*copy platform*에는 대체로 다음과 같은 질문에 대한 정보를 담아야 한다.

(1) 광고가 해결해야 할 문제는?

(2) 광고 목표는?

(3) 소비자의 프로파일(태도, 동기 등)은?

(4) 소비자가 이 상품 범주에서 원하는 바는?

(5) 소비자가 자사 또는 경쟁사에게 호의를 보이는 까닭은?

(6) 우리 브랜드에 대하여 소비자가 궁극적으로 지녀야 할 생각과 느낌은?

2) 광고의 소구 양식

광고 소구*appeal*는 소비자의 필요나 욕구를 브랜드와 연결시키는 시도를 의미한다. 소구 양식은 분류 기준에 따라 다양하다. 우선 크리에이티브에 접근하는 시

그림 11-1. 다양한 크리에이티브 접근 철학

오길비앤드매더 대행사의 창립자인 오길비Ogilvy의 작품. 이미지와 주장의 조화를 모색. "무엇을 말할 것인가가 어떻게 말하는 것보다 더 중요하다. 이를 알기 위해서는 조사가 매우 중요하다. 그리고 이미지와 이야기의 소구성이 있어야 한다." (해서웨이 셔츠)

DDB 대행사(Doyle, Dane, and Bernbach Agency)의 창립자인 번바흐Bernbach. "(오길비에 대해) 흥, 무엇을 말할 것인가는 커뮤니케이션 과정에서 시작에 불과하다. 그보다 중요한 것은 바로 어떻게 말하느냐다. 바로 그것이 사람들이 보고 듣고 믿는 것을 좌우한다. 광고는 궁극적으로 설득의 예술이기 때문에 조사는 오히려 생각을 방해한다." (에이비스 렌터카)

레오버넷 광고대행사의 창립자인 버넷Burnett의 작품. "상품에 내재된 드라마를 찾아서 신뢰감 있게 제시하는 게 중요하다." (말보로)

각에 따라서 달라질 수 있다. 그 같은 사례를 광고를 중심으로 살펴보면 그림 11-1과 같다.

또 다른 소구 양식의 분류로 이성적 소구와 감성적 소구가 흔히 거론된다. 이성적 소구는 상품의 성능이나 속성, 문제 해결 능력에 기초하여 상품을 판매하려는 시도이다. 반면에 감성적 소구는 소비자가 상품을 소유하거나 소비하면서 발생하는 느낌에 기초하여 상품을 판매한다.

그렇지만 소구를 이성적(생각) 또는 감성적(느낌)으로 대별하는 것은 단순화의 오류를 범하는 셈이다. 모든 광고는 감정적 요소를 어느 정도는 포함하기 때문이다. 즉 아무리 이성적인 광고라 할지라도 감정적 반응은 야기될 수 있다는 뜻이다. 반면에 감성적 광고에서는 느낌은 생성되지만 인지적 작용은 일어나지 않을 수 있다. 더욱이 이성과 감성의 구분은 상호 배제적인 분류라고 하기 어렵다. 감정도 합리적(이성)일 수 있기 때문이다. 그보다는 인지적 소구와 감정적 소구로 분류하되 이분법적인 개념이 아니라 연속선 상에 있는 개념으로 보는 것이 보다 타당할 것이다.

이 밖에도 소구 양식은 광고계에서 많이 사용하는 방법에 의거해 분류할 수 있다. 현상 중심적인 접근이라고 할 수 있는데, 상대적으로 빈도수가 많은 소구는 광고 모델을 사용하는 광고, 성적 소구 광고, 비교 광고, 유머 광고라 할 수 있다. 이들을 차례대로 살펴보자.

3) 광고 모델을 사용하는 광고

(1) 광고 모델의 중요성

강의 시간에 프로젝터를 사용할 때 강의실의 불을 끄는 경우가 있다. 스크린이 보다 선명하게 보이도록 하기 위해서다. 학생들의 시선이 스크린에 보다 초점이 잘 맞춰지겠지라는 기대를 하면서.

그러나 학생들이 웬만큼 강의 주제에 관심이 있지 않고서는 오랜 시간을 버티기 힘들다. 강사의 목소리는 꿈속에서 들리는 자장가로 변하기 십상이다. 강사는 어둠 속에 파묻혀 보이지 않고, 강사의 목소리만 강의실을 공허하게 메운다.

이러한 상황을 광고에 적용해 보자. 소비자는 스크린의 광고물을 보면서 강사의 목소리는 화면 밖의 해설 목소리*voice-over*로 듣게 된다. 이와는 반대로 불을 켜 놓고 강사의 모습을 드러내면서 강의를 했다고 하자. 그렇게 되면 소비자는 강사와 스크린을 함께 광고물로 시청하는 셈이 다. "아, 저 사람이 저런 표정과 몸짓으로 이야기하네" 라는 것을 지각하면서.

바로 이것이 광고에서 화면 밖 목소리로 메시지를 전달하는 경우와 광고에 모델이 직접 등장하여 전달하는 경우의 차이다. 즉 광고물에 등장한 모델(보다 정확한 표현은 프리젠터*presenter*가 되겠지만)은 이야기를 전달하면서 시각적으로, 그리고 언어적으로 소비자를 끌어들인다. 반면에 어둠 속에 숨어 버린 강사의 강의는 소비자가 생동하는 감정을 느낄 가능성을 줄여 놓는다. 마찬가지로 광고물에서 화면 밖의 목소리로 메시지를 전달하는 경우는 그 효과가 상대적으로 감소한다. 사진 없는 이력서를 보는 느낌이라고 할까? 심리학자이자 광고 연구자인 서더랜드가 지난 10년간 호주의 광고를 조사한 결과도 그러한 사실을 뒷받침해 준다(Sutherland, 1993). 강의식으로 전개되는 광고의 경우, 스크린에 모델이 등장하여 메시지를 전달하는 것이 몸체 없는 목소리로 전달하는 것보다 효과가 뛰어났다.

많은 사람들이 전화보다는 서로 얼굴을 마주 보면서 이야기하는 것을 좋아하는 까닭이기도 하다. 전화할 때야 상대방의 얼굴이나 표현을 볼 수 없지 않는가? 컴퓨터 화면에 눈길을 주면서 전화하는지, 아니면 주먹을 불끈불끈 쥐면서 전화하는지. 따라서 모델이 얼굴을 보이면서 등장할 때, 소비자는 모델의 개성이나 성품을 느끼게 된다. 그러므로 이야기 전달이 중요한 관건인 광고에서는 얼굴 있는 광고가 보다 의미 있고 효과적이다. 이처럼 상품을 지지하는 모델을 등장시킨 광고를 보증인 광고*endorser ad*라고 한다. 여기에서는 이해가 쉽도록 광고 모델을 사용한 광고라고 칭하였지만.

(2) 모델의 종류

과연 기업이나 브랜드를 대표하기 위해서는 어떤 얼굴이 등장하는 것이 좋을까? 우선 광고주가 직접 나올 수 있다. 기업의 책임 정신을 강조하기 위해 기업주가, 시군의 관광이나 지역 특산물을 홍보하기 위해 시장이나 군수가 스스로 얼굴을 드러낸다. 또한 근로자가 땀을 흘리면서 정성 들여 상품을 만드는 모습을 보여 줄 수도 있다. 서비스업도 예외는 아니다. 서비스의 질을 알리기 위해 종사원들이 등장한다. 예쁜 여승무원이 등장하는 항공사 광고가 대표적인 사례다.

다음으로 유명인을 모델로 쓸 수 있다. 유명인은 강한 이미지를 연상시킨다. 따라서 유명인을 상표와 연결시키면 유명인이 지닌 연상이 상표로 전이될 수 있다. 한 예로 1980년대 중반에 나이키는 리복으로부터 강력한 도전에 직면했다. 리복이 운동화 시장에서 에어로빅의 열풍 속에 시장을 선도했기 때문이다. 이에 자극받은 나이키는 '에어 조던' 상표를 들고 나왔다. 물론 나이키를 신은 모델은 마이클 조던이었다. 에어 펌프 기능을 강조한 운동화와 덩크 슛을 쏘기 위해 치솟는 모델의 절묘한 조화였던 셈이다. 이 신발이 등장한 첫 해에 1억 달러 이상의 판매고를 올렸다.

등장 모델이 반드시 유명인일 필요는 없다. 전설적인 해서웨이 셔츠Hathaway Shirt에 등장한 애꾸눈, 콜럼비아 커피에 등장하는 농부, 그리고 말보로 담배에 등장하는 카우보이는 평범한 인물이었다. 결과적으로는 이들도 광고를 통해 유명해지기는 했지만.

상품의 소비자나 서비스의 고객이 등장하여 메시지를 전달할 수도 있다. 이러한 포지셔닝은 세분화와 조화를 이룰 수 있다는 강점이 있다. 목표 시장이 쉽게 동질성을 느끼면서 메시지에 공감하게 된다. "제가 사용했더니 이런 점이 좋았어요" 또는 "이 상품으로 이런 문제를 해결했어요"라는 식의 증언 광고*testimonials*가 주류를 이룬다.

마지막으로 광고의 모델은 실제 인물이 아닐 수도 있다. 만화 주인공과 같은 캐릭터도 모델 역할을 한다. "언젠간 먹고 말 거야"를 외치는 밉지 않은 악동 치

그림 11-2. 유명인을 사용한 광고

숀 코넬리(루이비통)

타, 믿음직스럽게 굴러다니는 미쉐린 타이어의 자이언트 등.

그러나 이처럼 다양한 프리젠터 중에서도 가장 많이 등장하는 얼굴은 바로 유명인이다. 미국에서는 한때 텔레비전 광고의 1/3 정도가 유명인이 보증하는 광고였으며 오늘날에도 이러한 광고는 모든 매체에서 증가 추세에 있다. 우리나라도 예외는 아니다. 심지어 한 광고 시간대에 똑같은 모델이 연이어 나와서 이 상품, 저 상품을 광고하는 사례를 심심찮게 본다. 유명인을 모델로 사용하면 도대체 어떤 이점이 있을까?

(3) 유명인 모델의 영향과 부작용

유명인을 사용하는 까닭은 다음과 같다. 첫째, 유명인은 유명하다. 따라서 유명인을 통해 자신의 상품에 소비자의 관심을 끌 수 있다. 둘째, 유명인은 대체로 매력적이거나 호감을 가질 만한 자질을 지니고 있다. 그러므로 이들의 긍정적인 이미지를 상품에 연결시키려고 한다. 셋째, 유명인은 소비자가 갈망하는 집단이다. 특히 청소년들은 유명인, 그 가운데서도 유명 연예인의 행동이나 가치관을 열성적으로 따른다.

그러므로 소비자는 좋아하는 모델이 광고에 나오면 그 광고를 주의 깊게 볼 뿐만 아니라 광고도 대체로 좋아하는 반응을 보인다(김광수, 1993). 유명인이 추천하는 상품을 구매함으로써 준거 집단과 동일시하고 싶어 하는 욕구가 있음을 알 수 있다. 일반적으로 광고 모델이 설득 효과를 높이기 위해서는 전문성, 신뢰도, 매력이 주된 기준으로 꼽힌다. 하지만 모델을 싫어할 경우에는 광고 자체가 회피되었다. 따라서 모델에 대한 호감도 못지 않게 혐오도에 대한 사전 조사가 진행되어야 할 것이다.

그런데 유명인 모델을 사용할 때는 골치 아픈 문제도 뒤따른다. 바로 스캔들이다. 미국의 피겨 스케이팅 선수인 하딩이 라이벌 케리건의 공격에 연루된 일, 마이클 잭슨의 어린이 성희롱, 10대의 여왕이었던 섀넌 도허티가 나쁜 품행으로 드라마 〈베벌리힐스의 아이들〉에서 쫓겨난 일. 국내에서는 대마초 물의를 일으킨 광고 모델을 상대로 광고주와 광고대행사가 손해 배상까지 청구하는 일이 일어났다. 게다가 유명인도 사람인지라 통제하기 어려운 측면이 있다. 예를 들면

➤ 광 고 사 랑 방 11-2	보증에서 유의해야 할 사항

FTC에서는 보증과 증언에 관한 규정을 다음과 같이 철저하게 지킬 것을 요구한다(Smith, 1989).

· 유명인 보증: 상품에 관한 정직한 의견, 믿음, 경험을 반영해야 한다. 사용한 경험을 전달했으면 과연 실제 사용자인지를 확인해야 한다.
· 소비자 보증: 묘사는 일반적으로 기대되는 결과여야 하며, 그렇지 않을 경우는 일반적 반응은 어떠한지를 알려야 한다.
· 전문인 보증: 해당 분야의 전문인이어야 한다. 소비자와 관련 있는 상품 속성에 기초한 보증이어야 한다. 전문인의 결론이 명확히 명시되어야 한다.
· 서베이: 서베이나 시험 결과를 알릴 때는 방법, 반응률, 결과를 적절하게 해석해서 제시해야 한다.
· 인준: 제3자의 인준이나 검사를 통과한 주장은 사실과 부합해야 한다.
· 관계 명시: 보증인과 광고주와의 관계가 명시되어야 한다.

미국의 쇠고기협회에서는 광고에 시빌 셰퍼드를 보증인으로 내세웠으나 그녀는 나중에 채식주의자로 밝혀졌으며, 제임스 가너를 모델로 기용했더니 곧 심장 마비로 사망하고 말았다.

(4) 모델 선정 전략

전통적으로 모델의 효과는 조건화 이론에 기초하여 설명되었다. 유명인에 대한 호감도나 감성이 상품으로 전이될 것이라는 관점이다.

그러나 광고 연구에서는 모델의 효과를 좀 더 구체적으로 접근한다. 광고 모델의 이미지와 상품의 이미지가 조화를 이루어야 효과가 있다고 본다. 다시 말하면, 모델에 대한 감정적 반응도 전이될 가능성이 있지만 모델에 대한 평가적 반응도 중요한 요인이 된다고 주장한다. 이를 조화 가설*match-up hypothesis*이라고 부른다. 즉 광고되는 상품의 내용과 유명인의 이미지가 서로 연관성이 있어야 광고 효과가 있다는 것이다. 김혜자의 푸근함, 현영의 발랄함, 김아중의 섹시함. 이들의 이미지와 상품의 속성이 조화를 이룬 광고는 고개를 끄덕이게 만든다. 상호작용을 이룰 수 있기 때문이다.

반면에 이미지와 조화를 이루지 못하는 광고도 많이 볼 수 있다. 간염 백신 공장을 견학하는 국문학과 교수, 의약품 효능을 분석하는 소설가, 컴퓨터 성능이 좋다고 자판기를 두드리는 탤런트, 학습지가 좋다고 외치는 코미디언 등. 그 같은 경우에는 도리어 역효과가 생긴다.

4) 성적 소구 광고

(1) 성적 소구의 유형

흔히 성적 소구의 광고라면 '얼마나 벗었다' 또는 '어떤 자세를 취했다'에 관한 내용이 연상되게 마련이다(광고 사랑방 11-3). 그러나 광고에서 성의 표현은 도처에 숨어 있다. 모 건설 회사의 광고에서 여성이 굴착기를 작동한다. 그녀는 굴착기를 양손으로 붙잡고 고개를 젖힌 채, 흔들거리는 진동에 온몸을 맡긴다. 그러더니 갑자기 환희의 표정을 짓고, '○○ 건설 회사'라는 자막이 나온다. 물론 열심히 공사하는 건설 회사의 이미지를 표현한 것이지만 또 다른 해석도 가능하다(김광수, 1995). 또한 "길어서 좋아"라는 과자 광고처럼 언어의 이중적 의미를 이용한 경우도 있으며, 언뜻 지나가는 화면에 여체를 숨겨 놓는 잠재의식 기법도 빼놓을 수 없다.

이 같은 성적 소구 광고는 청소년에 대한 영향과 여성에 대한 가치관 왜곡 때문에 비판의 대상이 된다. 청소년들이 그런 광고를 보면서 시도 때도 없이 성적 충동을 느끼거나, 성에 대한 자제력이 저하되며, 성을 가볍게 즐기는 것으로 인식

▶ 광 고 사 랑 방 11-3	성적 메시지를 보내는 방법

여성이 성적 메시지를 보낼 때 사용하는 제스처는 다양하다. 광고에서도 이 같은 비언어적 커뮤니케이션을 종종 발견할 수 있다. 가장 노골적인 순서로 살펴보면 다음과 같다.

(1) 가슴이나 국부를 남성에게 비벼댄다.
(2) 손으로 남자의 머리를 쓰다듬는다.
(3) 명백하게 유혹적인 눈길로 남성을 바라본다.
(4) 입술을 오무려 키스를 보낸다.
(5) 빨대나 손가락을 빤다.
(6) 가슴이 보이도록 앞으로 숙인다.
(7) 엉덩이 선이 드러나도록 몸을 구부린다.

이 밖에 옷을 입는 방법에서도 선정적인 메시지를 보낼 수 있다. (1) 몸에 딱 붙거나 몸이 드러나는 옷 입기, (2) 가슴이나 등이 훤히 들여다보이는 옷 입기, (3) 블라우스가 어깨에서 흘러내리도록 하기, (4) 짧은 치마 입기.

다리를 이용해서도 성적 메시지를 전달할 수 있다. (1) 다리나 발목을 꼬고 앉아 있으면 접근해도 좋다는 의미, (2) 허벅지 안쪽을 만지면 누군가 만져 줬으면 하는 바람, (3) 반쯤 벗겨진 신발은 성적인 암시. 이 밖에도 머리카락을 어깨 뒤로 넘기는 행위 등이 있다(Botting & Botting, 1995).

그림 11-3. 성적 소구 광고의 사례

요토모 우유, 하라 카지노, 디젤 청바지

하는 등 성에 대한 가치관이 왜곡된다는 점이 문제로 떠오른다. 또한 성의 상품화로 인하여 여성이 비하되는 것도 공격 대상이 된다. 남성이 여성보다 우월하다는 것을 강조하는 표현도 마찬가지다.

(2) 성적 소구를 하는 까닭은?

그러면 왜 광고주나 광고대행사는 성적 소구를 하는가? 효과가 있기 때문이다. 소비자는 확실히 성적인 내용에 주목한다. 신문이나 텔레비전을 보다가 과도한 이성의 노출이 있으면 눈을 크게 뜨지 않을 수 없다. 더욱이 요즈음은 한 매체 안에서도 광고가 많아서 소비자의 눈길을 끌기 위해 광고 간의 경쟁이 치열하다. 이른바 광고 혼잡 상황 속에서 광고가 눈에 띌 필요가 있으며 성적 소구의 광고는 그러한 목적에 부합하는 셈이다.

그렇지만 단순히 주의를 집중하기 위해 사용되는 성적인 자극은 광고 효과가 없다. 소비자가 성적인 묘사에만 관심을 쏟게 되어 정작 관심을 가져야 할 브랜드에는 신경을 쓰지 않기 때문이다. 그리하여 '누가 벗었는데 어떻더라'는 기억하는데, 정작 그 광고가 무슨 상품의 광고였는지, 또는 브랜드 이름이 무엇이었는지는 기억하지 못하는 현상이 발생한다. 즉 소비자의 주의가 분산되기 때문에 광고 효과가 반감될 수 있다. 따라서 주의를 끌기 위한 도구로 사용되는 성적 소구는 의미를 부여하기 힘들다. 물론 돌발적인 성적 메시지를 사용함으로써 뉴스거리가 되게 하여 일부러 사람들 입에 오르내리는 것을 목적으로 할 수도 있다. 그러나 이 경우도 브랜드 인지도를 제고할 수는 있겠지만 기업 이미지와 브랜드의 품질에 대해서는 위험 부담을 감수해야 한다.

(3) 성적 소구와 광고 효과

보다 중요한 사실은 성적 자극이 상품과 관련이 있느냐다. 상품과 성의 연관성이 높으면 성적 자극이 효과가 있지만, 관련 정도가 낮으면 자극을 주기만 하고 주의를 분산한다는 것이 일반적인 연구 결과다.

그러면 어떤 관련성이 있어야 하는가? 성적 소구가 효과를 발휘하기 위해서는 상품의 물리적 혹은 심리적 기능과 연관이 있어야 한다. 전자는 상품의 물리적 특징이 성과 관련된 경우이다. 여성의 가슴을 크게 하는 건강 보조 기구를 광고할 때는 여성의 매혹적인 가슴을 제시하는 것이 효과적이다. 반면에 후자는 상품을 사용하거나 소유함으로써 연상되는 환상이 성적으로 연관된 것을 일컫는다. 환상은 우리가 일상적으로 경험하는 광범위한 심리적 현상 가운데 하나인데, 대다수 성인들은 성적 환상을 체험한다. 이른바 성적인 몽상인 셈이다. 예를 들면, 자신의 몸에서 배어 나오는 매혹적인 향수가 연인을 자극할 것이라는 향수 광고가 있다고 하자. 이는 여성 소비자의 잠재 욕구를 환상적 만족으로 제공해 주는 심리적 기능에 속한다.

이런 논의를 요약하면, 어떠한 기능적 관련도 엿보이지 않는데도 불구하고 억지 춘향 격으로 성적 메시지를 사용하는 것은 별 효과가 없다. 더욱이 무분별하게 유혹적인 모델이나 누드 모델을 사용하면 상품의 질이나 회사의 평가가 형편없다는 연구 결과도 있다. 더욱이 외설 시비에 휩싸이게 되면 법적 제재의 대상이 되는 위험도 배제할 수 없다. 타당성 있는, 그리고 절제 있는 성적 소구의 사용이 요구된다.

5) 비교 광고 전략

(1) 비교 광고의 현황

비교 광고는 경쟁사에 비해서 우월성을 주장하는 광고다. 사실 광고 문구의 대다수는 비교의 속성을 지닌다. "3% 더 싸다" 또는 "기름 값이 훨씬 적게 든다"는 식의 표현은 경쟁사를 간접적으로 함축함으로써 은근한 비교를 꾀한다.

이처럼 명백한 비교보다는 은근한 비교가 성행하는 것은 경쟁사를 직접적으로 거론했을 때 발생할 수 있는 위험 부담 때문이다. 비교를 하면서 상대방을 비난하게 될 것을 우려하고, 사소한 실수도 법정으로 비화될 수 있음을 걱정하는 측

그림 11-4. 비교 광고의 사례

선라이트 세제, 경쟁사 ups를 싣고 달리는 페덱스, 펩시

면이 있다. 게다가 동양 문화권에서 광범위하게 퍼져 있는 기업 윤리나 상도의 역시 상대방을 거론하는 비교 광고를 자제시키는 요인이 된다. 이는 유럽 대륙 쪽에서도 유사한 경향을 보인다. 그렇지만 1997년 EC의 수정된 텔레비전 광고에 관한 지침에서는 직·간접의 비교 광고를 허용하기 시작한다.

이에 비해 미국 FTC에서는 1972년부터 비교 광고를 장려하였다. 소비자의 합리적 의사 결정에 도움을 준다는 것이 그 이유였다. 이에 따라 미국의 〈비즈니스 위크〉, 〈포브스〉, 〈포춘〉 잡지를 대상으로 한 조사 결과를 살피면, 비교 광고는 증가 추세였다. 8.1%(1970), 12.4%(1975), 14.5%(1980), 23.8%(1985). 게다가 미국 방송사 역시 FTC와 협조하여 비교 광고를 허용하였으며, 광고주도 비교 광고가 효과적이라고 보았다. 이후 1988년 상표수정법Trademark Revision Act의 조항은 비교 광고의 허용 경계를 보다 명확하게 정한다(Batra, Myers, & Aaker, 1996). 요즈음 텔레비전 광고의 비교 광고 비중은 80%에 이른다(Barry, 1993).

➤ 광고사랑방 11-4	비교 광고의 입증

ABC 방송국에서는 비교 광고의 주장에 대해서 상세한 기준을 마련하고 있다. 그 가운데 중요한 원칙을 제시하면 다음과 같다(ABC, 1992).

· 우수성의 주장(훨씬, 더 나은, 보다 좋은, 최고의, 최상의)이 입증되지 않았으면 사용할 수 없다.

· 비교와 실연*demonstration*은 구체적 차이에 기초해야 한다. 즉 유사한 성분을 서로 비교하거나 차원 대 차원, 또는 속성 대 속성이 비교되어야 한다. 그리고 비교와 실연은 소비자의 구매 결정에 중요한 역할을 해야 하며 의미가 있어야 한다.

· 소비자의 선호도, 전문인의 선호도, 또는 판매 자료에 의한 비교 주장은 효과나 성능의 비교, 또는 우수성에 대한 인상을 주어서는 안 된다.

· 단순한 개인적 의견이라기보다는 객관적인 인상을 주는 맛에 대한 주장은 자격을 갖춘 맛 테스트 자료에 의해 뒷받침되어야 한다.

(2) 비교 광고를 하는 까닭은?

무엇보다 비교 광고는 상품의 정보를 보다 많이 제공해 준다는 점에서 높이 평가되고 장려된다. 특히 구체적인 비교는 상품 간의 차이를 쉽게 설명해 주며 어떤 속성이 중요한지를 소비자에게 명확하게 전달한다. 그리고 진실되고 공정한 비교 광고를 통해 소비자는 합리적인 선택을 할 수 있다.

그러나 광고계 일각에서는 비교 광고의 효과에 대해 의문을 제기하고 반대한다(Barry, 1993). 찬반의 입장을 살피면, 비교 광고의 특징을 파악하는 데 유용하다. 먼저 찬성하는 입장은 다음과 같은 논거에 기초한다. (1) 보다 많은 정보를 제공한다, (2) 혼동을 줄인다, (3) 높은 회상을 얻을 수 있다, (4) 상품의 품질을 궁극적으로 개선시킨다, (5) 시장 진입의 장애 요소를 없앤다, (6) 신뢰감을 생성한다. 이에 비해서 반대하는 입장은 다음과 같이 비판한다. (1) 역효과가 있다(경쟁사에 오히려 도움이 된다는 것이다), (2) 혼동을 조장한다, (3) 인지도를 제고하지 않는다, (4) 기만적일 수 있다, (5) 경쟁을 저해한다, (6) 상도의가 좋지 않다.

(3) 비교 광고의 효과와 광고 전략

비교 광고의 효과는 머비스와 로시(Mervis & Rosch)의 정보 분류화 이론으로 설명할 수 있다(홍성태 · 강명선, 1993). 이 이론에 따르면, 어떤 브랜드에 대한 정보에 접촉하면 소비자는 그 정보를 기존의 지식 구조에 의거하여 적절히 분류하려고 한다. 이때 정보를 분류하는 방법으로는 차별화*discrimination*와 유사화*similarity*가 있다. 차별화는 주어진 정보를 이용하여 대상을 상이한 분류 체계에 소속시키는 반면, 유사화는 동일한 지각적 범주로 분류하는 것을 의미한다. 따라서 비교 광고에 의해 제시된 정보가 차별화 또는 유사화 과정을 통해서 정보 처리를 촉진시켜서 효과가 생성된다고 볼 수 있다.

그러나 앞서 제시한 비교 광고의 논란을 살펴보면, 비교 광고의 효과가 모호할 수도 있다. 따라서 비교 광고의 효과를 논할 때는 다음과 같은 점을 주의해야 한다. (1) 다양한 조절 변인이 개입하므로 이들을 밝힐 필요가 있다. (2) 효과의 여러 측면이 거론되므로 효과에 대한 조작적 정의가 명확해야 한다.

우선 조절 변인 가운데 비교 주체와 대상이 주요 변인으로 등장한다. 시장 선도자가 시장 점유율이 낮은 브랜드와 비교하면, 신생 경쟁자를 무임 승차시키는 결과를 만든다. 그러므로 시장 선도자는 간접적 비교를 하거나 비교 광고를 하지 않는 것이 좋다. 반면에 신규 진입자 또는 도전자는 시장 선도자와 직접적인 비교를 통해서 함께 연상되거나 유사성을 높일 수 있는 효과를 얻을 수 있다(Gorn & Weinberg, 1984). 즉 '같이 구매를 고려하는 브랜드군'에 속할 수 있거나 인지도를 제고할 수 있는 기회를 만들 수 있다.

둘째, 비교 광고의 참신함이 효과에 영향을 끼친다. 해당 상품군에서 비교 광고가 별로 사용되지 않았을 때는 참신함의 효과를 볼 수 있다. 이를테면 직접적 비교가 많지 않은 우리 사회에서 비교 광고는 비교적 효과가 있을 것으로 기대된다. 그러나 비교 광고가 식상하리만큼 많이 사용된 상황에서는 효과를 기대하기 어렵다.

셋째, 조절 변인은 광고 메시지의 제작과 연관된다. 이는 메시지의 내용과 형태로 구분될 수 있다. 내용은 무엇을 비교하느냐에 초점이 모아진다. 내용 차원에서는 브랜드의 주관적인 속성보다는 객관적인 속성을 비교하는 것이 효과적이다(Barry, 1993). 그리고 메시지의 형태 차원은 일방적 메시지 대 양방적 메시지, 또는 개방형 메시지 대 폐쇄형 메시지로 세분될 수 있다(Batra, Myers, & Aaker, 1996). 자사의 긍정적인 면만을 제시하는 일방적 메시지보다는, 장단점을 함께 제시하는 양방적 메시지가 보다 신뢰도가 높다고 평가되며, 교육 수준이 높은 사람에게 적합하다. 관여도가 높은 경우에는 소비자가 결론을 내릴 것이므로 결론을 제시하는 폐쇄형보다는 결론을 제시하지 않는 개방형 메시지가 보다 효과적이다. 이 밖에도 비교가 직접 또는 간접적으로 이루어졌는지(홍성태 · 강명선, 1993), 아니면 긍정 또는 부정적으로 이루어졌는지도(김광수, 1998) 관심의 대상이 된다.

마지막으로 효과의 차원을 정확하게 밝혀야 비교 광고의 효과를 논할 수 있다. 일반적으로 광고 효과는 인지도에서 태도나 구매 행동에 이르기까지 다양하다. 대체로 비교 광고는 주목받거나 인지도를 제고하는 데는 효과적이지만 태도 변화에는 별로 효과적이지 못한 것으로 나타난다(Batra, Myers, & Aaker, 1996). 신뢰도나 정보성이 떨어진다고 보기 때문이다. 특히 그 같은 비교가 진실하지 않다고 여길 때는 반대 주장이 보다 많이 생성된다. 따라서 신뢰도가 높은 정보원을 등장시키거나 객관적이고 사실적인 정보의 비교에 역점을 두어야 효과를 기대할 수 있다.

6) 유머 광고 전략

(1) 유머 광고의 현황

우스꽝스러운 행동이나 조크, 또는 의외의 상황을 연출한 유머 광고에 접했을 때 우리는 종종 웃음보를 터뜨린다. 사실 유머는 광고에서 가장 많이 사용되는 커뮤니케이션 전략 중의 하나다. 미국 잡지 광고에서 유머는 9.9%(Weinberger et al., 1995)에 불과하지만, 텔레비전에서는 24%(Weinberg et al., 1995)에서 28%(Toncar, 2001)에 이르고 있다. 미국 라디오 역시 유머 광고의 비중은 35%에 달하며(Weinberg et al., 1995), 캐나다의 옥외 광고에서도 30% 내외가 유머를 담고 있었다(Bhargava & Donthy, 1994).

남 Na: 고향 부모 방문 연평균 6회 이하
남 1: 신기하다 야 고거 잘보인다
여: 아범아 잘 있지?
남 1: 우린 아무것도 필요없다
여: 아무것도 안 나온다
남 1: 연속극 옆집 가서 본다, 하하

남 2: 아이, 아버지 알았어요 알았어요
바꿔 드릴게요
남 1: 고맙다 고마워, 아 좋다
여 Na: 쇼를 하면 효자 된다
여: 우린 아무것도 필요없다
남 1: 아들아
여 Na: 쇼를 하라 쇼

그림 11-5. 유머 광고

KTF, 폭스바겐(옆 페이지)

① 장례식의 리무진 행렬이 지나가면서 고인의 유언이 들린다.

② 내 부인은 내일이 없다는 듯이 돈을 썼으므로, 100달러와 달력을 남겨 주노라. 두 명의 아들은 내가 준 10센트짜리 동전까지도 비싼 차와 여성에게 사용했으므로 50달러를 동전으로 남겨주겠다.

③ 내 동업자는 좌우명이 '쓰자, 또 쓰자'였으므로 나는 '아무것도, 정말로 아무것도' 안 남겨 주겠다. 그리고 1달러의 가치를 모르는 친구와 친척들에게 각각 1달러씩을 주겠다.

④ 마지막으로 내 조카. 그는 1센트 절약하면 1센트 번 것이라고 말한다. 또 폭스바겐 자동차를 소유하면 그만한 값어치가 있다고 나에게 말했지. 나는 그에게 내 전 재산 1000억 달러를 물려주겠다.

유머의 유형은 크게 세 종류로 구분할 수 있다(Shabirr & Thwaites, 2007). 첫째는 불일치 해소*incongruity resolution*로서 기대했던 상황과는 영 딴판인 불일치 상황이 전개되고, 이를 해소하면서 웃음짓게 된다(이철, 1991). 일례로 결혼식장에 웬 남자가 등장한다. 신부는 신랑을 뒤로 한 채 그 남자를 따라나선다. 왜냐하면 그 남자가 더 하얀 셔츠를 입고 있었기 때문에(세제 광고). 둘째, 자극-안전*arousal-safety*은 긴장을 야기한 자극적인 상황에서 탈출하여 긴장이 완화되며 미소 짓는다. 길을 걷던 한 여성이 깜빡했다는 듯이 갑자기 향수를 뿌린다. 그러자 길거리의 모든 남자들이 갑자기 그녀에게로 달려온다. 셋째, 비난*disparagement*은 유머스러운 공격을 뜻한다. 골프를 치던 남성이 게임에서 이기자 승리의 기분에 젖어서 양팔을 번쩍 든다. 그러자 그의 겨드랑이 냄새가 관중을 모두 쓰러뜨리고 만다. 유머 광고의 사례가 그림 11-5에 제시되어 있다.

(2) 유머 광고를 하는 까닭은?

유머 광고는 주목률과 인지도를 높일 수 있어서 종종 사용된다. 광고 혼잡 상황에서는 눈에 띄기 때문이다. 그리고 즐거움과 같은 긍정적 감정을 유발한다(물론 좋은 유머만 해당되겠지만). 또한 유머를 통한 웃음은 설득당하지 않으려는 소비자의 방어벽을 낮출 수 있다는 이점이 있다. 유머에 주목하고 웃느라고 반박할 겨를이 없거나 그럴 의도가 줄어드는 것이다. 그래서 술이나 담배와 같이 논란이 있는 상품이나 위생 용품과 같이 불편한 상품을 광고할 때, 효과적일 수 있다(Beard, 2008). 허허실실 전략이라고나 할까?

그렇지만 유머는 유머 자체에만 주목할 수 있다는 단점이 있다. 즉 소비자의 관심을 상품에게서 멀어지게 할 가능성이 있다(최윤식, 1996). 유머에만 관심을 두고 정작 메시지에는 주목하지 않게 되면, 광고의 이해나 회상에는 장애 요인이 된다. 또한 유머 광고는 반복할수록 짜증을 쉽게 유발한다거나, 유머의 반응이 남녀 또는 문화권에 따라 상이할 수 있다는 단점이 지적되기도 한다(Kellaris & Cline, 2007). 아울러 역효과를 내어서 유머 광고에 대한 비난을 유발할 수도 있다. 유머를 꾀했던 불일치나 공격을 담은 내용이 품위를 저해할 수 있기 때문이다. 그래서 의도했던 유머가 실패하고 유머로 받아들이지 않을 때는 성가심이나 광고주에 대한 부정적인 인식을 야기한다.

(3) 유머 광고의 효과와 전략

유머 광고가 효과를 생성하는 과정을 살피면, 크리에이티브 전략을 어떻게 수립하는 것인지를 알 수 있다(Alden, Mukherjee, & Hoyer, 2000). 예를 들어 불일치 해소의 유머를 사용할 경우에는 무엇보다 기대에서 일탈해야 한다. 그래야 놀라운 감정이 뒤따른다. 놀라움은 기대하지 못했던 사건으로부터 불확실한 느낌이 뒤따를 때 발생한다. 연후에 소비자는 기대와의 불일치를 해소하는 과정을 거친다. 유머가 웃음을 유발하기 위해서는 필수적인 단계인 셈이다. 소비자가 쉽게 해소할 수 있는 불일치여야 유머의 효과를 기대할 수 있다.

그리고 유머 광고는 조절 변인의 영향을 받는다(Alden, Mukherjee, & Hoyer, 2000). 즉 유머의 내용에 따라, 수용자의 속성에 따라 상이한 효과가 나타나므로 크리에이티브 전략에서는 이들을 고려해야 한다. 첫째, 소비자의 기존 태도이다. 소비자가 광고주나 브랜드에 대해 호의적인 태도를 지니고 있을 때는 유머 광고가 효과가 있다. 그렇지만 부정적인 태도를 지녔다면 오히려 역효과를 자아내기 쉽다. 싫어하는 사람이 다가와서 유머를 던질 때를 생각해 보면 쉽게 이해가 간다. 따라서 목표 시장의 태도에 기초하여 유머 광고의 사용을 결정할 필요가 있다.

둘째, 상품의 속성이다. 고관여 상품일 때는 소비자가 상품의 장단점을 판별하는 데 관심을 갖고 있어 논쟁을 약화시키는 유머는 효과적이지 못하다. 반면에 위험 부담이 별로 없는 저관여 상품일 경우에는 유머를 통한 주목과 감정 유발 효과를 기대할 수 있다.

마지막으로 유머 광고 역시 섹스 어필 광고와 마찬가지로 상품이나 메시지의 주제와 관련성이 있어야 한다. 유머가 광고에서 전달하고자 하는 아이디어와 충분히 조화를 이룰 수 있을 때 효과를 기대할 수 있다(이철, 1991).

3. 크리에이티브 평가와 광고상

1) 크리에이티브 전략의 평가

크리에이티브 전략을 수립했다고 바로 광고 제작으로 이어지지 않는다. 고심해서 생각해 낸 크리에이티브 전략이 과연 제대로 되었는지를 판단하는 단계가 필요하다. 크리에이티브팀에서 찾아낸 아이디어는 광고주 또는 소비자에게서 타당성을 획득해야 하기 때문이다. 그 같은 판단에 도움을 주는 기준은 다음과 같다.

(1) 메시지가 광고 전략에 적합한지? 하려고 했던 이야기가 다른 이야기로 귀착되지 않았는지를 확인해야 한다.

(2) 목표 시장에 호소력이 있는지? 아무리 메시지가 좋을지라도 해당 소비자에게 호소력이 없다면 쓸모가 없다.

(3) 당신이 소비자에게 그 같은 메시지를 직접 말할 수 있는지? (2)번과 연결된 질문으로 과연 설득력 있게 전달될 수 있는지를 검증한다.

(4) 이 광고가 과연 소비자의 결정이나 행동에 도움을 주는지? 창의성이 있어도 결국은 상품이나 서비스 판매에 연결되어야 한다는 기본 전제를 잊으면 안 된다.

(5) 메시지가 명백하며 간결하고 완결성이 뛰어나고, 설득력이 있는지? 제작팀은 광고하려는 상품에 대해서 상대적으로 많이 아는 반면에 소비자는 그렇지 못하다. 따라서 그 같은 소비자의 입장을 고려했는지를 점검해야 한다.

(6) 메시지의 제작 요소가 메시지를 압도하지는 않는지? 음악이나 등장한 모델에 초점이 맞춰지지는 않았는지 살펴야 한다. 광고 제작 요소는 메시지 전달 수단이기 때문이다.

DDB 니덤 광고대행사에서는 크리에이티브 전략을 평가할 때 다음과 같은 세 요인을 강조한다. (1) 관련성*relevancy*, (2) 창의성*originality*, (3) 영향력*impact*. 앞 글자를 따서 R.O.I. 전략이라고 칭한다. 관련성은 소비자에게 중요한 메시지여야 한다는 점을 뜻한다. 관련성을 얻기 위해서는 소비자의 생각이나 느낌, 그리고 가치를 이해하는 감정 이입의 자세가 필요하다. 창의성은 아무도 그 같은 생각을 하지 못한 것을 의미한다. 이를 위해서는 진부한 표현이나 많이 사용된 아이디어의 사용을 피해야 한다. 영향력은 메시지가 수용자에게 생성하는 효과를 말한다. 주의를 집중시킬 수 있을 뿐만 아니라 생각이나 행동에 영향력을 행사할 수 있어야 한다.

2) 광고상

크리에이티브가 뛰어나면 인구에 회자될 뿐만 아니라 광고상을 수상하기도 한다. 그런데 우스갯소리로 광고상에는 나음과 같은 저주가 있다고 한다. "광고상을 받은 작품은 광고주의 판매에는 도움을 주지 못한다." 즉 창의성은 뛰어나지만 광고주의 광고 목표에는 성공하지 못했다는 점이 종종 지적된다. 물론 다 그런 것은 아니겠지만. 이러한 비판은 광고상의 주된 목표가 광고물의 예술성인지, 아니면 광고주의 목표 달성인지에 대해서 재고하게끔 한다. 물론 광고의 목표는 광고주의 목표 달성이지만 전자와 후자가 병존할 수 없는 것은 아니다.

광고상은 크리에이티브가 뛰어난 광고 작품을 고무시키고 광고계의 위상을 제고하기 위해 제정되어 운영된다. 물론 운영 주체에 따라 취지는 모두 다르다. 매체사가 주관할 경우에는 광고주 유치나 관계 유지, 또는 대내외에 매체를 홍보하는 효과를 꾀할 수 있다. 이에 반해 소비자 단체가 주관할 경우에는 소비자 이익 보호에 주된 초점이 맞춰진다. 보다 중요한 점은 누가 운영하든지 이 같은 광고상을 통해서 국내외의 크리에이티브 전략을 비교함으로써 경쟁력을 제고할 수 있다는 것이다.

해외의 주요 광고상을 살펴보면 표 11－2와 같다(제일기획, 1998). 국내의 광고회사들은 파이널리스트를 몇 차례씩 수상한 경력을 지니고 있다. 그러나 파이널리스트는 예선 통과작을 의미하는 것에 불과하다. 대회마다 차이가 있겠지만 보

표 11-2. 해외 주요 광고상

대회	주최	설명	출품 내용(심사/시상)
클리오 CLIO Awards	CLIO Worldwide Ltd.	· 1959년 미국 TV 광고 대상으로 창설 · 1966년 국제 TV, 극장 광고로 확대 · 1971년 국제 인쇄 광고를 포함 · 1974년 라디오 광고를 포함	· 예심에서 제품 구분 없이 우수 작품 선정 · 본심에서 부문별 우수상 (약 120여 부문)
칸 Cannes Lions	Screen Ad. World Festival	· 1953년 창설 · TV 광고와 영화의 세계적 축제	· 그랑프리(1편) · 황금상(10편의 우수작) · 부문별 금, 은, 동 사자상
런던 국제 광고상 London Int'l Ad Awards	Int'l Ad Ass.	· 1983년 창설 · 전 부문	· 최고상 1편 · 부문별 수상작

통 한 대회의 총 출품 편수가 3000여 편이라고 하면 그 가운데 파이널리스트는 500~600편 정도에 이르므로 이를 가지고 수상 경력으로 자찬하기에는 무리가 있다. 더욱이 모방 광고가 해외 광고 대회에 출품된 적이 있을 정도로 모방에 둔감했던 적도 있다. 다행스럽게도 최근에는 국내 광고가 해외 광고상을 수상함으로써 우리나라의 크리에이티브 우수성을 떨치고 있다. 2009년 제일기획의 니콘 옥외 광고가 칸에서 동사자상을 받은 것이 대표적 사례.

국내의 대표적인 광고상으로는 조선일보광고대상과 대한민국광고대상을 손꼽을 수 있다. 조선일보광고대상은 1964년부터 시작되어 역사가 가장 오래되었다. 이에 비해 대한민국광고대상은 한국광고단체연합회가 1994년부터 주최하기 시작하여 연륜은 짧지만 모든 매체를 망라하였으며, 특정 매체사와 연관되지 않았다는 점이 돋보인다.

Na: 일곱살의 쇼
아빠: 아들 커서 뭐가 되고 싶어?
아들: 대통령
아빠: 대통령이래 대통령.
동료: 이야~
아빠: 대통령되면은 아빠 뭐 시켜 줄래?
아늘: 음... 딩수육!
동료: 푸하하하- 아저씨는 아저씨는?
아늘: 같이 드세요 -
Na: 쇼하고 살자! SHOW

그림 11-6. 대한민국 광고 대상과 해외 광고상 수상

2008년 대한민국광고대상(KTF Show - 7살의 쇼)와
2009년 클리오 프린트 그랑프리(알카셀처 소화제 - 문제를 녹이세요)

김광수 (1993). "광고 연구의 질적 접근," 〈광고연구〉, 여름호.

—— (1995). 《방송 광고의 이해》. 나남.

—— (1998). "광고에서의 프레이밍 효과에 관한 연구," 〈광고학연구〉, 겨울호.

이철 (1991). "TV 유머 광고의 소비자 정보 처리 원칙과 유머 광고 내용 분석," 〈광고학연구〉, 겨울호.

제일기획 (1998). 《광고연감》.

최윤식 (1996). "유머와 광고," 〈LG애드〉, 11월호.

홍성태 · 강명선 (1993). "비교 광고의 효과에 관한 연구," 〈광고연구〉, 봄호.

ABC (1992. 3). 〈Advertising Standards and Guidelines〉.

Alden, D. L., Mukherjee, A., & Hoyer, W. D. (2000). "The effects of incongruity, surprise, and positive humor in television advertising," *Journal of Advertising*, 2, 1－15.

Barry, T. E. (1993). "Comparative Advertising: What Have We Learned in Two Decades?" *Journal of Advertising Research*, March/April.

Batra, R., Myers, J. G. & Aaker D. A. (1996). *Advertising Management*. Upper Saddle River: Prentice-Hall, Inc.

Beard, F. K. (2008). "Advertising and the audience offense: the role of intentional humor," *Journal of Marketing Communications*, 14(1), 1～17.

Bhargava, M. & Donthu, N. (1994). "Improving the Effectiveness of Outdoor Advertising," *Journal of Advertising Research*, March / April.

Botting, K. & Botting D. (1995). *Sex Appeal*. New York: St. Martin's Press.

Csikszentimihalyi, M. (1997) *Creativity*. New York: Haper Collins Pubishers.

Gorn, G. J. & Weinberg C. B. (1984). "The Impact of Comparative Advertising on Perception and Attitude: Some Positive Findings," *Journal of Consumer Research*, September.

Kellaris, J. J. & Cline, T. W. (2007). "Humor and ad memorability: on the contributions of humor expectancy, relevancy, and need for humor," *Psychology & Marketing*, 24(6), 497～509.

Schultz, D. E. (1991). *Strategic Advertising Campaigns*. Lincolnwood: NTC Business Books.

Shabirr, H. & Thwaites, D. (2007). "The use of humor to mask deceptive advertising," *Journal of Advertising*, 75～85.

Smith, C. (1989). *Selling and the Law: Advertising and Promotion*. Wilmette: Callaghan & Company.

Sutherland, Max (1993). *Advertising and the Mind of Consumer Brand Choice*. St. Leonards: Allen & Unwin.

Toncar, M. F. (2001). "The use of humor in television advertising: revisiting the US-UK comparison," *International Journal of Advertising*, 20(4), 521~540.

Weinberger, M. G., Spotts, H. E., Campbell, L. & Parsons, A. L. (1995). "The use of humor in different advertising media," *Journal of Advertising Research*, 35, 44~56.

12장 카피

'카피, 커피, 코피'라는 광고책 제목이 있다. 카피의 어려움, 그리고 낭만을 간결하게 전달하고 있다. 과연 광고물을 구성하는 언어적 요인인 카피는 무엇인지에 대해서 알아본다. 구체적으로는 카피라이터의 역할과 작업 내용에 해당된다.

1. 카피와 카피라이팅

1) 카피에 대한 기초

카피는 광고의 비시각적 부분인 텍스트를 지칭하며, 이를 작성하는 사람이 카피라이터다. 카피라이터는 광고대행사를 위해 일할 수도 있고 프리랜서로 뛸 수도 있다. 프리랜서일 경우는 카피에 관한 서비스를 광고대행사 또는 광고주에게 제공한다. 언어적 감각이 있어야 하는 것은 물론이고, 기업 환경이나 마케팅에 대한 지식도 풍부해야 한다. 그리고 무엇보다 소비자의 마음을 읽을 줄 알아야 뛰어난 카피라이터가 될 수 있다.

1984년 애플 광고를 제작했던 클로우Clow는 좋은 카피를 다음과 같이 얘기한다(O'Guinn, Allen, & Semenik, 2009). "당신이 정말 좋은 쥐덫이나 셔츠를 갖고 있어서 사람들을 설득할 때, 모욕을 주거나 깔보면서 얘기하지는 않을 것이다. 가장 현명한 광고는 소비자의 지성을 존중하고 가장 좋은 메시지를 전달하는 것일 게다. 가난한 주부에게 비누나 케익을 판매하기 위해 30초 동안 37번이나 반복하는 것이 아니라 소비자가 스스로 커뮤니케이션 과정에 뭔가를 갖고 오도록 만드는 광고." 이런 설명에도 불구하고 어떤 카피가 좋은지를 판별하기란 쉽지 않다. 과연 어떻게 써야 하는가?

2) 카피의 개요 작성법

글쓰기에서 가장 중요한 점은? 물론 여러 가지 답이 있을 수 있지만 오길비 앤드 매더의 카피 지침서에서 그 답을 찾아보자. "다시 써라. 단순하면서도 명확하게. 그리고 배열도 새롭게. 수정도 거듭. 무엇보다도 말을 줄여라."

구체적으로는 다음과 같은 절차를 따르면 쉽지는 않지만 생각했던 것보다 어렵지도 않다. 먼저, 말하고 싶은 내용의 개요를 작성한다. 시작하기 전에 어디에서 끝낼 것인지를 미리 알아야 명확하게 쓸 수 있기 때문이다. 개요를 쓸 때는 이렇게 한번 해보자.

· 메모지를 여러 장 뜯는다.
  메모지 한 장에 하나의 요점을 적어서 광고에 담을 모든 내용을 다 기입한다.

· 서로 관련이 있는 메모지를 한 뭉치씩 모아 놓는다.

· 모은 뭉치를 차례대로 정렬한다. 이 뭉치를 소비자가 이해하려면 다른 뭉치가 앞에 있어야 하는지를 고려해서 배열한다. 이때 중요한 내용을 처음에 제시할 것인지, 아니면 가장 나중에 전달할지를 결정한다.

· 뭉치 안에서 메모지의 순서를 정한다. 논리적이고 이해하기 쉬운 차례대로 메모지를 정렬한다.

이렇게 개요를 완성하면 이제 서론과 결론만 있으면 된다. 이 같은 방식을 이용하면 쉽게 요점을 덧붙이거나 뺄 수 있어 편리하다.

개요가 작성되었으면 이제 소비자의 눈높이를 생각한다. 전달할 내용에 대해서 소비자가 얼마나 아는가? 카피라이터는 소비자보다 똑똑하다는 것을 보여주기 위해 쓰는 것은 아니다. 소비자 입장이 되어야 하며, 광고가 등장할 매체를 고려해야 한다.

이제 쓰는 일만 남았다. 특정 분야에서 사용하는 어려운 용어는 사용하지 말아야 한다. 그리고 쓸 때는 개요에서 작성했던 각 요점과 연관이 있는 문장인지를 염두에 두어야 한다.

3) 카피라이팅 지침

훌륭한 카피라이터에게는 카피 쓰기가 예술이겠지만, 초보자는 일련의 지침을 필요로 한다. 흔히 거론되는 지침을 정리하면 다음과 같다(Nelson, 1994).

(1) 명확하게 쓰자

천부적 재능이나 똑똑함도 중요하겠지만 명쾌함에는 미치지 못한다. 소비자가 광고 문구의 스타일에 감탄하기보다 광고 문구를 이해하는 것이 더 중요하기 때문이다. 그럼에도 불구하고 내용과 형식이 복잡한 광고가 많다. 한 광고에 지나치게 많은 내용을 담아 복잡하거나 전달 방식이 잘난 체하는 언어로 범벅된 경우가 많다. 그러나 전달 내용이나 전달 방식이 단순하지 않다면 소비자는 두 가지 반응 가운데 하나를 보일 것이다. 혼돈 또는 무반응.

“젊음을 남기고 싶다”라는 헤드라인이 있다. 스포츠 용품 회사의 광고로 시각적 이미지는 스포츠를 즐기는 젊은이들의 모습이었다. 그런데 왜 남긴다고 표현했는가? 본문에 젊음을 남길 만한 이유가 제시되지 않았다면 문제가 있는 표현이다.

그림 12-1. 카피가 간결한 광고
조용한 지멘스 진공 청소기.
오일 위기 또는 인플레이션 시대에는 기름값이 걱정된다. 호주머니를 걱정하는 운전자에게 기름은 총이나 다름없는 듯. 카피 문구는 헤드라인 겸 단 한 줄인 폭스바겐의 광고.

(2) 언어 선택에 신중을

어떤 레스토랑이 점심에는 영업을 하지 않는다. 그러면 "점심 시간은 휴점"이라고 쓸 것인가? 그보다는 "우리는 점심을 제공하지 않습니다. 저녁을 준비하는 데 하루 종일 걸리기 때문입니다"라는 표현은 어떨까?

상당수의 품목이 세일에서 제외될지라도 "일부 품목은 제외"라고 하면 세일의 느낌을 강하게 전달할 수 있다. 하루 숙박비가 1인당 10만 원이라고 하면, 2인당 20만 원이라고 하는 것보다 가격 부담을 덜 느낀다. 마치 영어에서 'sugarless'라는 표현보다 'sugar free'가 훨씬 긍정적인 의미를 함축하는 것처럼.

(3) 간결하게

일반적으로 카피는 짧을수록 좋다. 물론 짧은 문구로도 광고 전략을 수행해야 된다는 전제가 있지만. 레오버넷 대행사의 창시자인 버넷도 위대한 광고 카피는 매우 단순하다는 데 역점을 둔다. 사실 광고업계에서는 오랫동안 KISS라는 원칙이 인구에 회자되어 왔다. KISS는 "Keep It Simple, Stupid"의 약자에서 비롯되었는데, 그만큼 단순함의 중요성을 강조하고 있다. 정보의 홍수 시대에, 그리고 광고 혼잡 상황에서 소비자의 주목을 끌고 영향을 주기 위해서는 메시지의 단순함이 중요하기 때문이다.

(4) 능동적이면서도 생동감 있게 표현

소비자 마음속에 쉽게 그림이 연상될 수 있도록 어휘를 선택해야 한다. 길거리의 거지가 "나는 장님이에요"라는 팻말을 내걸고 구걸할 때는 별로 실적이 안 좋았다. 그런데 팻말을 다음과 같이 바꾼 후에는 동정심을 많이 얻을 수 있었다. "봄이 왔군요? 그리고 나는 장님이에요." 같은 맥락에서 수동적인 표현은 속도감을 떨어뜨린다. "우리 기업에는 왜 오래도록 사랑받는 제품이 많을까요?"라는 표현에서 흥분을 기대하기는 어렵다. 이보다는 능동적 표현이 속도감을 준다.

진부한 표현 역시 회피 대상이다. '드디어,' '멋있는,' '훌륭한,' '빠른 효과,'

'세대 교체,' '슈퍼 스타,' '첨단 기술' 등과 같은 표현은 어떤 광고에서도 흔히 볼 수 있다. 이 같은 진부한 표현은 소비자의 주의를 끌지 못할 뿐만 아니라 경쟁사와 차별을 꾀하기도 어렵다.

이러한 원칙에 따라 카피를 쓴 다음에는 마지막으로 카피를 잘 썼는지를 확인할 필요가 있다. 이때는 다음과 같은 질문이 유용하다.

(1) 카피가 성실하고 믿을 만한가?

(2) 수용자의 관심을 불러일으키는가?

(3) 목표 시장의 이익에 초점이 맞춰졌는가?

(4) 목표 시장의 언어를 사용했는가?

(5) 순조롭고 일관되게 쓰여졌는가?

(6) 필요한 정보를 제공하는가?

(7) 흥미 있고 설득적인가?

(8) 행동을 유발하는가?

(9) 법규 기관의 심사를 통과할 것인가?

(10) 소비자가 광고된 상품을 갖고 싶도록 만드는가?

2. 인쇄 매체의 카피라이팅

인쇄 매체의 광고를 구성하는 일반적인 요인을 살펴보면 그림 12-2와 같다. 이 가운데 가장 중요한 요인은 헤드라인, 본문, 슬로건이다. 이들을 차례대로 살펴보자.

그림 12-2. 인쇄 매체 광고의 구성 요인
이니스프리

1) 헤드라인

헤드라인(또는 heading)은 카피 가운데 가장 중요한 부분이다. 광고에 눈길을 멈추게 만드는 역할을 하기 때문이다. 뿐만 아니라 광고에 눈길을 주더라도 80%는 헤드라인만 보고 지나치므로 헤드라인의 내용은 소비자 인식에 결정적인 영향을 끼친다. 헤드라인은 대체로 큰 글자로 되어 있고 광고의 윗부분에 놓인다. 반드시 그런 것은 아니지만. 부차적 헤드라인*subheads*은 2차적 헤드라인을 뜻하는데, 헤드라인에서 본문으로 이끄는 징검다리 역할을 한다.

헤드라인과 아트는 전적으로 상호 의존적이다. 헤드라인 없는 아트가 의미없듯이 아트 없이 헤드라인이 의미를 전달하기는 어렵다.

신문 기사의 헤드라인과 광고의 헤드라인은 다음과 같은 점에서 상이하다. 첫째, 신문에서는 기사를 요약해야 하지만 광고에서는 그럴 필요가 없다. 질문을 해도 되고, 소비자의 눈길을 끌 만한 화두를 던져도 괜찮다. 둘째, 신문에서는 공간의 제약을 받지만 광고는 상대적으로 자유로운 편이다. 신문의 헤드라인은 대체로 한 줄에 작성된다. 셋째, 신문의 헤드라인에서는 중요하지 않은 단어를 생략하지만 광고에서는 그럴 필요가 없다. 신문 헤드라인에서는 조사나 소유격 등도 대체로 생략된다.

헤드라인은 다음과 같은 기능을 수행한다(Cohen, 1988). (1) 수용자의 주의를 집중시킨다. (2) 수용자 가운데 목표 시장이 될 만한 소비자를 선별한다. (3) 광고되고 있는 상품이 무엇인지를 밝혀 준다. (4) 브랜드가 약속하는 혜택을 소개한다. (5) 광고의 본문을 소개한다.

헤드라인의 종류는 다양하다. 주로 많이 사용하는 헤드라인을 중심으로 소개하면 다음과 같다.

- 모방형: 인기 있는 표현을 빌려 옴(한국이동통신 – 간첩 신고는 011)
- 이중 의미형: 의미의 이중성을 이용(리도코롱 헤어무스 – 바람맞은 여성들은 내게로 오라)
- 혜택 약속형: 혜택을 제시(기저귀 – 무더운 여름일수록 바람이 통하는 울트라 큐티를)
- 뉴스형: 뉴스나 정보를 알림(갤로퍼 – 갤로퍼 탄생)
- 질문형: 질문에 대한 답을 구하도록 함(정력은단 – 40대의 희망이 뭐냐구요?)
- 명령형: 소비자에게 행동을 명령함(멘소래담로숀 – 뻐근하고 쑤실 때는 마사지하세요)
- 자극형: 호기심이나 관심을 촉발(마나술 변비약 – 여성의 68%가 경험이 있다)
- 대조형: 대조적인 사물이나 표현 사용(라보라 속옷 – 그녀를 보면 뜨겁다. 그녀를 만지면 차갑다)

2) 본문

본문*body copy*은 광고의 몸체에 해당되는 언어적 메시지를 지칭한다. 본문의 역할은 상황에 따라서, 상품에 따라서 다양하다. 소비자가 이해하기 쉬운 제품의 경우에는 본문 없이도 그림이나 헤드라인으로 메시지 전달이 가능하다. 반면에 상세한 정보가 필요할 경우에는 본문이 중요한 역할을 한다.

본문은 크게 두 차원으로 구분될 수 있다. (1) 내용 차원, (2) 형식 차원. 먼저 내용 차원은 정보 지향, 감정 지향, 그리고 이미지 지향으로 세분된다. 정보 지향은 사실이나 논리에 기초하여 학습을 목표로 한다. 감정 지향은 감정적 소구에 의존하며, 이미지는 브랜드와 원하는 심벌과의 사이에 연상이 형성되도록 한다.

형식에 따른 본문의 종류를 세분하면 다음과 같다. (1) 강의식 – 강의하듯이 진지한 구조(제작 가격이 비싸지 않으며 메시지를 전달하는 데 효율적), (2) 드라마식 – 연기를 하거나 스토리를 전달(소비자가 스스로 결론을 내리도록 유도한다), (3) 실연 – '보는 것이 믿는 것'이라는 시각을 반영(상품의 성능이나 사용법을 보여 준다), (4) 비교 – 경쟁사와 대조적인 측면을 부각, (5) 문제 해결 – 문제를 제시하고 상품이 그 문제를 해결해 주는 역할을 보여 준다, (6) 짧은 극 – 짧은 드라마 형식, (7) 생활의 단면 – 보편적인 일상 생활 주변의 상황을 중심으로 메시지를 전개, (8) 모델의 사용 – 대변인이나 유명인을 등장시킨다, (9) 증언식 – 소비자의 실제 상품 사용 경험담을 이용.

3) 슬로건

슬로건*slogan*은 판매 메시지를 간결하게 전달하기 위한 기억하기 쉬운 말이다. 또는 광고 캠페인에 연속성을 주기 위해 자주 사용되는 구절을 뜻하기도 한다. 물론 슬로건이 헤드라인으로 사용될 수도 있다. 광고나 이벤트를 통해서 반복함으로써 브랜드나 기업의 이미지를 기억할 수 있도록 만든다. 우리 주위에서 낯익은 슬로건과 국경선을 넘나드는 유명한 슬로건을 한번 살펴보자.

· 다시다: 그래 이 맛이야, 고향의 맛

· 맥심: 가슴이 따뜻한 사람과 만나고 싶다

· 삼성전자: 남자는 여자하기 나름이에요

· 솔표우황청심원: 우리 것은 소중한 것이여

그림 12-3. 슬로건을 사용한 광고
나이키, 아디다스

- 에이스: 침대는 가구가 아닙니다
- OB맥주: 사람들이 좋다, OB가 좋다
- Adidas: Impossible Is Nothing.
- American Express: Don't Leave Home Without It.
- AT&T(통신회사) : Reach Out and Touch Someone.
- BMW: The Ultimate Driving Machine
- Budweiser: This Bud's for You.
- Burger King: Have it your way.
- Carlsberg: Probably the best lager in the world
- DeBeers: Diamonds Are Forever.
- General Electric: We bring good things to life.
- Guinness: My Goodness. My Guinness.
- KFC: Finger lickin' good.
- LG: Life's Good.

- Maxwell House Coffee: Good to the last drop.
- McDonald's: I'm lovin' it.
- Nike: Just Do It!
- Reebok: I am what I am.
- US Army: Be all that you can be.
- VISA: It's everywhere you want to be.
- Volkswagen: Think Small.
- Wendy's: Where's the beef?

3. 방송 매체의 카피라이팅

1) 라디오의 카피라이팅

라디오 광고는 청취자가 즐기는 음악을 방해한다. 마치 섹스하려는 사람을 멈추게 한 것같이. 그러므로 이방인이 침실에 기대어 서서 사랑에 빠진 두 사람에게 무엇인가를 말하려면, 정말 잘 해야 한다: "어이, 당신 차에 불이 났어." 설리번Sullivan이 좋은 광고를 만들기 위한 지침에서 한 충고다(O'Guinn, Allen, & Smenik, 2009). 사실 라디오는 빠른 시간에 전개되므로 청취자의 주의를 분산시킬 수 있다. 게다가 많은 청취자는 라디오를 켜놓기는 했지만 그렇다고 라디오에 귀를 기울이는 것은 아니다. 운전을 하거나 집안일을 하면서, 또는 책을 읽으면서 배경 음악으로 틀어놓은 경우가 많다. 마치 집 안의 벽을 치장한 벽지와 같이 라디오의 배경 음악은 일종의 음향 벽지와 같은 셈이다.

카피라이터는 라디오의 이런 특성을 잘 이해하고 청취자의 주목을 얻어야 한다. 먼저, 라디오는 인쇄 매체의 카피라이팅에 음향 효과가 덧붙여진다. 따라서 카피는 목소리를 포함하여 다양한 음향을 담아야 한다. 둘째, 라디오는 청취자 마음에 이미지를 불러일으킬 수 있다. 라디오는 오디오이지만, 청취자는 머릿속에 이미지를 떠올린다. 그러므로 카피는 단순히 브랜드의 정보를 전달하는 단계를 벗어나 상상력을 자극할 수 있어야 한다.

라디오 광고의 유형은 크게 세 가지로 구분된다. 음악, 대화, 발표. 이들 유형에 따라 카피의 역할을 살피면 다음과 같다. 첫째, 음악은 청취자의 주의를 끌고 이미지와 무드를 쉽게 생성할 수 있다. 이때 음악 자체가 광고의 주된 초점이 될 수 있고, 그렇지 않으면 광고의 분위기를 조성하는 데 사용될 수 있다. 전자의 경우, 카피는 노래 가사나 징글*jingles*(같은 음의 운율적 반복)을 만드는 데 초점을 둔다. 후자는 음악과 카피의 무드가 조화를 이루면서 브랜드의 정보를 전달하는 데 치중한다. 둘째, 대화는 짧은 시간에 극적인 효과를 이룰 수 있도록 카피가 작성되어야 한다. 일상적인 대화는 지루함을 야기하므로 이를 벗어나기 위해 유머가 종종 사용된다. 셋째, 발표는 마치 아나운서가 뉴스를 전달하듯이 상품의 정보를 읽어 나가는 방식이다. 목소리의 특이성을 살리기 위해 유명인이 등장하기도 한다.

그리고 라디오 광고는 시간을 다투기 때문에 카피의 양이 문제가 된다. 일반적으로 청취자가 듣기에 편한 단어의 수는 미국의 경우 10초에 20 단어 내외이다. 물론 중고차 광고와 같은 경우는 말을 더 많이 집어넣고 빨리 해서 독특한 분위기를 전달하기도 하지만.

2008년 대한민국광고대상 은상을 받은 유한킴벌리와 소비자가 뽑은 좋은 광고상을 받은 웅진씽크빅의 라디오 광고를 살펴보자.

· 유한킴벌리

NA: 그 많던 '멧노랑나비'들은 다 어디로 갔을까요? 여름 하늘에 지천이던 '멧노랑나비'는 지난 10년 동안 단 다섯 마리만 발견되었답니다. 지구온난화 때문이지요.

SE: 숲 소리

아이: 나무를 심으면, 나비가 돌아온대요.

NA: 하늘의 생명도 숲에서 시작합니다. 우리 강산 푸르게 푸르게. 유한킴벌리

· 웅진씽크빅

아이: "왜요? 왜 그래야 돼요? 꼭 그래야 돼요?"

엄마: "자꾸 말대꾸할래?"

NA: 말대꾸가 아닙니다. 엄마와 다른 생각입니다. 다른 생각이 자랄 수 있도록, '네 생각은 뭔데?'라고 물어봐 주세요. 세계를 배우고 미래를 준비합니다. 바른 교육 큰 사람 웅진씽크빅.

2) 텔레비전의 카피

텔레비전은 음향 효과는 물론 시각 정보를 담고 있는 시청각 매체다. 특히 화면에 몰두하고 있는 시청자에게 말은 부차적이 되기 쉽다. 따라서 카피라이팅은 시청각 자극과 카피의 조화에 신경을 써야 한다. 백문이 불여일견이라고 하지 않던가? 이런 유형의 광고에서는 카피가 화면을 방해하지 않아야 한다. 장면과 어울리는, 또는 장면과 장면을 이어 주면서 브랜드를 알려야 한다. 카피라이터가 프로듀서와 긴밀히 작업해야 할 필요성이기도 하다. 이런 협업에 기본적으로 필요한 토대가 바로 스토리보드다. 스토리보드란 중요 장면에 대한 광고 화면과 카피의 요소를 연속적인 시간으로 묘사한 스케치를 뜻한다. 이에 대해서는 14장의 광고 제작에서 다시 다룬다.

텔레비전 광고의 유형에 따른 카피 지침을 살피면 다음과 같다. 먼저, 실연하는 광고*demonstration*에서는 브랜드의 성능을 보여 주는 데 초점을 맞춘다. 따라서 카피는 시각적인 연출을 도와줄 수 있어야 한다. 실연은 다큐멘터리나 극적 드라마와 같은 스타일로 전개될 수 있으므로 카피 역시 그런 스타일과 상응할 수 있도록 작성되어야 할 것이다. 둘째, 라디오와 마찬가지로 음악과 노래에 치중된 광고에서는 무드가 중요하다. 음료 상품이 여기에 해당되는데 이때의 카피는 그런 무드를 돕는 쪽으로 기여해야 한다. 셋째, 대변인*spokesperson*이 나와서 상품에 관한 메시지를 전달하는 경우에는 카피의 역할이 상대적으로 돋보인다. 전문가나 유명인 또는 평범한 소비자가 등장하건, 이들이 정보를 전달할 때는 카피가 상대

➤ 광 고 사 랑 방 12-1	TV와 라디오 광고 카피의 차이

텔레비전 광고의 오디오 부문을 이용하여 라디오 광고를 제작하는 경우를 종종 본다. 그러나 정보 처리 관점에서 본다면, 라디오는 텔레비전과 상호 호환성이 있는 것이 아니라 인쇄 매체와 보다 많은 공통점을 지니고 있다. 라디오와 인쇄 매체는 주로 언어에 의존하는 반면에 텔레비전은 시각적 차원의 의존이 심하기 때문이다.

이 같은 사실은 다음과 같은 연구 결과에 의해 뒷받침된다. 이야기에 대한 이해 정도가 매체에 따라서 어떤 차이가 있는지를 조사하였다. (1) 책을 읽음, (2) 라디오에서 들음, (3) 텔레비전을 통해서 봄. 세 가지 가운데 (1)과 (2)의 상관 관계는 높은 데 비하여 (2)와 (3)의 관계는 저조하였다. 텔레비전은 공유된 지식을 전제로 하므로 명백하게 표현되지는 않는다. 그렇지만 라디오와 인쇄 매체에서는 그림 요소의 부족을 메워 줘야 하기 때문에 언어가 보다 명백하게 표현되어야 한다.

이러한 차이에도 불구하고 텔레비전 광고의 오디오 부문만으로 라디오 광고를 제작하는 것은 정보 처리의 몰이해에 해당된다. 텔레비전과 라디오 광고 카피는 상이해야 된다.

적으로 중시된다.

텔레비전 광고는 텔레비전 프로그램보다 더 재미있을 수 있다. 간혹 카피라이터나 아트 디렉터가 이런 유혹에 빠져서 흥미를 강조하다가 정작 광고의 설득성에 소홀해서는 안 될 것이다. 아울러 텔레비전 광고는 스케줄에 따라 광고물의 시간이 짧아지기도, 혹은 길어지기도 한다. 따라서 시간 길이와 상관없이 광고의 오디오 부분이 완결되어야 하며, 시청자에게 이해될 수 있어야 한다.

4. 활자

1) 활자체에 관한 이해

활자체*typeface*는 활자의 기본적인 디자인을 뜻한다. 즉 글자가 우아한지 아니면 둥그런지 등에 관한 내용을 지칭한다. 활자체를 선정할 때 가장 중요한 기준은 가독성*readability*이다. 좋은 활자체는 소비자의 눈에 잘 띄고 쉽게 읽히지만, 그렇

명조체 고딕체 그래픽체 궁서체 필기체

그림 12-4. 국문 활자체의 종류

지 못한 활자체는 소비자의 눈길을 붙잡지 못한다.

우리나라의 활자체 종류는 최근에 많이 개발되어 다양하다. 주로 사용되는 활자체를 중심으로 설명하면 다음과 같다(이견실, 1995).

(1) 명조체: 조선 시대 여인들에 의해 다듬어진 해서체를 바탕으로 해 부드럽고 여성적이다. 글자체의 굵기는 처음과 끝부분이 다르다. 본문에 많이 사용한다.

(2) 고딕체: 알파벳 글자에서 유래되었으며 굵기의 변화가 없다. 충격적이고 강력한 느낌을 전달할 때 사용되며 가독성이 떨어져 본문에는 잘 사용하지 않는다.

(3) 그래픽체: 명조체와 고딕체를 조합한 것으로 최정호에 의해 창작된 서체다. 기본 골격은 고딕체와 유사하지만 가로와 세로의 굵기는 명조체를 반영한다.

(4) 궁서체: 붓글씨 모양을 본뜬 서체로 전통적 이미지의 표현에 적합하다.

(5) 필기체: 손으로 글씨를 쓴 형태의 글자체로 비형식적이고 다정다감한 느낌을 전달한다. 가독성은 약간 떨어진다.

각 활자체 내에서 기본적인 디자인은 똑같지만 글자의 비율이나 기울기 등이 변형될 수 있다. 글자체의 굵기가 얇거나 굵을 수 있으며, 이탤릭체가 될 수도 있다. 이처럼 각 활자체에 속하면서 가질 수 있는 모든 특성을 폰트*font*라고 한다. 이들 특성들은 가독성에도 영향을 끼치기 때문에 활자체를 선정할 때 함께 고려해야 한다.

활자체의 변형 요인 첫째는 크기. 활자체의 수직 길이로 포인트*points* 또는 pt.로 약칭한다. 1pt.는 1/72인치(즉 0.035cm 정도). 일반적으로 본문은 12pt.(즉 1/6인치)이다. 둘째는 변형. 어떻게 변형시키느냐에 따라 장체(가로 길이를 변형), 평체(세로 길이를 변형), 사체(글자의 누인 정도를 변형) 등으로 구분한다. 영문의 경우는 활자체의 수평

로만 (세리프)	고딕 (산세리프)	스크립트
올드 스타일		
Caslon	Helvetica	BrushScript
Garamond	Arial	Kunstler Script
트랜지셔널	스퀘어 세리프	장식체
Baskerville	Lucida Sans Typewriter	DomCasual
Times Roman		Broadway
		Cooper Black
모던		Franklin Gothic
Palatino		

그림 12-5. 영문 활자체의 종류

길이를 지칭하는 파이카*picas*를 사용하기도 한다. 1파이카는 12pt. 셋째는 행간*leading*이다. 행간의 공백을 지칭하며 % 또는 포인트로 측정한다. 넷째는 자간*kerning*. 글자 간의 공간을 넓히거나 좁히는 정도를 의미한다. 헤드라인의 경우에는 큰 글자를 빨리 읽어야 하므로 커닝이 좁아도 괜찮다. 다섯째는 굵기*weight*. 글자의 중량감을 느끼게 하는데 그 종류는 가는체[細], 중간체[中], 굵은체[太], 가장 굵은체[見出]로 구분한다. 영문에서는 light, normal, bold, extra bold 등으로 나뉜다.

영문 활자체의 종류는 다음과 같이 다섯 가지로 분류될 수 있다(Bovee, Thill, Dovel, & Wood, 1995). 이 가운데 보편적으로 사용되는 활자체는 로만체와 고딕체이다.

(1) 로만*roman*(세리프*serif*): 고대 로마인들의 글사체에 기원을 둔다. 두껍고 얇은 획을 모두 사용하는데 획의 끝에 세리프(가늘고 짧은 선)가 붙어 있다. 모양은 작은 삼각형 형태를 띤다. 이 세리프 덕분에 글자체에 따뜻함이 느껴진다.

(2) 고딕*gothic*(산 세리프*sans serif*): 로만체보다 단순하고 명료하다. 획의 폭이 일정하며 세리프가 없다(sans은 프랑스어로 '없다'는 뜻임). 고딕체(또는 블록체)는 헤드라인이나 로고처럼 본문이 아닌 '눈에 띄는 카피'용으로 사용된다. 비록 로만체가 본문에 더 적합하다고 여겨지지만 종종 고딕체도 본문에 사용된다.

(3) 스퀘어 세리프*square serif*: 로만체와 고딕체의 교배종인 셈이다. 고딕체와 닮았지만 세리프가 있기 때문이다. 그리고 세리프가 글자체의 획과 똑같은 두께로 처리된다. 본문에 많이 사용되면 읽기 힘들고, 헤드라인에 적합하다.

(4) 스크립트*script*: 필기체와 유사한 형태를 띤다. 글자가 종종 연결되며 여성다움, 고전적 느낌을 전달해 줄 수 있다. 읽기가 어려우므로 주로 헤드라인에 사용된다.

(5) 장식체*ornamental*: 장식체는 많은 장식으로 꾸며지고 새로운 디자인 형태를 사용한 글자체이다. 특수 효과를 덧붙이지만 가독성은 떨어진다.

이러한 각 활자체의 종류는 연관된 활자체 가족으로 구성된다. 일례로 로만은 세 종류로 더욱 세분된다. 올드 스타일*old style*, 트랜지셔널*transitional*, 모던*modern*. 그 가운데 트랜지셔널에 속한 바스커빌*Baskerville* 활자체는 가장 아름다운 로만체로 평가되고 있어 본문 활자체로 많이 사용된다.

2) 활자체의 선정

활자체의 시각적인 요인은 느낌과 의미를 전달하는 강력한 커뮤니케이션 도구가 된다. 그래서 활자 디자이너 맥웨이드McWade는 활자체를 "눈에 보이는 목소리*visible voice*"라고 칭할 정도다(Bovee, Thill, Dovel, & Wood, 1995). 즉 광고에 등장하는 인물이 말하는 목소리인 셈이다. 올바른 활자체를 선정하는 작업은 광고 디자인에서 중요한 부분을 차지한다. 그러면 어떤 요인을 고려해야 할까?

첫째, 활자체와 내용이 조화를 이루는지 판별해야 한다. 즉 광고 제품의 이미지와 조화를 이루어야 한다. 부드러운 속옷 광고에 고딕체를 사용하는 것은 적절하다고 볼 수 없다. 또 다른 조화는 광고 내용과의 관계에서 찾을 수 있다. 메시지는 강력한 에너지를 이야기하는데 부드러운 필기체로 전달한다면 그 의미는 반감된다. 따라서 이 같은 조화를 고려해서 활자체를 선정해야 한다.

둘째, 활자체와 시각의 조화다. 카피와 아트는 함께 통합된 전체로서 기능하기 때문이다. 일례로 광고물의 주요 시각적 요인은 스피드를 강조하는데 활자체가 궁서체라면 조화를 이루지 못할 것이다. 따라서 헤드라인과 본문의 활자체가 조화를 이룰 뿐만 아니라 광고물의 시각적 이미지와도 상호 조화를 이룰 수 있어야 한다.

마지막으로 무엇보다 읽기 쉬워야 한다. 디자이너 수업을 받는 초보자는 흔히 다양한 활자체를 사용함으로써 창의성을 과시하려고 한다. 그렇지만 활자의 주된 목적은 읽히는 데 있다. 따라서 수용자가 읽기 쉽도록 활자체를 선정해야 한다. 일반적으로 가독성과 연관된 요점을 정리하면 다음과 같다.

(1) 왼쪽에서 오른쪽으로 활자체를 배열하는 것이 위에서 아래로 배열하는 것보다 읽기 쉽다.

(2) 글자 사이가 일정한 간격으로 떠어져 있는 것이 읽기 쉽다.

(3) 검정 바탕에 흰 글씨보다는 흰 바탕에 검정 글씨가 읽기 쉽다.

(4) 활자체를 섞으려면 비슷한 것이거나 아니면 아주 이질적이어야 읽기 쉽다.

참고 문헌

이견실 (1995). 《인쇄 매체 광고 디자인》. 나남.

Bovee, C. L., Thill, J. V., Dovel, G. P. & Wood M. B. (1995). *Advertising Excellence*. New York: McGraw-Hill, Inc.

Cohen, D. (1988). *Advertising*. Glenview: Scott, Foresman & Company.

Nelson, R. P. (1994). *The Design of Advertising*. Madison: WCB Brown & Benchmark Publishers.

O'Guinn, T. C., Allen, C. T., & Semenik, R. J. (2009). *Advertising and Integrated Brand Promotion*, Mason: South-Western CENGAGE Learning.

13장 시각 커뮤니케이션

이 장에서는 시각 커뮤니케이션의 원칙을 다루었다. 시각 정보의 중요성이 더욱 부각되는 요즈음 이를 이해하려는 체계적인 시도가 필요하기 때문이다. 시각 정보의 처리 과정을 우선 소개하였으며 이어서 시각 이미지를 구성하는 요인과 디자인 원칙을 설명하였다. 그리고 시각 커뮤니케이션으로서 게슈탈트 이론과 기호학을 소개하였다.

1. 시각 커뮤니케이션의 기초

1) 시각 커뮤니케이션의 중요성

최근의 주된 커뮤니케이션 양식은 문자 언어에서 시각 언어로 변하고 있다. 학교 교육에서도 그 같은 차이가 드러난다. 구세대는 쓰기와 읽기 교육을 주로 받았다. 이에 비해 신세대는 텔레비전, 영화, 비디오, 컴퓨터의 영향으로 영상 중심적인 교육을 받게 되었다. 현대의 마케팅 커뮤니케이션에서도 시각 언어의 중요성이 보다 강조된다(슐츠 외, 1992). 특히 광고를 이해하기 위해서는 시각 자료가 간과될 수 없는 영역으로 떠오른다(광고 사랑방 13-1 참조).

그럼에도 불구하고 우리 사회에서는 그 중요성만 강조할 뿐 정작 이론적 토대를 쌓는 과정은 소홀하여 앞으로 이에 대한 관심이 요청된다. 특히 콘텐츠 산

▶ 광고사랑방 13-1 | **포스트모던 광고**

미국 사회는 허무주의, 냉소적으로 현실을 인식하거나 혹은 현실 인식을 거부하는 현상이 두드러지면서 포스트모더니즘이 유행했다. 우리나라에서도 일부 그 같은 경향을 광고에서 발견할 수 있다. 104편의 텔레비전 광고를 분석한 결과는 다음과 같다(강명구, 1992).

전통적 광고	포스트모던 광고
· 형식	· 반反형식(열려진 의미 체계)
· 합리적(상품의 유용성)	· 비합리적(상품과의 상징)
· 서술 구조의 일관성(논리적 전개)	· 서술 구조의 해체(감각적 느낌)
· 언어 중심적	· 영상 언어 중심적(이미지)
· 단순성	· 복합성
· 남성 지배적 시선	· 페미니즘적 시선

업의 비약적인 발전과 언어적 커뮤니케이션과 비언어적 커뮤니케이션의 상호 보완적인 측면을 고려할 때 시각 커뮤니케이션의 중요성은 그 비중을 더한다.

2) 시각 커뮤니케이션의 과정

가족과의 단란한 저녁 식사 자리, 찬 바람이 쌩쌩 불어대던 겨울 바다, 햇빛에 반사되어 눈부신 나뭇잎들, 출근길의 사람들로 북적이는 지하철, 커피 잔에 묻은 루즈 등. 모두 우리의 삶을 구성하는 시각적 메시지들이다. 이 같은 시각 정보를 어떻게 처리할까?

헉슬리는 우리의 시각 커뮤니케이션 과정을 세 단계로 구분하여 설명한다(Huxley, 1942). 감각*sensing*, 선택*selecting*, 지각*perceiving*. 감각이란 눈으로 충분한 빛을 받아들여 주변의 사물을 볼 수 있도록 하는 과정이다. 하나의 예를 들어 보자. 지하철에서 사람들 틈에 끼여 있는데 뒤에서 '야' 하는 소리가 들렸다. 고개를 간신히 뒤로 돌려 무슨 일인가 바라보지만 뭇사람들을 두리번거리면서 볼 뿐이다. 어떤 곳을 봐야 할지 결정하지 못한다. 이 같은 상황이 감각에 해당된다.

➤ 광 고 사 랑 방 13-2	빛

빛의 종류는 우주선에서 AM에 이르기까지 다양하며 우리 눈에 띄는 것은 그 가운데 일부인 가시광선이다. 가시광선 가운데 빨강의 파장이 가장 길어서 우리 눈에 오래 남는다.

(파장) → 길어짐 길어짐 ← (주파수)

우주선	감마선	X선	자외선	가시광선	적외선	마이크로웨이브	TV / FM	AM

선택은 감각이 제공하는 많은 창틀視界에서 특정 장면을 분리하는 단계이다. 의식적이고 지적인 활동에 기초하여 시각의 초점을 맞춘다. 이전 사례로 다시 돌아가자. 그때 손가락 하나가 사람들 틈을 비집고 나와서 등을 찌른다. 검붉은 매니큐어가 칠해진 가늘고 긴 손가락이다. 그 손가락을 따라 팔을 지나 손가락 주인공의 얼굴을 살핀다. 동그란 눈동자를 보고, 꽉 다문 입술을 바라본다. 그녀의 얼굴이 홍조를 띤 듯도 한데.

지각은 선택하여 보는 장면에 의미를 부여하는 작업이다. 그리고 그 장면의 중요성을 판단하며, 기억 여부를 결정하기도 한다. 다시 지하철 안으로. 나는 가벼운 흥분으로 왜 그녀가 나한테 관심을 가졌을까를 생각한다. 단순히 그녀를 관찰하는 것이 아니라 나와 그녀의 관계를 생각해 본다. 동창, 옛 애인, 술집 외상값 등등. 그러다가 내 몸에서 멀리 떨어져 있는 내 가방이 그녀의 스타킹을 긁었음을 알아차린다.

헉슬리는 이 같은 세 단계를 거쳐야 '보는*seeing*' 과정이 완결된 것으로 이해했다. 우리가 광고물에 접촉하여 의미를 부여하는 과정도 마찬가지다. 한 소녀가 잡지를 넘기면서 기사나 광고를 훑는다(감각). 그러다가 자신이 좋아하는 가수가 등장한 사진이 눈에 띈다(선택). 그 그림을 자세히 살펴보니 무슨 음료를 즐겨 마신다는 광고물이다(지각). 이 같은 세 단계를 거쳐야 광고물을 본 것이 된다. 그러면 눈과 뇌가 빛과 색상을 어떻게 받아들여 시각적 메시지를 감각할 수 있는지를 살펴보자.

3) 눈

인체가 받아들이는 감각적 정보의 70% 이상은 눈을 통해 이루어진다. 듣기, 냄새 맡기, 맛보기, 만지기는 30%에 불과할 뿐이다(Lester, 1995). 그만큼 감각적 정보는 눈에 많이 의존한다. 연인들이 키스할 때는 눈을 감는다. 왜? 눈을 뜨면, 수많은 외적인 감각 정보를 받아들여야 하므로 키스에 집중할 수 없으니까.

눈은 보통 5초마다 한 번씩 깜박거린다. 대기 속에 사는 동물은 눈을 씻고 촉촉하게 만들기 위해서 눈물을 흘린다. 물론 펑펑 울어 대는 동물은 인간밖에 없지만.

눈의 가장 겉은 공막이라는 얇은 막으로 감싸여 보호된다(그림 13-1 참조). 그 다음은 눈의 중앙에 돌출된 투명한 각막이 있다. 네 개의 투명층으로 구성된 각막은 빛의 속도를 약 25% 정도 줄여 주고 빛을 눈의 중앙으로 향하게 한다. 초점을 맞추는 일의 70%를 담당하며, 나머지는 렌즈가 담당한다. 각막은 혈관 없이 물과 단백질로 되어 있어서 한번 손상되면 치유되는 데 시간이 걸리지만, 생존 능력은 뛰어나다.

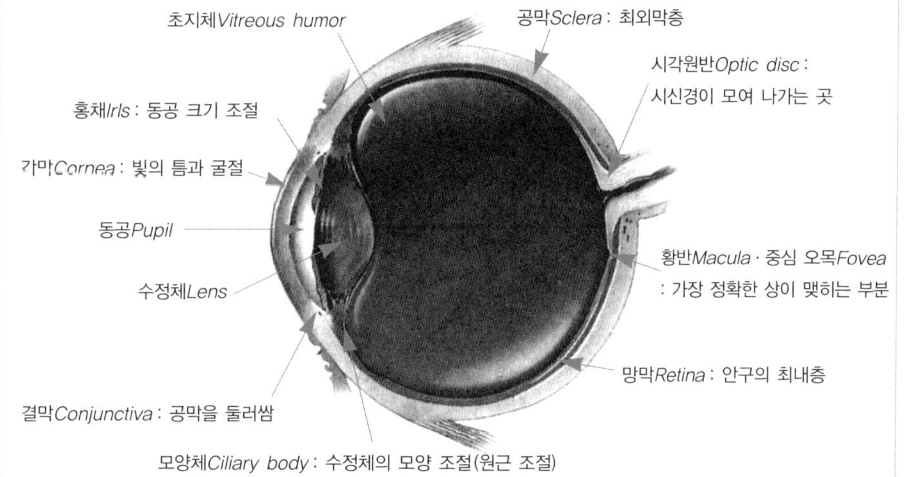

그림 13-1. 눈의 구조

홍채는 눈의 중앙인 눈동자(동공)의 크기를 조절하는 근육이다. 홍채색은 멜라닌(검은) 색소가 얼마나 많은지에 의해 결정되며, 이것이 눈 색깔을 결정한다. 보통 적도 지방의 사람들은 멜라닌 색소가 많아서 진한 눈빛을 띤다(김정호 · 이관용 · 차재호, 1982). 홍채 뒤에 약간 노랗고 탄력 있는 렌즈가 있다. 렌즈는 각막에 의해 굽은 빛을 받아서 눈 뒤쪽에 정확하게 상이 맺히도록 초점을 맞춘다. 초자체는 눈의 크기와 압력을 유지한다.

망막은 약 1억 2500만의 빛 수용 세포망으로 구성된다. 그 가운데 약 700만 세포(원추형)가 색깔, 나머지 수용 세포(막대형)는 명암에 관여한다. 막대형 수용 세포는 암반응에 더 강한데, 이는 인류가 과거에 야행성 동물이었음을 추측케 한다. 그리고 원추형과 막대형의 수용 세포들은 빛의 전기적 에너지를 두뇌가 사용할 수 있도록 화학적 에너지로 바꿔 준다. 따라서 거꾸로 된 망막의 상은 시신경을 거쳐서 두뇌에서 바로잡아 해석할 수 있다. 심도를 느낄 수 있는 것은 두 눈이 있기 때문이기도 하지만 또 다른 이유는 바로 시신경이 서로 교차하여(왼쪽 시신경의 반은 왼쪽 뇌로, 또 다른 반은 오른쪽 뇌로 보내짐) 두뇌로 전달되기 때문이다.

4) 두뇌

두뇌는 약 1000억 개의 신경 세포*neuron*로 구성된다. 날마다 10만 뉴런이 죽는데 술을 마시면 더욱 많은 뇌세포가 죽는다. 눈을 통해 받아들인 시각적 자극이 두뇌를 거치는 과정은 다음과 같다. 망막 → 시상*thalamus* → 대뇌 피질*cortex* → 해마상융기*hippocampus*.

시상은 후각을 제외한 다른 감각 기관(시각, 촉각, 청각, 미각)에서 받아들이는 자극을 받아들이는 기관이다. 시각 정보는 시상을 통해 대뇌 피질*cortex*의 시각 중추로 전달된다. 망막에서 대뇌 피질까지 도달하는 데는 0.1초 정도의 시간이 걸린다. 눈의 신경 세포와 대뇌 피질의 신경은 일 대 일로 정렬되어 있기 때문에 그처럼 빠르게 전달된다.

대뇌 피질에서는 전달받은 시각적 이미지를 분석한다. 즉 그래픽 디자인의 기본 구조인 모양이나 형태, 색상 등을 파악한다. 이때, 대뇌 피질의 각 세포들은 외부의 자극에 일 대 일의 반응을 한다. 예를 들면, 어떤 한 세포는 선의 모양에 반응을 보이고, 또 다른 세포는 상하 움직임에 반응을 보인다. 그래서 관련 세포들이 이미지의 지도를 구축하여 이미지를 전체적으로 만든다. 또한 대뇌 피질은 전달받은 시각적 이미지에 기초하여 신체적 반응을 일으켜야 하는지를 결정짓는다.

그렇지만 대뇌 피질에서는 그림을 저장하지 않는다. 새로운 이미지를 기억 속의 과거 이미지와 비교하거나, 기억할 수 있도록 도와주는 기관은 해마상융기 *hippocampus*다. 즉 강력한 시각적 메시지나 의미 있는 이미지에 노출되었을 때는 이 기관이 작동한다. 아울러 과거의 이미지를 끄집어 낼 필요가 있을 때도 이곳이 필요하다.

지금까지의 설명은 빛으로부터 한 사물이 어떤 과정을 거쳐 뇌에 도달해 해석되는지 그 과정에 관한 것이다. 아직 어떻게 시각 메시지에 반응하고 인식하는지를 설명해 주지는 못했다. 이는 이미지의 속성을 살펴보아야 한다.

2. 이미지의 이해

시각적 메시지를 지각하기 위해서는 이미지의 네 가지 중요한 속성을 이해할 필요가 있다. 이들 요소는 형태, 색상, 심도, 움직임이다(Lester, 1995). 두뇌는 이들 속성을 어떻게 지각할까?

1) 형태

두뇌는 시각 이미지의 형태를 인식한다. 형태는 기본적으로 사물의 내부와 외부의 테두리를 결정짓는데, 형태는 점, 선, 모양의 세 부분으로 구성된다.

점은 가장 단순한 형태에 속한다. 하나의 점이 즉각적인 주의를 불러일으킬 수 있으며, 두 점은 거리감을 나타내기도 한다. 그리고 세 개 이상의 점이 나열되면 수용자는 상상 속의 선을 그린다. 또한 점이 수없이 많이 찍혀서 그림이 형성되기도 한다(점묘화). 텔레비전 화면에 나타나는 이미지도 사실은 빨강, 녹색, 파랑색 점이 집합되어 형성한다.

이에 비해 선은 점과 점이 공간 없이 밀착되어 그려진 결과이다. 직선이든 곡선이든, 또는 직선과 곡선의 합성이든 간에 이들은 개별적인 점들의 연속물에 기초한 에너지를 함축한다. 따라서 선은 수용자에게 감정을 불러일으킨다. 프레임(이미지를 담은 틀의 가장자리)의 아래쪽에 자리잡은 수평선은 넓은 공간 감각을 전해주며, 높이 위치한 수평선은 갑갑한 느낌을 준다. 직선은 남성을, 원은 여성을, 수직선은 위엄과 멈춤을, 수평선은 안정을, 사선은 역동성과 자극을, 곡선은 우아함과 움직임을 전달한다.

모양은 기본적으로 평행 사변형, 원, 삼각형으로 구분된다. 평행 사변형에는 사각형과 직사각형이 있다. 사각형은 균형과 대칭의 속성을 지녔으며 가장 지루하면서도 전통적인 모양으로 인식된다. 원은 아마도 인류 조상이 하늘에 떠 있는 태양을 보면서 가장 먼저 익힌 모양이었을 것이다. 원은 주의력을 강하게 집중시키는 역할을 한다. 한편 삼각형은 역동성을 지닌다. 이등변 삼각형은 남성적인데 비해 정삼각형은 여성적이다.

이들 형태의 구성 요인은 반복됨으로써 패턴을 형성할 수 있다. 점이나 선 또는 모양을 반복시킴으로써 흥미를 더할 수도 있고 일체감을 조성할 수 있다. 또한 프레임 내에 하나의 형태만 있으면 그 자체가 수용자의 관심을 끈다. 그렇지만 둘 이상의 형태를 담고 있는 이미지는 서로를 비교하게 된다. 그리하여 대조 또는 유사를 강조할 수 있다.

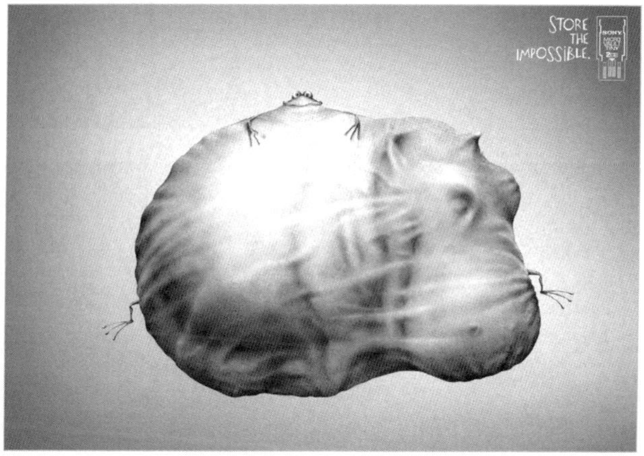

그림 13-2. 광고의 형태

역삼각형은 강한 움직임을 나타낸다(듀라셀 건전지). 선에 따라 모양이 달라진다(소니 USB).

2) 색상

빛이 사물에 닿은 결과가 색상이다. 만일 빛이 없다면 색상도 없다. 빨간 사과는 모든 색을 흡수하고, 흡수하지 못한 빨간색을 반사시킨다. 그 결과 우리 눈은 빨간색의 사과로 받아들인다.

서해안의 일몰을 바라보면서 구름 속에서 시시각각 변하는 색채를 묘사한다

그림 13-3. 색상이 전달하는 의미

아이팟, 벤츠, 폭스바겐, 네스카페

Absurdly low consumption.
The Polo BlueMotion.

NESCAFÉ
Change your day, start from whithin.

고 하자. 어떻게 그 색감을 친구에게 전달할 수 있을까? 일반적으로는 비교하는 방법을 사용한다. 비교를 위해 공통 기준을 사용할 필요가 있는데, 비교할 색상 견본을 모아 놓은 자료로는 먼셀Munsell의 색상책이나 팬톤Pantone 색상 시스템이 많이 사용된다. 이 같은 색상들을 비교하는 기준은 다음과 같다.

· 색조*hue*: 색상의 명칭. 빨강, 파랑 등.

· 순도*saturation*: 색조가 지닌 순수한 색상의 양. 다른 색이 섞이면 순도가 떨어짐.

· 명암*value*: 진하고 연한 정도. 흰색을 더하면 연하게*tint*, 검정을 더하면 진하게*shade*.

· 밝기*lightness*: 사물의 표면에 반사된 빛의 양.

· 휘도*brightness*: 사물 자체의 빛을 발하는 양, 또는 색상이 보이는 곳에서의 발광체 특성.

주요 색조는 다양하지만 일반적으로는 세 가지 원색primary color을 기준으로 삼는다. 빨강, 노랑, 파랑. 이들 색을 합성함으로써 모든 색조를 표현할 수 있다. 이들 원색 가운데 둘을 합하면 등화색secondary color이 된다. 보라(빨강과 파랑), 초록(파랑과 노랑), 주황(노랑과 빨강). 원색과 등화색이 이른바 표준색을 구성한다.

성인이 좋아하는 색상 순서는 대체로 다음과 같다. 파랑, 빨강, 초록. 남자는 파랑, 여자는 빨강을 주로 좋아한다는 조사 결과도 있다. 보라색을 좋아하는 사람은 어딘지 신비한 느낌을 지니며 새로운 경험을 추구하고 현금으로 거래하는 경향이 있다고 한다. 이처럼 소비자의 색상 선호는 그 사람의 라이프스타일과 연관이 있다. 따라서 그래픽 디자이너는 목표 시장을 염두에 두고 색상을 선정해야 한다.

특히 색상은 여러 의미를 전달하는 상징성을 지닌다. 빨강은 열정과 행복을, 파랑은 충성과 고귀함을, 노랑은 고귀함이나 경고 등을 뜻한다. 색상의 해석에는 문화권마다 차이가 있다. 일례로 노랑은 서양에서는 용기가 없음을 뜻한다(Nelson, 1994).

그리고 색상은 수용자의 분위기에도 영향을 끼친다. 색상에는 따뜻함과 차가움이 있기 때문이다. 빨강이나 노랑과 같이 따뜻한 색은 시각적으로 앞으로 튀어나오는 듯한 느낌을 주므로 수용자를 북돋우며 자극한다. 초록이나 파랑과 같은 차가운 색은 시각적으로 뒤로 물러나는 듯한 느낌을 주므로 수용자를 진정시키는 분위기를 연출한다.

3) 심도

우리 두 눈은 서로 약간 떨어져서 위치하므로, 우리는 사물을 2차원이 아니라 3차원으로 본다. 즉 두뇌는 앞에 있는 이미지의 크기와 뒤에 놓여 있는 이미지의 크기를 비교하여 그 장면의 깊이를 판단한다. 따라서 2차원 공간에 제시된 시각 메시지일지라도 마치 심도가 있는 것처럼 이미지를 보게 된다. 심도는 부피와 무게를 전달한다. 심도를 느끼게 하는 단서는 다음과 같다.

첫째, 공간. 좁은 배경보다는 지평선과 같이 광활한 공간이 심도를 높여 준다. 둘째, 크기. 사물의 크기를 알면 거리를 판단할 수 있어서 심도에 영향을 준다. 사람이 개미처럼 작게 보이면 심도가 높은 편. 셋째, 색상. 따뜻한 색상은 차가운 색상보다 가깝게 보인다. 다섯째, 조명. 빛의 밝기 또는 그늘은 사물 간의 위치나 심도에 영향을 끼친다. 숲 속에 비치는 햇살을 통해 숲의 깊이가 느껴진다. 여섯째, 경사면. 호수나 바다의 물결치는 모습으로 심도를 판단할 수 있다. 일곱째, 사이에 두기. 전면에 놓인 사물과 뒤에 놓인 배경물의 거리를 통해서 심도를 알 수 있다. 여덟째, 시간. 이미지의 등장 순서에 따라 시간이 경과된 것으로 본다. 점차 멀어져가는 자동차의 미등 불빛. 아홉째, 시각. 이는 다시 세 가지로 세분할 수 있다. 하나는 착시. 기찻길이 먼 곳에서 합쳐지는 것으로 보인다. 또 다른 하나는 기하학. 가까이 있는 사물은 그림 앞쪽에, 멀리 떨어진 사물은 그림 위쪽에 위치한다. 그리고 마지막으로 개념적인 접근이 있을 수 있다. 피카소의 그림처럼 한 사물을 동시에 여러 곳에서 볼 수 있도록 그린 것은 다관점 개념이며, 크기나 강조 등을 통해 사물에 의미를 부여하는 방법은 사회적 개념에 속한다.

그림 13-4. 심도를 느낄 수 있는 광고

BMW, 랜드로버

4) 움직임

움직임을 아는 것은 인류가 생존하는 데 중요한 속성이었다. 사물이나 동물이 가깝게 다가오는지를 알아야 잠재적 위험에서 피할 수 있기 때문이다. 움직임은 네 종류로 구분할 수 있다. 첫째, 실제 움직임. 사물이 실제로 움직이는 것을 관찰하

그림 13-5. 움직임의 표현
명백한 움직임(펩시콜라), 그래픽 움직임(혼다 미니밴), 함축된 움직임(렉서스).

는 것이다. 둘째, 명백한 움직임. 영화나 텔레비전 이미지는 실제로 정지 이미지이지만 두뇌의 일관된 시각 현상 때문에 두뇌 속에서는 움직인다고 지각하는 것을 뜻한다. 셋째, 그래픽 움직임. 그림에 묘사된 움직임을 수용자의 눈이 따라가며 보면서 움직임을 인식한다. 만화의 한 장면과 그 다음 장면을 연속적으로 생각하는 것이 대표적 사례다. 마지막으로 함축된 움직임. 정지된 하나의 이미지를 보면서 움직임을 인식하도록 만드는 방법이다. 일례로 빨리 달리는 사람 뒤에 바람이 스쳐가는 듯 선을 그려 놓은 것이 해당된다.

▶ 광 고 사 랑 방 13-3	구도 잡는 방법

19세기에 화가들 사이에서 통용되던 제3의 법칙(또는 3분할 교차로 법칙)은 프레임의 구도를 짜는 데 유용하다. 이 절차는 다음과 같다. 프레임을 3등분하는 수직선과 수평선을 각각 두 개씩 그린다. 중요한 이미지는 선들의 교차점에 위치하도록 한다(업턴과 업턴, 1992).

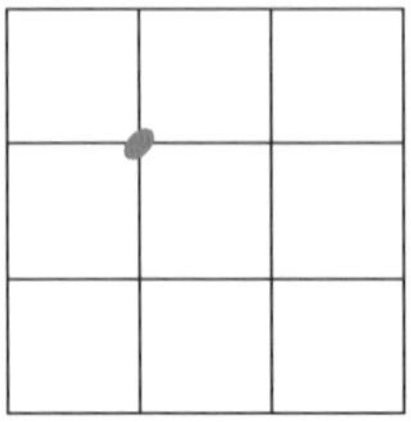

3. 디자인의 이해

디자인은 앞서 말한 이미지를 구성하는 일련의 과정이다. 디자인도 창의성에 기초하므로 어떤 특정한 원칙을 그대로 적용하는 것은 도움이 되지 않는다. 그렇지만 보편적인 원칙을 살펴보고 연습함으로써 디자인을 보다 효율적으로 관리하고 디자인을 개선할 수 있다. 그 같은 차원에서 몇몇 원칙을 살펴보려 한다. 그리고 다음에 제시된 원칙은 개별 이미지뿐만 아니라 여러 이미지들이 합쳐진 전체 집합에도 적용될 수 있다(Nelson, 1994).

1) 균형

균형은 광고의 한쪽과 또 다른 쪽 사이의 평형 상태를 뜻한다. 또는 그림의 위쪽과 아래쪽을 비교하기도 한다(광고의 시각적 중심은 광고물의 한가운데가 아니라 그보다 약간 위쪽이기는 하지만). 소비자가 광고를 평가할 때는 이 같은 균형 요인도 중요하게 영향

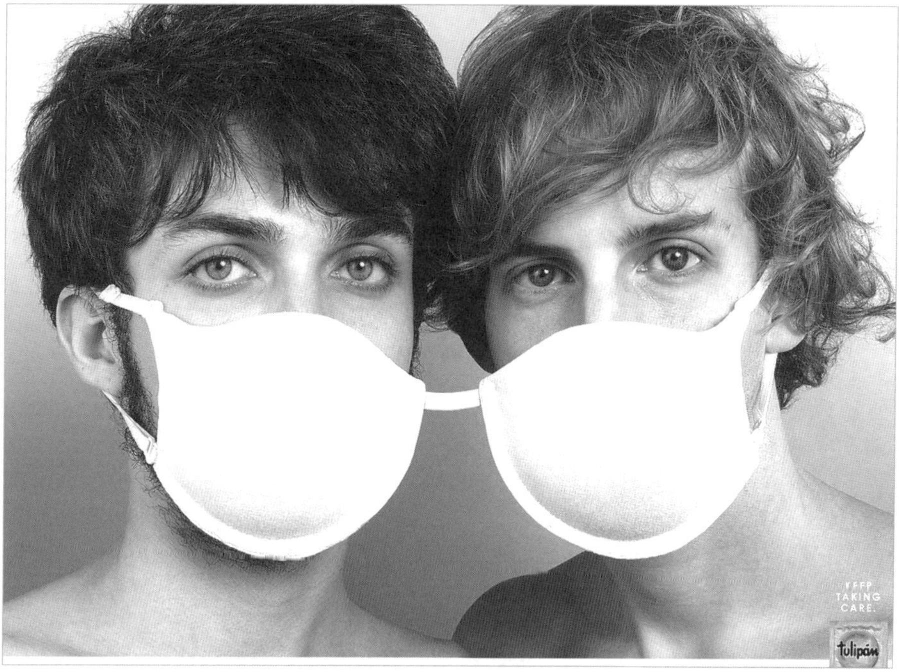

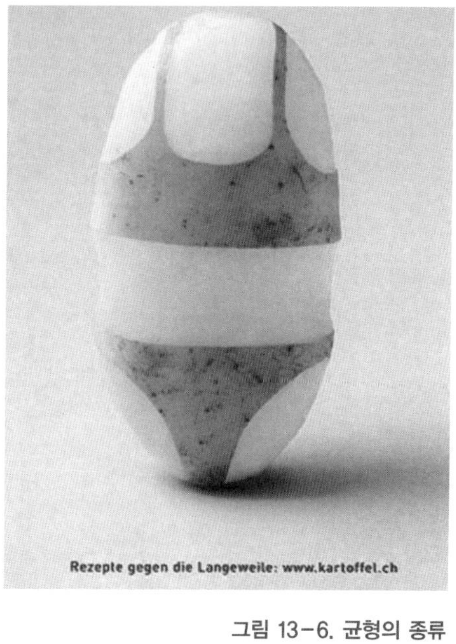

그림 13-6. 균형의 종류

공식적인 균형(대칭형): 안정적임. (튤리판 콘돔 광고, 스위스감자위원회의 싫증나지 않는 감자 조리법)

비공식적 균형(비대칭형): 수용자의 호기심을 자극하거나 역동적임. (레드불)

을 끼친다.

균형잡힌 이미지는 안정감을 주는 반면에 무미건조한 느낌을 전할 수 있다. 반면에 불균형의 이미지는 중심에서 이탈한 불편함을 느낄 수 있지만 신선한 충격이나 역동성을 줄 수 있다(그림 13-6).

검정 톤이나 커다란 시각 요인은 회색 톤이나 적은 시각물보다 무게가 더 나간다. 그리고 색다르거나 이상한 형태가 일반적인 형태에 비해 시각적인 무게를 더 가진다. 컬러도 흑백에 비해서 무겁게 느껴진다.

2) 비율

사물 크기 간의 관계 또는 세로와 가로의 관계를 비율이라고 한다. 흔히 묘사되는 외계인처럼 몸체는 적은데 머리가 큰 경우를 생각하면 비율의 부적절함이 우리에게 얼마나 기괴한 느낌을 주는지 알 수 있다. 고대 그리스인들에게는 가로와 세로의 황금 비율이 5 : 3이었다(그림 13-7).

3) 순서

순서는 소비자가 광고물을 읽거나 보는 순서를 말한다. 인쇄 광고에서는 대체로 공간에 의해 그 순서가 정해지는데, 수용자의 주목 순서에 따라서 다르다. 이에 비해 방송 광고에서는 광고물이 시간에 따라 제시되므로 수용자는 그 순서를 따를 수밖에 없다.

일반적으로 수용자의 눈길은 다음과 같이 움직인다. 큰 것에서 작은 것으로, 밝은 면에서 어두운 면으로, 이상한 형태에서 일반적인 형태로, 위에서 밑으로, 왼쪽에서 오른쪽으로(그림 13-8).

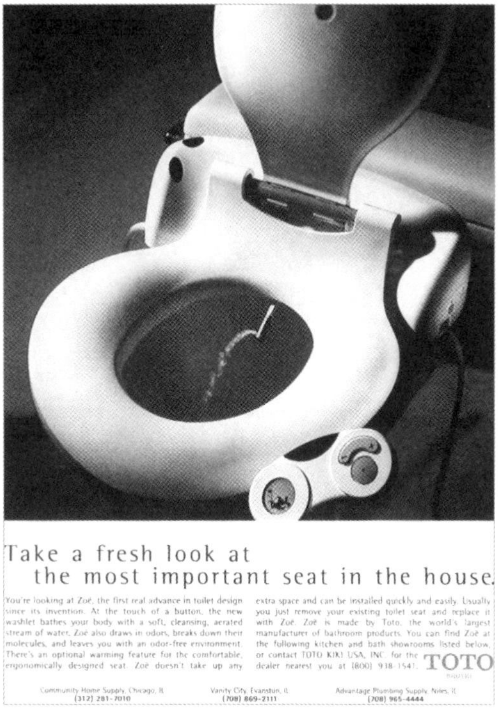

그림 13-7. 비율

광고물을 가로로 5등분하는 것도 초보 디자이너에게는 유용하다. 광고물이 3/5 정도는 그림, 2/5 정도는 카피나 로고로 채워져 있는 것이 일반적인 비율이다(토토).

그림 13-8. 눈길의 흐름

"어이, 까만색도 있네"라는 카피는 새로 나온 비틀을 찾아보게 만든다.

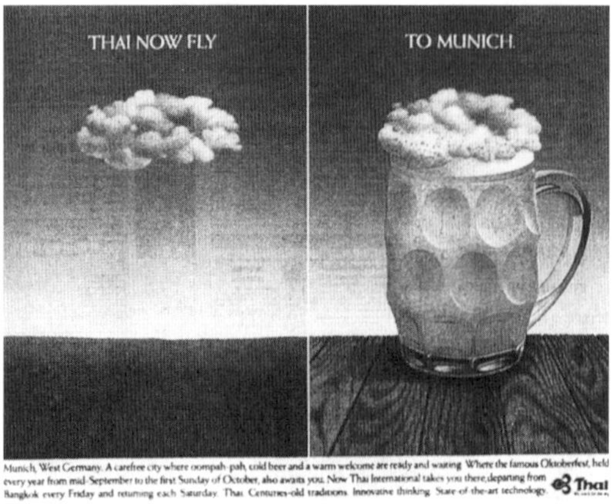

그림 13-9. 일체감을 이룬 광고
맥주 거품으로 변한 초원 위의 구름, 타이항공이 날아서 뮌헨으로 간다는 헤드라인, 그리고 초원과 테이블이 일체감에 기여한다(타이항공).

4) 일체감

광고물에 제시된 각 요소들이 전체적으로 조화를 이루는 느낌을 일체감이라고 한다. 각 요소들은 광고 안에서 같은 광고에 속한다는 느낌을 주는 것이 필요하다. 그렇지 않으면 소비자의 주의가 분산되기 때문이다. 한 예로 두 쪽에 걸친 잡지 광고(이러한 광고를 스프레드*spread*라 함)에서 각 쪽마다 다른 광고인 것처럼 할 경우 일체감을 잃게 된다. 그 같은 경우에는 두 페이지에 걸쳐 똑같은 색상이나 글자체를 사용함으로써 일체감을 유지할 수 있다(그림 13-9).

일체감을 이루기 쉬운 해결책은 광고물의 경계선을 이용하는 것이다. 그 같은 경계선은 신문에서 기사와 광고를 구분해 주기 때문이다. 또한 하얀 공간을 이용해서 일체감을 구축할 수도 있다. 광고물의 바깥 쪽에 주로 위치한 하얀 공간은 광고물의 경계선 역할을 수행하기도 한다.

5) 강조

광고물에 여러 요소가 제시될 경우에는 대체로 그 가운데 두드러지게 부각되는 한 요인이 있다. 이처럼 사람의 눈길을 끄는 것을 강조라고 한다. 디자인을 할 때

그림 13-10. 이미지에서 강조되는 부문

군중과 대비되면서 카메라의 플래시를 받고 있는 사람. 그리고 그 사람이 입고 있는 LEVI'S 청바지.

는 무엇을 강조할 것인지에 대해 명확하게 알고 있어야 한다.

강조하는 방법은 다양하다. (1) 해당 요인을 따로 떼어 놓는다. (2) 크기나 형태를 변형한다. (3) 색상에 변화를 준다. (4) 특정 이미지를 선명하게 한다. 특히 변화를 주는 데는 대조가 효과적이다. 밝고 어두운 것, 크고 작은 것의 차이를 즉각적으로 인식하기 때문이다. 그러나 한 가지 주의할 사항은 모든 것을 강조하면 아무것도 강조하지 않게 된다는 점이다.

4. 시각 커뮤니케이션 이론

시각 메시지(이미지)를 보면서 처리하는 과정을 설명하는 이론은 감각*sensual* 이론과 지각*perceptual* 이론으로 대별할 수 있다. 감각 이론에 따르면 이미지는 주로 빛으로 구성되며, 시각적 감각에 초점을 맞춘다. 이는 시각 자극물이 감각 기관 내의 신경 세포를 활동시키는 과정을 의미한다. 게슈탈트 이론과 생태 이론이 이 범주에 속한다.

이에 비해 지각 이론은 이미지와 연관된 의미에 초점을 맞춘다. 지각이란 감각 기관에서 모인 정보를 합해서 결론을 내린다는 것을 의미하기 때문이다. 기호학과 인지 이론이 여기에 속한다.

그렇지만 이 같은 구분이 서로 배제적인 영역을 뜻하지는 않는다. 감각 이론에서도 지각을 다루며, 지각 이론에서도 감각의 중요성을 인정한다. 다만 어느 부분의 설명에 더욱 초점을 맞추느냐에 기초하여 이론을 구분한 것이다. 여기에서는 각 이론 가운데 대표적인 이론을 소개하였다. 감각 이론 가운데에서 게슈탈트 이론을, 그리고 지각 이론 중에서는 기호학을 설명하였다.

1) 게슈탈트 이론

(1) 이론의 주요 내용

독일 심리학자 베르트하이머Wertheimer는 다음과 같은 실험을 하였다. 프레임의 왼쪽에 작은 불빛을 깜빡거리고, 잠시 후 오른쪽에 작은 불빛을 깜빡거린다. 이를 본 피험자는 불빛이 왼쪽에서 오른쪽으로 움직였다고 해석한다. 이 같은 결과를 통해 베르트하이머는 다음과 같은 사실을 알았다. 눈은 단순히 시각적 자극을 수용할 뿐이며, 두뇌가 감각을 일관된 이미지로 조합한다는 것을. 즉 눈에 의한 정보 처리만으로는 왼쪽 깜박과 오른쪽 깜박이 있을 뿐이다. 그러나 두뇌가 전체 이미지를 정보 처리할 때는 불빛의 움직임을 느끼는 것이다. 그래서 전체는 부분들의 집합과는 다르다는 주장을 하게 된다.

게슈탈트는 형태 또는 모양을 뜻하는 독일어다. 게슈탈트 심리학자는 베르트하이머의 초기 연구를 지속하여 요소들을 의미 있게 조직하는 법칙을 발견했다. 이들에 대한 설명이 그림 13-11에 제시되어 있다(김정호 · 이관용 · 차재호, 1982).

게슈탈트 법칙은 프레임에서의 중심 이미지와 배경을 판단하는 현상에도 적용된다. 이때 중심 이미지와 배경을 판단하는 데 도움을 주는 단서는 다음과 같

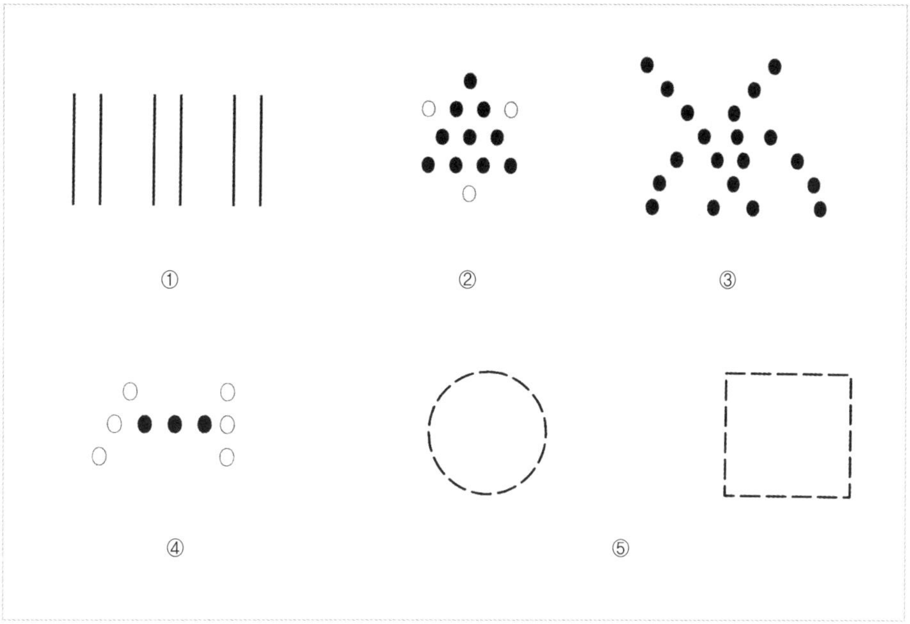

그림 13-11. 게슈탈트의 법칙

① 근접성: 6개의 선 대신 세 쌍의 수직선으로 봄. 시공간에 가까이 있는 사물을 군집으로 지각함.

② 유사성: 검은 점으로 된 정삼각형은 위로 향해 있고, 세 흰 점으로 된 다른 정삼각형은 아래 방향으로 향하고 있다고 지각. 유사한 자극들은 군집되어 보임.

③ 연속성: 한 양식으로 시작한 선은 그 양식을 계속하는 것으로 지각하는 경향. 곡선으로 시작한 선은 완만한 곡선을 계속 유지하는 것으로 지각.

④ 공통성: 함께 움직이는 것으로 지각되는 요소들은 체계적인 집단을 형성. 같은 방향의 움직임에 따라 공동 운명을 지닌 셈.

⑤ 완결성: 지각 과정들은 자극에 있어 틈이나 간격이 있으면 그것을 메우려고 함. 왼쪽의 것은 원으로, 오른쪽 패턴은 사각형으로 보게 됨.

다. (1) 대칭 형태는 수로 중심 이미지로 파악한다. (2) 볼록 튀어나온 사물을 주로 중심 이미지로 본다. (3) 적은 면적을 지닌 모양을 주로 중심 이미지로 판단한다. (4) 친숙한 사물이 중심 이미지로 부상한다. (5) 수직 또는 수평 형태가 중심 이미지로 파악된다. 그림 13-12는 한 선이 두 얼굴을 나타내고 있다. 과연 여러분은 어떤 얼굴이 중심 이미지로 떠오르는가?

그림 13-12. 사물과 배경의 구분

(2) 이론의 평가

게슈탈트 이론은 그림의 내용을 구성하는 개별적인 형태에 초점을 맞추어 이를 감각하는 과정을 이해하는 데 도움을 준다. 사실 어떠한 이미지의 분석도 기본적인 형태(색상, 형태, 심도와 움직임)부터 시작해야 한다. 그 같은 맥락에서 게슈탈트 이론은 시각 메시지를 준비하거나 해석할 때, 이미지의 기본 속성을 이해할 필요를 제기한다. 또한 두뇌가 시각 메시지를 분류하는 데 중요한 기능을 수행한다는 것을 명백히 보여 준다.

그러나 이 이론은 이미지를 해석하는 데 과거의 경험이나 문화적 영향력을 별로 고려하지 않는다. 시각적 인식이 너무 빨리 발생해서 이미지를 해석하기 위해 기억을 사용할 수 없다고 보기 때문이다. 따라서 이 이론은 이미지 해석에서 문화가 중요한 영향력을 행사함에도 불구하고 그러한 설명이 미흡하다는 단점을 갖는다. 또한 감각과 지각 과정을 설명하기보다는 이들 과정을 묘사하는 측면이 강하다는 비판도 받는다.

2) 기호학

기호학은 기호와 기호가 뜻하는 의미의 관계를 연구한다. 언어적 분석을 포함하여 이미지 연구에도 체계적인 틀을 제공하므로 이미지의 지각 이론을 대표한다.

기호학의 영어 명칭은 'semiology'와 'semiotics'다. 전자는 소쉬르Saussure 또는 유럽 학풍과 연관이 있고, 후자는 퍼스Peirce 또는 미국 쪽의 연구와 관련이 있다 (Cook, 1992).

(1) 소쉬르의 기호학

먼저 소쉬르의 기호학을 살펴보자. 모든 기호는 기표*signifier*(단어)와 기의*signified*(개념이나 의미)로 구성된다. 단어를 말하는 소리가 기표에 해당된다면 그 소리에 의한 개념이 기의가 된다. 이에 대해서 바르트는 1950년대 중반에 프랑스 신문에 다음과 같은 기고를 했다. "기표와 기의의 1단계에서만 의미화가 발생하는 것이 아니라 또 다른 단계에서 의미 발생이 일어날 수 있다." 이를 도식으로 나타내면 그림 13－13과 같다.

1단계의 의미가 겉으로 드러난 것(외연*denotation*)이라면, 2단계의 의미는 속에 깊이 감추고 있는 것(내포*connotation*)이라고 할 수 있다. 바르트는 이 같은 2단계에서의 의미 발생을 신화*myth*라고 부른다. 신화란 사회에 널리 퍼져 있는 지배적인 사상, 즉 지배 이데올로기로 파악된다.

또한 소쉬르에 의하면 말은 시간이 흐르면서 전개되므로 한 번에 하나의 기호만 발생시키며, 의미를 생성하는 데는 두 가지 방법이 있다. 하나는 순서에 의한 의미 발생이다(통합체*syntagm*). "나는 먹는 것을 본다"와 "나는 보는 것을 먹는다"가 그러한 사례에 속한다. 또 다른 의미 발생은 여러 기호 가운데 하나의 기호를 선택함으로써 발생한다(계열체*paradigm*). "나는 맥주를 마신다"와 "나는 림

<table>
<tr><td></td><td colspan="2">기호</td></tr>
<tr><td></td><td>기표(고급 핸드백)</td><td>기의(하이클래스의 상징)</td></tr>
<tr><td colspan="2">기호</td><td></td></tr>
<tr><td>기표(에르메스 핸드백)</td><td>기의(고급 핸드백)</td><td></td></tr>
</table>

그림13－13. 의미화 과정

그림 13-14. 술 광고의 해석
겉으로는 "바카디 술을 마시라"는 의미를 전달한다. 그렇지만 헤드라인의 shorts는 한 잔이라는 의미 이외에 반바지라는 뜻도 있다. 그렇다면 어디로 들어가란 이야기인지. 더욱이 헤드라인은 그녀 쪽으로, 그것도 바지 쪽으로 다가간다. 따라서 헤드라인은 또 다른 성적 함축성을 갖는다(윌리엄슨).

와인을 마신다"에서 맥주와 와인 가운데 무엇을 선택했느냐에 따라 의미가 달라진다.

이 같은 의미 발생의 원칙을 적용하여 다양한 시각적 이미지를 해석할 수 있다. 슈퍼마켓의 진열장에 가보면 상품의 진열은 계열체에 의존함을 알 수 있다. 라면 선반에 가면 많은 라면이 선택되기를 기다리지 않는가? 라면과 계란, 파 등이 함께 놓인다면 통합체적 배열이 되겠지만. 자신이 입고 있는 옷도 심벌로서 의미를 전달해 준다. 그리고 이러한 옷의 의미도 왜 반바지가 아닌 짧은 치마를 입었는지(계열체), 짧은 치마에 운동화가 아닌 샌들을 신었는지(통합체)에 대해 의미 해석이 가능할 것이다.

광고의 이미지도 분석될 수 있다. 화장품 광고의 모델로 왜 수영 선수가 아니고 여배우를 선택했는지(계열체), 그 여배우를 왜 하얀 백사장에 놓았는지(통합체) 등등. 이처럼 광고 이미지의 진정한 의미가 무엇인지를 모색하는 연구로는 윌리엄슨Williamson의 《광고의 해독*Decoding Advertisements*》이 있다(그림 13-14 참조).

이 같은 기호학은 다양한 시각적 문화를 분석하는 데 적용되었다. 패션, 길거리 표지판, 텔레비전 프로그램, 록 음악, 빌딩 등.

(2) 퍼스의 기호학

퍼스의 기호학은 소쉬르의 연구에 덧붙여서 다양한 기호의 종류를 소개한다. 아이콘*icon*, 인덱스*index*, 심벌*symbol*. 아이콘은 기의와 모양이 닮은 기호를 의미한다. 지도와 사진이 대표적 사례에 속한다. 그리고 화장실의 남녀를 표시하기 위한 그림, 또는 컴퓨터 화면에 등장하는 휴지통이 해당된다. 아이콘은 원래 그 아이콘을 전혀 보지 못했던 사람에게도 의미가 전달되어야 한다. 그렇지만 그런 사례는 거의 없다. 대체로 학습을 통해 아이콘이 의미를 지닌다. 예를 들면 의성어가 그렇다. '꼬끼오'라는 소리는 한국인에게나 통용되는 닭 우는 소리지, 서구인에게는 이 의미가 전달되기 어렵다.

인덱스는 인과 관계에 의해 기표와 기의가 결정되는 기호이다. 상식과 논리에 의해 연결된다. 달에 찍힌 발자국은 인간이 달에 착륙했다는 의미. '맛이 간 목소리'는 술 취했다는 인덱스이고, 값비싼 보석은 부의 인덱스가 된다. 이처럼 인덱스를 해석하는 것은 세상에 대한 지식과 연결되어서 사람마다 해석이 다를 수 있다. 갑순이가 땀을 많이 흘리는 것을 보고 내과의사, 한의사, 일반인이 해석하는 의미가 다르듯이.

심벌은 모양이나 논리적 연결이 없는 경우를 뜻한다. 따라서 기표와 기의의 의미 관계는 임의석이고 관습적이기 때문에 교육되어야 한다. 그 같은 점에서 사회적 또는 문화적 영향력을 가장 많이 받는 기호이다. 단어, 숫자, 제스처, 깃발, 대부분의 로고가 이에 해당된다.

(3) 이미지 연구와 평가

기호학은 화용론*pragmatics*, 의미론*semantics*, 구문론*syntactics*을 포함한다. 화용론은 기호의 기원이나 사용하는 법, 또는 커뮤니케이션 효과를 연구한다. 의미론은 문화

표 13-1. 코드의 종류

구분		정의	광고 사례
환유 코드 *metonymic code*		직접 가리키지 않고 그 속성이나 특징으로 나타냄	침대 옆에 벗어 놓은 스타킹과 술잔 등은 로맨스를 추측
유사 코드 *analogic code*	은유 *metaphor*	동등함을 제시	침대는 과학임을 알리기 위해 연구소의 실험 장면을 보여 줌
	직유 *simile*	유사한 속성을 지님을 제시	오염 없는 피부는 꽃봉오리에 매달린 이슬 같다는 표현
대체 코드 *displaced code*		해당 의미를 전달하기 위해 다른 기호로 대체함	술, 담배, 립스틱의 상품 모양이 남성을 상징함
압축 코드 *condensed code*		여러 기호가 합쳐서 복합적인 새 기호를 형성	빠른 편집, 화려한 색상 등이 포스트모던적 패션을 전달함

에서 기호의 중요성을 이해하려는 시도이다. 이에 비해 구문론은 기호의 복합적인 메시지를 구성하기 위해 기호가 합쳐지는 방식을 설명한다.

이미지를 연구할 때는 기호가 합쳐서 의미를 전달하므로 구문론이 보다 관련 있다. 이같이 기호가 합쳐져 연결된 연상을 코드라고 하는데, 보통 네 종류가 있다(Lester, 1995). 환유 코드, 유사 코드, 대체 코드, 압축 코드(표 13-1).

기호학은 무엇보다 시각적 메시지를 어떻게 구성할 것인지에 대한 지침을 제공한다. 나아가서 그 같은 구성이 수용자에게 어떤 의미로 해석될 것인지를 분석할 수 있도록 한다. 이러한 맥락에서 이미지에 대한 통찰력이 제고될 수 있다. 다만 기호학적 접근은 단순화되고 지엽적인 분석에 그쳐 비판을 받기도 한다. 또한 지나치게 심층 구조에 초점을 맞춰 표피 구조의 중요성이 간과되는 경향이 있다.

그럼에도 불구하고 비언어적 커뮤니케이션의 이해와 설명에 대한 체계적 틀을 제공한다. 더욱이 이미지 분야뿐만 아니라 광고의 언어적 분석을 비롯하여 다양한 분야에서 심층 구조를 분석하는 데 유용하다.

▶ 광 고 사 랑 방 13-4 | **준언어의 중요성**

종종 무시되는 영역이 언어의 준언어*paralanguage* 분야이다. 준언어란 기호가 전달하는 언어학적 의미 이외의 의미 전달 수단을 일컫는다. 면 대 면 커뮤니케이션에서의 준언어 사례는 다음과 같다. 눈으로 이야기한다든가, 제스처, 몸의 움직임, 의상, 신체 접촉, 자세, 물리적 인접성, 목소리, 성량, 목소리 높이, 웃음. 그리고 인쇄 매체를 이용한 커뮤니케이션에서는 종이 크기, 글자 크기, 글자 모양, 종이 질 등. 특히 광고에서는 언어적 기호 못지않게 준언어에 의한 의미 전달이 중요하므로 이 같은 영역에도 관심을 기울여야 할 것이다.

준언어는 언어와 상호 작용을 하지만, 가끔은 언어보다 더 큰 비중을 지닌다. 한 예로 어떤 여인이 연인과 헤어질 때, 흐느껴 울면서 "난 괜찮아"라고 말을 했다면? 점원이 "또 오세요"라고 말하면서 인상을 찡그릴 때, 여러분은 어떻게 생각하는가?

언어적 기호는 연속적이지 않다. '발'과 '팔'은 서로 다르다. 즉 'ㅂ'과 'ㅍ'이 연속선상에 있는 것이 아니라 분리되어 있어서 둘 가운데 하나를 대표해야 한다. 이에 비해 대다수의 준언어적 기호는 연속적이다. 입술 끝이 살짝 올라가는 미소부터 시작해서 이빨을 다 드러내는 미소까지.

참고 문헌

강명구 (1992). "포스트모던 광고의 상품 미학," 〈광고연구〉.
김정호 · 이관용 · 차재호 (1982). 《심리학 개론》. 서울대학교 출판부.
슐츠, 단 외 (1993). 《통합적 마케팅 커뮤니케이션》. 문영숙 · 이혜갑 · 김광수 옮김. 범우사.
업턴, 바바라 런던 · 업턴, 존 (1992). 《사진》. 성낙인 · 배병우 옮김. 미진사.
윌리엄슨, 주디스 (1998). 《광고의 기호학》. 박정순 옮김. 나남.

Cook, G. (1992). *The Discourse of Advertising*. London: Routledge.
Huxley, A. (1942). *The Art of Seeing*. New York: Harper.
Lester, P. M. (1995). *Visual Communication: Images with Messages*. New York: Wadsworth Publishing Company.
Nelson, R. P. (1994). *The Design of Advertising*. Madison: WCB Brown & Benchmark Publishers.

14장 광고 제작

제작은 아이디어가 현실화되는 과정이다. 카피와 디자인이 완성된 후에 행하는 작업이 바로 제작이다. 실제로 어떻게 제작되는지를 인쇄 매체와 방송 매체로 세분하여 설명한다.

사실 기대했던 것만큼 실제 제작이 잘 되지는 않는다. 광고 아이디어가 광고물로 실현되기까지는 많은 단계와 여러 사람의 노력을 거치게 마련이고 어느 과정에서 실수가 발생할지 모르기 때문이다. 따라서 각 단계를 이해함으로써 기대했던 광고물이 표현될 수 있도록 해야 한다.

1. 인쇄 광고의 제작 준비

1) 준비 단계

카피라이터가 완성한 카피와 아트 디렉터가 만든 디자인이 투입된다. 즉 12장 카피와 13장 시각 커뮤니케이션에 기초해 광고물의 시안을 작성하는 단계이다. 이때부터 카피라이터의 역할은 줄어드는 반면, 아트 디렉터는 제작부서와 외부의 전문업체들과 긴밀하게 협조해 광고 제작에 깊숙이 개입한다. 물론 크리에이티브 디렉터가 총괄하고 있으며 AE도 관여하고 있지만.

2) 레이아웃 단계

진행 중인 광고물을 통칭해 레이아웃이라고 한다. 또는 광고의 기본 디자인 골격을 의미하기도 한다. 레이아웃은 완성도에 따라 썸네일*thumbnail sketch*, 러프*rough layout*, 컴프*comprehensive layout*, 미케니컬*mechanical* 로 구분된다. 미케니컬은 제작 단계에 속하므로 이를 제외한 세 가지가 그림 14-1에 소개되어 있다.

썸네일
· 레이아웃의 여러 아이디어를 스케치함
· 소형으로 대충 그린 초안

러프
· 소형 또는 실제 광고물 크기로 그린 스케치 (대부분은 소형임)
· 광고물의 모든 요소의 위치를 표시함

컴프
· 실제 광고물 크기로 정교하게 만든 레이아웃
· 프리젠테이션에 이용됨

그림 14-1. 레이아웃의 단계

3) 레이아웃의 종류

광고물에 담겨질 다양한 요소를 어떻게 정렬할 것인가? 정렬 방식은 디자이너의 창의력에 따라 무한할 수 있지만 일반적으로 인쇄 광고물에서는 그림 14−2와 같이 열 가지로 구분된다(Nelson, 1994).

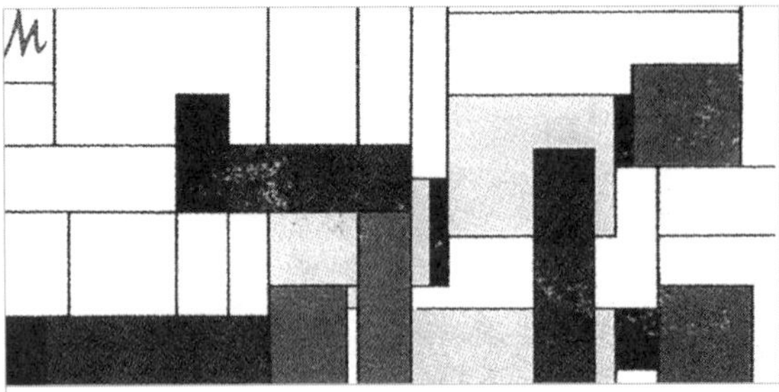

몬드리안*Mondrian* 레이아웃: 네덜란드 화가 몬드리안의 이름을 땄음. 기하학적 도형이 기본(메이트 헬스 케어의 콘돔 광고).

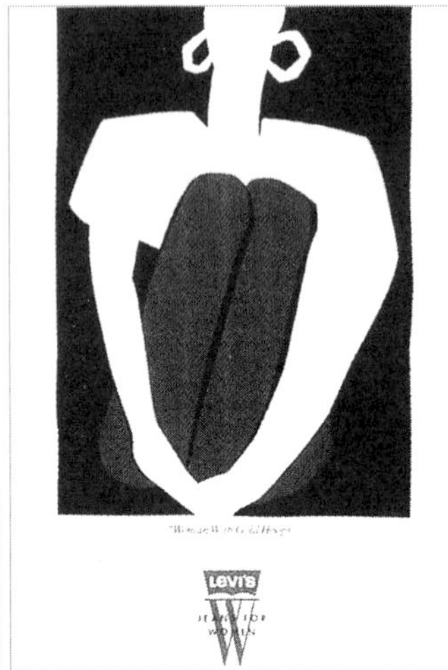

그림틀*picture-window* 레이아웃: 그림을 펼쳐 놓고 카피는 남아 있는 조그만 공간에 위치함(리바이스).

실루엣*silhouette* 레이아웃: 광고 요소를 서로 겹치게 놓음. 이때 서로 쌓아 놓는 것이 아니라 서로 엇갈리게 놓아 그림자 모양을 살림(스미노프 보드카).

프레임*frame* 레이아웃: 틀짓기를 통해서 중심된 이미지나 메시지를 부각시킴. 대체로 그림을 이용해서 틀짓기를 전개함(앱솔루트 보드카).

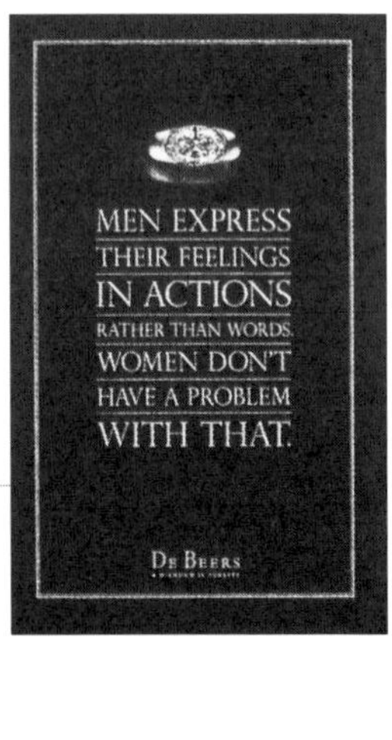

카피 중심*copy-heavy* 레이아웃: 본문 카피가 중심적(드비어스 다이아몬드).

그림 14−2. 레이아웃의 종류

멀티패널*multipannel* 레이아웃: 연재 만화*comic strip*와 같은 형태로 일련의 이미지가 제시됨(도럴 담배).

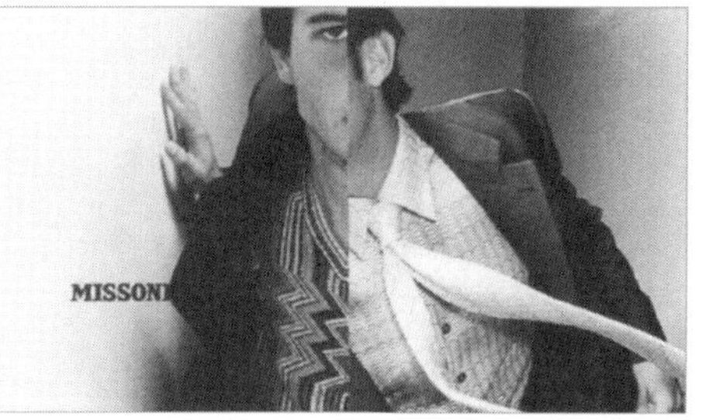

서커스*circus* 레이아웃: 시각적으로 정형을 탈피해 수용자의 주의를 끌지만 이해하는 데 다소 시간이 걸림(미쏘니).

글자 모형*alphabet-inspired* 레이아웃: 광고물 전체의 시각적 요인이 글자 형태를 흉내 냄(메르세데스 벤츠).

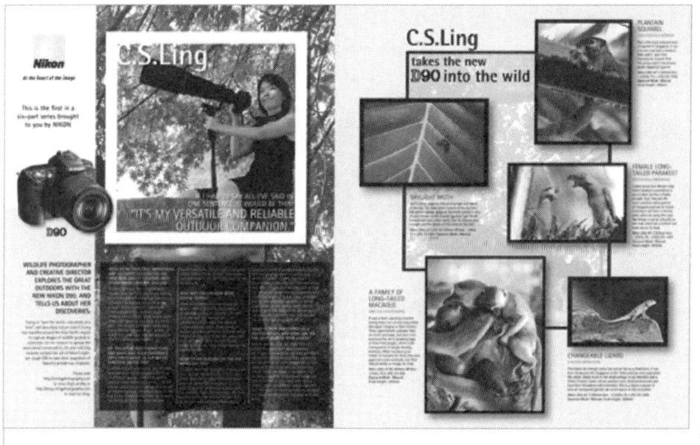

리버스*rebus* 레이아웃: 카피는 여러 그림에 의해 조그만 부분으로 분할됨. 제시된 여러 그림이 중요하므로 카피가 그림을 둘러싸고 있거나 나뉘어져 있음(니콘).

큰 활자*big-type* 레이아웃: 큰 활자체가 광고의 상당 부분을 차지함(에피레이디 제모제).

2. 인쇄 광고의 제작

1) 제작 단계

인쇄 광고의 제작은 카피라이터와 아트 디렉터에 의해 창작된 아이디어를 갖고 시작된다. 완성된 컴프를 갖고 제작하는 과정은 대체로 다음 네 단계로 나눌 수 있다. (1) 조판과 아트 제작, (2) 페이지 조합, (3) 인쇄 전 작업, (4) 출력.

(1) 조판과 아트의 제작

이 단계는 크게 두 가지로 나뉜다. 하나는 활자체와 관련되며 또 다른 하나는 아트(시각 요소)에 대한 내용이다.

조판이란 활자체를 선택하고 배열하는 과정을 말한다. 전문적인 식자업체에 의뢰하여 활자를 선정할 수도 있으며 DTP(desk-top publishing)를 이용하여 활자를 만들 수도 있다. DTP의 시각 내용 제작은 사진과 일러스트레이션을 포함한다(광고 사랑방 14-1 참조).

초기의 활자는 핫 타입*hot type*이라고 불렀다. 금속을 주조하여 만들었기 때문이다. 그러나 최근의 활자 시스템은 콜드 타입*cold type*이라고 칭한다. 금속이 아니라 사진이나 레이저를 통해 글자나 그래픽을 만드는 데서 연유한다.

사진 촬영을 위해서는 전문 사진가가 동원되어 촬영 현장, 소도구, 제품 등에 주의하여 이루어진다. 반면에 광고에 들어갈 삽화 등을 위해서는 일러스트레이터가 참여한다. 처음에는 연필로 묘사*rendering*하고 이에 대한 승인이 나면 최종 삽화를 그린다.

이전에 이미지를 만들기 위해서 사용한 도구는 포토타입세터라고 한다. 이러한 종류의 기계는 예외 없이 빛을 사용하였다. 그러나 최근에는 레이저를 활용한 이미지세터나 레이저 프린터가 등장하였다. 이들은 그래픽뿐만 아니라 텍스

▶ 광 고 사 랑 방 14-1	아트의 종류

시각 요소인 비주얼의 종류를 구분하면 다음과 같다.

(1) 창작품: 실제로 펜이나 오일, 또는 물감 등으로 그린 작품을 칭한다. 이들 작품은 원형 그대로 이용될 수도 있고 다른 방식으로 처리되어 사용될 수도 있다.
(2) 클립 아트: 저작권을 걱정하지 않고 이용할 수 있는 작품 모음집을 뜻한다. 책이나 출판물 등에서 오려서 사용할 수 있다는 데서 연유했지만 요새는 컴퓨터 파일에서 꺼내 사용할 수 있다.
(3) 사진: 다양한 사진을 제공하는 업자로부터 사진을 대여받아 사용할 수도 있고 전문 사진 작가를 고용하여 사진을 촬영할 수도 있다. 대체로 인쇄 과정을 거치면서 사진의 질이 떨어지기 때문에 고화질의 사진을 사용하는 것이 중요하다.
(4) 컴퓨터 아트: 컴퓨터를 이용해 새로운 그림을 만들거나 변형시킬 수 있다.

트도 만들 수 있고 선명도도 뛰어나다. 업계에서 가장 많이 사용하는 이미지세터는 라이노트로닉*Linotronic* 시스템으로 알려져 있다.

(2) 페이지 조합

페이지 조합*page assembly* 단계에서는 최종적으로 완성된 활자(카피를 구성)와 시각적 요소를 실제 광고에서 등장하는 대로 함께 배열하여 미케니컬(*mechanical* 또는 *pasteup* 사진 촬영할 수 있는 상태)을 만든다. 예전에는 수동으로 이루어졌으나 이제는 컴퓨터를 통하여 만들어진다. 사진이나 그림 등을 스캐너로 컴퓨터에 입력하고 카피 등도 미리 입력해 놓은 다음 컴퓨터에서 이를 편집하는 것을 뜻한다. 여러 사진을 함께 합치는*blending* 작업도 이 단계에서 이루어진다.

(3) 인쇄 전前 작업

이전 단계에서 제작된 미케니컬을 이용하여 여러 기술적인 기계 과정을 통해 인쇄할 수 있도록 준비한다. 원색 분해, 색상 교정, 네거티브 제작, 스트리핑*stripping*, 판 만들기*plate making* 가 이루어진다. 이에 대해서는 2) 와 3) 에 기술되어 있다.

(4) 출력

만일 인쇄 매체의 광고물이라면 매체사에 필름 네거티브나 포지티브를 제공하면 된다. 네커티브는 실제 이미지의 밝고 어두움이 반대로 나온 것으로, 예전의 카메라 필름을 뜻한다. 이에 비해 포지티브는 밝고 어두운 부위가 실제 이미지와 똑같은 것으로 슬라이드용 필름이 해당된다. 그리고 브로셔를 포함한 직접 우편물을 제작하는 것이라면 인쇄, 절단, 묶음, 발송까지 지켜봐야 한다.

2) 인쇄의 원칙

(1) 연속톤 아트와 선 아트의 차이

'꺼벙이'라는 이름을 도장에 새겨서 종이에 찍으려 하는데 '꺼' 자는 검은색, '벙' 자는 짙은 회색, '이' 자는 밝은 회색으로 찍고 싶다고 하자. 어떻게 하면 되겠는가? 두 가지 방법이 있다. 하나는 각 글자마다 도장을 새겨서 인주의 색깔을 바꿔서 세 번 찍는 방법이다. 아니면 하나의 도장에 세 글자를 새겨 놓고 각 글자에 색

그림 14-3. 연속톤 아트와 선 아트(박광수의 광수생각)

깔을 칠해서 한번에 찍는 방법이다.

그러나 보다 쉬운 방법이 있다. 바로 검은색으로 세 가지 다른 색을 표현하는 것이다. 이미지를 검은색 한 색깔로 표현하되 점으로 구성하는 방법이다. 여기에 바로 인쇄를 이해하는 중요한 요점이 있다. 인쇄에서는 잉크가 종이에 찍히고 안 찍히고가 있을 뿐이지 적당히 희석되어 찍힐 수는 없다. 그리하여 검은색 부분은 많은 점을 찍고, 짙은 회색 부분은 적당하게, 밝은 회색엔 점을 적게 찍으면 된다. 이런 식으로 이미지를 묘사하는 것을 '연속톤 아트*continuous-tone art*'라고 한다. 반면에 점이 아니라 선으로 이미지를 구성하는 것을 '선 아트*line art*'라고 한다. 선 아트에는 점으로 구성된 명암의 변화가 없다는 것이 특징이다(그림 14–3 참조).

(2) 망판 인쇄술

광고물의 이미지를 인쇄 또는 복제할 때는 '연속톤 아트'를 이용한다. 특히 컬러 광고물의 제작은 '점을 찍는다'는 원칙을 이해해야 한다.

컬러로 자신의 얼굴을 그린 명함 300장을 만든다고 생각해 보자. 컬러로 그린 얼굴(예를 들면 머리는 파랑, 눈은 초록, 안경은 금색, 입술은 빨강, 치아는 노랑 등)을 어떻게 하면 많은 종이에 인쇄할 수 있을까? 대다수의 색은 네 가지 색(파랑, 빨강, 노랑, 검정)을 혼합하면 만들 수 있다. 따라서 네 가지 색상판을 만들어 점을 찍을 수 있다면 여러 색깔을 표출할 수 있다. 여기에서 판*plate*은 실제 아트를 물리적으로 재현한 것으로 금속, 고무, 플라스틱, 종이 등으로 만들어진다. 고대 목판으로 만든 활자판을 생각하면 된다. 이 판을 이용해서 많은 복사물을 만들 수 있다.

다시 얼굴을 컬러로 그린 명함의 문제로 돌아오자. 하나의 판에 얼굴을 새겼다고 하자. 그 같은 판을 네 개 만들었다. 그러면 각 판에 잉크색(파랑, 빨강, 노랑, 검정)을 달리하여 잉크를 묻힌다. 그런 다음 각 판을 한 번씩 같은 종이에 누르면(즉 네 번) 컬러로 얼굴이 그려진다. 이처럼 총천연색을 묘사하는 데 네 색상을 이용하는 것이 원색 분해의 원리다. 결국 네 판을 각각 300장의 종이에 찍으면(4 × 300 = 1200) 300장의 총천연색 얼굴 카드를 만들 수 있다.

> **▶ 광고사랑방 14-2 | 복합판의 사용과 스트리핑**
>
> 거의 모든 광고물은 선 아트(텍스트를 포함하여)와 연속톤 아트를 합친다. 그러나 광고물 전체를 망판을 통하면 선 아트의 질이 떨어진다. 따라서 이것을 해결하기 위한 것이 복합판*combination plate*의 사용이다. 선 아트와 연속톤 아트를 어떻게 겹칠 것인지에 따라 복합판의 사용이 달라진다.
>
> 이러한 과정을 거쳐서 여러 판을 만들게 되면, 이들을 하나의 네거티브로 합치는 작업이 필요하다. 즉 선으로 구성된 이미지와 연속톤으로 구성된 이미지를 합쳐서 하나의 네거티브로 만드는 과정을 스트리핑*stripping*이라고 한다.
>
> 신문에 실린 이미지와 잡지에 실린 이미지의 선명도는 차이가 있는데 이는 바로 스크린에 있는 줄이 많고 적음에 따라 달라지는 것이다. 미국 신문의 경우 사진 1인치당 55~65선이 있어서 55~65점을 볼 수 있다. 반면에 잡지는 133개의 줄을 사용한다. 그만큼 많은 점을 이용하므로 이미지가 선명해진다. 우리나라에서는 보통 1인치당 150선을 사용하며, 고급일 경우 170선 이상을 사용한다. 물론 점이 작고 곱다고 좋은 것은 아니다. 대조*contrast*가 약하기 때문에 이를 강조할 필요가 있을 때는 굵은 선의 스크린을 사용할 수 있다.

그러면 문제는 선으로 그린 얼굴의 원래 이미지를 어떻게 점으로 구성된 이미지로 변화시킬 수 있느냐에 있다. 이는 원작품을 망판 스크린*halftone screen*을 거쳐서 사진을 찍으면 된다. 그러면 이미지를 점 패턴으로 변화시킬 수 있다. 이 스크린을 거친 네거티브를 망판이라고 한다.

(3) 인쇄 방법

인쇄 원칙에 기초해서 실제 인쇄하는 방법은 잉크가 어떻게 놓이느냐에 따라 다음 네 가지로 구분될 수 있다(그림 14-4 참조. 이견실, 1995).

· 철판 인쇄: 이는 인쇄판에 글자 형태를 제외하고는 다른 부분을 깎는다. 그리하여 글자 부분에만 잉크를 묻혀서 인쇄하는 방법을 의미한다. 세계 최고의 금속 활자본인 1377년의 《불조직지심체요절》도 이 같은 방식을 사용했다. 글자가 명확하고 강력한 이미지 표현이 가능하지만 색조의 수정이 어려우며 잉크의 부착량이 많아 건조하기 어렵다는 단점이 있다. 신문, 잡지, 단행본, 명함 등의 인쇄에 많이 사용된다.

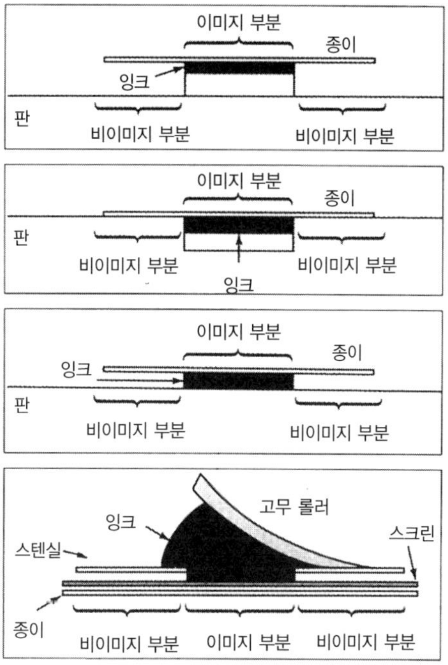

그림 14-4. 인쇄 방법
위부터 철판 인쇄, 그라비어 인쇄, 석판 인쇄, 스크린 인쇄.

· 그라비어*gravure* 인쇄: 철판 인쇄와 마찬가지로 이미지 부분과 비이미지 부분을 기계적으로 구분하는 점에서는 똑같다. 그러나 이미지 부분을 새겨 넣음으로써 안으로 움푹 파이게 한다. 그리하여 잉크는 이미지 부분 안으로 들어가 찍힌다. 사진 인쇄에 적합하지만 비용이 많이 든다. 광고 전단, 사진집에 주로 사용된다.

· 석판*lithography* 인쇄: 가장 보편적인 인쇄 형태이다. 이미지와 비이미지 부분이 인쇄판에서 같은 높이에 위치한다. 그럼에도 이미지 부분을 화학적으로 처리하여 잉크가 그 부분에만 묻도록 한다. 가장 보편적인 석판 인쇄술은 로터리 프레스를 이용하는 것인데, 이를 오프셋 석판 인쇄*offset lithography*라고 부른다. 카탈로그, 포스터, 신문, 잡지, 광고의 모든 컬러 인쇄물이 이 방법을 사용한다. 요즈음은 신문 자체도 이 방법에 의해 인쇄된다. 인쇄 속도가 빨라 대량 인쇄가 가능하며, 가격도 저렴하다. 그러나 색이 약해 보이는 단점도 있다.

· 스크린(또는 silk-screen) 인쇄: 판을 쓰지 않으므로 위의 세 방법과는 차이가 있다. 잉크가 펼쳐지고 스텐실이 비이미지의 잉크를 밀어 내면서 인쇄하게 된다. 어떠한 표면과 두께에

도 인쇄가 가능하여 옥외 광고 등에 많이 사용된다. 그렇지만 정교한 디자인의 재현이 어렵다는 단점이 있다.

3) 컬러 인쇄 및 화상도

광고물을 인쇄할 때 색상에 따른 구분은 다음과 같다.

(1) 단색 인쇄

한 가지 색만 이용할 경우는 색조에만 신경 쓰면 된다. 석탄같이 검은색에서부터 손때 묻은 검정색 등과 같이 한 색의 여러 음영은 망판 스크린을 이용해서 얻을 수 있다.

(2) 2도(또는 2색) 인쇄

검정과 강조하고 싶은 액센트 색상, 또는 다른 두 색상을 사용할 경우를 일컫는다. 이때 하나의 판은 한 색상만 인쇄할 수 있기 때문에 두 개의 판이 필요하다. 만일 두 색상이 서로 겹치는 부분이 없다면 비교적 간단하다. 첫째 색이 표현된 네거티브와 둘째 색만을 그린 네거티브를 두 개 만들어서(네거티브는 항상 흑백임), 이들 네거티브를 이용하여 두 개의 판을 만들면 된다. 이처럼 이미지의 색상을 하나의 색상 층으로 나누는 작업을 원색 분해color processing라고 한다(광고 사랑방 14-3 참조). 그런데 이미지에 두 색상이 서로 겹쳐 있을 때는 카메라 분해camera separation 과정을 거친다.

➤ 광고사랑방 14-3	원색 분해

원래 이미지에 구현된 컬러를 네 가지의 망판 네거티브로 축소하는 과정을 뜻한다. 네 가지 네거티브란 빨강, 노랑, 파랑, 검정을 뜻한다. 컬러 필터가 이용된다.

거꾸로 네 가지 잉크의 음영을 이용해서 원래 색상의 이미지를 재현하는 것은 '색 처리'한다고 말한다. 즉 네 가지 색을 섞어서 원래의 색상을 만드는 과정이다.

(3) 4색 인쇄

총천연색을 인쇄하기 위해서는 네 가지 색상만 있으면 된다. 중간 정도의 파란색cyan, 노랑yellow, 핑크 같이 붉은색magenta, 검정black. 약칭으로 CYMK라고 하며 4색 인쇄*full-color processing*는 바로 CYMK를 칭한다. 보통 CYM을 합치면 인쇄 광고에서 거의 모든 색을 표출할 수 있다. 검정은 대조를 높이고 세 가지 색으로는 낼 수 없는 회색 톤을 그려 낼 수 있도록 한다.

(4) 기타

은색이나 금색 등을 표현할 경우에는 1색을 추가해서 5도, 또는 6도나 7도 인쇄를 할 때도 있다.

(5) 화상도

화상도*resolution*는 이미지의 선명함을 뜻한다. 도트 프린터는 144dpi(가로 세로 1인치 면적당 찍히는 점의 수)로 인쇄를 한다. 레이저 프린터의 경우는 300dpi가 된다. 그런데 잡지나 브로셔에 인쇄하기 위해서는 적어도 1000dpi가 되어야 하며, 광고물은 고품질의 상품 이미지를 전하기 위해 종종 2400~3700dpi의 화상도를 사용한다.

4) 종이

신문이나 잡지 등 기존 매체의 경우, 재질이 정해져 있지만 직접 우편이나 포스터 제작 등에 있어서는 종이를 직접 선택해야 한다. 종이를 선택할 때의 중요 요인들은 다음과 같다(Bovee, Thill, Dovel, & Wood, 1995).

· 비용: 예산을 고려하여 재질을 선택해야 한다.

· 사용 목적: 광고의 목적이나 내용을 고려할 뿐만 아니라 컬러의 표현 여부, 접지의 용이성 등도 함께 고려해서 선택해야 한다.

➤ 광 고 사 랑 방 14-4	인쇄 광고의 특수 효과

인쇄 광고의 제작 단계에서 이용되는 특수 효과는 다음과 같다(Nelson, 1994).

· 니스칠: 책표지에 더 번쩍이고 지속성이 있도록 특별히 니스칠 코팅을 하는 것.
· 톡 튀어오르기: 카드를 펼치면 사람이 일어선 모양이 톡 튀어오르는 식의 효과를 말한다. 특히, 어린이를 대상으로 광고 모형을 입체적으로 제시할 때 사용된다.
· 향기: 가로 세로 1인치 안에 5000만 개의 아주 작은 플라스틱 방울이 들어가 있다(3M 개발품). 그래서 손가락으로 긁으면 방울이 터져 향기가 난다.
· 양각 장식: 마치 화장지에서 광고하듯이 올록볼록하게 만들어 고급스러움을 느낄 수 있도록 한다.
· 구멍 내기: 할인 쿠폰 등을 뜯어 낼 수 있도록 일련의 구멍을 만들어 놓는다.

· 무게: 종이는 무게에 따라 등급을 매길 수 있다(예를 들면 80g). 종이 무게는 품질에 직접적인 영향을 끼치며, 광고량이 많을 때는 두께나 운반비 등을 염두에 둬야 한다.

· 표면: 표면의 거칠기나 매끄러움 등. 표면의 상태는 촉감에 영향을 줄 뿐만 아니라 잉크나 컬러의 표현에도 영향을 준다.

· 하얀 정도와 밝기: 하얀 정도는 다른 색상이 있느냐의 여부를 뜻하고 밝기는 회색이나 어두운 정도를 뜻한다.

종이의 종류는 다음과 같이 구분할 수 있다(Nelson, 1994). (1) 서적지*book stock*(책이나 잡지의 본문에 사용하는 종이), (2) 인쇄 용지*writing stock*(복사, 컴퓨터 프린터 용지, 타이프 용지), (3) 아트지*cover stock*(두꺼우며 강한 속성을 지님), (4) 신문 용지*newsprint*(거대한 원형으로 제공됨), (5) 판지*cardboards*(포스터 등에 사용), (6) 오프셋 용지*offset*(부드럽고 코팅되어 있지 않음).

제본 방식은 다음과 같이 구분된다.

· 무선철: 뒷면에 아교 처리.

· 양장 제본: 사전 등과 같이 붙여진 면들을 실로 꿰매어 바느질 처리.

· 중철: 얇은 시사 잡지에서 볼 수 있다. 페이지 중간에 철심이 박혀 있다.

· 상철: 운전 면허 시험지같이 위로 넘기는 문제집이 그러한 사례에 속한다.

3. 방송 광고의 제작 준비

1) 준비 단계

방송 광고의 제작 준비는 스토리보드(라디오는 스크립트)로부터 시작한다. 이어서 필름으로 촬영할 것인지, 아니면 비디오테이프로 찍을 것인지를 결정하고 세트나 로케이션을 결정한다. 이 밖에 특수 효과가 필요한지에 대한 계획 등을 세운다.

이러한 계획과 결정이 내려지면 연출 콘티를 세부적으로 작성한다. 이는 제작과 관련된 사항을 담고 있으며 이러한 콘티를 중심으로 제작 전 회의(*pre-production meeting* : PPM)를 한다.

2) 스토리보드

스토리보드*storyboard*는 텔레비전 광고에서 중요한 시각 장면을 보여 주는 기획서를 의미한다. 일반적으로 8~20개의 텔레비전 화면 모양의 비어 있는 프레임(창문)에 그림과 설명을 채워 넣는다. 구체적으로 시각적 장면의 좌우에는 카메라의 움직임이나 음향 효과, 카피 등이 기술된다. 즉 방송 광고의 스토리보드는 인쇄 광고의 레이아웃에 해당된다고 볼 수 있다. 완성도에 따른 스토리보드의 유형이 그림 14—5에 제시되어 있다.

스토리보드에 사용되는 주요 기술 용어는 다음과 같다.

· V.O. (voice-over) : 광고가 방영되는 동안 화면 밖에서 들리는 음성(대체로 아나운서의

IDEA. 스타일 좋은 유리창 청소부. 사무실 안, 엘리트처럼 보이는 직원들을 컨트롤 한다.

그림 14-5. 스토리보드의 여러 유형

썸네일 스토리보드: 인쇄 광고와 마찬가지로 첫 구상 단계에서 작성하는 스토리보드로서 썸네일 콘티라고 한다.

러프 스토리보드(또는 러프 콘티): 중요한 장면을 모두 채워 넣어서 광고의 전개를 전체적으로 파악할 수 있도록 한다.

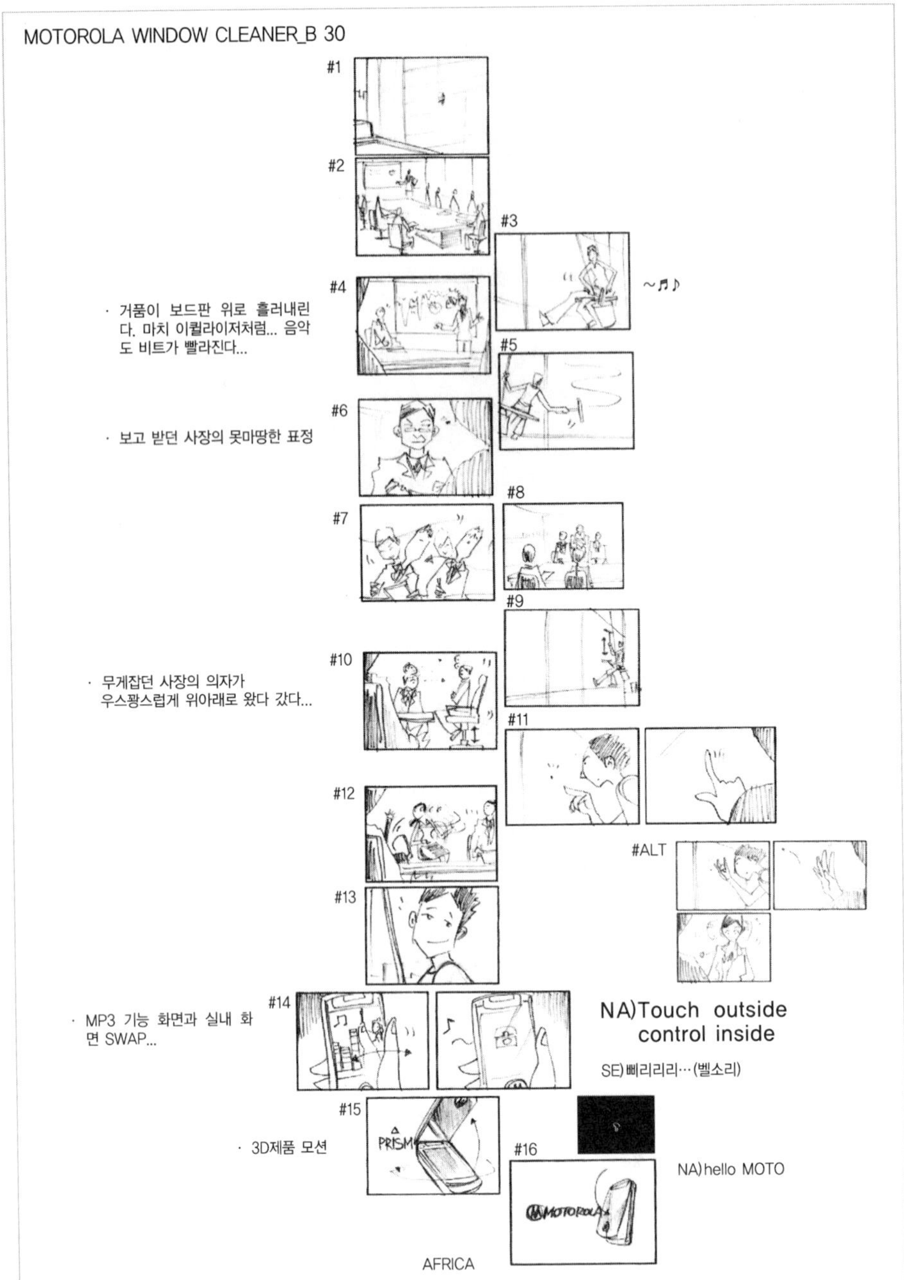

광고주 제시용 스토리보드(콘티): 광고주에게 제시하기 위해서 보다 자세한 영상 내용과 구체적 색상을 표현한다.

목소리)

· SFX(sound effects): 음향 효과

· SUPER(superimpose): 장면 위에 글자를 넣듯이 한 이미지에 다른 이미지를 겹침

· CU(close-up shot): 사람이나 사물을 매우 가까이에서 촬영함

스토리보드는 광고가 실제 제작되었을 때의 내용을 시각화해 주며, 제작 과정에서 개선할 점을 체크하는 기능을 지닌다. 또한 광고대행사나 광고주에게서 제작을 승인받을 때 프리젠테이션용으로 제시된다. 그리고 승인받은 후에는 스토리보드가 제작 지침서로 활용된다. 이를 바탕으로 콘티가 작성되기 때문이다.

스토리보드에서 한 걸음 더 나아가 완성도를 높인 작업이 애니메틱*animatic*이다. 이는 스토리보드에 제시된 스케치 내용을 촬영하고, 오디오 부분을 비디오테이프에 동시에 녹음한 것이다. 광고주에게 제시하기 위해 보다 정성을 들이는 셈이다(Arens, 1996).

3) 제작 전 회의와 연출 콘티

제작 전 회의는 촬영하기 전에 모든 사항을 최종적으로 점검하는 회의다. 그리고 관련 책임자들이 무슨 일을 해야 할지를 명확하게 한다. 대체로 광고주, 광고대행사, 제작자, 감독이 중요 참석자가 된다. 이때 회의 운영은 제작자가 책임진다. 대체로 논의되는 주요 의제는 다음과 같다.

· 방송 광고에 표현될 광고 목표 설명

· 스토리보드를 프레임(화면의 최소 단위) 단위로 상세하게 설명

· 음악에 대한 검토

· 감독의 연출 콘티 검토

· 출연진에 대한 비디오테이프를 검토하고 최종 출연진을 확정

· 제작 스케줄에 대한 검토 및 확정, 예산 확정

· 스탭 확정, 소품 체크, 의상 등에 대한 승인

· 광고 제품 준비 확인과 제품에 관한 전문인의 필요 여부 확인

이 회의를 열기 전에 가장 중요한 것이 감독의 연출 콘티(또는 촬영 콘티나 마스터 스크립트*master script*라고 함)라고 할 수 있다. 여기에 기초해 촬영이 전개되기 때문이다. 이를 구체적으로 살펴보면 그림 14−6과 같다. 블로킹 플롯*blocking plot*은 조감도 시각에서 소도구와 등장 인물의 위치와 이동 경로를 묘사해 주고 카메라 위치를 표시해 놓은 계획서를 뜻한다. 블로킹은 '연출하다'는 의미라는 점을 생각하면 쉽게 이해될 것이다. 스토리보드는 준비 단계의 스토리보드와는 다르다. 실제 촬영해야 할 일련의 각 숏이 묘사되어 있을 뿐만 아니라 해당 숏에 상응하는 스크립트가 함께 기술되어 있다.

4) 스크립트

라디오 광고를 제작할 때 준비해야 될 것이 스크립트*script*다. 스크립트는 2단으로 된 리스트와 비슷하다. 왼쪽에는 화자의 이름, 음악이나 음향 효과에 대한 묘사가 기록된다. 오른쪽에는 대화 내용인 오디오 부문이 적힌다. 스크립트는 텔레비전 광고의 스토리보드와 유사한 기능을 수행한다.

소비자가 라디오 광고에 귀를 기울이도록 하기 위해서 광고 메시지는 흥미를 끌 수 있어야 한다. 대체로 라디오 청취자는 5~8초 사이에 메시지에 귀를 기울일 것인지 아닌지를 결정한다고 한다. 따라서 효과적인 카피를 위해서 다음과 같은 점에 유의해야 한다(Arens, 1996). (1) 메시지를 명확하게, (2) 소비자가 상상할 수 있도록 묘사적인 언어를 사용, (3) 대화를 하듯이, (4) 단문을 사용하고, (5) 능동적인 동사를 주로 선택, (6) 10~20초에서 25단어쯤을 제시하는 정도.

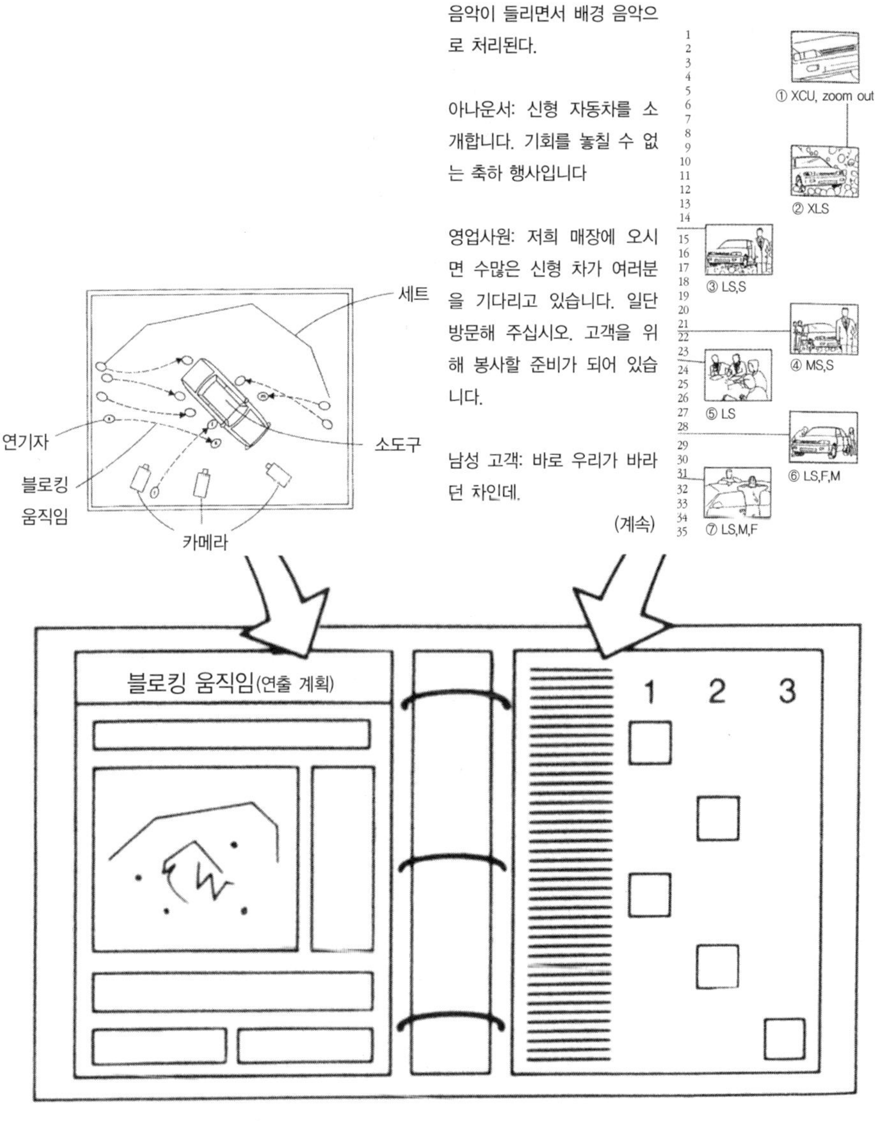

그림 14-6. 마스터 스크립트

블로킹 플롯, 스토리보드, 연출 콘티.

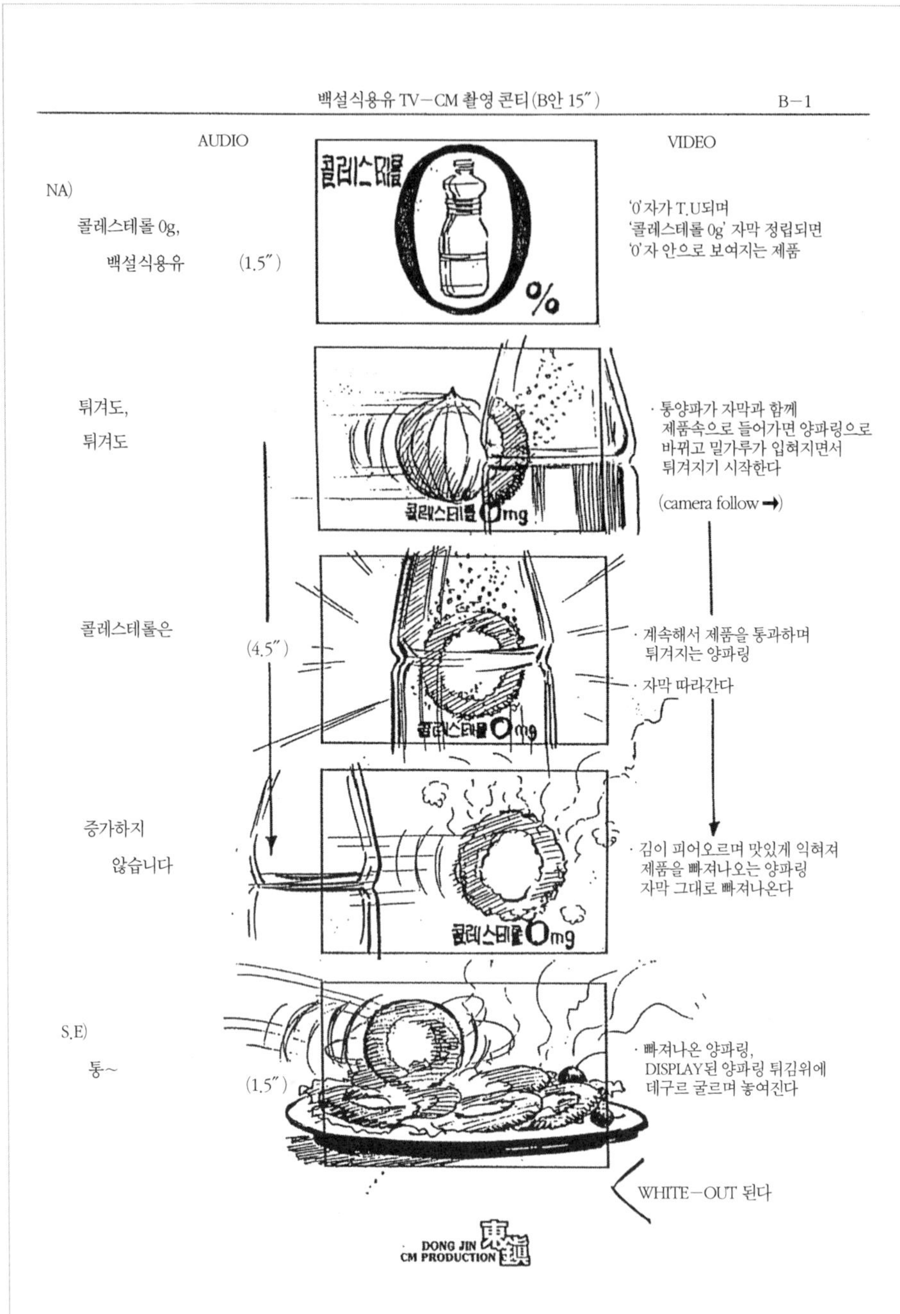

우리 나라의 연출 콘티: 실제 제작의 지침서로 기능하며 카메라 위치 등이 표시된다.

SFX (삭풍 소리): –
NA: 하얀 산. 그 칼날 능선에 서면
손보다 먼저 가슴이 시려온다.
♬ 아 – 아
잔바람 한줄기에도
우수수 일어서는 외로움.
SFX (눈밟는 소리): 뽀드득 뽀드득–
산에 들면, 눈 밟는 소리마저
그의 목소리로 뽀득이는데……
♬ 아 – 아
SFX (물 끓는 소리): ……
하얀 그리움을 녹여 물을 끓이면,
그것은 갈색의 작은 안식–
SFX (물 따르는 소리): ……
아 –
눈 덮인 산에서 마시는
이 한 잔의 커피!
남: "산에서는 역시 커피믹스지!"
Song: ♬ 맥스웰 커피믹스 ♬

그림 14-7. 라디오 광고의 스크립트: 맥스웰 커피 믹스(〈겨울산〉 편)

4. 방송 광고의 제작

1) 제작 절차

여기에서 방송 광고는 별도의 해설이 없을 때는 텔레비전 광고를 지칭한다. 먼저 방송 광고를 제작하는 과정은 제작 이전 단계를 제외하고는 두 단계로 구분될 수 있다. 제작 단계, 그리고 제작 이후 단계.

(1) 제작 단계

회의에서 결정한 대로 세트(촬영 목적을 위해 건설한 스튜디오)나 로케이션(스튜디오 외부의 장소)을 선정한다. 그리고 소품 등을 준비하고 예행 연습을 한다. 그런 후에는 직접 촬영을 하고 음향을 녹음한다. 기타 필요한 특수 효과를 제작한다.

(2) 제작 이후 단계

촬영한 필름이나 비디오테이프를 편집하고 보충해야 될 음향 효과를 더 녹음한다. 비디오테이프로 촬영한 경우에는 편집을 통해 최종 테이프를 만들 수 있다. 그러나 필름의 경우에는 비디오테이프로 변환하는 작업을 거쳐야 한다.

2) 방송 광고 제작의 중요 인물

제작진*crew*은 제작 과정에 관여한 모든 사람을 일컫는다. 맡은 역할에 따라 세분하면 제작진의 종류는 다양하다. 물론 제작비가 적을 때는 역할 분담이 통합되겠지만, 보편적으로 거론되는 제작진을 소개하면 다음과 같다.

- 제작자*producer*: 처음부터 끝까지 전체 제작 과정을 관리한다. 광고 전략에 기초한 크리에이티브가 완성된 광고물에 반영되도록 하는 책임을 지닌다.
- 감독*director*: 촬영 당일에 벌어지는 모든 일에 대한 책임을 진다. 촬영할 때 연기자의 움직임이나 대화 등을 모두 지휘하며 스탭들을 총괄한다. 연출과 텔레비전 스튜디오 경험이 있어야 한다.
- 출연*cast* (또는 *talent*): 광고에 등장하는 인물을 뜻한다. 얼굴이 등장하는 사람도 있겠고 목소리만 제공하는 성우나 손이나 머리카락 등처럼 신체의 일부분만 등장하는 사람도 있다.
- 카메라 담당자*camera operator* (또는 *cinematographer*): 카메라의 위치와 움직임 등을 잘 알아야 하며 광고의 각 장면에 적합한 숏을 숙지해야 한다.
- 조명 감독*lighting director*: 조명 기술과 조명을 광고에 적합하게 연출하는 책임을 진다.

➤ 광 고 사 랑 방 14-5	다양한 스탭

대사를 책임지고 광고의 화면마다 일관성을 유지하는지를 검토하는 사람(*script clerk*), 전기 책임자(*gaffer*), 전기 보조(*juicer*), 허드레 담당(*grips*), 의상 및 코디네이션(*stylists*), 소품 제작자(*prop handler*), 분장 담당(*makeup-artists*), 음식물이 먹음직스럽도록 만드는 사람(*food stylists*) 등 다양한 스탭들이 있다.

· 음향 감독*audio director*: 오디오의 구성과 효과를 담당하며 물리적으로 마이크로폰의 설치 등과 같은 기술적 측면도 책임진다.

· 조감독*assistant director*: 감독과 긴밀한 협조를 하며 제작을 돕는다.

· FD(floor director): 주로 스크립트를 연구하고 이에 따른 사전 준비물의 점검 및 확보를 책임진다.

· 세트 디자이너*set designer*: 세트를 디자인하고 실제 광고의 배경 상황을 만드는 책임을 진다. 세트 디자인을 할 때는 조감도와 정면의 전경에 기초한다.

제작 현장에는 이들 제작진 이외에 광고대행사의 크리에이티브 디렉터를 포함하여 광고 전략에 관여한 사람이 참여한다. 제시한 광고 전략이 제대로 반영되는지를 점검할 필요가 있기 때문이다.

3) 제작과 관련된 중요 개념

실제 방송 광고를 촬영할 때 많이 사용하는 기본 개념을 중심으로 정리하면 다음과 같다.

(1) 촬영의 종류

로케이션에서의 촬영은 로케세트 촬영*loca-set shooting*과 로케 촬영*loca shooting*으로 구분한다. 전자는 촬영 현장의 배경 장면을 촬영하는 것이고 후자는 액션 등을 촬영하는 것이다. 만족할 장면을 얻을 때까지 여러 차례에 걸쳐 촬영할 뿐만 아니라 확실하게 하기 위해 보조 장면을 여유 있게 촬영해 놓는다. 제품을 보여 주는 장면 등은 스튜디오에서 별도로 촬영하는데, 이를 스튜디오 촬영*studio shooting*이라고 한다.

(2) 음향 녹음

로케이션에서 액션 촬영과는 별도로 오디오에 대한 녹음을 진행시킨다. 이를 동시 녹음이라고 한다. 언뜻 듣기에 동시 녹음이라 하면 액션과 대사를 같이 녹음한다고 생각하기 쉽다. 그런데 사실은 액션 따로, 오디오 따로 녹음한다. 즉 현장 녹음이 더 정확한 표현인 셈이다. 이와는 달리 액션에 맞는 오디오를 현장이 아니라 스튜디오에서 녹음할 수도 있다.

(3) 필름과 비디오의 차이

무엇으로 촬영할 것인가? 필름은 보다 부드러운 이미지를 창출한다(Bovee, Thill, Dovel, & Wood, 1995). 특히 음식물을 촬영할 때는 음식물이 더 식욕을 돋우도록 묘사할 수 있어 많이 이용된다. 그리고 전통적인 만화 기법을 이용한 광고 또는 고선명 텔레비전에 방송될 광고에도 필름이 더 적합하다.

필름으로 촬영할 경우 감독이나 제작자가 볼 수 있기 위해선 네거티브 현상을 해야 된다. 이러한 현상을 통하여 만들어진 원자료를 러시*rushes* 또는 데일리스*dailies*라고 한다. 러시를 보면서 필요한 장면을 선택하고 잘못된 것은 버리고 또 어떤 장면의 촬영이 필요한지를 결정하는데, 이러한 과정을 가편집*rough edit*이라고 한다.

이와는 반대로 비디오테이프로 촬영하면 사물이 보다 분명하고 현실감 있게 그려진다. 뿐만 아니라 신나거나 긴장을 느끼는 데 중요한 밀착 느낌을 제공한다. 또한 필름과 달리 제작진이 검토하기 위해서 현상할 필요없이 바로 촬영한 장면을 다시 볼 수 있으므로 시간과 노력이 절약된다.

(4) 카메라 화면

텔레비전 화면의 구성은 관심 대상을 강조하기 위해 시각적 요소를 배열하는 예술 작업이다(Jones, 1974). 카메라맨은 그림을 잘 조화시켜서 수용자가 어쩔 수 없이 장면의 중요 사물에 눈길이 머물도록 해야 한다. 쓸데없는 공간이나 방해하는 시각적 요소로 눈길을 다른 곳으로 유도해서는 안 된다.

그러면 어떻게 조화를 이룰 수 있을까? 첫째, 집단의 배치를 통해서 이룰 수 있다. 대칭 구성은 피해야 한다. 그리고 사물을 '3분할 교차로*intersection of thirds*'에 위치시키거나 삼각형 형태의 정점에 위치시키는 것이 눈길을 붙잡는 데 좋다.

둘째, 선으로 조화를 구축할 수 있다. 프레임의 선과 평행이 되도록 사물의 위치 선을 구성하면 산뜻한 구성을 이룰 수 있다. 그렇지만 사선과 같은 역동성이나 흥미를 불러일으키지는 못한다. 완만한 곡선은 평온함과 부드러움을 제시한다. 선은 또한 동작과 연계된다. 특히 장면 안의 다른 움직임과 대조적인 움직임을 묘사함으로써 중요한 의미를 부과할 수 있다.

셋째, 명암을 이용할 수 있다. 관심 대상이 되는 사물은 장면에서 하이라이트를 받거나 강한 명암의 대조를 띠고 있어야 한다. 프레임 바탕의 어두운 색은 주된 사물을 받쳐 주는 적합한 토대 역할을 한다. 그리고 프레임의 구석은 화면의 다른 부분에 비해 어두워야 화면의 중앙에 눈길이 집중된다.

➤ 광고사랑방 14-6	**프레임을 구성하는 숏**

사람을 촬영할 때 '눈'이 가장 중요한 속성 가운데 하나이다. 눈은 일반적으로 프레임의 1/2보다 아래에 두어서도 안 되고 2/3보다 위에 두어서도 안 된다. 즉 그사이에 눈을 위치시키는 것이 가장 이상적이라는 이야기를 한다(중용*golden mean*이라고 함). 이 같은 눈의 위치를 염두에 두고 프레임을 구성하는 기본적인 숏을 살펴보면 다음과 같다.

(1) 롱 숏*long shot* 또는 와이드 숏*wide shot*: 액션이 벌어지는 전체 장소를 보여 주는 화면
(2) 미디엄 숏*medium shot*: 선택된 사물 또는 인물을 롱 숏에서 3배 정도 확대한 화면
(3) 클로즈업 숏*close up shot*: 인물의 표정이나 제품 등을 상세하게 전달할 수 있는 화면

그림 14-8. 다양한 숏의 종류

갓 밀크의 미디엄 숏, 모바도 보석/시계의 클로즈 업 숏, 토이스러스 장난감 업체의 롱 숏

넷째, 심도도 조화에 기여한다. 텔레비전 화면은 평평하지만 우리의 일상은 3차원이다. 따라서 입체성, 공간, 깊이를 느낄 수 있도록 화면을 구성할 필요가 있다. 한 예로 두 사람이 앞뒤로 서 있을 때, 앞사람이 크게 보이고 뒷사람이 적게 보일수록 두 사람 사이의 거리는 멀게 느껴진다. 또한 명암을 이용해서 3차원처럼 보이는 시각 효과를 노리기도 한다.

(5) 조명

기존의 빛과 추가 조명을 어떻게 활용하고 설치할 것인지를 결정해야 한다. 기존의 빛이란 태양광을 비롯해 별도의 노력 없이 촬영 장소에 제공되는 빛을 뜻한다. 반면에 추가 조명이란 촬영을 위해 준비한 것으로서 램프 또는 반사판일 수 있다(카루소와 아더, 1993). 램프는 선명한*hard* 램프와 부드러운*soft* 램프로 구분할 수 있다(Jones, 1974). 선명한 램프는 빛을 직선으로 던질 뿐만 아니라 조그만 부분에 집중적으로 투사함으로써 선명한 그림자를 만든다. 반면에 부드러운 램프는 확산하는 빛을 발산하여 부드러운 그림자를 만들어 낸다. 부드러운 램프가 이 같은 효과를 내는 것은 표면이 뿌옇게 처리되어 있기 때문이다.

그러면 이들 램프를 포함하여 빛이 하는 기능을 살펴보면 다음과 같다.

· 주조명*key light*: 화면에서 가장 중요한 조명. 하이 키*high-key*는 경쾌한 분위기를 연출하고 로 키*low-key* 는 신비하거나 악의에 찬 분위기를 생성한다.

· 보조 조명*fill light*: 화면의 나머지 부분을 채워 주는 조명. 주조명과 보조 조명의 상대적 비율이 화면에 있는 사물들의 대조를 결정한다. 보조 조명이 많으면 부드럽고 키 조명이 더 강하면 대조를 높여 준다.

· 후방 조명*back light*: 화면의 중심 사물 뒤쪽에 위치한 조명. 사물을 배경과 분리하는 역할을 한다.

· 세트 조명*set light*: 세트나 로케이션 부분을 비치는 조명.

4) 제작 이후의 단계

텔레비전 광고에서 제작 이후의 주요 과제는 편집, 부가적인 음향 효과의 녹음, 특수 효과, 오디오와 비디오를 믹싱하는 일 등이 있다. 이 같은 일련의 작업을 마치고 나서 광고물의 복사본을 만들어 방송국에 발송한다. 주요 작업 및 이와 연관된 기본 개념을 살펴보자(Bovee, Thill, Dovel, & Wood, 1995).

· 편집: 화면에서 화면으로 넘어갈 때의 부드러운 시각적 전이를 창출하는 작업뿐만 아니라 필름이나 비디오테이프를 음향과 맞추어서 이어 붙이는 작업을 뜻한다. 편집자가 이에 대한 책임을 진다.

· 녹음: 필요한 목소리와 음향 효과를 녹음한다. 전체 광고 장면에 맞게 음악 전체의 사운드 트랙을 녹음할 때도 있다. 이 과정을 후반 작곡*postscoring*이라고 한다.

· 특수 효과: 시각적 특수 효과는 다양한 수준에서 이루어진다. 단순한 작업은 회사의 로고를 광고 끝에 삽입하는 것이나 화면 위로 글자를 지나가게 하는 슈퍼*super*가 해당된다. 그렇지만 컴퓨터 시스템에 의해 창출되는 시각적 이미지인 CGI(computer-generated imagery)는 복잡한 단계를 거친다. 한 예로 모핑*morphing*은 촬영한 사물을 변형시켜 모습의 변화를 실감나게 보여 준다. 〈터미네이터 II〉에서 타일 바닥이 일어나며 터미네이터 모습으로 바뀌는 장면이 해당된다.

· 믹싱: 화면에 따라 음향 효과를 함께 배열하는 작업을 의미한다. 즉 오디오와 비디오를 합쳐서 하나의 완성된 테이프로 만드는 작업이다. 그래서 녹화실에서는 흔히 '잘 비벼'라는 말을 들을 수 있다. 믹싱을 하고 나서는 스피커를 통해서 한번 시험해 보는 것이 좋다. 실제 시청자들이 어떻게 들을지에 대한 감을 잡기 위해서.

· 인터록*interlock*: 편집자가 필름과 사운드트랙을 하나로 만든 거의 최종 단계의 필름을 말한다. 그렇지만 마지막 손질은 남겨져 있다. 이 단계에서 다음과 같은 시각 효과가 중요한 작업에 속한다. 페이드*fade*(화면이 점차 사라지는 것), 디졸브*dissolve*(한 화면이 페이드 아웃되면서 다른 화면이 페이드 인하는 것), 와이프*wipe*(한 화면이 다른 화면에 의해 밀려 나는 것).

· 최종판*answer print*: 광고주에게 승인받기 위해 보내지는 최종판이다. 사운드트랙, 특수 효과, 마지막 편집 손질을 끝낸 필름이다. 방송 광고 시간에 맞춰서 30초, 20초, 15초짜리로 변형을 만들기도 한다.

· 복사본*dupes*: 제작된 광고물을 방송해 줄 매체사로 보낼 복사본.

참고 문헌

이견실 (1995). 《인쇄 매체 광고 디자인》. 나남.

카루소, 제임스 R. · 아더, 마비스 E. (1993). 《TV 제작 입문》. 김영임 옮김. 나남.

Arens, W. F. (1996). *Contemporary Advertising*. Chicago: Irwin.

Bovee, C. L., Thill, J. V., Dovel, G. P. & Wood, M. B. (1995). *Advertising Excellence*. New York: McGraw-Hill, Inc.

Cohen, D. (1988). *Advertising*. Glenview: Scott, Foresman & Company.

Jones, P. (1974). *The Technique of the Television Cameraman*. New York: Communication Arts Books.

Nelson, R. P. (1994). *The Design of Advertising*. Madison: WCB Brown & Benchmark Publishers.

Schihl, R. J. (1992). *Television Commercial Processes and Procedures*. Boston: Focal Press.

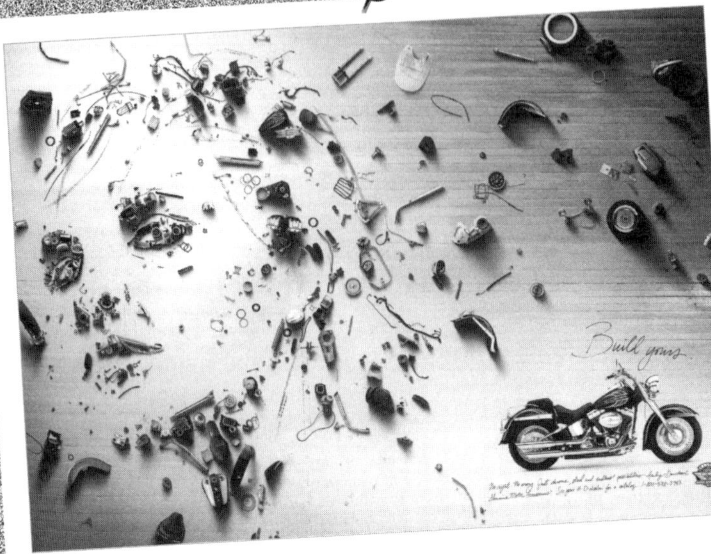

6부 매체 기획과 광고 예산

광고물이 아무리 훌륭하게 제작되었을지라도 소비자에게 전달이 안 되면 소용이 없다. 즉 제작된 광고물을 적합한 매체를 통해서 전달되어야 한다.

이처럼 광고 메시지를 적합한 시간과 장소에 게재함으로써 목표 시장에 전달하는 일이 바로 매체 기획과 전략에 관한 내용이다. 개별 매체의 특성을 잘 알아야 되는 것은 물론이고, 소비자의 매체 이용, 매체와 상품의 조화 등을 충분히 이해하여 메시지가 목표 시장에 효율적이면서도 효과적으로 도달될 수 있는지를 고려해서 광고 매체를 결정해야 한다.

구체적으로 15장에서는 매체 기획 및 전략에 관한 기본적인 내용을 소개하였다. 16장에서는 방송, 신문, 인터넷, 잡지, 라디오 등 각 매체별로 매체의 속성과 이들의 구매 방법에 대해서 설명하였다. 그런데 매체와 관련해서 간과할 수 없는 요인이 바로 광고 예산이다. 매체 전략이나 매체의 선정은 광고비에 따라서 제한받기 때문이다. 그 같은 맥락에서 17장에서는 광고비를 책정하는 기본 방안을 소개하였다.

15장 매체 기획과 전략

매체 기획을 살펴보기에 앞서 매체를 둘러싼 최근 경향을 조망한다. 그리고 매체 기획이란 무엇인지를 살펴보고, 매체 목표와 이에 따른 전략을 수립하는 방안에 대해서 설명한다.

1. 매체의 최근 경향

2000년대 들어서 광고 매체 환경은 급격한 변화를 맞았다. 기술의 발전에 따른 매체 수의 급격한 증가와 이용자의 매체 선호도 변화 때문이다. 따라서 매체 기획자는 변화하는 매체 환경과 소비자에 관해 충분한 이해를 가져야 한다. 최근의 매체 경향을 살펴보면 다음과 같다.

1) 다매체 · 다채널 시대

불과 10여 년 전만 하더라도 광고 메시지를 수용자에게 전달하기 위한 매체 기획자의 선택은 단순했다. 신문이나 공중파 TV, 또는 잡지나 라디오의 전통적인 4대 매체가 주로 이용되었기 때문이다. 이들 매체는 그야말로 광범위한 수용자에게 도달될 수 있는 대중 매체였던 셈이다.

그렇지만 오늘날 상황은 판이하게 달라졌다. 우선 광고 매체의 수가 증가하였다. 기존의 4대 매체에 덧붙여 인터넷이 매우 유력한 광고 매체로 등장하였다. 또한 텔레비전은 위성 텔레비전, IPTV, DMB 등이 새로 출현하였으며, 신문 역시 〈메트로〉, 〈포커스〉 같은 무가지가 새로운 광고 매체로 활용되고 있다. 옥외 광고는 기술 발전과 환경 변화로 다양한 형태를 선보이고 있다. 일례로 HD급의 전광판 광고는 텔레비전 광고인지 옥외 광고인지 모를 정도다.

게다가 각 매체 안에서 선택할 수 있는 채널의 수도 다양해지고 있다. 텔레비전 공중파의 경우 수적으로는 큰 변화가 없지만(방송통신위원회에서는 2010년에 종합 편성 채널을 신규 허용할 방침), 케이블TV의 경우 2009년 기준으로 최대 150개 이상의 채널이 시청 가능하다. 더불어 위성 텔레비전과 IPTV에도 비슷한 수의 채널이 제공되고 있다. 인터넷은 네이버, 구글, 다음 등의 다중 이용 사이트 외에도 다양한 계층 및 연령층 대상의 수많은 사이트들이 있다. 신문이나 잡지도 예외는 아니다. 지역과 주제, 계층에 따라 세분화된 인쇄 매체가 등장하면서 괄목할 만한 변화를 보이고 있다. 그야말로 다매체, 다채널 시대가 만개하였다. 따라서 매체 기획자가 선택할 수 있는 매체와 채널의 폭발적 증대는 매체 선택의 과정을 매우 복잡하게 만들고 있다.

2) 수용자의 분할

다매체 · 다채널 시대의 또 다른 의미는 수용자의 분할*fragmentation*에서 찾을 수 있다. 분할이란 많은 매체와 채널 속에서 수용자가 자신의 취향에 보다 맞는 매체와 채널을 선택함으로써 결과적으로 매체당 도달되는 수용자 수는 감소하는 것을 의미한다.

따라서 많은 수의 수용자에게 도달하려는 매체 기획자에게는 큰 도전이 된다. 수용자의 분할을 극복하려면 여러 매체와 채널을 조합해야 하기 때문이다.

그렇지만 한 가지 간과해서는 안 될 사항이 있다. 비록 수용자의 분할이 두드러진 현상이지만 대중 매체는 아직도 많은 수용자에게 도달하는 데 효율적이라는 점이다.

3) 매체와 상품 사용에 관한 자료의 등장

매체 상황이 복잡해진 만큼 이러한 상황을 이해하는 데 유용한 데이터도 제공되고 있다. 대체로 상용 서비스에 의해서 제공되는 이들 자료는 소비자의 매체 이용 패턴에 대해 소개하고 있어 인구 속성과 상품 이용 행동에 따라 적절한 매체를 선택하는 데 도움을 준다(7장 광고 조사 참조). 이 같은 정보에 기초해 매체 기획자는 목표 시장에 도달할 좀 더 나은 매체를 선택할 수 있다. 특히 미국의 경우, 스캐너 데이터를 이용해서 상점에서 구입한 상품과 해당 패널 소비자의 텔레비전 시청 행태를 연결해서 광고 효과를 측정하는 시도가 이루어지고 있다(Batra, Myers, & Aaker, 1996).

상품 소비와 매체 이용 행태에 대한 자료는 광범위한 컴퓨터 사용을 촉진하였다. 복잡한 자료를 다루는 데 보다 분석적인 시각이 필요하게 되었기 때문이다.

4) 매체의 복잡한 구매 절차

매체의 광고를 사고파는 일은 단순하지 않다. 거래 당사자가 나름대로 이해득실을 따지기 때문이다. 우선 매체사의 입장에서는 보다 많은 광고 수익을 올리기 위해서 '부가 가치'라는 이름 아래 다양한 패키지를 제시한다(Arens & Bovee, 1994). 이를테면, 광고주를 위해 광고 같은 기사*advertorial*를 마련하기도 하고, 광고주의 행사에 후원사로 나서기도 한다. 2009년까지 공중파의 광고를 독점적으로 대행하는 한국방송광고공사(KOBACO)에서도 광고 판매를 위해서 선매제, CM 순서 지정제, 계절별 광고 단가 차등제, 보상 판매제 등 다양한 판매 옵션을 도입하였다.

더욱이 여러 매체를 소유한 매체사에서는 다양한 매체를 묶어서 광고를 판매cross selling하기도 한다.

그리고 매체 기획자의 입장에서는 매체사가 제시한 '부가 가치'를 잘 판단해야 한다. 사실상 '할인' 받을 수 있는 기회를 의미하지만, 할인 받는다고 많이 광고하는 것이 반드시 좋은 것은 아니다. 아울러 복잡한 거래를 효율적으로 수행하기 위해서는 분석과 옵션의 선택 능력이 요구된다. 따라서 근래에는 광고대행사 이외에 복잡한 매체 운영 전략과 구매를 독립적으로 대행해 주는 미디어 대행사media agency가 세계적으로 매우 활발하다.

5) 광고 혼잡

광고 혼잡clutter이란 수용자의 주의를 끌기 위해 경쟁하는 광고의 수가 증가하는 현상을 말한다. 예를 들면, 방송 프로그램이 끝나고 또 다른 프로그램이 시작하기 전까지 많은 수의 광고가 방영된다. 이처럼 시청자가 짧은 시간대에 많은 광고에 노출되면 혼잡 상황이 발생한다. 특히 짧은 길이의 광고 형태가 등장한 것도 그 같은 경향을 더욱 가중시킨다. 혼잡은 방송 매체에만 국한된 논란이 아니다. 잡지의 경우, '내용 반 광고 반'인 상황에서 혼잡은 가중되게 마련이다.

혼잡 상황은 다음과 같은 결과를 야기한다. (1) 혼잡 상황이 증가할수록 소비자는 광고된 상표명의 회상이나 노출된 광고에 대한 인식이 약해진다, (2) 유사한 상품의 광고가 집중될 때는 광고 효과가 더욱 적어진다(Burke & Srull, 1998). 이러한 사실은 광고 시간을 구매할 때, 유사한 상품의 광고와 겹치지 않도록 주의해야 한다는 것을 일깨워 준다(Woodside & Glenesk, 1984). 가중된 혼잡 상황에서 시청자의 정보 처리에 효과적으로 상응할 수 있는 광고 매체 기획이 더욱 필요하다.

2. 매체 기획과 목표

1) 매체 기획이란?

목표 시장에 광고 메시지를 전달하기 위해서는 어떤 매체를, 언제, 어떻게 사용할 것인지에 대해 결정을 내려야 한다. 바로 이 같은 결정에서 효율성과 효과를 고려하여 분석하는 틀을 매체 기획*media planning*이라 한다. 즉 적절한 매체를 적절한 시간에 사용하여 광고 메시지를 목표 시장에 전달하는 일련의 과정을 뜻한다.

매체 기획은 크게 매체 목표와 전략으로 구분될 수 있다. 전자는 목표 시장과 메시지의 분배가 주요 내역으로 구성되어 있다. 이에 비해 후자는 전자를 실현하기 위한 구체적 방안을 담고 있다. 매체 목표를 먼저 살피면 다음과 같다.

2) 매체 목표와 목표 시장

매체 기획의 첫 단계는 매체 목표를 정하는 일이다(Bovee, Thill, Dovel, & Wood, 1995). 매체 목표를 수립함으로써 마케팅과 광고 목표와의 일관성을 유지할 수 있을 뿐만 아니라, 매체 목표에 기초해서 매체와 연관된 일련의 선택 및 결정을 내릴 수 있기 때문이다. 그리고 광고 캠페인이 끝난 후에 매체를 평가할 수 있는 명확한 기준을 가질 수 있다. 매체 목표의 사례를 들면 다음과 같다. "캠페인이 전개되는 4개월 동안 20세에서 29세에 이르는 직장 여성의 80%에 도달하며 이들이 5회씩 메시지를 반복하여 볼 수 있도록 한다."

위의 사례에서 알 수 있듯이 우선 알아야 할 것은 목표 시장이다. 즉 어떤 목표 시장을 향해서 메시지를 전달할 것인가? 이에 대한 답은 마케팅이나 광고 전략에서 찾으면 된다. 이러한 전략을 수립할 때 목표 시장에 대한 정의가 기술되기 때문이다. 흔히 인구적 속성이나 심리적 속성, 또는 상품의 사용량에 따라 시장을 세분화하여 이들 가운데 목표 시장을 선택하게 된다. 목표 시장에 대한 묘사나 설명이 구체적일수록 불필요한 매체를 피할 수 있다.

3) 메시지 분배

목표 시장을 확인한 후에는 이들을 대상으로 메시지를 언제, 어디에서, 얼마나 자주 분배할 것인지를 결정해야 한다. 즉 다음과 같은 질문에 답해야 한다. (1) 목표 시장을 대상으로 얼마나 많은 사람에게 도달할 것인가? (2) 이들에게 얼마나 많은 횟수로 광고할 것인가? 이러한 질문에 답하기 위해서는 도달*reach*과 빈도*frequency*, 그리고 메시지의 중량*weight*에 대해서 이해할 필요가 있다.

(1) 도달

도달이란 주어진 기간에 적어도 한번 광고에 접촉한 목표 시장의 수를 뜻한다. 주어진 기간이란 보통 4주를 의미하나 일부에서는 소비자의 구매 사이클에 맞추는 경우도 있다. 도달을 이해하기 위한 예를 하나 들기로 하겠다. 전국에 다섯 채의 집이 있고 한 채에는 한 명만 산다고 가정하자. '먹자' 피자는 4주 동안 〈개그콘서트〉(1주일에 1회 방영)에 매주 광고를 게재하였는데, 텔레비전 시청 상황은 그림 15-1과 같다.

목표 시장이 전체 다섯 집이라고 했을 때 도달은? 한 번이라도 봤으면 도달이 된 것이므로 4주 동안 네 집이 해당된다. 도달이란 목표 시장 가운데 중복되지 않은 수를 뜻하기 때문이다. 여러 차례 접촉한 사람이건 아니면 한 번만 접촉한 사람이건 하나로 취급된다.

그런데 도달은 목표 시장에 대한 비율로 정의하는 것이 한층 유용하다. 상대적으로 얼마나 많은 소비자에 도달하는지에 대한 상황 파악이 용이하기 때문이다. 그럴 경우에는 4/5 × 100 = 80%. 보통 %를 생략해서 80이라고 이야기한다.

만일 다른 프로그램에 광고를 실었다면 도달은 달랐을 것이다. 따라서 어떤

[A] 〈개그콘서트〉 시청했음, [B] 〈스타킹〉 시청했음, ■ TV 꺼져 있음

주	집 번호 [1]	[2]	[3]	[4]	[5]	A 합
1	[A]	■	[A]	■	■	2
2	[B]	[A]	[A]	■	■	2
3	■	[B]	[A]	[B]	[B]	1
4	■	[A]	[A]	[A]	■	3
A 합	1	2	4	1	0	8
B 합	1	1	0	1	1	4

그림 15-1. 도달의 사례

➤ 광 고 사 랑 방 15-1 　 도달의 심층적 이해

도달 수치는 실제 피자 광고를 본 사람을 뜻하지는 않는다. 〈개그콘서트〉를 봤다고 해서 피자 광고를 본 것은 아니기 때문이다. 더욱이 도달은 사후 숫자가 아니라 매체 기획이므로 〈개그콘서트〉의 시청률이 그 정도 될 것이라는 예측에 기초해서 산출된다는 점을 이해하는 것이 중요하다.

매체, 어떤 비히클*vehicle*(〈개그콘서트〉나 다른 프로그램)을 선택할지를 도달의 측면에서 결정할 수 있게 된다.

(2) 빈도

빈도는 4주 동안에 목표 시장이 광고 메시지에 접촉한 횟수를 뜻한다. 〈개그콘서트〉의 사례를 보면, '3번 집'은 4번 광고에 노출된 데 비해, '5번 집'은 한 번도 보지 않았다. 통상 우리는 평균적으로 몇 번씩 우리 광고에 접촉되었는지에 관심을 갖는다. 따라서 이를 알기 위해 다음과 같이 계산한다.

평균 빈도 = 전체 노출 / 도달 = 8/4 = 2

즉 도달한 세대에 있어서 노출된 평균 숫자는 2회가 된다. 빈도수가 높을수

➤ 광고사랑방 15-2	총인상

총인상*gross impressions*은 정해진 기간에 매체에 접촉된 중복된 수용자의 총합을 일컫는다. 즉 두 번 광고를 본 사람이 있으면 두 번의 효과로 계산한다. 따라서 그림 15-1의 사례에서 〈개그콘서트〉의 총인상은 8이 된다.

록 특정 매체를 집중적으로 구매했다는 뜻이다.

광고 예산이 한정적인 경우 도달과 빈도 모두를 극대화할 수는 없다. 두 요인이 역관계에 있기 때문이다. 도달을 늘리면 빈도는 줄여야 하고 도달을 줄이면 빈도수를 많이 확보할 수 있다.

(3) 중량(GRP)

도달과 빈도는 각각 매체 기획의 한 부분에만 초점을 맞추고 있다. 따라서 이들 개념을 종합하여 매체의 광고비 투자 정도를 묘사할 필요가 있다. 광고비의 전체 중량을 표현하는 개념으로서 GRP(gross rating points)를 도입하게 된 배경이다. 양적인 시각에서 GRP는 다음과 같이 산출된다.

GRPs = 도달 × 평균 빈도

그림 15-1의 〈개그콘서트〉 사례를 보면, 80 × 2 = 160이 된다. '먹자' 피자의 매체에 대한 전체 노력을 의미한다. 그런데 이를 〈스타킹〉을 구매했을 경우와 비교해 보자. 그때의 도달은 80, 평균 빈도는 1이므로, GRP는 80이 된다. 따라서 〈개그콘서트〉와 〈스타킹〉 가운데 〈개그콘서트〉의 효과가 훨씬 컸다는 것을 알 수 있다. 물론 기획할 때는 그 같은 매체 노력의 결과를 예상하면서 GRP의 수준을 설정하지만.

매체 기획을 할 때 어느 정도의 GRP가 적정 수준인지를 알려 주는 하나의 지침을 소개하기로 한다. 미국 FCB 광고대행사는 1970년대에 14개의 신제품 텔레비전 광고를 담당하면서 다음과 같은 경험칙을 얻을 수 있었다. 신제품의 소개 기간 동안(3개월 정도라고 추정됨) 2500GRPs를 투입하면 평균적으로 목표 시장에 70%의 높은 인지도를 기록할 수 있었다. 즉 매달 약 800GRPs를 투입하는 셈인데 이는 100% 목표 시장에 도달하는 노력을 기울이면서 8번씩 광고에 접촉하도록 하는 물량이라는 계산이 나온다. 반면에 1000~2500GRPs 정도의 광고비를 사용하면 33%의 인지도를 얻을 수 있었으며, 1000GRPs를 사용할 때는 효과가 별로 없었다고 한다.

또 다른 사례에서도 집중적인 공략을 위해서는 어느 정도의 GRPs를 투입해야 되는지를 알 수 있다. 1979년 맥도널드사가 웬디스를 공격하기 위한 광고 캠페인을 전개할 때, 어린이를 대상으로 1주일에 140GRPs의 물량 공세를 취했다고 한다. 이를 4주로 환산하면 560GRPs, 3개월로 환산하면 1680GRPs를 투입한 양.

그리고 같은 수치의 GRP이지만 실제 내용은 도달과 빈도에서 큰 차이가 있을 수 있으므로 유의해야 한다. 수용자에 도달은 100% 다 되었지만 빈도수는 1회인 100GRP가 있을 수 있다. 또 다른 극단적인 경우는 도달은 1%이면서 100회의 빈도수를 기록한 100GRP도 있을 수 있기 때문이다. 따라서 광고 목표와 연관해서 어떤 매체 목표를 수립하는 것이 좋을지에 대해 판단해야 한다.

(4) 효과적인 빈도

매체 기획을 수립할 때, 어느 정도의 빈도로 수용자에게 접촉하는 것이 좋을까? 목표 수용자로부터 의도했던 반응을 얻기 위한 최적의 노출 빈도를 바로 효과적인 빈도라고 한다. 대부분의 연구자가 1회의 빈도로는 충분하지 않다는 데 동의하지만, 얼마만큼의 빈도가 적정 수준인지에 대해서는 의견이 분분하다. 너무 적으면 효과 달성이 어렵고 너무 많으면 낭비일 뿐만 아니라 역효과도 발생할 수 있으니 말이다.

효과적 빈도에 대한 대답으로 '세 번 적중 이론*three-hit theory*'이 있다(Schiffman & Kanuk, 1991). 이 이론에 따르면 한번 소비자를 적중시키면 상품에 대한 인지도가 형성되고, 두 번 적중될 때 상품과 자신과의 관련성을 알게 되며, 세 번 적중되어서야 상품의 혜택을 상기한다고 본다. 그렇다면 세 번이 최적의 수치일 수 있다. 그러나 문제는 광고를 소비자에게 주의 깊게 세 번 접촉하려면 세 번보다 많은 횟수의 광고를 내보내야 한다는 점이다. 따라서 적어도 11~12회 정도 보내야, 소비자가 실제로 세 번의 노출에 도달할 가능성이 높아진다고 본다.

그렇지만 정해진 숫자가 있는 것은 아니고(다섯 번 정도가 좋다는 설도 있지만), 효과적인 빈도를 결정할 때 다음과 같은 원칙을 고찰하면 보다 합리적인 숫자를 찾을 수 있다(Bovee, Thill, Dovel, & Wood, 1995).

(1) 구매 사이클에 맞춰서 빈도수를 결정한다.

(2) 시장 점유율이 높으면 빈도수가 적어도 괜찮다.

(3) 새로운 브랜드는 많은 빈도수가 필요하다.

(4) 광고 혼잡 상황이면 빈도수를 높이는 것이 유용하다.

(5) 복잡한 메시지를 전달할 경우에는 빈도수가 많아야 한다.

(6) 메시지의 크기가 작을수록 또는 길이가 짧을수록 빈도수가 많아야 효과를 볼 수 있다.

3. 매체 전략

매체 전략은 매체 목표를 성취하기 위한 구체적인 행동 지침을 가리킨다. 구체적으로는 목표 시장을 대상으로 메시지 분배를 실현하는 과정이라고 볼 수 있다. 이 과정에서도 매체 기획자의 분석과 창의성이 요구된다. 매체 전략을 구성하는 부문은 네 가지로 구분될 수 있다. (1) 지역 결정, (2) 매체와 채널 결정, (3) 매체의 비용 비교, (4) 메시지 분배의 스케줄.

1) 지역 결정

어느 지역에 광고를 전개할 것인가? 상품이 유통되지 않는 곳에 광고할 필요는 없다. 게다가 전국을 대상으로 하는 광고 캠페인에서도 각 지역에 똑같은 광고량을 투입하는 것은 아니다. 지역마다 시장의 중요성이나 마케팅 전략이 상이할 수 있다. 따라서 지역적 특성을 고려해서 매체 전략을 수립해야 한다. 특히 각 지역의 판매량에 따른 특성을 평가할 때 브랜드 개발 지수(brand development index: BDI)와 품목 개발 지수(category development index: CDI)가 사용된다. BDI는 각 지역에서 특정 브랜드의 상대적인 판매력을 측정한 비율이다. 산출 공식은 다음과 같다.

BDI = (전국 대비 해당 지역의 브랜드 판매율 / 전국 대비 해당 지역의 인구 비율) × 100

'사오정' 사이다의 전국 판매량 가운데 대전 지역이 차지하는 비율이 2%라고 가정하고 대전 인구는 전국 인구의 6%라고 하자. 이때 대전 지역의 BDI는 2/6 × 100 = 33이 된다. 지수 값이 높을수록 해당 지역에서의 브랜드 판매력이 높은 것을 뜻한다. 이 지수는 다른 지역과 비교할 때 유용하다. 부산 지역의 BDI가 140이라고 한다면, 대전 지역에서는 해당 브랜드를 상대적으로 잘 마시지 않으므로 특별한 관리가 필요하다는 의미가 된다.

CDI는 사이다 음료 전체에 대한 소비가 어떤지를 살펴보는 잣대가 된다. CDI를 통해서 특정 지역에서의 품목 판매력을 알 수 있는데 그 공식은 다음과 같다.

CDI = (전국 대비 해당 지역의 상품 품목 판매율 / 전국 대비 해당 지역의 인구 비율) × 100

전국 사이다 음료 판매량 가운데 대전이 3%를 차지한다고 하자. CDI는 3/6 × 100 = 50. 인구 비중만큼 사이다의 소비량이 많지 않다. 이는 대전 지역 주민이 '사오정' 사이다는 물론이고 다른 사이다 음료도 잘 마시지 않는다는 것을 의

표 15-1. BDI와 CDI의 이용

구분	높은 BDI	낮은 BDI
높은 CDI	자사 브랜드와 상품 범주에 호의적인 지역. 자사 브랜드의 시장 점유율을 지키기 위해 매체를 집중적으로 구입할 필요 있음.	상품 품목에는 호의적이지만 자사 브랜드에는 적대적. 경쟁 상황을 분석해서 이 지역을 공략할 필요가 있으면 집중적으로 광고할 필요 있음.
낮은 CDI	자사 브랜드에는 호의적이나 상품 범주에는 부정적. 브랜드 판매가 감소할 가능성에 유의. 구매 빈도를 증가시키기 위한 매체 전략 필요함.	상품 범주와 자사 브랜드에 부정적. 광고 기회가 있는지를 철저히 검토해야 할 상황.

미한다.

이 같은 BDI와 CDI 정보를 통해서 어느 지역에 광고비를 보다 많이 투입할 것인지 여부를 결정하게 된다. 구체적인 지침은 표 15-1과 같다(Bovee, Thill, Dovel, & Wood, 1995).

2) 매체와 채널 결정

매체 목표를 성취하기 위해서 하나의 매체만을 사용할 경우에는 노력을 집중할 수 있고 광고 제작비도 저렴할 것이다. 그렇지만 일반적으로는 두 가지 이상의 매체를 혼합 · 사용함으로써 목표 수용자에게 도달하려고 한다. 매체 간의 시너지 효과를 기대할 수 있으며, 목표 시장에 보다 폭넓게 도달할 수 있기 때문이다. 시너지 효과란 각 부분의 합보다 전체가 더 큰 효과를 생성한다는 것을 의미한다. 사실 인쇄나 방송 매체 가운데 어느 하나를 선택하는 것보다는 인쇄와 방송 매체를 조합하여 사용하는 것이 보다 큰 효과를 생성할 수 있다(Confer, 1992). 이처럼 목표 시장에 효율적으로 도달하기 위해 두 매체 이상을 적절하게 조화시키는 것을 미디어 믹스*media mix*라고 한다. 같은 예산일지라도 매체별로 조합을 하게 되면 더욱 많은 도달률을 확보할 수 있다(표 15-2 참조. 위풍길, 1993).

그러면 어떤 매체를 사용할 것인가? 상품이나 서비스를 프로모션하는 데 사

표 15-2. 미디어 믹스의 효과 사례

대안	매체별 예산 비율(%)				도달률 (%)	빈도
	텔레비전	라디오	신문	잡지		
1안		100			49	13
2안	50	50			60	6
3안		50	50		59	5
4안	33	33	33		65	4
5안	25	25	25	25	68	3

용하는 비용은 크게 두 가지로 대별된다. 드러난 판촉*above-the-line promotion*과 가려진 판촉*below-the-line promotion*. 이러한 명칭은 판촉 효과의 측정 여부를 반영한다. 전자는 판촉 효과를 비교적 공개적으로 측정하는 반면, 후자는 상대적으로 측정하기 어려워 추측하거나 관행적으로 측정하지 않았음을 뜻한다. 신문, 잡지, 라디오, 텔레비전(케이블 포함), 인터넷(브로드밴드 비디오나 유료 검색은 제외), 옥외 매체의 광고가 전자의 사례에 속한다. 이에 비하여 후자는 이들 광고를 제외한 다양한 판촉을 모두 포함한다. 유통점을 대상으로 하는 판촉 활동(딜러 인센티브, 좋은 위치 진열 등)을 비롯하여 소비자를 대상으로 하는 다양한 판촉 활동(이벤트, 할인 쿠폰, 상품 배치 *product placement*, 점포안의 판촉), 유료 인터넷 검색 등을 망라한다. 최근에는 가려진 판촉이 점차 증가하고 있는 추세다. 일례로 2007년 미국에서는 전체 판촉비 가운데 드러난 판촉비가 58.2%를 차지한 데 비해 가려진 판촉비는 41.8%에 이르고 있다(O'Guinn, Allen, & Semenik, 2009).

광고 매체의 전략은 드러난 판촉에 해당하는 셈이다. 그럼에도 드러난 판촉과 가려진 판촉을 소개한 까닭은 광고만이 유일한 해결책은 아니며, 좀 더 큰 마케팅 커뮤니케이션 그림을 그릴 수 있어야 한다는 점을 강조하기 위함이었다. 또한 광고 역시 최근에는 가려진 판촉의 모습으로 등장하기도 한다.

다음 순서는 광고 매체 중에서 어떤 매체를 선택할 것인지에 대한 판단이다. 전통적으로는 광고에서 중요한 비중을 차지하던 4대 매체는 신문, 잡지, 라디오,

표 15-3. 광고 매체의 특성

특징	공중파 TV	케이블 TV	라디오	신문	잡지	직접 우편	옥외 (교통)	인터넷 (검색 광고)
전국 도달성	고	고	중	중	중	중	저	고
광고 스케줄 융통성	고	고	고	고	저	중	중	고
수용자의 선별성	중	고	중	중	고	고	저	고
수용자의 관여도	저	중	저	중	고	중	저	고
수용자의 신뢰도	중	중	중	고	중	저	중	중
광고 혼잡성	고	고	고	중	중	중	저	중
상품 실연의 표현	고	고	중	저	저	중	중	저
수용자 접촉 비용	저	저	저	중	중	고	저	중

텔레비전이었다. 그러나 최근에는 이러한 매체 이외에 다른 선택적 대안이 많이 등장한다. 이들의 특성을 살펴보면 표 15-3과 같다.

대체로 방송 매체는 전국적인 도달이 강점이어서 절대적인 비용은 비싸지만 접촉하는 수용자 일인당 들어가는 비용이 상대적으로 저렴하다. 이에 비해 인쇄 매체는 수용자를 선택적으로 선별해서 광고를 집행할 수 있으며 수용자의 높은 관여도를 활용할 수 있다. 직접 우편은 목표 시장의 선별성이 탁월하지만 신뢰성이나 수용성이 낮다는 점을 극복해야 한다. 옥외 광고는 지역적으로 수용자를 공략할 수 있는 반면, 수용자를 선별하는 것은 어렵다. 인터넷 광고 중에서 검색 광고는 기본적으로 소비자가 찾아오는 매체이다. 이를 잡아당기는 전략*pull strategy*이라고 한다. 즉 소비자가 키워드를 검색하면 관련 광고의 브랜드로 소비자가 다가온다. 이에 비해 전통 매체의 광고는 상대적으로 소비자에게 해당 브랜드를 밀어붙이는 셈이다(밀어붙이는 전략*push strategy*). 각 매체의 특성에 대한 자세한 내역은 16장에 제시되어 있다.

지금까지는 매체 간의 선택을 간략하게 소개하였다. 그런데 매체를 결정하고 나면 각 매체 내에서 어떤 채널(또는 비히클)을 선정할지를 결정해야 한다. 이를테면 공중파 텔레비전 매체를 선택했다면 채널과 프로그램의 선택 과제가 남아 있다. 우선 KBS, MBC, SBS 가운데 어느 방송국을 선택할지, 그리고 방송국 가운데서도 어떤 방송 프로그램을 구입할 것인지를 판단해야 한다.

채널을 결정할 때는 우선 각 채널의 수용자와 목표 시장과의 적합성을 평가해야 한다. 이외에 고려해야 할 요인은 다음과 같다. (1) 매체 내용과 호환성, (2) 매체 내용의 분위기와 상품의 조화. 전자를 고려한다면, 공해 문제를 다루는 다큐멘터리에 샴푸 광고를 하지는 않을 것이다. 후자의 경우, 슬픈 드라마를 보고 나서 갑자기 신나는 아이스크림 광고가 나온다면 울다가 웃어야 되는 상황이 연출되므로 이 역시 경계해야 될 대상이다. 물론 비용도 빼놓을 수 없다. 매체를 취사선택할 때 중요한 제약 요인으로 작용하기 때문이다. 광고 예산을 감안하여 매체를 선택해야 할 뿐만 아니라 각 매체의 비용 효율성을 평가해야 한다. 이에 대한 내용이 다음에 제시되어 있다.

3) 비용 효율성

각 매체를 사용했을 때의 비용을 계산함으로써 어느 매체가 보다 효율적인지 판단할 수 있다. 매체 비용을 비교하기 위해 사용되는 방식 가운데 하나가 CPM(cost per thousand)이다. 목표 수용자 1000명에게 광고를 전달하기 위한 광고비를 뜻한다(로마어로 '1000'이 millennium이기 때문에 약자를 CPT가 아니라 CPM이라고 한다). 산출 공식은 다음과 같다.

CPM = (광고 단위 비용 / 목표 시장에 도달한 사람 수) × 1000

일례로 〈뉴스위크〉 한 면의 광고비가 200만 원이고, 발행 부수 20만 부 가운데 목표 시장인 대학생의 수는 10만 명이라고 하자. 그렇다면 CPM은 200만 원 / 10만 명 × 1000 = 2만 원이 된다. 이 수치를 통해서 매체 비용을 비교할 수 있다. 〈뉴스위크〉의 CPM과 〈시사저널〉의 CPM을 비교하여 어느 매체가 보다 효율적인지 쉽게 알 수 있기 때문이다.

그렇지만 CPM이 광고의 효율성을 전부 측정해 주는 것은 아니다. 〈뉴스위크〉 독자와 〈시사저널〉의 독자가 비록 같은 대학생일지라도 속성이 다를 수 있기 때문이다. 따라서 비록 같은 CPM일지라도 소비 수준이나 라이프스타일에서 상이하다면 자사의 상품이나 광고 전략을 고려해서 매체를 선택해야 한다. 즉 CPM은 수용자의 질을 고려하지 않고 양적인 측면에서의 비교라는 점에 유의해야 된다.

매체별로 CPM의 평균값을 비교하면 다음과 같다(이혜갑, 1997). 신문(5단 × 37cm)은 1만 2289원, 잡지(1면)는 2077원, 텔레비전(15초)은 2235원, 라디오(20초)는 710원. 이 같은 국내 매체비를 미국과 비교하면 흥미 있는 현상이 발견된다. 비록 1986년의 조사이기는 하지만 미국의 매체별 CPM은 다음과 같았다(Cohen, 1988). 신문(600line)은 7.00달러, 잡지(1면)는 7.30달러, 텔레비전(프라임 30초)은 8.10달러, 라디오(30초)는 4.10달러. 한국과 미국의 매체를 비교할 때 각 매체의 광고 단위가 상이하므로 비교하기는 어렵다. 더욱이 매체 간의 도달 이외에 영향력을 비교하기는 더더욱 어렵다. 그럼에도 불구하고 다음과 같은 특성을 알 수 있다. (1) 라디오는 한국과 미국 공통으로 가장 저렴하다. (2) 한국에서는 텔레비전 광고비가 저렴한 데 비해 신문 광고비가 비싼 편이다.

4) 스케줄

(1) 적합한 시간

광고하는 데 최적의 시간을 결정하는 것도 매체 전략의 중요한 과정이다. 이러한 시간 고려에는 다음 요인이 있다. (1) 소비자의 구매 결정 시간, (2) 경쟁사 광고의 혼잡.

먼저 소비자가 구매 결정을 언제 내리는지를 살펴보는 일이 중요하다. 한 예로 여행 패키지를 판매한다면 사람들은 휴가를 언제 결정하는가를 알아야 할 것이다. 여러분은 여름 휴가를 언제 계획하는가? 1년 전에? 몇 달 전에? 몇 주 전에? 또는 휴가가 닥쳐야? 이런 구매 결정이나 구매 시점에 맞추어서 광고 메시지를 전달해야 그 효과가 높다.

둘째, 소비자를 쫓아 광고하면 경쟁사와 같이 뒤범벅되기 십상이다. 경쟁사도 그 같은 구매 결정 사이클에 맞춰서 광고할 것이기 때문이다. 따라서 경쟁사의 시간대를 피하면서 눈에 띄는 광고를 기획할 필요가 있다. 1992년 미국의 슈퍼볼이 개최되는 일요일보다 이틀 전인 금요일에 대대적인 코카콜라 광고가 CNN과 MTV를 통해서 100개국에 전달되었다. 스폰서인 펩시콜라가 일요일에 엄청난 광고를 할 예정이므로 코카콜라가 미리 앞당겨서 김빼기 작전을 시도했던 것이다.

(2) 지속성

광고할 시간과 함께 광고를 캠페인 기간에 얼마나 지속적으로 전개할 것인지의 여부도 결정해야 한다. 즉 지속성이란 광고 메시지의 반복 패턴을 의미한다. 패턴의 종류는 대체로 세 가지가 있다. (1) 지속, (2) 맥박, (3) 비행.

첫째, 지속continuity은 캠페인 기간에 일관성 있게 광고비를 투입하는 것을 말

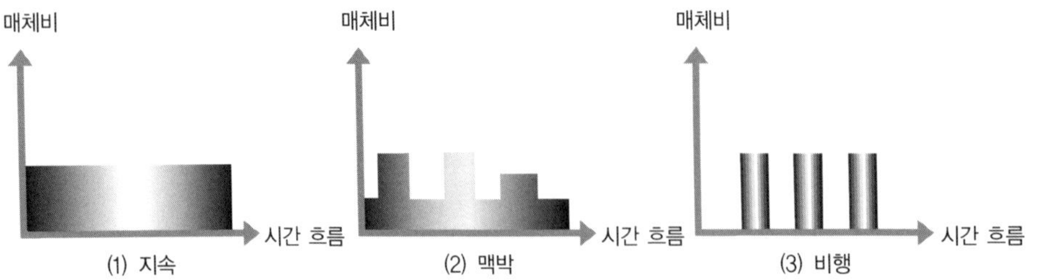

그림 15-2. 지속성에 따른 매체 기획

한다. 즉 월마다 또는 계절마다 투입되는 광고비가 일정하다. 대체로 소비자의 수요가 1년 내내 유지되는 식음료 같은 생필품의 광고에 해당된다. 브랜드의 이용 가능성을 항상 알려야 하기 때문이다.

둘째, 맥박*pulsing*은 광고비를 지속적으로 투입하지만 보다 강조하는 기간이 있는 매체 기획을 말한다. 1년 내내 지속하지만 상대적으로 강도가 낮은 광고비를 유지하다가 판촉을 지원할 필요가 있거나 많은 수요가 예상되는 시점에는 광고비에 맥박을 더한다. 일례로 패스트푸드는 1년 내내 광고를 진행하다가 새로운 메뉴 아이템을 선보일 때나 입학 시즌을 맞이하여 판촉 행사를 기획할 때는 스케줄을 증가시킨다.

셋째, 비행*flighting*은 집중적인 광고 기간과 전혀 광고를 하지 않는 기간이 조합된 패턴을 의미한다. 전자를 비행이라고 하며, 후자는 단절*hiatus*이라고 한다. 이 같은 패턴을 택하는 배경에는 광고의 이월 효과*carry-over effect*를 선세하기 때문이다. 이월 효과는 한 시점에서 집행한 광고 메시지가 그 시점을 지나서도 남아 있는 영향력을 뜻한다. 이 같은 비행 패턴을 매체별로 번갈아 집행하면 지속 패턴의 효과를 꾀할 수도 있다. 예를 들면, 1월에는 잡지 비행, 2월에는 텔레비전 비행 등으로 연결되면 연속적인 매체 기획이 된다.

5) 매체 기획의 이행

매체 기획 및 전략이 수립되면 전체 상황을 조망할 수 있는 매체 기획표를 작성하게 된다(그림 15–3). 이 그림을 참고하여 매체에 광고가 게재될 수 있도록 준비한다. 각 매체의 광고 담당자와 접촉하여 구체적으로 광고 게재 일시 및 광고비를 협상하는 것이다. 각 매체사의 광고 구입에 대해서는 다음 16장에 설명되어 있다.

광고가 게재된 후에 매체 기획자는 실제로 기획한 일시와 채널에 광고물이 의도했던 대로 게재되었는지를 확인해야 한다. 만일 광고물이 게재되지 않았거

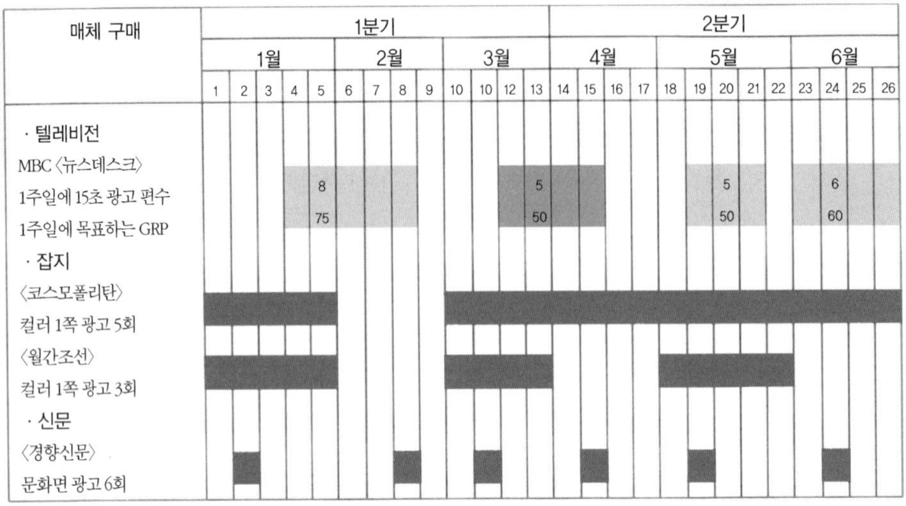

그림 15-3. 매체 기획표

나 협의한 수용자의 수에 미치지 못할 경우, 매체 기획자는 매체사의 광고 담당자와 협의하여 추후의 가격 할인 또는 광고를 재게재하는 방법을 논의하는 것이 원칙이다.

참고 문헌

위풍길 (1993). 《광고 매체 전략》. 한국방송광고공사.
이혜갑 (1997). "4대 매체 광고 요금 효율성 비교 연구," 〈광고학연구〉, 봄호.

Arens, W. F. (1996). *Contemporary Advertising*. Chicago: Irwin.
——— & Bovee, C. L. (1994). *Contemporary Advertising*. Boston: Irwin.
Batra, R., Myers, J. G., & Aaker, D. A. (1996). *Advertising Management*. Upper Saddle River: Prentice-Hall, Inc.
Bovee, C. L., Thill, J. V., Dovel, G. P., & Wood, M. B. (1995). *Advertising Excellence*. New

York: McGraw-Hill, Inc.

Burke, R. R. & Srull, T. K. (1998). "Competitive Interference and Consumer Memory for Advertising," *Journal of Consumer Research*, 15, June.

Cohen, D. (1988). *Advertising*. Glenview: Scott, Foresman & Company.

Confer, M. G. (1992). "The Media Multiplier: Nine Studies Conducted in Seven Countries," *Journal of Advertising Research*, January / February.

Dunn, S. W., Barban, A. M., Krugman, D. M., & Reid, L. N. (1990). *Advertising: Its Role in Modern Marketing*. Chicago: The Dryden Press.

O'Guinn, T. C., Allen, C. T., & Semenik R. J. (2009). *Advertising and Integrated Brand Promotion*. Mason: South-Western CENGAGE Learning.

Schiffman, L. G. & Kanuk, L. L. (1991). *Consumer Behavior*. Englewood Cliffs: Prentice-Hall, Inc.

Sissor, J. Z. & Baron, R. B. (2002). *Advertising Media Planning*. New York: McGraw-Hill, Inc.

Woodside, A. G. & Glenesk, G. B. (1984). "Thought Processing of Advertisements on Low versus High Noise Conditions," *Journal of Advertising*, 13(2).

16장 광고 매체

목표 시장에 도달하기 위한 매체 결정은 매체 전략에서 중요한 비중을 차지한다. 과연 각 광고 매체는 어떤 특성을 지닐까? 이들 광고 매체가 광고 전략이나 매체 기획에 어떻게 기여할 수 있는지를 설명한다. 여기서는 텔레비전, 라디오, 케이블 텔레비전, 신문, 잡지 등의 전통 매체 광고를 비롯하여 인터넷, 옥외 매체를 소개하였다.

1. 공중파 텔레비전 광고

1) 공중파 텔레비전의 개관

공중파 방송망은 현재 전국 방송사와 그 계열사, 그리고 지역 민영 방송사로 나뉜다. 먼저 한국방송광고공사(KOBACO)가 광고 판매를 대행하는 전국 방송사는 KBS2, EBS, MBC, SBS가 있다. 총 인구 대비 시청 권역에 있는 인구를 가시청율 *penetration*이라고 하는데, 이들 4개 공중파의 가시청율은 99%로서 국민 대다수가 시청 권역에 있다고 볼 수 있다(HRC, 2008). 그러나 텔레비전 수상기 내에서의 공중파 방송의 평균 시청 점유율은 2000년대 초의 90%에서 2008년에는 80% 이하로 감소하였다(그림 16-1 참조). 사실 유사한 변화가 미국에서는 10여 년 전 이미 나타났다. 1978년 미국의 전국 방송망은 프라임 시간대 시청자의 92%를 점유하였으

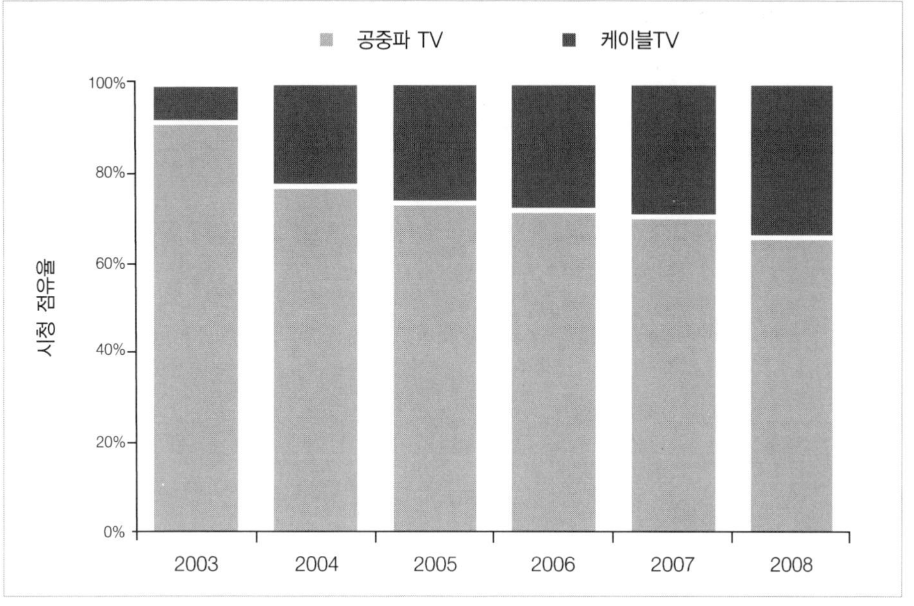

그림 16-1. TV 수상기 내 시청 점유율 변화

* 자료원: AGB Nielsen Media Research

나 케이블TV 방송의 등장으로 2000년에는 50%대로 감소되었기 때문이다 (Krugman & Rust, 1987).

그렇지만 공중파 텔레비전은 여전히 시청자의 절대 다수에게 동시에 도달할 수 있다. 따라서 광고주에게 매우 중요한 광고 매체로 남아 있으며 미래에도 주요한 광고 매체로 존속할 것으로 보인다. 더욱이 2010년 이후 공중파 방송광고 판매가 현재의 '단일 대행'에서 '복수 대행' 구조로 변화될 경우 공중파 텔레비전은 광고 매체로서의 활용도가 현재보다 증내될 것으로 예상된다.

전국 방송사의 계열사로 운영되는 지방 공영 방송국(KBS와 MBC)이나 지역의 민영 방송국은 주로 해당 지역의 기업을 대상으로 광고 시간을 판매한다. 지역에 기반을 둔 지역 광고주들, 특히 백화점이나 편의점, 은행 같은 금융 기관, 자동차 판매점, 음식점, 슈퍼마켓 등이 지역 방송사의 중요한 광고주다.

2) 텔레비전 광고의 종류

공중파 텔레비전 광고의 종류는 다음과 같이 구분된다(그림 16-2 참조).

(1) 프로그램 광고: 방송 광고를 후원하는 광고주로서 참여하는 광고다. 프로그램 시작을 알리면서 자막을 통해 후원사로 나가는 광고를 일컫는다. 프로그램 전후에 노출된다. 프로그램 길이의 10% 내에서 광고 시간이 허용되며 케이블 텔레비전과 달리 프로그램이 진행되는 동안에 삽입되는 '중간 광고'는 현재 허용되지 않는다. 프로그램 광고의 대부분은 15초 길이지만 상황에 따라서는 30초 또는 그 이상의 길이도 가능하다. 전국 광고주가 주로 이용한다.

(2) 스폿(또는 토막) 광고: 방송 프로그램과 프로그램 사이에 할당된 광고를 말한다. 스테이션 브레이크station break(SB)라고도 한다. 20초 광고가 대부분이며 30초 광고도 허용된다. 이 시간대는 방송이 쉬는 시간이며 특정 지역에만 노출을 원하는 지역 광고주에게 적합하다. 이를테면 "부산시 동래동의 삼겹살집."

(3) 자막 광고: ID 광고 및 카드 광고로 세분된다. 전자는 "언제나 MBC"를 알릴 때 화면 밑의 자막을 이용한 광고를 말하며, 후자는 "곧이어 〈SBS 8시 뉴스〉가 방송됩니다"라는 멘트가 나올 때의 화면 밑 자막 광고를 지칭한다. 10초 동안 방영된다.

(4) 시보 광고: 방송 시간을 알릴 때의 제공 광고로 10초 동안 방영된다.

(5) 특집 광고: 정규 프로그램 이외의 특집 프로그램에 참여하는 광고이다.

미국을 포함한 일부 선진국과는 달리 우리는 아직 공중파 텔레비전에 중간 광고를 허용하고 있지 않다. 중간 광고란 프로그램이 방영되는 중간에 등장하는 광고를 말하는데 미국에서는 15분 만에 한 번씩 광고한다. 따라서 미국의 프로그

그림 16-2. 텔레비전 방송 광고의 종류 및 위치

램 연출자는 광고 시간을 염두에 두고 프로그램을 진행시킨다. 우리나라도 방송통신위원회를 중심으로 최근 공중파 텔레비전 광고를 대상으로 중간 광고를 허용하려는 법규 개정의 논의가 활발하게 진행되고 있다. 중간 광고는 광고주나 광고대행사에서는 시청자에게 높은 침입을 할 수 있는 반면, 시청자에게는 시청권을 방해하는 셈이라 쌍방의 이해 관계가 대립된다.

텔레비전 광고 요금은 시청률이 어느 정도 반영된 시간대에 따라서 구분되어 판매된다. 시간대는 그림 16-3과 같이 시급이 분류되며, 이에 따라 광고 요금도 차이가 난다. 물론 시급 및 광고 요금은 공중파 방송사의 광고를 유일하게 대행하는 한국방송광고공사(KOBACO)가 결정하여 공개한다. 시급에는 시청자 수가 가장 많은 시간대를 SA급, 그 주변부를 A급으로 구분하며 시간대별로 이른 아침과 늦은 밤을 B급 및 C급으로 구분하였다. 미국에서는 프로그램의 시청률에 근거하여 광고 단가가 결정되지만 시간대 구분은 일반적인 기준에 근거한다. (1) 이른 아침(오전 6시~9시), (2) 낮(오전 9시~오후 4시), (3) 이른 변두리(오후 4시~7시), (4) 프라임 시간 진입(오후 7시~8시), (5) 프라임 시간(오후 8시~ 11시, 일요일은 오후 7~11시), (6) 심야

■ 주중

C	B	A	B	C	B	A	SA	A	B	C
~ 07:00	07:00 08:30	08:30 09:30	09:30 12:00	12:00 17:00	17:00 19:00	19:00 20:00	20:00 23:00	23:00 24:00	24:00 24:30	24:30 ~

■ 토요일

C	B	A	B	A	SA	A	B	C
~ 07:00	07:00 08:30	08:30 09:30	09:30~17:00	17:00 19:00	19:00~23:00	23:00 24:00	24:00 24:30	24:30 ~

■ 일요일

C	B	A	SA	A	B	C
~ 07:30	07:30 08:30	09:30~19:00	19:0~23:30	23:30 24:00	24:00 24:30	24:30 ~

그림 16-3. 공중파 텔레비전 광고 시간대 구분

표 16-1. 공중파 텔레비전 주간 편성표(MBC-TV 2009년 하반기 주중 프라임 시간대, 단위: 천 원)

<table>
<tr><th>급</th><th>시</th><th>분</th><th>월</th><th>화</th><th>수</th><th>목</th><th>금</th></tr>
<tr><td>A</td><td>7</td><td rowspan="2">45</td><td>닥터스
7,365(7,764)</td><td>TV 특종 놀라운
세상 7,455(8,245)</td><td>불만제로
7,365(7,449)</td><td>4주후愛
7,410(7,364)</td><td>희망특강파랑새
7,445(8,143)</td></tr>
<tr><td rowspan="4">SA</td><td rowspan="2">8</td><td colspan="5">일일시트콤 12,630</td></tr>
<tr><td>15</td><td colspan="5">일일연속극 12,630</td></tr>
<tr><td rowspan="2">9</td><td>55</td><td colspan="5">MBC 뉴스데스크 13,200</td></tr>
<tr><td>50</td><td colspan="5">MBC 스포츠 뉴스 11,355</td></tr>
</table>

* 괄호안의 숫자는 로컬 릴레이 요금 포함.

뉴스(오후 11시~11시 30분), (7) 늦은 변두리 시간 (오후 11시 30분~다음날 오전 1시).

광고 종류와 시간대 구분에 따른 광고 요금표를 MBC의 평일 프라임 시간대를 중심으로 살펴보면 표 16-1과 같다. 참고로 KBS2와 MBC의 광고 요금표는 동일하지만, SBS는 서울을 포함한 경기도 일부, 충청남·북도 일부만이 가시청 지역이므로 광고 요금이 평균적으로 저렴하다. 한 가지 주목할 것은 비록 공중파 3사의 시급별 광고 요금은 공개되어 있지만 최근에는 CM순서 지정이나 선매제 등의 다양한 판매 방법이 적용되기 때문에 프로그램의 실제 판매 금액은 공개된 금액과는 종종 차이가 발생한다. 향후 복수의 판매대행사가 운영될 경우, 공중파 개별 프로그램의 정확한 광고 단가를 알기란 더욱 어려워질 전망이다.

3) 공중파 텔레비전 광고의 기획 및 집행

공중파 텔레비전 광고를 구매할 때는 다음과 같은 요인을 고려해야 한다. 첫째, 시청자의 크기를 파악해야 한다. 비록 시간대에 의해 광고 단가가 고정되어 있으나 각 프로그램의 시청률은 늘 변화한다. 따라서 광고 기획자는 구입할 프로그램 시청자의 양과 질을 분석해야 한다. 특정 타깃 시청률을 산출하는 공식은 다음과 같다. 시청률을 포함한 각 프로그램의 정보는 민간 시청률 측정 기관(AGB Nielsen과 TNS)에 의해 매 순간 측정되어 자료 구매 기관들(방송사, 대행사, 광고주 등)에게 전자 정보 형태로 즉각 제공된다.

$$\text{타깃 시청률(개인)} = \frac{\text{해당 프로그램을 보는 특정 타깃의 수}}{\text{전체 인구 중 특정 타깃의 총 수}} \times 100$$

둘째, 공중파 방송 광고 구매를 위해서는 1981년에 설립된 한국방송광고공사를 거쳐야 한다. 특정 방송사의 희망 프로그램명과 가용 예산 등을 기재하는 '청약' 절차를 거쳐서 구매가 이루어진다. 2010년부터는 복수의 미디어 렙이 등장하므로 각 방송사를 대표하는 미디어 렙과 접촉해야 한다.

셋째, 광고 기획자는 텔레비전의 연중 스케줄도 주시할 필요가 있다. 프로그램은 일반적으로 봄과 가을에 중요한 개편이 있을 뿐만 아니라 시기별 부분 개편

▶ 광고사랑방 16-1 | 시청률 조사

시청률을 조사할 때는 전국에 있는 세대를 다 조사할 수 없으므로 표본을 추출한다. AGB닐슨미디어리서치에서는 23개 도시에 걸쳐 2050가구를, TNS미디어코리아에서는 6개 광역 도시를 대상으로 2000가구를 패널로 선정하여 조사한다. 이들 세대의 수상기에는 피플 미터*people meter*(각 방송사의 주파수 움직임을 초 단위로 측정하는 기구)가 부착되어 있어 이들의 시청 행태를 즉각적으로 알 수 있다. 2006년 한국 대 토고 월드컵 경기의 시청률은 전체 73.7%였다(MBC 31.4%, KBS 26.2%, SBS 16.1%). 2007년 MBC 월화드라마 〈이산〉의 시청률은 33.3%.

미국의 시청률은 닐슨Nielsen이 주도적 역할을 한다. 1700세대를 대상으로 오디미터audimeter로 조사하며, 추가로 2700세대에게 일기 방식을 이용해 자료를 보완한다. 미국에서 최고 시청률 기록은 1983년 〈M*A*S*H〉(한국 전쟁 당시 미군 야전 병원에서 벌어지는 일을 배경으로 한 코미디극)의 60.3%였다. 최근에는 2월에 방송하는 미식축구 슈퍼 볼이 높은 시청률을 자랑한다. 2009년에는 폭스FOX가 중개하였는데 42%의 시청률(4800만 세대의 9800만 명이 시청)을 나타냈는데 광고비는 30초에 300만 달러였다.

➤ 광 고 사 랑 방 16-2	미국 텔레비전 광고의 유형

미국에서는 방송 광고의 유형을 다음과 같이 구분한다.

(1) 스폰서십 광고*sponsorship*: 프로그램을 제작하는 데 재정적 책임을 지며, 프로그램의 광고 시간을 독점할 수 있다. 초기 텔레비전기에 많이 이용되었지만 요즈음은 제작비를 광고주 혼자서 부담하기 어렵기 때문에 드물다. 우리나라의 경우 선경에서 〈장학퀴즈〉의 제작비를 부담하면서 나 홀로 광고하던 것을 예로 들 수 있다.
(2) 참여 광고*participants*: 한 프로그램의 광고 시간에 여러 광고주가 광고 시간을 구매하는 형태를 일컫는다. 적은 예산으로 프로그램에 참여할 수 있는 효과가 있다. 그렇지만 프로그램 내용에 광고주가 관여할 수는 없다.
(3) 스폿 광고*spots*: 프로그램과 프로그램 사이의 방송이 쉬는 시간*station break*에 방송하는 광고이다. 보통 미국에서는 네트워크사에 가맹된 지역 방송사가 이 시간에 지역 광고를 유치한다.

도 흔하기 때문이다. 일반적으로 광고 캠페인은 수개월씩 지속되는데, 집행 프로그램이 개편으로 종영될 경우 광고 캠페인의 효율성과 광고 예산 등이 영향을 받을 수 있으므로 광고주와 긴밀하게 논의해야 한다.

미국에서는 가을에 대대적으로 프로그램을 개편하므로 이에 대비해서 광고주는 앞선 봄과 여름에 해당 방송사들과 협상을 벌인다. 이른바 '선행 투자 시장*upfront market*'이 형성된다. 이때 시청률을 보장받는 조건(GRP 보장제)을 내걸 수도 있는데, 실제로 시청률이 보장되지 않을 경우 네크워크가 추후 보충해 준다. 완전하진 않지만 우리나라의 방송광고공사에서도 기존의 한 달 전前 정기물 판매 외에 6개월 및 그 이상의 프로그램을 대상으로 선매제*upfront buying*를 시행하고 있다. 선매제는 광고주에게는 양질의 프로그램을 안정적으로 확보하게 하고 방송사측에는 예측 가능한 재원을 운영할 수 있게 해주는 장점이 있어 앞으로 더욱 활성화될 전망이다.

2. 라디오 광고

1) 라디오 매체의 개관

라디오는 언뜻 보기에 텔레비전의 보조 역할로 인식된다. 그렇지만 라디오는 수용자에게 친근하고 사적인 매체로 자리잡고 있다. 라디오를 켜 놓고 공부하거나 일하는 사례에서 볼 수 있듯이 라디오는 할 일을 방해하지 않으면서 분위기 조성에 기여하기 때문이다. 뿐만 아니라 자가 운전자는 차 안에서 라디오 방송을 듣는 경우가 증가한다. 게다가 교통 체증까지 겹치니 듣는 시간이 더 길어지는 셈 아닌가? 2007년도 HRC 미디어 인덱스 데이터에 의하면 라디오의 평균 이용률 *penetration*은 약 45% 수준이다. 이는 지난 수년간 큰 변화가 없어서 이용률 변동이 큰 여타 매체들과는 대조적이다. 매체 소비 환경이 안정적이라는 뜻이다. 또한 고소득층 대상의 조사에서는 라디오 이용률이 평균 60%를 상회하는 특징을 보인다(HRC 고소득자 매체 이용 습관 조사, 2006). 고소득층의 자가용 이용 비중이 높기 때문이라고 유추된다. 그림 16-4에서도 나타나듯이 라디오 청취율이 가장 높은 시간대는 출·퇴근 시간대이었다.

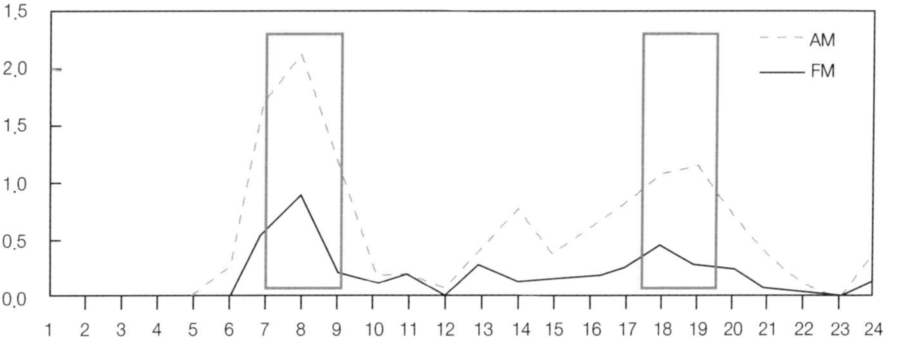

그림 16-4. 시간대별 라디오 청취률(%)

* 자료원: HRC, 2007

표 16-2. 라디오 채널의 구분

라디오	광고 구분	방송사
AM	광고 가능	KBS-2R, MBC, SBS, CBS(기독교)
	광고 불가능	KBS-1R, ASIA
FM	광고 가능	MBC, SBS, KBS-2FM, CBS, PBC(천주교), 극동방송, BBS(불교), WBS(원불교), PSB(부산 지역), TBC(대구 지역), KBC(광주 지역), K-FM(경기 지역)
	광고 불가능	KBS-1R, EBS, TBS

라디오는 AM과 FM으로 구분된다. AM은 높은 출력과 넓은 가청 범위가 이점이며, FM은 가청 범위는 제한적이지만 양질의 음향을 제공한다. 라디오 채널을 광고가 가능한지의 여부에 따라 구분하면 표 16-2와 같다.

라디오 광고는 브랜드의 인지도를 제고하는 데 중요한 역할을 수행한다. 특정 타깃 층에 메시지를 반복 노출할 수 있기 때문이다. 특히 메시지의 청각 의존성은 청취자의 상상력을 자극하여 호기심과 선호도를 야기시킬 수 있다. 또한 라디오 광고는 구매 결정을 촉진시킬 수도 있다. 일례로 미국의 패스트푸드점에서 식사할 고객은 음식점에 도착하기 2분 전에 어디에서 먹을지를 결정한다(Bovee, Thill, Dovel, & Wood, 1995). 그리고 고객의 80%는 차를 타고 음식점에 온다고 하니 라디오야말로 식당으로 달리는 고객에게는 제격인 매체인 셈이다.

2) 라디오 광고의 종류

라디오 광고의 종류는 공중파 텔레비전 광고와 유사하다. (1) 프로그램 광고(프로그램 후원사로서 참여하는 광고), (2) 토막 광고(방송이 쉬는 시간에 노출되는 광고), (3) 시보 광고(시간을 알릴 때 고지하는 광고). 라디오 광고 역시 KOBACO에 의해서 시급과 단가가 결정되고 판매가 이루어진다(그림 16-5 참조).

시간대와 광고 종류에 따른 광고 요금은 방송사마다 차이가 있다. 방송사별 프로그램의 일반적인 선호도와 커버리지 등을 반영했기 때문이다. A급의 토막

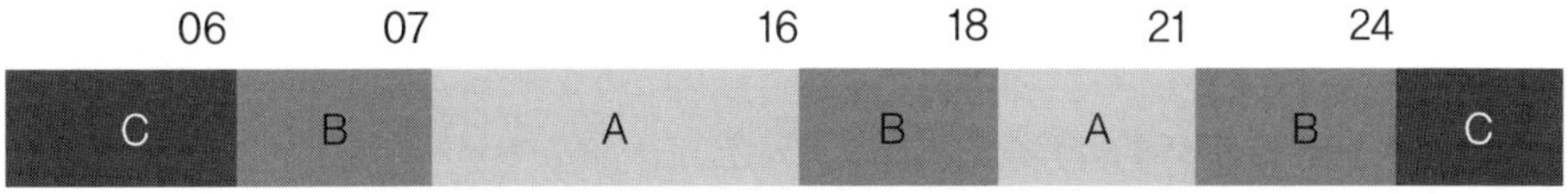

그림 16-5. 라디오 광고의 시간대 구분(AM/FM)

광고(20초 1회 단가)를 비교하면 다음과 같다(제일기획, 2009). MBC AM 53만 원, MBC FM 37만 원, CBS FM 42만 원, KBS 2 라디오(AM) 38만 원, SBS AM 10만 원.

3) 라디오 광고의 기획 및 구매

라디오 광고를 기획할 때 고려할 요인을 살펴보면 다음과 같다(Bovee, Thill, Dovel, & Wood, 1995). (1) 청취자, (2) 광고의 발주.

첫째, 청취자의 파악은 광고 효과와 직결된다는 점에서 중요하다. 우리나라

표 16-3. 라디오 프로그램 편성표 및 단가(SBS POWER FM: 2009년 상반기)

구분	시간	프로그램	광고 가격
A	07:00	이숙영의 파워FM(1, 2, 3, 4부)	317,000
	09:00	아름다운 이아침 김창완입니다(1, 2, 3, 4부)	270,000
	11:00	이승연의 씨네타운(1, 2부)	240,900
	12:00	최화정의 파워타임(1, 2, 3, 4부)	317,000
	14:00	두시탈출 컬투쇼(1, 2, 3, 4부)	317,000
B	16:00	김창렬의 올드스쿨(1, 2, 3, 4부)	122,300
A	18:00	박소현의 러브게임(1, 2, 3, 4부)	239,500
	20:00	송은이, 신봉선의 동고동락(1, 2부)	274,500
B	21:00	송은이, 신봉선의 동고동락(3, 4부)	165,100
	22:00	스윗소로우의 텐텐클럽(1, 2, 3, 4부)	191,000
C	24:00	정지영의 스위트 뮤직박스(1, 2부)	90,000
	02:00	SS501의 뮤직하이	86,400
	03:00	이병희의 사운드오브뮤직(1, 2부)	67,000

➤ 광 고 사 랑 방 16-3 | **라디오 청취율 조사**

청취율 측정에 많이 사용되는 공식 가운데 하나는 평균 15분 청취자(*average quarter-hour persons*: AQHP)이다. 이는 방송일의 특정 부분을 정한 뒤에 해당 시간을 15분 단위로 나누어서 각 15분당 5분 이상 청취한 사람들의 평균 수치를 산출함으로써 얻어진다. 이 수치를 이용해서 15분 평균 비율을 계산할 수 있다. AQHP는 해당 지역의 인구 대비 %로 나타낸 것으로 텔레비전 시청률과 마찬가지로 라디오 청취율을 의미한다. 이 청취율에 따라 매체 기획자는 라디오 방송국을 선정하게 된다.

라디오 매체가 목표 시장에 얼마나 많이 도달할 수 있는지를 알기 위한 또 다른 개념은 도달 청취자(*cume persons* 또는 *cume audience*)이다. 특정 시간대 동안 5분 이상 해당 방송국의 방송을 들었던 서로 다른 사람의 숫자를 의미한다. 각 청취자는 한번만 셈에 넣어지기 때문에 인쇄 매체의 독자 수와 마찬가지로 라디오 매체의 시장 도달 가능성을 나타낸다. 도달 청취자를 해당 지역의 인구 대비 %로 나타내면 도달 청취율을 얻을 수 있다.

의 라디오 청취율은 텔레비전 매체처럼 매일 측정되지 않는다. 측정의 어려움 때문이기도 하고 광고 규모가 협소하기 때문이다. 현재 수년간 지속적으로 라디오 청취율을 측정하는 기관은 한국리서치(HRC)의 미디어 인덱스Media Index이다. 1년에 3회 프로그램 및 시간대별 청취율이 제공된다. 미국에서는 아비트론Arbitron이 일기 방식을 통해서 청취자의 이용 행태를 조사한다.

둘째, 광고를 기획하고 발주할 때는 라디오 방송국의 특성을 잘 알아야 한다. 목표 시장이 과연 청취자 가운데 몇 %를 점하는지, 그리고 언제 가장 많이 들을 것인지를 판별해야 한다. FM과 AM의 청취자 계층이 차이 나고, 각 방송국별로 청취자의 연령이나 성별 구성이 확연한 차이를 보이기 때문이다.

3. 케이블 텔레비전 광고

1) 케이블 텔레비전 개관

케이블 텔레비전 방송은 1995년 3월 1일 시작되었다. 초기의 케이블 텔레비전 산업은 예상 밖으로 그 발전이 더디었다. 1998년 케이블TV 가입 가구는 약 83만이었고, 2001년에 겨우 500만 세대를 넘나들었을 뿐이었다. 이후 관련 법규가 개정되고 사업자 자격이 완화된 후 케이블 텔레비전은 급속도로 성장하게 되었다. 2007년 케이블 텔레비전의 가입 가구 수는 1400만 이상으로 전체 가구의 약 90%에 도달함으로써 공중파 텔레비전의 위상에 대응할 수 있는 여건을 마련했다.

케이블TV의 체제는 다음 3자로 구성된다.

(1) 케이블TV 방송사(System Operator, SO사): 전국을 200여 개의 지역으로 분할해 프로그램 공급사(PP사)에게 채널을 할당하며 가입자로부터 가입료를 징수하여 운영한다.

(2) 프로그램 공급사(Program Provider, PP사): 프로그램을 제작하여 SO사에 공급한다. 최근에는 On 미디어나 CJ 미디어처럼 여러 채널을 운영하는 미디어 그룹의 영향력이 증대되

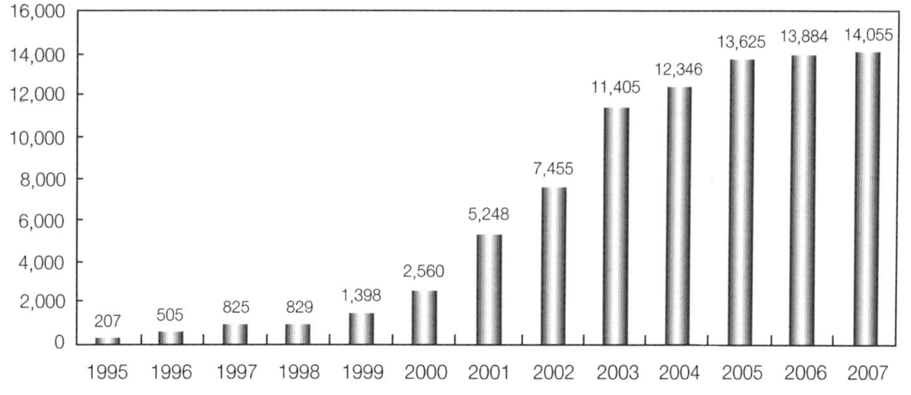

그림 16-6. 케이블TV의 가입 가구 추세(단위: 1000세대)

* 자료원: 한국케이블TV협회

고 있는데 이들을 특별히 복수 채널 사용 사업자(Multiple Program Provider, MPP)라고 한다. 광고주로부터의 광고 수주가 주요 재원이다.

(3) 전송망 사업자(Network Operator, NO): PP와 SO 사이, 그리고 SO와 가입자 간을 연결해 주는 케이블 전송망 설치 업체. 한국통신과 한국전력 등이 사업자이다.

SO사는 2006년 케이블TV협회 조사에 따르면, 서울의 25개사를 포함하여 전체 115개사이다. 프로그램 공급사는 방송 내용에 따라 표 16－4와 같이 구분된다. 프로그램 공급사는 대부분 광고를 하며 공익 목적의 채널(K－TV, 국회TV 등)과 OUN(한국방송통신대학TV)에는 광고가 없다. 이외에 캐치원이나 스파이스 채널처럼

표 16－4. 주요 프로그램 공급사 현황

유형	공급사	유형	공급사
다큐	네셔널 지오그래픽	여성	On style
	KBS PRIME		올리브
	Q 채널		동아 TV
	히스토리		GTV
드라마	MBC 드라마넷	영화	OCN
	SBS 드라마 플러스		SUPER ACTION
	KBS 드라마		채널 CGV
만화	Tooniverse		XTM
	애니원		MBC MOVIES
	챔프		FOX
	재능교육	예능	tvN
	대교방송		KBS JOY
	카툰 네트워크		코미디 TV
보도	YTN		e-채널
	MBN	음악	m.net
	한국경제 TV		MTV
	이데일리	종교	CTS
스포츠	X sports		CBS
	MBC ESPN	시리즈	CNTV
	SBS 스포츠 채널	바둑	바둑 TV
	SBS 골프	게임	ongamenet
	KBS M SPORTS		MBC게임
	J 골프	공공채널	KTV, MATV

가입자에게 이용료를 부과하고 광고를 하지 않는 채널을 프리미엄 또는 유료 채널이라고 한다(미국의 HBO와 같은 사례).

2) 케이블 텔레비전 광고의 종류

케이블 텔레비전의 광고 유형은 공중파 광고와 유사하지만 가장 뚜렷한 차이는 집행 경로에서 나타난다. 케이블의 경우는 두 경로를 통해 집행할 수 있기 때문이다. (1) 프로그램 공급사(PP사), (2) 케이블TV 방송사(SO사). 대부분의 광고는 전자를 통해서 집행되며, 광고 요금은 공급사의 개별 프로그램에 따라서 다양하다. 비록 광고 기준 단가*card rates*가 존재하지만, 케이블 텔레비전 광고는 민간 사업자와 광고대행사(또는 광고주) 간의 계약에 의해 단가가 형성되는 경우가 많아서 개별 프로그램의 광고 단가를 정확하게 알기란 용이하지 않다. 더욱이 공중파와 경합하기 위해 종종 상당량의 보너스 광고 시간을 보장해 주는 사례도 있었다. 근래에는 몇몇 유력한 프로그램의 집행 효율성(CPP)이 공중파 텔레비전에 버금가므로 예전과 같이 저렴한 광고 요금은 흔치 않지만.

그리고 SO사를 통한 광고는 공중파 텔레비전의 스폿 광고와 유사하다. 지역별 SO사가 프로그램과 프로그램 사이에 광고를 노출하는 형태이기 때문이다. 주로 지역 중소 광고주들이 이용하지만, 최근에는 지역별 SO의 상호 연결을 통해서 PP사의 광고 일부를 유치하기도 한다.

아울러 케이블 텔레비전은 다양한 광고 형태를 선보일 수 있다는 특징이 있다. 일상 광고보다 긴 1분에서 심지어 30분 이상에 걸쳐 상품의 정보를 상세히 제공하는 경우도 있다. 특히 PP사를 통한 광고 집행에서는 광고주의 필요에 의해 다양한 형태의 광고 집행이 가능하다. 프로그램 협찬이나 범퍼, 필러 등 독창적인 집행 포맷이 이에 해당된다.

3) 케이블 텔레비전 광고의 기획 및 집행

케이블 텔레비전의 광고를 기획하기 위해서는 다음과 같은 점에 유의해야 한다. 첫째, 공중파에 비해서 시청자 도달이 상대적으로 낮다. 주요 케이블 텔레비전 채널의 프라임 시간대 평균 시청률은 1%를 넘지 못한다(표 16-5 참조). TV 수상기 내에서의 케이블 텔레비전 시청 점유율은 향상되었지만, 개별 채널의 시청률은 여전히 열세인 것이다. 이런 현상은 미국에서도 유사하다. 1990년 미국 텔레비전 프라임 시간대의 네트워크 평균 시청률은 11% 내외였지만, 케이블 텔레비전은 평균 1%를 기록하였다. 이런 논의는 자연스레 케이블 텔레비전 광고를 주력 매체로 활용할 것인지, 아니면 공중파의 보조 매체로 활용할 것인지에 대한 결정으로 이어진다. 광고주의 예산, 캠페인 기간, 타깃 오디언스의 특성 등을 함께 고려해야 할 것이다.

둘째, 케이블 텔레비전은 세분화된 시청자와 세분화된 내용을 주된 특성으로 삼을 수 있다. 물론 세분화 지향은 시청자의 감소라는 위험 부담이 내재한다. 그렇지만 세분화된 시장의 성격에 따라 광고주의 관심은 달라질 것이다. 일례로 미국의 ESPN은 18~49세의 남성에게 스포츠를 전문적으로 중계하여 맥주 회사 등에 선호된다. 또한 홈쇼핑 서비스도 다음과 같이 세분화된다. 할인 상품 전문(미국의 CVN), 고급 백화점(미국의 QVC), 특정 상품 전문(미국의 Fashion Channel). 그러므로 광

표 16-5. 주요 케이블 채널 프라임 시간대 평균 시청률(단위: %)

시간대	OCN	MBC 드라마넷	YTN	MBC ESPN	On Style
19:00~20:00	0.185	0.587	0.039	0.139	0.032
20:00~21:00	0.215	0.357	0.018	0.142	0.035
21:00~22:00	0.313	0.408	0.022	0.262	0.034
하루 전체	0.214	0.504	0.037	0.098	0.057

* 자료원: 닐슨 케이블TV 시청률, 2008년 6월/성인 남녀

➤ 광 고 사 랑 방 16-4	상호 연결

도달의 측면에서 보면, 케이블 방송국은 타 매체에 비해 상대적으로 적기 때문에 광고주 유치에 문제를 안고 있다. 따라서 케이블 방송국이 광고 편성의 선택으로 살아 남기 위해 미국 대부분의 대도시 지역에서는 광고를 상호 연결하는 것이 표준 관례처럼 되어 있다(Eastman, Head, & Klein, 1989). 상호 연결이란 지역 케이블 방송 사업자(SO)를 서로 연결하여 광고를 보다 넓은 지역에 전달할 수 있는 케이블 방송 기술을 뜻한다. 지역 광고주는 상호 연결을 통하여 특정 지역의 제한된 시청자에게 자신의 광고를 효과적으로 전달할 수 있다.

고주의 상품 속성에 따라 적합한 채널 믹스를 수립할 수 있다.

셋째, 케이블 텔레비전 광고는 공중파와 달리 노출 시기와 광고 형태, 그리고 길이 등이 비교적 자유롭다. 따라서 매체 기획자의 창작력을 최대한 발휘할 수 있는 기회가 많으며 이를 통해 커뮤니케이션 효과를 높일 수도 있다. 더구나 최근에는 주요 케이블 PP사의 효율성이 공중파와 견줄 만한 상황이어서 효율성 비교를 통한 체계적인 매체 기획도 꾀할 수 있다.

4. 신문 광고

1) 신문 매체 개관

신문은 방송과 달리 수용자가 적극적으로 정보를 처리한다. 수용자가 메시지의 정보 처리를 통제할 수 있을 뿐만 아니라 관여도 역시 비교적 높다. 표 16-6에 따르면 2007년 매체별 광고비에서 신문이 차지하는 비중은 22.3%로 공중파 텔레비전 다음으로 높았다. 비록 그 비중은 점차 줄어들고 있는 추세이지만.

신문은 다음 기준에 따라 분류할 수 있다. (1) 발행 주기(일간, 주간 등), (2) 지면의 크기(타블로이드판 등), (3) 독자의 성격(종합지, 경제지, 스포츠지 등), (4) 배포 시장(전국, 지방). 이중에서 지면 크기를 좀 더 자세하게 살피면, 현재 다수의 일간지가

표 16-6. 최근 3년간 매체별 광고비 변화

구분		광고비				구성비			
		2005년	2006년	2007년	2008년	2005	2006	2007	2008
4 매체	지상파 TV	21,482	21,839	21,076	18,997	30.5	28.6	26.4	24.4
	라디오	2,683	2,799	2,807	2,769	3.8	3.7	3.5	3.6
	신문	16,724	17,013	17,801	16,581	23.7	22.3	22.3	21.3
	잡지	4,368	4,591	4,841	4,804	6.2	6.0	6.1	6.2
	4매체 계	45,267	46,242	46,525	43,151	64.2	60.6	58.2	55.3
옥외광고		7,358	7,737	6,793	6,395	10.4	10.1	8.5	8.2
4매체 광고 제작 등		7,315	7,711	7,873	7,663	10.4	10.9	9.9	9.8
뉴 미디어	케이블	4,868	6,721	8,297	8,600	6.9	8.8	10.4	11.0
	인터넷	5,669	7,790	10.200	11,900	8.0	10.2	12.8	15.3
	스카이라이프	62	120	120	95	0.1	0.2	0.2	0.1
	지상파DMB	–	17	88	114	–	0.0	0.1	0.1
	IPTV	–	–	1	53	–	–	0.0	0.1
총계		70,539	76,340	79,896	77,971	100.0	100.0	100.0	100.0

* 자료원: 《광고연감》, 2006~2009

채택하고 있는 대판형은 37.5cm(가로) × 59.5cm(세로)이다. 이에 비해 무가지는 타블로이드 판형으로 25.4cm × 37.4cm, 〈중앙일보〉는 베를리너 판형으로 31.5cm × 47.0cm, 〈국민일보〉는 〈USA 투데이〉 판형으로 34.3cm × 58.8cm다. 판형을 바꾸려면 윤전기를 새로 도입해야 되므로 신문사의 입장에서는 쉬운 일은 아니다. 독자의 성격에 기초하여 신문사를 구분하면 표 16-7과 같다.

이들 신문은 대체로 조간이며 일간지 형태이다. 다만 신문 구분에서 새로운 영역으로 등장한 것이 무가지이다. 이들은 지하철역과 버스 정류장 근처 등에 배치되어 무료로 배포되기 때문에 독자의 안정적 확보가 큰 장점이다. 따라서 신문 매체 분야에서는 예외적인 성장을 보이고 있다. 무가지의 심한 경쟁으로 몇몇 무료 신문은 폐간하기도 하였지만,

표 16-7. 국내 신문 구분 및 현황

신문의 종류	신문사 및 등록 현황
종합지	조선일보, 중앙일보, 경향신문, 한겨레 등 11개지
경제지	매일경제, 한국경제 등 5개지
무가지	메트로, 포커스, AM7, 노컷뉴스 등 전국 5개지, 부산 3개지
영자지	Korea Times, Korea Herald 등 3개지
스포츠지	일간스포츠, 스포츠조선 등 5개지
IT	전자신문, 디지털타임즈 2개지
지방지	국제신문, 대구매일, 대전일보 등 27개지

* 자료원: HRC, 2008

국내 신문은 발행 주기가 월요일부터 토요일까지다. 일요일판은 발행되지 않는다는 점이 특기할 만하다. 독자들이 일요일에는 신문을 잘 읽지 않아서 광고가 많지 않다는 것이 주된 이유다(광고 사랑방 16–5 참고). 신문사의 수익 가운데 광고가 차지하는 비중은 평균 60%이며, 지면 가운데 광고가 차지하는 비율은 52%로 알려져 있다(이구현, 1996).

➤ 광 고 사 랑 방 16-5	일요 보충판

미국 신문의 일요일 판에는 일요 보충판도 발행한다. 이는 일요판 신문에 끼워 배포되는 원색 잡지를 일컫는다. 일상 신문보다 고급 질의 종이에 인쇄되므로 원색의 질이 좋아서 전국 광고주가 종종 이용한다. 보충판은 신디케이트사에 의해서 제작되어 신문사가 구매하는 경우가 있고, 그렇지 않으면 해당 신문사가 직접 제작하는 경우도 있다. 대부분의 신문사는 신디케이트 보충판을 구매한다. 일례로 가네트Gannett사에서 발행되는 〈USA 위크엔드*USA Weekend*〉는 380개 이상의 신문사가 이용한다.

국내에서는 중앙일보사의 〈중앙선데이〉가 일요 보충판을 발행하고 있다. 주중의 속보성 기사와는 달리 〈중앙선데이〉에는 심층 기사 중심으로 일요일 독자의 여유로운 구독 환경을 고려하고 있다. 신문사의 노력과 광고주의 일요일 소비자 라이프스타일에 관한 충분한 이해가 있다면 일요판 신문이 자리잡게 될 것이다.

2) 신문 광고의 형태 및 광고

신문 지면은 타블로이드 2배판(즉 broad sheet판)의 경우, 횡으로 15단이 있다. 따라서 15단(세로) × 37cm(가로)의 크기로 구성된다. 신문 1단은 3.4cm이므로 한 면의 크기는 51cm × 37cm가 된다. 보통 하루 지면의 반 정도가 광고로 채워진다.

광고의 요금은 1단 × 1cm의 단위 크기에 따라 산정된다. 즉 세로 1단에 가로의 폭이 1cm가 표준 광고 단위(*standard advertising unit*: SAU)가 되는 셈이다. 이와는 대조적으로 미국의 경우에는 종 6단이므로 1단(칼럼*column*) × 세로 1inch가 기본 단위가 된다.

신문 광고의 종류는 크게 다음과 같이 구분할 수 있다.

(1) 디스플레이 광고*display advertising*: 헤드라인과 본문, 그리고 그림과 같은 시각적인 요인을 담은 광고로 우리가 흔히 보는 광고 형태다. 신문 내용과 차별적이어서 쉽게 눈에 띈다.

(2) 분류 광고*classified advertising*: 상품이나 서비스의 종류에 따라 광고가 제시되며, 광고 메시지도 거의 문자로만 구성된다. 주로 개인이나 소규모 상인이 이용한다. 서구에서는 오래전부터 존재했으나 우리나라에서는 〈벼룩시장〉 등과 같은 생활 정보지가 성행한 이후에 일간지에서 받아들인 광고 형태이다. 미국에서는 신문 광고 수입의 35%를 점유한다.

(3) 간지 광고*preprinted inserts*: 미리 인쇄된 광고물을 신문지 사이에 끼워서 배달하는 광고를 뜻한다. 광고주가 브로셔나 카탈로그 등 크기와 형태를 자유롭게 제작해서 미리 신문 배급소에 갖다 주면 신문지 사이에 끼워서 배달한다. 미국에서도 이 같은 형태의 광고가 있으며, 특히 할인 쿠폰이 인쇄된 광고물을 FSI(free-standing insert)라고 한다. 미국에서 배포되는 쿠폰의 80%가 FSI를 통해서 이루어진다.

신문 광고 요금은 신문에 따라 상이한데, 확보한 독자 수와 독자의 질이 다르기 때문이다. 각 신문사가 제시하는 2009년의 광고 요금표*card rate*에 따르면 1단 × 1cm 기준에 〈매일경제〉는 30만 원인데 비하여, 〈한겨레〉는 20만 원, 〈AM7〉은 12만 원이

표 16-8. 광고 요금표(2009년 〈조선일보〉 1단 × 1cm 기준)

구분 광고	크기(cm)	단가(원)
1면	4단 전체 / 7.5단×15cm	542,667
2, 3면	5단 전체 / 7.5단×27cm / 9단×21cm	180,000
4, 5면, 사회면	5단 전체 / 7.5단×27cm / 9단×21cm	150,000
기타면 미지정(흑백)	5단 전체 / 7.5단×27cm / 9단×21cm / 15단 전면	110,000
지방판	5단 / 15단 전면	50,000
스프레드	7.5단 브릿지 / 10단 브릿지 / 15단 브릿지	150,000
뒷면	15단 전면	190,000

* 1면의 경우, 단가 없이 광고료 6105만 원만 제시되어 있어 역산한 것임

디. 또한 광고비는 광고의 크기와 게재되는 지면 위치에 따라 차이가 난다. 2009년 〈조선일보〉의 요금표를 살펴보면 어떤 면이 높은 주목률을 받고 있는지를 알 수 있다(표 16-8). 또한 이 요금표를 이용해서 광고 요금을 계산할 수 있다. 일례로 2면에 9단 × 21cm의 광고를 게재하기 위해서 드는 비용은 9단 × 21cm × 18만 원 = 3402만 원. 기타 면의 경우, 면을 지정하거나, 컬러 광고를 할 때는 단가가 각 1만 원씩 상승한다. 즉 기타면 컬러 광고의 단가는 13만 원이다. 그리고 기사 안에 돌출하는 형태의 광고는 주목률이 높아서 광고 요금이 비싸다. 이러한 돌출 광고는 5cm × 7cm의 크기만 집행하고 있는데, 1면에 흑백으로 할 경우에는 900만 원이다.

3) 신문 광고의 기획

신문 광고의 지면을 구입할 때는 다음과 같은 요인을 고려해야 한다. (1) 발행 부수, (2) 광고 요금표에 대한 이해, (3) 구입 절차. 첫째, 신문의 발행 부수는 신문사와 광고주에게 모두 중요하다. 발행 부수의 많고 적음에 따라 광고 요금이 결정되기 때문이다. 특히 신문사의 수익원 가운데 광고 대 구독료의 비율이 66 대 34로 알려져 광고의 비중이 매우 높음을 알 수 있다. 발행 부수는 광고 거래에 중요한

디스플레이 광고
돌출 광고
"대한민국, 한국형원전 최초 해외수출!"
새로운 성장동력, 원자력발전소 수출의 교두보 마련
저탄소 녹색성장시대를 맞아 대한민국을 에너지 수출 강국으로 이끌겠습니다.
국민 여러분의 성원에 깊이 감사드립니다.
한국전력
교사초빙공고
인기폭발 양코
분류 광고
간지 광고

그림 16-7. 신문 광고

표 16-9. 2002년 한국ABC공사 보고서

간별	신문명	발행 부수	발송 부수	유료 부수
주간	일요신문	202,460	201,236	120,724
격일간	농민신문	339,693	336,148	332,265
일간	동아일보	2,051,594	2,049,955	1,539,409
일간	조선일보	2,377,708	2,375,227	1,756,193
일간	중앙일보	2,051,588	2,050,516	1,533,372
일간	metro	400,562	399,783	-

수치이므로. 한국ABC(Audit Bureau of Circulation)에서 발행 부수를 검증한다. 〈조선일보〉의 예를 들면 2002년 일일 검증 발송 부수는 평균 237만 부였다(표 16-9 참조). 그런데 발송 부수 이외에 도달되는 독자는 더 많다. 집으로 발송되면, 아버지도 읽고, 어머니도 읽기 때문이다. 마치 지하철 선반에 놓여 있는 신문을 이 사람 저 사람 읽듯이. 따라서 신문사나 조사 기관에서는 해당 신문을 읽은 전체 독자 수를 정확히 파악해야 한다. HRC 미디어 인덱스라는 조사 기관에서는 신문 구독자 및 각 신문의 열독률 등을 1년에 세 차례 조사하여 발표하는데 이러한 자료가 체계적으로 분석되어야 한다.

둘째, 광고 요금표에는 광고 요금은 물론이고 할인에 관한 정보, 광고 제작에 대한 구체적인 사항이 제시되는 것이 원칙이다. 광고 구입 빈도가 많을 때는 할인받지만 그렇지 않을 경우에는 균일 요금을 적용받는 것이 상례이기 때문이다. 미국에서는 광고가 게재되는 면을 지정할 때는 광고 단가가 비싸지지만 아무 지면에 게재되어도 괜찮을 때는 저렴하다. 우리나라에서도 직접 반응을 꾀하는 광고*direct response ad*의 경우에는, 집행 면과 요일을 지정하지 않고 신문사에 일임한다. 보험사 광고나 건강 보조 식품 광고 등이 좋은 예다. 그리고 이들의 광고 단가는 정상적인 광고 집행보다 저렴하다.

셋째, 광고를 구입할 때는 주문표를 작성해서 게재될 날짜와 위치, 가격 등을 명확히 한다. 조간의 경우, 광고 필름이나 디지털 이미지*digital image*를 오후 5시까지는 신문사에 전달해야 한다. 또한 한정된 지면을 확보하기 위해서는 집행 날짜보다 충분히 이른 시기에 집행 예약을 해놓는 것도 중요하다. 대체로 흑백 광고는 1주일 전, 컬러 광고는 2주일 전에 예약하는 것이 좋다. 광고가 게재된 후 신문사는 광고 게재를 증명하기 위해 실제 광고가 등장한 신문을 전달하거나 면을 찢어서*tear sheet* 광고대행사에 보내는 것이 원칙이다.

5. 잡지 광고

1) 잡지 매체의 개관

정기 간행물 등록 현황에 따르면, 우리나라에서 발간되는 잡지의 수는 약 6000여 종에 이르고 있다. 발행 주기에 따라 구분하면, 주간 2412종, 월간지 1998종, 격월간지 407종, 계간 828종, 반연간 272종이다(문화관광부, 2005). 이중 광고 매체로 주목하여 HRC에서 열독율을 측정하고 있는 잡지는 135종으로서 이들을 주제별로 구분하면 표 16－10과 같다.

잡지의 특색은 특화된 주제로 소수의 수용자에게 강한 소구력을 지닐 수 있다는 점이다. 따라서 광고주는 상대적으로 적은 예산으로 세분화된 시장에 도달할 수 있는 기회를 얻게 된다. 특히 대중 매체에 의해서 필요나 욕구가 충족되지 않는 집단에 도달할 수 있어서 틈새시장 개발에 많이 이용된다. 주제 분야는 표 16－10에 제시된 이외에 다음과 같이 더욱 세분될 수 있다: (1) 자동차, (2) 미용과 단장, (3) 취업, (4) 소비자 교육, (5) 문화, (6) 연예/오락, (7) 농업과 정원, (8) 건강, (9) 취미, (10) 부동산, (11) 인테리어, (12) 경제, (13) 육아, (14) 애완동물, (15) 자기 발전, (16) 스포츠, (17) 여행. 혹시 여러분이 창간하고 싶은 분야가 더 있을지도?

잡지는 크기에 따라서도 구분할 수 있다. 가장 많이 사용되는 크기를 중심으

표 16-10. 잡지의 종류

구분	주요 잡지	잡지 수
여성지	여성조선, 우먼센스	7
가정	행복이가득한집, 레몬트리	7
패션	보그, 엘르, 코스모폴리탄	12
10대 패션	쎄씨, 에꼴, 신디더퍼키	6
럭셔리(무료)	노블레스, 오뜨	8
남성지	에스콰이어, EQ, Mens Health	4
시사 및 경제	주간시사저널, 주간조선, 뉴스위크, 이코노미스트	28
기타(영화, IT 등)	씨네21, Movie Week, PC저널	63

로 살펴보면 다음과 같다. (1) 4 × 6판(12.7cm × 18.8cm, 〈샘터〉), (2) 국판(14.7cm × 22.1cm, 〈신동아〉), (3) 5 × 7배판(21cm × 29.7cm, 〈씨네 21〉), (4) 국배판(21cm × 29.5cm, 〈서강하버드비즈니스〉), (5) 타블로이드판(27cm × 38cm, 〈주간한국〉). 이밖에 이들을 기초로 한 변형판이 있다. 미국에서는 잡지 크기를 다음과 같이 구분한다(Arens, 1996). (1) 대형판*large*(〈라이프〉), (2) 납작형판*flat*(〈뉴스위크〉), (3) 표준형판*standard*(〈내셔널 지오그래픽〉), (4) 소형판*small* 또는 포켓형판*pocket*(〈리더스 다이제스트〉).

2) 잡지 광고의 종류 및 가격

잡지 광고는 수용자를 선별할 수 있고 광고물의 질이 신문보다 우수한 장점이 있다. 또한 신문보다 독자의 주변에서 오랫동안 노출될 확률이 높아 생명력이 길다. 조사에 의하면 월간지의 경우 한 달에 4일 정도, 주간지의 경우는 2일 정도는 들춰 본다고 한다(Dunn, Barban, Krugman, & Reid, 1990).

잡지 광고의 단가도 신문처럼 발행 부수에 따라서 천차만별이다. 같은 여성지라도 〈여성중앙〉의 내지 광고 요금은 평균 300만 원(15만 부 발행 부수), 〈여성동아〉는 250만 원(12만 5000부)이다(각 회사의 웹 사이트, 2009). 미국에서 가장 많은 발행 부수를 기록하는 잡지는 미국은퇴자협회American Association of Retired Persons(50세 이상이 회원임)가 발행하는 〈AARP〉이다. 약 2400만의 독자를 확보하고 있어서 광고 단가도 1쪽당 52만 달러에 이른다. 미국 내 발행 부수가 816만인 〈리더스 다이제스트〉는 내지 1쪽의 광고 요금이 17만 달러이다.

그리고 같은 잡지라도 광고의 게재 위치에 따라 광고비가 상이하다. 위치에 따른 광고 요금표를 〈우먼센스〉의 사례로 살피면 표 16−11과 같다. 여기에서 '표'는 '표지'라는 뜻이다. 즉, 표 2, 3, 4는 표지를 넘기는 순서에 따라 일련번호를 매긴 것이다. 표 1은 잡지의 앞 표지로서 특별한 경우를 제외하고는 광고 지면으로 내놓지 않는다. 표 2는 표 1의 뒷장이며, 표 2대면은 표 2와 마주하고 있는 면이다. 표 4는 잡지의 뒷표지로서 광고 요금이 가장 비싸고, 표 3은 표 4의 뒷면이다.

잡지 광고는 다양한 형태가 가능하다. 이들에 대한 기본 개념을 살펴보면 다음과 같다.

(1) 넘치는 광고*bleed page*: 보통의 광고는 잡지 끝쪽에 하얀 배경 색이 4면으로 둘러져 있다. 그러나 넘치는 광고는 광고의 배경 색이 잡지의 끝까지 칠해져 있다. 광고를 보다 확연

표 16−11. 잡지의 광고 요금표

종별	광고 요금
표 2	800만 원
표 3	450만 원
표 4	1700만 원
표 2대면	800만 원
목차 대면	450만 원
기사 대면	230만 원
일반 내지	220만 원

* 출처: 〈우먼센스〉, 컬러 전면을 기준

그림 16-8. 펼친 광고의 사례
타이드, 에너지 드링크

히 드러낼 수 있어서 요즈음은 이런 형태가 보편적이다.

(2) 펼친 광고*spread*: 마주 보는 두 면을 모두 이용한 광고를 일컫는다. 독자의 주의를 집중시키는 데 효과적이지만 두 면을 이용하므로 광고 요금이 비싸진다.

(3) 접어 넣은 페이지*gatefold*: 별도의 페이지를 덧붙여 넣은 특별 포맷이다. 독자가 광고를 보기 위해서는 접어 넣은 페이지를 마치 문을 열듯이 펼쳐야 한다.

위의 3종류 외에도 다양한 형태의 광고가 독자의 주목을 끌기 위해 지속적으로 개발되고 있으므로 광고 목표와 예산 등을 감안하여 활용해야 한다.

3) 잡지 광고의 기획 및 집행

잡지 광고를 기획하고 집행할 때 유의할 때는 다음과 같은 점에 유의해야 한다. (1) 시간 기획, (2) 도달 기획, (3) 독자에의 영향력. 첫째, 잡지 광고를 구입할 때는 표지일, 판매일, 마감일에 유의해야 한다(Bovee, Thill, Dovel, & Wood, 1995). 표지일은 잡지 표지에 인쇄되는 날짜를 말한다. 판매일은 서점에서 잡지가 판매되는 날짜로서 표지일보다 앞선다. 광고 기획자가 가장 주목해야 하는 날짜는 바로 마감일이다. 광고를 게재하기 위해서 광고물을 제출하는 날이기 때문이다. 특히 좋은 게재 면은 장기간 계약되는 경우가 많으므로 지면 확보가 쉽지 않다. 월간지는 보통 2~3개월의 리드 타임*lead time*(광고 게재 요청에서 실제 광고가 게재되기까지의 시간)이 필요하나, 유력지는 연말이나 연초에 광고주의 광고 계획이 확정될 시기에 6개월 이상을 일괄 예약하는 경우도 있음을 감안해야 한다.

둘째, 도달될 독자의 수와 성격을 고려해야 한다. 그렇지만 발행 부수는 발행 호마다 차이가 발생한다. 세상을 떠들석하게 만드는 사건이 있으면 보다 많이 판매될 것이기 때문이다. 이처럼 호마다 발행 부수가 들쭉날쭉하므로 ABC에서는 지난 6개월 발행 부수를 평균 산출하고 있다. 미국에서는 잡지사가 최소한의 발행 부수를 보장하고, 이를 확보하지 못했을 때는 잡지사에서 환불해 준다. 과연 우리의 실정은?

그리고 잡지의 독자 수가 많다고 좋은 것만은 아니다. 그보다는 어떤 독자가 주된 수용자인지를 판별해야 한다. 일례로 미국의 사례를 보면, 〈내셔널 지오그래픽〉은 발행 부수가 적지만 광고 단가가 비싼 편이다. 잡지의 독자가 구매력이 높기 때문이다. 따라서 잡지의 독자 수도 중요하지만 어떤 독자를 확보하느냐가 관건이 된다. 최근 우리나라도 대중적인 잡지들이 휴·폐간을 하거나 광고 유치에 어려움을 겪는 데 비해 상류층을 타깃으로 하는 무료 럭셔리 잡지나 백화점 회원제 잡지 등이 인기를 얻는 것도 같은 이유로 볼 수 있다.

셋째, 잡지는 기사 내용에 비해 광고 물량이 많아서 독자의 시선을 끌기가 쉽지 않다. 따라서 광고 기획자의 창의성이 요구된다. 표현의 창의성과 함께 집행 포맷의 창의성도 중요하다. 그래서 일부에서는 기사 같은 광고를 기획하기도 한다. 잡지사의 입장에서는 특집호를 꾸민다는 이름 아래 광고 물량을 확보하기 위

➤ 광 고 사 랑 방 16-6	**잡지의 독자 수**

신문과 마찬가지로 잡지도 여러 사람이 돌려가면서 읽는다. 직접 비용을 지불하고 잡지를 구독하는 사람의 수를 1차 독자 수*primary readership*, 회람 독자 수는 2차 독자 수*secondary readership*라고 한다. 흔히 말하는 잡지의 열독률*readership rating*은 1차와 2차를 포함한 총 독자 수의 비중을 의미한다.

한 전략이지만, 광고주 입장에서는 상업 광고의 이미지를 벗어나서 독자에게 소구할 수 있으므로 매력적인 기회라고 할 수 있다.

6. 인터넷 광고

1) 인터넷 개관

우리나라는 3400만 이상이 인터넷을 이용함으로써 6세 이상 인구를 기준으로 74.8%가 인터넷을 이용하고 있다(인터넷진흥원, 2007). 30대 이상의 연령층에서는 90% 이상인 셈이다. 이러한 수치는 국제전기통신연합(ITU)에서 발표한 디지털기회지수(DOI)에서 세계 1위의 위상을 반영하고 있다. 인터넷 이용자를 직업별로 살피면 학생층은 거의 100%에 가깝게 이용하고 있으며, 전문직이나 관리직도 97% 이상으로 이용하고 있다. 또한 이용 시간은 주 평균 약 14시간으로서, 이용 장소는 가정(97%), 회사(31%), 공공시설(23%)의 순이었다(인터넷진흥원, 2007).

이와 같은 이용률은 인터넷이 거의 매일 접촉하는 일상적인 매체로 자리잡았

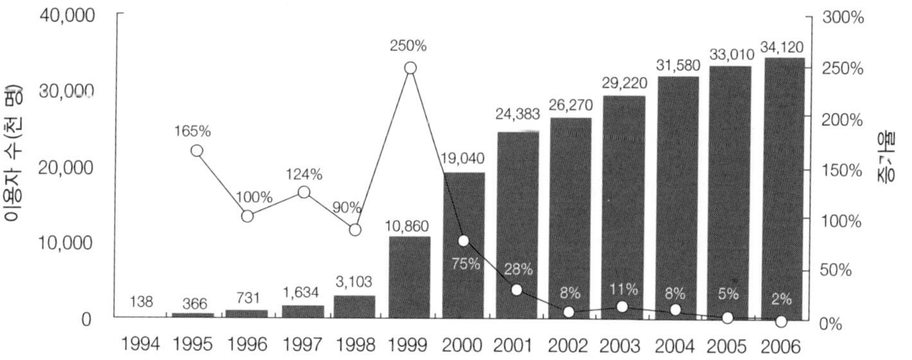

그림 16-9. 인터넷 이용자 수와 증가율

* 자료원: 한국인터넷진흥원

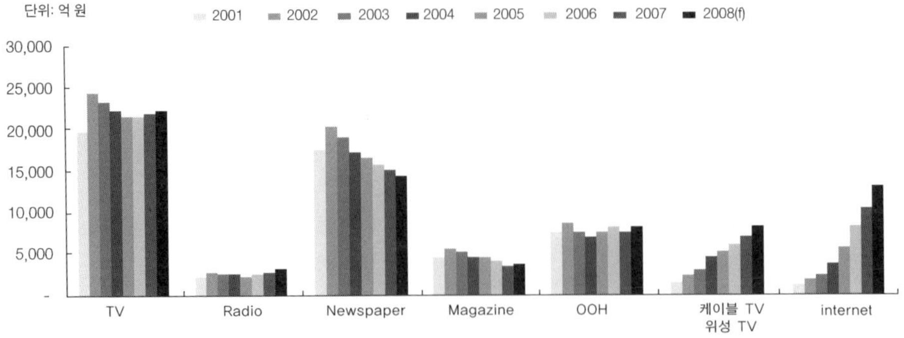

그림 16-10. 매체별 광고비 지출 현황

* 자료원: 《광고연감》, 한국인터넷협회

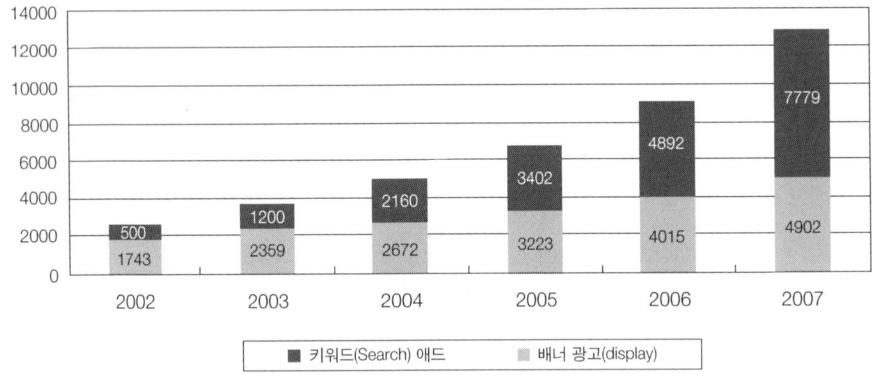

그림 16-11. 인터넷 광고 유형별 광고비 구성(단위: 억 원)

* 자료원: IMCK 내부자료 및 《광고연감》

음을 뜻한다. 아울러 2000년을 지나면서 인터넷 광고는 매우 놀라울 정도로 급성장하고 있으며, 2008년에는 공중파 텔레비전과 신문 다음으로 3위의 점유율을 기록할 것으로 예상된다(그림 16-10). 인터넷 광고비의 60% 이상은 키워드 광고이고, 나머지는 배너 광고 등 일반 광고회사가 집행한다(그림 16-11).

▶ 광 고 사 랑 방 16-7	인터넷 관련 용어의 정의

· 인터넷: 국제적으로 컴퓨터 네트워크를 연결하는 시스템
· 월드 와이드 웹: 사람들이 사용하기 쉬운 그래픽을 이용하여 인터넷에 접속할 수 있도록 만드는 정보 상호 작용. 인터넷과 혼용되고 있음
· 포털: 웹에 접속하거나 찾을 때 시작하는 출발점
· 웹 사이트: 웹 페이지이나 디지털 정보가 집합되어 있는 곳
· 블로그: 개인적인 기록물이지만 공중에게 공개될 목적으로 작성되는 웹

2) 인터넷 광고의 종류 및 가격

인터넷 광고는 크게 다음과 같이 구분될 수 있다(O'Guinn, Allen, & Semenik, 2009).

(1) 유료 검색*paid search*: 인터넷 이용자들이 특정 검색 희망 단어를 타이핑할 경우, 검색 결과에 가까이 위치한 광고. 광고주는 웹 사이트나 포털에 광고비를 지불하며, 광고 요금에 따라 위치의 선후가 결정된다. 국내 포털의 주요한 수익원이다.

(2) 배너/디스플레이 광고*banner/display ads*: 이미지나 텍스트를 포함한 웹 사이트 상의 광고. 인터넷 이용자가 광고를 볼 수 있을 뿐만 아니라 클릭함으로써 마케터의 홈페이지를 방문할 수 있다.

(3) 스폰서십*sponsorship*: 광고주가 사이트의 특정 섹션에 지원하는 형태. 스폰서십과 함께 해당 섹션에 내용을 제공하는 경우도 있다.

(4) 팝업 광고*pop-ups*: 웹 페이지가 로딩되고 있는 동안에 별도의 윈도에서 제공되는 광고. 페이지를 요청해서 로딩되기 전에 잠깐 뜨는 것은 스플래시 스크린*splash scree*(또는 *interstitial*), 이용자의 윈도 아래에 제공되는 형태는 팝 언더*pop-under*라고 한다.

(5) 이메일 광고*e-mail ad*: 이메일 이용자에게 메시지를 개인화하여 대량으로 보낼 수 있는 인터넷 광고. 이용자가 이메일 광고를 수신하겠다는 사전 동의를 받는 옵트-인*opt-in* 이메일을 통하여 스팸 메일로 분류되지 않는 것이 중요하다. 일종의 허락받은 마케팅*permission marketing*인 셈.

(6) 기업의 홈페이지*corporate home pages*: 기업이 회사나 브랜드에 대한 정보를 제공하는 웹 사이트. 방문자에게 흥미로운 컨텐츠를 제공하는 것이 관건.

인터넷 광고는 기술의 발전으로 더욱 새로운 형태가 선보이고 있다. 이를테면 리치 미디어*rich media*가 그런 사례에 속한다. 이는 스트리밍 비디오나 오디오와 같은 고급 기술을 사용해서 웹 이용자의 마우스와 상호 작용하는 웹 광고를 뜻한다. 비디오 클립과 같은 컨텐츠를 볼 수 있어서 미국의 경우 이용자의 3.5%가 클

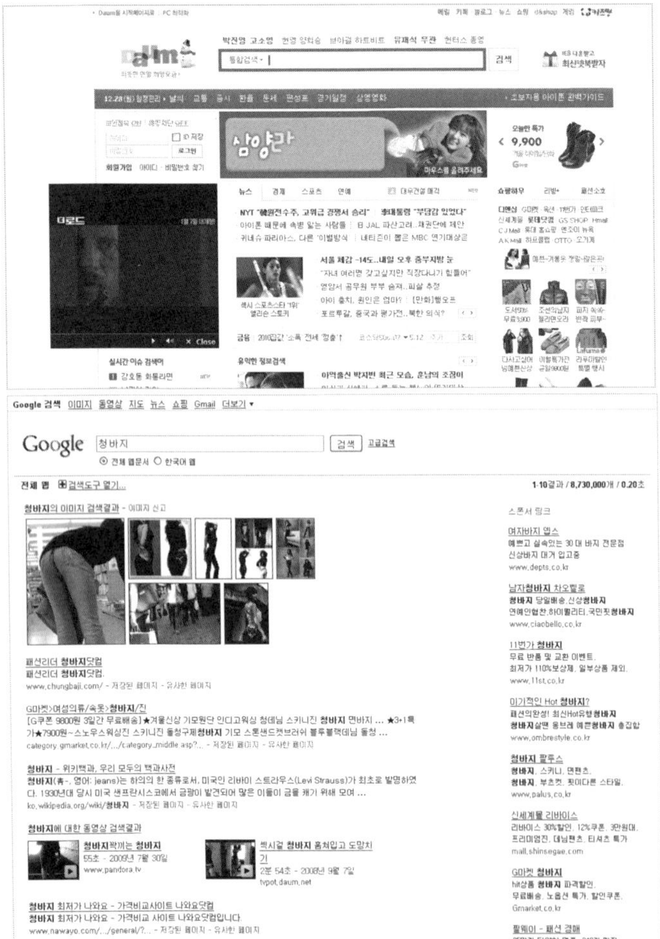

그림 16-12. 인터넷 광고의 종류

배너 광고, 유료 검색

릭하고 있다(팝업 광고의 클릭율이 2%에 비하면 높은 셈). 이외에도 인터넷 상에는 새로운 세계가 계속 등장하고 있다. 세컨드 월드*Second World*와 같은 버추얼 세상에서는 참가자가 아바타로 새로 태어난다. 이런 가상 공간에서 광고주는 빌보드 등으로 세상을 함께 구축할 수 있다.

인터넷이 광고 매체로서 매력적인 이유는 다음과 같이 요약될 수 있다. (1) 인쇄 매체는 배달에 많은 시간이 소요되나 인터넷은 즉시 전달된다. (2) 인쇄나 방송 광고물은 수정하려면 많은 시간과 비용이 들지만 인터넷은 그 같은 점에서 효율성이 높다. (3) 다른 대중 매체와 달리 광고 효과 및 효율성을 빠르고 정확하게 측정할 수 있다. 이러한 특징은 크리에이티브를 효율적으로 집행할 수 있을 뿐만 아니라 매체의 집행 과정도 유연함을 의미한다.

그렇지만 이러한 이점이 그냥 주어지는 것은 아니다. 인터넷에는 수많은 이용자가 있는 만큼 광고비도 이에 비례한다. 일례로 미국의 야후에 하루 배너 광고를 하려면 50만 달러를 지불해야 한다(O'Guinn, Allen, & Semenik, 2009). 인기 있는 드라마 〈CSI〉에 30초 텔레비전 광고를 하는 것과 같은 비용이다. 물론 배너 광고는 하루 종일 게시되어 있기는 하지만. 따라서 얼마나 많은 사람들이 해당 광고에 노출되었는지가 보다 중요하게 된다. 즉 목표 시장 1000명에 도달하는 비용인 CPM(Cost Per Thousand)이 관건이 된다. 일반적으로 미국에서 전국 텔레비전의 30초 광고 CPM이 10달러에서 20달러인 데 비해, 배너 광고는 5달러에서 50달러에 이를 정도로 범위가 넓다. 물론 신문의 CPM 범위도 80달러에서 120달러, 잡지도 50달러에서 120달러에 이른다. 그렇지만 인터넷 이용자의 관여도나 구매력을 인쇄 매체와 비교하기는 어렵다. 따라서 인터넷 광고의 CPM을 철저하게 분석할 필요가 있다.

미국에서는 인터넷의 배너 광고비를 대부분 CPM에 기초하여 책정하지만, 클릭하는 방문자 수에 따라 책정하는 경우도 있다. 특히 유료 검색의 광고에서는 클릭 방문자 수*Click Through Rate* 등이 이용된다. 일례로 미국 구글의 유료 검색에서는 클릭 1회당 1.61달러를 지불해야 한다. 이에 비해 국내 포털의 네이버 광고 가격을 살피면 그림 16－13과 같다.

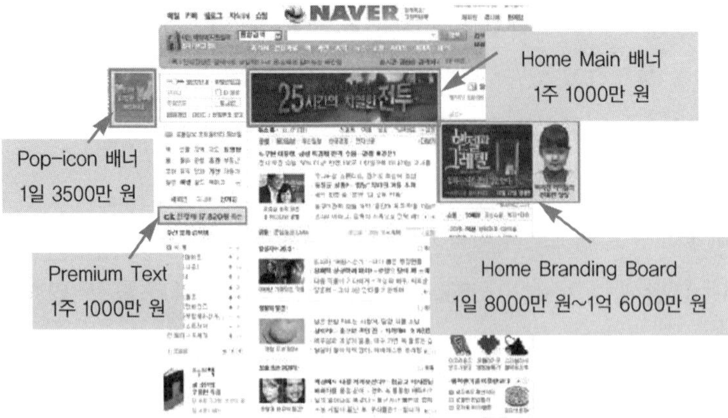

그림 16-13. 인터넷의 광고 가격 사례

3) 인터넷 광고의 계획 및 집행

광고 기획자가 인터넷을 광고 매체로 결정하기 위해서는 인터넷 이용자의 속성과 함께 인터넷 매체의 특징을 명확히 이해해야 한다. 그래야 광고 전략과 매체 선택의 조화를 확인할 수 있기 때문이다. 특히 상호 작용하는 광고 매체에서는 소비자의 관여도가 높아진다(김광수, 1992). 따라서 색인이 잘 되고 있어 빠르고 쉽게 검색과 인출이 가능한 광고, 그리고 이성에 호소하는 광고에 매력을 느낄 것이다. 더욱이 적극적인 수용자들은 깊이 있는 정보의 메시지에는 한두 번 노출되는 것으로 충분할 것이며, 메시지에 쉽게 싫증 내므로 똑같은 메시지를 여러 차례 접하는 것을 싫어할 것이다. 배너 광고를 자주 변경해야 클릭 수가 증가하는 이유가 여기 있다. 이와 함께 소비자는 중간상을 거치지 않고 직접 반응하여 상품을 체험하므로 즉시 반응을 촉구하는 광고가 효과적이다. 인터넷 광고가 프로모션과 연동할 때 효과가 극대화되는 이유 중의 하나이기도 하다.

또한 지속적인 광고 효과의 모니터링도 중요하다. 효과 보장 형태로 광고 계약을 맺고서 예상보다 효과가 저조하게 나타난다면 매체사와 협의를 통해 목표한 효과에 도달할 수 있도록 해야 한다. 매체 집행 과정에서 최적화를 찾을 수 있는 점이 인터넷의 큰 매력이라고 할 수 있다.

7. 옥외 광고

1) 옥외 광고의 종류

옥외 광고*out of home ad*는 집 밖에서 목표 시장에 도달하는 광고를 의미한다. 공개적인 외부에 설치되므로 경관을 해치지 않고 미풍양속을 유지할 수 있어야 한다. 그리고 공중의 안전을 보장할 필요가 있으므로 이를 규제하기 위한 '옥외광고물 등 관리법'이 있다. 이 법에 따르면 옥외 광고란 상시 또는 일정 기간 계속되어 공중이 자유로이 통행할 수 있는 장소에서 볼 수 있는 광고물로 정의된다(서울특별시, 2003). 옥외 광고 집행비와 제작비를 모두 합친 수치는 2007년 전체 광고비 기준으로 11%를 점한다(제일기획, 2008). TV와 신문, 인터넷 다음으로 높은 점유율로 금액으로는 약 7400억 원을 상회한다.

옥외 광고를 다음과 같이 구분하여 살펴보자. (1) 야외 광고, (2) 교통 광고, (3) 기타 옥외 광고.

2) 야외 광고

야외 광고*outdoor ad*는 야외 공간에 전시된 광고 메시지를 뜻한다. 종류는 간판*storefront*, 게시판*bulletin*, 스펙터큘러*spectacular*로 나눌 수 있다. 첫째, 간판은 가장 오래된 야외 광고 가운데 하나다. 점포가 위치한 외부 공간을 이용한 간판으로서 대표적인 종류는 가로형과 돌출형이 있다. 가로형의 가로 크기는 건물 전면 폭 이내여야 하며, 세로 크기는 위층과 아래층의 창문 사이 벽면 쪽 이내여야 한다.

이 같은 크기로 건물에 부착되어 있어여 한다. 그리고 돌출형은 대개 2층 이상 건물에만 설치할 수 있는데 벽면에서부터 간판 끝이 1cm 이내이어야 한다.

둘째, 게시판은 대체로 크기가 간판보다 크며, 광고물을 지탱하는 기둥(지주)을 특징으로 한다. 종류는 옥상 빌보드(또는 옥상 간판), 옥상 네온사인, 야립 광고(특히 고속 도로 주변), 와이드 컬러 등이 있다. 우리나라에서 옥상 빌보드는 가로 20m, 세로 15m, 높이 15m 이내로 제작되어야 하며 높이는 건물 높이의 1/2을 초과하지 못한다.

셋째, 스펙터큘러는 문자나 동영상을 이용한 거대한 네온사인을 뜻한다. 우리나라에서 최근 옥상에 설치된 전광판이 대표적인 사례로 보통 LED(*light-emitting diode*, 발광 다이오드)를 이용한다.

그림 16-14. 야외 광고의 사례
옥상 빌보드와 LED 전광판

▶ 광 고 사 랑 방 16-8	미국에서의 옥외 광고 통제

미국에서는 1965년 고속 도로 미화법(Highway Beautification Act)이 제정되어 주간州間 고속 도로와 연방 정부가 보조하는 고속 도로의 옥외 광고를 통제한다. 그리고 메인, 버몬트, 하와이, 알래스카 주에서는 옥외 광고를 전면 금지하고 있다.

또한 옥외 광고는 공중에게 침입하는 성격이 강하기 때문에 규제의 각별한 관심 대상이 된다. 볼티모어 시는 알코올 음료의 옥외 광고를 금지하였는데, 1994년 메릴랜드 법원에서는 금지를 지지하였다(Anheuser-Bush and Penn Advertising of Baltimore, Inc. v. Mayor & City Council of Baltimore). 법원은 경험적 증거를 확보하지 않고서도 옥외 광고가 청소년의 음주 소비를 이끈다는 시의 주장을 받아들였던 것이다.

일반적으로 야외 광고는 저렴한 편이다. 서울 광화문 조선일보사에 설치된 전광판의 경우, 도보 유동 인구 18만 명과 차량 유동 인구 40만 명을 합쳐서 CPM을 계산한 결과 약 600원의 광고비가 산출되었다(서범석, 1996). 미국에서는 빌보드가 해당 지역 인구의 몇 %에 도달했는지를 전시*showing*로 표시함으로써 구입을 기획한다. 일례로 서울 시내에서 하루 50전시를 기획했다고 하자. 이는 이론적으로 서울 시민 1000만 명의 50%인 500만 명에게 도달될 수 있는 옥외 광고를 사들였다는 의미이다. 일반적으로 하루 도달 인원을 100만 명으로 설정하여 매체를 구입했을 경우, 1개월 동안 88만 명에게 확실히 도달된다는 연구가 있다(Arens, 1996). 따라서 서울 인구를 1000만 명으로 가정하여, 하루 100전시를 기획하여 1개월 동안 광고했다면 880만 명에게 노출하는 효과를 얻을 수 있다.

야외 광고는 다음과 같은 장점이 있다. (1) 24시간 전시되므로 광범위한 수용자에게 도달될 수 있으며, (2) 바깥에 항상 위치하므로, 그곳을 통과하는 사람은 피하기 어렵다. 그렇지만 다음과 같은 단점도 있다. (1) 수용자를 붙잡아 둘 시간이 많지 않기 때문에 복잡한 메시지를 전달할 수 없다. (2) 메시지를 자주 교체하기 어려워서 식상한 통행자들이 무관심하게 지나칠 수 있다. (3) 수용자에 대한 영향력을 측정하기 어렵다.

3) 교통 광고

교통 광고는 교통 수단을 이용하는 광고물과 교통 시설을 이용하는 광고물로 대별된다. 전자는 버스, 택시, 지하철 등과 같이 운송 수단에 부착된 다양한 광고를 지칭하며, 후자는 공항 대합실, 버스나 지하철 승차대 등을 의미한다. 주요 종류를 설명하면 다음과 같다(그림 16-15 참조).

(1) 내부 광고: 버스나 지하철 벽면에 부착된 광고물처럼 교통 수단 내부에 전시된 광고를 뜻한다. 버스나 지하철을 타고 별로 할 일이 없는 경우 눈길이 자연히 광고에 고정되게 마

외부 광고(버스 외벽)와 내부 광고(지하철 액자형)

시설물 이용 광고(버스 쉼터)

대합실 포스터 광고(공항 및 지하철 역사 내)

그림 16-15. 교통 광고의 사례

련이다.

⑵ 외부 광고: 교통 수단의 외장에 광고를 전시할 수 있다. 버스나 택시는 도심을 휘젓고 다니면서 행인들에게 메시지를 전달한다. 광고의 크기는 각 면 면적의 1/2 이내여야 하며, 창문은 제외된다.

⑶ 시설물 이용 광고: 대중 교통을 이용할 수 있도록 설치된 시설물에 게재된 경우를 뜻한다. 최근에는 버스 정거장에 쉼터를 만들면서 등장한 광고가 여기에 속한다. 버스를 타려는 사람은 물론 길 가는 사람에게 전달된다.

⑷ 대합실 포스터 광고: 버스, 지하철, 기차, 공항의 역사 또는 터미널에 다양한 크기의 포스터를 볼 수 있다.

교통 광고는 광고물이 거리에 놓여 있어 광고되는 상품의 품질이 열악하다고 인식될 수 있는 단점이 있다. 더욱이 광고물이 훼손되면 브랜드나 기업 이미지에 나쁜 영향을 끼치므로 광고물 관리도 중요한 과제이다. 그렇지만 광고비가 저렴하고 높은 빈도로 장기간 수용자에게 반복 노출될 수 있으며, 지역적으로 선별하여 도달할 수 있는 장점이 있다.

기획자는 교통 광고 요금도 고려해야 한다. 일례로 1기(1~4호선) 지하철 광고는 서울메트로(구: 지하철공사)에서, 2기(5호선~8호선) 지하철은 도시철도공사에서 관리한다. 노선에 따라 광고대행사가 정해져 있다. 광고는 기본적으로 액자형(54cm × 39cm), 모서리형(100cm × 26cm), 천정걸이형(103cm × 30cm) 등이 있다. 유형별 광고 단가는 노선에 따라 상이하며 이용 개수에 따라서도 차이가 난다. 노선별로 액자형 광고비를 살피면 표 16－12와 같다. 이에 비해 버스의 내부 광고는 특정 대수 이상을 기본으로 최소 운영 기간을 계약의 기본 조건으로 제시한다. 3개월 이상의 기간이 일반적이다.

표 16-12. 서울 지하철 액자형 광고 노선별 광고비 및 승객 예상 수

노선	단가(원)	1일 평균 이용객 현황(2007년)
1호선	20,000	2,788,927
2호선	48,000	2,921,141
3호선	34,000	1,211,901
4호선	27,000	1,798,355
5호선	20,000	1,167,997
7호선	23,000	1,149,597

* 자료원: 금강오길비 옥외매체팀, 2007

4) 기타 옥외 광고

옥외 광고의 주요 형태는 야외 광고와 교통 광고이지만 이외에도 집 밖의 소비자에게 도달할 수 있는 방법은 다양하다. 특히 소비자의 분할화 및 세분화가 지속되면서 옥외 매체를 통해 광고 효과를 극대화하려는 경향이 있다. 따라서 옥외 광고를 창의적으로 사용하려는 움직임이 활발하다.

일례로 극장 광고도 유용한 매체 수단이다. 2007년 기준으로 전국 스크린 수는 약 2000이며 영화 관객 수 역시 연간 6000만 명에 가깝다는 점을 고려하면 매력적인 광고 매체이다. 게다가 고해상도의 넓은 스크린에 집중하는 노출 환경을 감안하면 광고의 주목도는 타 매체에 비해 매우 높다고 할 수 있다. 이처럼 어떤 장소에서 그 광고를 피할 수 없이 보게 되는 경우를 '장소 광고' 또는 '면전 광고'라고 한다. CGV 네트워크, 롯데 시네마 등을 통해 지역별 노출이 가능하다. 다만 우리나라 영화 광고는 특정 극장에 광고하는 것을 뜻하며, 영화 내에 삽입하여 배급지 않는다는 점이 특기할 만하다. 즉 성공 가능성이 높은 특정 영화에만 따로 광고를 집행할 수는 없다(영화 컨텐츠 안에 브랜드를 집어넣는 PPL과는 별개의 개념이다).

구매 시점 광고(*point of purchase advertising*: POP 광고)도 장소 광고의 일종에 해당된다. 상품을 구매할 때의 상황적 영향력을 행사하기 위해서 고안된 가게 안의 광

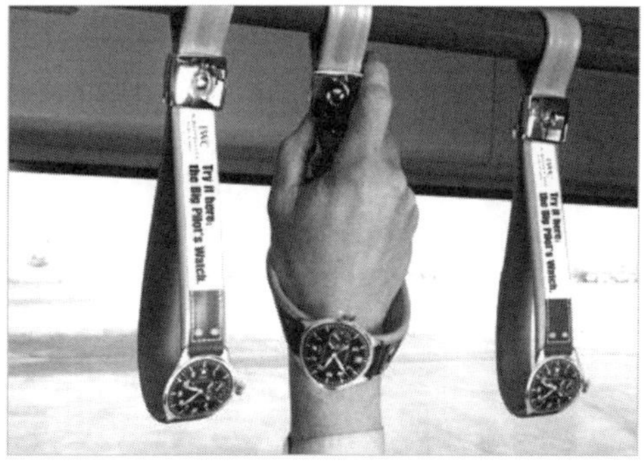

그림 16-16. 독특한 옥외 광고의 사례
따분한 직업이 아니라 제대로 된 직장을 찾아준다는 리쿠르트 회사, IWC 시계를 지하철 손잡이를 통해 시착해 보라고 권유, 아디다스의 옥외 광고

고물을 의미한다. 상품 진열대, 깃발, 상점 내의 표시, 모형물 등의 형태를 띤다. 일용품 구매 결정의 40%가 가게 안에 들어와서 이뤄지므로 구매 시점 광고를 적절히 이용하는 것도 매체 기획자가 해야 할 일이다(유재언, 1995).

8. 뉴 미디어 광고

뉴 미디어는 기술 진보와 함께 새로운 형태의 매체로 등장하였으나 아직은 대중적이지 못해서 제한적으로만 사용되는 매체를 뜻한다. 시간이 경과하여 규모의 경제를 보장하는 많은 이용자가 생기면 본격적인 광고 매체로 성장할 수 있을 것이다. 이전의 케이블이나 인터넷 매체처럼. 여기에서는 위성 방송, DMB, 그리고 IPTV가 논의되었다.

▶ 광 고 사 랑 방 16-9	영화 속의 상품 광고

〈007 골든 아이〉에서 제임스 본드는 BMW Z로드스타를 운전하고 오메가 마스터 시계를 차고 있다. 이처럼 일정한 대가를 지불하고 영화나 방송물 등의 컨텐츠 속에 특정 상품이나 서비스를 삽입하는 것을 상품 배치(*product placement*: PPL)라고 한다.

월트 디즈니사는 제품의 단순 노출에 2만 달러, 제품 노출과 함께 배우가 상표명을 부를 때 4만 달러, 배우가 직접 상품을 사용할 경우 6만 달러라는 요금 체계를 세웠다(서상원, 1996).

1) 위성 방송

2002년 개국한 위성 방송 사업사인 스카이라이프는 유사한 컨텐츠를 사용하는 케이블 텔레비전의 성장에 비하면 발전이 다소 더딘 편이다. 운영 방식은 적도 상공의 위성을 통해 디지털 신호를 일반 가입자에 전송하는 방식이다. 따라서 지역별로 시청 품질에 차별이 없이 고화질 및 고음질의 서비스를 받아 볼 수 있다는 장점이 있다. 또한 디지털 운영 방식에 따라 가용 채널 수가 150여 개 이상이란 점도 주목할 만하다. 다만 후발 사업자로서 시장의 포화 상태에서 케이블 텔레비전의 이용자를 전환시킬 컨텐츠의 차별화가 핵심 과제이다. 시청자에게 대중적으로 인기 있는 채널들이 양 매체에서 동시에 서비스되고 있기 때문이다. 현재 광고 영업은 스카이라이프에서 직접 스폿 광고 중심으로 진행하고 있다.

2) DMB

DMB(Digital Multimedia Broadcasting)는 2005년 세계 최초로 서비스를 시작한 이동 TV를 포함한 라디오, 데이터 전송 방송이다. 이용자는 실내가 아닌 옥외 이동 중에도 휴대 전화 단말기나 자동차 내에 설치된 내비게이션 세트를 통해서 방송을 수신할 수 있다. 현재 DMB는 지상파 DMB와 위성 DMB로 구분된다. 가입자 상황을 보면 전자가 약 776만 명, 후자는 약 127만 명이다(한국전자통신연구원, 2007). 위성

DMB가 유료 가입자를 대상으로 서비스를 하는 데 비해, 지상파 DMB는 단말기만 있으면 서울 지역에서는 무료로 시청할 수 있다.

광고 매체로서의 DMB의 강점은 실시간 접근성*real time accessibility*이다. 고정형 방송 매체와는 달리, 언제 어디서든지 원하는 시간에 이용이 가능하다는 점이다. DMB 이용은 점심 시간대 및 퇴근 시간에 집중되고 있다. 또한 주 이용 계층은 30대 이상의 자가 운전자와 20대의 대중 교통 이용자로 알려지고 있다(한국전자통신연구원, 2007). 또한 DMB는 개인 매체이므로 관여도 또한 매우 높다. 물론 디스플레이 크기에 한계가 있지만 이동 전화와 같은 이용 편리성으로 인해 향후 DMB 이용자는 더욱 증가할 것으로 예상된다.

광고 매체로서의 또 하나의 매력은 시청률의 측정이 가능하다는 점이다. 시청률 측성 기관인 TNS가 휴대 전화 이용자와 내비게이션 이용자로부터 표본 추출하여 2008년 7월부터 시청률 정보를 제공하고 있다. 위성 DMB의 광고는 사업자가 지정한 대행업체가 광고 판매를 하며, 지상파 DMB에서 MBC, SBS, KBS 채널은 KOBACO가 영업을 대행한다. 수요가 그리 많지 않은 상황이라 광고 단가는 양측 모두 저렴하며 다양한 패키지가 가능하다. 일례로 KOBACO에서 판매하는 프로그램 광고의 월 정액 패키지를 보면 월 1000만 원에 노출 빈도 15초 기준으로 300회 이상을 보장한다. 20초 기준의 토막 광고도 동일한 노출 빈도를 보장한다. 저렴한 광고와 높은 노출 빈도의 매력으로 DMB에 참여하는 광고주가 증대하고 있다.

3) IPTV

IP(Internet Protocol)TV는 초고속 인터넷 망을 이용하여 동영상 컨텐츠뿐만 아니라 공중파 및 케이블 텔레비전의 채널들을 모두 접근할 수 있는 정보 전달 형식이다. 따라서 기존의 방송 매체(공중파, 케이블, 위성 텔레비전)와 프로그램은 유사하지만 이용자가 프로그램 이용 시간대 등을 조절할 수 있다. 즉 필요할 때 보고 싶은 내용을 시간에 구애받지 않고 활용할 수 있다.

2006년 6월에 인터넷 서비스 업체인 하나TV(현재 SK Broadband)가 최초로 서비스를 시작했으며, 이후 KT와 LG파워콤이 참여하여 현재 3개의 IPTV업체가 영업 중이다. 2009년 8월 말 기준으로 3사 전체 가입 가구는 70만 가구를 넘은 것으로 나타났다(정보통신위원회). 가입자 수 측면에서 보면 IPTV는 여전히 산업의 초기 단계에 있는 셈이다.

IPTV에 광고가 가능한 시간은 이용자가 컨텐츠를 다운로드할 때 광고를 강제 노출시킬 수 있다. 이용자 수가 적어서 실질적인 광고 매체로서 인정되고 있지는 않으나 향후 가입자 수의 증대와 함께 다양한 광고 포맷이 개발되면 틈새시장에 도달하기 위한 광고 매체로서 매력이 있을 것이다.

참고 문헌

강상현 · 채백 엮음 (1996). 《대중 매체의 이해와 활용》. 한나래.

금강오길비 옥외매체팀 (1996). 내부 자료.

김광수 (1992). "케이블TV와 광고: 기회와 위협의 분석," 〈종합유선방송위원회보〉.

김희진 · 이혜갑 · 조정식 (2007). 《광고 매체 기획론》. 학현사.

〈동아일보〉 (1999. 1. 16). "뉴스와 그래픽."

—— (1999. 2. 2). "사이버 월드."

문화관광부 (2005). 〈정기 간행물 등록 현황〉.

박원기 · 오완근 · 이승연 (2002). 《광고 매체론》. 케이에이디디.

방송문화진흥회 (1997. 11). 〈방송 문화 지표 개발 연구〉.

서범석 (1996). "OHM의 광고 효과에 관한 연구: 전광판 광고를 중심으로," 〈광고학 연구〉, 12월호.

서상원 (1996). "PPL 사업과 광고 효과," 〈제일 기획〉, 4월호.

서울신문사 국민체육진흥사업본부 (1997. 7. 1). "광고 요금표."

서울특별시 (2003. 7). 〈옥외 광고물 등 관리 법규칙〉.

신승익 (1998). "온라인 광고," 《광고연감》. 제일기획.

HRC (2006). 〈고소득자 매체 이용 습관 조사〉.

HRC (2007, 2008). 〈미디어 인덱스〉.
연합통신 (1997). 〈연합 연감 1997〉.
유재언 (1995). "POP광고," 〈LG애드〉, 6월호.
이구현 (1996). "우리나라 신문 광고비 성장률에 관한 연구." 〈광고 연구〉, 32호.
이두원 (1997). "교통수단과 커뮤니케이션," 〈대홍 기획〉, 7/8호.
Evening (2009. 8. 27). "IP－TV 가입자 수 다시 탄력."
인터넷진흥원 (2007). 〈2006년 하반기 정보화 실태 보고서〉.
제일기획 편집부 (2002~2009). 《광고연감》. 제일기획.
〈조선일보〉 (1996. 11. 8). "시내버스 외부 광고 수백억 원 횡령 의혹."
—— (1997. 8. 9). "인터넷 광고."
〈KAA 저널〉 (1998. 5). "IMF 이후 매체 접촉 형태 변화."
한국방송학회 (1993. 8. 28). "시청률과 좋은 방송," 방송학회 3/4 정기 학술 포럼.
한국전자통신연구원 (2007. 8. 16). 〈DMB 서비스 실태 조사 보고서〉.

Arens, W. F. (1996). *Contemporary Advertising*. Chicago: Irwin.
Bovee, C. L., Thill, J. V., Dovel, G. P., & Wood, M. B. (1995). *Advertising Excellence*. New York: McGraw- Hill, Inc.
De Jooij, M. K. & Keegan, W. (1991). *Advertising Worldwide*. New York: Prentice-Hall, Inc.
Dunn, S. W., Barban, A. M., Krugman, D. M., & Reid, L. N. (1990). *Advertising: Its Role in Modern Marketing*. Chicago: The Dryden Press.
Eastman, S. T., Head, S. W., & Klein, L. (1989). *Broadcast/ Cable Programming: Strategies & Practices*. Belmont: Wadsworth Publishing Company.
Keeler, L. (1995). *Cyber Marketing*. New York: Amacom.
Krugman, D. M. & Rust, R. (1987). "The Impact of Cable Penetration on Network Viewing and Telecommunication Industry Revenue," *Journal of Advertising Research*, Vol.27, No.5.
O'Guinn, T. C., Allen, C. T., & Semenik R. J. (2009). *Advertising and Integrated Brand Promotion*. Mason: South-Western CENGAGE Learning.
Rogers, E. M. (1986). *Communication Technology: The New Media In Society*. New York: Free Press.
Sissors, J. Z. & Baron, R. B. (2002). *Advertising Media Planning*. New York: McGraw-Hill, Inc.

17장 광고 예산

광고 예산을 수립할 때 이상적인 상황은 광고 전략에 따른 매체 전략을 기획하고, 이를 성취하기 위한 매체 비용을 확보하는 것이다. 그렇지만 현실적으로는 주어진 예산 범위 내에서 매체 전략을 수립하기가 쉽다. 따라서 여기에서는 광고 예산을 어떻게 수립하는 것이 좋을지에 대한 방안을 살펴본다.

1. 광고 예산의 이해

1) 광고비의 이해

흔히 경기가 좋지 않으면, 감량 경영을 하고 광고비를 축소한다. 광고를 비용이라고 보기 때문이다. 과연 그럴까? 광고비의 성격을 이해하기 위해 몇 가지 측면을 살펴보자(Dean, 1966).

첫째, 광고비의 회계 처리 측면이다. 광고비는 회계 장부상 일반 투자와는 다르게 회계 처리된다. 그러므로 자본으로 평가되지도 않을 뿐만 아니라 감가 상각되지도 않는다. 게다가 과세 측면에서 세금 공제를 받을 수 있다. 물론 광고비를 투자의 성격으로 보는 나라가 없는 것은 아니다. 영국에서는 브랜드 자산을 실제로 회계 처리에서 반영하므로 브랜드 자산에 기여하는 광고비 역시 투자에 속하는 셈이다. 그렇지만 일반적으로 회계상 광고비는 투자와 상이하게 취급된다.

둘째, 광고비와 생산비를 비교해 보자. 광고를 비용으로 취급하는 데는 광고를 다른 원재료와 마찬가지로 일종의 생산 비용이라고 보는 것에서 연유한다. 과연 광고비는 생산비의 속성을 지니고 있는가? 광고는 상품의 수요를 증대시키는 비용이다. 즉 수요와 공급의 관계에서 수요에 변화를 준다. 이에 비해 생산비는 수요를 충족시키기 위하여 요청되는 비용이다. 따라서 광고비는 생산비와는 기능상 성격이 상이하다는 점을 알 수 있다.

셋째, 광고에 지출되는 금액은 비용인가 투자인가? 이에 대한 답을 하기 전에 먼저 비용과 투자의 의미를 살펴보자. 투자란 미래의 이익을 달성하기 위해 현재 집행하는 경비를 뜻한다. 이에 반해 비용이란 그 이익이 즉시 발생하는 경비를 말한다. 그렇다면 회계상 어떻게 구분되는지에 대한 질문은 무의미하다. 투자의 정의는 미래성에 있기 때문이다. 그렇다면 광고 활동이 미래에 이익을 주는지, 아니면 즉시적인 이익을 주는지에 대해 초점을 맞춰야 할 것이다. 광고는 물론

➤ 광 고 사 랑 방 17-1 | **불황기의 광고**

불황 때 광고를 늘리는 것이 오히려 광고 효과를 볼 수 있다. 미국 맥그로힐 연구소가 1980년 이후 불황이 닥쳤을 때 600여 개의 기업을 대상으로 조사한 결과를 살펴보면 이와 같은 주장을 이해할 수 있다. 1980년의 매출액을 100으로 설정하고, 광고비를 삭감한 기업과 유지 · 증가한 기업을 비교하며 다음과 같다(〈중앙일보〉, 1996. 11. 14).

광고 요금표

구분 연도	1980	1981	1982	1983	1984	1985
광고비를 삭감한 기업의 매출액	100	96	88	89	106	119
광고비를 유지 · 증가한 기업의 매출액	100	137	159	195	283	375

즉시적 효과를 발생시킬 수도 있다. 그렇지만 광고의 이월 효과carryover effects, 그리고 브랜드 이미지와 브랜드 자산을 제고한다는 측면에서는 장기적 이익을 빼놓을 수 없다. 따라서 광고를 단순히 비용으로 보기는 어렵다.

이를 종합하면 광고비는 회계상 투자와는 다르게 취급받는다. 그렇지만 광고비의 내역을 심층적으로 분석하면, 광고비는 투자가 아닌 것이 아니다. 일반 생산비와 기능이 상이할 뿐만 아니라 자본과 마찬가지로 쉽사리 변하지 않으며, 미래의 이익에 기여한다. 따라서 광고비를 단순히 비용으로 접근하려는 자세는 지양되어야 한다.

2) 광고 예산의 접근

광고 예산을 수립할 때는 크게 두 가지 접근 방법이 있다(Govoni, Eng, & Galper, 1986). (1) 각 부서의 예산을 종합하여 전체 예산을 수립하는 접근, (2) 전체 예산을 정하고 이를 각 부서에 배분하는 접근.

첫째 방안의 절차는 다음과 같다. 마케팅 커뮤니케이션의 각 영역 담당자(광고, PR 등)가 회기 연도 안에 이루어야 할 과업을 결정한다. 각 담당자는 그 과업을 이루기 위해 드는 예산을 산출한다. 그리고 각 담당자의 예산을 종합하여 전체 마케팅 커뮤니케이션 예산을 확정 짓는 방안이다. 이 접근은 다음과 같은 장점이 있다. (1) 과업 지향적이어서 논리적이다. (2) 과업 달성을 위한 예산의 산출이 각 담당자의 경험과 지식에서 나온다. (3) 예산 수립 결과를 실행한 후에 피드백을 통하여 예산 수립의 효율적인 관리와 이해를 제고한다.

그렇지만 다음과 같은 점이 우려되기도 한다. (1) 계획을 달성하는 구체적 방안에 대한 예산을 산출하기 어렵다(판매에 영향을 끼치는 요인들은 많이 있을 뿐만 아니라 이들 간의 정확한 인과 관계를 파악하기 힘들다). (2) 각 담당자의 경험과 지식이 객관성과 타당성을 결여할 수 있다. (3) 산출된 예산이 허용 예산보다 상회할 때, 어떻게 처리할지가 막막하다. (4) 각 담당자들이 과업 계획과 예산을 짠 후에 이를 합쳐서 하나의 전체 예산 계획을 이루므로 통합적 시각을 결여할 수 있다. (5) 단 하나의 예산 계획이 만들어지므로 어떤 결과를 유발할지 모르는 상황으로 치달을 수 있다.

두 번째의 방안은 마케팅 커뮤니케이션 분야를 총괄하는 책임자가 예산 한도를 정하여 각 영역 담당자에게 할당한다. 이는 무엇보다 전체 예산을 상회하지 않는다는 장점이 있다. 그러나 다음과 같은 문제점을 내포한다. (1) 예산을 어떻게 분배할 것인가? 과거의 실적에 기초할 것인지, 부서의 중요성에 따를 것인지 합리적 기준을 찾아야 한다. (2) 각 부서의 담당자는 어떻게 자신의 과업과 할당된 예산을 조화시킬 것인가? 과업의 우선 순위에 대해서 회사와 부서, 그리고 부서 간의 인식 차이를 줄여야 한다.

그러나 우리는 어떠한 방식도 극단적임을 알 수 있다. 예산을 수립할 때는 대체로 이용 가능한 예산의 범위가 있기 마련이다. 그리고 우리가 달성해야 될 과제와 예산 사이에서 적정한 접점을 찾게 된다. 그런 측면에서 목표와 예산 전략은 순환적이라고 할 수 있다. 아울러 예산 집행을 사후에 평가함으로써 앞으로의 예산 책정에 반영하는 피드백 시스템도 또 다른 순환성인 셈이다.

그리고 어떤 접근을 택하든지 예산의 실제 액수를 결정해야 한다. 이를 위한 방안을 다음과 같이 분류하여 차례대로 소개하였다. (1) 관리 지향적 방안, (2) 실험 방안, (3) 회귀 분석 방안, (4) 판단 지향적 방안.

2. 관리 지향적 방안

관리 지향적 방안은 예산을 수립할 때 고려하는 요인이 주로 관리 및 운용 차원에서 이루어지는 데서 연유한다. 이에 대한 종류는 다음과 같이 세분될 수 있다. (1) 과거 광고비 기준, (2) 판매액 기준, (3) 가용 자원 기준, (4) 경쟁사 기준.

1) 과거 광고비 기준

과거 광고비에 기준하는 방안은 SALT(same as last time)라고 불린다. 이는 지난해의 예산과 유사한 수준으로 올해 예산을 수립하는 방안을 뜻한다. 변화가 있다면 물가 인상률 정도를 반영하는 것이다. 그리고 특수한 상황이 예견되는 분야에서만 예산액을 변동시킬 뿐 전반적으로 예년과 마찬가지로 예산액을 설정한다.

이 방법은 계산이 용이하고 준비 자료가 간단하다. 그리고 과거의 경험에 의존하고, 기존 광고 역할을 유지하므로 광고 담당 간부들이 옹호하는 경향이 있다. 그러나 이 같은 접근에는 다음과 같은 제한점이 있다. (1) 투자와 산출의 관계를 무시한다(즉 광고비를 많이 투입하면 보다 많은 판매를 꾀할 수 있다는 마케팅 커뮤니케이션의 적극적인 의식이 반영되지 못한다). (2) 시장 상황에 별로 변화가 없을 때는 괜찮지만 급변할 때는 적당하지 못하다(경쟁사의 대응 전략이나 소비자의 구매 상황 변화에 둔감하다). (3) 기존의 비효율성을 묵인하게 된다.

2) 판매액 기준

판매액 기준*percentage of sales*은 지난해의 판매와 광고비 비율을 살펴보고, 이를 기준으로 올해 판매 예상액을 산출하고 지난해와 유사한 비율의 광고비를 책정하는 것이다. 예를 들면 P&G는 보통 판매액의 6~8%를 광고비로 사용한다. 그럴 경우 다음 해의 상품 판매액을 예상하여 7% 정도로 광고 예산을 수립한다.

판매액 기준은 다음과 같은 장점이 돋보인다. (1) 예산 수립의 절차가 간단하다. (2) 판매액 대비 광고비라는 논리가 상급자를 설득하기 쉽다. (3) 시장 상황을 예측함으로써 시장 상황의 변화를 고려할 수 있다. 그러나 이 접근은 전술한 과거 광고비 기준과 마찬가지로 인과 관계를 잘못 설정한다. 판매가 광고를 결정한다고 보거나, 또는 판매와 광고가 별로 상관이 없다고 접근하기 때문이다. 마케팅 커뮤니케이션 담당자는 광고나 PR 등이 판매를 결정짓는다고 보는 것이 원칙이다. 그렇다면 광고를 얼마 투자할 때 판매에 어떤 변화가 올 것이라고 이야기해야지, 거꾸로 판매가 이렇게 될 것 같으니 광고비는 그 가운데 몇 %라고 한다면 광고는 판매의 부산물로 격하된다.

판매액을 기준으로 할 때, 산업계별로 그 편차는 심하다. 미국의 매출액 대비 광고비 비율을 산업별로 살펴보면 다음과 같다. 자동차 0.9%, 영화 4.3%, 백화점 5.8%, 음료 산업은 9.5%, 화장품은 10.4%, 장난감 14.2%(Bovee, Thill, Dovel, & Wood, 1995). 소비자와 직접, 그리고 자주 접촉해야 하는 산업일수록 광고비 비중이 높음을 알 수 있다. 물론 동일 산업군도 기업에 따라서, 경쟁 상황에 따라서 광고비 비중은 차이가 난다. 2005년 국내의 매출액 대비 광고비를 살펴보면 다음과 같다(〈미디어오늘〉, 2006. 12. 22). 아모레퍼시픽 4.63%, KTF 1.22%, SK텔레콤 1.04%, LG전자 0.57%, 삼성전자 0.38%, 기아자동차 0.29%, 현대자동차 0.24%. 2006년에는 GS디앤샵이 매출액 대비 15.2%, GS홈쇼핑은 11.3%를 집행하는 등 유통 업체들이 광고비에 집중하였음을 알 수 있다.

3) 가용 자원 기준

가용 자원 기준*all you can afford*은 현재의 재정 상황에 기초한 방법이다. 기업이 존재하기 위해선 이윤이 중요하다는 시각에 기초하여 쓸 돈이 있다면 광고비에 투입한다는 생각이다. 이는 앞서 말한 두 방법과는 차이가 있다. 광고를 미래 판매의 투자로 보는 시각을 약간은 반영하고 있기 때문이다.

그런데 이 같은 철학 아래서는 단기 이익이 낮을 때는 광고를 비롯한 마케팅 커뮤니케이션 비용을 우선적으로 삭감한다. 거꾸로 단기 이익이 높을 때는 마케팅 커뮤니케이션에 투자할 수 있는 정당성을 주장한다. 그렇지만 마케팅 커뮤니케이션 비용을 부수적인 것으로 보는 시각이 역시 강하다. 근본적으로는 판매와 마케팅 커뮤니케이션의 관계를 독립적으로 보는 셈이다. 따라서 필요 이상으로 많이 쓸 수도, 그리고 기회를 놓치면서 광고비를 안 쓸 경우도 발생한다.

4) 경쟁자 기준

경쟁자 기준comparative parity은 해당 업계의 전체 광고비 가운데 자신의 시장 점유율과 상응하는 광고비 점유율로 책정하는 방식이다. 한 예로 자사의 시장 점유율이 20%라고 한다면 맥주 업계의 전체 광고비에서 자사의 광고비 점유율도 20%를 유지한다. 즉 맥주 업계의 총 광고비가 100억 원이라면 20억 원의 광고비를 책정한다.

일반적으로 시장 점유율과 광고 점유율은 높은 상관 관계를 지닌다. 그리고 시장에서 성공적인 기업은 현 상황에서 자신의 위치를 유지하고 싶은 욕구가 강하다. 예를 들면, P&G는 마케팅 커뮤니케이션 비용 측면에서 계속 우위를 차지하는 것이 자사 상품의 판매에 도움이 된다는 것을 믿는다. 따라서 타사의 마케팅 커뮤니케이션 비용보다 항상 우위에 있도록 광고비를 책정하려고 한다.

이 같은 접근 방안은 경쟁사를 포함한 시장 상황을 고려한다는 점에서 어느 정도 역동적이라고 볼 수 있다. 그렇지만 다음과 같은 상황에서는 낭패를 볼 수 있다. (1) 해당 업계의 모든 기업이 이윤이 높지 않은 상품을 생산할 때, (2) 경쟁사가 그릇된 광고 예산을 수립할 때.

지금까지 관리 지향적 방안을 살펴보았다. 이들 관리 방식에 기초하여 예산을 수립할 때의 공통점은 기업의 이윤이 고려된다는 점이다. 이윤을 넘어서 광고비를 투자하는 우를 범하지 않는다는 긍정적인 측면과 예산의 산출이 비교적 용이하다는 장점이 돋보인다. 그럼에도 불구하고 광고가 판매를 이끈다는 광고 시각이 반영되지 않아 시장의 역동성을 제대로 분석하지 못한다는 제한점이 있다.

3. 실험 방안

실험 방안은 실험으로 얻은 자료에 기초하여 판매와 광고의 관계를 예측하는 방식이다. 촉진과 관련된 여러 변인을 해당 시장마다 조절하면서 판매 변화를 관찰

한다. 이에 관해서는 다음과 같이 구분하여 살펴본다. (1) 앤하우저 부시 맥주 회사의 사례, (2) 케이블 분할 실험, (3) 실험에 관한 주의.

1) 앤하우저 부시

앤하우저 부시Anheuser-Busch가 버드와이저 맥주를 대상으로 1960년대에 행한 광고비 실험은 대표적인 사례로 손꼽힌다. 여러 지역의 광고와 판매를 조사하여 양자의 함수 관계에 대한 실제 자료를 공개했는데, 여러 가지 재미있는 사실이 드러났다(Leckenby & Wedding, 1982). 1차 실험은 1962년 12개월 동안 진행되었으며, 실험 내용과 결과를 요약하면 표 17-1과 같다.

이 결과에 의하면, 대인 영업 노력과 구매 시점의 판촉은 별다른 차별 효과가 나타나지 않았다. 그러나 광고비의 변화는 판매액에 차이를 가져왔다. 판매액이 가장 높았던 지역은 오히려 광고비를 삭감한 1번 지역이었다. 그렇지만 당시 실험 결과는 실험과 관련된 변인의 통제와 원인 규명이 제대로 이루어지지 못했다고 평가되었다. 예를 들면, (1) 1번 지역의 경우, 광고에 대한 기존 선호도가 워낙 나빠서 싫어하는 광고가 눈에 잘 안 띄니까 그 반작용으로 맥주 선호도가 올라갔을지도? (2) 3번 지역의 경우, 유통점이 광고에 의한 수요를 적절히 취급하지 못하여 보다 많은 판매가 이루어지지 않은 것은 아닌지? 따라서 이 실험으로는 광고비 증감에 따른 효과를 정확히 측정할 수 없었다.

표 17-1. 1차 실험 결과

지역 구분	실험 처치			판매 결과
	대인 영업 노력	구매 시점 판촉	광고비	
1	감소시킴	감소시킴	25% 감소시킴	14% 증가
2	변화 없음	변화 없음	변화 없음	0% 증가
3	증가시킴	증가시킴	50% 증가시킴	7% 증가

표 17-2. 2차 실험

지역	광고비 변화(2년 간)	평균 매출 변화
1	100% 감소	변화 없음
2	50% 감소	15% 증가
3	변화 없음	변화 없음
4	50% 증가	7% 증가
5	100% 증가	6% 증가
6	150% 증가	3% 증가
7	200% 증가	13% 감소

그리하여 과연 광고비를 삭감해도 괜찮은지에 대해 보다 체계적인 조사가 진행되었다. 1963년에서 1964년에 2차 실험이 전개되었는데, 해마다 6개월 동안의 월 매출액을 평균하여 종합적인 결과를 나타낸 것이 표 17－2이다.

실험 결과에서 무엇보다 눈에 띄는 결론은, 광고비를 완전히 없애도 판매가 줄지 않았다는 것이다. 즉 덜 쓸수록 효과가 있다는 것이다. 그러나 보다 중요한 점은 장기적으로 살핀 결과, 판매고가 약간 줄었다는 사실이다. 이는 광고비의 장기적 효과를 뒷받침한다. 그리하여 광고비를 삭감했던 지역에 6개월 동안 집중 광고를 한 결과, 예전의 신장률을 회복할 수 있었다.

물론 이 실험 역시 가격 요인을 통제하지 못했다는 단점이 있다. 더욱이 시장에 쌍벽을 이룰 만한 경쟁자가 없어서 그렇다는 해석도 있다(1963년 앤하우저 부시의 시장 점유율은 8.14%에서 12.94%로 증가함). 요즈음은 밀러사Miller Brewing Co.(필립 모리스의 자회사)와 같은 경쟁자를 맞이해 상황이 변했지만. 그럼에도 불구하고 이들 실험은 광고에 대한 이해를 높이는 데 큰 도움을 준다. 이를테면, 지나친 광고는 판매에 역효과라는 잠정 결론을 내릴 수 있었으며, 광고의 누적 효과와 함께 매체 전략으로는 맥박*pulsing* 전략이 효과적임을 알 수 있었다.

2) 케이블 분할 실험

광고에 대한 반응을 측정하는 또 다른 방법은 케이블 분할*split-cable* 실험이다. 이 같은 조사를 시행하는 대표적 기구는 IRI(Information Resources, Inc.)로서, 이 기관은 스캐너 데이터를 '행동 스캔*BehaviorScan*'이라는 이름으로 제공한다(Batra, Myers, & Aaker, 1996). 이 자료는 선정된 미국 10개 도시에서 표집된 패널에 의해 제공된다(각 도시 3000명). 이들 패널리스트들은 슈퍼마켓에서 물품을 구입할 때 발급받은 카드를 사용하며, 집의 텔레비전에는 시청 행태를 모니터할 수 있는 장치가 부착된다. 이들을 대상으로 케이블을 통해 서로 다른 광고를 방송하고 광고 효과를 측정한다.

이 같은 방법에 기초해서 1991년에는 그동안 400여 회에 걸친 조사 결과를 발표하였는데, 그 내역을 간추리면 다음과 같다(Blair & Rosenberg, 1994).

(1) 브랜드나 광고 메시지 전략의 변화가 있어야만 광고비를 증액해도 효과가 있다.

(2) 새로운 목표 시장을 대상으로 매체 기획에 변화가 있어야 광고비 증액의 효과를 기대할 수 있다.

(3) 오래된 브랜드나 덩치가 큰 브랜드보다는 새롭고 덩치가 작은 브랜드일 때가 광고비 효과를 많이 기대할 수 있다.

(4) 상품 카테고리가 성장할 때 광고 효과가 크다.

(5) 매체 기획의 차원에서는 지속 전략보다는 비행이나 집중하는 방식이 보다 효과적이었다.

(6) 신제품을 소개하는 시기에는 많은 광고비를 투입해야 효과적이다.

(7) 광고 효과가 있다면 6개월 이내에 효과를 발휘할 것이며, 그 기간이 지나도록 효과가 없으면 기대할 수 없다.

(8) 브랜드를 잘 기억한다고 좋은 광고가 아니라 얼마나 설득적이었는지가 광고의 승부 요인이다.

케이블 분할 실험은 비용이 많이 들고, 실제 광고 효과를 측정하기 위해서는 적어도 6개월 이상 실험을 해야 하는 단점이 있다. 또한 패널의 시장 대표성도 항상 문제가 있을 수 있다. 그렇지만 실제 시장 상황에서 광고 효과를 연구할 수 있으며, 지속적인 자료의 축적으로 안정적인 예측을 할 수 있다는 점에서 광고비의 효과를 이해하는 데 도움을 준다.

3) 실험에 관한 주의

실험 방안을 실행하는 데는 여러 난관이 있다. 무엇보다 실험 상황을 통제하기 어렵다. 현장 실험에서는 관련 변인에 영향을 끼칠 만한 변인이 돌출할 수 있기 때문이다. 한 예로 광고비 실험 중에 갑자기 새로운 브랜드가 시장에 선보이거나, 해당 기업이 연루된 불미스런 사태가 보도될 수 있다. 그리고 비용이 많이 든다는 점도 지적된다. 실험 상황을 연출하기 위해 광고비에 변화를 주어야 하며, 여러 시장에 걸쳐서 실험이 진행되고 효과를 관찰할 때까지 관리하는 비용이 적지 않다.

그럼에도 불구하고 실험은 관심 있는 변인에 변화를 주어 어떤 결과가 발생하는지를 관찰할 수 있으므로 인과 관계를 확실히 밝혀 준다. 그 같은 맥락에서 실험 방안을 채택했을 때 유의할 사항을 제시하면 다음과 같다(Batra, Myers, & Aaker, 1996).

(1) 지역을 선정할 때 시장의 대표적인 성격을 띨 수 있은 곳을 골라야 한다.

(2) 사전 조사와 사후 조사를 체계적으로 설계함으로써 실험 효과를 올바로 판단할 수 있다.

(3) 광고비의 증액은 물론 광고비를 감소시켜서 그 같은 변화도 관찰 대상이 되도록 한다.

(4) 광고비의 미미한 차이 변화를 보려고 하지 말고 상당히 유의미한 차이를 설계해야 실험 효과가 관찰될 수 있다.

(5) 시간적 여유를 충분히 두고 실험을 해야 한다(신규 브랜드는 6개월 이상, 성숙 브랜드는 1년 이상 등. 물론 상품의 구매 사이클에 따라 차이는 있겠지만).

4. 회귀 분석 방안

1) 회귀 분석의 이해

회귀 분석은 과거의 자료에 기초하여 관심 있는 독립 변인과 종속 변인 간의 관계를 설명할 수 있는 방정식을 구하는 방법이다. 여기에서 관심 있는 종속 변인은 판매가 되며, 독립 변인은 광고 활동이 된다. 즉 광고 활동의 증감에 따라 판매가 어느 정도 변하는지를 묘사하는 등식을 구한다. 이때 판매는 시장의 반응이므로 이 같은 함수 관계를 반응 함수라고 한다. 광고비와 판매의 변화라는 과거의 자료에 기초하여 이들 자료를 가장 잘 묘사함으로써 오차가 가장 적도록 도출된 방정식의 선을 회귀선이라고 한다. 이 함수에 의거하여 광고비를 책정했을 때 판매액을 예측함으로써, 광고비 예산을 책정하게 된다.

앞서 말한 회귀 방정식에서는 독립 변인이 광고비 하나였다. 이를 단순 회귀 방정식이라고 한다. 그러나 실질적으로 판매에 영향을 끼치는 변인은 광고 이외에 상품의 가격, 판촉, 유통 등 다양하다. 따라서 방정식에 둘 이상의 독립 변인을 이용할 때는 다변인 회귀 방정식이 된다. 그리고 회귀선은 직선 또는 곡선이 될 수 있다. 선의 모양은 주어진 자료를 어떤 선 모양으로 예측하는 것이 가장 오차가 적은지에 따라 결정된다. 물론 이해나 계산의 차원에서는 직선이 용이하지만.

무엇보다 회귀 방정식은 광고를 비롯한 독립 변인이 종속 변인에 영향을 끼친다는 시각을 반영한다. 즉 마케팅 커뮤니케이션 활동에 따라 이익이 결정된다고 보기 때문에 광고의 주도적 역할을 인정한다는 점에서 마케팅 개념에 적합하다. 그렇지만 이들 함수의 이론적 근거를 예산 작업에 적용하기는 힘들다. 그 이유는 다음과 같다. (1) 마케팅 커뮤니케이션 비용과 판매 반응 사이의 관계를 수량화할 공개된 자료를 구하기 어렵다(자사의 영업 비밀이므로), (2) 실제로 함수를 구하는 데 적합한 데이터를 구하기란 쉽지 않다(특정 기간의 마케팅 커뮤니케이션 비용과 이에 상응하는 판매액의 자료를 구해야 하나 집계가 용이하지 않다), (3) 이 함수는 과거의 판매와 마케팅 커뮤니케이션 관계를 상정하고 상황을 묘사하기 때문에 현재와 앞으로의 관계를 예측하기에는 역부족이다. 특히 세 번째 지적은 실제 기업이 역동적 상황에 직면한다는 점을 반영하지 못해 시장 상황의 변화에 유의해야 한다. 회귀 방정식은 시장 환경의 안정성과 기업의 마케팅 전략에 변화가 없는 것을 가정하고 묘사하기 때문이다.

여기에서는 직선과 곡선의 회귀 방정식으로 나누어 광고와 판매의 함수 관계를 소개하였다.

2) 직선 함수 관계

광고와 판매의 관계를 직선으로 가장 간단하게 나타내면 다음과 같다. $S = a + bA$. S는 매출액, A는 광고비를 뜻하며 이들을 '원'으로 측정했다고 하자. 회귀 방정식을 구하면 a값과 b값을 구할 수 있다. a는 광고비를 한 푼도 안 썼을 때 달성할 수 있는 판매다. 만일 광고가 없을 때 판매도 없다면 a의 값은 0이 된다. 그런데 a값이 50이었다면, 광고 없이도 50원어치가 팔린다는 의미다. 그리고 b는 회귀 방정식에 의해 산출된 계수이다. 이는 광고의 한 단위가 변할 때 판매가 어느 정도 변할 것인지를 이야기해 준다. b값이 0.6이라고 한다면, 광고비를 10원 사용했을 때 판매는 0.6 × 10원 = 6원이 증가하게 된다.

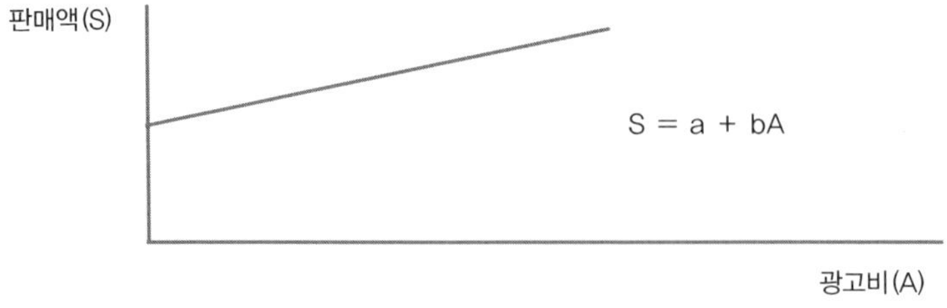

그림 17-1. 직선 함수 관계

여기에서 관심 있는 수치는 b값이 될 것이다. 광고비의 판매 효과를 알 수 있기 때문이다. 달라의 연구에 따르면, 단기적 효과에 초점을 맞추는지 아니면 장기적 효과를 측정하는지에 따라 b값이 상이하게 나타났다(Dhalla, 1978). 미국의 사례지만 광고비의 효과를 가늠할 수 있다는 차원에서 결과를 살펴보면 표 17-3과 같다.

표 17-3에 나타난 수치를 b값이라고 해석하면 된다. 우선 상품 품목에 따라 b값이 상이하였다. 단기간의 자료에 기초한 함수 관계에서는 주류 품목만이 양의 방향이었다. 한 예로 씨그램 양주는 1달러의 광고비 증액이 2.1달러의 수익을 가져왔다. 그런데 장기간에 걸친 광고 효과를 살펴보았더니 모두 양의 방향으로 나타났으며 광고 효과도 큰 것으로 나타났다. 이는 바로 광고가 즉시적인 효과도 있지만 이월 효과를 포함한 누적적인 효과가 보다 크다는 것을 뜻한다. 사실 오늘날의 판매를 이룰 수 있는 데는 과거의 마케팅 커뮤니케이션 활동이 기여한 바도 적지 않을 것이다.

그렇기 때문에 일부에서는 함수 관계를 표시할 때 현재의 광고비뿐만 아니라 과거의 광고비도 포함한다. 예를 들면 다음과 같이 간략하게 표현할 수 있다. $S_t = a + bA_t + A_{t-1}$. t를 현재 시점이라고 한다면, t-1은 그 이전 시점을 뜻한다. 그런데 문제는 어느 시점 이전까지 광고비의 전이 효과를 포함할 것이냐에 논란이 있을 수 있다. 즉 A_{t-1}뿐만이 아니라 A_{t-2}, A_{t-3} 등도 포함될 수 있기 때문이다. 더욱

표 17-3. 광고비 1달러당 수익에 기여하는 정도

상품	단기 효과	장기 효과
채소 통조림	−0.70	+0.22
식품	−0.26	+1.50
씨그램 양주	+2.10	+11.40
임페리얼 양주	+0.14	+8.48
휘발유(3개 브랜드의 평균)	−0.81	+0.01

이 이웃해 있는 각 시점의 광고비들은 서로 상관 관계가 높을 것이다. 예를 들면 1/4분기와 2/4분기의 광고비 액수는 유사한 경향이 있다. 따라서 통계적으로 불안정한 상태가 발생한다. 이런 점을 감안하여 가장 보편적으로 사용되는 접근은 코익Koyck 모델이다. 이는 광고 효과가 기하급수적으로 감소한다는 데 기초한다. 따라서 현행 광고 효과는 b, 과거의 광고 효과는 λb, λ2b 등의 순서로 나타난다고 본다. λ는 광고 효과가 감소하는 정도를 뜻하므로 장기간에 걸친 광고 효과는 b/(1−λ)로 나타낼 수 있다. 그리고 90%의 광고 효과 지속 기간은 −2.3/log λ로 본다(이강원 · 박원기, 1995).

이상으로 직선 함수 관계를 살펴보았다. 여기에서는 간단하게 독립 변인 가운데 광고만 소개하였으나 판매에 영향을 끼치는 요인은 이외에 다양하다. 더욱이 마케팅 커뮤니케이션이 상호 작용으로 시너지 효과를 창출한다고 보면, 판촉이나 이벤트, 대인 영업 등의 활동 내용도 독립 변인에 포함시켜서 함수 관계를 살펴야 할 것이다.

3) 곡선 함수 관계

직선 함수 관계에서는 단위 변화가 광고비의 액수에 상관없이 일정하게 판매에 영향을 끼칠 것이라고 전제한다. 즉 b값이 5라고 하면 광고비를 100만 원 사용했을 때 맥주 판매액은 500만 원이 되고, 광고비를 1000만 원 사용했을 때는 판매액이 5000만 원이 된다. 증가율이 일정하게 반영된다. 그런데 과연 그럴까?

실제로는 투입된 광고비의 다과에 따라서 광고비 효율성도 차이가 날 것이다. 광고비가 아주 적을 때, 충분할 때, 그리고 지나치게 많을 때를 생각하면 효율성이 똑같다고 보기는 어렵다. 그런 점을 반영하여 광고와 판매의 함수 관계를 나타낼 때, 곡선이 이용된다(그림 17−2 참조).

그림에 많은 도형이 제시되어 있으나 궁극적으로는 크게 위로 볼록한 형태와 S커브 형태로 나눌 수 있다. 이 가운데 광고비의 다과에 따른 효율성을 다양하게

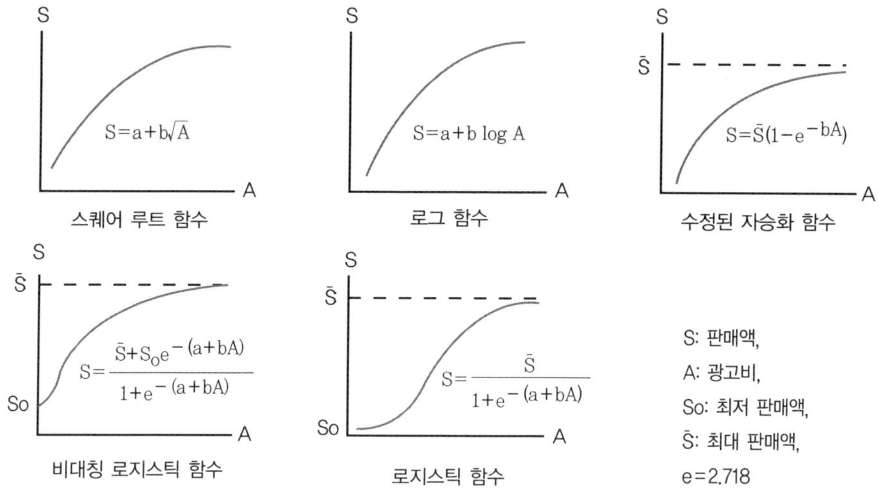

그림 17-2. 광고 효과를 나타내는 곡선 형태

표현하는 S커브를 중심으로 설명하겠다.

S커브의 특징으로는 우선 한계 효과*threshold effect*가 있다. 이는 광고비를 적게 사용할 때는 광고 효과가 거의 없으므로, 어느 정도 이상을 투자해야 광고 효과가 나타나기 시작한다는 것이다. 따라서 그 한계를 넘느냐 못 넘느냐가 관건이 된다. 한계를 넘기 이전의 적은 광고비는 광고 영향이 전혀 또는 거의 없기 때문에 쓸모없는 셈이다. 둘째, S커브의 아래쪽에서는 광고비 효율성이 낮지만, 어느 정도 이상의 광고비를 사용할 때(즉 S커브의 위쪽)는 높은 효율성을 보인다. 이 속성 역시 효율적인 광고비 사용은 적정선 이상을 넘어서야 함을 의미한다. 또한 광고비를 많이 쓸수록 효율성이 증가하는 것이 아니라 광고비의 판매에 대한 효과는 줄어든다고 본다. 이처럼 광고비 증액만큼 판매액 증액이 같은 비율로 증가하는 것이 아니라 판매액 증액분이 줄어드는 것을 수익의 감소*diminishing returns*라고 한다. 이는 S커브의 위쪽 부분에서 나타난다. 볼록한 형태도 이를 반영함을 알 수 있다. 마지막 특징은 아무리 광고비를 증액해도 판매에는 한계가 있다는 점이다. 그렇기 때문에 판매의 최대치를 설정하고 그 이상은 도달할 수 없다는 점을 분명히 한다.

이 같은 S커브의 형태는 물론 상품에 따라, 시장의 경쟁 상황에 따라 상이하다. 따라서 가장 적합한 형태를 여러 모형 가운데 선택해야 할 것이다. 그리고 직선 회귀 방정식에서도 언급되었듯이 과거 자료에 기초한 함수 관계이므로 그 같은 한계에 유의해야 한다.

5. 판단 지향적 방안

판단 지향적 방안은 현장 담당자의 판단과 경험 등에 의존하여 예산 수립에 접근한다. 여기에서는 판단 계산 방안과 자기 발견 방안을 소개한다.

1) 판단 계산 방안

판단 계산 방안*decision-calculus approach*은 경험적 자료보다는 판단을 사용하는 접근이다. 회귀 분석은 마케팅 커뮤니케이션과 판매의 관계를 예측하는 계수를 자료에 기초해서 계산했으나 이 방안은 담당자의 의견으로 대치된다. 구체적인 절차는 다음과 같다.

(1) 광고 담당자는 광고가 판매에 끼치는 영향을 자신의 경험에 비추어 판단한다.

(2) 조사자가 광고 담당자의 판단을 기초로 양적인 모델로 전환한다.

(3) 이 모델은 광고와 판매의 관계를 묘사한다.

(4) 광고 담당자는 도출된 모델이 자신의 기대에 적합한지를 점검한다.

(5) 광고 담당자가 모델에 제시된 추정치를 변화시킬 필요가 있으면 모델을 수정한다.

이 같은 방안은 담당자의 판단과 조사자의 양적 모델 전환 능력에 좌우된다는 제한점이 있다.

2) 자기 발견 방안

자기 발견 방안*heuristics*은 판단을 사용한다는 점에서는 '판단 계산 방안'과 유사하다. 그렇지만 자기 발견법은 수량적 모델을 고려하지 않는다는 점에서 차이가 있다. 그야말로 논리적인 사고 절차에 기초한 예산 수립 방식이다. 즉 광고비가 어떤 공식에 의해서 결정되는 것이 아니라 과정에 의해서 결정된다.

광고비의 효과를 판별할 수 있는 좋은 자료가 없을 때, 예산 수립은 결국 조직체 내부의 정치적 과정이라는 점에 착안한다. 이러한 사례 가운데 하나인 레오 버넷 광고대행사의 브로드벤트Broadbent가 제시한 모델을 소개하면 다음과 같이 여섯 단계로 구성된다(Arnold, 1992).

(1) 브랜드의 목표, 기업에 있어서 브랜드의 중요도 등을 평가한다.

(2) 브랜드의 예산을 검토한다. 즉 현재 예산 규모와 함께 브랜드가 시장에서 보여 준 경쟁력을 살펴본다.

(3) 시장의 역사를 분석하고 앞으로의 시장 상황을 예측한다.

(4) 광고 효과를 평가한다. 즉 과거의 광고 효과를 검토한다.

(5) 광고 예산을 설정한다. 즉 브랜드의 실적을 평가한 후에 예산 결정을 돕기 위해서 여러 방안으로 예산을 수립해 본다.

(6) 가능성을 점검한다. 브랜드의 목표와 기업의 전반적인 예산 상황을 살펴보고 어떤 예산 규모가 적절한지를 결정한다.

결론적으로 예산 수립에서 어떤 방법을 사용하든지 광고 효과가 중요한 잣대가 된다는 것을 알 수 있다. 즉 광고의 책임이 부각되는 것이다. 사실 기업에서는 광고비와 상품의 판매량이 상관 관계를 보이고 있어 광고비의 필요성을 인정한다. 그렇지만 낭비라는 생각은 항상 내재한다. 그 같은 불만을 오래전에 필라델피아의 상인 워너메이커Wanamaker는 다음과 같이 토로하였다(Batra, Myers, & Aaker,

1996). "내 광고비의 반은 낭비된다는 것을 알겠는데, 문제는 어느 반쪽이 잘못 쓰이는지를 모르겠다는 사실이다." 그러므로 광고 담당자는 항상 광고 예산을 수립할 때 효과를 염두에 둘 필요가 있다.

그 같은 맥락에서 광고 예산에 영향을 끼치는 요인을 살핀 PIMS(Profit Impact of Market Strategy)의 연구를 마지막으로 소개한다. PIMS는 1960년대 초반에 제너럴 일렉트로닉사의 시플러Schoeffler가 주도한 마케팅 전략 모델이다(Schnaars, 1991). 1974년 시플러, 버젤, 히니(Schoeffler, Buzell, & Heany) 등이 〈하버드 비즈니스 리뷰〉에 발표하면서 공개되었다. 주된 목표는 마케팅 전략이 이윤에 어떤 영향을 끼치는지를 살펴보는 것이다. 실제 450개 기업의 약 3000개 비즈니스를 분석한 자료에 기초하고 있어 신뢰도가 높다.

PIMS 모델에 사용되는 데이터를 이용하여 광고 예산에 영향을 끼치는 요인을 살핀 결과는 표 17-4와 같다(Govoni, Eng, & Galper, 1986). 소비자 수가 많을수록, 구매 빈도가 빈번할수록, 부가적 서비스가 중요할수록, 경쟁사에 비해 가격이 비쌀수록, 판매 수익에 기여도가 높을수록 광고비는 많이 쓰게 된다. 이와는 대조적으로 주문 생산이 많을수록, 한번에 사는 구매량이 많을수록, 시장 점유율이 높

표 17-4. 광고비의 강도

요인	광고비
최종 소비자 수	+
주문 생산 상품	−
구매 빈도	+
구매량	−
부가적 서비스의 중요성	+
시장 점유율	−
상대적 가격	+
판매 수익에 대한 기여	+

* +: 해당 변인의 값이 증가하면 광고비도 같이 증가함. −: 해당 변인의 값이 증가하면 광고비는 감소함.

을수록 광고비는 줄어드는 경향이 있다. 광고 담당자는 이 같은 요인들을 반영함으로써 보다 합리적인 광고 예산을 수립할 수 있을 것이다.

참고 문헌

〈미디어오늘〉 (2006. 12. 22). "매출액 대비 광고비 아모레퍼시픽 1위."

이강원 · 박원기 (1995). 《광고 효과와 매체 계획》. LG애드.

〈중앙일보〉 (1996. 11. 4). "불황일수록 광고비 더 늘려라."

한국광고주협회 (1997). 〈AD Directory 1997~98〉.

Arnold, D. (1992). *The Handbook of Brand Management*. Reading: Addison-Wesley Publishing Company.

Batra, R., Myers, J. G., & Aaker, D. A. (1996). *Advertising Management*. Upper Saddle River: Prentice-Hall, Inc.

Blair, M. H. & Rosenberg, K. E. (1994). "Convergent Findings Increase Our Understanding of How Advertising Works," *Journal of Advertising Research*, May / June.

Bovee, C. L., Thill, J. V., Dovel, G. P., & Wood, M. B. (1995). *Advertising Excellence*. New York: McGraw-Hill, Inc.

Dean, J. (1966). "Does Advertising Belong in the Capital Budget?," *Journal of Marketing*, Vol. 30, October.

Dhalla, N. K. (1978). "Assessing the Long-term Values of Advertising," *Harvard Business Review*, January / February.

Govoni, N., Eng, R., & Galper, M. V. (1986). *Promotional Management*. Englewood Cliffs: Prentice-Hall, Inc.

Leckenby, J. D. & Wedding, N. (1982). *Advertising Management: Criteria, Analysis, and Decision Making*. Columbus: Grid Publishing, Inc.

Schnaars, S. P. (1991). *Marketing Strategy*. New York: Free Press.

Strang, R. (1975). *The Relationship between Advertising and Promotion in Brand Strategy*. Cambridge, Mass.: Marketing Science Institute.

7부 광고 응용

지금까지 소개한 내용이 광고의 기본이라면 7부는 이 같은 내역을 실제 상황에 적용하는 응용편이 된다. 구체적으로 18장에서는 광고 기획 및 전략에 관한 내용을 국제 광고에 적용시켰다. 특히 국제 광고 상황의 분석틀이 제시되었으며 이와 관련된 여러 개념도 함께 소개되었다. 마지막 19장에서는 국내외의 광고 사례가 소개된다. 실제로 광고 전략이 어떻게 수립되었는지를 조목조목 살필 수 있는 기회가 될 것이다. 광고대행사의 기획안을 구성하는 내용을 엿볼 수 있으며, 어떻게 전략을 수립하는지에 대한 지침도 제시된다. 프리젠테이션에 대한 기법과 함께.

18장 국제 광고

국제 광고는 광고주가 국경선을 넘나드는 광고 활동을 뜻한다. 이처럼 기업이 국제적으로 활동하게 된 배경은 다양한 요인에 기초한다. 우선 WTO 체제 이후 세계 시장은 더욱 개방되었으며, 국제화를 촉진한다. 특히 동유럽과 러시아의 정치적 변화는 자유 시장 경제으로의 체제 전환을 가져왔으며, 유럽은 단일 시장을 향해 치닫고 있다. 북미에서도 자유무역협약(Free Trade Agreement)의 체결로 국가 사이에 보다 자유롭게 상품과 서비스가 유통된다. 이 같은 글로벌 경쟁 상황은 국제 광고의 비중을 더욱 높인다. 그러면 국내 시장에서의 외국 기업 광고 활동이나, 국내 기업의 외국 광고 활동을 어떻게 접근하고 이해할 것인가?

1. 세계의 광고 현황

세계적으로 전개되는 광고 현장을 살펴보면 국제 광고의 윤곽을 이해하는 데 유용할 것이다. 국가별 광고 시장 규모는 표 18-1과 같다(ZenithOptimedia Worldwide, 2009; CIA The World Factbook). 그렇지만 이들 나라를 개별적으로 보는 것보다는 세계의 광고를 세 국가군으로 구분하여 세계 광고의 흐름을 조망하는 것이 보다 효율적이다(Baudot, 1989). (1) 제1 세계, (2) 제2 세계, (3) 제3 세계.

1) 제1 세계

제1 세계에 속한 대표적 국가들은 미국, 유럽, 일본이라고 할 수 있다. 이들 국가에서는 다음과 같은 요인들이 광고를 꽃피운다. 성숙한 시장 환경, 풍부한 인구,

표 18-1. 2008년 국가별 광고 규모

순위	국가	광고비 (10억 달러)	세계 광고 점유율(%)	GDP (10억 달러)	광고비/GDP (%)	1인당 GDP (달러)
1	미국	171.9	35.5	14,260	1.2	46,900
2	일본	39.5	8.2	4,329	0.9	34,000
3	독일	25.3	5.3	2,918	0.9	35,400
4	영국	24.9	5.2	2,226	1.1	36,500
5	중국	18.3	3.8	7,973	2.2	6,000
6	프랑스	13.9	2.9	2,128	0.7	33,200
7	이탈리아	11.8	2.5	1,823	0.6	31,300
8	브라질	11.5	2.4	1,993	0.6	10,200
9	러시아	10.7	2.2	2,266	0.5	16,100
10	호주	9.9	2.1	800	1.2	38,100
11	스페인	9.6	2.0	1,403	0.7	34,700
12	한국	9.5	2.0	1,335	0.7	27,600
13	캐나다	9.4	2.0	1,300	0.7	39,100
14	네덜란드	5.3	1.1	672	0.8	40,400
15	멕시코	5.2	1.1	1,563	0.3	14,200
16	인도	5.2	1.1	3,297	0.2	2,900

소비재 상품 생산의 우선 순위, 진보된 커뮤니케이션 기술, 소비자 선택을 촉진시키는 자유로운 경쟁 체제 등.

(1) 미국

미국은 세계 광고의 수도라고 할 수 있다. 인구는 3억 1000만 정도로 전 세계 인구의 4.5%밖에 차지하지 않지만 세계 광고비의 약 40%를 차지하기 때문이다(2008년의 세계 광고비 6679억 달러 중에서 미국 광고비는 2851억 달러; 《광고연감》, 2009). 미국의 광고비를 매체별로 살피면 표 18−2와 같다(《광고연감》, 2009).

최근에는 경기 침체의 여파로 광고비가 감소하여 광고 시장이 부진하다. 특히 신문의 경우 구독자 수가 감소하여 광고비도 전년 대비 10% 이상의 마이너스 성장을 보이고 있다. 물론 〈월 스트리트 저널*Wall Stree Journal*〉이나 〈USA 투데이*USA Today*〉는 구독자 수가 증가하고 있지만. 신문과는 대조적으로 인터넷은 높은 성장률을 보이고 있다. 구글은 검색 점유율 70%를 차지함으로써 2위인 야후(점유율

표 18-2. 미국의 주요 매체별 광고비(2008, 단위: 억 달러)

구분	세분	광고비	계(비중%)
텔레비전	네트워크	227	648(45.4)
	케이블	182	
	스폿	151	
	기타(스페인어/신디게이트)	88	
라디오	네트워크	9	94(6.6)
	전국 스폿	22	
	지역	63	
신문	전국	29	231(16.2)
	지역	199	
	스페인어	3	
잡지	소비자	225	278(19.5)
	Business-To-Business	30	
	주말	17	
	기타(지역/스페인어)	6	
인터넷		118	118(8.3)
옥외		39	39(2.7)
FSIs		18	18(1.3)
계			1426(100.0)

* FSI(Free Standing Inserts, 신문 등에 삽입되는 간지 광고).

** 각국의 광고비 총액은 산출 주체, 대상 및 시기에 따라 상이함; 광고비 총액보다는 매체별 비중을 파악함으로써 해당 국가의 광고 산업을 이해하는 것이 바람직.

18%)와 큰 격차를 나타내고 있다. 그리고 신문과 라디오 매체의 광고비를 통해서 지역 광고의 비중이 높다는 사실을 확인할 수 있다. 텔레비전의 스폿 광고 역시 지역 광고에 해당된다.

광고비를 가장 많이 사용하는 주요 광고주는 다음과 같다(TNS Media Intelligence, 2009). (1) 프록터앤드겜블Procter&Gamble 32억 달러, (2) 버라이즌 커뮤니케이션 Verizon Communication 24억 달러, (3) 제너럴 모터, 22억 달러 (4) AT&T 20억 달러, (5) 뉴스 그룹News Corp 14억 달러, (6) 존슨앤드존슨 14억 달러, (7) 타임 워너Time Warner Inc. 13억 달러, (8) 월트 디즈니 12억 달러, (9) 제너럴 일렉트릭General Electric 12억 달러, (10) 도요타 10억 달러. 가정용품 회사(P&G, J&J), 통신 회사(Verizon, AT&T), 컨텐츠 회사(News, Time, Walt), 자동차 회사(GM, Toyota) 가전사(GE) 등이 상위권을 차지하고 있다.

가장 현대적인 광고 기법이 구사되며, 거대한 다국적 광고대행사가 미국의 광고계를 구성한다. 10대 광고회사를 소개하면 다음과 같다. (1) 비비디 월드와이드, (2) 매캔 에릭슨 월드, (3) 드래프트FCB, (4) 엡실론 / 퍼플@엡실론, (5) 디지터스, (6) 랩Rapp, (7) 유로 RSCG 월드와이드, (8) Y&R, (9) JWT, (10) 레이저피시Razorfish.

(2) 유럽

유럽 광고계는 대체로 영국, 독일, 프랑스, 이탈리아, 스페인이 주도적 역할을 한다. 이들 국가들이 유럽 전체 광고비의 2 / 3 이상을 차지하고(Bennett, 1993), 지금도 세계의 주요 광고국에 속하기 때문이다(표 18-1 참조). 물론 다른 작은 국가들의 영향력이 간과되어도 괜찮다는 뜻은 아니지만.

유럽의 광고 시장은 점차 확장 일로에 있다. 그 요인을 살펴보면 다음과 같다. (1) 1999년 유로화의 출범 등 단일 시장이 형성되고 있어 경쟁적인 광고 상황으로 이끌고 있다. (2) EC 회원국은 일련의 지시문을 통해서 자유 시장 경제와의 조화를 이룬다. (3) 텔레커뮤니케이션의 기술 발전으로 국경을 넘는 방송이 실현

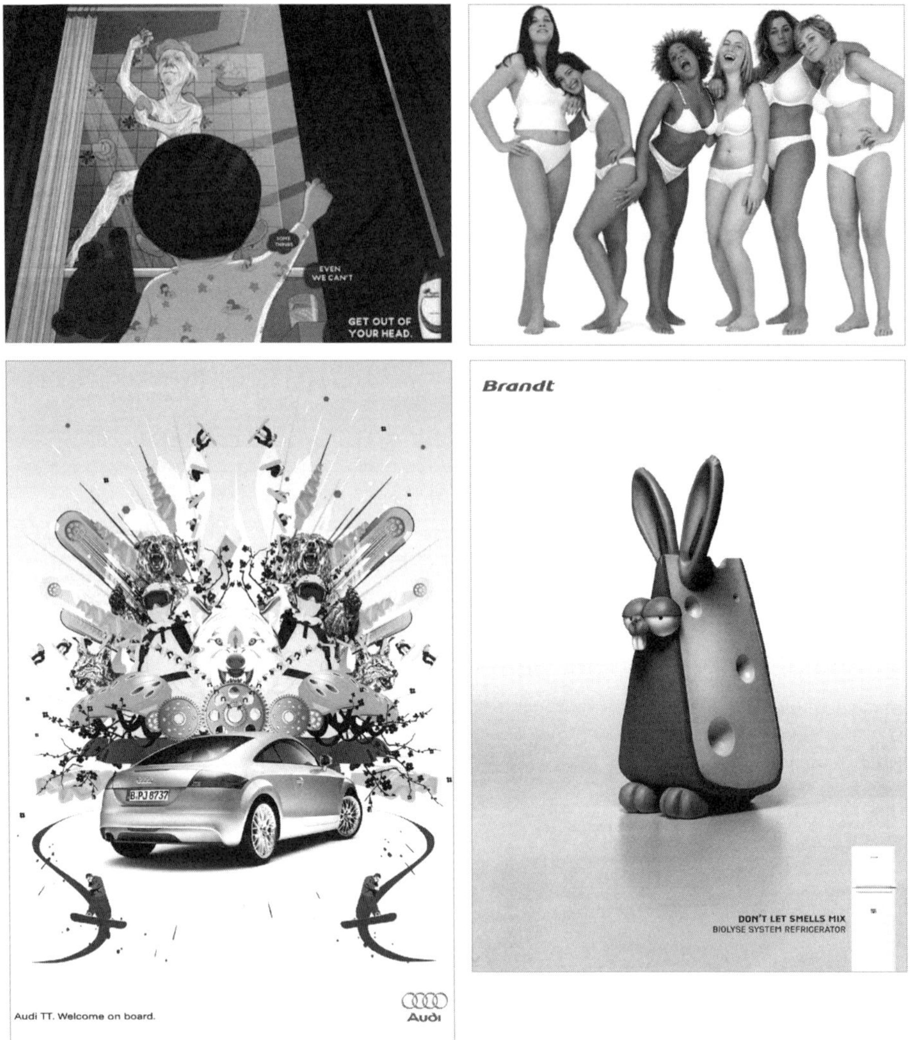

그림 18-1. 유럽의 광고
영국의 해드앤드숄더 샴푸, 영국의 도브, 독일의 아우디, 프랑스의 브란트 냉장고

될 뿐만 아니라 인쇄 매체들도 여러 지역에서의 동시 인쇄가 가능하다. (4) 지난 20년 동안 유럽 기업의 이윤과 소비자 지출이 지속적인 증가세를 보인다. (5) PR과 판촉을 비롯한 광고 관련 산업이 팽창한다.

유럽 주요 국가의 매체별 광고비 비중을 살피면 표 18-3과 같다(조창연, 2009).

표 18-3. 유럽 주요국의 매체별 광고비 비중(2008년 %)

국가 \ 매체	신문	잡지	TV	라디오	극장	옥외	인터넷
독일	42.1	17.5	26.0	4.3	0.7	5.1	4.3
영국	31.3	11.8	26.9	3.3	1.4	6.5	18.8
프랑스	25.6	19.0	32.4	7.2	0.8	10.3	4.6
스페인	25.4	9.0	43.3	8.5	0.5	7.1	6.0
이탈리아	19.8	16.8	52.0	5.3	0.8	2.2	3.1
네덜란드	38.5	20.1	21.5	6.8	0.1	4.2	8.8
노르웨이	50.8	8.3	20.8	3.8	0.9	3.3	12.1
핀란드	51.9	16.2	20.4	3.7	0.2	3.2	4.8

독일, 영국, 프랑스, 네덜란드에서는 인쇄 매체의 비중이 방송에 비해 앞서는 것으로 나타나 주목할 만하다. 특히 신문이 중요한 비중을 차지하고 있는데, 북유럽 국가에서는 신문의 비중이 월등하다. 스페인과 이탈리아에서는 텔레비전의 비중이 여타 국가에 비해 높아서 대조적이다. 온라인 광고는 주요국들이 대체로 연평균 20% 내외의 증가율을 보이고 있다.

유럽 국가에서의 상위 3대 광고주를 나라별로 살피면 다음과 같다. 먼저 독일에서는 미디어-마켓/새턴Media-Market / Saturn(가전제품 소매 체인점), 프록터앤드갬블(생활 가정용품 제조사), 알브레이트Albrecht(Aldi, 식품 등 소매 체인점)이며, 영국에서는 P&G, COI(The Central Office of Information, 영국 정부의 광고와 홍보 커뮤니케이션 담당하는 부서), 유니레버Unilever UK(생활 가정용품 제조사)였다. 그리고 프랑스에서는 르노Renault(자동차 회사), SFR(이동 통신 회사), 오랑주Orange(이동 통신 회사)가 손꼽히는 광고주였다.

(3) 일본

일본은 1964년 OECD에 가입하는 등 일련의 자유 무역 조치를 취했으나 지속적인 무역 흑자로 상대국과의 마찰을 불러일으킨다. 특히 일본 소비자의 독특한 특성과 시장 구조는 외국 기업의 시장 진입이나 마케팅 활동에 장애 요인으로 작용

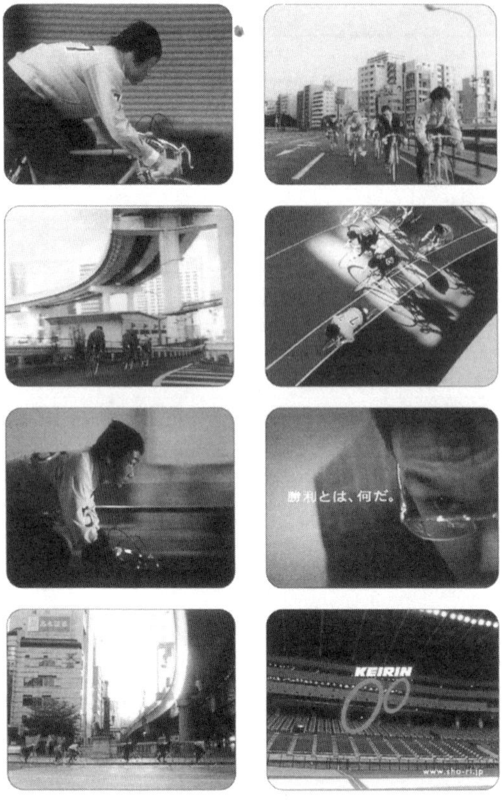

N(대졸 직장인): 엘리트로 사는 것 성공하는 것. 그것이 나의 인생
N(공장 근무자): 그렇게 너처럼 현장을 알지도 못하는 엘리트와 싸우는 것. 그것이 나의 인생
N(대졸 비직장인): 대학도 회사도 이류. 그래도 내 인생을 이류라고 말하지 말라
N(농부): 동경에서가 성공인가. 누가 고향을 지킨단 말인가
N(건설 노동자): 온몸을 다해 일하고 땀을 흘린다. 그렇게 사는 것밖에 나는 모른다
N(어부): 아버지의 가업을 이을 수밖에 없었다. 주위 친구들이 놀고 있을 때
N(프리터): 누구에게도 속박당하지 않고 자유롭게 마음 내키는 대로 사는 인생
N(지방 공무원): 평범하더라도, 작은 행복이 있다면 그걸로 좋다
N(택시 운전 기사): 제2의 인생이란 무엇인가. 나는 아직 첫번째 인생도 끝나지 않았는데
S) 승자는 누구인가
S) 승리는 무엇인가
S) KEIRIN

그림 18-2. 일본의 광고
일본자전거진흥회

한다. 한 예로 서구 시장의 주된 광고주가 식품, 화장품, 생활용품인 데 비하여 일본은 화학, 자동차, 가전사 등이 주도적 역할을 한다(Baudot, 1989).

1990년대부터 1.7%의 낮은 경제 성장율을 기록하고 있으며, 지금은 GDP의 170%에 이르는 정부의 재정 적자와 인구 노령화(연령의 중간값이 44세)가 가장 큰 문제로 남아 있다. 일본의 광고비 매체 현황은 표 18—4와 같다(양경렬, 2009). 비록 신문의 광고비 비중이 점차 줄어드는 경향이지만, 일본 사회에서 신문이 갖는 영향력은 대단하다. 일례로 〈요미우리신문〉은 조석간 합쳐서 1400만의 발행 부수를 자랑하는 세계 최대의 신문이기도 하다.

표 18-4. 일본의 매체별 광고비

구분 / 매체	광고비(억 달러)	비중(%)
신문	83	19.0
잡지	41	9.4
라디오	15	3.4
TV	191	43.8
옥외	37	8.5
인터넷	69	15.9
계	436	100.0

* 1엔을 1/100달러로 환율 계산하였음.

일본의 주요 광고주는 다음과 같다(Advertising Age, 2008). 도요타 모터Toyota Motor 10.4억 달러, 파나소닉Panasonic 7.8억, 혼다 모터Honda Motor 7.7억, 가오Kao(생활 가정용품–특히 화학품) 4.9억, 아에온Aeon(슈퍼마켓 체인점) 4.6억, 캐논Canon(가전제품사) 4.2억, KDDI(통신사) 3.8억, 아메리칸 인터내셔널 그룹American International Group 3.8억, 세븐 앤드 아이 홀딩스Seven & I Holdings(편의 체인점) 3.8억, 썬토리Suntory 3.5억. 그리고 일본 광고계에는 세계적인 덴츠 광고회사가 있다. 이 회사의 2008년 매출액은 35억 달러로, 2위인 하쿠호도 17억 달러에 비해서도 월등할 뿐만 아니라 2위에서 9위까지의 광고회사 매출액 전체와도 견줄 정도이다.

2) 제2 세계

제2 세계에서는 러시아, 동유럽, 그리고 중국의 광고 상황이 소개된다. 전통적으로 이 지역의 광고는 주로 선전과 사회 통합의 주된 수단으로 이용되었으나, 점차 시장 경제에 유용한 도구로 자리잡기 시작한다.

(1) 러시아

1986년 이래 고르바초프의 개방과 개혁은 러시아의 경제 제도에 큰 변화를 가져왔다. 1988년 소비에트 공산당 중앙위원회가 최초로 사적인 사업을 허용하면서 러시아 광고 시장은 급속히 성장했다. 1992년 550만 달러의 광고 시장 규모가 1997년에는 18억 달러에 이르렀다. 1990년대 초반에는 인쇄 매체가 전체 광고비의 70%를 차지하였으나 1997년 매체별 비중은 신문 40%, TV 40%, 옥외 15%, 라디오 5%였다(이병수, 1998). 1998년 8월 17일 모라토리엄 선언 이후 광고 시장 규모는 50% 이상 감소했으나 연말에 환율이 안정되면서 회복세를 보인다. 2000년대에 들어서면서 러시아의 광고 시장은 매년 25% 이상의 급성장을 거듭하고 있다(박재희, 2009). 매체별 광고비 비중은 표 18-5와 같다.

텔레비전 매체, 즉 전국 공중파 방송의 비중이 절대적이라는 사실을 확인할 수 있다. 그렇지만 러시아의 광대한 지역을 커버하는 케이블과 위성 방송 인구가 급격히 증가하고 있는 추세다. 아울러 인터넷 사용률도 전체 인구의 30%로 확장되고 있으며, 사용 장소도 직장이나 학교에서 가정으로 다변화되고 있다. 2008년에 광고비를 많이 집행한 업종은 자동차, 의약품, 통신 사업자, 헤어 용품, 맥주

표 18-5. 러시아의 매체별 광고비

매체	광고비(억 달러)	비중(%)
신문	4	5.0
잡지	13	16.2
TV	42	52.5
라디오	4	5.0
옥외	14	17.5
인터넷	2	2.5
기타(영화, 케이블 등)	1	1.3
계	80	100.0

* 1루블을 1/33달러로 환율 계산하였음.

등이었다. 구체적으로 5대 광고주를 살피면, 다음과 같다. (1) 프록터앤드겜블(생활 가정용품), (2) 로레알(화장품/미용), (3) 유니레버(생활 가정용품), (4) 헨켈 그룹Henkel Group(패션 미용), (5) 마스-러시아Mars-Russia(음료 스낵).

(2) 중국

중국은 1978년 개방과 개혁 정책을 채택하면서 연평균 11%의 급속한 경제 성장을 보인다. 1979년의 총 광고비(매체비와 광고회사의 매출액을 더한 액수임)는 1500만 위안에 불과했으나 1997년은 462억 위안에 이른다(한은경, 1996). 2000년대에 들어서 중국 광고 시장은 평균 18%의 높은 성장률을 보였다(*Asia Times*, 2007. 3. 24). 2008년에는 세계 경제의 침체로 주춤하였음에도 불구하고, 광고업 총영업 액수는 1899억 5000만 위안을 기록하였다(황승민 외, 2009).

그림 18-3. 중국의 광고
브릴리언스 자동차

광고비의 정확한 숫자는 조사 기관에 따라, 자료 수집 방법에 따라 상이하므로 그보다는 광고 매체의 비율이 어느 정도인지를 가늠하는 것이 보다 좋은 접근이다. 1997년 4대 매체의 광고비는 227억 위안이었는데, 매체별 비중은 다음과 같다(김범수, 1998). 텔레비전 50%, 신문 43%, 라디오 4.6%, 잡지 2.3%. 이에 비해 112억 달러를 기록한 2001년의 매체별 비중은 텔레비전 72%, 신문 25%, 잡지 2%, 기타 1%였다(China through lenses, 2002). 텔레비전이 보다 중시되고 신문은 상대적으로 위축되고 있음을 파악할 수 있다. 그렇지만 2009년 광고주를 대상으로 매체별 광고비 투입을 조사한 결과는 또 다른 변화를 나타내고 있다(황승민 외, 2009). 텔레비전 28%, 뉴 미디어 19%, 신문 18%, 옥외 12%, 잡지 10%, 라디오 5%, 직접 우편 4%, 기타 4%. 뉴 미디어의 중요성이 상대적으로 부상되고 있으며, 전통적인 매체와 뉴 미디어의 조화를 꾀하고 있음을 읽을 수 있다.

2009년 텔레비전은 287개의 채널이 있으며, 그중에서 CCTV는 16개 채널을 운용하고 있다. 그렇지만 CCTV는 시청 점유율 30%만을 차지하고 있을 뿐이어서 지역 방송의 선호를 유추할 수 있다. 사실 13억 인구의 60%가 시골에 살고 있어서 광고 발전은 지역적으로 큰 편차를 보인다. 31개의 자치구 가운데 북경, 상해, 광동, 산동, 강소, 절강 지역이 두드러진 경제 성장을 차지한다. 인쇄 매체의 경우, 당 기관지인 〈인민일보〉를 비롯해 2000종의 신문이 있으며, 잡지는 9000종에 이르고 있다(Ministry of Information of PRC, 2009).

광고비를 많이 쓰는 광고주의 순위는 다음과 같다(*Advertising Age*, 2008): (1) 프록터 앤드갬블, (2) 유니레버, (3) 하얼빈 파마 그룹 제약회사Harbin Pharma Group Pharmaceutical, (4) 상하이 골든파트너 바이올로지 테크놀로지Shanghai Goldenpartner Biology Technology, (5) 하야오 그룹 산친 제약회사Hayao Group Sanchine Pharmacy, (6) 윰 브랜즈Yum Brands(KFC 등을 소유한 식품회사), (7) 로레알L'Oreal, (8) 차이나 모바일 텔레콤China Mobile Telecom, (9) 콜게이트-팜올리브Colgate-Palmolive Co., (10) 코카콜라 생활 가정용품 이외에 제약 회사의 비중이 높다는 것을 알 수 있다.

3) 제3 세계

제3 세계는 아시아, 남아메리카, 아프리카의 개발 도상국에 있는 다수의 국가를 포함한다. 물론 나라마다 경제적 상황은 큰 차이가 있다. 일례로 아시아는 경제 수준에 따라 세 지역으로 세분될 수 있다(Baudot, 1989). (1) 저소득 국가: 방글라데시, 인도, 네팔, 파키스탄, 스리랑카, (2) 중소득 국가: 인도네시아, 말레이시아, 필리핀, 타이, (3) 고소득 국가: 한국, 홍콩, 싱가포르, 대만. 이 가운데 세계 광고비의 8위를 차지한 브라질과 16위를 차지한 인도를 살펴보자.

그림 18-4. 제3 세계의 광고

브라질의 한 광고대행사가 WWF(World Wildlife Fund)에 제시하였던 광고였으나 9/11과 쓰나미를 거론했다고 비난받은 광고, 비록 WWF로부터 거절당했지만 어떤 구속도 받지 않는 자유로운 발상을 할 수 있는 분위기를 나타냄. 브라질의 다이어트 펩시 광고, 방콕의 환풍기 팬 광고, 홍콩의 칫솔 광고

표 18-6. 브라질의 매체별 광고비(2006)

구분	광고비(억 달러)	비중(%)
신문	14.9	21.0
잡지	7.8	11.0
TV	41.1	58.0
라디오	3.6	5.0
옥외	3.6	5.0
계	71.0	100.0

(1) 브라질

2억 명에 가까운 브라질 인구는 백인이 54%, 물라토(백인과 흑인의 혼혈)가 39%, 흑인이 6%로 구성되어 있다. 비록 1인당 GDP는 1만 달러 정도로 저조하지만 광고 크리에이티브는 세계의 광고제에서 미국 다음으로 많은 수상작을 낼 정도로 독보적이다. 뛰어난 인재들이 광고를 전공하고 이에 상응하는 대우를 받기 때문이다. 그래서 '축구를 못하면 광고를 하라'는 말이 생겼다고 한다(박정기, 2008).

매체별 광고비를 소개하면 표 18-6과 같다(www.wan-press.org, undated). 공중파 방송이 차지하는 비중이 절대적이지만 최근에는 유료 케이블 방송과 인터넷도 점차 증가 추세에 있다(Cajuerio, 2007).

상위 광고주는 다음과 같다(Advertising Age, 2008). (1) 카자스 바히아Casas Bahia(가구 및 가정용품 체인점), (2) 유니레버, (3) 카이샤Caixa(정부의 금융 기관), (4) 앤하우저 부시 인베브Anheuser-Busch Inbev, (5) 피아트, (6) 포드, (7) GM, (8) 비보Vivo(통신 회사), (9) 아브릴Abril(미디어 그룹), (10) 아메리칸 모바일America Movil(통신 회사).

(2) 인도

인도는 인구 11억 5000만 명에 육박할 뿐만 아니라 영어와 소프트웨어에 능숙한 교육받은 인구가 많다. 2000년대에 걸쳐 평균 7% 이상의 경제 성장률을 보이고 있는 이유이기도 하다. 그리고 세계에서 가장 인구가 집중되어 있는 10대 도시

표 18-7. 인도의 매체별 광고비

구분	광고비(억 달러)	비중(%)
신문	22.3	44.2
잡지	1.9	3.8
TV	18.7	37.1
라디오	1.9	3.8
옥외	3.2	6.3
인터넷	1.5	3.0
기타(영화, 매장)	0.9	1.8
계	50.4	100.0

* 1루피는 1/45달러 환율로 계산했음.

중에서 두 곳이 인도에 있다. 뭄바이 1900만 명, 캘커타 1500만 명.

인도의 매체별 광고비와 비중을 살피면 표 18-7과 같다(이윤석, 2009). 신문의 경우, 작은 판형으로 도시의 젊은 전문직 종사자를 대상으로 상승세를 타고 있다. 방송으로는 세계에서 가장 큰 지상파 방송망을 자랑하는 공영 방송 DD1이 인구의 90%에 도달하고 있다. 이외에 DD 뉴스채널, DD 인디아(음악 및 시사), DD 바르틀(교양 및 문화) 등을 비롯하여 위성 방송을 통해 392개의 채널이 방송되고 있다.

광고 상위 업종은 비누, 이동 통신사, 샴푸, 치약 등이며, 이러한 내역은 상위 광고주에서도 일치한다. 2008년의 텔레비전 상위 광고주는 힌두스탄 유니레버사 Hindustan Unilever Ltd., 프록터앤드갬블, 레킷 벤키저 인디아Reckitt Benckiser-India(식품 및 생활용품 제조 회사), 파라스 제약회사Paras Pharmaceuticals Ltd., 콜게이트-팜올리브사 였기 때문이다.

2. 국제 광고의 현상 및 배경

이처럼 각 국가별로 광고 상황이 상이하지만 국제 광고는 지배적인 현상이다. 기업의 본사가 위치한 국가 이외의 해외 시장에 많은 광고비를 투입하고 있다는 뜻이다. 세 개 이상의 대륙에 광고비를 사용한 100대 글로벌 기업을 조사한 결과가 이러한 사실을 뒷받침하고 있다. 100개의 글로벌 기업이 세계적으로 사용한 2007년의 광고비는 1076억 달러. 이를 지역별로 구분하면 다음과 같다. 미국 43.4%, 캐나다 1.9%, 유럽 35%, 아시아 태평양 15.0%, 라틴 아메리카 3.4%, 중동 0.7%, 아프리카 0.7%. 이러한 내역을 좀 더 구체적으로 주요 마케터별로 살펴보자(표 18−8 참조).

세계 경제가 침체하면서 광고비가 전반적으로 위축받고는 있지만, 본사 이외의 해외 지역에 사용하는 국제 광고비의 규모는 엄청나다. 특히 1위인 P&G나 2위인 유니레버, 그리고 5위의 도요타는 본사 지역보다 해외 시장에 더 많은 광고비를 쏟고 있다. 현대(39위), 삼성(53위), 기아(71위), LG(87위)도 예외는 아니다. 이처럼 각 기업이 국제 광고에 투자하는 까닭은 무엇일까? 이들을 다음과 같이 분류해서 살펴보자. (1) 기업의 해외 시장 진출, (2) 국제적인 소비자 계층, (3) 국제적 매체, (4) 다국적 광고대행사.

1) 기업의 해외 시장 진출

광고되는 상품이나 서비스가 더 이상 한 국가, 한 지역에 국한되는 것이 아니라 국제적으로 판매된다. 물론 이러한 배경에는 글로벌 광고주들이 크게 영향력을 행사하여 국제 광고를 더욱 가속화하는 요인이 작용한다. EC, 북남미 자유 무역 지대, 아시아 경제권 등과 같은 블록 경제권이 형성되어 무역 장벽이 허물어지는 것도 중요한 동인이다. 이러한 움직임에 따라 광고주들은 규모의 경제를 지렛대

표 18-8. 2007년 글로벌 마케터의 광고비(단위: 100만 달러)

순위	광고주(본사)	세계 광고비	미국	아시아	유럽	남미
1	P&G(미국)	9358	3700	1943	3113	251
2	Unilever(영국)	5295	910	1504	2285	397
3	L'Oreal(프랑스)	3426	782	393	2048	88
4	GM(미국)	3345	2062	79	926	114
5	Toyota(일본)	3202	1072	1221	735	55
6	Ford(미국)	2902	1653	118	895	108
7	Johnson & Johnson(미국)	2361	1421	317	486	54
8	Nestle(스위스)	2181	693	236	1091	102
9	Coca-Cola(미국)	2177	411	538	999	131
10	Honda(일본)	2047	849	926	197	18
13	Sony(일본)	1886	973	248	548	40
16	GlaxoSmithKline(영국)	1802	1187	126	390	59
17	McDonald's(미국)	1740	809	317	509	32
18	Volkswagen(독일)	1729	201	101	1309	67
21	PepsiCo(미국)	1553	890	193	283	110
23	Danone Group(프랑스)	1306	100	56	993	131
39	Hyundai(한국)	848	443	123	143	51
41	Anheuser-Bush InBev(벨기에)	829	532	0	156	97
63	Samsung(한국)	656	144	266	197	12
71	Kia(한국)	499	187	24	234	17
87	LG(한국)	396	86	189	87	11

로 사용한다. 일례로 레버 유럽사Lever Europe는 섬유 유연제를 유럽에 판매하면서 종전에는 각국 소비자들의 특성을 감안하였다(Browing, 1992). 즉 독일은 비싸더라도 환경 보호적인 제품, 스페인은 옷을 더 희고 부드럽게 하는 값싼 제품, 그리스에서는 용량이 적은 제품(그래야 시장 볼 때의 비용이 적어짐)을 선보였다. 각국의 소비자 특성을 반영한 제품과 마케팅 전략을 구사했던 것이다. 그러나 이 회사는 이제

각 나라의 소비자로서가 아니라 유럽을 하나로 묶은 소비자*Euro-consumer*라는 인식 아래 환경 보호를 강조하는 제품으로 동일하게 변화시켰다. 장기적인 관점에서 보면 유럽인들은 유사한 가치를 소유할 것이기 때문에 표준화한 마케팅이 효과적일 것이라고 판단한 것이다.

2) 국제적인 소비자 계층

공통된 수요와 가치를 지닌 소비자가 각 나라에 걸쳐 존재하는가? 만일 세계적으로 또는 권역적으로 공통된 인식 구조를 지닌 소비자 집단이 있거나 등장한다면 이는 국제 광고 성장의 관건이 된다. 기업이 이들 소비자군에 초점을 맞춰 규모의 경제를 이룰 수 있기 때문이다.

독일의 시누스사SINUS Gmbh는 서독, 프랑스, 영국과 이탈리아의 소비자를 조사한 결과 각 나라의 라이프스타일을 묘사하는 독특한 구조를 찾아냈다. 그러나 보다 중요한 것은 각 나라의 계층들을 서로 짝지을 수 있었다는 점이다. 각 나라 간 상응하는 집단은 다음과 같이 나타났다(De Mooij & Keegan, 1991). (1) 상류 보수 계층, (2) 유행 선도 계층, (3) 전위적 선구 계층, (4) 현대적 주류 계층, (5) 전통적 주류 계층, (6) 전통적 근로 계층, (7) 사회 비판 계층, (8) 하류 계층.

이러한 결과는 각 나라 안에서의 계층보다 국가 간에 걸쳐 유사한 가치를 소유하는 계층이 있음을 보여 준다. 예를 들면, 유행 선도 계층은 개방성, 개인주의, 그리고 높은 생활 수준과 같은 유사한 속성을 지닌다. 이런 점에서 상류의 보수층, 유행 선도 계층, 전위적 선구 계층 등은 국제 광고주에게 국가의 경계선을 넘어서 목표 시장으로 삼는 계기를 마련해 준다.

이같은 현상은 유럽에 국한된 것이 아니라 세계 도처에서 발견된다. 특히 인구 사회적으로 젊고 고등 교육을 받았으며 경제적 여유가 있는 계층에서 그러한 유사성이 두드러진다. 여기서 주장하는 바는 세계가 닮은 꼴이 된다는 것이 아니라 여러 나라에 걸쳐서 유사한 필요성과 가치관을 지닌 동질적인 계층이 존재한다는 것이다. 나아가서 이러한 소비자 구성은 같은 광고 전략으로 접근할 수 있는 기회를 제공한다.

여기에 한 가지 덧붙여야 할 사항은 국가 간의 소비자뿐만 아니라 상품의 라이프 사이클도 유사해야 국제 광고가 용이해진다는 점이다. 다시 말하면, 어떤 상품이 한 나라에서는 처음으로 소개되는 상황이고, 다른 나라에서는 성숙 단계에 있다면 광고의 내용도 달라지게 마련이므로 같은 내용의 광고로 접근할 수 없다. 그렇지만 유사한 발전 단계에 있는 상품은 동일한 국제 광고로 접근할 수 있으므로 이러한 조건을 충족시키는 상품은 국제 광고의 증가에 기여할 수 있다.

3) 국제적 매체

광고주나 광고회사가 이용할 수 있는 국제적 매체가 다양해진 것도 광고의 국제화에 기여한다. 우선 국제적 신문 매체가 글로벌 광고주에게 기회를 제공하고 있다(Mueller, 2004). 〈뉴욕 타임즈〉와 〈워싱턴 포스트〉의 합작 벤처인 인터내셔널 헤럴드 트리뷴International Herald Tribune은 위성을 통해 세계에서 동시에 인쇄되어 181개국 이상에 배포되고 있다. 〈뉴욕 타임스*New York Times*〉 역시 평일에는 110만 부, 일요판은 160만 부를 발행하고 있다. 다우존스 회사에서 발행하는 〈월 스트리트 저널*Wall Stree Journal*〉은 170만 부를 자랑하고 있으며, 런던의 〈파이낸셜 타임스*Financial Times*〉도 이와 경합하는 국제적 매체다.

다음으로 국제적 잡지의 경우, 〈리더스 다이제스트*Reader's Digest*〉, 〈내셔널 지오그래픽*National Geographic*〉, 〈타임*Time*〉, 〈뉴스위크*Newsweek*〉, 〈코스모폴리탄*Cosmopolitan*〉 등을 손꼽을 수 있다(Mueller, 2004). 〈리더스 다이제스트〉는 19개 언어로 170개국에 배포되어 2800만 이상이 읽고 있으며, 〈내셔널 지오그래픽〉은 780만 부(이중 600만 부는 미국), 〈타임〉은 500만 부(이 중 340만 부는 미국), 〈뉴스위크〉는 450만 부(이 중 310만 부는 미국) 내에 이른다. 〈코스모폴리탄〉은 세계에서 가장 많이 팔리는 여성 잡지로 720만 부(미국 내 270만, 해외 450만 부)를 자랑하고 있다. 프랑스의 〈마리끌레르

Marie Claire〉와 〈엘르*Elle*〉도 경쟁력 있는 여성 잡지들이다. 〈포브스*Forbes*〉와 〈비지니스 위크*Business Week*〉 등과 같은 비즈니스 잡지들은 세계 기업의 경영진에게 도달한다는 장점이 있다. 이들 잡지들은 다양한 에디션들을 내고 있지만 스타일과 포맷에서는 일관성을 유지하고 있으며, 광고도 그러한 일관성에 한몫하고 있다.

지구 상공 3만 5000킬로미터에 떠있는 위성으로 인해 글로벌 방송 네트워크도 가능하게 되었다. 세계에서 가장 방대한 방송 네트워크는 33개의 채널을 통해서 3억 7500만 가구(20%만이 미국)에 도달되고 있는 MTV 네트워크MTV Networks라고 할 수 있다(Mueller, 2004). MTV는 패션과 음악 등의 문화에 심취한 세계의 청소년을 대상으로 하므로 이들을 목표 시장으로 삼는 글로벌 광고주가 몰릴 수밖에 없다. 1991년 걸프전을 통해 글로벌 매체로 자리잡은 24시간 뉴스 채널인 CNN도 빼놓을 수 없다. CNN은 지구촌의 권역별 수요를 맞추기 위해 CNN 인터내셔널을 운용하고 있다: 아시아 태평양, 유럽과 중동, 라틴 아메리카, 남아시아. CNNI는 현재 200개국 이상에 걸쳐 1억 7000만 가구에 전달된다. 요새는 MSNBC, CNBC, 폭스 뉴스, 유로 뉴스, 스카이 브로드캐스팅이 CNN에 도전하고 있다.

국제 라디오 방송은 대체로 정부가 운영하고 있다. BBC 월드 서비스는 44개 언어로 1억 4000만의 청취자를 확보하고 있으며, VOA(Voice of America)도 53개 언어로 9000만 명에게 도달되고 있다. 이들 방송은 인터넷으로도 접속이 가능하다.

마지막으로 커뮤니케이션을 문자 그대로, 즉시, 그리고 세계적으로 이룰 수 있는 인터넷 매체를 보자. 먼저 인터넷을 많이 사용하는 국가를 중심으로 세계의 인터넷 사용자 현황을 살피면 표 18-9와 같다(Internet World Stats, 2009). 세계 인구 67억 중에서 인터넷 사용자는 16억 명이 넘으며, 그 수는 계속 폭발적으로 증가하고 있다. 국가별 자료에서는 인터넷 인구가 가장 많은 국가는 중국(3억 4000만 명)과 미국(2억 3000만 명)임을 알 수 있다. 그리고 인터넷 침투율이 가장 높은 국가는 영국(79.8%)과 우리나라(77.3%)였다. 광고주는 기업의 웹 사이트를 만들어서 사용자가 방문하기를 기대하고, 보다 적극적으로는 검색 광고를 통해 소비자에게 다가가기도 한다. 아울러 웹 페이지에 스폰서가 되는 것도 한 방법이다.

표 18-9. 세계의 인터넷 사용자

국가	인구 (100만 명)	인터넷 사용자 (100만 명)	인터넷 사용율 침투율(%)	세계 인터넷 사용자 구성비(%)
1. 중국	1338	338	25.3	20.3
2. 미국	307	227	74.1	13.6
3. 일본	127	94	74.0	5.6
4. 인도	1156	81	7.0	4.9
5. 브라질	198	67	34.0	4.0
6. 독일	82	55	67.1	3.3
7. 영국	61	48	79.8	2.9
8. 프랑스	62	42	67.7	2.5
9. 러시아	140	38	27.1	2.3
10. 한국	48	37	77.3	2.2
Top 20 국가*	4317	1274	29.5	76.4
나머지 국가들**	2450	394	16.1	23.6
세계	6767	1668	24.7	100.0

* 1위에서 20위 순위의 국가

** 1위에서 20위를 제외한 모든 국가들

4) 다국적 광고대행사

JWT 대행사가 동경에 지사를 낸 것도 처음에는 코닥과 포드 광고주를 위한 것이다. 이처럼 광고대행사는 글로벌 기업의 해외 진출을 돕기 위해 국제 광고의 성장에 기여한다. 뿐만 아니라 광고주들이 광고대행사를 선정할 때 해외 지사의 확충을 중요한 조건으로 삼기 때문에 대행사 스스로 해외 네트워크에 관심을 두지 않을 수 없다.

더욱이 세계적인 광고회사는 미국과 일본, 영국 등의 다국적 기업이 주류를 이룬다. 대체로 국경을 넘어선 업무로 인하여 다국적이기도 하지만 광고회사의

표 18-10. 세계 10대 광고회사(2008년)

순위	광고회사(본사)	수입(억 달러)	모회사
1	DDB Worldwide(뉴욕)	28.0	Omnicom
2	McCann-Erickson(뉴욕)	28.0	IPG
3	Dentsu(동경)	27.8	Dentsu
4	Young & Rubicam(뉴욕)	25.6	WPP
5	BBDO Worldwide(뉴욕)	25.3	Omnicom
6	TBWA Worldwide(뉴욕)	19.6	Omnicom
7	Ogilvy Group(뉴욕)	19.2	WPP
8	Euro RSCG(뉴욕)	14.8	Havas
9	J. Walter Thompson(뉴욕)	13.8	WPP
10	Publicis(파리)	12.6	Publicis

소유주 면에서도 (여러 국가에 걸쳐 있다는 점에서) 다국적이다. 세계 10대 대행사를 살피면 표 18—10과 같다(신인섭, 2009).

이들 광고회사를 살피면 모기업이 같은 곳이 눈에 띈다. 광고계에 기업 집중화 바람이 1980년대와 1990년대에 거세게 불어서 거대한 광고 조직체로 변하고 있기 때문이다. 이러한 집중화 배경에는 다음과 같은 이유가 있다. 첫째, 광고주가 세계적인 조직체로 확대됨에 따라 광고대행사 역시 상응하는 조직체를 요구받고 있다. 세계 경영의 일환으로 세계적인 브랜드가 등장하고 이들을 국제적으로 관리해 줄 광고대행사가 필요하게 된 것이다. 매켄 에릭슨은 67개국에 144개의 광고대행사를 보유하고 코카콜라의 광고를 담당한다. 둘째, 광고주의 토탈 커뮤니케이션에서 광고는 일부분에 지나지 않고 판촉이나 홍보 등의 역할이 증대된다. 따라서 이들을 하나의 광고대행사에서 취급한다면 보다 통합적으로 접근할 수 있다는 생각이 대형화를 조장하였다. 셋째, 여러 광고대행사를 거느리면 동종의 광고주들을 유치하면서 갈등을 피할 수 있다. 마치 독립적인 광고대행사처럼 활동할 수 있기 때문이다. 2008년 세계적인 광고 그룹과 매출액은 다음과

▶ 광고사랑방 18-1 | 우리나라의 국제 광고

국내의 상황을 살피더라도 국제 광고는 대세임을 알 수 있다. 먼저 기업의 해외 광고비 비중이 높아지고 있다. 기업의 해외 수출이 증가하면서 국제 광고 규모가 커지고 있는 것이다. 표 18-1에서 살폈듯이, 현대와 기아자동차를 비롯하여 삼성전자와 LG전자의 해외 광고 비중은 국내에 비해 월등하다. 수출에 의존하는 대기업 이외에도 우리나라를 방문하는 외국인에 의존하는 조직체들도 해외 광고에 열을 올리고 있다. 한국관광공사나 세븐럭 등이 그런 사례에 속한다. 특히 한국관광공사는 '코리아 스파클링'이라는 슬로건으로 CNN이나 BBC를 통해 광고를 기획하였다. 불행히도 2007년 버지니아 총기 사건으로 방송 하루 만에 철회하는 일도 있었지만. 서울시도 2008년에 400억 원의 해외 마케팅 커뮤니케이션 예산을 집행하였다(김경진, 2009. 10. 16). 2008년 서울시 방문객은 513만 명. 1인당 7800원의 비용이 든 셈이다. 물론 외국인이 서울시의 노력만으로 방문한 것은 아니겠지만. 그중 광고 매체비의 내역은 다음과 같다. TV 104억 원(중국 TV 37억 원, 일본 TV 20억 원, 아시아 CNN 8억 원, 유럽 BBC World 8억 원), 잡지 33억 원(〈타임〉/〈포춘〉 등), 신문 10억 원(〈인민일보〉/〈방콕포스트〉/〈메트로폴리스〉 등), 옥외 광고 20억 원, 온라인 18억 원(야후 재팬/야후 홍콩 등). 그리고 광고 제작비로 18억 원이 들었다.

그리고, 기업의 해외 진출에 따라 광고회사의 국제적 활동도 수반된다. 삼성 계열의 제일기획은 1987년 동경사무소 설치를 비롯하여 해외에 본격적으로 진출하였다. 현재는 뉴욕, 런던, 멕시코, 북경 등의 31개 지역에 현지 법인과 사무소를 운영하고 있다. LG 계열사인 HS AD 역시 뉴욕과 북경 법인을 비롯해 두바이, 동경, LA 등지에 사무소를 개설하고 있다. 이노션은 2005년에 창립되면서 그 해에 바로 인도 및 북경에 법인을 설립하였다. 현대자동차의 계열사로서 광고주에게 서비스를 즉시 제공해야 했기 때문이다. 이들은 광고주의 광고 기획 및 제작을 담당하고, 현지 매체에 광고를 집행한다. 일례로 대홍기획은 호텔롯데 또는 부산롯데호텔을 위해 신문이나 잡지 광고를 집행하고, FCB Korea는 금호타이어 광고주를 위해서 유럽과 미주 지역에 위성 방송을 통해 광고를 집행한다. 2007년 50개 광고회사가 취급한 총 광고비 7조 1093억 원 중 19.6%에 달하는 1조 3951억 원이 해외 광고 취급액인 것으로 나타났다. 그중 제일기획의 해외 취급고가 1조 1061억 원, 이노션이 1702억 원으로서 다른 회사들의 실적은 미미한 것으로 나타났다(한국광고업협회, 2008). 사실 대부분의 국내 광고회사는 글로벌 네트워크를 갖추지 못하였고, 해외 시장에 대한 정보 및 분석, 그리고 크리에이티브 능력도 뒤지는 것으로 지적되고 있다(염성원, 2004). 따라서 국내 광고회사들은 1980년대 중반부터 외국 대행사와 업무를 제휴하였으며 1990년대는 그러한 관계가 더욱 확대되었다. 예를 들면, 제일기획은 일본의 하쿠호도, 미국의 FCB와, 웰콤은 프랑스의 푸블리시스, 영국의 사치앤드사치, 영국의 제니스옵티미디어ZenithOptiMedia와, 그리고 대홍기획은 일본의 아사츠DKAsatsu-DK, 미국의 DDB 월드와이드, 중국의 상해광고공사와 제휴하고 있다.

같다(신인섭, 2009). (1) WPP(런던) 136억 달러, (2) 옴니콤Omnicom(뉴욕), 133.6억 달러, (3) IPG(Interpublic Group of Companies, 뉴욕) 69.6억 달러, (4) 푸블리시스Publicis(파리) 69억 달러, (5) 덴츠Dentsu(동경) 32.9억 달러.

지금까지 살펴본 요인들은 국제 광고가 성공할 수 있는 기회를 제공한다. 그렇다고 해서 똑같은 광고가 지역을 막론하고 그대로 적용되는 것만을 지칭하는 것은 아니다. 즉 국제 광고라고 하면 마치 담요를 세계 시장에 두르듯이 모든 소비자에게 같은 메시지로 공략한다는 의미로 연상되기 쉽지만 이를 뜻하는 것은 아니다. 각 나라마다 다양한 문화적, 사회적 차이로 말미암아 국제 광고가 표준화되기는 어려운 요인도 있다. 그 같은 점을 살펴보자.

3. 국제 광고의 전략

증대하는 국제 광고에 광고 기획자는 어떤 전략으로 접근할 것인가? 이에 대한 해답으로 흔히 표준화와 지역화의 틀이 이용되었다.

1) 표준화 대 지역화

국제 광고 담당자가 결정할 중요한 전략적 요인은 바로 국내에서 개발된 광고 캠페인을 언어만 변경하여 다른 국가에 이용할 수 있는가라는 문제이다. 많은 광고 담당자는 광고 개념이 성공적이라면 다른 국가에서도 효과를 볼 수 있을 것으로 본다. 그러나 국가 간의 문화적 상이성으로 인해 표준화를 거부하는 사람들은 광고가 각 국가에 적합하게 각색되어야 한다고 믿는다. 과연 표준화*standardization*와 지역화*localization* 가운데 어느 쪽을 선택할 것인가?

(1) 표준화

먼저 표준화의 정당화를 살펴보겠다. 많은 마케팅 담당자나 학자들은 세계적인 광고가 유리하다고 추천한다. 흔히 인용되는 논리는 다음과 같다. "아름답고자 하는 욕망은 보편적이다," "사랑에 국경이 없듯이, 고통으로부터의 해방, 건강하고 싶은 마음, 모성애 등에는 국경이 없으며 전 세계적으로 호소가 가능하다."

표준화를 뒷받침해 주는 경험적 연구도 상당히 많다. 500대 기업을 대상으로 한 연구에서 90% 이상이 미국의 광고 전략을 해외에서 어느 정도 사용한다는 사실이 밝혀졌다(Donnely & Ryans, 1969). 리바이스사Levi Strauss & Co.를 비롯한 기업들이 표준화를 선호하며, 레빗Levitt 등의 학자들이 지지한다(Kanso, 1992).

그러면 표준화의 이점은 무엇인가? 첫째, 비용 절감의 효과가 있다. 일단 광고의 주요 개념이 개발되면, 최소한의 추가 비용으로 다른 나라에 같은 광고 개념이 이용될 수 있다. 둘째, 광고를 '집중화'함으로써 규모의 경제를 이룰 수 있다. 모국에서의 광고 자원과 전문성을 효율적으로 이용할 수 있으며 상대적으로 열악한 지역에서의 광고 활동을 지원할 수 있다. 셋째, 여러 나라에서 서로 일치하지 않는 메시지가 전파되는 것을 막을 수 있다. 그리하여 상품의 일관된 이미지를 유지할 수 있으며, 기업이 의도한 목적을 달성하는 데 비교적 용이하다. 넷째, 공통적인 수요와 가치, 라이프스타일을 지닌 소비자가 각 나라에 걸쳐 존재하므로 표준화가 적합하다.

(2) 지역화

이에 반하여 지역화를 주장하는 측은 국가 간의 상황이 틀리다는 데 논리의 근거를 둔다(Synodinos, Keown, & Jacobs, 1989). 흔히 거론되는 상이성은 언어, 매체 등을 포함한 문화적 차이에서 비롯된다. GM의 노바Nova라는 자동차 이름이 스페인어(no va)로는 '가지 않는다'는 뜻임은 잘 알려진 사례다. 그리고 1972년에 질레트Gillette가 트랙Trac II를 유럽에 판매했을 때, Trac이라는 상표명을 그대로 사용할 수 없었다. Trac은 로마어로 '잘 부숴진다'는 뜻이기 때문이다. 그리하여 G II로 바꾸지 않을 수 없었다. 프랑스에서는 다이어트가 건강이 나쁘다는 뜻이기 때문에 코카콜라 라이트라고 불린다. 심지어 영어권인 미국과 영국에서도 언어의 차이는 심각한 결과를 유발할 수 있다. 영국 상점에서 vest와 pants를 찾으면 undershirts와 underpants를 갖다 준다. waistcoat와 trousers라고 해야 원하는 것을 얻을 수 있다. 마치 화장실을 찾으려면 bathroom으로는 통하지 않고 lavatory나 toilet이라고 해야 되듯이 말이다.

언어 이외에 문화적 차이도 지역화를 주장하게 만든다. 유나이티드 항공사의 홍콩 노선에서 1등석 고객을 위한 특별 서비스를 개시하면서 이를 축하하기 위해 승무원들이 하얀 카네이션을 꽂고 손님을 맞이하고 있었다. 그러나 그 비행기를 탄 중국인들은 아연실색할 수밖에 없었다. 하얀 카네이션은 죽음을 뜻하기 때문이었다. 라이프스타일이나 관습도 마찬가지다. 미국에서 선풍적 인기를 끈 매틀 장난감사의 바비 인형도 일본에서는 지나치게 큰 인형의 가슴과 비현실적으로 긴 다리를 고쳐야 했다. 인도에서는 바비 인형의 남자 친구인 마크를 오빠로 변신시켜야 했다.

이처럼 각 상품의 마케팅 커뮤니케이션에서 전달하는 메시지는 각 사회의 문화적 속성과 조화를 이루어야 한다고 본다. 르노 자동차가 유럽에 소개될 때 프랑스에서는 운전하기에 재미있는 차로 소개되었고, 독일에서는 안전과 기술의 우수성이 강조되었으며, 이탈리아에서는 핸들링과 가속에 초점이 맞춰졌다. 이처럼 국제 광고에서는 해당 목표 시장의 상이한 인식의 차이를 고려하지 않으면 안 된다고 주장한다.

2) 표준화와 지역화를 결정하는 분석틀

그러면 이러한 표준화와 지역화 가운데 어느 쪽을 선택할 것인가? 나라마다 조건이 다르며, 한 광고가 어떤 나라에는 전이될 수 있으나 다른 나라에서는 실패할 수 있다. 그리고 지역화를 통해 만족할 만한 성과를 거두었다 할지라도 글로벌 기업은 표준화의 효과와 이익을 포기하려고 하지 않는다. 이러한 문제를 해결하기 위해서는 신중한 분석과 고려 후에 전략이 수립되어야 한다. 그렇다면 어떤 분석을 적용할 것인가? 다음과 같은 분석틀을 제시해 본다(김광수, 1993). (1) 선택의 기준, (2) 메시지의 전이성, (3) 조직적 정비.

(1) 선택의 기준

한 나라의 광고 전략을 다른 나라에 확장시키려는 경우 다음과 같은 차원들을 검토해야 한다. (1) 해당국의 환경, (2) 해당국과 연관된 광고의 목적, (3) 목표 시장, (4) 상품의 속성, (5) 매체의 이용 가능성, (6) 비용과 이익의 관계.

먼저 환경 분석에 포함될 요인은 다음과 같다. 해당국의 경제 성장 정도, 소득 수준, 평균 세대원 수, 문맹률, 교육 수준, 직업 훈련, 사회 계층, 자국에 대한 해당 국민의 태도, 민족주의 등(Dunn, 1976). 이 밖에 광고 관련법의 중요성도 간과될 수 없다. 이러한 요인들을 검토하여 만일 자국의 상황과 유사하다면 표준화 또는 국제화의 가능성이 높아진다. 반면에 환경 평가에서 유의미한 차이가 발견된다면 지역화된 광고 전략을 채택할 필요성이 높아진다. 환경 가운데 문화에 관한 내용은 광고 사랑방 18－2를 참고하기 바란다.

둘째, 광고 목표를 검토해야 한다. 광고 목표는 나라마다 상이할 수 있기 때문이다. 상품의 라이프 사이클, 상품의 이미지, 그리고 상품의 확산 정도가 분석 대상이 된다. 예를 들면, 치아 백미제는 미국 시장에서는 성숙 단계에 있으나 중국 시장에서는 성장 단계에 있을 수 있다. 따라서 중국에서의 광고는 이해도를 제고하는 메시지를 전달할 필요가 있다.

셋째, 목표 시장의 분석이 있어야 한다. 해당국의 세분화된 시장 속성이 유사하다면 표준화된 광고 전략이 유효하다. 그렇지만 목표 대상의 세분화된 시장이 상이하면 지역화 광고 전략이 바람직하다. 예를 들면, 유행 선도 계층을 대상으로는 표준화된 광고 전략이 보다 효과적인 반면, 전통 지향 계층은 지역별로 차별화된 광고가 보다 적합할 것이다.

➤ 광고사랑방 18-2 | **문화 환경 분석**

문화 환경을 분석하는 데는 어떤 차원을 살펴보느냐에 따라 다양할 수 있다. 문화를 조망할 수 있는 요인을 다음과 같이 분류하여 소개하였다(Griffin, 1993). (1) 상황, (2) 비언어적 표현, (3) 언어, (4) 미적 감각, (5) 종교, (6) 휴일, (7) 가치, (8) 사회 조직. 이들 가운데 몇 가지를 살펴보면 다음과 같다.

첫째, 문화를 상황에 따라 다음과 같이 대별할 수 있다. 고상황*high context* 문화와 저상황*low context* 문화. 고상황 문화는 상황에 의존해 의미를 판단하는 문화를 뜻한다. 조직체의 실수는 주로 상부에서 책임지며, 협상하는 데 많은 시간이 걸리는 특색이 있다. 비경쟁적인 상황이 보편적이다. 주로 아시아와 중동 지역에서 많이 발견된다. 반면에 저상황 문화는 의미 추출이 명백한 정보에 기초한다. 조직체의 실패는 하부 담당자까지 책임지며, 협상 시간은 짧고, 시장 상황은 경쟁적이다. 북미와 유럽 지역의 문화가 여기에 속한다.

둘째, 비언어적 표현이 광고에 나타날 때는 해당 국가의 커뮤니케이션 체계에 적합한지를 살펴야 한다. 여기에서 비언어적 표현이란 자세나 제스처의 사용 등 몸짓 언어를 뜻한다. 필리핀의 경우 '그렇다'라는 의미는 고개를 위로 들어 올리는 것이고, '아니다'는 고개를 아래로 내리는 것이다.

셋째, 언어의 선택과 의미에 유의해야 한다. 프랑스의 프로방스 지역에서는 바람을 나타내는 단어가 32개가 있다. 방언도 분석 대상이 된다. 인도에는 203개의 방언이 있다고 하니. 특히 국제 광고에서는 번역이 위험한 경우가 많다. 문자 그대로의 번역이 다른 나라 소비자에게 효과적인 사례는 거의 없다. 포드는 세이블Sable 자동차를 멕시코에 선보이면서(스페인어로 세이블은 '빨아들이다'라는 뜻) 토러스Taurus라는 이름을 붙였다. 같은 언어권에서도 지역에 따라 의미가 다를 수도 있다. 일례로 미국의 french-fries를 영국에서 먹으려면 chips라고 해야 한다.

넷째, 미적 감각 역시 문화를 반영한다. 디자인, 활자체, 색상, 음악, 춤 등이 해당된다. 상품의 디자인이나 포장, 광고물에 사용되는 요소가 해당 문화권의 소비자에게 소구력이 있어야 한다. 흰색 파커 펜은 중국에서는 애도를 뜻하며, 초록색의 파커 펜은 인도에서 불행을 연상시켜 성공하지 못했다.

다섯째, 종교적 가르침과 믿음도 큰 차이를 유발한다. 회교에서는 코란의 교리가 지켜져야 하며, 특히 여성은 엄격한 규율을 따라야 한다. 공공장소에서 베일로 가리는 것은 물론, 사우디아라비아에서는 남자 가족에 의한 서면 허락 없이는 비행기에 탑승할 수도 없다. 회교도에게는 돼지고기와 술이 금지되듯이, 힌두교도에게는 쇠고기가 금기이고, 유태인에게는 돼지고기와 조개류가 피해야 될 음식이다.

여섯째, 국경일이나 공휴일도 소비자의 행동에 큰 영향을 끼친다. 우리나라의 광복절, 솔로몬 군도의 여왕 탄신일, 네덜란드의 해방일 등은 비종교적인 휴일에 속한다. 이에 비해 이슬람교에서는 종교 휴일이 사업에 제약을 준다. 해뜰 시각부터 해질 시각까지 금식하는 라마단 기간을 대표 사례로 꼽을 수 있다.

표 18-11. 표준화와 지역화를 선택하는 상품 속성 분석틀

소비 패턴	심리적 속성	문화적 기준
(1) 소비자 계층이 같은가? (2) 구매 결정 과정이 같은가? (3) 같은 디자인을 원하는가? (4) 구매 비율이 같은가? (5) 구매 장소가 같은가? (6) 같은 용도로 사용되는가? (7) 같은 양으로 사용되는가? (8) 사용 방법이 같은가? (9) 다른 상품과의 연계는?	(1) 구매 · 사용 동기가 같은가? (2) 상품의 장단점에 대한 인식은? (3) 상징적 의미는 같은가? (4) 구매 · 사용의 심리적 비용은? (5) 국제적 상품이라는 사실이 인식의 차이를 유발하는가? (6) 상표의 인지도 · 수용도는? (7) 패키지 · 가격에 대한 태도는? (8) 브랜드 충성도는 같은가? (9) 이전 광고 전략과의 조화는? (10) 매체와 광고 전략과의 조화는?	(1) 상품의 구매 · 사용에 대한 사회적 제한은? (2) 상표명, 광고 내용 등에 오점은 없는가? (3) 전통 · 관습과의 갈등은?

넷째, 상품과 연관된 속성을 분석해서 표준화와 지역화 가운데 어느 쪽을 강조할 것인지를 결정해야 한다. 브릿은 다음과 같은 차원을 분석 대상으로 제안하였다(Britt, 1974). 소비 패턴, 상품과 연관된 심리적 속성, 문화적 기준. 이들 차원에 속한 점검 항목은 표 18-11과 같다. 이들 항목에 따라 자국과 해당국을 비교함으로써 국제 광고 전략의 방향을 설정할 수 있다. 질문에 대한 결과에서 양국의 유사성이 높게 나오면 표준화할 수 있는 가능성이 높아진다.

다섯째로 검토할 사항은 해당국에서의 매체 조사이다. 상업 광고를 할 수 있는 매체의 이용 가능성이 나라마다 상이하기 때문에 이에 대한 사전 조사가 필요하다. 아울러 판촉 활동의 법적 허용도 조사 대상이 된다.

여섯째, 표준화와 지역화 사이의 선택에는 비용과 이익을 신중하게 고려해야 한다. 만일 지역화를 통하여 얻을 수 있는 이익보다 비용이 많다면, 표준화에 가까운 쪽으로 결정하는 것이 좋을 것이다. 반면에 표준화를 택하여 기회를 상실하는 것보다는 비용이 들더라도 장기적 투자의 관점에서 지역화의 광고 전략을 택하는 것이 현명할 수도 있다. 따라서 이러한 기회와 비용을 분석하는 작업도 필요하다.

➤ 광 고 사 랑 방 18-3	**이분법적인 개념을 지양**
흔히 대조적인 개념을 제시했을 때 쉽게 빠지는 오류 가운데 하나가 흑백 논리와 같은 이분법적 사고다. 지금 논의된 표준화와 지역화에서도 마찬가지다. 둘 가운데 하나를 선택해야 된다고 생각하기 쉽지만 표준화와 지역화라는 개념은 연속선상의 개념으로 파악하는 것이 바람직하다. 즉 국제 광고 전략에서 표준화와 지역화의 양극에서 어느 정도 표준화, 혹은 어느 정도 지역화를 이루어야 할 것인가로 접근하는 것이 보다 올바른 이해의 틀이 될 것이다.	

(2) 메시지의 전이성

국제 광고를 수행할 경우, 광고물이 타국에도 적용될 수 있는지를 살펴야 한다(Killough, 1978). 분석 대상은 광고 전략과 크리에이티브 전략이다. 광고 전략(또는 구매 제안)이란 광고물의 형식이 아니라 내용을 의미한다. 그리고 광고물의 내용 가운데서도 가장 설득적이고 긴밀한 내용에 초점을 맞춘다(보통 상품 컨셉트를 지칭함). 이에 비해 크리에이티브 전략은 구매 제안을 광고 표현으로 전환시키는 것을 뜻하는데, 헤드라인 아이디어와 광고물의 모든 시각적 요소와 언어적 요소로 구성된다. 예를 들면, 항공사의 광고에서 '기내 서비스의 질'을 강조하는 것은 광고의 구매 제안이 되며, 이를 크리에이티브 전략으로 나타내면 '우리와 같은 서비스 질을 쫓아올 수 없어서 다른 항공사들이 우리를 부러워하다 못해 미워합니다'라는 식으로 제시하는 것이다.

이 과정에서 광고 전략(구매 제안)은 크리에이티브 전략에 비해 국제 광고에서 전이되는 것이 비교적 용이하다. 특정 상품이나 서비스에 대한 소비자의 필요나 욕구, 혹은 동기는 나라마다 변하는 정도가 적기 때문이다. 항공사가 정시에 운항되기를 바라거나, 세제가 빨래를 깨끗하게 빨아 주기를 기대하는 것은 각국의 소비자마다 크게 다르지 않다. 그럼에도 불구하고 구매 제안을 국제 광고에 전이시킬 때는 해당국의 전통적 가치나 관습 등과 조화를 이루는지를 점검해야 한다. 그리하여 상품의 주요 이익이 해당국에서도 긴밀한 관련이 있을 때, 구매 제안은 국제 광고의 전략으로 이용될 수 있다.

그림 18-5. 한국 기업의 국제 광고 사례

대한항공(독일), 삼성전자(러시아), 한국관광공사(일본), 현대자동차(호주)

반면에 크리에이티브 전략은 전이되기가 쉽지 않다. 특히 다음과 같은 요인들이 크리에이티브의 전이에 장애 요소로 등장한다. 문화적 장애(문화의 상이성), 커뮤니케이션 장애(의미와 해석의 상이성), 법률적 장애(광고 산업에 부과된 상이한 법률), 경쟁적 장애(경쟁 상황), 이행 장애(인쇄술이나 촬영 혹은 모델 기용 등에서의 장애).

이러한 장애 요인들이 잠재하므로 표준화된 국제 광고 전략이 성공할 것으로 쉽게 기대할 수는 없다. 그러므로 적절한 마케팅 조사를 수행하여 크리에이티브의 어떤 요소가 유지되고 어떤 요소가 변형되어야 하는지를 결정해야 한다. 그리고 새로 제작된 광고물은 잠재 고객을 대상으로 사전 조사할 필요가 있다. 그런 후에 표준화 혹은 지역화 가운데 어느 쪽을 강조할 것인지를 판별해야 할 것이다.

(3) 조직적 정비

국제 광고에서 어떤 전략이 선택되더라도, 그 전략이 성공적이기 위해서는 적절한 조직적 배열이 필요하다. 표준화 전략이 채택되면 국제 광고부서에 적정 인원이나 자원이 지원되어야 한다. 마찬가지로 지역화가 결정되면, 해당 지역과 긴밀하게 광고 전략을 협력할 수 있도록 커뮤니케이션 네트워크를 구성해야 한다. 그러한 조정으로 통제와 비용 절감을 이룰 수 있다.

국제 광고를 하기 위한 조직 관리 사례를 코카콜라에서 찾아보기로 하자(Griffin, 1993). 1962년 코카콜라는 세계를 대상으로 "one sight, one sound, one sell"이라는 광고 방침을 결정한 이래 1964년에는 "Things go better with Coke"라는 광고 캠페인 주제를 내세워 20개국에 전달하였다. 그 이후 1971년에는 이탈리아의 언덕에서 세계 각국의 어린이를 모아 촬영한 "It's the real thing" 캠페인이 전개되었고, 1990년에는 성인이 된 당시의 출연 어린이를 다시 모은 광고를 슈퍼볼 동안에 방영했다.

이 같은 일련의 성공적인 캠페인에서 코카콜라의 국제적인 광고 관리 면모를 엿볼 수 있다. 이 회사는 세계 각 지역의 회장과 마케팅 담당자로 구성된 광고협의회를 운영하는데, 1년에 두 차례씩 회의를 하여 세계 각지의 의견을 수렴한 광고 전략을 기획한다. 코카콜라의 광고대행사인 매켄 에릭슨사 역시 15명의 고참 광고 기획자로 구성된 제도를 운영한다. 이들은 한 지역의 광고대행사에서 선출되는 것이 아니라 코카콜라의 해외 사무실이 있는 여러 지역에서 선출된다. 즉 국제적인 AE 그룹이 형성되는 셈이다. 이들의 회의 결과는 애틀랜타의 매켄 에릭슨 광고 담당자에게로 전달된다.

그리고 이들 이외에도 매켄 에릭슨사의 뉴욕 지사에는 11명의 고참으로 구성된 크리에이티브팀이 활동한다. 이들은 다국적 · 다언어를 배경으로 다양하게 구성되며, 런던과 도쿄의 크리에이티브팀과 종종 연합한다. 물론 표준화된 조사도 수행되어 각국의 상황을 비교하고 광고의 국제적 적용을 사전에 평가한다.

모든 브랜드가 이 같은 조직 운영의 혜택을 받을 수 있는 것은 아니다. 그렇지만 이러한 사례를 통해 국제적인 브랜드의 국제 광고가 어떻게 조직되어야 하는지에 대한 지침을 얻을 수 있다.

참고 문헌

김광수 (1993). "국제 광고 이론," 〈LG애드〉, 11월호.
김경진 (2009.10.16). "서울 올 해외광고 339억 홍보효과 얼마나 될까," 〈중앙일보〉.
김범수 (1998). "중국," 《광고연감》. 제일기획.
박정기 (2008). "해외광고산업 — 브라질," 《광고연감》. 제일기획.
박재희 (2009). "해외 광고산업 — 러시아," 《광고연감》. 제일기획.
신인섭 (2009). "해외 광고계동향," 《광고연감》. 제일기획.
양경렬 (2009). "해외광고산업 — 일본," 《광고연감》. 제일기획.
양영종 (1992). "광고회사의 국제화 전략에 관한 연구," 〈광고연구〉, 겨울호.
LG전자 (1995). "해외 광고 사례 발표," 〈광고학연구〉, 12월호.
염성원 (2004). 《국제광고에 관한 광고인의 인식연구》. 한국방송광고공사 광고연구소.
옥달혁 (1993). "KNTC-KFTA 해외 광고 사례," 〈LG애드〉, 11월호
이병수 (1998). "누군가 해야 하지만 누구나 할 수 없는 러시아 광고," 〈제일기획〉, 12월호.

이윤석 (2009). "해외 광고산업 – 인도," 《광고연감》. 제일기획.

조창연 (2009). "해외광고산업 – 유럽," 《광고연감》. 제일기획.

한국광고업협회 (2008). 〈광고산업〉.

한상필 (2009). "해외광고산업 – 미국," 《광고연감》. 제일기획.

한은경 (1996). 《중국의 방송 광고》. 한국방송광고공사.

황승민 외 (2009). "해외 광고산업 – 중국," 《광고연감》. 제일기획.

西川明廣 (1990). "광고주의 동향," 日經廣告研究所 編. 《廣告白書》. 日本經濟新聞社.

Advertising Age (1994. 2. 21). "Global Media."

Advertising Age (1995. 2. 20). "Top Global Markets."

Advertising Age International (1997. 2). "Global Media."

Advertising Age (2008). "Global Markets: global ad spending by market."

Asia Times (2007. 3. 24). "Advertising spending in China skyrockets."

Baudot, B. S. (1989). *International Advertising Handbook: A User's Guide to Rules and Regulations*. Lexington: Lexington Books.

Bennett, R. (1993). *The Handbook of European Advertising*. London: Kogan Page.

Britt, S. H. (1974). "Standardizing Marketing for the International Market," *Columbia Journal of World Business*, Winter.

Browing, E. S. (1992). "In Pursuit of the Elusive Euroconsumer," *Wall Street Journal*, April 23.

Cajureiro, M. (2007. 4. 4). "Ad spending in Brazil tops inflation," *Variety*.

China through lenses (2002). "China Tops Asia-Pacific in Advertising Spending," http://china.org.cn/english/2002/Apr/30318.htm.

CIA World Factbook. https://www.cia.gov/library/publications/the-world-factbook.

Donnely, J. H. & Ryans, J. K. (1969). "Standardized Global Advertising, A Call as Yet Unanswered," *Journal of Marketing*, April.

Dunn, S. W. (1976). "The Case Study Approach in Cross Cultural Research," *Journal of Marketing Research*, February.

Griffin, T. (1993). *International Marketing Communications*. London: Butterworth Heinemann.

Internet World Stats (2009). http://www.internetworldstats.com/top20.htm

Kanso, A. (1992). "International Advertising Strategies: Global Commitment to Local Vision," *Journal of Advertising Research*, 1 / 2.

Killough, J. (1978). "Improved Payoffs from Transnational Advertising," *Harvard Business Review*, July / August.

De Mooij, M. K. & Kegan, W. J. (1991). *Advertising World*. New York: Prentice-Hall, Inc.

Mueller, B. (2004). *Dynamics of International Advertising*. New York: Peter Lang.

Pruzan, T. (1994. 2. 21). "Global Media," *Advertising Age*.

Synodinos, N., Keown, C., & Jacobs, L. (1989). "Transitional Advertising Practices: A Survey of Leading Brand Advertisers," *Journal of Advertising Research*, 29(2).

http://www.wan-press.org/IMG/pdf/doc-514.pdf, undated.

19장 광고 사례

사례 연구는 광고 이론들이 실제 현장에서 어떤 식으로 적용되고 있는지를 종합적으로 들여다볼 수 있는 좋은 수단이다. 시장 환경은 매우 다양하고 끊임없이 변화하기 때문에, 각 브랜드들이 당면한 문제도 그만큼이나 다채롭다. 브랜드들이 어떠한 전략으로 경쟁과 위기 상황을 슬기롭게 헤쳐 나갔는지를 살펴보자.

이 장에서는 수십 년 동안 국내 커피를 대표해 온 동서식품의 맥심과 브랜드 숍 화장품 시장에 후발 주자로 진입해서 독자적인 브랜드 포지셔닝을 성공시킨 스킨푸드를 소개한다. 이들 사례에 덧붙여 미국의 광고 사례를 유형별로 정리하였으며, 마지막으로 프리젠테이션에 대해 설명하였다.

1. 동서식품의 맥심

1) 커피 시장의 배경

1895년 고종 황제가 커피 맛에 반한 이후, 커피는 1930년대 다방을 통해 사회 저변으로 파고든다. 한국 전쟁을 거치면서는 미군을 통해 가루 커피가 소개되었고, 동서식품은 1970년 국내 처음으로 가루 커피를 생산하면서 커피 시대를 본격적으로 열었다(김광수 · 오주섭 · 서현진, 2008).

요즈음의 커피 시장을 살피면, 그 종류가 매우 다양하다. 2004년 소비자 가격을 기준으로 2조 5000억 원으로 추산되는 커피 시장을 세분하면 다음과 같다. 가루 커피 3500억 원(14%), 커피 믹스(설탕과 프림을 배합한 커피) 7500억 원(30%), RTD

(Ready To Drink) 5000억 원(20%), 다방 커피 6500억 원(26%), 커피 전문점 2000억 원(8%), 원두커피 500억 원(2%). 각 상품 군에서도 새로운 상품이 등장함으로써 커피의 시장 규모는 더욱 확대되고 있다. 일례로 커피 전문점은 2008년 1조 1300억 원을 기록한 데 이어서 2009년에는 1조 3000억 원으로 전망되고 있다. RTD 역시 캔커피나 컵 커피에 이어 뉴보틀*new bottle* 커피가 등장하고 있다. 외관은 PET병과 비슷하지만 알루미늄 재질이어서 냉온장이 모두 가능할 뿐만 아니라 마개가 있어 여러 차례 나눠 마실 수 있어 새로운 상품군으로 부상하고 있다.

이와 같은 시장의 확대는 물론 우리나라의 커피 소비량 증가에 기초한다. 2005년 기준으로 국민 1인당 1년에 평균 347잔(2009년에는 440잔)을 마셨으므로 하루 1잔꼴로 마신 셈이다. 세계적으로는 11위. 그렇지만 인스턴트 커피만을 따진다면 세계 최고다. 왜냐하면 국내 커피 소비의 비중에서 원두커피 점유율 20% 내외를 제외하면(커피 전문점과 원두커피, 그리고 일부 다방 커피), 80%가 인스턴트 키피이기 때문이다. 그중에서도 가루 커피와 커피 믹스의 비중이 크다는 사실을 확인할 수 있다. 오죽하면 인스턴트 커피를 '커피'라는 명사로 일반화하고, 크림이 들어가지 않은 커피를 오히려 '원두커피'라고 부를까(강준만 · 오두진, 2005).

이런 맥락에서 본 사례에서는 인스턴트 커피에 초점을 맞춰 전개하였다. 특히 동서식품은 국내에 처음으로 가루 커피를 출시하였을 뿐만 아니라 1976년에는 커피 믹스라는 새로운 카테고리를 세계 최초로 내놓음으로써 인스턴트 커피 시장을 선도한다. 커피 믹스는 커피 한 스푼에 설탕 세 스푼, 프림 두 스푼의 배합을 통해 간편성과 편의성을 앞세운 제품이다. 낚시나 등산 중에도 뜨거운 물만 있으면 커피를 마실 수 있다는 당시의 광고가 그런 개념을 뒷받침한다. 이처럼 커피 시장을 리드한 동서식품은 1980년부터는 맥심 브랜드로 국내 인스턴트 커피 시장을 장악한다.

그러나 1990년대에 들어서 글로벌 기업인 네슬레의 테이스터스 초이스와 경쟁에 직면하게 된다. 이에 동서식품에서는 1996년부터 4년마다 브랜드를 점검하고, 위상을 새롭게 하는 리스테이지를 단행하였다. 품질과 디자인을 비롯한 마케팅 커뮤니케이션 전략을 점검하여 변화하는 소비자 기호에 맞추는 것이다. 과연 승승장구하던 국내 브랜드가 강력한 해외 브랜드에 맞서서 어떻게 대처했는지, 그 전략을 이제부터 살펴보자.

2) 상황 분석

(1) 시장 분석

동서식품은 1970년 맥스웰하우스를 내놓은 뒤 한때 한국 커피 시장을 99%까지 점유했었다. 1970년대는 두 자릿수의 눈부신 경제 발전과 함께 국민들의 소비 욕구도 증대되던 시기. 소비자들의 욕구가 점차 고급스러워지는 추세를 포착한 동서식품은 커피의 향과 맛을 살린 고급 냉동 건조 커피 맥심을 1980년에 출시하게 된다. 그리고 맥심의 독주는 1989년 강력한 경쟁자인 테이스터스 초이스가 나타날 때까지 계속되었다.

비록 경쟁자가 나타났지만 이후의 사회 분위기는 맥심에 긍정적으로 기여한 측면이 없지 않다. 무엇보다 1997년 외환 위기를 겪으면서 알뜰 구매가 성행하였고 외제 선호도는 예전 같지 않게 되었다. 맥심은 경쟁 제품에 비해 15% 정도 저렴한 가격 경쟁력을 지니고 있었던 것이다. 게다가 구조 조정의 여파로 직장 내에서 커피 심부름이 사라지면서 커피를 스스로 타 마시는 풍조가 성행하였다. 물론 온수기의 보급도 한몫하였지만. 그리고 맥심의 커피 믹스가 급성장을 하면서 맥심 브랜드의 위치를 공고하게 만들었다.

(2) 경쟁사 분석

네슬레는 1979년 농어촌개발공사와 합작한 한서식품을 설립하여 국내에서 이유식 등을 제조하였다. 1987년에는 두산그룹과 함께 '한국네슬레'를 설립하면서 1988년 한서식품의 상호는 '한국네슬레'로 변경된다. 그리고 1989년 테이스터스 초이스 브랜드를 출시한다. 사실 테이스터스 초이스는 한국 시장에 정식으로 선보이기 이전부터 암시장이나 해외 교포 및 수입 업자를 통해 국내에 광범위하게 알려져서 벌써 명성을 얻고 있던 터였다. 그 브랜드가 이제 본격적으로 경쟁에 참여한 것이다.

당시 커피를 구매할 때, 선택의 여지가 별로 없었던 한국 소비자들에게 외국을 배경으로 젊은 커리어 우먼의 일상을 보여 주는 테이스터스 초이스 광고는 신선하게 다가왔다. 더욱이 외국 제품에 대한 선호도와 함께 고급스럽고 세련된 이미지는 한국 소비자들의 마음을 파고들었다. 특히 1999년에 한국네슬레는 단일 브랜드 전략 대신에 멀티 브랜드 전략을 채택한다. 한국 소비자의 입맛에 맞춰 오리지널 초이스와 함께 진한 초이스를 선보인 것이다. 이와 같은 공세로 테이스터스 초이스의 시장 점유율은 40%를 넘어서 맥심을 위협한다. 이에 맥심은 2000년 또다시 전면적인 브랜드 진단에 들어가며 그동안의 광고 전략에도 수정을 가하지 않을 수 없게 된다.

(3) 제품 분석

경쟁 제품인 테이스터스 초이스 오리지날에 비해 맥심은 남성적이고 강한 맛, 중후한 중년의 모습, 무거운 브랜드 이미지의 느낌이 강했다. 그래서 시장 점유율이 1위임에도 불구하고 브랜드 이미지 조사에서 고급스러움, 세련됨, 고품질 측면에서는 테이스터스 초이스보다 비교 우위를 구축하지 못한 상황이었다.

이에 맥심은 제품의 품질과 패키지 등을 전반적으로 개선하는 브랜드 리뉴얼을 실시하게 된다. 특히 1차 리스테이지에서는 '맛'과 함께 커피 품질의 중요한 두 축이라 할 수 있는 '향'의 개념을 선점하기 위해 '선택적인 향회수 공법*selected aroma technology*'이라는 신기술을 도입하고, 제품 품질을 개선함으로써 브랜드 이미지를 강화하였다. 구체적으로는 향을 통해 제품 품질의 변화 및 경쟁사와의 차별화를 꾀하였던 것이다. 맥심 오리지날은 커피 본연의 맛과 향을, 맥심 모카골드 마일드는 부드러운 맛과 향을, 맥심 유로피안 리치는 깊은 맛과 향을 각각 강조하였다.

(4) 소비자 분석

소비자들은 커피를 선택할 때 어떤 요인을 중시할까? 일반적으로 중시하는 요인은 맛과 향이었다. 특히 부드러운 맛, 미묘한 향, 자신의 입맛에 맞는 맛을 중요하게 평가하였다. 이들 결정 요인은 맥심을 마시든, 테이스터스 초이스를 마시든 상관없이 모든 커피 소비자에게서 공통된 현상이었다.

그렇지만 이러한 제품의 속성만이 커피 맛을 결정하는 것은 아니다. 브랜드의 이미지 역시 맛에 영향을 끼친다. 커피 맛의 체험은 총체적이기 때문이다. 그런 맥락에서 젊고 세련된 도회적 이미지의 경쟁사 제품이 맥심을 위협하기 시작한다. 중요한 구매 세력인 여성들이 부드럽고 세련된 여성적 이미지를 지낸 테이스터스 초이스에 호감을 갖게 된 것이다.

그러나 맥심의 주된 목표 시장은 30~40대 주부층으로서 테이스터스 초이스의 20~30대 직장 여성들과는 차별적이었다. 특히 맥심은 소비자 조사를 통해서 다른 제품과는 달리 주부들이 자신을 위해 구매하는 제품 중 하나가 바로 커피라는 사실에 주목했다. 그래서 브랜드 리스테이지를 통해 제품력을 강화하는 동시에 바로 이 '여심'을 읽는 데 노력을 기울인다.

3) 마케팅 목표 및 전략

1980년대 맥심이 독보적인 시장 지위를 지니고 있을 때는 단일 브랜드 전략을 구사했다. 그렇지만 1989년 네슬레가 시장에 진입하자, 맥심은 멀티 브랜드 전략을 통해 라인 확장을 꾀하였다. 시장 선도 브랜드로서 인스턴트 커피 시장 전체를 활성화시켜 시장 규모를 키우자는 것이었다. 따라서 1990년대 중반까지는 기존의 정통 이미지를 유지하면서 소비자에게 좀 더 친근하게 다가설 수 있는 접근이 맥심 전략의 기조를 이루었다.

이어서 1996년 1차 브랜드 리뉴얼을 단행하면서 맥심은 좀 더 적극적인 시각으로 마케팅 전략을 펼친다. 이른바 엄브렐라*umbrella* 전략을 수립하는데, 이는 맥심을 선두로 다양한 서브*sub* 브랜드들을 개발하는 데 역점을 두는 것을 의미한다. 일련의 브랜드 재정립을 통해 맥심 브랜드력을 강화하는 것은 물론 개별 브랜드들의 캠페인을 동시에 전개함으로써 보다 강력한 제품 포트폴리오 구축에 나선 것이다.

그리고 2000년의 2차 리스테이지에서는 맥심 브랜드 자산을 강화하고 시장 점유율을 확대할 것을 마케팅 목표로 삼았다. 구체적으로는 시장 점유율을 65% 이상 달성하고 브랜드 이미지의 종합 평가에서도 1위가 되는 것을 목표로 설정한다. 이를 위해 네오 엄브렐라 전략을 마케팅 전략으로 내세운다. 이는 보다 공세적인 접근으로서 개별 브랜드를 전면에 내세우기 시작하였음을 뜻한다.

4) 광고 목표 및 전략

(1) 광고 목표

광고는 맥심의 브랜드력을 강화시키기 위해 커피 본연의 맛과 향을 강조하는 데 주안점을 두고 있다. 특히 1차 리스테이지를 통해서는 맥심의 '향' 개념을 비교 우위에 설 수 있도록 설정하는 데 초점을 맞췄다. '향이 좋은 커피'는 맥심의 변함없는 광고 메시지였으며 개별 브랜드 간의 제품 포지셔닝도 이 개념과 연계되어 진행되었다.

뒤이은 2차 브랜드 리스테이지 시점에서는 새로운 화두가 떠올랐다. 그동안 핵심 편익을 잘 잡아내어 '향이 좋은 커피'라는 정통 커피의 만족감을 잘 전달해 왔는데 광고가 거듭되면서 이제 이 '향'을 어떻게 표현하느냐가 중요한 과제로 대두된 것이다. 결국 맥심의 향을 맥심 브랜드와 연결시킴으로써 브랜드 자산으로 구축하는 것이 주된 광고 목표라고 할 수 있다.

(2) 광고 전략

과거 맥심의 광고는 정에 민감하고 사람 사이의 소통에 목말라 있는 한국인의 정서를 잘 반영했다는 평가를 받았다. '가슴이 따뜻한 사람과 만나고 싶다'는 1980년대의 명사 시리즈 광고는 맥심을 한국의 대표적인 인스턴트 커피로 확고히 하는 데 일조했다. 1980년대 후반에는 테이스터이스 초이스 경쟁자를 맞이하여 윤석화의 '나도 부드러운 여자예요'를 내세워 라인 확장 전략을 지원하기도 했다.

그러나 1996년의 1차 리스테이지에서는 이전까지의 남성성이나 중후한 느낌 대신에 30~40대 주부를 타깃으로 한 캠페인을 펼쳤다. 이는 인스턴트 커피의 실질적인 구매자이자 소비자가 누구인지를 확인하는 기본이었던 셈이다. 사실 일반 가정에서는 30~40대 주부가 가족의 경제권을 장악하고, 가족을 고려하여 선택 및 구매가 이뤄진다. 그렇지만 인스턴트 커피 품목을 선택할 때 주부는 일반 상품과는 다른 의사 결정 과정을 거친다.

동서식품의 마케터와 맥심 광고를 제작, 집행하는 제일기획 측에 따르면 커피는 '주부들이 자신을 위해 구매하는 몇 안 되는 제품 중 하나'였다. 즉 어머니로서 동시에 아내로서 분주한 일상에서 벗어나 오롯이 나 자신을 위한 휴식 시간으로서 커피가 갖는 의미가 각별했던 것이다. 따라서 자신을 옥죄는 일상의 대척점에 로맨스를 놓는 여성들의 취향을 광고에서 적극적으로 끌어안아야 했다. 그래서 커피의 향은 '사랑의 향기'가 되었고, 커피를 마시는 순간은 '사랑에 빠진 그때'가 되었다.

이때부터 맥심 광고는 선남선녀들의 드라마 같은 사랑을 담아내기 시작한다. 이 땅의 모든 여성들은 어머니와 아내, 또 사회 구성원으로서 복잡하고 다양한 책임과 과중한 요구에 묻혀 현실을 살아가고 있지만 마음속에는 항상 소녀 시절부터 간직해 온 멋진 사랑과 로맨스의 주인공이고 싶어 한다. 즉 주부들의 속내, 바로 여심이 핵심적인 광고 컨셉트가 된 셈이다.

5) 크리에이티브 전략

맥심의 새로운 캠페인은 이러한 여심을 잘 읽어 내어 이를 광고로 표현하게 된다. 즉 커피의 향과 사랑을 절묘하게 연결시킨 표현 전략이 관건이다. 1차 리스테

그림 19-1. 한석규와 심은하의 맥심 커피 광고(TV와 인쇄)

이지에서는 한석규와 황수정이 등장하여 '이 세상 가장 향기로운 커피는 당신과 마시는 커피입니다'를 속삭였다.

2차 리스테이지에서도 향기는 중요한 크리에이티브 요소였다. 그래서 '자꾸 자꾸 당신의 향기가 좋아집니다,' '당신의 향기가 나를 행복하게 합니다'라는 카피를 통해 이러한 '여심'을 표현하고 나아가 맥심 브랜드의 아이덴티티로 확립되도록 하였다.

그렇다면 이러한 커피 향기와 같은 사랑을 가장 잘 전달할 수 있는 모델은 누구일까? 소비자 조사를 통해 커피처럼 은은하고 부드러운 이미지의 한석규와 가녀린 여성스러움을 가장 많이 담고 있던 심은하를 기용하게 된다. 두 명의 빅 모델을 등장시킴으로써 시너지 효과를 기대할 수 있다는 것도 모델 선택의 요인으로 작용하였다. 그리고 한석규와 심은하를 시작으로, 이후 한석규-고소영, 이정재-이미연, 장동건-수애 등으로 이어진다. 주부들이 가장 좋아하는 모델 커플들의 등장은 이러한 '관계, 만남, 사랑, 공유, 추억' 등의 정서를 배경으로 하고 있으며 이 모든 것들이 결국 '사랑의 향기'라는 키워드를 만들어 내는 데 일조하게 된다. 향의 감정적 소구인 셈이다.

6) 매체 전략

2차 리스테이지를 전개하면서 인쇄 매체 및 방송 매체, 판촉 등을 집행하였다. 그 중에서 텔레비전 광고비의 내역을 제시하면 표 19-1과 같다. 이 수치는 정확한 예

표 19-1. 맥심의 텔레비전 광고(단위: 100만 원)

	'00 4월	5월	6월	7월	8월	9월	10월	11월	12월	'01 1월	2월	3월	계
광고비	600	600	600	700	800	850	850	850	550	550	450	500	7900
GRP	900	650	750	800	800	850	1000	1200	800	750	600	600	9700

산을 반영한 것이 아니라 예산 규모를 개략적으로 소개하기 위한 것임을 밝힌다.

1년간 텔레비전 예산은 약 79억 원으로서 경쟁사와 비교할 때 광고비 점유율 *Share of Voice*은 60% 내외인 것으로 추산된다. 동일한 광고비 수준이더라도 여름에 비해 겨울철의 GRP 수준이 높게 나타난 것이 흥미롭다. 날씨가 추워지면 그만큼 텔레비전 앞에서 보내는 시간이 많다는 것을 알 수 있다.

7) 광고 그후

장수 브랜드가 되는 길은 쉽지 않다. 그러나 20~30여 년을 브랜딩에 꾸준히 투자하여 장수 브랜드가 되는 사례들이 점점 늘어나고 있는 추세이며, 맥심도 그 가운데 하나이다. 동서식품의 인스턴트 커피 부문 시장 점유율은 1989년 경쟁사의 시장 진입 이후 60% 이하로 떨어졌으나, 최근에는 70%를 상회하는 수준으로 회복되었다. 무엇보다 커피의 품질 개선에 역점을 두었을 뿐만 아니라 두 번에 걸친 대대적인 브랜드 리스테이지 캠페인을 통해 맥심의 이미지를 소비자에 전달하는 데 성공했기 때문이다. 특히 고급스러움, 좋은 품질, 향이 좋은 커피 등 브랜드 이미지에서 상당한 개선을 이뤄 냈다는 점은 주목할 만하다.

한 브랜드가 장수하기 위해서는 변화하는 소비자의 욕구를 수용하기 위해 끊임없이 제품과 이미지를 개선함으로써 브랜드 가치를 제고해야 한다. 맥심의 마케팅 역사 역시 부단한 품질과 브랜드 이미지 개선의 역사이다. 소비자가 원하는 품질을 제공하고, 브랜드에 대한 새로운 이미지를 더함으로써 경쟁 환경과 소비자 욕구의 변화를 넘어설 수 있음을 여실히 보여 주고 있기 때문이다.

더구나 국내 소비자의 입맛은 까다롭기 그지없다. 어떤 브랜드도 안주할 수 없는 상황인 것이다. 맥심도 예외는 아니다. 소비자들의 마음과 시대의 흐름을 읽는 노력은 끊임없이 지속되어야 한다. 특히 국내 시장에서 급속도로 확산되고 있는 스타벅스나 커피빈이 주도하는 에스프레소 시장이나, 테이크 아웃 커피점의 공세는 실질적인 위협이다. 더욱이 곡물차나 녹차 음료의 유행도 간과할 수 없다.

최근의 경쟁은 상품군을 넘나들기 때문이다. 이런 상황에서 맥심은 어떻게 대응할 것인가? 이 책을 읽는 여러분들이 마케터라면 어떤 전략을 내놓을 것인가?

2. 스킨푸드

1) 시장 배경

(1) 국내의 화장품 산업

최초의 국산 화장품은 1916년부터 제조되기 시작해 1919년에 상표가 등록된 박가분이라고 할 수 있다. 박씨 집안에서 만든 연분鉛粉이라는 뜻. '박가분을 물에 개어서 얼굴에 바른다'는 신문 광고도 냈을 뿐 아니라 하루에 5만 갑이 팔릴 정도로 인기가 있었지만, 납 중독 폐해가 발생하자 결국은 1937년에 사라진다(장병길, 2003. 8. 9).

따라서 국내에서 화장품이 본격적으로 상품화된 것은 해방 이후라고 볼 수 있다. 1945년에 창립된 태평양(현 아모레퍼시픽)이 메로디크림과 ABC포마드 등을 내놓았으며, 1947년에는 락희화학(현 엘지화학)이 럭키크림을 출시한 것이 대표적 사례라고 할 수 있다. 그렇지만 당시에는 외제 밀수품이 범람하여 급기야 1960년 5 · 16 쿠데타 이후 정부에서는 국내 산업 보호를 위한 조치로 특정 외제 상품 판매금지법을 제정하게 되었다. 이를 계기로 기반을 구축하게 된 국내 화장품 산업은 1970~80년대의 경제 성장과 더불어 고성장을 거듭하게 되었다. 1970년대에는 연평균 40%, 80년대는 20%의 성장률을 기록했다(송민아 · 김화영, 2004. 5).

그렇지만 1980년대 후반부터 1990년대를 거치면서 수입 자유화 조치, 유통업 개방 등을 맞이하게 된다. 즉 본격적으로 국제화와 개방화 시대가 펼쳐진 것이다. 이에 따라 외국 자본과 수입 화장품의 국내 시장 잠식이 가속화되었다. 수입 화장품은 1990년대 10~20% 내외의 시장 점유율에서 2000년대에는 30%를 넘나들게 되었다(김지영, 2000. 11. 17). 이러한 상황에 대처하기 위해 국내 화장품 산업은 국제 경쟁력 향상이라는 시급한 과제를 떠안게 된다. 제품의 품질 향상, 기술 개발, 유통 구조 개선 등의 측면에서 구조적 전환기에 직면한다.

특히 소비자의 욕구에 맞춰 급변하는 화장품 유통은 업계의 화두로 떠오른다. 일반적으로 화장품 유통은 방문 판매, 백화점, 무점포 유통, 시중 판매로 나뉜다. 첫째, 방문 판매는 영업 사원이 가가호호 방문하는 형태. 화장품 행상인인 매분구가 여염집을 방문한 것은 조선 시대부터였지만, 1964년 태평양에서 아모레를 출시하면서 가정 판매를 실시한 것이 현대적 방문 판매의 효시. 약 10만 명의 주부 영업 사원이 화장품 매출의 30% 내외를 담당한다. 둘째, 백화점은 에스티로더, 로레알 등으로 대표되는 고가의 수입 브랜드들을 판매하는 데 주력하고 있다. 백화점 화장품 판매액의 80% 내외가 이들 수입 화장품들로서 소비 양극화 현상의 한 축을 이룬다. 최근에는 국내 대기업의 토종 브랜드와 수입 브랜드가 치열하게 경쟁하면서 지속적인 성장을 보이고 있다. 셋째, 무점포 유통은 인터넷과 홈 쇼핑이 주축을 이룬다. 인터넷의 경우 종합 몰과 전문 몰이 경쟁하고 있으며, 홈 쇼핑에서는 GS와 CJ, 그리고 롯데가 경합을 벌이고 있다. 마지막으로 시중 판매는 전통적으로 화장품 가게, 즉 화장품 전문점을 통해 이뤄졌다. 전국적으로 8000여 개가 있으며 한때 화장품 매출의 80%를 차지할 정도로 가장 큰 유통 경로였다. 1990년대까지만 해도 전문점이 구색 및 가격 경쟁력을 갖췄을 뿐만 아니라 화장품 가격에 따른 유통별 차별화가 잘 구축되어 있었기 때문이었다. 이를테면 전문점의 대표 화장품 가격대는 1만 원, 백화점은 3만 원대. 그러나 최근 국내 화장품이 비싸지면서 수입 화장품과 별 차이가 없게 되자 가격 경쟁력을 잃는 등 위축되는 추세다(김진일, 2004. 1. 9). 게다가 브랜드 숍의 등장은 화장품 업계의 지각 변동을 예고하고 있다.

(2) 브랜드 숍 화장품의 출현

1990년대 중반까지만 하더라도 국내 화장품은 매출의 70% 이상을 할인 판매에 의존하고 있었다. 즉 제조업자가 권장 소비자 가격을 턱없이 비싸게 올려놓고, 소비자에게 40~60% 할인해 준다면서 판매를 꾀했던 것이었다. 따라서 마구잡이식 할인 및 판매로 인해 소비자들은 화장품 가격에 대한 불만이 극에 달하였다.

그런데 1995년 국내 화장품 시장을 깜짝 놀라게 한 사건이 벌어졌다. 제일제당이 '식물나라'를 슈퍼마켓용 화장품으로 내놓았기 때문이었다. 슈퍼를 통해 판매되는 정찰제 화장품의 등장은 소비자의 가격 욕구와 절묘하게 맞아 떨어졌던 것이다. 그리하여 '식물나라'는 출시 1년 만에 130억 대의 매출을 기록하였다. 이런 여파로 공정거래위원회는 1999년부터 '권장 소비자 가격'을 폐지하고 최종 판매업자가 제품 가격을 결정하는 '오픈 프라이스제'를 채택하게 된다. 유통업자들이 가격 경쟁을 통해 경쟁을 촉진할 수 있는 제도를 만들어 준 셈이다.

그렇지만 슈퍼마켓용 화장품들은 신상품이 등장했던 초반의 신선도가 사라지면서 곧 브랜드 노후화로 이어졌다. 더욱이 뒤이은 '기능성 화장품' 시대에 진입하면서 슈퍼 유통의 화장품은 점차 막을 내리고 만다. 그리고 화장품 시장은 2000년을 전후로 근본적인 변화를 거친다. 여기에는 소비자의 인식 변화가 중요 요인으로 작용했다. 경제 위기를 겪으면서 냉철해진 소비자들이 '브랜드' 또는 '가치'를 중시하는 과시적 소비와 실용적 소비를 겸비하기 시작한 것이다. 다른 사람의 눈에 띄는 화장품 혹은 자기만족을 꾀할 경우에는 고가의 유명 브랜드를 쫓아서 구매하고, 그렇지 않을 때는 가격 대비 값어치를 따지거나 품목별로 특화된 브랜드를 실속 구매하게 되었다. 이에 따라 예전 같았으면 단순한 이미지 차이로 선택되었을 중위권 브랜드가 외면당하게 되었다.

화장품 구매의 합리성과 자아 표현을 겸비한 소비자의 인식 변화는 화장품 브랜드의 경쟁 규칙을 바꿔 놓았다. 가장 큰 유통 경로였던 화장품 전문점이 위축되고 브랜드 숍이 등장하면서 브랜드 숍 화장품 카테고리가 생겨난 것이다. 이런 배경에는 2000년에 3300원이라는 초저가로 화장품의 거품을 뺀 미샤가 자리잡고 있다. 인터넷뿐만 아니라 오프라인에서도 브랜드 숍을 개점함으로써 고객에게 직접 다가가는 유통 전략이 효과적이었던 셈이다. 그러자 더페이스샵, 스킨푸드 등이 브랜드 숍 화장품의 뒤를 이었다. 과연 후발 주자인 스킨푸드는 경쟁 브랜드들을 대상으로 어떤 차별화된 전략을 펼칠 것인가?

2) 상황 분석

(1) 시장 분석

화장품은 전형적인 내수 산업인데, 2003년 '카드 대란' 이후 소비 버블이 붕괴되면서 화장품 시장은 직격탄을 맞았다. −8.4%의 마이너스 성장을 기록하고 잔뜩 위축되어 있었던 것이다. 이러한 경기 위축은 반대급부로 초저가 화장품에 대한 수요를 폭발시키는 기제로 작용했다. 그 선두에 미샤와 더페이스샵이 자리하고 있었다. 이들은 화장품 용기와 포장비에서의 거품을 빼고, 광고비를 줄임으로써 개당 3000~4000원의 화장품을 생산하였다. 아울러 자체 브랜드 숍을 통해 판매하는 방식으로 마케팅을 주도하며 성장을 이끌어갔다.

브랜드 숍 화장품 시장의 성장 가능성을 지켜본 여타 화장품 회사들이 너도나도 뛰어들면서 이 시장은 폭발적으로 성장하게 된다. 태평양, LG생활건강 등의 대기업은 물론 중소 화장품사인 한불화장품, 소망화장품 등도 가담한다. 스킨푸드가 출시를 준비하던 2004년은 이런 와중에 있었다.

(2) 경쟁사 분석

2003년 국내 브랜드 숍 화장품 시장을 열었던 미샤는 '믿을 수 없는 싼 가격'을 내세워 시장을 공략했다. 사실 화장품은 그간 '유통 구조의 복잡화'와 '고가 제품은 무조건 좋다'라는 인식으로 인해 원가가 차지하는 비중은 소비자 가격의 20% 미만임에도 불구하고 터무니없이 비쌌다. 게다가 스타를 활용한 이미지성 광고가 거의 필수적이었으므로 그 비용까지 덧붙여지면 화장품 가격이 올라가지 않을 수 없는 구조였다.

이러한 화장품들의 고가 전략에 반기를 들고 가장 먼저 도전한 것이 바로 미샤였다. 미샤는 브랜드 숍을 통한 직거래 시스템의 도입으로 기존의 화장품 유통 구조와는 차별화된 전략을 구사하면서, 화장품 시장에 가격 혁명을 일으킨다. 일반적으로 아무리 저렴해도 1, 2만 원을 호가하던 스킨로션이 3300원이라는 파격적 가격에 공급되자 소비자들로부터 엄청난 반향을 불러일으키게 되고, 입소문은 급물살을 타기 시작해 '미샤'는 설립 4년 만에 1114억 원 매출을 달성하는 등 초고속 성장세를 보인다.

하지만 초저가라는 가격 이외에 별다른 브랜드 자산을 구축하지 못한 미샤는 뒤이은 더페이스샵의 공격에 선두 자리를 빼앗기고 만다. 더페이스샵은 2003년 12월, 미샤에 뒤이어 브랜드 숍 화장품 시장에 뛰어들었는데, 처음에는 미샤와 유사한 비즈니스 모델에서 출발하였다. 그러나 단순히 저렴한 가격 소구에 그치지 않고 소비자들 마음속에 고급스러운 자연주의 개념을 확고히 심어 나갔다. 그 결과, 진출 2년 만에 선두 주자였던 미샤를 앞서나가게 된다. 더페이스샵은 제품과 매장의 인테리어, 그리고 광고에서도 자연주의 컨셉트를 일관되게 유지함으로써 소비자에게 친환경적인 브랜드 이미지를 심어 주었다. 게다가 권상우(2009년 이후에는 배용준과 전지현)와 같은 빅 스타를 내세운 광고 전략까지 곁들여 10대에서 40대에 이르는 다양한 소비자 연령층을 확보하는 데 성공했다.

(3) 제품 분석

스킨푸드는 회사 이름에서 알 수 있듯이 '먹어서 좋은 음식은 피부에도 좋다'는 아주 쉽고도 명확한 생각에서 출발한 자연주의 컨셉트의 화장품이었다. 전 제품을 흑설탕, 쌀, 딸기, 수박, 오이, 상추 등의 과일과 야채로 피부에 좋은 푸드를 원료로 1000여 가지 품목의 제품을 출시하고 있다. 경쟁사 제품 라인에 음식을 재료로 만든 화장품이 없는 것은 아니었으나 스킨푸드처럼 모든 제품 라인에 일관된 개념을 적용해 제품 포트폴리오를 구성한 경우는 없었다.

또한 스킨푸드에서는 고가가 아님에도 불구하고 독특하고 고급스러운 패키지 디자인을 통해 품질과 가격의 고정 관념을 깨뜨리고자 했다. 경쟁사들이 용기의 거품을 빼고 저가 전략을 추구한다고 밋밋한 흰색 튜브나 장식 없는 용기들을 전략적으로 사용한 것과는 대조적이었다. 게다가 스킨푸드 화장품은 OEM 방식을 통해 제품을 공급받는 경쟁사들보다 제품의 품질 관리 및 연구 개발 등에서 경쟁 우위를 지녔다.

(4) 소비자 분석

경기 위축으로 합리성을 추구하게 된 소비자들이었지만 단순히 가격에 혹하는 현상은 결코 오래가지 않았다. 처음에는 3300원짜리 스킨로션에 열광했던 소비자들도 시간이 흐르자 다시금 고가의 기능성 화장품들에 눈을 돌리거나, 저가 제품 중에서도 유기농과 같이 컨셉트가 명확해야 관심을 갖게 되었다. 때마침 자연주의 화장품들의 붐이 일었는데 스킨푸드는 바로 이러한 흐름을 잘 포착했다. 당시 식재료(와인, 과일, 계란, 우유, 꿀 등)를 가지고 집에서 화장품을 만들어 쓰는 것이 유행이었고 개인 블로그를 통해 이런 트렌드가 확산되곤 했는데, 스킨푸드는 이러한 트렌드를 자신들의 브랜드 출시에 유리하게 활용했다. 소비자들에게 '화장품은 화학 물질로 만들었다'는 고정 관념이 있음을 파악하고, 스킨푸드의 전 제품들

표 19-2. 스킨푸드의 시장 분석 SWOT

S	W
- 오랜 화장품 기술과 노하우 - 자체 연구소 보유에 기초한 뛰어난 제품력 - 차별화되는 제품 컨셉트와 합리적 가격대	- 후발 주자로서의 불리한 위치 - 경쟁사 대비 마케팅 및 광고 비용 적음 - 상대적으로 적은 점포 수
O	**T**
- 경기 침체로 인한 실속 구매 가능성 증대 - 화장품 사용 인구의 연령층이 낮아지면서 브랜드 숍 화장품 시장의 성장 가능성	- 대기업의 브랜드 숍 화장품 진출로 치열해지는 경쟁 상황 - 기능성 화장품의 득세

은 해로운 인공 첨가물이 들어 있지 않은, 먹는 식재료로 만든 자연주의 제품임을 강조한 것이다.

이러한 상황 분석의 결과를 요약하면 표 19−2와 같다.

3) 마케팅 목표 및 전략

상황 분석 결과, 비록 경쟁이 치열한 브랜드 숍 화장품 시장에 후발 주자로 뛰어든 약점을 안고 있지만 뛰어난 제품력과 차별화되는 컨셉트, 그리고 앞으로의 시장 성장 가능성을 고려할 때 스킨푸드는 충분한 잠재력을 지닌 것으로 보인다. 이에 따라 스킨푸드는 마케팅 목표를 다음과 같이 설정하였다. "25세에서 34세의 여성 소비자를 목표 시장으로 브랜드 숍 화장품 시장에서 '피부의 아름다움과 건강을 추구하는 No.1 푸드 코스메틱 브랜드'를 구축할 것. 이를 기초로 상품 기획 단계부터 생산 및 판매에 이르기까지 일관된 브랜드 아이덴티티 확립을 위해 지속적으로 노력하고, 장기적으로 브랜드 로열티를 확보하기 위한 고객 관리 활동에 주력하기로 한다. 또한 스킨푸드는 독특한 푸드 컨셉트의 제품을 과도한 유통 마진과 판촉 비용을 줄인 합리적인 가격대로 소비자에게 전달하고, 체험 마케팅을 중심으로 하는 전략적인 통합 마케팅 활동으로 비용 대비 효율을 제고하기로 한다.

4) 광고 목표 및 전략

(1) 광고 목표

스킨푸드가 출시되던 시점인 2004년 12월은 미샤와 더페이스샵이 발군의 우위를 점하고 있던 시기였다. 선발 주자였던 미샤는 철저하게 저가 정책으로 먼저 입지를 굳혔고, 뒤이은 더페이스샵은 당시 소비자들의 트렌드를 이끌던 자연주의 컨셉트를 확고하게 선점함으로써 선발 주자를 뛰어넘는 초고속 성장세를 보이고 있었다. 게다가 대기업들도 브랜드 숍 화장품 브랜드를 속속 출시하며 화장품 시장은 그 어느 때보다 치열하게 경쟁하고 있었다.

후발 주자로 브랜드 숍 화장품 시장에 뛰어든 스킨푸드에게는 그 무엇보다 브랜드 차별화가 중요했다. 강력한 선도자들이 굳건히 선점하고 있는 시장에서 성공적으로 브랜드를 차별화할 수 있는 전략은? 단순히 가격만으로 소구하거나 추상적인 자연주의 이미지를 내세워서는 시장 진입에 성공하기 어려울 것으로 판단했다. 그들의 선택은 매우 심플했다. 기본에 충실할 것. 그 어떤 공허한 약속보다, 화려한 이미지보다 강력한 것이 바로 먹는 식품으로 만든 그들의 제품 그 자체라는 것에 착안하였다.

스킨푸드는 '먹어서 좋은 음식은 피부에도 좋다'는 매우 쉽지만 명쾌한 생각에서 출발한 '먹는 화장품'이라는 컨셉트를 도출하였다. 그리고 이를 일관되게 소비자들에게 알리기로 마음먹었다. 즉 먹는 음식으로 만든 그들의 제품 자체가 차별화의 가장 핵심이었으므로 '스킨푸드를 가장 자연주의적이고 친환경적인 화장품으로 포지셔닝할 것'을 광고 목표로 잡았다.

(2) 광고 전략

먹을 수 있는 맛있는 재료로 만든 화장품은 왠지 소비자로 하여금 피부에도 좋을 것 같다는 생각을 불러일으키게 만든다. 우리가 일상적으로 쉽게 접하고 취사하거나 먹는 음식들이 화장품의 주재료가 되어 돌아옴으로써 더 친근하고, 안전하며 편안한 느낌을 스킨푸드와 연계시키도록 한다. 이러한 이미지 전략은 고객이 지향하는 욕구와도 상응하였다. 그리하여 맛있는 음식으로 만든 먹는 화장품이라는 컨셉트에 기초하여 '먹지 마세요, 피부에 양보하세요'라는 광고 메시지를 도출하게 된다.

그림 19-2. 성유리의 스킨푸드 광고(TV와 인쇄)

5) 크리에이티브 전략

광고 메시지를 소비자들에게 전달하는 방법으로서 크리에이티브가 중요하며, 특히, 화장품 광고의 경우는 모델의 선택이 중요한 과제다. 스킨푸드는 성형 미인이 판치는 세상에서 상대적으로 청순하고 깨끗한 아기 피부와 자연 미인의 이미지를 가지고 있는 모델을 물색하였다. 섹시하고 고혹적인 이미지보다는 자연스럽고 편안하며 때묻지 않은 순수함을 어필하는 이미지 소구가 광고 목표와 어울리기 때문이었다. 성유리는 맑고 고운 피부를 가졌다고 정평이 나 있는 연예인이었다. 너무 고급스러워서 범접하기 어렵거나 평범해서 쉬워 보이지도 않는 차별적인 이미지를 가졌으므로 합리적인 가격대이면서도 좋은 품질을 겸비한 스킨푸드 제품 컨셉트와 잘 어울리는 탁월한 선택이었다.

성유리는 제품 출시 캠페인부터 스킨푸드의 모델로 선택되어 "먹지 마세요. 피부에 양보하세요"라고 호소하였다. 이후 5년이 지난 지금도 "피부를 위해 푸드를 공부합니다"라는 전략적 메시지를 전달하는 브랜드 앰배서더 역할을 꾸준히 해오고 있다.

6) 매체 전략

스킨푸드는 화장품의 이미지를 전달하기에 적합한 TV를 주 매체로 각종 PR, 인터넷, 구매 시섬의 판촉 등을 통해 통합적인 마케팅 전략을 전개함으로써 비용 대비 효율을 높였다. 2006년 주요 매체에 집행한 금액은 34억 7000만 원으로 매체별로는 다음과 같다(정부재, 2007. 5. 10). 텔레비전 27억 원, 잡지 7억 원, 라디오 7000만 원.

2008년 상반기 4대 매체를 중심으로 한 광고비에서는 스킨푸드가 13억 원으로서 더페이스샵의 37억 원에 비하면 낮은 편이다. 그렇지만 비용 대비 효과는 스킨푸드가 높은 것으로 나타났다. 10대와 20대의 목표 여성에게 호감 있게 전달되어서 광고 집행 대비 효과가 뛰어난 것으로 분석되었기 때문이다(주영현, 2009. 1).

7) 광고 그후

브랜드 숍의 평균 매출을 비교한 결과에서도 스킨푸드는 두각을 나타냈다. 표 19−3에 따르면 매장의 월 평균 매출액이 3300만 원으로 가장 앞섰던 것이다(김준한, 2006. 2. 14). 사실 스킨푸드는 브랜드 숍 시장 내에서 고른 연령대에서 가장 선호하는 브랜드였다(Ogilvy One 2007년 온라인 소비자 조사). 특히 제품 품질에 대한 만족과 신뢰감, 호감도가 높은 것으로 나타났다. 소비자들이 스킨푸드에 대해 '믿을 수 있는, 신선한, 천연의, 깨끗한, 순수한' 등의 이미지를 연상한 것이다.

이러한 영향으로 스킨푸드의 매출액은 지속적으로 증대되고 있다. 2007년 아모레퍼시픽(1조 3570억 원), LG생활건강(1조 1725억 원), 더페이스샵(2097억 원), 코리아나(1178억 원), 소망(1200억 원), 한국콜마(1000억 원)에 이어 스킨푸드는 800억 원의 매출을 올린 것으로 집계되고 있다(최지홍, 2008. 3. 17; 2009년에는 LG생활건강이 더페이스샵을 인수함). 그리고 경기 침체가 지속되고 있는 2008년에도 브랜드 숍 화장품 전체의 매출액은 전년 대비 10~20% 성장하였다. 구체적으로는 1위인 더페이스샵이 2300억 원대, 2위와 3위인 미샤와 스킨푸드 역시 각각 1000억 원대를 돌파한 것으로 추산된다(박신영, 2009. 3. 11).

스킨푸드는 국내의 치열한 저가 화장품 시장 내에서 후발 주자로 출발했다. 그렇지만 합리적인 가격대에 푸드 코스메틱이라는 독특한 브랜드 컨셉트로 얼마

표 19−3. 브랜드 숍의 평균 매출

구분	전국의 매장 수	전체 매장의 매출	매장당 월 매출
스킨푸드	87	350억 원	3300만 원
더페이스샵	380	1500억 원	3200만 원
미샤	300	1129억 원	3100만 원
휴플레이스(아리따움)	770	1300억 원	1400만 원
뷰티플렉스	310	360억 원	1000만 원

든지 차별화된 브랜드 포지셔닝의 구축이 가능함을 보여 주는 대표적인 사례라고 할 수 있다.

3. 상황별 사례

사례를 분석하면서 어떤 틀을 제시하는 것은 좋은 일은 아니다. 정형화된 사고를 유발하기 때문이다. 그러나 여기에서는 미국의 다양한 사례를 소개한다는 의미에서 몇몇 상황으로 분류하여 제시하였다(Lazarus & Wexler, 1988). 어떻게 해결책을 모색했는지에 초점을 맞춰 살펴보기 바란다.

1) 시장 점유율 감소 상황

일반적으로 상품의 시장 점유율이 감소하면 광고주는 발작적인 반응을 보이게 마련이다. 광고대행사를 교체한다든지, 마케팅 부서에 이런저런 요구를 한다든지. 물론 이런 조치가 도움을 줄 수도 있겠지만 보다 적절한 대응책은 소비자나 업계의 흥미를 불러일으키는 데서 찾을 수 있다. 즉 상품의 속성이나 스타일을 변형시킴으로써 시장에 흥분과 흥미를 창출하는 것이다.

미국의 쿠어스Coors 맥주가 일부 지역에만 소개되었을 때는 신비로움으로 성공하였으나 전국적으로 배포되었을 때 신비로움은 사라졌다. 그러나 쿠어스는 발작적인 반응을 보이지 않았다. 자사 제품, 가격, 포장에 아무런 하자가 없음을 확신하고 있었다. 따라서 쿠어스 맥주에 대한 소비자의 관심을 새롭게 하는 일에 마케팅과 광고의 초점이 모아졌다. 쿠어스의 원초적 소구는 다음과 같았다. 독특함, 부드러운 맛, 훌륭한 주조 과정, 로키 산의 신선하고 순수한 물과의 연계. 이 같은 매력을 재정립함으로써 시장 점유율의 감소를 극복할 수 있었다.

2) 신상품 소개의 상황

흔히 10개의 신상품 가운데 9개 정도가 실패한다고 한다. 한국 닐슨에서도 1994년 국내에서 출시된 751개의 신제품을 2년 동안 조사한 결과, 성공 11.1%, 실패 72.4%, 불투명 16.5%로 나타났다(《중앙일보》, 1997. 7. 15). 왜 그럴까? 그 이유는 다음과 같이 정리할 수 있다. 첫째, 기존 상품의 연장에 불과한 경우가 허다하다. 둘째, 신상품은 경이로운 속성이 있어야 함에도 출하했을 때 화제성을 갖추고 있지 못하다. 셋째, 신상품에 대한 지나친 과장과 자기도취로 말미암아 소비자의 냉담한 반응을 유발한다.

따라서 신상품을 선보일 때는 이런 함정에서 탈피해야 하며 다음과 같은 점을 중시해야 한다. 첫째로 신상품에 대해 교육을 실시해야 한다. 판매하기 전에 신상품이 어떻게 작동하며 왜 이익이 되는지를 이해시켜야 한다. 둘째는 신비로움을 창출해야 한다. 마치 마르시아노 형제가 1981년 미국에 게스 청바지를 소개할 때 상표명과 광고(아방가르드 카우보이 영화 장면 같은 광고를 전개하고 광고 끝에 가서야 로고인 GUESS?를 등장시킴)에서 그랬던 것처럼. 셋째, 신상품 계획은 작은 규모로 시작하라. 물론 야심만만한 계획과 무모한 계획을 구분해야겠지만, 많은 상품들의 마케팅 노력이 단기간에 끝나거나 집중되지 않아 실패하는 수가 있으므로 특정 목표 시장을 중심으로 차근차근 시작할 필요가 있다.

3) 성숙한 상표의 상황

사람이 나이를 먹듯이 상품도 성숙하고 쇠약해진다. 여기서 문제는 '어떻게 하면 곱게 나이를 먹을 것이냐'다. 기업들은 대체로 연로한 상품을 박대한다. 물론 신기술로 인해 그 상품이 더 이상 쓸모없다면 과감한 결정(다른 회사에 넘긴다든가 생산을 중단하는)이 필요하겠지만 그렇지 않을 경우도 있다.

사실 우리는 상품을 너무 빨리 은퇴시키는 경향이 있다. 대부분의 성숙한 브랜드는 사실 마케팅 불감증의 벽에 봉착할 수 있다. 우리는 바로 이 벽을 무너뜨림으로써 성숙기의 상품에 회춘을 제공할 수 있다. G. I. 조 인형은 1960년대 초반에 인기를 끌다 1970년대 전자 장남감이 등장하면서 인기가 하락하였다. 그러다가 람보 열풍이 불었을 때 시의 적절하게 〈G. I. 조〉라는 만화 영화와 시리얼 등에 힘입어 다시 한 번 전성기를 누리게 되었다. 이 밖에도 리포지셔닝*repositioning*(새로운 목표 시장을 공략한다거나, 제품의 다른 속성을 부각시킴)으로 상품의 생명을 연장시킬 수도 있다.

4) 유사한 상황

많은 기업들이 자사 제품과 경쟁사 제품이 가격이나 품질, 디자인 등에 있어서 유사한 상황에 직면해 있다. 이런 상황에서 광고 담당자가 해야 할 일은 인식의 차이를 유발하는 것이다. 물론 쉬운 일은 아니다. 단순히 자사 제품이 좋다고 얘기해서는 먹히지 않는다.

새로운 감각적 요소로 인식의 차이를 창출해야 한다. 담배 버지니아 슬림의 경우도 '우아함'이라는 인식을 만들었다. "You've Come a Long Way, Baby"라는 광고는 이 담배가 현대적이고 자신을 소중히 여기면서 유행에 민감한 여성을 위한 것이라는 차별화를 이끌었다.

5) 시장 도전자에 대처하는 상황

시장 선도자는 종종 도전자의 공격을 받는다. 문제는 이런 도전에 직면하여 자사 브랜드의 우세한 면을 믿고 수수방관하거나, 기존의 마케팅을 계속 소비자에게 퍼부으면 소비자는 금세 불감증을 느끼게 된다는 것이다.

맥도널드는 선도자가 어떻게 경쟁사의 도전을 극복하였는지를 보여 준다. 버거킹과 웬디스는 맥도널드에 치열한 공격을 개시했다. 버거킹은 햄버거를 익히는 방법인 튀기기와 굽기의 차이를 들고 나왔다. 웬디스는 "Where's the

Beef?" 라는 광고를 해댔다. 경쟁사 햄버거의 작은 사이즈를 보고 '고기가 어디 있지?' 라는 유머를 던진 것이다. 이에 대응하여 맥도널드는 자사의 전통적인 특징과 장점(서비스, 품질, 위생)을 강조하고 새로운 특성과 상품(McDLT)을 집중적으로 광고하였다. 광고는 유머로부터 심금을 울리는 내용에 이르기까지 다양하게 전개되었다. 이러한 마케팅 전략 뒤에는 하나의 목표가 있었다. 바로 맥도널드는 소비자의 마음속에 자리잡고 있는 특이한 경험이라는 것.

4. 마무리

광고 사례를 마무리하면서 다음과 같은 점을 강조하고자 한다. 첫째, 광고계에서 통용되는 전제를 그대로 받아들여서는 곤란하다. "자동차 광고는 역시 이렇게 접근해야지," "은행 광고는 서비스 마케팅의 기본 원칙에 따라 저래야 되지 않아?" 광고 전략을 수립할 때면 흔히 듣는 이야기다. 이들 모두가 오랜 경험에 입각한 지침이라고 볼 수 있다. 다시 말하면, 모든 산업체마다 제각기 '지켜야 할 일'과 '해서는 안 될 일'이 묵계적으로 퍼져 있는 것이다. 그런데 한번 생각해 보자. 우리는 이러한 암묵적인 지침에 너무 속박당하는 것은 아닐까? 이런 틀을 벗어나야 창의적으로 문제에 접근할 수 있다.

둘째, 광고 전략을 수립하면서 '왜' 그 같은 전략을 마련했는지에 대한 이유가 있어야 한다. 제시한 전략에 대한 논리적 근거를 항상 염두에 둘 필요가 있다. 바로 광고 이론에 해당되는 내용이다. '이론 없는 전략은 없다'는 점을 다시 한 번 강조한다.

마지막으로 강조하고 싶은 요인은 제품이 뛰어나야 한다는 점이다. 1961년 정제로 선보였던 박카스는 1963년부터 드링크제로 판매되었다. 해마다 6억 병씩 생산되는 이 국민드링크는 2008년까지 총 162억 9000만 병이 판매되었다(한상준 · 정효진, 2009. 7. 18). 국민 간식으로 자리잡은 오리온 초코파이도 1974년 시장에 선보인 이래 국내에서만 97억 개가 팔렸다(김정은, 2009. 10. 27). 제품이 좋지 않았다면 광고 전략이 아무리 훌륭할지라도 그처럼 오래, 그렇게 많이 팔릴 수 있었을까?

참고 문헌

강준만 · 오두진 (2005). 《고종 스타벅스에 가다》. 인물과사상사.

〈국민일보〉 (1998. 6. 30). "98 상반기 히트 상품."

김광수 · 오주섭 · 서현진 (2008). 《음료의 소비 문화》. 한나래.

김아름 (2008. 12. 2). "커피, IMF 이후 시장의 핵," 〈식품음료신문〉.

김정은 (2009. 10. 27). "오리온 초코파이 97억 개 팔린 국민 간식 — 해외에서 더 팔려," 〈한국경제〉.

김준한 (2008. 12. 27). "화장품 산업 7조 원 눈앞에," 〈뷰티누리〉.

—— (2006. 2. 14). "브랜드샵 평균매출 스킨푸드가 Top," 〈데일리코스메틱〉.

김중권 (1998). "친근한 이미지 강화로 새로운 카스 만들기," 〈LG애드〉, 11 / 12월호.

김지영 (2000. 11. 17) "화장품 시장이 뜨겁다," 〈주간한국〉.

김진일 (2004. 1. 9). "고가 국산 제품이 전문점 위축," 〈데일리코스메틱〉.

김필규 (2006. 5. 11). "커지는 시장 — 피말리는 경쟁," 〈중앙일보〉.

박신영 (2009. 3. 11). "불황 속 화장품 브랜드샵 '활짝'," 〈파이낸셜뉴스〉.

송민아 · 김화영. (2004. 5). "국내 화장품 시장의 현황과 전망," 〈광고정보〉.

장병길 (2003. 8. 9). "최초의 국산 화장품, 박가분," 〈경남도민일보〉.

정부재 (2007. 5. 10). "18개 화장품업체 500대 광고구," 〈디지털보사〉.

주영현 (2009. 1). "2008년도 광고 효과 상위 브랜드 분석," 〈광고정보〉.

〈중앙일보〉 (1997. 7. 15). "신제품 십중팔구 실패작."

최지홍 (2008. 3. 17). "화장품사 매출 순위 재편," 〈데일리코스메틱〉.

한상준 · 정효진 (2009. 7. 18). "162억 병 팔린 국민드링크 끝없는 감성 변신," 〈동아누리〉.

홍영욱 (1998). "기찬 맥주 하이트, 하이 떠?!" 〈제일 커뮤니케이션즈〉, 7월호.

Dunn, S. W., Barban, A. M., Krugman, D. M., & Reid, L. N. (1990). *Advertising: Its Role in Modern Marketing*. Chicago: The Dryden Press.

Lazarus, G. & Wexler, B. (1988). *Marketing Immunity*. Homewood: Dow Jones-Irwin.

Schultz, D. E. (1991). *Strategic Advertising Campaigns*. Lincolnwood: NTC Business Books.

찾아보기